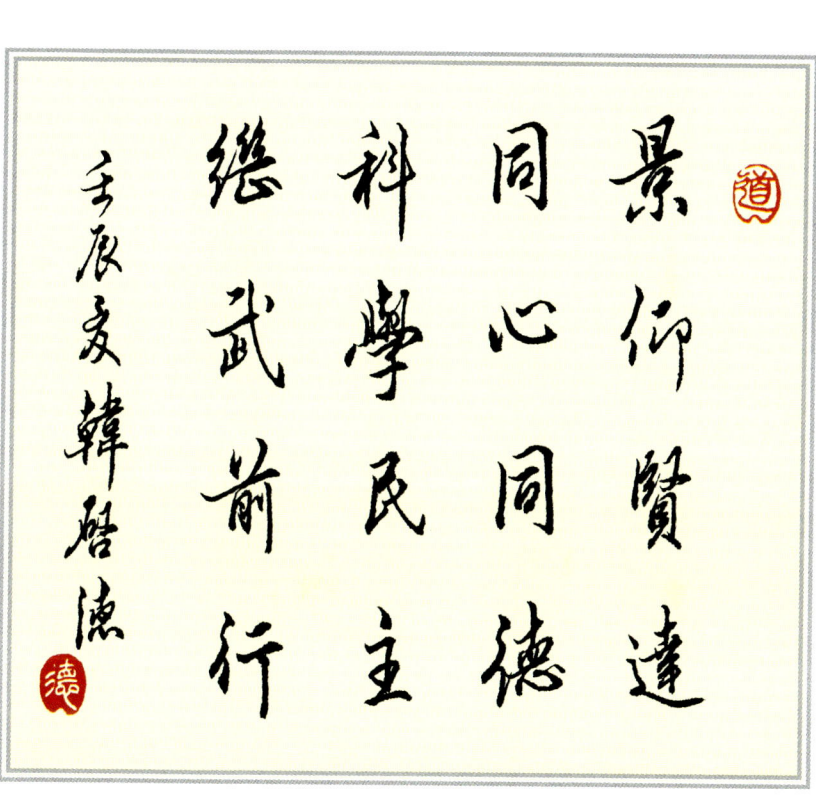

景仰賢達
同心同德
科學民主
繼武前行

壬辰夏韓啟德

1911年任浙江军政府政事部长时的留影。

1917年护法运动时的留影。

1927年任代理浙江临时政府主席时的留影。

1937年"八一三事变"后离开上海时的留影。

1912年12月,孙中山先生来嘉兴在春波桥兰溪会馆发表演讲后在南湖与欢迎者的合影。第二排左起第五人为孙中山,第二排左起第三人为褚辅成。

1912年12月,孙中山在杭州祭奠秋瑾烈士时与出席者的合影。前排坐者右起第三人为孙中山,第二排站立者左起第九人为褚辅成。

1934年6月,与上海法学院全体职员合影。前排右五为褚辅成,左四为沈钧儒。

1945年7月1日六参政员访问延安,毛泽东、朱德、周恩来、邓颖超等到机场欢迎。右一为毛泽东,右三为褚辅成。

1945年7月2日,毛泽东、刘少奇会见国民参政员褚辅成(右一)。图为刘少奇与褚辅成握手。

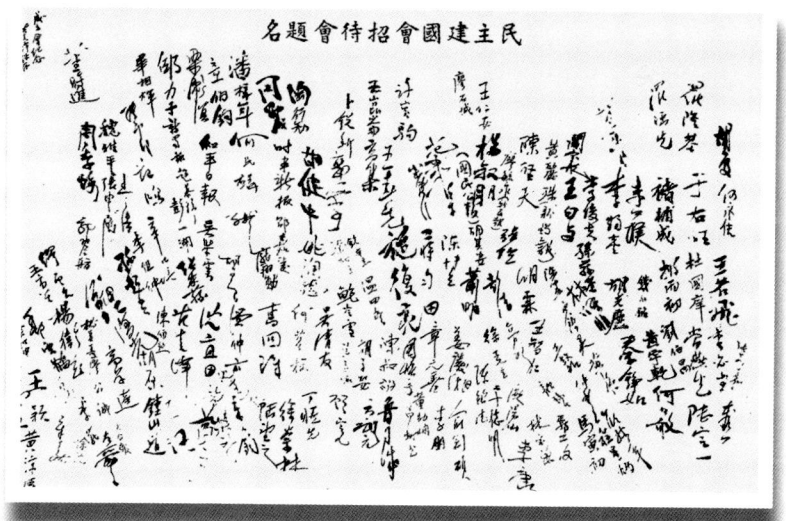

1946年1月8日,民主建国会招待会题名。褚辅成题名于右起第三列。

1946年6月11日,褚辅成由重庆回上海后与部分家属合影。

1946年6月,褚辅成回嘉兴祭扫祖茔。

1946年6月24日,在嘉兴南湖出席县商会聚餐时摄影留念。右一为褚辅成,右二为沈钧儒。

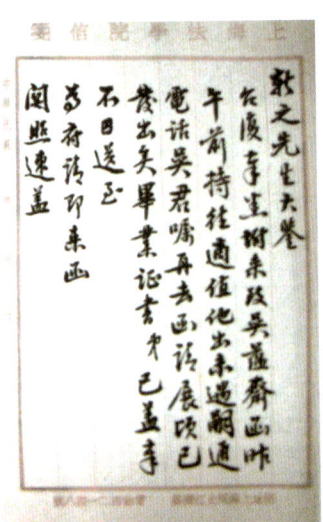

1934年7月致钱新之先生函。

《抗战八咏》之《六十六初度》(1938年)、《六十七初度》(1939年)手稿。

九三学社人物丛书

褚辅成年谱

（上册）

王天松　著

学苑出版社

图书在版编目（CIP）数据

褚辅成年谱 / 王天松著 . —北京：学苑出版社，2015.10
（九三学社人物丛书）
ISBN 978-7-5077-4883-3

Ⅰ. ①褚… Ⅱ. ①王… Ⅲ. ①褚辅成（1873～1948）—年谱
Ⅳ. ① K827=6

中国版本图书馆 CIP 数据核字（2015）第 236463 号

出 版 人：孟　白
责任编辑：刘　丰　李　耕
出版发行：学苑出版社
社　　址：北京市丰台区南方庄 2 号院 1 号楼
邮政编码：100079
网　　址：www.book001.com
电子邮箱：xueyuanpress@163.com
销售电话：010-67601101（营销部）、67603091（总编室）
经　　销：全国新华书店
印　刷　厂：北京信彩瑞禾印刷厂
开本尺寸：880×1230　1/32
印　　张：28 印张
字　　数：650 千字
版　　次：2015 年 10 月第 1 版
印　　次：2015 年 10 月第 1 次印刷
定　　价：98.00 元（全两册）

丛书编委会

主　　任：韩启德

副 主 任：邵　鸿

委　　员：苟红旗　穆建民

　　　　　　郭　悦　孟　白

总 序

九三学社是在中共抗日民族统一战线政策影响和感召下，于抗日战争后期成立的，她参与新中国的建立，成为在中国共产党领导下爱国统一战线中八个民主党派之一。在共和国成立以来的60多年里，九三学社始终弘扬爱国、民主、科学的传统，与中国共产党风雨同舟，共同探索中国特色社会主义政治发展道路，在国家建设、改革、发展征途上留下了闪光的足迹。在此历史进程中，九三学社发展成为拥有13万多名社员、组织比较健全、有较强参政能力和较高社会地位的政党。

九三学社走过的历程，是一部无数优秀人物引领广大同仁一往无前、执着追求的奋斗史。抗日战争时期，面对国破家亡、山河破碎，九三学社创始人或多方奔走，参与抗日，或介绍新知，宣传救国。解放战争时期，面对独裁专制、民不聊生，九三学社同仁或大声疾呼民主，反对暴政，或积极主张科学，倡导革新。新中国成立后，面对百废待兴的局面，九三学社同仁和全国人民一起殚精竭虑、奋斗不止。九三学社各个时期旗帜性人物身上体现出的崇高风范和优秀品质，是我社最宝贵的精神财富。回顾九三学社的历史，我们有勇往直前、舍生取义的革命家和社会活动家，有淡泊名利、刻苦钻研的科学家，有不畏权势、追求真理的人文学者，有忍辱负重、甘为人梯的教育工作者……他们共同铸就了九三学社一以贯之的灵魂—爱国、民主、科学，九三学社的优良传统在他们身上得到最好的诠释。

九三学社中央一直重视整理保存社史、发挥社史资政育人的作用，2007 年又启动了以史料抢救和整理为重点、包括七个方面内容的社史工程。几年来，社史工程取得了显著成绩，《社史研究通讯》的编辑出版、社史专题片的拍摄、口述史工作的启动、社史文物收集等各个方面都有不同进展。"九三学社人物丛书"作为社史工程的一项重要内容，经过各方面辛勤的努力，也结出了丰硕的成果，第一批图书已完成了撰写、编辑，即将出版。这套丛书选取九三学社重要创始人、早期著名社员、历任社中央领导，以及在本人所从事领域里取得突出成就的旗帜性人物，力图以翔实的史料和平实的语言再现前辈先哲们曲折丰富的人生历程和绚丽夺目的光辉业绩。我相信，丛书的出版必将激发我社成员和广大读者继承他们的优良传统，体会他们忧国忧民的赤子情怀，感受他们坚毅从容的人格风范，学习他们精益求精的科学精神，为巩固、完善和发展中国共产党领导的多党合作和政治协商基本政治制度，为中华民族的伟大复兴，做出更大贡献。

是为序。

韩启德
2012年8月

目 录

凡　例 // 1
谱　前 // 3
谱　中 // 5

1873 年 // 5
1874 年 // 6
1875 年 // 6
1876 年 // 7
1878 年 // 7
1885 年 // 8
1892 年 // 8
1894 年 // 9
1895 年 // 9
1896 年 // 10
1897 年 // 10
1898 年 // 10
1900 年 // 11
1902 年 // 12
1903 年 // 12

1904 年 // 13
1905 年 // 15
1906 年 // 17
1907 年 // 21
1908 年 // 24
1909 年 // 28
1910 年 // 46
1911 年 // 55
1912 年 // 80
1913 年 // 113
1914 年 // 130
1915 年 // 131
1916 年 // 132
1917 年 // 145
1918 年 // 165

1919 年 // 195

1920 年 // 254

1921 年 // 286

1922 年 // 318

1923 年 // 347

1924 年 // 408

1925 年 // 433

1926 年 // 455

1927 年 // 502

1928 年 // 521

1929 年 // 528

1930 年 // 538

1931 年 // 544

1932 年 // 561

1933 年 // 605

1934 年 // 632

1935 年 // 658

1936 年 // 669

1937 年 // 681

1938 年 // 696

1939 年 // 708

1940 年 // 724

1941 年 // 734

1942 年 // 750

1943 年 // 759

1944 年 // 770

1945 年 // 785

1946 年 // 806

1947 年 // 833

1948 年 // 855

谱　后 // 863

编　后 // 869

韵目代日表 // 875

凡　例

一、褚辅成先生是本年谱谱主。谱中叙述谱主活动时以先生称之，引用他人著述或报刊原文时以原文为准。

二、《年谱》中所引史料，绝大多数为原始文献，均散见于民国时期各种报纸、杂志、档案、手稿等，引用时均注明出处，以便读者查阅参考。

三、本《年谱》采用公元纪年，按年、月、日顺序编排，日期考订不清者列月末，称"本月"；月份不清者列年末，称"本年"，或标"春"、"夏"、"秋"、"冬"。

四、谱主所撰文章、电文、信函、诗词、墓志、联语等大都无标点，书中标点为编者所加。原始文献中的繁体字相应改成简体，对于异体字、通假字等一般未作改动。

五、史料中有些字迹不清或原文中脱字又无法考订的均用"□"号代替，可考订的置于（）之中；对辞句难于读通又无从校改的，仍保留原文字；对于文中需要说明的内容均作随文注，置于括号内，或作"按"。

六、凡谱主与他人联名所发的信函、电文或一起参加的活动，其名次一般均按原件或资料顺序排列。部分目文，如各种会议，参加单位或宣言、通电等人物署名太多时一般采用中略或省略处理。

七、《年谱》中引用的宣言、通电、提案、谈话、诗词、联语等大都已收录在《褚辅成文存》（中国文史出版社，2011年1月）、《褚辅成文存摭补》（上海辞书出版社，2011年10月）之中。为了表达谱中人物的立场、观点等，视谱文需要，在千字以上的摘录相关引用，千字以下的一些重要的宣言、通电及信函、诗词、联语、谈话等仍全文引用。《褚辅成文存》、《褚辅成文存摭补》未收录的一般全文引用。

八、谱中所引原始资料，本着实事求是的原则，客观照录。其中遇有反映不正确的立场、观点的词句，一般未作删改，以存史料本来面目，旨在为研究者研究褚辅成提供一本比较翔实的参考工具书。

九、民国时期及之前谱主等所发的信函、电报等所署时间大都用韵目代替，如"东"为一日，"冬"为二日，"江"为三日等，亦不一一注明，在谱后附"韵目代日表"，以供读者参阅。

谱　前

嘉兴褚辅成先生一脉的源流。

先生姓褚，讳辅成，字慧僧。浙江秀水县人，祖籍河南，先世自宋以来著籍钱塘。明宏（弘）治间，有一江公者，自崇德迁嘉兴郡城，赘于严氏，一传至庭德公，入籍秀水，补邑庠生，家遂日起。

父讳××，字子仙。母殳氏。兄弟八人，先生居六。兄伯堃暨诸弟，皆早殇无子，先生诸子过继为嗣。（庄一拂《褚辅成先生年谱初稿》，《浙江辛亥革命回忆录》第123页，浙江省政协文史资料研究委员会编，浙江人民出版社1981年8月）

嘉兴褚氏，世泽城南，乃纯笃之门。自慧老参与浙省革命事业后，吾邑川泽，因之生色。（《嘉兴当代人物志》，《浙江辛亥革命回忆录》第123页）

我父亲褚辅成，字慧僧，在与某些朋友通信时也曾署名褚南湖。（褚凤华《我对父亲政治生活的一些了解》，《褚辅成专辑》第36页，嘉兴市政协文史资料委员会编，浙江人民出版社1991年6月）

先生自撰墓志铭《鸳湖营圹记》碑阴"不忘宗泽"一文中，对其家史有简要叙述，现抄录以下：

高高祖　孝璞公（生卒年不详）　高高祖妣姚太夫人（生卒年不详）

高祖考　价人公（生卒年不详）　高祖妣杜、胡夫人

（生卒年不详）

本生考　子仙公（1838—1892）　先妣屠、殳太夫人（屠太夫人生卒年不详，殳太夫人1839—1907）

先叔考　少仙公（生卒年不详）　先叔妣曹太夫人（生卒年不详）

先兄　胥樵公（生卒年不详）　先嫂邵夫人（生卒年不详）

仲兄　赞成　字眉樵（1863—1894）

七弟　叔贞（生卒年不详）　弟妇王夫人（生卒年不详）

八弟　继元（生卒年不详）　弟妇赵夫人（生卒年不详）

王梓良《褚辅成先生之一生资料稿》叙述先生一脉的源流。

嘉兴一脉之始祖，起自明末，祖讳廷琯、字砚耘，嘉兴人，崇祯（1628—1643）举人。入清后杜门不出，擅书法，以草书闻名。此后至先生为止，历三百年衍传，子孙世以耕读传家，入仕途者少而以文名传世者代有其人。（台湾《王梓良先生逝世周年纪念刊》第145页）

按：王梓良（1908—1991），嘉兴凤桥人。1949年去台湾。1966年出任台湾《大陆杂志》总编辑兼总干事。1987年任台北市嘉兴同乡会监事主席，后任名誉会长。1988年曾回嘉兴探亲。著述颇丰，其中《浙西抗战纪略》、《忆旧与伤逝》、《褚辅成先生之一生资料稿》等书，对褚辅成先生生平事迹多有叙述。

谱　中

◎ **1873年（癸酉）清同治十二年　1岁**

5月27日（五月初二）生于浙江省嘉兴市南门梅湾街盐井弄。

按：关于先生出生时的家庭状况，嘉兴庄一拂先生所著《褚辅成先生年谱（修订稿）》中说："时，父子仙公三十六岁。兄四人，惟仲兄赞成，字眉樵，存。11岁。女兄一人，家贫，与沈少泉联谱相好，同守庄书世业，因与沈比屋而寓焉。母父太夫人，勤俭操作，以佐家计。"据先生1927年所撰《扶助农民之根本计划》一文中谈到，至1927年时，"家有田产数顷"，分布在嘉兴、嘉善两处。

嘉兴，东接上海，北邻苏州，西通湖州，南接杭州，主城区为典型的江南水乡市镇，市内河网密布，小桥流水，环境优美。在城南有南湖，在城西南有西南湖，两湖水域相连，合称鸳鸯湖，是浙江三大名湖之一（另两湖为杭州西湖，绍兴东湖）。举世闻名的大运河自杭州拱宸桥起始，宛延向东，不过百里，首达嘉兴南门梅湾，然后穿城而过，向北流去。

梅湾，处在城区南门，分为外梅湾、里梅湾。梅湾街的街口，东起南当弄（在现南湖大桥北堍下道路约200米处西侧），从街口到中段弯曲处称外梅湾；再从这里东起徐家大宅，西至街底五龙桥，称为里梅湾。梅湾有名望的大户都集中在里梅湾,仅徐家、沈家、褚家、黄家四家所建的大宅就占去梅湾街的半条街。这些石库门都建有门楼,显得高耸。大宅依湖而建,尽占西南湖风光。褚家老宅建于清末,虽面阔仅二间,但门楼进深至湖岸,门庭不是很显耀。

盐井弄以有一口上百年的"盐井"而得名,在南门梅湾街口。1937年日军攻陷嘉兴后,将褚宅烧毁,成为一片白场。所谓"白场",嘉兴人用来指住宅被火烧过后留下的一块空地。先生未将老宅修复,留此白场,以警示子孙,勿忘国耻。南门一带居民都知道褚家白场。在上世纪末嘉兴市旧城改造时,南门梅湾街被整片改造,先生旧宅址今已成禾兴南路通衢大道,原貌无存。

◎ 1874年(甲戌)清同治十三年 2岁

6月16日 容闳等在上海创办《汇报》,后改名为《益报》,是为近代上海第一份民办报纸。

9月3日 《申报》载:受倭患,乍浦当其冲,议筑炮台。后派王令领款往筑,所有兴修之费及该员薪水均有乍浦厘局拨用。

本年 敖嘉熊出生于浙江平湖,因祖父辈在嘉兴经营腌腊业,乃举家移居嘉兴南汇镇,后迁城区柴场湾(今解放路)。

◎ 1875年(乙亥)清光绪元年 3岁

1月2日 沈钧儒出生于江苏苏州,祖籍浙江省嘉兴府秀水县,祖居在嘉兴南门南(石)帮岸3号,与先生故居梅湾街盐井弄相距不过百余米。

按:在中国大陆,现有九个合法政党,这就是执政党——中国共产党;八个民主党派(称参政党),即中国

亥革命回忆录》第 124 页）

◎ **1894 年（甲午）清光绪二十年　22 岁**

7 月 25 日　中日甲午战争爆发。是年又遭兄丧，先生感受"家国之痛"。

> 是年，中日战起，先生惋愤时局，时有所吐露。而服阕将除，又遭兄丧，先生于此，家国之痛益深矣。（庄一拂《褚辅成先生年谱初稿》，《浙江辛亥革命回忆录》第 124 页）

> 按：仲兄赞成（1863—1894）卒后，所遗三女明颖、明顺、明秀，皆由先生抚养成人。

本年　先生授室，婚于沈氏，即业师沈安甫仲女沈秀英。

> 夫人为秀水明经沈安甫公仲女，幼承庭训，明诗习礼，年二十二来归。其时先姚叟太夫人在堂，克尽妇道，躬操井臼，深得堂上欢。（褚辅成《亡室沈夫人悼述》，《浙江辛亥革命回忆录》第 124 页）

> 按：《亡室沈夫人悼述》是先生记有家史的一篇文稿，手稿曾为嘉兴前辈庄幼山（同盟会会员）先生所见，惜在"文革"期间散失，其子庄一拂先生所撰《褚辅成先生年谱初稿》中仅摘录片断。笔者曾多方寻觅该文，始终未得。据褚辅成之孙褚律元先生所知：《亡室沈夫人悼述》撰成后，曾刊于 1947 年上海《新民晚报》，待考。

◎ **1895 年（乙未）清光绪二十一年　23 岁**

3 月 30 日　李鸿章（在日本马关春帆楼）与伊滕博文签订中日议和协议。

5 月 2 日　清廷批准《马关条约》，海内倾动，先生感受极强。

中日议和将成，康有为上书痛论改革救亡，集一千三百余举人签名柬阻，语至激壮，海内倾动，先生感受极强。(《浙江辛亥革命回忆录》第124页)

10月26日 兴中会发动第一次武装革命——广州起义。

12月8日 清廷命袁世凯督练新式陆军。

◎ **1896年（丙申）清光绪二十二年 24岁**

2月 长子凤章出生。(《嘉兴文史资料通讯》第36期)

按：褚凤章（1896—1951），字汉雏。清末毕业于烟台海军学校，旋考取公费去美国留学，在麻省理工学院专攻电机，1923年获硕士学位后回国。

8月9日 杭州人汪康年、夏曾佑在沪与梁启超等创办《时务报》，汪著文主张维新，首先要育人才、兴商务、讲武备。(《浙江百年大事记》第74页)

9月26日 杭州正式开埠。

10月1日 杭州海关正式成立，实权操外国人之手。12月，杭州海关奉令于嘉兴设立海关（嘉兴人称"洋关"）。

◎ **1897年（丁酉）清光绪二十三年 25岁**

2月 鉴于《马关条约》中订定外国人可在中国境内设厂制造货物，给事中褚成博奏请清廷，国人在国内多设丝纱机厂，逐渐推广，以谋抵制。(《浙江百年大事记》第75页)

11月 山东巨野教案发生，德国借口派兵强占胶州湾。沙俄舰队侵入旅顺湾，强占旅顺、大连。

◎ **1898年（戊戌）清光绪二十四年 26岁**

6月 次子凤仪出生。(《浙江辛亥革命回忆录》第125页)

按：褚凤仪（1898—1975），字汉来，现代统计学家。早年留学日本、法国、德国，专攻财经、商业。回国后曾任暨南大学、复旦大学、大夏大学、光华大学等校教授，上海法学院教授、代院长。建国后，任上海财经学院教授、副院长，上海社会科学院经济研究所研究员，九三学社中央委员。致力于统计学和速算的研究。著有《投资数学》，《理财数学》、《统计会计计算应用表》等。

7月 清廷光绪帝为实行变法，推行新政。8月，陆续下达各种新政昭令。9月，慈禧太后临朝训政，发动"戊戌政变"，囚光绪帝于瀛台，戊戌变法完全失败，康、梁逃亡国外，谭嗣同等六君子慷慨赴义。先生自康、梁变法失败后锐意革命。

先生自康、梁变法失败后，目击不幸事件，痛恨清廷腐败，国势阽危，乃锐意革命，鼓吹民权，凡少年有志之士，皆网罗引致，互相切磋，谈论国是，万流景仰，无间遐迩。（《嘉兴当代人物志》，《浙江辛亥革命回忆录》第124、125页）

◎ **1900年（庚子）清光绪二十六年　28岁**

春夏间 王嘉榘、蒋方震、敖嘉熊等在杭州成立"浙会"，后因受清政府查办，改名为"浙学会"，其会员大都去日本从事革命活动。（《浙江百年大事记》第83页）

6月 义和团运动达到高潮，席卷华北、东北等地区。英、美、法、德、俄、日、意、奥八国组成联军，镇压义和团运动。

8月14日 八国联军攻入北京，15日，慈禧太后挟光绪帝离京西逃。

12月 长女明声出生。（《浙江辛亥革命回忆录》第125页）

按：明声日后与江苏高邮孙云霄（留美，回国后任大学教授、高级工程师）结婚

◎ 1902年（壬寅）清光绪二十八年　30岁

2月8日　梁启超在日本创办《新民丛报》，为半月刊。1907年11月20日停刊。

4月26日　章太炎、秦力山等在日本东京召开"支那亡国二百四十二周年纪念会"，号召留日学生共同奋斗，推翻清朝统治，为日警所阻。后改到横滨补行仪式。

4月27日　蔡元培、蒋智由等在上海集议发起成立"中国教育会"，推蔡元培为事务长。

◎ 1903年（癸卯）清光绪二十九年　31岁

2月17日　浙江留日学生在日本创刊《浙江潮》，鼓吹爱国与革命。

6月30日　《苏报》案发生，章太炎被捕入狱。次日，邹容自投入狱。

7月　先生与敖嘉熊（梦姜）、田文渊（号月斧）等发起组织竞争体育会。

一九〇三年（光绪二十九年），敖嘉熊自上海回嘉兴，谋创立团体以联络青年，遂与田月斧、褚辅成等发起组织竞争体育会。据参加此会之陈瀛儒老人言：创立时敖演说，大意谓竞争是指时代而言，不能竞争就要淘汰；体育是指强国而言，强国必先强身，东亚病夫不改就要亡国云云。名称虽为体育会，实际除了学习新式体操外，主要还有下列几种：

一、宣传鸦片烟及赌博之害，并在街头演讲。

二、设立阅报室，陈列各种新书报，以供会员阅读。

当时竞争体育会所吸收之青年，分子很复杂。其中虽有地主、商人子弟，但对宣传鸦片、赌博之害及设立阅报室，并无反对意见。

三、响应全国各地抵制美货一事，会中即产生意见。一派以方於笥为首，坚持必须彻底抵制美货。一派以陆志棠为首，藉口此非体育会应做之事，不愿参加。

……

体育会名义上为田、褚主持，因褚是时任商会会长，无暇兼顾，故实际上由敖主持。自抵制美货一事分裂后，改由方於笥主持其事。（朱福宜《记敖嘉熊》，《浙江辛亥革命回忆录》第91页）

8月7日 章士钊、张继等在上海创刊《国民日报》，章士钊主编。同年12月因鼓吹反清革命被封禁停刊。

11月4日 黄兴、刘揆一、章士钊、宋教仁等在长沙开秘密会议，决定发起组织革命团体华兴会。

本年 鉴于国势日衰，先生发奋读书，注目世界大事。

先生读书，不沾沾事章句。至是，鉴于世界大势，奋发兴起，凡新论译著，致力钻研。（《嘉兴当代人物志》，《浙江辛亥革命回忆录》第125页）

◎ 1904年（甲辰）清光绪三十年　32岁

2月 先生集资购嘉兴竹行湾土地，拆宝莲庵改建平房为校舍创立学堂，名为南湖两等小学堂，自任堂长。（《民国十六年嘉兴县属学校一览表》，嘉兴市档案馆藏）

9月 次女明光出生。（《浙江辛亥革命回忆录》第125页）

按：褚明光（1904-1990）一生未嫁。建国后曾任嘉兴民丰小学校长。

冬 蔡元培、龚宝铨等在上海成立光复会，其誓词为："光复汉族，还我河山，以身许国，功成身退。"

嘉兴敖嘉熊（梦姜）等，群集上海，以文字鼓吹革命，发行苏报，并组织光复会，结合同志，共图举义。两浙闻风兴起者颇众，徐锡麟、陶成章、魏兰、龚宝铨、吕公望、王文卿、屈映光、李组绅、王载卿、叶颂清、许耀、吴斌、夏超、刘凤威、周六介、周亚卫、周琮、张烈、王一、阙玉琦、张传文、杨哲商、尹锐志、尹维俊等，先后加入。（褚辅成《浙江辛亥革命纪实》，《浙江省通志馆创刊号》1945年第1期）

本年 先生东渡日本，始入东京警察学校，继转法政大学。（为官费生或为自费生，待考）

先生居常郁郁，闻国中俊良，群集于东瀛，乃决心东渡。始入东京警察学校，继转法政大学，与钮永建相契。因之于总理革命主义，深为服膺。时来学者多中国知名之士，有志家国者也。（《嘉兴当代人物志》，《浙江辛亥革命回忆录》第125页）

先生当清季，早读儒书，年二十二入邑庠，然志不在科第，痛清廷之腐败，慨神州之日蹙，去国游东瀛，与孙中山深结纳，慷慨谈革命，留东志士，亦多往就之。（上海法学院《褚辅成院长事略》，《上法校友会成立四周年特刊》）

先生于留日期间，委田月斧主持南湖小学堂。

褚氏离禾赴日留学后，南湖小学堂由田月斧主持建校和办学。田月斧光复会会员，小教界辛亥革命先驱，褚氏的未来亲家。名文渊，字毓斧，号月斧，嘉兴人。他与褚氏都居南门西米棚下，两家相距只有百米，父辈就有往来。田毓斧与褚辅成都是同邑庠生。(范建国《患难之两亲家——褚辅成与田毓斧》，《浙江档案》1993年第11期)

◎ 1905年（乙巳）清光绪三十一年　33岁

秋　在日本加入孙中山先生创立的中国同盟会。

三十一年七月，孙中山先生组同盟会于东京，（褚辅成）宣誓入盟。(关国煊《褚辅成（1873-1948）》，《民国人物小传》第10册第392页)

褚辅成，字慧僧。浙江嘉兴人。早年留学日本，1905年加入同盟会。(张宪文等主编《中华民国史大辞典》第1848页)

褚辅成，字慧僧。秀水（嘉兴）人。1894年（清光绪二十年）二十二岁进县学，正值中日甲午战争期间。第二年，康有为等公车上书，鼓吹变法，褚受到很大影响。戊戌变法失败后，目睹清政府日益腐败，决心从事反清革命。1904年去日本，入东京警察分校，后转入法政大学。1905年7月，加入孙中山、黄兴在东京创建的同盟会。(《浙江人物简志（下）》第54页)

褚辅成在留日期间，认识了孙中山先生，接受了孙中山先生的革命思想，并和秋瑾及其他江浙籍革命人士建立了联系。1905年秋，褚辅成在日本加入了同盟会，不久后即返回嘉兴开展革命活动，踏上了最终推翻清王朝封建统治的征途。(范展《辛亥革命时期的褚辅成》，《褚辅成专辑》第27页)

关于先生加入同盟会的确切日期，目前尚无确切史料考证。据地方史记载，浙籍同盟会会员的党籍存龚宝铨处，时清廷遣侦探东来，未生惧事泄，取同盟会浙党籍册焚之，故浙人无被祸者，但使不少浙籍同盟会会员的资料无从查考。

东京《民报》社被封，清政府所遣侦探东来者甚众，未生惧事泄，乃取同盟会浙党籍焚之，故浙人无被祸者。（《嘉兴先贤象传》，《浙江辛亥革命回忆录》第125页）

戊申秋《民报》馆被封，日本颇伺察中国党人，清政府所遣侦探东来者甚众，惧事泄，乃悉取浙江一部党籍焚之，故浙人无被祸者。（《龚味荪自叙革命历史》，《浙江辛亥革命回忆录》第104页）

12月 受命回国，任同盟会浙江支部长。

十二月，留学生掀起反对日本文部省颁布《清国留学生取缔条例》运动，褚辅成受命回国，任同盟会浙江支部长。（关国煊《褚辅成（1873—1948）》，《民国人物小传》第10册第392页）

留学界各省党人，纷纷奉派回国活动，秋瑾居上海主持革命工作，而先生受命为浙江支部长。（《嘉兴当代人物志》，《浙江辛亥革命回忆录》第125页）

光绪三十一年，同盟会成立于东京谋发难，先生奉命归国，策划响应，而徐锡麟、秋瑾先后以事败，身殉。（上海法学院《褚慧僧先生事略》，《上法校友会成立四周年特刊》）

先生受命为浙江支部长，积极筹备布置，广结同志谋覆清廷。而浙江革命前辈陈英士、姚勇忱、秋瑾诸先烈运帷策应，往来频繁。湖中有小渚，与南湖学堂为一水隔，亭屋数椽，景物幽邃，每借言视学，往往烟水四周相与剪烛中宵，深筹密策，首义始事。（《嘉兴当代人物志》，《浙江辛亥革命回忆录》第126页）

关于先生回国的确切日期尚待进一步考证。据1905年"大闹会审公堂案史料"记载，是年12月17日先生以嘉兴抵货运动代表身份在上海法租界四明公所集会，阿姆斯特朗在给总巡卜司赖根的信中有记载。信中说：

> 法租界四明公所内昨天下午举行了一次集会，约一千人出席。有12人同时分两处讲话，讲的都是同一个内容，讲得都很短。其中二个为戈朋明和严承业，另外几人是：褚博甫、孙纪刚、梁五云（广东人）、黄襄君（广东人）宋翰卿（杭州来的抵货运动代表）、褚慧僧（嘉兴抵货运动代表）、林方、刘人杰（算命先生）、魏松园（珠宝商人）和史子谦（宁波人）。
>
> ……
>
> 阿姆斯特朗（鉴名）1905年12月18日。（《一九〇五年大闹会审公堂案史料》见《档案与历史》第1期，1988年）

按：1905年12月发生的大闹会审公堂案事件，是上海市民继抵制美货运动后，针对英帝国主义的压迫掀起的又一次反帝浪潮。此时先生已在国内，参与了此次活动，因之先生回国的时间应在是年12月前。

◎ 1906年（丙午）清光绪三十二年　34岁

3月初　秋瑾到嘉兴，先生荐其出任浔溪女校教员。此为秋瑾开展革命活动提供身份上的掩护，真正目的是发展同盟会、光复会会员，壮大革命力量。

按：此为秋瑾第一次到嘉兴。据钱茂竹《光复会大事记》：褚辅成推荐秋瑾去吴兴南浔镇出任浔溪女校教员，教日文、理科、卫生等课，遂与校长徐自华及其（徐）妹蕴华结为知交。（《绍兴文史资料》第6期第17页）

> 秋瑾奉党魁命回国为革命运动，先至嘉兴，征得党员不少。冬季到杭垣，寓过军桥荣庆堂客栈，运动弁目学堂学生周亚卫、吴斌、徐忍茹等多人，加入光复会。次年（按：1906），秋瑾由褚辅成介绍，进南浔女学堂执教鞭。女教员徐自华等多受其召感而加入同盟会。不久即辞职，赴杭、绍各地征求党员，从者甚多。（褚辅成《浙江辛亥革命纪实》）

> 徐双韵《记秋瑾》：农历二月上旬，以嘉兴褚辅成的介绍，应湖州南浔女学聘为教习。（《辛亥革命回忆录》（第4册），文史资料出版社1981年）

> 光绪丙午春，浔绅张弁群等创为"浔溪女学"，聘女士主校务。时先大姊璇卿方归自东瀛，道出沪江，以嘉兴褚慧僧先生之介，往执教鞭，女士一见，如旧相识，同事两月，雅相怜爱。（秋宗章《徐寄尘》，《辛亥革命浙江史料续辑》第482页，浙江省社会科学院历史研究所、浙江图书馆编，浙江人民出版社1987年）

> 逊清末叶，辅成随同志奔走革命，先烈秋瑾女侠屡至吾家。时党祸方亟，人闻女侠之名，惊心怵目，而夫人识见深远，殷勤招待。（褚辅成《亡室沈夫人悼述》）

关于推荐秋瑾去吴兴南浔镇出任浔溪女校教员事，还另有一说谓：为陶成章所介绍。

> 瑾之再归也，成章复为绍介于敖嘉熊，得转荐为浔溪女校教员。（陶成章《浙案纪略》第377页）

据秋宗章《秋女侠史实考正》曰："是慧僧先生介绍的"。

> 这件事我从前听嘉兴褚慧僧先生（辅成）谈过，先姊的担任浔溪女学教员是慧僧先生介绍的。敖嘉熊也是嘉

兴人，大约因此误传。(秋宗章《秋女侠史实考正》，《辛亥革命浙江史料续辑》第451页)

在家乡掀起抵制美货运动，被郡人目为"疯子"。

丙午、丁未间即光绪末，抵制美货，由敖梦姜、褚慧僧、沈辅之、汪石礽、田毓甫等发起，参加者为陈南侯、严米石、陆仲襄、李楚人、马颂声及余等，用字条书"本国不用美国货"，加"誓不用美货"木刻章，四城张贴，劝告邑人，并在各埠头及洋关等处检查。一时风气激励，弥漫各乡市镇。(《逸庐年纪》，《浙江辛亥革命回忆录》第127页)

按：逸庐，即嘉兴辛亥革命老人庄益三先生。庄益三(幼三)号逸庐，居嘉兴南门，学徒出身，曾参加光复会、同盟会，追随褚辅成等民主革命志士，参加厉禁鸦片、驱赶府台、建立新政府等革命活动。

先生由参加革命而从政，意在缔造中国成为一个民主宪政的强国，扬眉世界，更从基础做起，致力于振兴地方，改革社会。在促进社会进步方面，先生号召掀起之运动：第一件事，光绪三十二、三年间，对美国压迫华工，表示抗议，号召国人拒购美国货(主要是美孚煤油)。第二件事，警劝国人戒绝鸦片，不使吸人膏血，倾家荡产。第三件事，劝阻妇女同胞勿再缠足，已缠者开放，以免折伤健康。此三者，每一运动，褚先生自编歌词，亲自手挈铜质面盆，走遍嘉兴大街小巷，一面敲盆，一面大声呼唱，促同胞警醒。略忆其歌词，关于拒购美货者，其词曰："劝人勿用美国油，改用其他代用油，每箱只用十文钱，功效胜于美孚油。"关于戒烟者，词曰："万事无如戒烟好,良田千顷为它抛,华屋广厦为它耗,壮健身体为它消,万事无如戒烟好。"(《褚辅成先生之一生资料稿》,《王梓良先生逝世周年纪念刊》第 160 页)

9 月 1 日　清廷预备立宪。

10 月　(农历九月)三子凤华出生。(《浙江辛亥革命回忆录》第 127 页)

　　按:褚凤华,字一飞(1906—1990)。1923 年起,先后留学于法国巴黎大学统计学院、德国柏林大学,1931 年回国。回国后执教于重庆大学、复旦大学、上海法学院、万县私立辅成学院。建国后任北京钢铁学院教授,曾被选为北京市统计学会副理事长。任教期间讲授《数理统计》、《统计应用数学》、《统计学》等课程。1950 年编写《统计学》及《统计学续编》等著作。

本年　先生兼任嘉兴府中学堂教员。

　　在 1905 年夏间,我在杭州蕙兰学堂暑假回籍时,正值美国禁止华工,上海曾少卿等发起抵制美货,杭州各界亦纷纷响应,印发传单。我乘轮船由杭至禾途中,即接有杭州育英女校女学生等分送传单多种,至嘉兴后见褚辅成与戚幼琴两人,为抵制美货持小锣鸣于通衢,以唤起国人爱国之思想。数日间相遇多次,以戚系旧识,遂由其介绍而识褚,知为当今之志士。其后我仍赴杭就学,彼等则留学日本。二年后复在原籍相晤,知褚在日毕业于警监学校,并参加中山先生之同盟会,后褚被目为党国元老,实于此始。彼回禾任嘉兴府中学堂心理学教员,我亦在该校任教英文,至此同事两次,朝夕相见,更觉接近。(陈叔夔《我与褚辅成之相识及关系》,《嘉兴市志资料》第 2 期第 50 页)

◎ **1907 年（丁未）清光绪三十三年　35 岁**

1 月　秋瑾代替徐锡麟担任绍兴大通师范学堂督办。3 月下旬正式获任命。

6 月　先生二次会晤秋瑾于嘉兴。

徐锡麟安庆发难，浙江等省回应，秋瑾二次来禾，重至南湖学堂，假言视学，一宿去杭、绍。(《南园系年杂记》,《浙江辛亥革命回忆录》第 127、128 页)

关于会晤的具体时间，台湾关国煊作 3 月、5 月说。

三十三年三月（或作五月）秋瑾访褚辅成于嘉兴，于水上谈首义事。(关国煊《褚辅成 1873——1948》,《民国人物小传》第 10 册第 392 页)

查《秋瑾年谱》，作农历五月十三日（公历 6 月 23 日）后。秋瑾从石门返杭州前，到嘉兴会先生。

瑾自石门返杭州，途经嘉兴，会褚慧僧于南湖小学，旋去。(《秋瑾年谱》第 110 页，郭延礼著，1983 年)

古历六月间，安徽革命起义，徐锡麟暗杀恩铭，新军之变，适吾乡沈曾植任该省提学使，出为维持，民不以扰。当皖省未发动前二月，秋瑾曾至禾来探视同盟会诸君，由褚慧僧招待，寓在南湖小学，住二日去杭。(《逸庐年纪》,《浙江辛亥革命回忆录》第 128 页)

按：上述关于先生二次会晤秋瑾的时间问题，台湾关国煊作三月说，或作五月说两种。关国煊所指三月、五月应指古历。而细读庄益三《南园系年杂记》、《逸庐年纪》两文，秋瑾第二次来嘉兴的时间似应在古历五月上旬。

读《秋瑾年谱》，知秋瑾于农历五月十三日夜间到石门徐寄尘家中，为起义事筹集经费，返杭前到禾会晤先生。故秋瑾二次来禾的时间在农历五月似应可信。

6月 母殳太夫人卒。

五月（农历），母殳氏去世，年六十九岁（1839—1907）。（关国煊《褚辅成1873—1948》，《民国人物小传》第10册第392页）

按：关于殳太夫人的家庭背景，多年来笔者曾数次采访褚家后人，以及在嘉兴当地寻访，终无所得。据百岁老人冯熙所知：殳太夫人是现嘉兴市大桥镇人。再考。

7月6日 徐锡麟在安庆巡警学堂举行毕业典礼时枪杀巡抚恩铭被捕，后被凌迟。10日，秋瑾悉安庆起义失利，积极应变。

光绪三十三年，徐锡麟谋在安庆发难，约江浙等省响应。秋瑾奔走嘉兴、杭州、绍兴，督促诸同志从速准备，并命大通学堂学生及嵊县竺绍康、王金发各部举义，复遣周亚卫星夜赴嵊，协助率军出发。不幸徐锡麟击杀皖抚恩铭后，功败垂成，即以身殉。（褚辅成《浙江辛亥革命纪实》）

7月13日 秋瑾被捕。15日就义于绍兴古轩亭上。

六月四日秋瑾被害，临刑有"秋雨秋风愁煞人"之句，传诵士林，程死狱中。当时在大通学堂者，尚有王金发、姚勇忱、胡士俊、尹锐志、尹维俊等，突围逃沪。同时谢飞麟在东湖学堂任监督，领导学生革命，来城访秋瑾，适逢大通案发，亦几被捕，旋逃沪。（同上）

关于秋瑾就义的日子先生所记恐有误，徐自华在《鉴湖女侠秋君墓表》中记载为6月6日。

至丁未五月，皖中事起，而君方自沪归，居大通学校。大通者，徐锡麟所兴创，而君素赞成之者。故浙大吏谓君同党，遽杀之，时六月六日也，年仅三十有三。乌乎惨已！（徐自华《鉴湖女侠秋君墓表》，《秋瑾集》，中华书局1960年7月）

10月22日　浙江铁路公司开股东大会，拒借英款，成立"浙江国民拒款会"，激起声势浩大的拒款风潮。（《申报》1907年11月1日）

11月20日　出席全浙国民拒款大会。

全浙国民拒款大会二十日下午二点借两级师范学堂开会集议，官绅商学各属代表莅会者约共三千人，嘉兴代表褚慧僧。（《申报》1907年11月29日）

12月1日　出席浙路集款会，认35万股。

浙江嘉兴寓沪同乡在上海三马路宝安里召开浙路集款会，议决设立招股总经理处，选举姚颂南，姚慕廉为总理。褚辅成代表嘉兴、秀水两县认股三十五万股。（《上海百年大事记》第643页）

12月3日　出席嘉兴拒款大会，并演讲。

嘉兴士绅于（农历）二十八日上午，借座精严寺开拒款大会，到者三百余人。当由陶君蔚甫宣布开会宗旨，褚君慧僧、董君东初、徐君忍茹等次第演讲，语意俱激昂，闻者多为涕下。特由公众决定，实行拒款以速集路股为唯一办法，当场担任招股者三十余人，谭志贤认三十股、褚慧僧、董东初各认二十股。（《辛亥革命浙江史料选辑》第233页）

本年 开办禁烟局，嘉禾为浙省最先。

浙省开办禁烟局，我禾最先。由褚辅成、陈连江、沈稚岩、田毓甫、汪石初等组织，成立嘉、秀两县禁烟局，局址设在宏文馆，嘉兴举吴文禧、秀水举褚辅成两人为总董。又嘉兴组织不吸烟会，推褚辅成为会长，众皆改吸旱烟，盛极一时。"（《逸庐年纪》，《浙江辛亥革命回忆录》第128页）

嘉兴有褚慧僧母舅发起，早自禁烟，及奉禁令，改禁烟局，余为评议员二年余。（谭新嘉《梦怀录》，《北京图书馆珍藏本年谱丛刊第196册》第676页，北京图书馆出版社1999年）

◎ **1908年（戊申）清光绪三十四年　36岁**

1月1日 报载沈县令（沈维贤）为民请命被撤任，先生联合嘉兴绅商合力挽留。

致杭州抚藩钧鉴：沈令治嘉得力，闻撤任，咸骇。现漕务、办枭、禁烟、学堂、铁路、工艺正资整顿。遽易生手，殊失民望。乞恩缓撤任。褚辅成、钱芬荣、谭日森等公叩。（《申报》1908年1月1日）

1月18日 出席欢迎江南新军大会，并演说。

嘉兴绅商学界十五日在府学明伦堂开会，欢迎江南第三十六标新军一营。该军统带何正修率队莅会。先由陶君慧斧宣布开会宗旨，敖君梦姜、褚君慧僧、陶君培群亦均依次演说。各军官咸起立致谢后，由某队官亦登台演说，略谓：我等本不足当军人资格，然天下兴亡，匹夫有责，江浙辅车相依，唇亡齿寒，故不能不来等语，闻者莫不鼓掌云。（《申报》1908年1月26日）

按：嘉兴与江苏省交界，当时匪患严重，经嘉兴府各县商会历次之请，江南第三十六标新军一营奉命来嘉兴清剿，嘉兴绅商学界为此召开欢迎大会。

2月25日 会葬秋瑾。会后先生与陈去病等人相约秘密成立秋社，推选徐自华为社长，决定每年秋瑾殉难日举行纪念活动，乘此机会聚商革命进行策略。

次年夏，吴芝瑛、徐自华两女士发起葬秋瑾于杭州西湖，两浙同志咸来送葬，乘此机会聚商革命进行策略。鉴于徐锡麟无军队响应，致遭失败，议定此后革命运动，宜注全力于军队方面……专待时机之到来。（褚辅成《浙江辛亥革命纪实》）

3月11日 同乡敖嘉熊遭暗杀，年35岁。卫士徐象黼仰药以殉。（朱福宜《记敖嘉熊》，《浙江辛亥革命回忆录》第90页）

夏 先生送长子凤章入海军学校，学习军事。

是年夏天，清政府烟台海军学堂在上海招生，褚氏与田毓甫商议，为培养革命军事骨干，让孩子到军校去读书，田毓甫慨然答应。结果，褚氏长子褚凤章，田毓甫的两个儿子田炳章、田焕章一起进了海军学堂。（范建国《患难之两亲家——褚辅成与田毓甫》，《浙江档案》1993年第11期）

10月 始与军界相熟。

冬十月，浙路风潮起，开拒款会于两级师范学堂。东京同盟会总会，有抵制政府之印刷物出现（不完粮、不纳税、谋浙江独立），并请计宗型以二千份寄顾乃斌，即在会场分送。嘉兴同志褚辅成，亦于斯时与军界相熟矣。（顾乃斌《浙江光复综述》，《辛亥革命浙江史料选辑》第501页）

11月2日　主持嘉兴府秀水县咨议局筹备选举。

　　嘉兴府秀水县咨议局筹备选举，经商会、劝学所合同发起，于本月初九上午借座宏文馆，召集各团体开特别会议，计到会者共二百余人。首由褚君慧僧宣布开会秩序，次公推商会总理高子辛君为临时议长。高君以选举期近，调查从速，刊有调查摘要数则，请清乡各董担任书记员。马君息深则朗读章程一通，嗣经公决办法各条如下：（一）职官置缺宜实任并列；（一）文武生员未被告发，皆有选举权，卒业生凡实习警官各学生，由高等小学送入者与中学同；（一）不动产田地每亩作二十元，房屋以五厘作息，以此计算递推；（一）嘉（兴）、秀（水）联合办理调查，分别县界，选举归于统一。惟属地属人（指外籍者）一说各有主张，期以杭府章程为断。调查事务所暂行分设，除嘉邑已定县置外，秀邑则在商会云。（《申报》1908年11月7日）

11月14日　清光绪帝去世。翌日，西太后那拉氏去世。

　　是年冬，清太后与清帝同时身死，以四岁小孩溥仪继位。（褚辅成《浙江辛亥革命纪实》）

12月7日　与蒋志新赴沪开会，筹议举事，因刘光汉告密，会议星散，举事流产，先生易服脱险。

　　浙省旅沪诸同志，咸以有机可乘，订期邀两浙各府属，推派代表集沪开会，筹议举事计划。期前到者，杭属有徐忝生、盛碧潭；嘉属有褚辅成、蒋志新；湖属有陈其美、姚勇忱、杨谱笙；宁属有庄之盘、周淡游、蒋箸卿、董梦蛟；绍属有竺绍康、王金发；台属有孙乃泰；温属有张云雷；金属有张恭、周华昌；处属有吕逢樵、吕月屏；衢、严两属代表尚在途中。不料党人刘光汉，已被清政府收买，侦悉此举，即向南京总督告密，由上海道与租界当局交涉，将张恭逮捕，并搜查秘密机关天保客栈。密谋尽泄，不能成会而星散。(褚辅成《浙江辛亥革命纪实》)

党人陈其美、张恭、王金发等日集江浙两省同志计画大举，以上海马霍路德福里为机关。时光汉逆迹尚未显著，故开会常获到席，众咸不之疑，因将党人开会详情密报端方，端方乃命上海道向租界当局交涉，即派警吏抄党人机关。陈其美适外出，周淡游、褚慧僧（辅成）易工人服装走脱，只张恭一人被捕，党人大举计画事泄中止。(冯自由《刘光汉变节始末》，《革命逸史》第2集第83、84页)

本年 先生常与浙江革命党人常集会于西湖白云庵，密商光复大计。

白云庵得山、意周师徒，受陶焕卿、龚味生二人感动，在光绪二十八年五月（时不确，有误），师徒一齐加入同盟会。自此以后，陶、龚二人每年必至白云庵歇夏。至宣统元年，竟为浙江革命秘密总机关，一月之中，时有会议。时主持浙江革命工作，有顾子才、褚辅成、童保暄等。而上海方面，陈英士和戴季陶是当时来白云庵次数最多者。(《革命月下老人祠》，《浙江辛亥革命回忆录》第129页)

西湖白云庵在南屏山之阳，雷峰塔之西，面临西湖，占地不广，而结构古朴。……清光绪二十年间，有老僧携徒游方到此，爱其清静，遂隐于是庵。当年浙江的主要革命秘密机关有三：一为绍兴大通学堂；一为嘉兴之温台处会馆；杭州之白云庵亦其中之一，为光复会、同盟会革命党人经常密谋之地。蔡元培、章太炎、陶成章、敖嘉熊、褚辅成、王文庆、魏兰、徐锡麟、王嘉祎、龚宝铨以及浙东会党魁杰沈荣卿、周华昌、竺绍康、王金发、张恭等到杭州多集于此,密商光复大计。(同上,第193页)

◎ 1909年（己酉）清宣统元年　37岁

3月6日　清廷宣示实行"预备立宪,维新图治"之宗旨,以回应朝野要求立宪,速开国会之请。4月14日,杭州开咨议研究会,浙江筹备成立咨议局。(《浙江辛亥革命回忆录》第130页)

6月6日　咨议局嘉兴、秀水初选结束,先生获次多数票。

> 嘉秀初选举业已开票,兹将姓名录左:嘉兴:张棣五十八票、王日极三十八票、沈文华三十五票、沈仰高三十一票、陆能三十一票……。次多数蔡锦祥、高儒渭、沈钧儒、褚辅成、郑维章、陶保霖、陶保廉、江廷沨、倪恒墉、朱辛彝、沈善均、钱文惠、王赓虞、梅绍福、盛邦采、朱保圻。嘉额缺七名,秀额缺八名,定于二十一日(六月八日)再行补选足额。(《申报》1909年6月9日)

6月11日　咨议局嘉兴、秀水两县重选结束,先生当选。

> 嘉兴县、秀水县两县重选举,嘉(兴)实到投票六百二十人,秀(水)实到投票五百三十八人,于二十四日如法开票……秀水当选人:褚辅成、倪恒墉、王赓虞、梅绍福、江廷沨、陶保霖、高儒渭、蔡锦祥;候补当选人:沈钧儒、沈善钧、郑维章、朱辛彝、钱文惠。(《申报》1909年6月16日)

6月26日　密友姚麟因革命运动遭挫,忧愤交集,夜半自沉嘉兴子城锦带河。

> 姚定生,浙江嵊县人,以字行。家本素封,多行义举,乡里间有善人之誉。大通学校自曹钦熙退职,山阴人余静夫为总理。静夫局外人,校中诸执事及学生以为不便,攻去之。竺绍康因介绍定生来校办事,寻被推为总理。定生虽善学务,而于秘密行情素未之悉,措置失宜,遂起风潮,定生辞职去之嘉兴,与褚辅成策画革命,引为同志。皖浙案发,恒郁郁不自得,未几竟投水死。(陶成章《姚定生传》,《嘉兴公祭七烈士特刊》1925年5月12日)

> 按:清朝时,嘉兴府在子城内,锦带河南通瑞虹桥,北连州后桥,以其环绕府治故名,今锦带河被填平改马路和住宅。

7月9日 出席嘉属七邑议员调查会成立大会,议决调查相关问题。

> 上月二十四日上午九时,在宏文馆开七邑调查协会,到一百余人,先由褚君慧僧宣告嘉府七邑调查协会章程,公决各县由议事员组织调查协会通讯处,会员调查事件先行报告本县通讯处,由通讯处汇报调查协会,并决定每县议事员二人,(嘉兴)董仲光、沈景山。……干事员吴鸿达、盛亮周。是日议决调查问题,浙江咨议局议案预备会所定调查大纲中重要问题数项,先行调查,今取其全省有共同之关系及适用于嘉属者,其无关系者删焉。(《申报》1909年8月17日)

7月19日 咨议局嘉兴复选举,当选为候补议员。

> 六月初三日,嘉兴复选举,重选投票,实到七十

人。初四日开票,当选候补议员名单录后:褚辅成(秀水二十三票),江文谷(平湖十三票),吴庚廷(海宁十三票),朱绍濂(石门九票)。(《申报》1909年7月26日)

9月5日 出席咨议局会议,被推为纠察员。

浙江咨议局假师范学堂开会,选举假议长、副议长一节,已志前报。兹悉,昨日午前各议员先在镇海试馆研究此会性质,大致有三:(甲)临时会。(乙)预备会。(丙)准备会。研究多时,决定为咨议局准备会。……某君起言:既须研究问题,应推举临时议长及纠察员、书记员。某君曰:议长应以第一席年尊者墨尔根图君主席,经众赞成,议长就席后,以艰于语言,故委托沈钧儒君自代,沈君就席。当推纠察员二人,熊文君、褚辅成君,书记员四人……。第一次开票,最多数沈钧儒得四十六票;次多数陈黻宸得三十九票;再选举开票最多数沈钧儒得五十票。次多数陈黻宸得四十票。又无效票五,沈钧儒当选。监理官宣言明日午后一句钟续举假副议长。散会时已近七点钟矣。(《申报》1909年9月8日)

9月6日 出席咨议局会议,选举假定副议长。

本月二十一日,浙江咨议局召集议员举定假议长沈钧儒,已志本报。当日为时正暮,未及选举假副议长。翌日午后二时,仍由董观察到会监理,摇铃入座,核计议员实到九十三名,来宾参观约二百人……。选举第一假副议长,第一次选举开票,计陈黻宸二十七票,陈时夏二十七票,陈敬第二十三票,王廷扬十四票。当由监理官开列次多数陈黻宸、陈时夏二人,投票再选,再选开票最多数陈黻宸,得四十九票,当选为假副议长;次多数陈时夏,得三十九票。……时已四句钟，褚辅成君起言："天时甚热，久坐非宜，请求暂散休息二十分钟。"众赞成，遂散。未几复摇铃入座，管理员发票选举第二假副议长，计陈敬第三十一票，陈时夏二十九票，王廷扬二十一票，王家骧九票，蔡汝霖二票，仍由监理官开列次多数陈敬第、陈时夏二人再选，再选开票最多数陈敬第，得四十九票，当选为假副议长；次多数陈时夏，四十三票；又空白票一。监理官报告假定正议长沈钧儒得五十票当选，假定副议长陈黻宸、陈敬第均得四十九票当选。(《申报》1909 年 9 月 10 日)

9 月 13 日 革命党人缙云赵卓（宏甫）在沪去世，先生曾撰文，深感惋惜。

君之殁，距辛亥二年耳，不及见吾党之有成而早死，爱君者惜焉！（褚辅成《赵君宏甫家传》，《赵氏宗谱》第 57 页）

9 月 19 日 先生出席浙江教育总会第三次年会，与王梅伯两人被推为纠察员，在会报告经费、事务两问题。(《申报》1909 年 9 月 22 日)

本月 （农历八月）三女明馨出生。(《浙江辛亥革命回忆录》第 130 页)

按：明馨日后与霍铭阶（广东人）结婚，霍曾任上海法学院教授。20 世纪 40 年代初先生在四川万县创办上海法学院万县分院时，特邀霍执教于该院。

10 月 14 日 出席浙江咨议局成立大会，选举议长。

九月初一日，浙江咨议局行开第一次成立大会，上午八时增中丞暨司道局各级长官、各署审查委员等以次在会。是日议员共到一百十二人。……由众议员投票选出陈黻宸得七十六票，为过半数，当选为正议长。第二次选举副议长时，褚慧僧提议："副议长得票通过半数，应以议员出席之数为标准，不以议员全数为标准。"即由众议员赞成表决，举出陈时夏得五十九票，为过半数，当选为副议长。第三次选举副议长，举出沈钧儒，得六十七票，为过半数，当选为第二副议长。选毕，由假定议长介绍陈黻宸、陈时夏就正副议长席，全体拍掌欢迎。议长陈介石君报告照咨议局章程，似应接续选举常驻议员，惟本日时间已迟，拟请于明日午一时续会再选。议员褚慧僧起言："事有六项，期仅四十天，似应宝贵时间，拟请提早于上午九时开会，俾得从容不迫。"而章程规定确系下午一时至五时，多数赞成照章，仍决定于初二日午后一时续会。（《申报》1909年10月16日，同见《绍兴公报》宣统元年九月初四日）

10月17日 出席并主持浙江教育总会大会，选举会长、副会长及修改会章。（《时报》1909年10月22日）

10月18日 当选为省咨议局候补常驻议员。

初五日下午一时开咨议局第四次大会，由议长陈介石君报告，前日选举候补常驻议员，因票未足额，延之今日续选举咨议局候补常驻议员，定额十二名。时议员出席者一百二人，选举结果顾荣第得六十五票、郑永禧得六十四票、褚辅成得六十四票……以上十二员当选为候补常驻议员。（《辛亥革命浙江史料选辑》第169页）

10月19日 当选为省咨议局第一股资格审查员。

初六日，议员出席者一百八人，选举各股审查员：（甲）照章定额选举第一股资格审查员九名，选出范耀雯、王佐、陶保霖、褚辅成、劳綗章、王廷扬、涂山、徐秉谦、邵羲九名。(乙)照章定额选举第二股财政审查员二十七名。(同上,第169页)

10月20日 当选为省咨议局第三股法律审查员。

初七日,议员出席者九十六人,续选举各股审查员:(丙)照章定额选举第三股法律审查员九名,选出张善裕、王家襄、邵羲、王序宾、刘耀东、陶保霖、金保稚、褚辅成、王廷扬九人。(丁)照章定额选举第四股庶政兴革审查员十八名。……照本局五选细则第十六条规定,分议员为九部,列表于下:……第七部十二员,墨尔根图、褚辅成……(同上,第169、170页)

10月21日 出席咨议局审查会,续选各股部长。(同上,第172页)

10月23日 出席咨议局第一次议案正式会,讨论完漕法律案等。

初十下午一时开第一次议案正式大会……陈议长演说民人生计之困难,吾等议员务宜致意。演说毕即提出议案第一件,议筹办全省简易识字学塾,抚宪委梁达章代布意见谓:抚宪提出之议案起草时系二三委员并作,今只梁委员一人在场,恐不能详尽说明,可否饬各委员同到。褚辅成起言,"代理有代理之权限,若用数人,不合办法。"增中丞起答,实因事件繁多,不得于用此办法。众无言,遂由议长宣付庶务审查会议。暂息,复又入座宣告第二案:医生营业规则。……遂接议第三案:完漕法律案,委员读理由毕,褚辅成起言:"此项规则对于完漕人民一面,规定甚为绵密,而对于收漕官吏一面,毫不叙及,是何理由？"邵羲言，收漕一面，弊病甚多，乃绝未提及，是否前弊已革除殆尽？王家襄言，大清例规定收漕弊病之罚则甚为严密，如能实行，何必再有此项规则，如因其不能实行，而必设此规则，是否大清例从此废止，是以变更确定之法律尤为不合。委员答，此系手续法补助法律之未备。王家襄又驳云：既云手续，何以比实体法为略？褚辅成言："既为手续法，何以对官吏收漕弊病，全无详细之规定？"委员答："未可专责官吏。"褚云："议员宜为人民请命，抑宜为官员曲谅？"议长问此案应否付审查？王家襄言：规则不能变更法律，今此规则，既与大清例抵触，可直废弃之。(《申报》1909 年 10 月 27 日，同见《绍兴公报》宣统元年九月十三日)

10 月 25 日 出席咨议局会议，反对宪政编查馆对咨议局行文用"札"。

十二日浙江咨议局下午一时开会，计到议员百有一人，议长报告各省来电争论督抚公文用札问题，谓须临时变更议事日程，先议来电问题，即督抚公文问题。……潘澄鉴演说，大旨请引议事细则第七十四条，变更议事日程，停止各议案，先将此案开议，读抚台札，准宪政编查馆电对局用札，对京堂翰林用照会，是重个人而轻团体，恐启行政长官轻视咨议局之端，殊违朝廷庶政，公诸舆论之意。褚君辅成继起演说，谓据此电文，对正副议长若为京堂翰林许以特权，不知议员一律平等，照此则显分阶级，且违背章程，实为不法之命令。于是众议员决电（编查）馆力争。褚君即请开审查会，商量电争方法，众赞成。遂开审议会审查报告。(《申报》1909 年 10 月 28 日)

10月27日 出席咨议局三读会，议疏浚杭嘉河道等案。

十四日咨议局三读开会，由副议长陈时夏主席。首由议员周斌请整顿会场秩序。次提议第一件诉讼暂行规则议案，委员读理由书。褚议员辅成问规则第三十七条，究属民事、刑事？第三十五条差役下乡，既无牌票，其需索有何证据？委员答，前条确为民事诉讼，至云证据并不泥定，即人证亦可。褚又言："执持"两字究作何解？委员答：不能一定泥古，当请议长据咨议局办事细则第一百条，准在席答问……。次，提议第二件疏浚杭嘉河道议案，委员读理由书毕，褚辅成言："轮船与民船进出口捐款一律，未免不公，应请规定。"……次议第三件浙江巡警经费议案。周斌起言：此项巡警是否地方巡警，仰系中央巡警？褚辅成言："巡警本为保卫治安，如从前绿营，其经费应由国家税提拨，且裁节绿营改办警察，究竟裁饷若干，行政官从未宣布，人民亦概未过问。"委员答：此项问题尚未查明。褚云："既未完全，则系一方面之议案，似不能付审查会。"……又次提议第四件，住民停柩暂行规则，经众决定于星期起付审查会，以十日为期，即散会。(《申报》1909年10月30日，同见《绍兴公报》宣统元年九月十七日)

10月29日 咨议局开第四次正式会，讨论先生提出的《浙江清查灾歉规则法案》等案。

十六日浙江咨议局第四次正式会，实到议员百六人，议长报告本日议案顺序。(甲)兴复浙西水利草案；(乙)审查筹办全省厅、州、县简易识字学塾议案报告书；(丙)浙江清查灾歉规则法案；(丁)法律股审查会第一次报告书（完漕规则法律案）；……经讨论甲案付审议会审查，乙案经讨论表决付第一读会。休息二十分钟后，复入座，书记朗诵浙省清查灾歉规则法草案毕，褚君辅成说明旨趣，王君家襄、韩君泽、梁君有立次第质疑，褚君一一答之。经讨论决议付审查，定星期五报告。（《申报》1909年11月1日，同见《绍兴公报》宣统元年九月十九日）

10月31日 出席浙江教育总会特别大会，宣读意见书，并代表主席公决修正会章。其组织分四部：一评议部；二调查部；三庶务部；四编辑部。评议每府2人，由到会会员中分府选举；调查18人，由到会会员用连记法记名选举；庶务、编辑由会长委任。（《申报》1909年11月3日）

11月1日 出席咨议局开第五次正式会，议南漕改折草案等3案。

十九日下午一时至三时咨议局开审议会，系审议内部之事。三时至五时开第五次正式会，提出事件及顺序已志昨报。王君世裕发一动议，讨论细则内第百五十条，规定议场内不得任意起立、移坐、偶语，褚君辅成起言，甲、乙、丙三案尚未提议，此事宜完竣后再提，免误时间。……当有书记诵完纳漕粮通省照市作价草案，詹君熙登台说明旨趣，并声明将"漕粮"二字改正为"钱粮"。余镜清起言，照市作价恐为胥吏舞弊之窟穴，应规定照市之办法。陈君翼亮言，此层须原谅，将来此事须由地方商会妥定。徐象严亦起讨论毕，褚君辅成请付审查，表决付庶政审查，定二十五日报告。议长又报告乙事件，为改良征收钱粮方法草案，由提议劳君綱章说明旨趣。……当有褚君辅成、骆君恒、沈君钧儒、王君世裕、楼君守光、陈君翼亮、邵君羲、余君镜清次第讨论。褚君辅成言："丙议案时间已到，请并付审查。"周君斌言：应两股并查，当经表决，定二十七日报告。议长又报告丙事件，为提议南漕改折草案，发议杨君山立，登台演说理由办法甚详，讨论良久。褚君辅成言："此事非全部分讨论不可，应付审议会。"众赞成之。（《申报》1909年11月4日，同见《绍兴公报》宣统元年九月廿二日）

11月3日 出席咨议局开第六次正式会，议灾歉分数法案等。

二十一日下午一时浙江咨议局先开审议会，至二时续开第六次正式会。议员实到九十五人，各署审查委员到十三人，由陈议长宣布提议顺序毕，审查农田水利会，主查员王泽灏君登台宣告，议员王世裕反对规则□，谓金、衢、严、处及湖州溇港不能并入农田水利会一节。邵仲威君起言，此事虽经审查报告，修浚河道与水利案绝然不同，应否付第二读会，众公决多数赞成。次提议第二条整顿书吏草案，发议者周斌君登台演述整顿理由，经众讨论后，陈议长宣告此议案应否由周君自行撤回修整，请表决。褚辅成君起言："周君草案修改与否，系个人权限，不能迫令修整，自可无庸表决。"众赞成，即振铃休息。三时二十分复入席提议第三条，维持国币法草案，由朱其镇君登台演述理由，议员彼此驳辨，决定先付庶政兴革会，限七天报告。……次提议灾歉分数法案，由主议员陈敬第君登台报告理由……公决连前日浙省清查灾歉规则一条并付审查会，限七天报告。次提议改良风俗续改良风俗议案，由发议员王渡君登台演述理由，劳絅章君起言，婚嫁从廉，本为圣训，然结婚之所何必一定要在公共地方或善堂，试问有根据否？褚辅成君言："主婚何以必须自治局之董事，然则凡为自治会之董事，必兼有为人民主婚义务，恐亦不胜其劳。"……公决不付第二读会，此案作为取消。(《申报》1909 年 11 月 7 日，同见《绍兴公报》宣统元年九月廿四日)

11 月 5 日　出席咨议局会议，讨论抚院批复事件等。

二十三日下午一时，咨议局开第五次审议会，议员实到七十六人。提议抚院批复事件，书记读抚批。审议长言：对于抚批请诸君讨论。褚辅成言："对于抚批之反对，有二问题：(一) 第五十四条内部审查，有侵犯司法之权，且诉讼事件，因章程规定，必经咨议局承认，官厅方能逮捕。若审查与否，与司法权无涉。(二) 第百七十条云云，确将条文舛错。"审议长又问：尚有何种意见？复经张善裕、张传保、楼守光、邵羲各议论辩驳。(《绍兴公报》宣统元年九月廿六日)

审议员陈敬第君以自己亦有讨论，照第十七条规定，请第一部长蔡焕文君行其职务。嗣复经陈敬第君、沈钧儒君、褚辅成君、王序宾君、张善裕君等一再讨论。劳绹章君起言，时间已到请议长复席，当由代理审议长蔡焕文报告讨论情形。(《申报》1909 年 11 月 8 日)

11 月 8 日　出席咨议局续开第七次正式会，提出修改议事细则第 48 条。

九月二十六日下午一时续开第七次正式大会，先议第五次审议会延会之议案，议员实到百零一人，各署审查员到十八人。入席后议员萧鉴首问电争体制宪政馆有无回电。次议长报告应议改良征收钱粮方法草案,提出者黄炎登台报告理由,由议员张传保、杨山立、沈钧儒、褚辅成诸君先后质疑毕,议长宣言日前张宣藻君议案已付法律、庶政两股审查,今将此案并入前案审查,主张此说者请起立,经多数赞成。次提议抚院批复事件,应研究者为第五十四、百三十五、百七十一等三条。沈钧儒言:昨到办事处见抚院来文,催报办事细则之报告,应请宣布。议长即宣读抚宪原札(原札略),张传保言:此项札文与咨议局章程不符,可以不必承认。邵、陈、沈诸议员彼此辩论多时未决。褚辅成问议长:"今日是否审议会,如系正式会,于讨论一层请注意。"议长宣告如主张五十四条不删者请起立,赞成者五十一人。又表决五十四条应修改者请起立,全体赞成。……潘澄鉴发议电争公文体制事,应请表决。邵羲谓此事非议事日程所有,应缓议。褚辅成言:"既经修改五十四条,应请将议事细则第四十八条末节'自审查一切'句起概行删去。"议长请众表决,主张褚说者七十八人。同日下午即开第八次正式会。(《申报》1909年11月11日)

11月10日 出席咨议局第九次正式会,议农田水利会法律案等。

二十八日咨议局开会,代理议长陈(时夏)副议长临席。书记将第八次正式会延会之农田水利会法律案(第二读会)第二章第六条朗诵,书记长言:此条审查报告书无修正。诵第七条报告如前。复诵第八条,书记长言:审查报告于此案内"命令"两字应改为"劝令"。刘君耀东言:此条强制的性质,应仍原文,众赞成。于是王君世裕、沈君钧儒、金君保稚、邵君羲、黄君赞希、褚君辅成、陈君翼亮讨论片时，表决照原文，删去"命"字。诵第九条报告无修正。褚君辅成言："会董不能代表法人，应改会长"，表决得多数。……诵第十二条王君渡言：甲、乙二条应并。褚君辅成言："宜添公举会董一条。"表决主褚君说得多数。诵第十三、十四两条，又诵第十五条，沈君钧儒言：此会董应改会长。金君保稚言会长、会董均应有。刘君耀东言：此会董当然改为会长。邵君羲、王君廷扬、张君傅保、陈君敬第、褚君辅成等次第讨论，表决主张第九条、第十五条同修正者得多数。诵十六条，褚君辅成言："议员三分之二到会应改过半数以上"，王君廷扬、刘君耀东不以为然。时已届乙案时间，邵君羲发议谓应接续提议本议案，众赞成。……诵第十八条，表决，照褚君辅成说删一岁字。……次议经费预筹事件，王君家襄成言：临时书记八员太多，应改四人。又言守卫听议长命令，系特派者应酬报，若巡士则可无庸。王君世裕言：守卫应以日计，不必以月计。邵君羲则定守卫长每日洋一元，守卫每日八角。王君世裕则定守卫长每日洋一元二角，守卫每日八角，两次表决皆少数。褚君辅成言："守卫长援照正巡官，守卫援照副巡官。"表决得多数。时已五句钟因延会。（《申报》1909年11月15日）

11月11日 出席咨议局第十次正式会，讨论文牍体制事件等，先生坚持督抚对咨议局行文"应用照会"。

九月二十九日下午一时，咨议局同开第九次延会之正式会及第十次正式会议。提议事件先由代理议长陈副议长摇铃就席，书记诵（甲）建议案，发议者陈君敬第登台说明旨趣，谓现在有私党而无公党，欲组公党必自除去政党之障碍始。复由褚君辅成、王君家襄略加讨论，即表决付审查。次议（乙）关于文牍体制事件，讨论良久。……褚君辅成谓："如认咨议局为立法机关，即应用照会。"沈君椿年等赞成褚。（《申报》1909年11月16日）

11月15日 出席咨议局第十三次次正式会，讨论浙江讼费法律案、浙江筹办巡警经费议案。

初三日下午咨议局开第十二次正式会议之延会及第十三次正式会，书记长报告到会人数。……提议戊案（严禁赌博草案），褚君辅成言："发议者黄君炎缺席，似应变更议事日程"。众以为然。遂提议甲案（浙江讼费法律案）第二读会。……书记诵第十八条，委员复声明所以用拘拿票之故，当经褚君辅成、王君廷扬、邵君羲质辩良久，决议改为传票。王君家襄又言：拘拿票既改，则此条全不适用，应全删，表决得多数。诵第二十条、第二十一条，褚君辅成言："此条应改为诉讼纸，价值应依诉讼状纸简章第四条规定，每纸定价当十铜元，十枚刻定，数额不得多收，并不得另取云云。"众以为然。……书记诵五十条，邵君羲又请委员说明原由，王君廷扬、褚君辅成、王君家襄、邵君羲、沈君钧儒、楼君守光等质辩良久，决议删去。书记诵（浙江筹办巡警经费议案）毕，委员登台说明抚宪意见，经褚君辅成、王君理孚质问数四，余君镜清谓褚、王二君说办法，某则对于筹款问题尤为踌躇，绿营裁撤之项既不能用其余各捐，有抽一种、二种、三种者，若再以警费责之，恐易生变。王君家襄言：教习不可裁，副巡董决可裁，表决裁去。邵君羲谓正巡董可改为名誉职。

嗣又议将副巡董之薪水改给正巡董，表决得多数。褚君辅成又谓巡警薪水太菲（薄），王君家襄则言除巡董表决不计外，其余均不应过菲。继又论巡警薪水亦谓太少，邵君羲言应定六元。褚君辅成言尚不仅此也，当定下级六元，中级六元五角，上级七元。委员言巡警通省有一万二千余名之多，加费甚钜。王君家襄言：果不敷宁减额。议长以褚说表决得多数。（《申报》1909年11月18日）

11月16日 出席咨议局第十四次次正式会，议省城警察总局裁撤、移房捐及裁撤绿营饷项，改充全省巡警经费议案。

初四日下午咨议局开第十三次正式会议之延会及十四次正式会议，陈时夏副议长代理，先提议省城警察总局裁撤问题，谓昨日未曾议决，应继续讨论。王君廷扬言：委员仅到一人，此事恐有质问，应否变更议事日程。褚君辅成言："委员既有到者，即可质疑。"王君理孚言：去年嘉秀并办，闻已批驳，昨王君说两邑合一机关，恐难办到，尚不如裁撤，每年可有万余金。沈君钧儒言：既有巡道统辖，道以下各府一律，何以杭州独异，至局费尚另一问题。褚君辅成言："总局照章各设一所，以州、县为总办，杭局虽人多地大，亦不应用费较各处加至百倍，总局应撤。"王君理孚言总局开销万余金，属局尚不在内。楼君守光、王君廷扬亦以太糜费，均主撤。代理议长向众表决，主裁撤者起立，多数。褚君辅成、王君家襄、沈君钧儒等又复讨论裁撤卫队、民壮等，以补充经费问题。楼君守光言：乙议案时间已到，遂发议讨论终局之动议。次提议（乙）移房捐及裁撤绿营饷项，改充全省巡警经费议案，书记诵毕，书记长报告沈君钧儒理由办法之修正，王君家襄言本议案已由沈君自行修正,可否照八十七条二三读会并读,赞成三人。褚君辅成言:"非法律案本无须经过三读会。"王君家襄即将动议自行取消。沈君钧儒言:对于委员有所要求,照《局章》二十三条,咨议局议定不可行事件,得呈请督抚更正施行,绿营饷项充办新军,此折闻尚未发,既不可行,应请不发。如日内须发,应先行知会咨议局。褚君辅成言:"第十三条固系督抚提议事件,然经费是否在局范围之内,既不交议,是否侵夺咨议局之权。"委员答言:此事发生于咨议局成立之前。褚君辅成言:"发生虽早,然尚未施行,总应交局议,否则违背。"委员答言:以绿营饷款举办新军与局无关涉。次议(丙)实行裁汰书吏法案,提议者周斌说明旨趣,辩驳甚详,褚君辅则言:"户房二十人刑房五人并不得为多,因发动议谓与洪锡承案有关系,请俟提议后并付审查。"又议(丁)实行裁撤书吏案,提议者洪锡承说明旨趣,王君家襄言:两议案一裁汰,一裁撤,惟有提出质问书之一法。议长因次第表决周、洪两议案,起立者少数,决议均不付二读会。次议(戊)海军缓办建议案,提议者丁君中立说名旨趣,王君家襄言:无甚讨论,可表决。表决成立。议长因提议(甲)维持国币草案第二读会。褚君辅成发动议谓:"末一条应加入凡龙元、小龙元不分铸币省份,一律行用。"王君家襄发动议,谓字句须修正者尚多,请仍付审查,表决得多数。又提议(乙)整顿学务议案,提议者余君敏时演述甚详且久。褚君辅成亦请登台发言谓:"第十二、十三等条虽系照章应尔,然谓不合资格者即行撤换,与事实殊多窒碍。至教科书部颁者亦不适用云云。"梁君有立请付审查,表决付审查。张君傅保谓当付特别审查，表决得多数。朱君其镇言：特别审查当由议长指定，褚君辅成赞成。遂散会。（《申报》1909年11月20日）

11月23日　当选为资政院浙江籍议员。

十月十一日上午，举行互选资政院议员十四名。抚院莅局监督，计议员出席一百十人，加入呈验委托凭证代理投票者二人，书记长报告应以五十七票当选。由众议员投票选出得票过半数当选者陈敬第、余镜清、郑际平、王廷扬四人，缺额十名，照章加倍开列，得票多数者王佐、蔡汝霖、陶保廉、沈钧儒、褚辅成、王家襄、邵羲……二十人，决定下午再续行选举。"

是日下午，出席议员九十六人，续选资政院议员。以缺额十名加倍开列，再行投票。书记长报告应以四十九票当选。选出得票过半数当选者邵羲、王佐、陶保廉、沈钧儒、褚辅成、郑永禧、刘耀东、蔡汝霖八人。缺额二名，再行加倍开列……合第一次选举四人，与第二次八人，共十四名足额。以每次选出时之先后为序：陈敬第、余镜清、郑际平、王廷扬、邵羲、王佐、陶保廉、沈钧儒、褚辅成、郑永禧、刘耀东、蔡汝霖、陈翼亮、王家襄。（《浙江咨议局第一次常年会议事录》，《辛亥革命浙江史料选辑》第173页）

11月25日　出席咨议局审议会议，主张议员请假逾期者除名。

十三日下午三时咨议局开审议会，临时由某议员要求改为秘密会，禁止旁听，是会讨论三案。……第三件，海宁议员朱宝瑨请假逾期前，由周斌提出照章除名，当时主张周说者褚辅成、陈翼亮、陈时夏，主张不除名者梁有立、陈敬第、张裕善、王世裕、邵羲，王家襄甚至同时起立，争辩者十余人，而陈翼亮与邵羲争之尤烈。审议长见秩序太乱，宣言时间已过，遂未议决而散。十四日开正式会，因到会议员仅五十三名，以未及过半数，不得开会，当即而散。(《申报》1909 年 11 月 29 日)

12 月 2 日 出席浙江咨议局闭会式。是日，资政院议员执照由院送到。

> 浙江咨议局延会日期已满十日，于二十日下午四时行闭会礼。抚宪增子固中丞届时莅会，官厅到者亦甚众。先由中丞登台演说，所以激励议员者，语甚恳切，议员均起立致敬。继由议长登台宣读答词，即摇铃退席。是日资政院议员执照亦已由院送到。查陈君敬第、邵君羲系杭州人，当以陆元鼎、孙树礼二人确定补入。余君镜清系宁波人，已张美翊君确定补入。郑君际平系台州人，以杨晨君确定补入。王君廷扬系金华人，以周炳文确定补入。王君佐系绍兴人，以阮性存君确定补入。陶君保廉系嘉兴人，以吴庚廷君确定补入。又余君镜清、陶君保廉、王君廷扬均常驻议员，以顾荣第、郑永禧、褚辅成三君确定补入。

(《申报》1909 年 12 月 5 日)

12 月 27 日 赴上海参加各省咨议局代表大会，上书清廷要求速开国会。(胡国枢《光复会与浙江辛亥革命》第 366 页，杭州出版社 2002 年 10 月)

> 商界贤达如沈公缦云、王公一亭、叶公惠钧、顾公

馨一与民党中褚慧僧、于右任、谭延闿、戴季陶、陈英士、张岳军等诸志士设秘密机关于沪北后马路天宝栈，而《民立报》亦为机关之一焉。每集会辄在深夜，而由商团团员之参加民党者挟实弹手枪，偶怀炸弹以卫。（伍特公遗稿《上海商团光复上海纪略》，《辛亥革命在上海史料选辑》第147页，上海人民出版社1981年）

◎ 1910年（庚戌）清宣统二年　38岁

1月17日　嘉兴府属桐乡县饥民15日闹漕，要求免租税，驻防水师开枪镇压，饥民毁粮仓、毁县衙。先生等上电抚藩宪：请济民食

> 抚藩宪钧鉴：年饥米贵，民心惶惶，请援案。电奏截留南漕十五万石，以济民食，并乞严禁私酿。褚辅成、唐景佺、吴文岩、谭新嘉、莫宗彝、盛邦采。（《申报》1910年2月1日）

2月　章太炎、陶成章与孙中山之间的矛盾随日加深，要求改组同盟会未遂。是月，重建光复会于日本东京，章、陶分任正副会长。但与同盟会在继续反满革命的大宗旨上是一致的。

> 按：同盟会、光复会两会之间的矛盾虽然日益加深，但并未影响先生在浙江与光复会会员间进行反清起事，合作共事，私人之间的友谊十分融合。俞寰澄在《回忆辛亥革命与首届国会时期之褚辅成先生》一文中说：慧老"与两会会友肝胆相照，感情均极好。他公正的精神，和平的态度，消弭了许多无形轧轹。这是功在革命，而人们所忽略的。"（《展望》第2卷第2期，1948年）

3月　因浙属连年荒歉，旧秋尤甚，致各府农民盖藏有

限，米市逐渐飞涨，转瞬青黄不接。先生联合嘉兴绅士禀省，要求浙属境内私酿一律严行查禁，以重民食。(《申报》1910年3月22日)

春 先生出任嘉兴府商会总理。(《浙江辛亥革命回忆录》第130页)

4月7日 巡抚部院批答质问书。议员王理孚依据咨议局章程第26条之规定，为厘局收捐洋价向较市价为短一事，领衔提出质问书，呈请批答。先生等赞成连署。是日巡抚部批答。现录质问书于下（巡抚部院批答略）。

> 据温州府吴准平阳厘局委员禀请出示，内有收捐洋价向较市价为短，盖因奉准厘饷，省局饬提每洋一元随解洋水盈馀钱二百文，归公拨用。今该局核收洋价以九六申算，除照章缴解洋水盈馀外，并无丝毫沾润等语。
>
> 查抚院前批咨议局议决《厘捐收用银圆折中定价案》，有向章每钱一千文合洋一元之语。又批答议员詹熙质问书云：各厅、州、县暨厘卡征收钱粮米折税厘，以制钱合洋，照市作价，久经通饬有案。兹据指称浙东各属照市作短一节，应候派员详细调查，禀复察夺。今平阳厘局核收洋价以九六申算，比照市价为短，又与向章不符。厘饷局既经通饬照市作价，又饬随解洋水，上慢下残，是否足为官吏违法之证？厘饷局对于委员之解款，准以一千一百六十文合洋一元。抚台对于民间之完厘，乃不准以银圆一元申钱一千一百文，是何理由？统乞明白批示。提出者：王理孚。赞成者：聂日培、叶诰书、王序宾、刘耀东、管穰、潘秉文、王家襄、蔡汝霖、洪锡承、蔡依鳞、陈翼亮、张善裕、杨山立、卢观涛、楼守光、萧鉴、王应奎、张传保、应贻诰、顾荣第、郑永禧、褚辅

成。(《浙江咨议局议员质问书》第一届乙编)

4月29日 巡抚部院批答质问书。议员王理孚为防止各属委员私曾局卡，苛敛病商一事，领衔提出质问书，先生等赞成连署。是日巡抚部批答。现录质问书于下（巡抚部院批答略）。

> 据咨议局议决厘捐革弊第一条第二项云：全省局卡处所应由总局开表颁发，各属商会俟颁发后，各属不得增设局卡，并不得托名巡船，常泊向无厘卡处截路起捐。其意在防各属委员私增局卡，苛敛病商也。兹阅浙江全省总分各厘卡数目及坐落地段，将来颁发各属，当即据此开表。惟官报内载：温属平阳分卡三处，除岭门、大渔外，桥墩地方并无分卡。此次官报所载是否校对错误，抑系委员有意冒领？希图列表，尝试以为增设地步。一邑如此，他邑可知。现当开表颁发，若无精确之调查，深恐易滋混弊。现在官报所载是否调查精确，抑仅据各属委员禀报？统乞明白批示。提出者：王理孚。连署者：聂日培、叶诰书、王序宾、刘耀东、王家襄、管穰、潘秉文、蔡汝霖、洪锡承、蔡依鳞、陈翼亮、张善裕、杨山立、卢观涛、楼守光、萧鉴、王应奎、张传保、应贻诰、顾荣第、郑永禧、褚辅成。(同上)

7月26日 巡抚部院批答质问书。议员王理孚为封境办理自治研究所是否不合，教员毛汝玠能否胜任一事，领衔提出质问书，呈请批答，先生等连署赞成。是日巡抚部批答。现录质问书于下（巡抚部院批答略）。

> 一、定自治研究所章程第三条，载明府、厅、州、县自治研究所所长、讲员，即以听讲毕业员分别派充等语。据自治筹办处《文报》第五所载自治学员成绩表，封

境、毛汝玠均以学绩不及五十分，列人最次等。此项学员可否比照部章作为毕业？此一疑问也。

一、自治筹办处《文报》第一内，载禀奉抚台核准之浙江全省自治研究所所招考简章，第八条有录取各员俟八个月研究期满，试验及格者，遵院颁定自治筹办处章程分派各该厅、州、县办理自治研究所，及筹备自治事宜等语。据此，则及格者方准派充，封境、毛汝玠所比照何项学堂考试章程，可称为及格而派充所长及讲员？此一疑问也。

一、自治筹办处《文报》第五内，详报抚台酌派学员办法文，有本厅、州、县学员是有成绩较优者，即派充各该地方研究所所长。如本地无人可派，同改派同府异县之成绩较优者。又云和、青田、乐清三县学员均考列次等，未便派充等语。据此，派充及格学员，应以本地为先，必无可派，始借材异地。现查江山毕业学员尚有徐鸣鹤、汪国馨二名，考列中等，未奉派充，当事者何以知其接办后无成绩而改派同府异县之学员考列次等者？且末便派充，则封境、毛汝玠之考列最次等者，何以独得派充？此一疑问也。

一、部定用人资格，不独自治研究所一端，若如抚台所言以接办后有无成绩为凭，则部定章程是否几同虚设，以后举行各项新政所有办事人员皆可援以为例否？此又一疑问也。

提出者：王理孚。赞成者：聂日培、叶诰书、王序宾、刘耀东、管穰、王家襄、蔡汝霖、蔡依鳞、陈翼亮、张善裕、杨山立、卢观涛、楼守光、萧鉴、王应奎、张传保、褚辅成。(同上)

8月7日 出席嘉兴国耻纪念大会，并演讲。

七月二十一日，嘉兴府英雨亭太守联合各团体发起府学明伦堂庚子国耻十周年纪念大会，府县各官，乍浦、王店、石门、嘉善、平湖、海盐、桐乡商会、学堂代表，郡城绅商学界暨府、嘉秀各校男女学生到一千余人。下午二时，奏军乐开会。英太守宣布开会宗旨，即演说。贵君翰香演说联军入都痛史，声泪俱下。……嘉善汪谷臣演说庚子之役天津失守，北京沦陷，两宫西狩，万姓流离，种种惨况，并十年中民穷财尽，百物昂贵，民生疾苦日甚一日之原因。劝国民爱国自强，勿忘国耻，以冀雪耻之一日。语皆悲切，闻者感动。朱君谦甫、周君子成、褚君慧僧、褚君博甫、方君青箱等相继演说。（《申报》1910年8月29日）

本月 浙路公司总理汤寿潜（字蛰先）因支持民众保持铁路权，受清廷谕令革职处分。此事激起江浙人民的保路风潮。（《申报》1910年8月30日）

9月9日 杭商组织浙路维持会，赞成嘉（兴）府商会创设留汤（寿潜）股票。（《申报》1910年9月12日）

9月10日 出席浙路维持会上海四明公所成立大会。

浙路维持会在上海四明公所举行成立会，二千余人出席。褚辅成报告，要求各府县设立维持会，总机关设于上海。（《申报》1910年9月11日）

9月14日 浙路维持会再开大会于杭州，先生报告谒见抚台情形。（《申报》1910年9月16日）

9月23日 率嘉兴商会代表70余人赴江宁观摩南洋劝业会。

宣统二年，南洋劝业会成立，督办为丰润张人骏。

各省各处由商会集中出品，送往金陵，并派代表莅会参观。嘉兴商会会长褚辅成、副董董翰先，于八月二十日，各业推定代表七十余人，并请沈一均、陈佑民、查西来及余等四人加入同往。抵下关时，有同乡马息深、张佑溪两君车站迎接，当晚设留宿，次日陪往参观。每省成立一馆，陈列土产为多。手艺技术推广东之牙器、湖南之湘绣、浙江、江苏之金石刻竹，为各省所无。吾禾之特产，有章园茶叶展出，获得该会奖金牌云。(《逸庐年纪》，《浙江辛亥革命回忆录》第130页)

9月28日 出席全浙商会路事会议，被推为代表，进京争存商律。

浙路自汤总理获咎后，经嘉(兴)商会发起，要求总会召集各属分会分所，订期上月念八日特开大会，公谋维持办法。是日，预定维持方法，酌分甲乙丙丁四条：(甲)浙路股票本由总、副理具名盖章，现既总理遭谴，应请刘副理即到公司暂行兼摄，以慰众望。(乙)函致公司，速将已认未缴股款于本年七月终止，抄示清帐，再行集议。(丙)共同研究公司律进退，商办总理权限，议决后呈由抚宪分别奏咨。(丁)公同议决后，请到会各分会再行分别集议维持方法，届期到者约百余人，公推贵翰香君主席，宣告意见。旋即提议办法，楼君覃安起言，今日之会由商会发起，当注重政府违背商律，似应联络全省诘问商部。褚君慧僧谓：商会之设责在保商，全浙实业仅此数百里之铁路稍有成效，而政府任情摧残，破坏商律，商人无所适从，商会形同虚设，竟可从此解散。现在惟有派员进京，要求商部尊重商律、公司律，要求无效，一律解散。……当由会众推定，嘉兴商会总理褚慧僧、温州商会林式言二君为全浙商会代表，并筹拨经费四百元为代表川资。(《申报》1910年10月2、4日)

本月 浙江学潮发生，（沈钧儒）先生与褚辅成、王嘉粲联名致函浙江提学袁嘉谷（树玉）称对学潮事应予慎重处理。(沈谱、沈人骅《沈钧儒年谱》第30页，中国文史出版社1992年5月)

10月3日 出席浙省咨议局第二年常会，选举审议长，结果先生得65票当选。(《申报》1910年10月6日)

10月5日 浙省咨议局因路事，第二年常会暂停议。(《申报》1910年10月9日)

11月4日 出席浙省咨议局第三次续开正式会议，提出钱粮征信册一案。

> 浙省咨议局因路事，两次停议，以致发生惩罚之命令，议员愈愤，决拟预备解散。不料初二夜半突然分配议事日程，定期初三开会。详细调查知因上月三十资政院一电，增抚颇悔惩罚之过激，遂改变方针，重行劝告。而全体议员仍坚持先奏之说，经陈议长往返磋商，增抚允即代奏，故布告开会。……
>
> 副议长陈时夏请宣布本日开会之原因，当由增抚逐节说明。陈云：抚台既已代奏，亦请布告时间，增抚答称于本日十二句钟出奏，并饬代理委员沈令惟贤详述内容。议员褚辅成起言："此次部臣以命令变更法律，实因无国会故，现在各省争先请愿，奔走呼号，浙人非居化外，何至无动于衷，应请议长变更议事日程，先提国会。"全体赞成。褚云："动议既经成立，请议长表决讨论。"陈议长言：讨论国会问题重大，鄙人微有感冒，请陈副议长临席，

表决变更，请发表意见。吴庚廷演说国会应策群力之理由。刘耀东请呈院代奏。褚辅成请由局直接电致枢垣，大众赞成褚说。褚又提议钱粮征信册一案，官厅以经济困难请拨部款，部臣悍然具奏作为无效，无庸置议一语已明见上谕，应请议长表决再行变更议事日程，全体认可，作为临时动议，即席分配呈请书，议决呈请资政院核办。增抚亦声明库款支绌，不得不请示部臣，请拨内帑。旋由褚辅成登台说明提出此案之原委谓："上年咨议局成立糜费巨万，而其结果仅仅得十七件之公布案。今馆部以不便官厅之故，任请取消，则咨议局将来尚有何事可做呈文云云。非敢责难抚台，为人民计不得不尔。因咨议局为人民设，非为官厅设也。况议案公布责在抚台，不得推诿，馆部即使经济为难，亦当磋商于未公布之前，不当取消于公布之后，实为官厅违背规则，似宜呈请资政院核办。"全体起立赞成。休息后复席提议戊案，筹办全省厅、州、县简易工艺厂，讨论决议先付庶政审查会。议员张传保起问，此次辞职诸议员应否付交审查会，未经规定应请表决。褚辅成亦言："今日开议对于资政院如何呈复，呈请书如何投递，亦应解决。"经大家决议，将呈文节略，大意发一电报，顺便报告开议情形，议员辞职应照《局章》第四十八条为无效。褚辅成又云："国会请愿宜速发电。"众赞成。时已五句五十分，遂散会。(《申报》1910年11月6日)

11月9日 主持浙省咨议局第二次审议会，审议整顿积谷法律案等。

初八日下午一时，浙江咨议局开第二次审议会，审议长褚辅成临席，报告议员出席者八十二人，照章提议甲案，整顿积谷法律案。经讨论，此案遂付审查。次提议乙案，庶政审查股第一次报告书（即劝业道提出劝工厂贫民手艺传习所等三种），全体议员一再讨论，决议重付审查，多数赞成通过。次提议丙案，本局决算案。金保稚言：决算内容繁琐，讨论多费时间，请照《局章》规定付之特种审查。审议长报告金君动议成立，表决多数赞成。审议长请议长复席，报告审议会结果。惟特种审查员如何选派，各有主张，表决四次，起立者均少数。嗣由褚辅成发动议，请用全体选举法，众赞成。（《申报》1910年11月11日）

本月 先生长子褚凤章与田焕章等17人毕业于烟台海军学堂。后奉派第一舰队服务。（《浙江辛亥革命回忆录》第130页）

12月9日 出席浙咨议局第二次常驻议员协议会，提出质问书。

初八日浙省咨议局开第二次常驻议员协议会，出席正副三议长暨常驻议员二十余人，提议表决事十三件：（一）呈请定期召集临时会，经大众决议，此事对于抚台应用两起公文，一将交来之预算表册认为不完全之交议案，照章返还；一呈请抚院规定临时会日期。……（十二）副议长沈钧儒提出质问书一件；（十三）褚辅成提出质问书。以上两件公决即日送院议。议长命书记将议决各案情形理由逐条报告一过，遂散会。（《申报》1910年12月12日）

12月19日 出席浙咨议局第三次常驻议员协议会。"（《申报》1910年12月23日）

12月29日 出席浙咨议局第四次常驻议员协议会，提出质问书两件。

上月二十八日下午咨议局开第四次协议会，议决事十一件：……（七）褚辅成质问书两件（一为通用龙元事，一为将军札杭府文事），议决均照送。（八）周斌质问书，议决修正后照送。（九）人民王大锦陈请书（由议员褚辅成介绍），议决返还修正。（《申报》1911年1月2日）

本年 开设协源丝行于南门西米棚下。（《浙江辛亥革命回忆录》第130页）

◎1911年（辛亥）清宣统三年 39岁

1月9日 出席浙咨议局第五次常驻议员协议会。

浙省咨议局常驻议员协议会，定章逢八开议，现因浙路借款亏耗一事，官厅议决照解事关全省权利，特定第五次协议提前于昨午开会，二时入席，出席者计正副三议长暨常驻议员张传保等二十一人。议决案十件：（一）浙路维持会来电关于部催措解浙路借款亏耗事，经全体讨论，此项亏耗其停解理由诚如维持会所云，事关全省，非仅浙路公司一方面之损失。决议以咨议局名义具呈抚院停解。……（九）议员褚辅成质问书（尚未缮送）。（十）催请本届常会公布议决案事，全体通过。遂散会。（《申报》1911年1月10日）

3月初 邀陈英士来嘉兴明伦堂演讲，明为推广体育会之组织，实则行结党之事。

辛亥八月前，其时在初春，由褚慧僧先生偕之来嘉兴，阳曰推广体育会之组织，实则行结党也。先生衣深青色长几及膝之大襟宽袖马褂，持短才尺许之旱烟袋，行路循循然，宛若一绅衿也。是日召集市众，演说于嘉兴县学

之明伦堂，陈体育保国之旨，听者动容。(《申报》1928年10月9日)

3月26日 主持全浙铁路股东第六届年会，决变更选举、彻查浙路财务。

二月念六日浙路股东开第六次届年会，是日股东到会者计六百九十七户，三万八千三百四十一股。上午十一时入席，盛副理布告开会词，大略谓此次为六届年会，而应议事件关系重大，照章请举临时议长，以资研究。当举出褚辅成君为临时议长，就席后委任田澍霖、刘耀东、徐申如、周斌四君为纠仪员。次会计部报告上年营业帐略。次入京代表沈剑侯报告在都争议事。次议筹款问题。邵章君言：废章保律事已大定，公司不能虚设总理，应请研究，请回蛰老（汤寿潜），全体欢呼赞成。惟总理不准干预路事系奉特旨，今邮部既允适用商律，应由公司要求该部代奏，收回成命，空言请回，于事无补。表决呈部代奏请旨，众赞成，通过。

午后一时复席，议长宣告同乡官代表发布意见……。王清甫起言：浙路初创，辛苦经营，当时纯为营业性质，自拒款以后，突变为义务性质，集腋成裘，全仗小股。今选举权概在万元以上，各股东以致选来选去仍是几位暮气之大人先生，可为浩叹，当议变更选举……议决以五元为本位得一选举权，十股以上有被选举权，当场举出起草员祝凤楼，褚辅成、马贻甫、王幼山、汤尔和五君任之，以两星期为限。登报一月，征集股东意见，再行召集临时会。

汤尔和诘问报纸所载副理与同乡官函商排挤蛰老事……盛老大怒，拂袖出席，全体大哄，狂呼散会。而咨议局议员周斌更大吹警笛，秩序紊乱，势将决裂。嗣经褚议长力挽副理就席，众始稍定。次有多数股东诘问公司内部之腐败，及董事擅挪公款各节……决议举出临时查帐员王清甫、徐申如、冯畅亭、杨振骧等四君，会同旧查帐员连夜彻查。二十七日延会一天，并印刷报告当场分送，再议选举新董，以专责成，全体认可。（《申报》1911年3月28日）

3月27日 主持全浙铁路股东第六届年会第二日延会，选举董事，敦请汤寿潜回任。

浙路股东念七日延会，是日全体股东均到，入席后，议长褚辅成改派纠仪两员。当请临时查帐员王清甫报告，略谓昨会股东委查孙问清擅挪部款，湖人潘某定购枕木久不交货两端，现查明孙问清担保望一公司借款十五万七千五百两及息六千三百两，有上海白克路地皮及房屋二百三十幢作抵。收支陈子荣亏逃，亦有银行股票，尚非擅挪。至伐木公司系苏浙两公司自向东三省创办，于孙更无关系牵连……。次议长宣读孙董事辩护书。次汤尔和指斥会系局长颜贯三大权独揽种种证据，今日报告尤为跋扈，而董事局及副理不加谴责，究竟作何生活。不料颜某不服，当众咆哮，斥辱股东，至全体哄堂，势将扭殴，会场秩序大乱。议长极力拦劝，其围始解。午后复席……选举董事，决派代表入都（并电）敦请蛰老回任。（《申报》1911年3月29日）

4月10日 出席浙省咨议局临时会，质问龙元贴水问题一案（此案先生曾先后三次提出质问书）。

浙省咨议局临时会于十二日上午开会，官厅自浙抚以次除提法司、粮道因公不到外，各署审查二十人出席，议员九十一人。褚议员辅成首先发言请申意见，议长允之。褚议员言："龙元贴水问题，前于二月初八公呈抚院，何以匝月未批，并及盐斤加价一案质问抚院，请当场说明。"中座即命代理委员杨守起答：浙江官厅与社会习惯使然，并非故意为稽宕。褚问是否法律不能战胜习惯？贵委员词气系代商会辩诬，而商会复代官厅计划，可谓无独有偶。中座复声明划一币制之困难。阮性存起言：社会习惯甚痼，办理果难操切，然官厅既有明文禁止贴水，似须遵照实行，不能骑墙两可。中座允即提出照办。……众议将龙元贴水案请抚院速定批答期限，中丞允五日后答复。惟盐斤加价一案须待运司行查详报，再行批答。及散会时已过午矣。

下午复席，首议地方行政岁出经常门民政费一种（计四款），及抚院说明书毕，警道杨观察因第二款内有省城及府厅州县巡警经费，拟请发表意见。议员褚辅成起言："此项预算系民政费全部，应请藩司到会说明理由"，不料杨观察时适醉酒，误会议员阻挠言论，谓今日藩司并未莅会，尚云藩司，藩司所来者独一巡警道则不许其发言，既不许发言则我迳请假去矣，言毕出席。致议员阮性存、陈时夏、王世裕等群起诘问巡警道扰乱会场秩序，要求议长照例执行，勒令复席。其时财政委员方拟登台演说，褚辅成阻之，谓必先规复秩序方能开议。其时杨观察方在二门内大声叫骂，暴跳如雷，指斥议员无礼，经该署科员及沈思齐大令、书记长等极力劝慰，勉强复席，怒对众议员谓诸君不许我说我就不说，声色俱厉。全体大怒，群起哄堂，几至决裂，幸陈议长极力解纷众怒，始已当由财政局员说明民政费规定内容。褚辅成质问预算交议之件，是否尚有细册，应请另送决算表暨详细底稿。次杨观察登台谓，方才彼此误会，均为地方公益起见，并非各为私图。沈钧儒起言：议员所希望者说明警费规定之内容，其余可从缓议。杨观察唯唯，当将原稿宣读一过，众议员逐节质问。(《申报》1911 年 4 月 12 日)

4月27日 广州发生黄花岗七十二烈士死难之役，震动全国，浙省深受其影响，先生等亦有浙江起事之筹划。

广州黄花岗起义前夕，陶成章赴上海策划起义。吕逢樵、王金发参加部署，会后积极筹备整装待发。不幸黄花岗一役失败，陶赴南洋联络华侨，筹款办报，鼓吹革命。吕逢樵回浙江，联络陈其美、褚辅成、吕公望、王金发等再次筹划浙江起事。(徐焕凤《吕逢樵传略》，《缙云文史资料》第 1 辑第 15 页)

5月30日 发起组织全浙国民禁烟分会。议决禁烟大纲。并当场拟致外部电稿。

鸦片条约万不可续，英使请加税停捐，意在破坏烟禁，并乞力拒。浙省国民禁烟会褚辅成等十一府代表公叩。冬。(《申报》1911 年 6 月 2 日)

6月11日 主持全浙国民禁烟分会成立大会。

全浙国民禁烟会前由咨议局议员褚辅成君等于四月初二开会发起，推定临时干事共同组织，订期十五日下午假座高等学堂特开成立会，十一府禁烟绅董代表会员等共到二百十三人。警道杨观察、杭府英太守、钱塘高大令，并有美国长老会牧师司徒先生等三君。三时入席，干事长徐维则君布告开会词，并述缘起。褚君辅成报告会前准备情形及十一府通信说贴意见书等十七件。（一）仁钱禁烟分所请如限勒停膏土店（即咨议局公布之九月底、十二月底册期）。（二）取缔戒烟丸贩卖。（三）从速筹款公立戒烟局。又绍属议员王世裕请力争外部与英商续约，仍收膏捐各条，会众多认可。次警道杨昧莼观察委托宣读颂词。次修改暂定简章二十一条，逐条讨论通过。次投票选举沈绅钧儒为正会长，汤绅尔和副之。又选十一府干事员梁有立等十一员，评议员邵羲等十一员。次提议事件，由褚君报告，汪委员查禁瑞安烟亩惨遭戕害，同人等拟于十六日假座安徽会馆（汪系皖省泗州人）特开追悼会，以志哀忱，全替赞成。至七句十分钟散会。（《申报》1911年6月13日）

同日 支持浙籍国民会会员李复真、李砥等在嘉兴成立国民会嘉兴分会。（汪林茂《浙江辛亥革命史》第199页，浙江大学出版社2011年8月）

6月30日 杭垣国民尚武会成立，先生被推选为副会长。（国民尚武会实则隐为武装起义做准备）

全浙国民尚武会，由留东代表詹麟来诸君联合绅学各界，共同发起，刊布简章九条，订期六月初五日假两级师范学堂开成立大会。是日十一府绅商学界到一百四十六人，来宾会员异常踊跃。首由徐班侯侍御报告本会发起理由，次由褚君慧僧推举徐侍御为临时会长。胡君晴波为临时书记。次由主席宣读简章九条，逐条讨论，酌改第四条，干事为二十四人，余均仍旧。次提议上海国民会长沈曼云君来函，及简章□□意见三条，（一）发行杂志，注重宣传；（二）刊布国耻书刊；（三）刊发浅近法律、政治诸学说。……次，投票选举正副会长，徐侍御班侯得九十七票，当选为正会长，褚辅成得四十票副之。次公推沈钧儒、陈时夏等二十四人为干事，王家襄等八人为帮办干事。……次，国民会代表严劲君，留东学界代表吴玉君，上海商界代表陈英士君及干事沈钧儒等次第演说。(《申报》1911年7月2日)

俞君（芝祥）回国作革命运动。至沪，与陈公英士、黄公膺白、于公右任、王公季高商策进行。至杭，与褚公慧僧、徐公班侯、陈公纪怀、金公理才商议国民军名义不免（为）政府注目，改国民尚武会，以期进行。(王澂莹《俞芝祥行述》，《嵊县文史资料》第5辑《辛亥革命史料专辑》第42页)

7月中旬 浙江遭水灾。先生与沈曾植、金甸丞等筹办赈务，救济灾民。

秋，嘉兴大水，先生与沈曾植等筹办赈务。其办事人员即以自治会、商会、农会等会员充之。

七月，浙大水，波及郡城，公与金甸丞太守、褚慧僧（辅成）等筹办赈务。(《沈寐叟年谱》，《浙江辛亥革命回忆录》第131页)

7月31日 同盟会中部总会在上海成立，以推覆清政府，建设民主的立宪政体为主义。奉东京本部为主体，认南部分会为友邦，而以中部别之。总机关设于上海。(《辛亥革命在上海史料选辑》第7、8页)

10月10日 武昌起义爆发。

宣统三年八月十九日（夏历），武汉首揭义旗，革命军占领武昌，举黎元洪为都督，当晚杭垣仅得简报，未知

详情。(褚辅成《浙江辛亥革命纪实》)

10月12日　同盟会中部总会陈其美亲来杭。次日,约集先生、顾乃斌等密议起事。

　　八月二十一日,陈其美亲来杭,谓武汉已有密电到沪,促各省响应。次日,约集顾乃斌、褚辅成、吕公望、朱瑞、黄元秀、吴思豫、俞炜、童保暄、傅孟等,在西湖白云庵意周和尚处密议。当时军界同志分急进缓进两派,意见未能一致,遂决定分头着手准备,七日后再议具体办法。第二次会议,八月杪(十月二十一日)在城隍山举行,陈其美派姚勇忱来杭参加。(褚辅成《浙江辛亥革命纪实》)

　　八月廿二日,庄之盘、姚勇忱由沪至杭,邀集朱瑞、顾乃斌、朱健哉、吕公望就白云庵秘议,未能作出决定。次日再开会于凤林寺,又无结果。公望为避侦探耳目,乃建议第三次集会于二我轩照相馆楼上酒肆,结果还是没有定议。庄、姚两同志因沪事急,廿五日遄返上海。吕公望亦于次日往申,约廿七日吕返杭。(吕公望《辛亥革命浙江光复纪实》,《浙江辛亥革命回忆录》第163页)

10月19日　先生经朱瑞(介人)介绍加入光复会,赴上海秘运枪械到杭。

　　城隍山四景园会议作出如下决定:一、采取今日由朱瑞新介入会的褚辅成的提议,起义时拥汤寿潜为浙江都督,以资号召。二、采取朱瑞提议,城内有防营兵三千,械弹充足,新兵仅仅在数目上可以相抵,而子弹每人十粒,恐难持久,必须促王金发速返绍兴独立,请吕公望赴缙云督吕逢樵秘运民兵迅往富阳独立,如此可诱兵外御,以孤其势,我方减轻压力,发难就易。三、定九月十九日为行动日期,并约定公望于事前赶回协助;一切会内应有事宜,则由童保暄代吕负责。四、采取吕公望提议,由新会员褚辅成往上海李柱中处秘运手枪二百枝,到艮山站交由王桂林派兵接运抵杭,屠于万松岭敷文书院。(吕公望《辛亥革命浙江光复纪实》,《浙江辛亥革命回忆录》第163、164页)

10月22日 前后,赴沪接洽起义事宜。

九月初,陈其美派黄郛、蒋中正来杭,与各同志相见,并催促进行。复在城站集议决定,加紧筹备,并推褚辅成赴沪,商请陈其美筹发炸弹、印信及发难费。褚辅成并往洽商后,陈其美嘱其先回杭主持筹备事宜,所需各物随即送来。一面派屈映光赴宁波运动新军营长许耀、叶颂清等同志发难,均表赞同。(褚辅成《浙江辛亥革命纪实》)

返杭过禾时,密抵家中,布置嘉兴起义。

九月初,褚辅成赴沪接洽发难事宜,返杭过禾时,下车密抵家中,而陈(仲权)偕焉。乃召集田毓甫、钱大忠、庄幼山、戚思周等,并嘱庄幼山随陈到沪,嘱田、钱协助学堂禁烟总董等事后,当晚赴杭。翌晨,陈偕庄(幼山)离禾。(《南园系年杂记》,《浙江辛亥革命回忆录》第131页)

10月27日 出席杭州太平坊巷起义会议,部署起义事项。

至二十七日,上海派黄郛到杭,召集同志在我家(太平坊巷)开会,计到会褚辅成、朱瑞、顾乃斌、韩绍基、葛敬恩、吴思豫、周亚卫等,讨论进行部署及准备工作,并决议在李絅棠家(横箭道巷)设临时机关,作存储各项需要弹药物品及外地来杭人员接洽之处。此时杭州风声甚紧,萧统制已有所闻,当派副官叫我去谈话。不久,上海先后派庄之盘、吴文禧等运来炸弹及发难费等，存储李絧棠家。(傅墨正《辛亥革命杭州光复的回忆》，《浙江辛亥革命回忆录》第182页)

八月下旬，上海又派姚勇忱到杭，由褚辅成、黄凤之约吕公望、傅永其、童保暄、徐乐尧、王萼等，到西湖白云庵、刘公祠等处开会，翌日又集于吴山挹芳园，拟定大体计划带申，与上海同志参考。

九月，上海陈英士到杭，在警界同志雷家驹家（与顾乃斌《浙江革命记》同），邀集会议沪杭发难计划，杭先抑沪先？或杭、沪同时举行？决定杭在先，待杭举义完成，抽一部分军队，火车输送到申，占领上海全市。……

是后，又在军官傅孟家约集在省各同志开会（与顾乃斌：《浙江革命记》同），议定每星期开会两次，汇报连络与准备情况。因各有本职工作，未能开会全到，且避当道耳目，遂举定代表：第八十一标管带朱瑞、督队官俞炜，第八十二标管带顾乃斌、教练官吴思豫、冯炽中、督队官傅孟，炮队队官徐士镰、鲁保仕，工程兵督队奚骏声、辎重营代韩绍基、督练公所谋略黄凤之，宪兵营执事官童保暄、旗官傅永其、咨议局褚辅成，警官雷家驹、夏之声等。此后到期在吴山四景园、西湖白云庵等处开会。……

九月上旬，上海又派黄天声（黄郛）、蒋志清、蒋著卿、陈泉卿等来杭，开会于顾乃斌家（与顾乃斌《浙江革命记》同）。军警各界同志决议：临时总司令为宪兵营童保暄（因宪兵营有马，传达迅速），徐乐尧、黄凤之、葛敬恩为总司令部参谋，并推举褚辅成设立集合办事处，（顾乃斌《浙江革命记》为"并举褚辅成担任建设机关部")。并推举顾乃斌为南路司令,统带第八十二标队伍,傅孟、冯炽中、吴思豫为参谋长,冯炽中副官。又举朱瑞为北路司令,统带第八十一标队伍,举陈国杰、俞炜为参谋,定在九月十五日前决定举义。陈、蒋、黄等得此决议后,即返沪筹划汇款、运械、接济等事。(黄元秀《辛亥浙江光复回忆录》,《辛亥革命浙江史料选辑》第517页)

10月31日前后 革命力量结集杭州,政治组织由先生负责。

九月初十日左右,庄之盘送来发难费三千六百元,吴文禧送来浙江都督印信。陈以义随身运送炸弹一箱,到杭时,恐被检查,留置车站,幸站长及职工均表同情于革命,设法藏匿,得未败露。是时杭垣警察由夏钟澍、雷家驹负责接洽,一致表示赞助。守卫抚台衙门之巡防营营长金富有,亦由雷家驹说服,接受革命军委状,升任团长。各地革命同志,已有数百人陆续来杭,特借凤山门内李絅裳住宅设立总机关,日夜会商,布置皆已就绪,遂决定九月十五日破晓前发难。分配任务如下:……(四)政治组织由褚辅成联络咨议局陈时夏、沈钧儒、张传保(申之)等设计准备。(褚辅成《浙江辛亥革命纪实》)

力主汤寿潜任都督。

发难数日前,顾乃斌邀朱瑞、黄元秀、吴思豫、褚辅成等十余人,在其家中商讨都督人选。朱瑞首谓:"军界中无人愿居高位,拟推褚辅成担任此席。"褚答称:"东南及江北各省均在观望中,吾省宜推一员有重望者担任,方足以资号召,革命较易成功,汤寿潜先生为沪杭甬铁路争回自办,众望所归,堪膺此选。"众赞成。(同上)

11月2日　与陈时夏密商迎汤寿潜。

九月十二日晚间，褚辅成密商咨议局副议长陈时夏，请其次日赴沪迎汤。（同上）

在光复前两天（阴历九月十三日），我们就派陈时夏赴上海欢迎汤来杭州。十五日早上，我们又打电报给他，由陈黻宸、褚辅成、马叙伦和我四个人具名，报告浙江光复情况，催他赶快来杭州。下一天，火车通了，汤寿潜于下午偕陈时夏等乘火车到达杭州，直赴咨议局，跟大家商议一切。（沈钧儒《辛亥革命杂忆》，《辛亥革命亲历记》第131页，全国政协文史资料委员会编）

11月3日　与顾乃斌等开起义紧急会议，决定攻击计划。

至十一月三日，风声更紧，深恐拖延事日，消息走漏，有所不利，遂于是日召集褚辅成、顾乃斌、俞炜、童保暄、葛敬恩、徐士镳、吴思豫、王桂林、韩绍基、来伟良及我在顾乃斌家中（上板儿巷老人弄）召开紧急会议，决定攻击计划。当推顾乃斌为浙江都督（对推都督多说并存），褚辅成为民政长，周承菼为浙江军总司令。当时顾乃斌以都督责任太重力辞，暂缓决定，余均通过。（傅墨正《辛亥革命杭州光复的回忆》，《浙江辛亥革命回忆录》第183页）

11月4日　各起义部队按照决议准备起义。夜，顾乃斌、童保暄设临时司令部，以"独立"二字为口号，宣布起义。

至九月十四日，各地革命领袖王金发、谢飞麟、王文卿、蒋著卿、屈映光、周琮、陈泉卿、童济时、张伯歧、孙乃泰、黄梦蛟、计宗型、盛钟彦等，均已齐集杭州，傍晚分发炸弹于敢死队，并以大炸弹两枚交勇士陈占

芬潜伏抚台衙门间壁民房上，轰炸抚台上房，部署既妥，晚餐后，分头出发。(褚辅成《浙江辛亥革命纪实》)

同日 在杭会嘉兴计宗型（字仰先），部署嘉兴起义。

十四日，计宗型去杭会褚辅成，适庄幼山由沪赶回，相遇车站，密示计以檄文印信，计嘱往嘉福客栈，晤董耀庭、陈家玉，再回南门晤汪石礽。庄晤董、陈后，商洽安抚标营。部署既妥，乃见汪密议。汪为府署幕友，知府杨次典，云南人，有书生气，甚畀重之。下午，汪始走谒，告以淞沪起义，杨究消息来源，以实告，乃挽汪探询对其安全。汪出，偕庄以檄文报章等进谒，讽以出走。时标统沈琪山、赵廷玉在侧，沈持异议，为杨所止。傍晚，杨微服简从，偕沈、赵至南门汪宅，留赵托汪替代移交，雇小船与沈避野猫洞，后绕道魏塘赴沪。(《南园系年杂记》，《浙江辛亥革命回忆录》第131页)

11月5日 杭州新军起义，杭城光复。

午夜一时，陆军等八十二标由吴思豫、顾乃斌协助，周承菼率陆军，蒋中正率敢死队进城，直扑抚署驻军，同时陈占芬所持炸弹掷中抚台上房，顿时着火延烧，敢死队冲入抚署，大门卫队略事抵抗，旋即降服，巡抚增韫及眷属皆被擒。第八十二标朱瑞与敢死队王金发，进攻军械局驻军，亦已得手，取出炮弹枪弹多箱，两标部队在城站会合，发给子弹后，各拨一部包围驻防旗营。十五日拂晓开始攻击，旗兵初甚顽抗，屡图冲出反攻，遂派吴思豫督率金富有巡防营猛攻，旗兵恐遭革命军屠杀，激战半日，依然闭门坚守。午后四时，陆军在城隍山架炮连发数十弹，击中将军衙门，一面由汤寿潜（蛰仙）作书劝降，旁晚将军派代表到谘议局见汤,接受投降,深夜派吴思豫、傅孟入旗营办理缴械。光复杭州之军事行动,至是遂告结束。
(褚辅成《浙江辛亥革命纪实》)

同日 迎汤寿潜来杭。

九月十四日上海已宣布独立,九月十五日晨,先由浙省铁路城站发电,专送浙江旅沪学会,报告光复情形,请汤即来。汤寿潜偕陈时夏、王清夫、高尔登、韦以黼等乘专车,下午三时到杭,各界即在咨议局开会欢迎,当场推举汤为都督。汤就职后,宣布全省免粮免税一年,并发表军政府各部部长名单,同盟会会员只有褚辅成一人。
(同上)

11月6日 汤寿潜宣布拟定军政府组成人员名单,先生初为交通长。

十六日六时始定大局,当经汤都督派出临时职员,以便组织政治机关,举陈黻宸充临时民政长,周赤忱为总司令官,沈钧儒充交涉长,褚慧僧充交通长,汪曼峰充巡警长,其余议员均派临时招待庶务书记等职。现闻民军领袖咸以陈民政长乡望不孚,且系反对独立者,拟于今晚七时开大会,改选褚辅成君担任。(《申报》1911年11月8日)

11月7日 各界代表会议,军民各领袖不满汤寿潜拟定的军政府组成人员名单,重新讨论组织军政府各部人事,冲突至为激烈。

民国军于十五日破晓前四点钟光复杭州,即举汤君蛰仙为都督,暂借咨议局为机关部。十六日下午旗营缴械请降,大局初定。由汤都督商敢死队长黄金法(王金发)、蒋介石诸君分派临时民政长沈衡山等六员暂资总管。不料咨议局陈黻宸谋充民政,改沈君为交涉。即晚派本局书记长胡晴波盘踞警务公所,并派温州私人某某等充三城警务长,并在浙江日报宣布,妄称公举,军民各领袖大哗,立刻派队将胡晴波锁交司令部,陈亦宣布辞职,该报即于本日停版。敢死队黄、蒋诸君因此于十六日晚特开军事会议,改举褚辅成君为民政部长,其余司法、财政、交通、交涉诸部,定十七日晚续会选举,临时派出者一律取消。另推陶冠臣等八君为参议,凡都督府事无细巨均由参议部协商。(《申报》1911年11月9日)

王金发要求另举都督,先生誓死力争,议决都督暂不更动。

王金发提议:秋瑾被害,喧传汤寿潜曾赞一词,不应举为都督。力主改选,附和者不少。褚辅成表示反对谓,湖南焦都督就职三日,即被倒,舆论颇多批评,浙省若再演倒督恶剧,国人将视光复义举为争夺权利,有碍革命之进行。劝王收回此议,王态度颇坚决,不肯接受,褚誓死力争。于是议决都督暂不更动(旋王金发返回绍兴,组织军政府,练兵准备北伐,名义亦称都督)。(褚辅成《浙江辛亥革命纪实》)

军政府各部长名单正式确定,先生任政事部部长,所有民政、财政、交通、外交、教育、实业皆归其总揽。

九月十七日召开各界代表大会,宣布军政府都督之下,拟设总司令部及政事部,吴思豫报告军界各同志已举定周承菼为总司令,所有陆军及巡防营皆受其节制指挥。政事部长拟推举褚辅成担任,所有民政、财政、交通、外交、教育、实业皆归其总揽,众无异议通过。浙江省军政

府之组织，乃告一段落。（同上）

杭州光复期间对都督职位有争议，先生等赴沪，请陈英士速定处理办法。

> 杭州光复，朱介人、蒋百器、童保暄争夺都督职位，各不相让，杭城局势危殆。褚慧僧、庄崧甫、陈泉卿等赶到上海报告，请陈英士速定处理办法。英士当即邀集浙江旅沪同乡庞莱臣、虞洽卿、张芝仙、朱葆三等共同商议，一致主张由英士决定。英士的意见，必须由地方具有声望的人士出来主持，方能收拾人心，巩固胜利。并提出目前浙江都督人选以汤蛰仙（寿潜）最为适宜，征求大家表决，众无异议，于是由英士写就两封信，一致汤蛰仙，请其出面维护桑梓；一致杭州军界，劝他们为大众谋福利，不可为个人争权利。二信请褚等带杭分别转交，并请他们三人邀同地方知名人士敦请汤蛰仙就职。（应梦卿《奉化渔民参加光复杭州敢死队记》，《浙江辛亥革命回忆录》第191页）

谭新嘉《梦怀录》亦有记载：

> 同月十四日，浙人逐巡抚增公，各官相继遁，初举童保暄为都督，不半日改举汤寿潜为都督，举褚慧僧母舅为民政司长（不确，应为政事部长）。各府相继设军政分府。吾郡分府为方青箱表兄于笥。（《北京图书馆珍藏本年谱丛刊第196册》第695页）

杀贵林，维护革命政权稳定。

> 九月十七日（十一月七日）开参议会时，褚辅成提议：追认枪决旗营满官案，褚云"据满官密告，贵林（字翰香）父子与哈楚显密谋抵杭，已于昨日枪决"。汤督闻

之，颇不为然。据本人所知，当时旗营投降后，军械尚未缴清，民间时有谣传，褚之提议追认，是敷衍汤督之举。……

迨光复时，汤督命旗营举出代表，来都督府商订和约。……订约后即撤出围旗营之兵与吴山炮队。翌日（订约之第二日），即有谣传旗兵反汗，欲密谋抵抗，且时时闻有枪声。于是总司令部下紧急处置（照军事戒严法上规定总司令可不经都督批准），诱招旗营代表贵林父子并哈楚显三人，（贵、哈等在旗营最有才能者），在咨议局门前枪决。汤督闻之，颇不为然，以失信于旗人，即露辞职意。经参议会同人再三挽留之。（黄元秀《辛亥浙江光复回忆录》，《辛亥革命浙江史料选辑》第521、522页）

九月十七日，开省临时参议会，由陶焕卿主席，褚辅成提议：抚台增韫、督练公所总参议袁思永为人忠厚，应予护送上海，每人发给遣散费五千元。先是清军投降，由德将军担保，旋德将军来函报告满人贵翰香父子企图抗命，不愿负担保责任，当即决定将贵翰香父子绑赴刑场，执行枪决。（同上，第421页）

同日 嘉兴光复。指导嘉兴军政分府成立。

嘉兴光复，组军政分府，曾任清方官吏金蓉镜意图插足其中，并有担任分府职务的阴谋。……此事为留日派坚决反对，即由褚辅成、计宗型等一致提议推方于笥为分府，府中学堂堂长改为校长，由计宗型担任。（董巽观《辛亥嘉兴光复记》，《浙江辛亥革命回忆录》第225页）

禾城光复之日，清知府杨次典闻耗，先时微服轻舟，率少数护勇，避难于南湖野猫洞；一面邀由当地士绅汪石初往商褚辅成于南湖学堂。乃以镇压部属，静候革命军入城接收，保其安全。嗣又由庄、沈两君，携沪军都督檄文示杨次典，遂由汪会同蹑踪往晤，晓以大义，明以利害。(同上，第132页)

11月9日 出席浙江军政府参议部会议，讨论处理增韫事。

清浙抚增韫被光复军擒获后，以礼待之。九月十九日，由浙江军政府参议部开会公议，仆谓：既不杀，不若送之出境，以全始终，并绝后患。当众参议赞成，遂于是晚开专车，派标兵护送至上海。……有褚君慧僧声明，增韫在银行之存款二十八万，俟当查确，勒令增韫交出，约期一日，如有是款，则以电告；如一日内无电，即可放行。此褚与仆预约之言也。(《陶成章广告》，《辛亥革命浙江史料选辑》第354页)

11月10日 筹设杭城巡警厅，加强治安管理。

杭城巡警民军起事后共表同情，全体反正，惟罢岗数日，各局区无所事事，纷纷解散，致人数愈少。现经都督同政事部长褚君借织造局衙门设立巡警厅，一面出示招集旧部，限三日内成立，以保商民治安。此数日内仍由民军通宵梭巡，藉资警备。(《申报》1911年11月10日)

同日 晚，决议财政部直辖于都督府等案。

政事部长褚辅成以各部成立，百废待举，需才孔殷，而民政一科关系尤重。前举陈绅窭于舆论悍不就职，致内部进行因此阻遏，秩序更属纷乱，特于二十晚召集各科员司及参谋部决议办法：(一)政事所属之财政一部，责任重大，因归独立，直辖于都督府；(二)特别设立编制部，以谋进行大纲；（三）各府均设民政长一人，统辖各属；（四）承认各府厅州县城镇乡自治会，暂准适用地方自治章程。（《申报》1911年11月13日）

11月12日 会同参议部筹划进行及分科任事毕，设立调查课维持社会秩序。

政事部长褚辅成君，连日会同参议部，筹划进行及分科任事机关。现闻已规定政事部下设秘书、叙官两课；外交部附设翻译、文牍两课；民政部附设民事、劝业、警务、卫生、教育五课；总务部附设收发、统计、文牍、收支、调查五课；财政部附设田赋、杂税、盐课、银行、各项收发五课；交通部附设电务、运输两课。每部设正副部长，每课设课长一人，课员无定额，其余机关陆续添设，以资周密。（《申报》1911年11月12日）

11月21日 电告各府军政分府迅派代表4人到省，组织临时议会。

杭州光复后建设内政，区分三大部，奈因人才缺乏，党派分歧，机关半未完备，各属民事长舆论尤多物议。现褚部长有鉴于此，会商汤都督协筹统一办法，已于初一电告各府军政分府，传知各属，迅速选派代表四人，限本月二十日（十二月十一日）以前到省，组织临时议会，以谋全省统一行政。（《申报》1911年11月23日）

11月23日 因财政困难，暂将11府中学堂停办三月。

财政部独立后，因前敌军需浩繁，本省行政组织在在均需巨款钱粮。开源节流倍感困难，庄部长（崧甫）因此辞职，改举高子白尚未视事。近闻各省教育界纷纷请示，由褚部长会商都督，决拟将十一府中学堂一律停办三月，每校仅派管理员一人，以免机关解散。每月每校酌给津贴六十两，其余厅州县城镇乡小学均由各该民事长主持，概令照常上课，均于本日分别电饬各地遵照办理，以维教育。（《申报》1911年11月23日）

11月25日 杭城发生米荒，民众不安，先生组织平价米，以济贫民。

日昨褚部长照会杭州府民事长云：兹查杭城内外原有官米平价两区，又官督绅办之仓米平粜厂六处，急应照旧开办，以安众心。相应照会贵民事长，迅将从前杭州府经办之上、下城官米平价局存米、存洋暨中城福建会馆之存米、存洋等件，一并查明，接收开办。一面照会三仓绅董，赶将仓谷碾粜，循旧发卖，以资普及。应如何妥为规划，俾资持久之处，并即由台端统筹全局，会商绅董报告本部，以便联络进行。为此备文照会，请烦查照，迅速办理，无任企盼。至各米铺现亦已由商务总会照会更行，从廉减售，以济贫民。（《辛亥革命浙江史料续辑》第407、408页）

同日 丽水府城光复。至此浙省（11座府城）全境咸归汉族。

浙江光复之功，实为"光复会"之旧部，即上海之光复主其事者之李燮和（字柱中）、褚辅成，为台、绍府诸同志，亦"光复会"之友也。（陶成章《光复会之发源》，《绍兴县志资料辑录》第4册，1993年12月）

11月26日 谋划旗民、旗丁生计，决定意见2条。

杭州光复后，旗民生计日艰，饥寒交迫，情实可怜。

政事部长褚慧僧君侧然怜之，特于初六日（二十六日），请前将军德济转派代表文会到部，会议面商办法，决定意见二条：（一）、即日出示分贴各城镇乡，凡旗人家眷分赴各处谋生者，如能安分守法，一体保护，遇有凶横滋事，按法惩治。该处民人见有旗民不得歧视，以期融化。另行晓谕旗民，现因军用浩繁，财政支绌，所有旗兵饷项万难同时尽给。如旗民有不待饷项，自愿离省者，尽可来部报名，给予护照，并将应得饷银暂予存记，俟二、三月后持照来取。（二）、旗民极贫之家，先向前将军报名，经本部调查确实后，准将口个月饷并为一次给发，俾得挈同全眷出外谋生。如一人出外不带家眷者，不得领取全饷，仍令按月给发，以示区别。以上两条拟即会商都督及财政部后，即行宣布实行云。（《申报》1911年11月28日）

杭州驻防自旗营缴械归顺后，政事部先后颁发饷糈以资糊口，并经政事部褚部长会商前将军，妥筹旗丁生计，明白晓谕，俾安反侧。现究因谋生乏术，饥寒交攻，屡酿内部纷扰。经政事部褚部长核准转商财政部，酌量先拨发五千元按户分润。（《申报》1911年12月20日）

12月1日 报载政事部长照会各地民事长：将旧时书吏差役一律裁撤。

浙军政事部长照会各府县民事长文云：照得前清吏治之坏，由于书吏、差役互相勾结，舞文弄法，对于长官，则蒙蔽欺饰，对于我民，则鱼肉敲诈，甚至文案、档册尽存私室，藉为挟制之符，恃作世袭之业，思之发指，言之痛心。兹幸民国光复，浙省各州、县长官，另由军政府委任。际此河山重奠，百度维新，举千百年秕政扫除而更张之，正在今日。本部长为吏治清源之计，合亟通告各府、县民事长，将旧时各本署之书吏、差役一律裁撤，切勿贪目前办公便利，姑息存留。其各书吏经承所掌民刑案卷、钱粮账册，于未颁裁撤命令之先，迅行吊回署内，归各课员书记编掌，以专责成，而祛积弊。此举关系吏治民生至计，相应行文照会，一起遵照云。(《申报》1911年12月1日)

12月初 浙江军政府进行改革，仍为政事部长。新设的军政部部长为顾乃斌。(汪林茂《浙江辛亥革命史》第250页)

12月8日 先生夫人沈氏等嘉兴名流夫人发起嘉郡女界协赞会。

上海已发起女界协赞会，各府州县应次第组织分会，我郡已于十九日下午一时借道前街嘉郡公立女学堂开成立会。首由王浣女士宣布开会宗旨，次敖文龙女士宣讲章程，方景昭女士推举职员。褚觉铃女士、王浣青女士、方景昭女士相继演说，大旨谓：现在兵队云集，粮饷为先，我女界当各尽能力，多方劝募，庶不愧为国民之一分子。当时慷慨激昂，言词悲愤，闻者莫不感动，当签名入会愿尽义务者，颇不乏人。来宾共有五十余人。当时推定王浣青、敖文龙女士为总干事长，葛敬声、屠蕴珍、钱德华、方志贤女士为干事员，方智远女士为书记员，沈右揆女士为会计员，方景昭、敖淑英女士为庶务员，谭新馥、谭新蘩女士为招待员。四时闭会。

发起人：褚慧僧夫人、方青箱夫人、高许惠芳女士、王浣青女士、敖文龙女士、王静宜女士、谭爱萱女士、葛敬声女士、林亦□女士。(《神州日报》1911年12月17日)

12月10日 出席浙江省临时议会第一次会议，照章弹劾袁世凯。

浙江省临时议会第一次会议在杭州正式召开，褚辅成等军政各部长均出席会议。莫永贞致开幕词，都督汤寿潜宣读颂词。(《民立报》1911年12月12日)

杭属光复后，政事部长褚慧僧倡议博采舆论，会商汤都督，召集临时议会，各府各派代表四员先后报到，推举湖州莫永贞为假定议长。(农历)二十日上午八时开第一次秘密会议。汤都督及军事三部长同时莅至，其政事、财政两部每部科各派主任一员出席，其他职员来宾一律禁止旁听，并不许行近会场，俾免泄露。(《申报》1911年12月12日)

浙省议会全体议决，电外交长，阻止袁世凯运动四国续交借款。指出袁世凯大借外债，而四国银行团率允其请，显违中立。此事应联合光复各省直接抗争，倘争而无效，当筹最后之对付。经大众决议，即晚严电外交总长伍君，警告各国，严重交涉，声明此项借款浙江决不承认。将此事即呈汤都督，照章弹劾。(《申报》1911年12月15、16日)

12月13日 批杭州府民事长禁烟呈文。

杭州府民事长日前具呈政事部谓：将禁烟分所行用各种章程、凭照表式册结等项，拟定颁发，俾资进行。等情。兹奉褚部长批云：呈悉。现值百端待理，凡关系民政范围，自应次第举办。禁烟一端，尤属重要，所陈各节，本部早筹及，此刻正拟订章程、规则及各种凭照式样，一俟规定，即行颁发各府县，一律照办。(《申报》1911年12

月14日）

12月14日 指示各府县将从前禁烟分所改为禁烟局。

浙省政事部致全省民事长电云：民事长鉴：从前禁烟分所改为禁烟局，印记由部刻发，未接到以前暂借用旧日印记。各种凭照俟拟定后再行颁发，未到以前暂照旧式，由各府县禁烟局自行印用。请即转饬所属遵照办理。浙军政事部。印。（《申报》1911年12月14日）

12月16日 出席浙江省临时议会第二次会议，议政事部编制参考案等。

浙省临时议会于十六日下午，开第二次正式会，规定日程两种：（一）临时约法第二读会；（二）政事部咨谓都督提出议案四件，（甲）政事部编制参考案；（乙）外交科改设外交部议案；（丙）改革浙省电报局议案；（丁）石浦改县治划界事宜议案。出席者三十四人。……

下午，接议政事部提出四案，由部长褚辅成登台说明理由。议员余名铨质问：各部任用科长、课长及其次百职事，依据何种法令？抑系部长全权？当由褚部长起答，谓：本省行政各部成立于议会之先，彼时戎马倥偬，百端待理，故一切组织编制暂由军政府参议部议决施行。除军政隶属司令部外，政事、财政各部独立，自部长以次，当时均由推举。嗣因高部长接办财政，因办事便利起见，要求用人全权，经都督许可，政事部援照办理云云。众议员默然。书记宣读甲案，政事部编制参考，众议以现在官制未定，此项规章应暂留作参考，不付审查，多数赞成。次外交部改设独立案，课员陆佑之说明理由。众以重要官制概未成立，不能独议外交。次议丁案，由宁议员范贤方报告，石浦地方重要，不能不改设县治，以资控驭之理由。大众决议先付庶政审查。莫议长请各议员从速提出议案，藉免旷废。时届五钟，即散会。(《申报》1911年12月18日)

12月23日 报载由政事部厘定浙省自治选举大纲，照会各府县民事长。

浙省自治选举，现有政事部厘定大纲，照会各府县民事长，略称：自治选举，关系重要，现在城、镇、乡自治会业已次第成立，则府、县自治选举亟应继续进行。惟调查造册手续繁杂，方今光复伊始，百端待理。查府县自治会为合属议决，执行机关成立之期，万难再缓。并须量予变通暂准，即以城镇乡选举人名册作为府县人民册，无须再事调查，造册呈报，以期迅速仍将此项人名册内具有府县、厅州、县自治章程第八条所定消极资格者，先行除去，再行宣示。期内准其依据府厅州县自治章程第十条，声明更正，以免遗漏。未剪去发办者，尤应恪遵都督前次示谕，不得有选举权及被选举权，束发帽中者以未剪论。惟是选举人名数众多，此次既不再事调查，则发办之已剪与否，无从悬揣，亟宜明定办法。凡选民之已未剪办，即以投票之日为。事关剥夺公权，希即先期知照，城镇乡各自治会并出示晓谕，俾众周知，是为至要。再前清自治筹办处所定筹办自治次序，本系始终贯彻，光复之后，各属民事长新旧交替，筹办事宜未免因兹停滞，贵处现在筹办府县自治情形若何，希于文到五日内，详晰呈复，以凭核办云云。(《申报》1911年12月23日)

12月25日 孙中山从海外回国，抵达上海。29日，当选为中华民国临时大总统。(《孙中山年谱长编》第595、603页)

◎ 1912年（壬子）民国元年　40岁

1月1日　孙中山自上海抵南京，就任临时大总统，以是日为中华民国元年元旦。

1月3日　与殷汝骊、沈钧儒等发起成立"中华民国国民共进会"。

> 褚辅成、殷汝骊、沈钧儒，等浙江都督府各部长及部分省议员发起成立"中华民国国民共进会"，举沈钧儒等四人为特派员。以共和政体为宗旨，政体以统一为主义，民族以共和为主义，社会以民生主义为政纲。（《时事新报》1912年1月9日）

同日　汤寿潜被任为中华民国临时政府交通总长（未就）。后推举蒋尊簋为浙江都督。

1月7日　章炳麟来电，推荐陶成章任浙督。

> 杭州军统蒋（尊簋）、参谋长周（承炎）、军政长顾（乃斌）、政治（事）长褚（辅成）、财政长高（子白）诸临时议会诸君钧鉴：蛰公举炳麟及陶焕卿、陈英士代理浙事，英士志在北伐；炳麟愿作民党。焕卿奔走国事，险阻艰难，十年如一日。此次下江光复，微李燮和，上海不举；微朱介人，南京不下；而我浙之得于敢死队者甚多，是皆焕卿平日经营联合之力。且浙中会党潜势，尤非焕卿不能拊慰。鄙意若令代理浙事，得诸公全力以助，必为吾浙之福。敢布区区，仍候公同议决为奉！章炳麟。皓。（《时报》1912年1月8日）

同日　查封银行官僚资本。

> 杭州西湖刘庄（即水竹居），为粤人刘问刍所建筑，

然刘比年以来表面上尚觉豪华，其实外强中干。前曾有将该庄转售。兹悉大清银行簿据中查有刘问刍结欠洋十五万元，屡追不缴，政事部长以该银行资本系属公家款项，刘既积欠巨数久不归还，特于（农历）十九日派员将该庄发封收管矣。(《申报》1912年1月9日)

1月8日 调查杜海生案。

日前某某诸志士发起杭州光复社，攻讦张让三，谓系陷害秋瑾女侠主之首犯，并指绅绅杜子梀首先告密，分电各军政府及上海各报界，意在兴狱。杜君情不自安，力请辞职（现任政事部教育科长），褚部长以此事关系本部职员名誉，特函绍郡徐绅调查此事。原函谓："天生绸庄徐叔孙先生鉴：近阅报载，有杭州光复社公电，内称秋女士案告密者尚有杜海生其人，杜君现充本部教育科长，见电后意不自安，力向本部辞职。惟事关个人名誉，必须得有实在证据，方足以成信史。凤仰台端宅心公正，于此案委屈情形知之最详，敢烦就近详细调查，究竟杜君有无嫌疑之处，即日见复，以便办理云云。"闻本日徐已复函，谓杜君宅心公正，必无阴险手段，舍间屡受庇护，还乞大力周全等语，此事当可洗刷明白矣。(《申报》1912年1月9日，同见《全浙公报》1912年1月8日)

1月14日 光复会领袖陶成章被暗杀，先生取成章事略呈都督，交省议会，议决设立专祠，抚恤家属。

殁之日，同志莫不痛哭，闻者皆为不平。……灵柩暂停绍兴会馆，而浙都督蒋尊簋派专车迎（成章）先生柩，归葬西湖凤林寺前。民政司褚辅成以（成章）先生功不可没，取（成章）先生事略呈都督，交省议会，议决设

立专祠，抚恤家属。(汤志钧编《陶成章集》第436、437页，中华书局出版社1986年)

同日 孙文复电伍廷芳：如清帝实行退位，宣布共和，则临时政府决不食言，文即可正式宣布辞职，以功以能，首推袁氏。(《孙中山年谱长编》第629页)

1月15日 杭州临时省议会闭幕，先生到会致意。

杭州临时省议会闭幕，都督汤寿潜甚忙，委政事部长褚辅成到会致意。又讯：杭州民众万余人，今日下午在前清行宫前开建立民国庆祝大会，外宾二十余人参加，由政事部长褚辅成代表蒋都督致开会词，宣告南京选大总统及民国纪元各情。全体热烈鼓掌，庄崧甫等演讲，晚上举行醒狮提灯会。(《申报》1912年1月15日)

同日 呈蒋（尊簋）都督，严办前清劝业道董元亮。

前清劝业道董元亮，于民军光复时席卷巨款三十万元潜沪，被苏军李统领购线侦获，迎提来浙，拘禁政事部。颇极优待，一面补提该署会计蒋笃裁彻查亏款约计需洋三十万左右，勒令如数措缴，连日由检察员反复开道。讵该道籍口上年豆案已代增，前抚执缴干净，迄会犹宕欠数十万，委实无力张罗等语，始终坚执不允。政事部长褚君以该道顽梗，无可理喻，特于本日呈明蒋都督，即刻解交警察署收禁，听候从严惩办。(同上)

1月18日 严禁以发行彩票为名筹办军饷。

吴淞光复军因北伐需（军）饷，发起彩票，拟分销杭州一事，前已照会军政府，提交议会。致杭属票侩，举国若狂，纷纷运动。兹闻政事部长褚辅成力持一体决定从严禁绝,本日已札饬巡警署,略称:顷见吴淞军政分府筹办助饷处告白,内载发行助饷奖励券,并于杭嘉湖苏松设立分办处等语。查光复军起,伐北援鄂,饷需浩繁,筹募方法自应多多益善。惟际此维新前清秕政,亦万不容踵行留污民国,贻笑邻邦。此项奖励正副券,核其性质,实与前清筹饷签捐彩票相同,以多数人之资财,供少数人之幸倖获,尤与孙大总统宣言民生主义,大相背谬。如此等弊政而加以助饷之美名,则将来无论何种不法行为,亦俱可藉助饷美名,以脱法网,尚复成何政体。岂有民国维新而可容是。合札该署长,通行各属,一体出示,严禁行销。其已分设分办处者,即行饬警勒令封闭,并随时严密稽查,毋稍庇纵。(《申报》1912年1月18日)

同日 孙总统电伍廷芳转告唐绍仪,清帝退位,共和既定,决推袁世凯为总统。唯须以五条件要约。

1月19日 报载政事部议决:进行市政建设。将钱塘、清波两城门一律拆去,将西湖旧有各祠分别改为烈士专祠,并芟列商市。

杭垣光复以来,西湖旧有各祠,将次分别改为各烈士专祠,日后马路通行入城,湖山春色亦可饱餐。惟以城门梗隔,游人往返不便,前经政事部决议,将钱塘、清波两门一律拆去,庶几地亩广大。嗣后芟列商市,繁盛较于拱埠十倍。已照会财政部,请速招人投标,所有两城垣卸去之砖石等件,以开标之日取定价数,银多者为标。至于派人会勘一节,闻由高部长下札委派云。(《申报》1912年1月19日)

浙江民政司长褚辅成示:照得满营旧址左接市街,

右临西湖，交通便利。际此民国维新亟宜通盘筹划，开辟市场，为全省市政模范。查所有官署兵房除批准迁入之机关外，其余房屋每被私人任意占据，甚至拆毁更张，殊堪痛惜。为此示仰迁住该地诸色人民知悉，其已经禀准者，即向规划满营旧址事务所报明，呈请本司备查。其未经禀准者示谕之日起，统限满三十日，一律迁让，免受查封。幸各遵照，勿谓言之不预也，切切特示。右仰迁居满营人民知悉。（《浙江军政府公报·文牍·告谕》1912年）

关于杭州光复后的市政建设，先生在《浙江辛亥革命纪实》里有记述。现录如下：

> 杭州市区街道，向极狭窄，车辆不能通行，光复后，政事部注意开阔马路，首将荐桥街商店房屋两旁，各拆进数尺，使城站与三元坊接通，勉强可行人力车。迨旗营问题解决，旗兵发饷三月，收回营地，决定以之辟为新市场，设工程局，规划拆城筑路。先将武林门至涌金门一段城墙拆除，沿西湖筑堤植树，辟为公园，所有营地七千余亩，划分住宅区与商业区，悉招民人购领建屋，当局未留寸土，六七年后，成为繁荣之处，外来游西湖者咸以此托足焉。

阮毅成在《记褚辅成先生》一文中亦有详细介绍，并说"台湾有骑楼不以为奇，而在大陆，则骑楼是慧僧先生最早倡建的"。

> 是年，浙江军政府决定拆除旗营，由先生主持拆除旗营城墙，在旗营旧址开筑马路，兴建湖滨六个公园，沿岸在二个公园之间开辟码头，并在区内建筑四条纵横主

干道。东西向的湖滨路、延龄路,南北向的迎紫街、平海街,路宽六丈,人行道宽一丈。原来的旗营开辟为新市场,招商引资,逐成市肆。给湖滨带来生机,为现代杭州西湖的开始。建设杭州新市场完全是中国人的力量建设。

……

在河滨路售地的时候,因测量错误,致河滨路的路面侵及了沿路的土地。他乃特别下令,准许沿河滨路的建筑,凡二楼以上均可建骑楼,以资补偿。今天我们在台湾习惯了骑楼,不以为奇,而在大陆,则骑楼是慧僧先生最早倡建的。(台湾《嘉兴同乡通讯》第9期,1992年2月)

重视浙西海塘安全,遴委工程专家为塘工局长,改采新法,固修海塘。

浙西各县,皆赖海塘为保障,故塘工为浙省最重要之工程。过去塘工局长,均无新知识,相沿旧法,筑柴坦以护石塘,一遇大潮,泥柴即被冲去,不时出险,主其事者且以购柴筑坦有利可图,即使旧坦仅毁一角,纵任乡民拆坦盗柴,重修新坦,年耗国帑数千万,永成弊薮。政事部有鉴于此,力排众议,改采新法,遴委工程专家为塘工局长,廓清积弊,此为浙省光复后之一大改革也。(褚辅成《浙江辛亥革命纪实》)

1月20日 为截留烟土事,签复上海陈(其美)都督电。

元月十九(初一日),浙江禁烟局在浙路火车城站查获无照私运大批烟土,当即遵章扣留。去后二十日都督及政事部接准沪军陈都督电开:顷据税务司函称,英商老沙逊洋行有小土九箱,转运衢州、兰溪,业已还清税厘,贴有印花并发给分运凭单,应准通行无阻。兹经贵部扣留,请即放行，以符约章，免致交涉等因。即经该部电询警署，查明内容，据情电复。上海陈都督鉴：浩电悉。查洋商运土，仅能运至通商口岸，且土商出省购土，非奉有本省执照不准购运，向章如是，非新例也。此次老沙逊洋土到杭，虽贴有完税印花，并无浙省执照，故特扣留，与约章既无关系，该洋商无庸过问。政事部。印。（《申报》1912年1月22日）

同日 致电上海青年会转丁义华：特派王廉君出席万国改良会。

浙军政事部以万国改良会会期将届，选派煤商王清甫君为驻沪代表，特于昨日电致上海青年会转丁义华君鉴：报载二十一日开万国改良会，孙大总统将陈禁烟意见书。浙省决于旧历十二月末日实行禁绝，特派代表王廉君与会，谨电达。政事部褚辅成。驾。（《申报》1912年1月23日）

1月24日 徐伯荪、马子畦、陈伯平灵柩到杭，杭垣筹备追悼先烈，先生以竺君绍康亦革命中之健将，一并加入。（《申报》1912年1月25日）

1月25日 照会杭州府民事长：妥处旗民身后事。

政事部日昨照会杭州府民事长云：顷据临时警察派出所报称，旗营内近来冻饿毙命者逐日有之，死后不能棺殓，以致尸骨载途。若任令暴露无依，以卫生、行政各方面颇有阻碍，请示办法前来。本部长闻之良深悯恻，此辈困苦颠连，实由生计穷蹙未始，非前清政治不良，酿此惨剧。而际此大汉光复，咸与维新，自未便听其骸骼充途，伤我仁政。查省城同善堂材埋局，原有施材掩埋之举，凡暴骨无依者，得由地方报明，领棺埋葬。旗民既经归化，理应一视同仁，相应照请台端，转知同善堂材埋局，凡旗民死亡，不能棺殓者，一经警察通知，一律施棺掩埋，以重卫生，而昭仁政。除饬知警察随时切实查明外，为此行文照会贵民事长，请烦查照，迅速施行。（《申报》1912年1月26日）

1月26日 派代表参加秋瑾追悼大会。

元月二十六号（即初八日）下午一时，秋社假大善寺开追悼秋女侠大会。到者千余人，由临时主席徐寄尘女士布告秋女侠历史，募捐缘由。次，陈去病及丁宝琳女士宣读哀词。次，浙军政府政（事）部代表范运枢君等相继演说毕，合拍一照，并当场由吴越英女士认捐银表一只，洋三百余元。至六时散会。（《申报》1912年1月29日）

1月28日 派兵保护外国侨民生命财产。

浙军政事部准都督照开。昨据驻杭英领事函转上海总领事电工部局，禀在杭属平桥石山地方开工甚难，该处驻有英人二名，亦甚危险。当地土匪颇多，时常滋事，工人更时纷扰，已经本领事电请外交科转司令部派兵弹压。现又据杭城西大街草营弄内地华会伦教士禀称，伊处自杭州未光复以前至今，时有匪徒逞凶撞门，屡拿未获，应请尊处设法弹压等因。查平桥土匪蠢动，前经敝部函请派兵计已出发，至草营弄华伦君住宅，亦应酌拨兵队驻扎，以杜后患。现在民政府成立伊始，凡属外人生命财产亟应加以保护，免贻口实，且各处匪盗不靖，思患预防更不容缓各等因。本军府查土匪蠢动，拨兵队剿办，惟英人暨教士住宅系巡警行政性质，应请饬由警署派令该区局就近严密

保护可也。(《申报》1912年1月29日)

又,整顿市场,推动商业有序进行。

杭州商品陈列所,经前清增抚组建于保佑坊大街,虽粗具形式,而商店租金异常昂贵。自民国光复,即饬由商会传知,一律减半收取,以资体恤。现在市面渐次恢复,此项机关自应厘定等级,以利进行。现由政事部查照从前旧则,分别减核,将全所房间区分三等,计大间每月缴租洋二元,中间每月一元五角,小间每月一元,概以八折征收,已知照总商会及经理人,定阳历二月初一日起一律实行,所有租赁本所房间无论新旧,均须重编号数,另发租单,以资稽查而便遵守。(同上)

1月31日 令饬各县府民事长调查内政。

浙省政事部接准蒋都督照会转据南京内务部程电开:本部业已成立,凡关于各省内务行政事项,应即详细调查,俾资考核而谋统一。兹将浙省应行调查事项电知大纲如下:(一)地方官厅之组织及官吏之简明履历;(二)全省之户口,共若干府、厅、州、县之户口;(三)省内外警察现在办法及数目;(四)省内外之商团、保安团、自治团等以上各件,请代从速查确,示复为盼等因。闻政事部拟即日通饬各府县民事长、团长及商会、自治各团体遵照电开大纲,克日详晰列表造报,以资汇转云。(《申报》1912年1月31日)

2月3日 报载浙江政事部两大禁令:一重申一体严禁奖励券;二禁运烟土。

吴淞光复军筹饷奖券分销浙江一节,早经政事部通饬严禁,嗣因陆军总长特电缓颁,致令办理为难各情,已迭记本报。兹闻该部请示蒋都督，以此系各省内政，并非军事范围，应仍照章禁止。故本日通电各军政分府谓：吴淞助饷奖励券与彩票名异实同，前经通饬杭嘉湖三属警署，禁售在案。要知此项彩票与大总统宣言民生主义大相违背，本部长志切民生，曷忍坐视，希即通饬各属，一体严禁，以维政体。

浙军政事部近为严申烟禁，电致南京内务总长，文如下：（致各属军政分府同）南京内务总长程鉴：浙省烟土吸、种已限阴历年底禁绝，所有华产各种土浆，应一律同期禁止在浙省境内输运，以维烟禁。除通电浙属各县遵照外，合即电达钧部，希转行各省，无任企盼。（《申报》1912年2月3日）

2月9日 报载浙江民国新政社之交涉，陈介石未经章太炎同意而成立，引起先生等的反对。

温州新政社前因章君太炎投函检举，经军政府勒令解散，现该社同人以省部干涉结会自由，显背政府约法，迭次抗争。府民长徐定超特电致政事部称：新政社查系亦属志士发起，组织宗旨纯正，辅助共和并无不正当情形。陈君介石（黻宸）确系被举，既非冒称章太炎名义，亦非一二私人擅自组织。查临时政府组织法第六条，人民集会结社自由，该社既系正当之政团，政府应尽维持之责，未便解散，希察核等语。本日经褚部长详电驳复谓：临时政府组织法第六条所指，当然为受民国法律保护之人民而言。查陈介石于光复前告密民军有据，本应严拿治罪，民国宽大为怀，存而不论。新政社既确系举章太炎、陈介石为正副社长，查该社规约第三条，有与本社同意，由本社一人以上之介绍，经本社许可得为社员等语。试问章太炎与该社有何同意，由何人介绍。倘以章君为发起人，何以章君指陈介石为冒称？倘该社引陈介石为同意而共举之，则该社为反对民军之政社，可知何能受民国法律之保障。即其中颇多正直人员，亦宜谕令另行组织。所有民国新政社，希速取消，免兴大狱，盼切。（《申报》1912年2月9日）

2月12日 浙江实行新官制，政界内讧激烈，先生决计辞职。

浙省官制前经临时省议会规定，呈请都督，定期二月十二号实行，兹蒋都督将政、财两部改为财政司、民政司，并更换旧员，另委永康应德闳君任财政司，诸暨卢钟岳君任民政司，将所有机关悉数迁入财政（即高等学堂），以资统辖而一政令。惟因此两部长与蒋都督意见甚深，初八（一月二十六日）晚都督府参议部集众会议，众意纷歧。蒋都督愤恚填膺，立将关防印信交出，势将决裂。嗣经省议会全体极力调停，一面电饬汤蛰老回浙设法和解。今日褚部长辅成将"敬告全浙父老书"遍登各报，宣言辞职。而该部各科、课办事员司亦于初十日起一律停止办公，预备交替。现闻某某诸巨绅已联合调停，拟请都督收回成命，和衷共济云。（《申报》1912年2月12日）

沪、汉同盟会代表、省议会议员等力任调停，力请先生暂任民政司长职。

浙江省自订期实行新官制，分任四司，政界新旧人员有因政见不合，缴状辞职者。同盟会员误会内容，群起反抗，一日九电分致中央政府，及沪汉各埠，谓浙都督蹂躏党人，措词异常激烈。当经沪汉同盟会代表、省议会议员等力任调停,凡都督委任各员概予取消,民政、财政两司仍请褚、高二君暂任,其余司局亦酌量更换。……因之军界大为不平,二十九日浙军将校虞廷等三百余人,结合团体组织维持会,刊布公告指斥党员十大罪状,双方暗潮仍形激烈。(《申报》1912年2月21日)

同日 清帝溥仪下诏逊位。

2月14日 先生复浙江旅沪学会电:暂允任司长职。

浙江旅沪学会鉴:寒电敬悉。各司案行财政、政事两长当然辞职,辅亦藉此释肩。嗣以个人进退惹起各方误会,辅罪奚辞。现为浙计,与子白俱留杭,佐都督部署分司事宜,各方误会均以释然,承念。谨复。褚辅成。寒。(《申报》1912年2月21日)

改任司长后,对军政府机构进行改革,采用现代科层制,设五科十六课,提高办事效率。

浙军政府内讧后,幸经各界调停,褚司长始允暂任。顷经褚司长先将内部分科规则呈报都督府,并查浙省公布职官等级表内,各司秘书员及科长均列二等一级,课长列二等二级,职务至为重要,自应由司长荐任,以昭郑重。现值民政司改设伊始,主管政务亟待处理,应即遴选合格人员,计五科十六课,于二月二十二号开单呈请加发委任状。

五科即民事科、警政科、实业科、交通科、总务科。十六课即考绩课、文牍课、统计课、庶务科、收发科、民治科、工程科、考核科、行政课、司法课、卫生课、农政课、工矿科、商政课、运输课、邮电课。(《申报》1912年2月14、24日)

2月15日 参议院选举袁世凯为临时大总统，议决临时政府仍设南京，并电袁前来受职，在未受任前，政务仍由孙总统继续执行。(《中华民国史事日志》1912年2月15日条)

2月16日 代表浙军政府与旗营代表德济签署浙省旗营善后办法。

> 浙军政府查照旧历九月十五日简约第二款，委员与杭州旗营代表议定善后办法如下：一、旗营公产及萧山牧地、仁忠字号旗地、乍浦营地、青山脚坟地，均作为官产所有，旗民生计，军政府允与一般人民，一律妥为筹划。一、旗营土地均系官产，其佐领以下公署及兵房，自旧历正月起准住四月，限满交还，以示体恤。至自造私宅，其房产准归本人所有。向系安分之人有殷实商家担保，仍准居住，迁出营日，招买招押，悉听自便。惟军政府营产划定后，倘因公共建筑有障碍之处，不论已买押未买押，悉听军政府命令。其买押时并须禀明民政司存案，且于契据上载明此条。（一）除前所已给恩饷外，军政府已允再给旗民三月恩饷，计九万元，旧历年底给饷一个月，其余二个月，准旧历正月十五以前提存浙江银行，候迁出时，凭旗营代表给发支单，向银行领取。（一）旗民未迁出营者，自新历三月初一起，应有纳警察捐之义务。（一）旗民如已迁出，将来军政府营产规划定后，准其与一般人民同有承垦承买之权。（一）此条件分书四纸，由军政府委员及旗民代表双方签押，各执贰纸为凭。浙军政府委员褚辅成，旗营代表德济。中华民国元年二月十六日订定。(《申报》1912年2月23日)

2月24日 在民政司设禁烟处，"专其责任，切实办理"。

浙江现任民政长褚慧僧君前为咨议局议员时，对于禁烟力主严厉，所有法案、禁令、规则等件，概归主稿。嗣长政事部继续前徽，持之尤力。现已于旧腊末日为表面之禁绝，公私调查缇骑四出，一般商民大有不寒而栗之象。惟闻绍、台、温、处、金、衢、严各属农民于光复后，咸谓国家改造，禁令已驰，以致漫山遍野偏种罂粟，如瑞安、平乐等县，所植烟苗比较上年骤增至三十倍以上。余如肖山沿海沙涂植烟者亦十亩而九。而领事抗争条约屡来责言，并拟将本年例应运入浙境之印土併为一次运交，军政府索回代价等语。故褚司长综观各面，亦深知商人血本，小民生机不能一味强迫。现拟在民政司中特设禁烟处，拟定简章十五条，呈报都督，为表面之进行。略称禁烟事宜极关重要，虽限于旧历十二月末日禁止，而究竟是否禁绝殊难稽考，自非特设机关，专其责任，不足以昭妥慎。兹拟定简章，按照实行禁绝鸦片议案，切实办理，以期烟毒净尽，惠我同胞，裨益政治民生云。(《申报》1912年2月24日)

2月25日 令知杭县知事，卖买戒烟药应凭执照。

浙江民政司长褚辅成君，对于烟禁持之弥坚。前因腊底禁绝令已通令各府取缔戒烟药发买，并添设禁烟处，以专责成。兹又令知杭县知事谓：禁绝鸦片议决案卖买戒烟药，应凭执照，所有处置无照办法尚未规定。现据官制第三条，由司通令各属军分府，应请台端速饬各县，一体遵办。(一)买药人无禁药局执照，有瘾者比照禁烟条例第四条处罚外，并拘入戒烟局勒戒，无瘾者比照第一条办理；(二)卖药铺户不凭执照卖给，即将所有戒烟药悉数

充公，并勒令停买。再犯者比照禁烟第一条办理。其未经禁烟局核准自行私卖，与上同。（《申报》1912年2月25日）

2月27日　照会盐政局，请查办盐弊。

浙东盐务凋弊，积纲累累。前经政事部长以本省岁入，盐为大宗，势不能任其腐败，曾经遴派妥员分途调查。计广信、弋贵、常玉等地。系派前咨议员聂日培君担任，已送据报告，因当时军书旁午，久搁未题。现褚司长又据聂日培君报告，历陈广信局积弊及官商合谋，侵课病民各节，并谓各地商人于光复后抬价病民，每盐一斤售至六十八文，每包仍售铜币八枚，不稍减让。且广属八县洋价每元概兑制钱一千二百另，惟独盐商故意抑勒至一千一百三十文，长此业弊，民力何堪。闻褚司长业已据情照会盐政局，彻底查办，以恤民艰。（《申报》1912年2月27日）

同日　发布禁烟两电，切盼各属遵照执行。

电一：各属军政分府鉴：民政司令第二号，华产鸦片前已电达内务总长转行各省，禁止运浙销售，业蒙准行。所有本省出产土浆，除遵照公布案暨先后文电售制戒烟药外，无论本省外省，一概禁止运销。此令，希迅即转知各属，出示晓谕，一体遵照，盼切。民政司长褚辅成。沁。印。

电二：各军政分府鉴：禁种鸦片，业已三令五申，希再明白出示晓谕，严密调查督拔。本司下月当亲往各属巡视，倘有私种情形，定惟各该县知事、警署长、禁烟局董是问。希即转行各属遵照，盼切。民政司褚辅成。印。（《申报》1912年3月2日）

2月28日 与马素复电南京外交部总长,不允英商老沙逊由申运赴衢州印土9箱放行。

英商老沙逊由申运赴衢州印土九箱,被杭州巡警截留充公一案,迭经杭、沪领事及两关税务司函电查询,要求放行。政事部谓其单货不符,且无出省购土执照,确系违章,不允照办。现英领事已直接向南京政府交涉,由王外交长电询情形,本日据褚司长答复如下:"南京外交总长王钧鉴:浙省扣留衢商等违章运土案悉。江海关单未载续行条件,及箱件单货种种不符等情,所有浙省向行出省购土执照领取者概不纳费,确系专为稽察,并非限制,与条约绝对无碍。其他禁烟章程均只禁种、禁吸,绝无禁运字样。前致内务部电,仅请禁止华产土浆在浙省境内输运,亦不禁及洋土。详情另呈,谨先达。马素、褚辅成同叩。(《申报》1912年2月28日)

3月1日 报载绍兴军政分府代表商民政、财政之统一。"收入款项,尽数解省"。

绍兴军政分府王金发君,为协议统一民政、财政等事,派代表何、钱二君至杭浙江都督府,特开临时会议,与会者除二代表外有民政司褚司长、财政司代表虞柏卿君、提法司朱吉丞君、盐政局代表景本白君、及都督府秘书王韦人君共同议决。所有绍兴军政分府所设立之民政、财政各项机关,均直隶于民政、财政二司之下,以辖统一;所有各机关收入款项,亦尽数解省。绍属需用之款统由财政司支给,绍分府已经札委之各场、局、所,印委各员,如无大故,请暂仍其旧由省中司局加札任用。(《申报》1912年3月1日)

3月2日 设禁烟处未获通过。

浙江民政司长褚辅成君任事后，业将分科治事规划及荐任各员，开单呈请都督加委。惟以禁烟事宜关系重要，援照官制第六条，对于特种事件认为必要，请添设专司，名为禁烟处。附拟简章，请予核准。该司科长、课长均列文官二等一、二级，故照章开列双名，以便选择。闻昨日奉到都督批示谓：禁绝鸦片极关紧要，各属禁烟并戒烟等局应即通令各该知事，就地筹款，赶速举办。至综核禁烟事宜，即由该司署内暂设专课办理。现时经济困难，拟无庸另设机关，以节糜费。（《申报》1912年3月3日）

3月4日 转令11府整顿警务：以维安宁秩序。

浙江民政司通饬各属文云：接奉都督令开，转据南京政府内务部电示略称：清帝宣布逊位，合南北为一大共和国，国体已定，战事可息。新国家建设伊始，凡百庶政自以内务为急。而内务中警务一项，为目前维持治安计，尤为急中之急，请各省都督凡关于司法、行政各项警察，切实整顿，力图进步，并乞随时报告，以副本部维持治安之至意等因。本军府准此，合亟令行民政司，通饬各属，一体查照，并迅即移行警察署，分饬所辖，切实整顿，力图进步，毋任玩忽，切切等因到司。业经褚司长于本日正式转十一府所属各知事查照，转知各警署，遵行各部电，切实进行，以维安宁秩序。至旧有各镇埠警察，因经费无着暂时解散者，应即筹划规复，办法呈候察核，并将整顿情形随时呈报，以资稽考。（《申报》1912年3月4日，同见《辛亥革命浙江史料续辑》第407、408页）

3月10日 袁世凯在北京就第二任临时大总统，蔡元培代表孙（中山）总统致祝词。

3月24日 致函总商会，请维持民食。

杭垣米市恐慌已记前报，近来入口如枫泾、太湖均被当地土民所截，稍与违抗即鸣锣纠抢，故米舶视为畏途，米源愈少。前日民政褚司长函致总商会令，晓谕米商起价糙米毋再加价。该会当召集各业公议，讵米商闻而大哗，佥谓起价米墅行大盘，每担需六元九角，另加以船挑风耗，今售六元八角，实耗每石五六角，商力几何，岂能长此亏蚀。且邻省遏粜可通运者仅江西一处。而银根竭绌，军用钞又不能出省，以致各同行纷纷停市，屈计城厢内外以歇十之二、三。资本最雄如张庵如、韩穗丰等，也决计以货尽为止，其他者更可想见云云。总协理暨议董等提出办法，谓米商今日之困举国皆知，然为大局计，为地方秩序计，不容不力与维持，拟请将起价米定为六元八角，不得加增，暂以半个月为限，一面将商情危迫情形，呈请都督维持，或息借官款，于阴历三月朔（初一）起筹办官米平粜，一面请咨明邻省设法流通，免致小民绝粒等语，众商乃勉强通过而散。（《辛亥革命浙江史料续辑》第407、408页）

3月27日 亲赴苏、皖、赣、湘采办民食。

杭垣民食缺乏，蒋都督怒焉忧之，商由财政司力筹款五万金，派委民政褚司长亲赴苏、皖、赣、湘等处采办，限一星期回浙。闻该司长业于昨日首途矣。（《申报》1912年3月28日）

3月28日 蒋都督令行外交官、民政司妥拟禁烟办法，"总期对外不酿成交涉"

浙军蒋都督日前令行外交、民政等司。案据外交部电，转准驻沪英领事函开。浙江官吏阻止印土贸易一案，本国驻使业已迭次（二月二十七日及三月四日）照会贵部，兹将该照会要旨择要转达，深望贵政府切实告知浙省，将褚君及其他官员之违约举动，赶紧设法补救。本国驻使言："查印土一物在浙江省内，实为一种合法之贸易品，凡有阻止印土售卖之举动，及勒闭土店，禁止熬膏等事，皆属违背去年订定之中英禁烟条约。而各省颁行阻抑印土贸易及印土过境之章程，在本国驻使之意，亦以为同属不合法。又驻使以为印土九箱横被扣留，殊属不合，因浙省所指为单货不符一节，未经其指实也。至马素君借口于内有川土一层，亦不能牵入以为卸过地步等语。本部查阅所开各节，类已见前致尊处各电，即希并案核办等因准此。"查此案由前政事部办理，即系褚司长一手经办，本都督莅任后，迭准外交部电胰交催，均经根据议案及中英条约，并褚司长查复各情，先后答复在案，迄未解决，兹准前因，应由外交官会同民政褚司长，查照部电事理，悉心妥拟办法，克日具复，以凭转容。总期对外不酿成交涉，对内仍无碍禁烟，庶几双方俱妥，案可望结。除分令外，合就行令该员司即便遵照。此令。（《辛亥革命浙江史料选辑》第 537、538 页）

3 月 30 日 报载浙省预筹省议会选举办法。先生通令各属：一切选举事宜急需赶速筹办，方免贻误。（《申报》1912 年 3 月 30 日）

4 月 1 日 借拨经费资助成立统一政党。

杭州共和促进会，系光复后由同盟会员组织而成，为将来民国政党之滥觞。泊军界维持会出现,望衡对宇,不免有分道扬镳之感。幸会长褚慧僧、副会长顾乃斌、董万里、张同伯诸君力持,大体创议,共同熔铸。适值民社浙江支部成立于四月一号,召集全体会员公筹进行,当场推定评议员顾乃斌、虞廷、刘耀东等十二员。顾君提议即日联合促进会及其他宗旨相同之各会党,归并民社,成一巩固之政团。一面函请褚会长借拨洋三千元,以资建设经费,会中全体赞成而散。(《申报》1912年4月3日)

4月2日 二次具呈蒋都督,请再拨洋6万元,以救粮荒。

杭垣米荒,经蒋都督等拨洋五万元,交民政司褚君亲出采办,兹已由火车运到五百担,其余络续装运。昨日,民政司二次具呈都督,请加拨洋六万元,随时购存上海备荒事务所,以便延长粥厂,踵办平粜之需云。(《申报》1912年4月3日)

4月5日 致电湖南都督谭延闿,将"秋瑾灵柩归葬西湖"。

鉴湖女侠秋瑾,经徐女士寄尘倡议,恭迎女侠之柩归葬西湖,并建专祠奉祀。昨(五日)经民政司电知湖南谭都督,乞饬知秋侠之子王元德等情。兹将原电录下:湖南谭都督鉴:敝省议会议决,恭迎鉴湖女侠秋瑾灵柩归葬西湖,并建专祠奉祀,即日派人到乡接洽,乞饬知湘潭十八义源当秋侠之子王沅德为盼。浙民政司褚辅成。(《申报》1912年4月6日)

4月6日 禁烟交涉虽然失败,先生仍声明除印土大宗贸易有关约章暂仍旧例外,华土则照章禁绝。

浙江禁烟,前经褚民政司长独立主持。惟以外交棘手，不惜一再让步。乃英领事必欲各官厅将不禁售卖印土告示明白宣布，叠函催索。现经褚司长拟呈，兹将其原文录左：按照本省实行禁绝鸦片议案，以本年二月十七号（阴历去岁除夕）为禁绝之期，现在期限早届，亟应照章禁绝，尔军民人等慎毋自蹈非法，致干重咎。经此次示谕之后，除印土大宗贸易有关约章暂仍旧例外，凡私自运售华产土浆及一切私吸、私种情事，一经查获，即行按照禁绝鸦片议案及新刑律分别惩治。烟禁攸关，决不宽贷，诚恐愚民无知或尚未能遍晓，往往有因误会而犯法者，用特一再告诫，务各懔遵，切切毋违。此示。（马模贞编《中国禁毒史资料》第575、576页，天津人民出版社1998年）

4月9日 呈请蒋都督赴烟区巡视，未获准。

浙民政司褚慧僧君，对于烟禁素持急进主义，拟先赴金、处、温、台四府巡视，又虑农民抵抗，拟拨新军一营随护前往，于日前呈请都督。即经蒋都督批示云：民国成立，烟禁进行亟不容缓。惟浙省灾歉频乃，光复以后，商业凋残，农民困苦，恤荒与祛毒并为目前切要之图。据呈，温、处、金、台等府距省辽远，难免无毒卉潜孳。该司拟由省出巡，并请派标兵一营，随护前往等情，为民除害，热忱可嘉。惟该四府民风强悍，益以饥荒，设因误会，挺而走险，反酿他故。况大局甫定，人心浮动，尤应思患预防，请应从缓议，仰即知照。（《申报》1912年4月10日）

同日 指派庶务科长吴文禧等人赴南京运粮。

民政司慎重民食。浙省米缺价昂，以致人心浮动，民政褚司长怒焉忧之，连日商由都督饬知财政司续拨洋三万元，于九日派交通科长黄广，庶务科长吴文禧，即日驰往南京，面商支部长朱军长，指定镇江一口派员押运，俾得星夜接济，以重民食。(《申报》1912年4月11日)

4月11日 统一共和党成立，任特派交际员。

统一共和党由谷钟秀等之共和统一党，殷汝骊等之国民共进会，彭允彝等之政治谈话会合并组成。蔡锷（云南都督）、张凤翔（陕西都督）、王芝祥（前广西都督、广西军司令）、孙毓筠（前安徽都督）、沈秉堃（前广西巡抚及都督）、任总务干事。殷汝骊、袁家普、陈陶怡、张树森、彭允彝任常务干事。景耀月、刘彦、欧阳振声、吴景濂、沈钧儒等二十人为参议。褚辅成、李日垓等二十五人为特派交际员。(《申报》1912年4月16日)

4月13日 制定检查蚕种令6条。

浙省蚕业年来每况愈下，现闻民政褚司长已拟有改良办法六条，即日令行各属县知事，召集自治绅民，因地制宜，悉心研究，将讨论所得理由限五月前详细具复，以便宣布实行。计改良办法六条（略）。(《申报》1912年4月13日)

4月17日 力争禁烟主权。

浙省禁烟交涉，虽经宣告印土照常营业，专禁华土及种、吸各端，而英领事仍斥为狡狯，责备尽致，并扬言将自设支店，以省无谓之笔舌。近更联合日商强权要索，准其贩运印土来浙煮卖分销。外交总长以办理棘手，暂允试办，日前电咨浙都督转发民政司。闻褚司长以此种手续损失主权，本日又发电力争，兹将原文录下：

上海温（温宗尧）交涉使鉴：奉都督发下□电敬悉。印土大宗贸易本未禁止，惟另卖须受本省规则之限制。至煮卖一节，查中英条约并未准许。浙省灯吸今已禁绝，如查获私卖，皆当按刑律处治，希转饬商人知照。浙江民政司长褚辅成。（《申报》1912年4月17日）

4月19日 英使领馆无理要求浙江等省限制印药贸易章程撤销，并指责先生"违例"。（马模贞编《中国禁毒史资料》第574页）

浙江禁烟禁毒遭受种种压力，然先生等禁烟禁毒的决心"决不动摇"，"浙江始得定为禁绝省份"。

浙江革命党人，咸以鸦片之害不除，民族无复兴之日，故在革命运动进行之中，各就能力所及，从事禁烟工作。清宣统二年，各县封闭烟馆者已居多数。光复后，党人起握政权，制定严厉办法，彻底实施，勒令全省土膏店，于民国元年元旦一律停闭，土商愿报效钜金，请求展限半年，不为所动。由沪运往赣皖之烟土，以过浙境，亦予扣留，于是英国驻杭总领事，以前清与英协定十年禁绝，今未满期，不应遽禁运售为理由，向军政府提出抗议，英总领事屡到政事部交涉，政事部长答复："通商口岸并未禁止英土进口，内地施禁，绝对不受条约拘束。"严词拒绝。最后一次，英总领事竟出恫吓之言，政事部长答称："英舰虽开入钱塘江，浙省禁烟决心，决不动摇。"英国公使见浙省当局态度坚强，不能威屈，转向南京政府交涉，总统府派一秘书来杭婉劝，将过境烟土释放，结果仍令江西土商受罚领回。次年，上海土商复勾引俄国浪人，在杭州拱宸桥日本租界开设土店，省政府立饬警察局派警察多名，包围租界，购土者越租界一步，即遭逮捕，包围数日后，俄人遂自动停闭，从此一般土商不敢再借外力破坏烟禁，断绝死灰复燃之念，禁运禁售政策获以完成。惟台、温两属私种鸦片，尚未肃清，屈映光继任民政司长，禁政继续厉行。民国二年，派大员带领军队前往铲除，捕杀种烟犯不少，乡民不敢以身试法，烟苗乃告绝迹，浙江始得定为禁绝省份，以英国调查团复勘属实。其后各省虽施行官膏办法，与六年禁烟政策，准许烟民领照吸食，而浙省终未开禁。(褚辅成《浙江辛亥革命纪实》)

5月4日 拟呈管理道路规则，预防病疫。

杭垣日来颇有时疫发现，偶一触之往往有朝发夕毙者。民政司长褚辅成君恻然忧之，业已照会巡警，设法检查，并于日前呈报都督，以警务行政关系地方治安，拟先从道路管理、建筑取缔二项入手，俾得预防危害。现已拟呈管理道路规则五十六条，取缔建筑十一条，缮呈副本，请先咨送议会决议实行云。(《申报》1912年5月5日)

同日 上海同盟会总机关部改为中国同盟会本部驻沪机关部，先生当选为27位职员之一。(上海《民立报》1912年5月5日)

5月10日 发布省议会选举要点之通令。

浙江民政司长通令各县知事文云：照得省议会选举关系重要，查本司前次拟订各属筹办省议会顺序及其间清单，以五月十六日至六月五日为初选监理，造具正副册本，期间此项正副册本务求明晰简赅，一目了然。本司深虑各属未能一律合式，将来往返驳诘延误要政，因将造册时所最应注意之点另单揭示，俾各属造册人员有所遵循。合即令饬各县知事，即便转饬遵照。办理单附发，切切此

令（办理单十条略）。（《申报》1912 年 5 月 11 日）

5 月 18 日　严办吸毒者。

浙军财政总金库长钟寅宾，日前在警署对门土娼财神菩萨家开灯吸烟，为调查员窥破，当场拘获。讵钟库长恃与禁烟局董事有旧，伪称叶姓，要求同往禁烟局，即嘱由该库课员温玉私行保释。日前突被某沪报揭破内容，杭城某报复据而转载之。民政司长褚辅成君见之大怒，即严饬杭县民事长云：违章私吸，适用刑律，既经查有确据，则无论何人，自应按刑律罚办，何得竟予保释，甘蹈违法之咎？且私吸系刑事犯，禁烟局查获应送法院核办。报载如果属实，除将烟犯照律严惩外，并将禁烟局董治以刑律第二百六十六条之罪，本司言出法随，决不姑宽也。（《申报》1912 年 5 月 19 日）

5 月 28 日　杭州发生米市恐慌，令总商会就近采运。

杭州米市恐慌，迭经蒋都督商民政司组织备荒事务所，一面商请湘都督订购二十万，续又遴派交通科长黄广、吴文禧两员分赴苏皖，商请苏督赶运二万担，俾资接济。讵该两员挟款留沪，逗留累月，率称苏米不敷，擅允减运三千石。而湘米出境，道出淮场，又被徐宝山司令截充军需。金、衢、严微有盈余，现因警匪重叠，运道梗阻，致令省米骤绝来源。市侩居奇乘隙散布流言，谓城厢内外存米不足十日之供，过期必至绝粮，连日市盘飞涨，前后一星期每担骤涨三元左右。昨日，民政司褚司长深虑粮尽激变，填发特别护照数十纸，商令总商会转发米业，饬令就近采运，为临渴掘井之计。（《申报》1912 年 5 月 29 日）

本月 与顾乃斌两人介绍沈钧儒加入中国同盟会。(见沈钧儒纪念馆展品,沈钧儒入会的《中国同盟会证书》)

6月1日 派员赴乌镇彻查暴动真相。

湖属乌青镇乡民暴动一案事后调查,知系调查员吴宗骧挟嫌滋扰,诬为私藏烟土,藉图敲诈,至激众商公愤……现已全镇罢市,吁请秉公查办,以恤商困。蒋都督以此案官商各报一词,虚实均应彻查。现已据情函致民政司,迅速派员驰往查办矣。(《申报》1912年6月1日)

7月14日 先生委建之秋侠祠堂工程告竣,徐自华致函各界:于阴历六月初六在西湖凤林寺开纪念大会。(《申报》1912年7月15日)

7月19日 在西湖凤林寺举行秋侠追悼大会。

七月十九日(阴历六月六日)系秋侠成仁之日,秋社同人爰开追悼大会于凤林寺,会场供有绍兴府案卷全卷及秋侠遗物暨诗稿。是日蒋都督、朱军长、褚(辅成)、沈(钧儒)两司长及男女来宾约五百余人,一时入座,首奏军乐。次,临时主席徐寄尘女士报告秋社历史及建立专祠、募筑风雨亭原因。次,陈佩忍君报告本社发出捐册五十份,共收大洋一千四百四十四元……用以购备器具……。报告毕,奏军乐行三鞠躬。次读祭文。(《申报》1912年7月21日)

8月8日 助蒋都督排解敢死队士兵索赏滋闹。

浙军第三队敢死队因索赏迭闹都督府,兹闻该队兵于前日下午复到都督府滋闹,当被卫队扣留两名,请示都督惩办。间忽有共和促进会长即同盟会总干事蒋著卿出头干预，直入参议厅盛怒诘问，一言不合，大肆咆哮，拍桌敲台，势将用武。……其时参议官吴钟镕别有要公，乘舆他适，方及门辕，被敢死队拦阻扭结，扬言同赴民政司，群情汹汹，势在危急，适警备队路过，力任保护。民政司长褚慧僧闻警到场，极力排解，该参议方得脱险。现悉蒋都督深虑此事决裂，酿成巨变，而宦囊空空，实无余力，不得已仍允在公款中挪拨洋四千元，交由褚司长代为转圜。(《申报》1912年8月10日)

8月15日 因自定省议会法及选举法，历行禁止鸦片贸易等，触犯大英帝国利益，引起外交交涉，被撤民政司长职。

浙民政司褚慧僧因不服中央命令停办复选。经袁大总统以褚司长违背法令，电致蒋都督将褚君撤任，另委屈文六君接任民政司等情已志昨报。兹悉屈司长昨已奉到都督委任状，现准定二十一号接任视事，至同署办事人员悉仍其旧云。(《申报》1912年8月20日)

那时褚慧僧急于办浙江省参议会，自定省议会法和选举法，一边订一边就饬令各县执行，没有呈报中央批准。后来浙省都督府秘书处将这件事报到中央。中央政府对褚慧僧这种做法很不满，说这样的大事必须中央制订，各省统一，怎么可以自己动手呢，把褚慧僧的民政长职务撤了，命令浙江都督另外保举人。这时有人到南京找朱介人，经朱介人的同意，提出屈文六为浙江省民政长，接褚慧僧的任。蒋百器在褚慧僧一事上很被动，就开始消极了下来，恰好朱介人带着浙江新军从南京回到杭州，蒋百器见这位浙军总司令来了，就自动退职，把浙江都督的职位让给了朱介人。(张云雷《辛亥革命见闻琐谈》,《浙江辛亥革命

回忆录》第 203 页)

先生被撤任后翌年春归里，友人徐自华赋词《贺新凉》一首，为之送行。词前小引："慧僧先生解职归里，武林四十二会社咸争祖饯，余更绘《西湖送别图》倚声寄之。"词云：

潋滟明湖水，怎无端，晴漪映碧，骤含别意。报道先生归去也，一片帆飞天际。看岸柳，萧疏愁翠，记否年时秋惨淡，正奋身，革命风潮里。歼胡虏，拚一死。神州光复差堪喜，一年来，民合政冶，心劳力瘁。砥柱中流肩负重，转瞬西风又起，忽摇动，莼鲈乡思。棋局纷争殊未稳，莫东山高卧灰英志。应更为，苍生计。(郭迫礼《徐自华诗文集》第 182 页)

8月22日 浙新都督朱瑞发表就职宣言，向大总统、国务院发出养电，请挽留褚辅成。

浙江民政司褚辅成业经撤任，当有前任蒋都督委派屈映光署理在案。查该司才具优良，允符众望，请大总统颁示任命，以重职守。至前民政司褚辅成当杭城光复之时，力任艰险，厥功甚伟。嗣在民政任内调和党派，主持公道，遂人心因而渐定，秩序赖以维持。今以误会复选办法，电令解任，观过知仁，情有可原。且该前司毅力宏才尤为，实为民国不可多得之选，拟仍留充顾问，以资赞助。倘蒙中央延揽，加于任用，俾该前司得竟全才，尤为忭幸。浙都督朱瑞叩。养。(《申报》1912年8月25日)

8月25日 由宋教仁策划，中国同盟会与统一共和党、国民共进会、共和实进会、国民公党五党合并，组成国民党，是日开成立大会，先生当选为参议。(《时报》1912年9月1日)

8月26日　助屈映光到任。

浙江民政司长褚辅成业因抗违中央命令撤任，递遣，民政司改委屈君映光暂行权摄，原定本月二十三号接篆，讵该司署各科员司与褚君感情深切，纷纷宣告辞职。幸褚、屈二君旧交深厚，彼此协商，劝告全署员司，一律由新司长加发委任状，以资联络，现已全体允洽，屈司长亦订期于二十六日上午到司视事矣。（《申报》1912年8月27日）

本月　国民党浙江支部成立，被推为支部长。

八月，同盟会首领宋教仁在新旧合作、朝野合作的口号下，联合统一共和党、国民共进会、国民公党、共和宪政会等政团合并，组成国民党，于是（同盟会）浙江支部改组为国民党浙江支部，阙麟书与吕逢樵、庄之盘、杭辛斋、刘琨、卢钟岳等二十四人为支部参议，推举褚辅成为支部长，莫永贞为副支部长。（阙良庆《阙麟书传略》，《浙江辛亥革命回忆录》第38页）

9月22日　主持杭州各界人士发起筹办水灾急赈会，并被推为会长。

杭垣各团体中人因温处一带水灾奇重，特发起水灾急赈会，于本月廿二日在国民公所开各团体代表会，都督、司长均莅会。首由杭辛斋君报告今日之会实缘温、处两属同胞同遭此次奇灾，死者已尸如山积，生者亦失所流离，非散放急赈其何以救灾民，应请诸大善士解囊助赈。语毕即推举褚慧僧为临时主席，宣告该两属水灾尤以青田、缙云两邑为最重，死伤人口计在二十八万有奇，其未经淹毙者数几百万。但家室荡然，饥寒交迫，无住无食，何以为生。若全恃公家援救，财力有不及之虞，是以发起斯会，邀集各界代表筹划募捐方法，救济灾民。次由青田代表何元杰入席，将灾患情形详细报告，并谓现在该处灾民约分四种：（一）毙死于水。（二）毙死于饥。（三）毙死于疫。（四）毙死于兵。言毕即在席上为灾民九叩首以求赈。报告毕。次由在会诸君推褚慧僧君为会长，顾竹溪、潘赤文二君副之。至讨论劝捐方法各有主张，尚未决定云。(《申报》1912年9月24日)

10月27日 在杭代表国民党主祭秋瑾。

秋女侠灵柩，于二十七（日）午十一点半钟由嘉兴起程来浙，各团体代表、各官厅代表及男女学生均在城站列队恭迎，及车到站，军乐齐鸣。各代表均举旗致敬，请柩至站外祭台。团体联合会、国民党、民政司、财政司、教育司、提法司各设祭一坛。国民党褚君慧僧主祭，团体联合会杭君辛斋主祭，财政司张君咏霓主祭，其余各派代表。联合会祭品系用糕饼制成"秋雨秋风"四字，尤为特别。(《申报》1912年10月29日)

11月11日 四子凤翔出生。(《嘉兴市文史资料通讯》第36期)

按：褚凤翔（1892—1996），日后曾留学英国，学成归国后曾任嘉兴民丰造纸厂电气工程师。抗日战争期间，偕同长兄凤章在云南创办云丰造纸厂。

12月8日 孙中山先生莅临嘉兴演讲，先生由杭返里欢迎。陪同游南湖烟雨楼。

前总统孙中山君游京南归后，侨居上海。现经浙江都督朱介人电请孙中山莅杭，以便共商要政，昨准沪电悉

孙君准于八号专车来浙。(《申报》1912年12月6日)

  中山先生离京息影上海,由陈仲权往请莅禾,褚辅成由杭赶回筹备开欢迎大会,游南湖烟雨楼,与欢迎者合影留念,并在同益照相馆摄一半身玉照,分赠同志,家君亦获一帧,神采奕奕,今犹珍藏。(庄一拂《褚辅成先生年谱修订稿》,《褚辅成专辑》第174页)

  是年十一月间,孙中山先生应邀来嘉兴游览和演讲。这是嘉兴近代史上一件大事,几十年来为人所乐道。……嘉兴同盟会负责人陈仲权嘱我父庄幼山返里,事先组织筹备。乃方于笴(尚未离嘉兴县知事职)、计宗型、沈文华等商议,推定董翰先、张伸簏、田毓甫、陈晋熙、沈伯新、查西来、唐稚轩、程子良、沈景三、庄幼山十人为欢迎孙中山先生筹备委员,选择了地点适中而会场广阔的春波桥兰溪公馆为会址……嘉兴革命党人褚辅成由杭州返里来欢迎。中山先生坐火车到嘉兴车站下车,欢迎者有地方各界代表和问讯赶来的群众千人,还有南湖学堂的小学生代表,随后齐集于兰溪会馆庙台前,举行欢迎大会。据当时学生沈秉轮回忆,学生们有些爬上院子中一只大香炉上看中山先生,院中有四棵大银杏,比较荫凉。台上只有中山先生和褚辅成两人,褚氏穿蓝袍黑褂,首致欢迎词后中山先生演讲,讲述了三民主义的主张,约历一个小时,讲毕掌声四起。中山先生演讲结束后,在褚辅成先生等的陪同下,游览了南湖,并拍照留念。(庄一拂《记孙中山先生来嘉兴之行》,《嘉兴市文史资料通讯》第8期)

下午,陪同孙中山先生抵杭。

  孙中山先生定期八号莅杭,已志前报。是日上午十时，孙先生由沪启程，历经松江、嘉兴、硖石、斜桥、长安各车站，均有军警及各团体列队欢迎，人民瞻观，充溢于途，逮车到站均拍掌脱帽，高呼万岁。先生亲自下车与各代表晋接，并周历观者之前，举帽答礼。二点四十分到艮山门，朱都督、吕师长及正副议长、团体联合会干事均，至车站迎迓，军警分列两行举枪奏乐，以致敬礼。先生下车与诸公一一握手，遂至梅花碑行台小憩。

……

四时至马坡巷法政学堂，赴国民党欢迎会，先列座摄影后，鱼贯入讲堂开会，会员到者八百余人。先由褚君慧僧报告欢迎大旨，次由魏君在田读欢迎词。孤儿院学生唱欢迎歌。先生登台，各会员皆离坐行一鞠躬礼。先生演说大旨谓：久慕浙江名胜，今初到杭，复蒙诸同志开此盛会，实属非常荣幸，非凡感愧。杭州旧同志甚多，均能协力同心，达此革命目的。去年攻克南京，尤浙军之力居多。可痛者最好的同志秋女侠一瞑不视。兄弟此来固不仅展览西湖风景，亦将临女侠埋骨之所，一施凭吊。继又演讲三民主义及铁道国有政策。散会时已六点钟矣。（《申报》1912 年 12 月 10 日）

12 月 9 日　上午，陪同中山先生致祭光复诸先烈，游览西湖名胜，旋赴公园聆听中山先生演讲钱币革命。

九号上午九时，孙先生命驾出城，致祭光复诸先烈，顺道游览三潭印月诸名胜，十句半钟莅公园，当有朱都督陪侍招待，并介绍军政各界领袖，行相见礼。十一句四十分入席公宴，入席后经孙君首先演说，其宗旨：整理财政、发达工商、以钱币革命为入手办法。宴毕……由都督

陪侍孙君合摄一影。(《申报》1912年12月11日)

中山先生所作钱币革命的演讲，对先生经济思想产生重大影响，认为是一个"值得研究之问题"，因此历年观察社会各方面情形，求此问题之解答。

民国元年冬，总理莅杭，官民假座协和讲堂，开欢迎大会，请总理演讲，指示救国方针。余时任国民党浙江支部长。总理先询余曰："当今救国之急务，莫如钱币革命——即纸币政策——今日拟以此为讲题，听者得毋骇怪乎？余对曰："浙人极信仰先生，凡有诏示，无不倾耳接受。"遂决讲钱币革命。

……

时浙省财政厅长张君寿镛亦在座听讲，退后告人曰：孙先生之纸币政策，完全可行。其意以为照此计划，须完全乃可行。余之感想则稍异，以为货币本为计数之筹码，纸币同样可作计数筹码，则发行纸币自属可行，惟瞑眩之药，非至病象显著时不饮，此为人之恒情。今之社会，是否急迫需要膨胀通货？纸币政策，是否与现时民众之心理相合？为值得研究之问题。时机未熟，恐难实行。既至社会急切需要之时期，行之自无障碍。因此余历年观察社会各方面情形，求此问题之解答。(褚辅成《货币革命十讲》，上海法学院出版，1936年)

本年 为酬意周和尚掩护革命之功，拨农田200余亩为庙产。

民国元年，军政府组织变更，改任民政长，也是浙江全省的最高行政长官。他（褚辅成）下令将杭州圣因寺在海宁县境内所有的农田二百余亩,拨给意周和尚,作为白云庵的庙产,以酬其掩护革命活动之劳。(阮毅成《记褚辅成先生》,《褚辅成专辑》第 53 页)

◎ 1913 年(癸丑)民国二年　41 岁

1 月 11 日　被提名为众议院议员。

浙省众议院第一区复选举,业于十一日上午在杭县水亭址当众开票,兹将当选人录下:俞凤韶、周珏、姚勇忱、褚辅成、杭辛斋、陈敬第、张世桢。候补当选人:金溶熙、周学宏。尚少候补当选人五名,即日再行补选。(《申报》1913 年 1 月 13 日)

按:本月,先生当选为国会众议院议员。自去年年底起各省进行正式国会选举,参、众两院议员由各省军政府省议会选举。参议员共 274 名,众议员 596 名。

2 月 18 日　浙省议会正式成立。20 日,出席浙省议会议员选举会。

二月二十日投票选举,因前四轮投票选举议员国民党的优势没有体现,党内对选举结果不满,中间休息等待第二轮投票时集体离场,选举因不足法定人数而延会。省议会派议长莫永贞和议员沈定一前去规劝国民党议员赴会,当问其何因不到会时,褚慧僧答称:"本党议员所以不到者,因陆宗舆当选,大家不赞成,所以不愿投票。"答应次日出席。(《申报》1913 年 2 月 23 日)

3 月 2 日　与莫永贞、蒋著卿为众议员杭辛斋被诬告犯有烟瘾事昭雪。

众议员杭辛斋因鸦片嫌疑，官厅调验，医生报告有瘾，致被检事厅拘禁。国民党一方面群起要求复验，一方面有新选众议员殷汝骊、卢钟岳、张浩、褚辅成等八人公电司法部，谓检事许畏三挟嫌诬陷，滥用法权，请派员彻查。现闻杭君由官医复验，确无烟瘾，并将鉴定书呈报，以资昭雪。昨日忽有二三人用团体联合会名义，定期二日上午假国民公所开特别大会，对付法官违法，下午又有所谓工党者亦藉此案开会。官厅深虑非法扰乱，特令卫戍司令官派兵会同巡警临时禁阻解散。嗣经张雨蕉、蒋著卿担保，始准开一谈话会，当场推举代表四人，莫永贞、褚辅成、蒋著卿为代表晋谒都督，要求惩办法官。倘无满意结果，再筹最后之对策云。(《申报》1913年3月4日)

4月8日 先生出席民国第一届正式国会（临时参议院宣告解散）。(《中华民国史事纪要（初稿）中华民国二年（1913）》第320、321页)

4月26日 袁世凯与五国银行团订立善后大借款案，黄兴、王正廷阻止未成。5月5日，先生与吴景濂、吕复等联名宣布众议院对袁世凯违法借款签约绝不承认。

《民立报》转各报馆公鉴：五月五日众议院特开会议，对于五国银行团善后借款案多数否决，谓政府违法签约咨交本院查照备案，决不承认。计是日出席人数三百七十六人，赞成者二百二十九人，系大多数。特此奉闻。参、众两院议员吴景濂、吕复、李肇甫、谷钟秀、张耀曾、殷汝骊、周钰、童启曾、徐秀钧、褚辅成、欧阳振声、王靖方、汤漪、杨永泰、吕志伊、赵世钰、曾彦、马君武、林森等三百余人同叩。微。(《民立报》1913年5月7日)

5月7日 先生等盐政讨论总会会员全体公决,联名致国民、共和、民主、统一四政党一函,提出对盐政抵押借款补救方法,要求四党"鼎力维持,一致进行"。(《盐政杂志(附刊)》1913年第6期第4页)

5月23日 出席众议院会议,开议大借款案。

五月二十三日下午一点众议院开会,汤化龙君主席,宣告开会。……褚辅成登台发言云:"今天诸君之动议,并非使大借款根本动摇。而虽反对大借款,乃痛斥违法之签字,只可两方面观之,一方面向政府诉说苦衷,一方面将咨文报告大家同意赞成,公平讨论,自然表决不难解决矣。"众鼓掌。……最后讨论莫衷一是,主张离异,于是群起争论,议场大乱,嘈杂不休,议员相继离席退出议场,遂无结果而散会。(《申报》1913年5月28日)

6月9日 袁世凯免江西都督李烈钧职,以黎元洪兼领。先生与众议员陈燮枢、吕复、吴景濂等14人依约法第19条第9项国会组织法第14条规定,联名提出关于政府罢免李烈钧都督质问书。质问袁政府"民国任用官吏,究竟执何标准?"请政府于5日内答复。(《中华民国史料档案资料汇编 军事(二)》第125、126页)

又,先生与众议员龚政、王葆真、丁超五等28人联名再次提出质问书。质问袁政府罢免李烈钧都督职"究竟根据何法"?请政府于5日内答复。(同上,第128页)

6月14日 袁政府任命陈贻范、胡汉民为西藏宣抚使,任命陈炯明为广东都督,对此先生与众议院议员徐傅霖等联名提出质问书。质问书指出:政府任免职员不能以"一人之好恶爱憎"以为任免职员之"标准"。要求从速答复。(同上,第

129、130 页）

6月20日　出席众议院会议，受命重行起草借款咨文报告，并提出奥国借款案等3案，供下次会议讨论。

六月二十日下午二时众议院开继续会议，议题约为中央机关二年上半年预算案、宪法委员会案。到会者四百五十人，汤化龙君主席。是日国务员、外交总长及代理财政总长梁士诒出席。

议长宣告足法定人数后，命秘书长将前次表决借款咨文报告，秘书长朗读一过，王敬芳君提起修正案，大致谓善后借款合同有效，惟政府办理手续不全，应负其责等语。谷钟秀谓与其各员提起修正，不如由议长指定委员重行起草。稍有争论，汪荣宝君提起委员七人之数，议长付表决，起立者四百零九人，遂由议长指定王敬芳、谷钟秀、李国珍、褚辅成、孙洪伊、孙润宇、黄懋鑫等七人为委员。报告之始，张伯烈君质问议长何以不将借款案列入议事日程，经议长数言解释始息。

梁士诒说明预算案后，王葆真、李根源等皆登台痛诋预算之不正当之不成预算案，或主退还政府。……当梁士诒受质问时，张宏铨谓，湖南省已将全省矿产向某国押借千万磅，有无其事，梁士诒答以不知。褚辅成谓："下次开会须请段总理出席，有三事须口头质问：一为奥国借款案，一为下届预算案，一为保定军官学校校长自戕案。"经院议赞同，议长命秘书长拟文，请于下次出席。届时当又有一场大文章也。（《申报》1913年6月25日）

6月25日　出席众议院会议，质问奥国借款案等。

二十五日众议院开会，到会者四百四十五人，议长汤化龙君主席。……段总理出席，本因前日褚辅成提议：一因一年预算案，一因奥国借款案，一因蒋方震自戕案。段总理对于三案除奥国借款案另开秘密会外，其预算案全院纷纷质问，段总理欲令财政次长说明，董增儒谓前日梁次长出席，谓次长资格不能够列席国务院议，对于何日提交国会不能答复。今日总理须自己答复。质问者如胡汝麟之量入为出与量出为入，究竟取何方针。孙洪伊之裁减行政费，各省遵从预算案，政府可否办到。最后褚辅成要求以一星期内将已经造成之中央各省预算册先送到院，经段总理承诺。又有各省质问蒋君自戕事，段君总理答以现在查办中，未得真相，谓此事须讨论，但得政府从严查办。遂表决开秘密会，质问奥国借款案。闻褚辅成、何雯、李国珍、张耀曾等质问颇中肯，闻梁次长及政府委员颇为所窘云，至六时半遂散会。（《申报》1913年6月30日）

6月26日 为祀孔典礼之命令不交国会议决事，先生领衔司徒颖、张耀曾、徐傅霖等提出质问书。

本月二十二日，临时大总统令前经国务院通电各省，征集多数国民祀孔意见，现在尚未复齐，应俟各省一律议复到京，即查照国民体制，根据古意，将祀孔典礼折衷至当，详细规定，以表尊崇，而垂久远。等因。查孔子大同主义，实为共和学说之祖，宗仰时圣，率土同情，本员亦曾宣扬孔道，维持社会。惟孔经注疏，多与民主国体背驰，必须搜集古训，证以世界大义，重加笺释，方是焕发共和精神。若先儒故注，未经订正，依旧推行，而共和时代复讲专制学说，恐于国家行政阻碍丛生。近日各省孔教会设立如林，普通心理已视孔学为宗教。孔教应否作为国教,政教应否合一进行,民国万世之基,关系至大且重,乃不交由人民代表法定机关,正式讨论,通电各省,征集意见。各省议会与闻此事者,亦寥寥无几。是等手续,惟前清未设资政院时,寻常议案,字寄各省,督抚复奏报可交部规定施行,乃有如此办法。兹于民国代议政体,仍循各省议复手续,是法定机关,如同疣赘,人民代表可以蔑视,行政立法权限混淆,政府是否别有作用,本员百思不得其解。谨依约法第十九条、国会组织法十四条提出质问,应请政府于三日内答复。众议院议员褚辅成、司徒颖、张耀曾、徐傅霖、张浩、俞炜、杜士珍、戚嘉谋、陈燮枢、胡翔青、张传保。(《中华民国史档案资料汇编 文化》第5页)

6月30日 出席众议院会议,当选为宪法起草委员会委员。(《申报》1913年7月5日)

7月4日 出席众议院会议,提出弹劾"大理院违法受理云南选举诉讼"、"洋债赔款及军用手票国内公债各数目"2案。

初四日下午二时众议院开常会,到者四百三十九人,汤化龙君主席。是日,议事日程本有弹劾案四通(其一为前吉督陈绍常犯法能否归案;其二为司法部大理院违法受理云南选举诉讼;其三为福建征收钱粮划一价格;其四为洋债赔款及军用手票国内公债各数目)。各党所提出者,按约法须全额出席有四百四十九人,方可开议。乃到会尚缺十人,不谓不能开议之案,居然有一场恶战。一为弹劾案不发生效力说……;一为弹劾案能发生效力说……两派之激战:两说处于极端反对地位。刘崇佑质问张耀曾曰:即不须公布,此法字当作何解释。褚辅成亦质问议长曰："动议是否可为法律案？法律案应否适用议事规则第十二条？"于是进步（党）与国民（党）所谓素称稳健者，俱不能解释此困难问题。两派之调停人，进步党汪荣宝、国民党孙润宇君皆主讨论中止，以是否咨求参议院同意付表决。国民党褚辅成尚挟其难题，要求付表决，经众斥之，议长遂以汪、孙两君之说付表决。表决之结果：议长报告在场人数三百八十四人，先以咨求参议院同意请起立时，赞成者一百三十五人。张伯烈提起异议，议长又以不求参议院同意为反证表决时，赞成者二百五十人。（《申报》1913年7月9日）

同日 在国会领衔提出政府违法大借款弹劾案，为袁世凯所忌惮。

四号，众议院议事日程列有弹劾案四件，国民党议员、政友会议员所提出者虽内容有异，而均系弹劾政府全部。……国民党之弹劾案：国民党主张弹劾国务员全体，其提出于众议院之文云：……而违法之甚者，尤莫过于此次之奥国借款，私自结约，善后借款，擅行签约。查临时约法第十条，参议院职权第四项，议决公债之募集及国库有负担之契约。国会组织法第十四条，民国宪法未定以前，临时约法所定参议院之职权，为民国议会之职权，是公债之募集及国库有负担之契约。国会未成立以前，其议决之职权为参议院。国会成立以后，其议决之职权在国会。国会于本年四月八日开院，凡有公债之募集及国库有负担之契约，在四月八日以后者，当然先由国会议决，始得发生效力。约法具在，万不可违。乃政府与奥国借款及五国团借款，则竟悍然违背约法而不顾，奥国借款额数三百二十万磅，抵押品为税契，政府私与奥国定约，丝毫不使国会与闻。迨本院议员提出质问书，犹复久不答复，及催促国务员出席答复至，再始于本年六月二十五日由代理财政总长出席，受议员严行质问，方讻本年四月初十日既私与奥国签约，五国银行之善后借款二千五百万磅，未经国会议决，竟于本年六月二十七日擅行签字。查此案事前未经大总统依法提出，事后参议院又无咨复文书，何得重诬前参议院已经表决通过。且前参议院十二月二十七日议事录载明，财政总长周学熙报告事件，当日对于借款事只有报告，并非议案。周总长报告二十一条件，五条特别条件有条文，余普通条件十六条仅有大义。当时院内将特别条件五条表决，其大体不过示政府以交涉之范围，普通条件尚无条文，更何所谓通过。故于五月初五日众议院所开议，代理总理出席答辩，至辩无可辩，乃行自认手续未完。夫以未经国会通过而擅行签字，如此手续未完，若非违法，而何至若借口倍克立公司借款签字后，始提请参议院追认，及海兰借款签字后，始正式咨照参议院备案之先例，一为违法之辩护，益见政府之心不可问……。谨依据临时约法第十九条第十二项提起弹劾国务员全体，一律罢免。（名单下略）。(《申报》1913年7月8日)

7月7日 出席众议院会议，讨论浦信铁路5厘借款案，主张大借款案需经协商妥善，才能提出大会报告表决。

下午一时开会，延至两点始足法定人数，议长汤化龙君主席。议员出席四百五十九人，政府委员二人。彭运斌谓大借款问题咨政府文起草二十余日，请报告后再照议事日程开议。王敬芳谓此事关系重大。褚辅成君云："非经两党协商妥善,不能提出大会报告表决。"某议员提议,报告不承认本年一月至六月预算案咨政府文,秘书长朗读毕,议长咨询全院有无异议,应否表决,众请无须表决。遂开议第一案:浦信铁路五厘借款案(大总统提出)初读,政府委员说明理由后,褚辅成质问谓:"用费五厘归之何处?"政府委员谓:费用五厘乃酬报银行经手之人。褚辅成又质问良久,政府委员一一答辩。李根源谓今日要案尚多,此时无质问之必要,请付审查(众鼓掌),表决付审查,多数通过。……休会三十分钟后开议,议长宣告指定二十一人为审查委员。议长谓:现国务院总理到院要求秘密报告事件,褚辅成谓:在院人数是否足四分之三?议长谓:适间出席者四百五十九人,已足四分之三,现在场人数则不足四分之三,此时先请总理报告,仰先议弹劾案。褚辅成主张先议弹劾案。……胡汝麟谓:与其坐候不如先请总理报告,议长谓请旁听者暂时退席,时四点十五分。报告毕已五点三十分,遂宣告散会。(《申报》1913年7月13日)

7月9日 出席众议院会议,与俞凤韶、杭辛斋等提出"各省预决算先交省会议决"案。

九日下午二时众议院开常会,到会者三百六十余人,议长汤化龙君主席。……议员对于各省预决算事提出建议案。俞凤韶、褚辅成等提《各省预决算先交省会议决案》谓:"……今各省行政立法相争至剧,机关阻滞,百务废弛,省行政转立于无监督之地位,拟以临时约法第十七条第八项,建议政府饬各省以完全预决算,先交省会议决议。据议事细则第七条及第八条,请从先列入议事日程,

付之公决，以释纷争，戒冒国家大计。"（《申报》1913 年 7 月 14 日）

7 月 11 日 出席众议院会议，讨论国务总理秘密报告外交事件。议决宪草委员起草宪法期间委员免出席常会等 3 案。

七月十一日下午二时，众议院开常会，到会者四百十四人，议长汤化龙君主席。报告段总理有外交紧急问题，要求秘密会议，院议赞同，遂命旁人退席，至如何问题则不得而知。秘密会中据传闻，因议长前次投票问题，两派各持极端的议论。一方面为议长不能加入表决之列，以议事细则可否同数，取决于议长之言来相攻击，此国民党褚辅成及一般暴烈者所主张。一方面为参议院有先例，凡同意票吴景濂皆投之，且同意权与表决权微有区别，此进步党李国珍及一般稳健者之言论。董增儒君谓前参议院议长既加入于投票，是否又加入表决，如加入表决，本院先例，议长不在表决之列，当然不能投票。如不加入表决，本院亦可适用先例，乃国民党员大噪。议长以不能解释付表决，以褚说请赞成同意，在场起立者一百九十九人，少数。国民党提起异议，要求反证表决。张耀曾忽发言曰：议长不应列于表决，而赞成议长加入表决者，此中华民国议会之羞。王敬芳回报曰：同意权与表决不同，欲剥夺议长同意权者，此中华民国议会之羞。……议长请反对者起立，则又一百八十四人，仍少数。议长又以褚说，行点唱办法，而国民党议员褚辅成、张耀曾突然起立为监察员，吕复、陈策更摇身如钟摆，口中作微声，如小孩子背读。然经董增儒君诘问议长，起立诸人是否由议长指其为监察员，众乃安坐点唱，结果赞成褚辅成动议者二百三十二人，于是中俄协约乃能出门到参议院矣。议长乃就第一案开议，议题各省议会审议本省预算、决算暂行法，由提案人钟才宏君说明，共和党徐兰墅君反对，之后付审查。又议第二、第三案，题皆为禁烟案，众主并付审查。张耀曾咨询全院宪法起草委员在起草会期内，请暂解除常会义务，表决得多数许可。李增、褚辅成请速选举审查顾视高、曾子书两君资格委员。黄懋鑫主张候院法公布再选。议长以李、褚两君动议付表决，得多数赞成。李国珍君以屡次开会俱不足弹劾案法定人数，请议长为恳旦之通告，俾下次开会可以开议，众赞同，议长遂宣告散会。（《申报》1913 年 7 月 16 日）

7 月 12 日 李烈钧（字协和）接受孙中山指令，宣布江西独立，多省响应，揭开反袁之"二次革命"序幕，浙省亲袁派朱瑞拒不回应。先生等谋浙江独立，未果。

二次革命发生后，国民党籍议员认为南方起兵系由袁世凯失职违法所激成，故应一面促请袁世凯退位，一面劝使双方停战，乃推浙江籍众议员褚辅成向进步党试行接洽，进步党则持相反态度，甚至在众院提出征讨案。（张玉法《民国初年的政党》第 341 页）

二次革命发生后，褚辅成与王金发、吕逢樵等准备发动浙江各府宣布独立，并欲改建省政府于宁波，后因朱瑞向袁世凯告发而未成。（裘孟涵手稿《王金发其人其事》，藏浙江省政协）

7 月 13 日 出席宪法起草委员第二次谈话会，商宪法起草地点。谈话会决定宪法起草地点应具两种便利：（一）适中。（二）现成。众赞成。关于起草宪法开会时间，先生主张星期

二、四、六上午开会，星期一、三、五下午开会，以便顾到参议院开常会时不至不足法定人数。(《申报》1913年7月20日)

7月16日 出席众议院会议，质问工商借款事。先生认为总长借款"违法"，皆无根据。

> 七月十六日下午一钟振铃开会，议长汤化龙主席，仍系延长至两点钟，议员出席始足法定人数。议长遂宣布开会。并报告云，今日工商部总长出席报告借款事项（工商总长此时出席）。首由刘恩格质问云，工商借款一事，诸多不明，不知何项用途，况工商属于实业，用项浩大，不得已而借款者有之，而借款之条件未交国务院议决，又未经国会手续，而工商总长即鉴字立约，此等实属违法举动，应请总长答复。工商总长答云，本席出席，即是报告，今既有质问，应略为答复。继云，现在工商危困，百端待兴，公款不能源源而来，不得已借款以为燃眉之计云云。刘恩格云，上次开会，代理总理曾有报告，言已鉴字拨款，何云草约，此违法真相已露。此时，众议员群起质问，争前恐后，络绎不绝，亦无从答复，答复亦不得要领。谷钟秀起立，大呼曰：请总长注意，循序质问则循序答复，议场无打架之现象，请诸君莫乱秩序。刘崇佑云：工商部借款及鉴字，即交院议可决否决，至于借款成立与否，工商总长无独立借款之权。汪荣宝、董增儒等均言借款成立，鉴字立约，总长应负完全责任。答云：负责任。褚辅成云："总长借款明明违法，还以强词辩护，皆无根据，且报告殊多不明，本院即不能承认借款之成立。"总长答云：此事交国务院议决，要求贵院通过。乃根据法律借款，决不敢妄动。(《民主报》1913年7月25日)

1913 年

7月19日　出席两院宪法起草委员会议，举汤漪为宪法起草委员委员长。（王葆真《民国初年国会斗争的回忆》）

7月23日　出席众议院会议，讨论熊希龄为国务总理案，要求熊先宣布大政方针。

> 自总统提出熊希龄为国务总理，兹请众议院同意后，众议院即于二十三日下午一时复行开会，对于任命熊希龄为国务总理一案，竟得多数通过。兹将昨日开会事实略记于后：
>
> 临时动议被驳：张琴因东亚新闻登载失实，以致内城巡警总厅传讯事，请议长按法律保护。汤议长云：如系逮捕当然由议院认可，如系传讯，此系个人责任，无求保护之必要。曾子书问议长，更换新徽章是何用意？顾视高又问：本席为何未发新徽章？褚辅成云：议员之所以佩徽章者，乃使他人易于认识耳，今更换新徽章，类于国务员之徽章，且与秘书厅职员一律，殊令人不易认识。
>
> 汤议长宣布拟任熊希龄为国务总理咨请同意案，当由司法总长许世英说明熊希龄履职后，郑万瞻云：任命熊希龄为国务总理一层，据各报所载熊氏尚未来京，且未承认此次投票同意与否尚不可知，即为通过，彼若不肯担任，岂不等于儿戏，不如再迟数日，调查意向后投票，方有把握。……褚辅成云："彼未来京，所持政策如何尚不可知，应请熊氏到院发表政见再为投票。"李国珍反对并驳褚辅成云：发表政见系取得国务员资格以后之事，此刻熊希龄尚未得本院同意，岂能请彼到院发表政见。……汤议长云：既有人动议，当付表决，对于任命熊希龄为国务总理赞成变更议事日程，再缓一、二日投票者请起立，列席议员四百十五人，起立者一百六十一人，少数。褚辅

又提议用记名投票法，汤议长又以有记名投票法付表决，赞成起立者一百五十八人，亦少数。汤议长遂宣布用无记名投票法，列席议员四百十九人，同意者二百六十票，不同意者一百七十九票，计算多数，通过。（《申报》1913年7月31日）

8月15日 出席众议院会议，质问文群、王有兰涉嫌湖口倡乱事件，"认为大有疑义，请其慎重从事"。

江西众议员徐秀钧前被逮捕，现在警备处拘留，日受审讯，仍未判决。日前，谷钟秀在众议院要求议长函致警备司令处，由大理院提起公诉，不必依段电解浔归案，议长许之。惟司令处以该案全属戒严施行之范围，故一切审讯总以军法执行之，不许大理院受理。惟现由该处严密讯办，将来若有必要，应依照段使电告，解至浔营讯办一切云。至是案牵涉之文群、王有兰等，当十五日众议院开议时，由褚辅成提议谓：段宣抚使来电，指文群、王有兰当湖口发难时，居中暗助等情。查文、王二君于湖口起事时尚在本院出席，对于段宣抚使来电认为大有疑义。董增儒君请议长检查出席簿，由议长报告文群君至七月一十三日以后始行缺席。王有兰君七月十六日以后即不出席，并检查以前文群君在湖口未乱之前，并未缺席一次。但王有兰君由七月初二日上数至六月初一日，全系缺席。众议由议长将各员出席情形函知警备司令处，请其慎重从事，如无他项证据，仅此来电不足为证据，未识能邀宽免否也。（《申报》1913年8月22日）

8月25日 雷震春、鲍世贵诬告先生等密筹以手枪、炸弹"在京暗杀要人，煽惑军队，扰乱京师"。

雷震春宥电：昨在党人秘密机关部查获该党密函、密电多件，内有众议员褚辅成、参议员朱念祖密函，报告该党进行情形。谓已与刘恩格、赵世钰诸人密筹对待政府，须以手枪、炸弹济法律之穷，已实行预备，待时机等语。

同日，鲍世贵皖电称：昨获党人多名，据供参议员丁象谦、高荫藻、众议员常恒芳皆抪死党，前在沪国民党秘密机关部与钮永建、范光启、郑芳荪、居正等密谋，在京暗杀要人，并设法煸惑军队，扰乱京师。又称参议员张我华曾密函郑芳荪、凌昭、凌毅三人，担任在京组织秘密机关，催令速运炸弹云云，二电皆请归案讯办。(《申报》1913年8月30日)

8月27日 先生遭北京军政执法处逮捕。

北京电：政府拘捕国会议员一事众极注意，参议院之被捕者赣议员朱念祖、皖议员丁象谦、张我华，高荫藻，陕议员赵世钰。前四人为国民党党员，后一人为政友会会员。众议院之被捕者浙议员褚辅成，皖议员常恒芳，奉议员刘恩格，皆属国民党。闻两院须待此事解决后始允再行开会，汤化龙、王正廷为此事谒见袁总统。

众议员褚、常等被捕后，即有汤议长命该院庶务科长殷君持函往谒陆军执法处长，处长辞以病未能见。惟云有复函到院。至参议院丁、朱等被捕后，则由参议院动议以电话要求段总理及熊总理出席，说明一切。熊复以在国务院视事，万难出席，段则已赴总统府云。(《申报》1913年9月2日)

民国二年，辅成当选众议员，以袁氏叛国显露，领衔提出弹劾，被捕下狱。夫人闻讯，急命长儿凤章多方营

救，弃职以赴。(褚辅成《亡室沈夫人悼述》)

《吴景濂自述年谱》记述八议员被捕之原因。

> 参议院议长张继，因涉赣宁起事嫌疑，离开北京，参议院议长应另行改选。本党方面议决推王正廷为候补者，进步党推王家襄为候补者，而政友会议员由本党脱离之人，均暗中表示赞成王正廷，推举代表到本党本部说明此意。是日夜间，政府闻信大惧，突于选举议长之日——民国二年八月二十七日早七点钟前，派警军逮捕参众两院本党议员八人，众议院议员褚辅成、刘恩格、常恒芳，参议院议员丁象谦、朱念祖、赵世钰、张我华、高荫藻。(《近代史资料》总第107号第24、25页)

先生被捕后遭严审。

> 八议员在津已志本报。兹悉，当八议员被捕之时，先至执法处，由陆司令审讯，每人讯问一次，待遇尚文明。惟对褚辅成颇严厉，并喝令跪堂，褚氏行李中之二百余元亦失去。次早天明起解到津，杨以德(天津警察厅长)待遇八议员极优，留在天津巡警局大楼居住，并准通信，索取衣服。忽有起解赴塘沽之信，刘恩格抵达北京索取衣服，适为吴景濂所知，即电知熊总理，熊即函请总统去电扣留。此时八议员亦将赴塘沽，交通部已将专车备妥。嗣经总统去电，始行留津。(《申报》1913年9月7日)

9月1日 江西籍众议员徐秀钧在九江被枪毙。有史料称：袁世凯本拟杀害先生，后"经杨度缓颊得免"。(《中国近代通史》第6卷第55页)

10月1日 先生等8议员由天津解北京大理院审判。(《申

报》1913年10月3日)

10月10日 袁世凯胁迫国会当选为正式总统,黎元洪当选为副总统职。

10月18日 议员邱克庄提出质问书,政府对八议员"既不言罪,又不释放,用意何在,请即明白答复。"(《申报》1913年10月19日)

11月4日 袁世凯发布解散国民党令,宣布国民党议员助乱证据布告。先生作为重要分子,在布告中被袁世凯多次点名。(《政府公报》中华民国二年十一月五日)

11月16日 先生被袁世凯指为叛党中重要人物,哥老会首领,被解往南方。

> 京函云:拘留天津之八议员除赵世钰、刘恩格二员以外,有已于日前解往南方消息已志前报。兹悉,六议员尚未南解,其南解者系褚辅成等四员。前称六员系传闻之讹,日前京中某君往津探看褚等,日昨旋京,据称褚等于今日启程南解,该员等身命不无危险云云。日前王议长以维持国会问题进谒总统,谈次提及八议员,总统谓八议员问题本可早日解决,惟因褚辅成为叛党中重要人物,证据确凿,一时难以处置,故迁延至今,然日内终当解决也。王议长为吃一惊,退语人曰:关于八议员问题,吾辈如在梦中,不知其内幕危险若是。闻前次八议员被捕其罪证,系地方报告中央,指褚辅成为哥老会首领,且与前次上海共和急进会有密切关系云。(《申报》1913年11月16日)

11月22日 嘉兴地方各商会合词"请保全褚辅成"。

> 嘉属王店、新塍、嘉善等商会请保全褚辅成电云:都督、民政长鉴:褚辅成君前总(理)嘉兴商会,对商会

及地方公益素具热心，近以嫌疑被逮，闻已解至宿州。环乞电呼大总统并其商倪督电，使会赐矜全，以惜人才而扬仁风，不胜迫切之至。王店、新塍、嘉善等商会同叩。印。(《申报》1913年11月22日)

12月20日 报载被捕八议员之最近消息：褚辅成等三人被解送安庆。

前被捕之八议员在天津拘禁多日，嗣将褚辅成等三人解送安徽南宿州雷军使部下看管，以营内房间不足，用借该地自治公所为看管处，令二人住一室，食饮起居招待周备，且许族人晤面，无甚困苦。惟因雷军使现在京办公，故此事未能即见解决。顷又闻该议员三人现已奉命解送安庆，归倪都督办理，从速解决。至在津之五议员确将解京，归大理院审判云。(《申报》1913年12月20日)

◎ **1914年（甲寅）民国三年　42岁**

3月18日 袁世凯操纵的"约法会议"开幕，举孙毓筠、施愚为正副议长。

7月8日 中华革命党在日本东京举行成立大会，孙中山就任总理。(《孙中山年谱长编》第891页)

7月28日 第一次世界大战爆发。

8月23日 日本对德宣战，与英舰共攻青岛。

本年 先生被拘安庆狱中，究心阳明之学。(《浙江辛亥革命回忆录》第136页)

按：据褚律元先生口述：在我的记忆中，大爹（按：江浙一带将爷爷称作"大爹"）在安徽拘禁期间还在继续研究《易经》，我们兄弟的名字，尤其是姐妹的名字都由坤、卦而来。也可说明。

◎ 1915年（乙卯）民国四年　43岁

1月18日　日本公使日置益向袁世凯提出二十一条要求（共五号），并请保守秘密。

4月2日　阙麟书被袁世凯党徒刺杀于上海霞飞路。

> 按：早在1913年3月宋教仁被刺后，阙麟书即联系先生和沈钧儒等反对袁世凯，引起袁世凯的忌恨。

6月2日　王金发被浙江都督朱瑞枪杀于杭州军人监狱。（裘孟函《王金发其人其事》，《浙江辛亥革命回忆录》第86页）

7月1日　姚勇忱被朱瑞杀害于杭州。（《浙江文史资料选辑》第27辑第73页）

11月13日　先生挚友、嘉兴籍同盟会会员陈仲权，在沪中敌暗算暴毙沪滨。先生与陈仲权两人间由于革命志向趋同，关系极其密切。民国三年（甲寅）7月，陈仲权在《褚慧僧、姚定生、徐忍茹三人合影》上题有小引：

> 褚姚徐三君小影。卓在三子，皆伟丈夫。昔日同命，今日殊途。一死于水，未展宏图。一系于狱，忍死须臾。天相徐子，遁迹蓬壶。雄心未已，肯负故我。民国三年甲寅七月，忆云题于江户。（《陈仲权烈士纪念册》，浙江省图案书馆藏）

12月12日　袁世凯下令称帝。31日，改民国五年为"洪宪"元年，改总统府为新华宫。

本月　长子凤章由浙江省官费派遣赴美留学，入美国麻省理工大学。（《浙江辛亥革命回忆录》第137页）

> 按：褚凤章先入美国伍斯特技术学院，后入美国麻省理工学院。

本年 先生仍被拘安庆狱中。(《浙江辛亥革命回忆录》第 136 页)

◎ **1916 年（丙辰）民国五年　44 岁**

1 至 6 月 先生仍被拘安庆狱中。(《浙江辛亥革命回忆录》第 137 页)

4 月 12 日 童葆暄、夏超、陈肇英逐走将军朱瑞，推屈映光任总司令。是日屈映光宣布浙江独立。14 日，袁世凯嘉尚屈映光令，著加将军衔，兼署督理浙江军务。(李希泌等《护国运动资料选编》第 597—598 页，中华书局出版社 1984 年 7 月)

4 月 19 日 屈映光电北京政事堂：请释章太炎、褚辅成。(《中华新报》1916 年 4 月 25 日)

6 月 6 日 袁世凯暴殂。次日，黎元洪就任大总统。

6 月 13 日 王正廷、殷汝骊等致电黎元洪，请刻日释放褚辅成。

> 黎大总统钧鉴：浙省众议员褚辅成、杭辛斋咸以无故被捕，褚羁皖垣已历三载，杭因京狱亦逾半稔，徒以热心国事致陷罗织。现当革新之际，请速分饬刻日释放，以重人道而慰舆情。浙江国会议员王正廷、殷汝骊、钟燊、周钰、杜师业、张浩、张传保、杜士珍、张烈、卢钟岳。叩。元。(《北洋军阀史料 黎元洪卷（1）》第 619 页)

6 月 15 日 旅沪安徽省议员管鹏等致电黎元洪，恳请开释褚辅成。

> 黎大总统钧鉴：会会昌光，日月重光，凡涉国事冤狱，应即立予平反，常恒芳、褚辅成、朱祖念囚皖三年，当此回复法治，召集国会在即，拟恳讯饬开释，以慰人心。旅沪安徽省议员管鹏、李乃璟、王汉、宋发、李宜

吉、王善继、凌锐、郭成沛、谭惟祥叩。删。(同上,第620页)

同日 浙江旅沪学会虞和德等致电黎元洪:从速释放褚辅成。

黎大总统钧鉴:会员、众议院议员褚辅成,明习政治,办事有才。国会未解散以前,无辜被捕,由津羁皖,迄今三载。现当革新之际,请电饬皖省长官,从速释放,同深铭感。浙江旅沪学会虞和德等叩。删。(同上,第621页)

6月23日 浙江参议会致电黎总统、段总理,乞速释放褚辅成。

黎大总统、段芝泉先生钧鉴:众议院议员褚辅成无辜被逮,于今三年。法治国不应有非法之监禁,乞速令释。曷胜切盼。浙江参议会议长张翅暨全体议员同叩。漾。(《申报》1916年6月25日)

6月24日 浙议员殷汝骊等电请开释褚辅成、常恒芳二君。

北京六国饭店六号汤济武先生鉴:褚辅成、常恒芳二君,倪已电请开释。祈速向国务院接洽为荷。浙议员殷汝骊等。敬。(《申报》1916年6月26日)

同日 浙江都督吕公望电黎元洪总统:请释褚辅成、常恒芳。

北京黎大总统鉴:国会议员褚辅成、常恒芳,无罪久禁,前由在沪议员,电请释放。奉总统复电,已交院核办,迄今多日,未见实行。褚、常两议员,本无罪之人,横被拘禁。现在是非已明,当然省释。与有罪已经科刑,须经特赦手续者不同，应请迅赐电皖释放，以慰人心，而昭公道。浙江都督吕公望。敬。印。(《浙江公报》(批牍、电) 6月28日第1542号第18页)

6月26日 先生与常恒芳刊登出狱电：今日出狱。

中华新报、申报馆转各界鉴：今日出狱。谨闻。褚辅成、常恒芳。叩。(《申报》1916年6月26日)

6月30日 从上海乘火车回抵嘉兴原籍，家乡父老千余人在明伦堂开欢迎大会。

前众议院众议员褚辅成君自恢复自由后，于六月三十日由沪乘四号车抵嘉兴原籍，该处士绅袁知事均在车站欢迎。褚君久别故乡，一见地方父老极为欢洽，遂至南门外东棚下省其家族。并拟即日来杭一行，谒见吕都督后，再联络国会议员晋京。

又嘉兴函云：国会议员褚辅成出狱归乡，于昨日上午十时十一分自沪乘车旋禾，由自治会、商会、各学校、各团体、嘉兴县知事袁寅昉君、缉私统领赵朗清及绅、商、学均到车站欢迎，约一千余人。褚先生下车后，徐步而行，握手相见，齐集嘉兴县学明伦堂开欢迎会，男女各生均到会。首由顾宗况宣布开会宗旨，盛国兰读颂词后，由潘谋先、吴宏葵、范拱薇（古农）、计仰仙、沈辅之诸君相继演说。褚先生略述在皖狱中情况，并前在乡提创学校、实业诸事。又述及各县钱粮以嘉兴为最重，拟即以减赋方法，最先研究等语。下午四时散会。(《申报》1916年7月4日)

嘉兴预备欢迎褚慧僧。嘉兴人褚辅成（慧僧），已由安徽巡按使倪嗣冲释放，并电致嘉兴县商会暨县教育会知照。现禾地各界纷纷筹备,并派员至沪迎接。而南门之开明女校、南湖学校(二校均系褚创办)全体亦均筹备联匾,以便届时欢迎云。(《申报》1916年6月30日)

7月5日 出席开明女校第四次毕业式。

嘉兴南门开明女子国民学校开办多年,成绩颇著。本月五日该校又举行第四次毕业式,褚慧僧、田月斧二君均来校训勉。校长钱王琬(青)亦施训词,旋即分给凭证。(《申报》1916年7月7日)

7月6日 与章太炎同到杭,住西湖新新旅馆。出席浙江参议会欢迎大会,先生发表演说。

章、褚两君入席,张(张翅)议长致欢迎词毕,章君演说(略)。次由褚君演说,略谓:"今辅成承诸父老欢迎,有三种可喜,第一浙江能以一隅之地独立;第二今番经过本省各地,见商业颇发达;第三去浙三年,今日复与诸父老相叙一堂。辅成此次自安庆来至上海,一路遇到相知者,对于国家现状大致分为二派。一为乐观派,因袁死民国可从此巩固。一为悲观派,因袁死而其左右仍在也。然此尚在约法未恢复、国会未召集以前之心理。至两种申令宣布后,乐观派者较多,因两项既解决其余两项如组织责任内阁、惩治帝制祸首,自易办到,从此政治可进轨道。而悲观派者,则如太炎先生所言,国会能否满法定人数。然而即使国会如期开会,能否不为武人所干涉,亦尚难说。辅成亦国会一分子,对于国家总希望日见进步,但国会须以国民为后盾。将来政府如有不法行为,辅成固不敢放弃其责任,诸父老亦应为其后援,勿谓责任即由今日为止。总之名誉高则期望切,期望切则责备深,愿与诸父老共勉之。"次由徐班侯起言,章君为文学大家,褚君为法律大家,今所言透彻无遗,鄙人不善言辞,请诸君演说,以表欢迎。次由马彝初君演说,备述章君在京之情形,及褚君经过之困难,并谓吕都督此次致电中央,系为谋政治之统一起见,并非即已取消独立,请诸君注意。再次由金甸承君演说。……因章、褚两君尚未午膳,遂由张议长婉请中止。闻章君暂住西湖图书馆,褚君暂住西湖新新旅馆。(《申报》1916年7月7日)

7月10日　在杭接受《申报》记者采访谓:"约20日后赴北京开会"。

杭城自沪车通后,景象一变,旅客之来杭者日多,旅馆生涯颇不如前此之冷落。而西子湖头又来重要之佳宾,即章太炎与褚慧僧两君是也。章、褚两君之人物海内自有定评,无俟记者赘述,到杭后欢迎之情状亦既载于本报。昨日记者特至西湖新新旅馆往访。晨曦初上,座客已满,章君不轻发言论,然与会所至则滔滔不绝。褚君丰采依然,言论切实,对于时局观察详慎,毫不参以客气,被羁凡三十四月,肉体上虽无所苦痛,而精神上之遭压抑久矣。在京拘留为日极少,移之天津凡四月,亦间有外出之时,但必有人随其后耳。至皖后不能出外,终日静坐,乃读书以自娱,于阳明文集浏览最多,亦兼及政治诸书。沪上各报仍得按月披览,故帝制之发生及护国军之起事,均所详悉。通常之信与素稔之客,有时亦无阻碍。惟常为他因牵率,客有时不得入耳。褚君今日拟移寓城站旅馆,日内尚须赴沪小作勾留,再返杭垣,约二十日以后束装赴北京开会。近日都督府特派副官至旅馆任招待之事,两君连

日酬应也颇忙碌。(《申报》1916年7月11日)

7月12日　由杭赴沪,准备北上。

参、众两院议员自奉大总统命令,定于八月一日起继续开会,浙籍国会议员前已陆续赴沪。兹闻吕都督又准国务院来电,转催两院议员如限到京,以便届时开会,故褚慧僧、张烈等昨已联翩赴沪,与驻沪诸议员接洽一切。并闻童杭时、金溶熙等亦拟今明等日往沪一次,再行定期北上。(《申报》1916年7月13日)

7月15日　出席驻沪粤议员茶话会,并发表演说。

昨日下午二时,粤驻沪国会议员假法界宝昌路尚贤堂,请孙中山先生暨上海诸名流、两院议员开茶话会,至者极盛。首由易次乾君宣述欢迎词,略谓:孙先生功业在人,无庸费述,吾人所钦仰无已者,一为道德,二为理想。……永远为吾人之模型者。宣述毕,乃请孙(中山)先生登坛说词(略);黄克强演辞(略);章太炎演辞(略);唐少川演辞(略);孙伯兰演辞(略);伍秩庸演辞(略)。褚慧僧演辞:"人皆言不党,仆知其提倡不党之意义,乃消灭以前之党,集民党健全分子,以与官僚党争耳。其实民国三年之党争,绝非党争,乃国民与袁世凯之恶政策争。故吾人今后宜抱持正当之义,振奋精神以为之。"演说至此已七时许,乃由主席易次乾君宣布休会,款来宾以茶而散。(《申报》1916年7月16、18日)

7月16日　与在沪国会议员致函唐绍仪,请其"即日北上"。

敬启者,大局粗定,建设万端,执事海内名硕,国民责望之殷，政府相需之重，事势所在，义不容辞。兹公推吴君景濂、王君正廷、王君乃昌、周君震麟、彭君介石、褚君辅成代表同人趋访劝驾，务祈即日北上，发抒伟略，奠定国家。是所切盼，专此即颂，日绥。旅沪国会议员同人公启。(《申报》1916年7月16日)

7月20日　在杭出席浙江省议会欢送国会议员茶话会。

昨（二十日）午后三时，浙江省议会议员假吉祥巷教育会开会，欢送国会议员。省议员刘焜、秦炳汉、何绍韩等到会者共有五十余人。浙籍国会议员因大半赴沪，计到会者有褚慧僧等十余人，当开茶话会，互相勉励，将来议会成立，注重地方分权制度。又对于官厅方面，有审查财政之职权。至国会与省会议员人格，务须各自规勉，以引起官僚之尊重。以上三项意见讨论完毕，遂即散会。(《申报》1916年7月23日)

7月23日　西湖葛荫山庄宴别。

浙籍国会议员行将北上，昨日（二十三）高等审判厅范厅长特假西湖葛荫山庄宴请议员，以尽东道之忱。褚辅成氏首先到庄，次则章太炎亦惠然而来，列席者共有十四人，午正入座。未初即放棹孤山，并展谒南京死义诸烈士之墓。(《申报》1916年7月25日)

8月1日　国会正式复会，先生复任国会众议院议员。

据政界消息，临时约法业经恢复，旧国会亦将于八月一日实行召集，届时制定宪法。(《申报》1916年7月14日)

翌年，袁政府寻灭，民国复活，国会重开。予出狱，仍入京为议员。(褚辅成《王君季高墓志铭》，《嵊县文史资料》

第 5 辑第 24、25 页）

按：据《申报》1916 年 8 月 15 日报道：先生到京后，许世英曾商先生为交通次长，先生复函拒绝。谓："我视议员之地位实较总、次长为高，故不欲舍此而就彼。"先生以议员为荣耀，以制宪为职志，出席众议院及宪法会议的历次会议，提出大量质问书（提案），（均收入《褚辅成文存》）。

8 月 8 日　先生被当选为院外交际员。浙属同时被当选的还有金兆棪、陈鸿道、杭辛斋、张浩、陈敬第、朱文劭。（《申报》1916 年 8 月 10 日）

8 月 13 日　列名与孙中山、黄兴等 63 人发起追悼陈英士先生暨癸丑以后殉国诸烈士大会。（上海《民国日报》1916 年 8 月 6 日）

8 月 24 日　先生当选为众议院预算委员会委员长。

二十四日午前十时及午后三时，众议院各股委员在各审查室选举各委员长及理事，计十三股之中已选出八股，余五股则俟二十六日午前十时选举。兹将已经选举各股委员长及理事名单录左：预算委员会委员长褚辅成，理事张伯烈、李肇甫、王枢、周珏、王葆真、王杰。（《申报》1916 年 8 月 28 日）

本月　在京会见王金发之母。

谢飞麟偕王金发之母及子与陈志赓至北京，寓西河沿群贤旅馆，遍访浙江在京议员褚辅成、卢临先、蒋著卿、赵成志、张雨蕉、童萱甫等。说明此来京系为王金发求昭雪，请彼等赞助，旋得陆军部批示云已准安葬，并咨行浙督军查照办理等语。金发之母南旋，谢震仍留北京……谓不愿做官，租一寓所，养病读书，不问政事。嗣督军团作乱，张勋入京解散国会，拥溥仪复辟，谢即随褚辅成等南下作护法运动。(《谢飞麟事迹纪略》，《嵊县文史资料》第5辑《辛亥革命史料专辑》第80页)

9月8日 出席宪法会议。旧国民党议员主于宪法中规定省制大纲、省长民选，宪法研究会（旧进步党）议员反对，是会大起争执。(《申报》1916年9月11日)

9月9日 决议发起成立"宪政商榷会"，推为临时筹备员。

两院议员中之旧国民党系及孙伯兰系与新共和党之一部分，因半年以来政见主张一致，将有结合成一大党之势。惟该党刻鉴于时局□难发生，目下所急者宪法问题，故会合各派，以其政见相同，拟组织一共同讨论宪法机关，特于昨日集合各该派两院议员，开一园游会于北海。是日到会者三百八十余人，午后一时起来会者络绎，四时在团城集合演说，众推张君溥泉为主席，说明开会理由。次由孙君伯兰演说，谓宪法问题之紧要及集合研究之不可缓，宜结合同志多数议员，设一讨论宪法机关，众均赞成，取名为宪法商榷会，当场推定褚辅成、彭允彝、汪彭年等起草组织大纲。(一)定名为宪法商榷会；(二)本会以交换意见、促进宪法之速成为宗旨；(三)组织分子之规定；(四)每周开常会二次，遇有必要时得十人以上之要求，可开临时会；(五)表决以到会之过半数成之，但不生拘束力。以上数件均经众当场表决赞同，并由众决议推定临时筹备员若干名，其所推定者为牟琳、张大昕、王家襄、褚辅成、赵世钰、彭允彝、马君武、王乃昌、林森、陈鸿钧、于均生等十二人。至六时半散会。(《申报》

1916年9月12日）

10月15日 由先生言与当局，嘉兴发起祭奠陈仲权烈士。因先生尚在北京国会，禾地祭奠事由沈文华等主办。

嘉兴陈君仲权奔走国事历有年，所不幸惨遭殒命，禾地人士深为悯恤。当有褚辅成、沈文华诸君发起，开一追悼会，已决定本月十五日在城中天后宫举行，并有各机关拟就挽联，以便届时张挂。陈君灵柩业于十四号由上海早班快车运送归里，于上午十时到禾，由商团、同学会暨议会全体至站迎迓，张知事亦派徐景仪君至站迎接。并借东门外宁绍轮船码头恭设路祭，由沈文华主祭，与祭者约百人左右。祭毕遂将灵柩送至广东会馆，由军乐队为之前导。烈士之亲朋戚友均执香随行。（《申报》1916年10月16日）

10月19日 与吴景濂、王正廷等国民党籍议员200余人成立益友社，设机关于石驸马大街。

新近有所谓益友社者乃石驸马大街张宅门条之改称，而其派别则包含宪法商榷会之重要分子，凡张继、王正廷以及谷派之人物，皆与此有关系者也。但其中近有亲孙（洪伊）派与亲段派之别。张继、王正廷、褚辅成等可谓亲孙派之有力者，而亲段派则皆与谷有关系之人。闻某某等四出请人签名赞成拥护段内阁，似与弹劾案有对付之作用。一方弹劾陈、谷即以弹劾段氏，一方拥护段氏实以拥护谷君，可谓旗鼓相当者矣。（《申报》1916年11月7日）

10月25日 与孙文、黄兴、唐绍仪、张继、冯自由等72人发起为唐继星、阙麟书二先生举行追悼会。（上海《民国日报》1916年10月25日）

10月30日　国会补选冯国璋为副总统。段祺瑞曾使徐树铮等联络疏通。

三十日，国会补选冯国璋为副总统。此前，国会有举冯国璋为副座之表示，段祺瑞愤冯将居己之上，大起妒心，乃使徐树铮、靳云鹏宴请吴景濂、张继、褚辅成、王正廷、王法勤等国会议员四十余人于西安饭店，籍口于段祺瑞反对帝制有功，副座一席，应举段而不举冯，求吴等在两院疏通。（《近代史料笔记丛刊——安福国会祸国记、段氏卖国记》第226页）

10月31日　黄兴在上海病故，年43岁。次日，与彭允彝、张耀曾、沈钧儒等发出吊唁黄克强先生电。

孙中山、唐少川、谭石屏、王亮畴、温钦甫、胡汉民、张运农诸先生鉴：噩耗传来，惊悉克强先生于午前四时去世，举国震悼，私痛尤深。先生手造民国，功成不居，历遭国难，心力交瘁。此次遥参政革，接济军需。返国以来，惴惴于大局之不安，旦夕冀疏解之有效。顾所志未遂，遽弃人寰，尚望诸先生速筹身后，用妥英灵。除另推代表赴沪致奠外，合先电闻。欧阳振声、彭允彝、张耀曾、谷钟秀、李根源、徐傅霖、李茂之、卢信、杨永泰、韩玉辰、高仲和、骆继汉、李述膺、赵世钰、吴景濂、褚辅成、张我华、陈鸿钧、文群、王侃、王有兰、郭椿森、李肇甫、李为纶、张继、吕复、刘彦、章士钊、殷汝骊、王鑫润、蒋举清、方潜、张瑞玑、钮永建、张浩、林森、宋渊源、刘奇瑶、张鲁泉、于均生、秦广礼、王洪身、龚政、马君武、吕志伊、张大义、邹鲁、冯自由、李书城、王正廷、张东荪、沈钧儒。（《申报》1916年11月1、3日）

11月7日　与吕复等提出弹劾国务院秘书长徐树铮七大罪状案。

吕复等议员数十人提出弹劾国务院秘书长徐树铮案，弹劾案列举徐一、蒙弊总理；二、侮蔑元首；三、伪造文书；四、擅发院令；五、擅传军令；六、破坏金融；七、煽惑军人，七大罪状。并谓斯人不去恐较诸刘瑾、魏仲贤祸患尤烈云云。联署者有六十余人。(《申报》1916年11月9日)

11月8日　蔡锷（字松坡）在日本病逝，年35岁。次日，众议院开会，为蔡锷逝世而休会，下半旗志哀，先生极表赞同。(《申报》1916年11月12日)

11月11日　与汤化龙、吴景濂等发出两院议订国葬条例函。

参、众两院日昨发有公函云：敬启者，顷接上海彭静仁诸兄鱼电，以黄克强先生国葬事相属。查国葬于国家崇德报功以及人心风俗关系綦重，东西各邦靡不垂为显典，吾国独付阙如。窃念克强先生手造共和，赍志长没；本日又接松坡先生噩耗，民国伟人相继凋谢；不有崇报，何资彰劝？兹经弟等商拟由院提出国葬条例，公决颁行，勒诸久远。素仰先生博通典礼，综贯中西，谨请公为条例起草员，定为本月十一日（星期六）上午十时，假众议院第一审查室开会商榷，届时务乞拨冗惠临。无任盼祷，专肃只请议安。弟汤化龙、王家襄、陈国祥、王正廷、张继、牟琳、萧晋荣、张伯烈、黄群、蓝公武、刘崇佑、梁善济、李肇甫、褚辅成、吴景濂同顿。(《申报》1916年11月12日)

11月13日 出席第四次宪法协商会议，主张"省长任命须为有条件的任命"。是会在省长任命问题上仍未取得一致。(《申报》1916年11月16日)

11月16日 因大侄女明颖与龚味生结婚，在京电致家属：将回嘉兴。

> 浙籍众议院议员褚辅成君，因大侄女明颖女士于本月二十三日与浙省图书馆馆长龚味生君结婚，请定期南下料理一切。现悉褚议员已于昨日电致家属谓：即日出京，二十日当可抵禾。(《申报》1916年11月17日)

11月29日 先生由禾赴杭。12月1日，上午在杭出席黄克强、蔡松坡追悼大会，并有演说。

> 昨日（一日）浙江全省各界人士于西湖忠烈祠开追悼大会，追悼黄、蔡二君，会场内外偏悬祭文挽联，七时起至八时半各界陆续到会，旋于九时开会，中间恭悬二君肖像。吕督军兼省长礼附佩刀，亲自主祭，各文武官员、议员、公民团体主任等各就席。次偕同致祭，种种仪式无烦续述。首先演说者为耿伯剑，耿系上海特派来杭，与祭者其同行有刘昆涛、陈阆良诸人。耿所演说大致谓：蔡为争人格而战。黄正注意建设，不幸为天所夺，吾辈当承两君之意，以尽责任。褚辅成演说，略以共和复活为出于全国人之心理而成，黄、蔡不过因势善导而已。又次为秦炳汉演说。(《申报》1916年12月3日)

同日 午后，与王文庆、沈钧儒、周凤岐、沈定一等18人在杭假座西湖迎宾馆发起筹组"政治商榷会"。3日，由杭返禾。(《申报》1916年12月3、4日)

12月 浙江政潮发生，先生受浙籍议员同乡之托在浙调停，以保浙江政局稳定。(《申报》1916年12月30日)

◎ 1917年（丁巳）民国六年　45岁

1月1日 段祺瑞令杨善德督浙、齐耀珊长省。浙省各界坚决反对，掀起大规模"浙人治浙"运动。(《申报》1917年1月3日)

1月4日 与田多稼到杭，与公民会讨论杨、齐来浙问题。

> 众议员褚慧僧、田多稼昨晚到杭，汤寿潜今日可到。褚、田将与公民会讨论杨、齐来浙问题。(《申报》1917年1月6日)

1月9日 由沪赴宁，见冯副总统，请力阻北军进入浙境，一面从容北上。(《申报》1917年1月9、10日)

1月19日 出席宪法会议，议题为审议报告。(《申报》1917年1月26日)

2月7日 出席宪法会议，讨论孔教为国教，先生主张先付审议。下午，宪法会议继续开议，讨论孔教问题。会上有尊孔教为国教而不准其他宗教传布之议，先生认为：此种问题关系极大，非一时所能解决，主张交付审议会。(《申报》1917年2月9日)

2月14日 出席宪法会议，先生对于起草委员会主权神圣及地方制度之起草稍有质问。是日会议因缺席者较多，先生等9人被议长指定为惩戒委员。(《申报》1917年2月17日)

2月27日 出席国民外交后援会筹备会，商外交后援会简章。(《申报》1917年2月28日)

本月 应王金发老母之请，撰《王君季高墓志铭》。文末云：

六年春，谢飞麟君来言，君之母将以三月三十日卜葬君于杭州西湖之卧龙桥畔，请予铭其墓，以志不忘。予既念旧交，复哀其如是以死，其何可辞。铭曰：乌乎季高！君竟如是以死，死而不死，责在后死。时，中华民国六年，岁次丁巳，闰二月中浣之吉。褚辅成谨撰。（嵊县董郎岗敦伦堂《王氏宗谱》，见《嵊县文史资料》第5辑《辛亥革命史料专辑》第24、25页）

3月1日 受聘参与财政会议。

北京电：财政会议今午（一日）举行开幕，陈总长主席。除各省代表、部派员外，由陈函聘褚辅成、李述膺、陈鸿钧、李绍白、吴廷燮、钮传善、章宗元七人参预。示与某派联络。（《申报》1917年3月2日）

3月3日 国民外交后援会在江西会馆举行成立大会，到1000余人，先生与蔡元培、刘彦等应邀到会并发表演说，主张对德绝交和参战。（天津《大公报》1917年3月5日）

3月12日 出席宪法会议，第31条修正案通过，先生赞成修正案。赞成修正案之理由谓：

本席赞成修正案。其理由即以第三十一条原文上半段常会取自由集会主义，下半段临时会采取大总统召集主义。本员以为：国会既采取自由集会主义，当然上下一贯，不能于临时会议采大总统召集主义。如此，则条文之上下甚为冲突。

适间何议员业经声明，当日起草委员会之意思，并非认为临时会议员不能自行集会，在第三十四条第一项已有规定，云云。若果如此，则第三十一条之但书即为赘文。

查第三十一条："国会自行集会开会闭会，但临时会由大总统牒集之"云云。似国会不能临时集会，而第三十四条则明明有可以自行请求集会之规定。是对于临时会一层，起草原意既采可以自行集会主义，而第三十一条文字上不采自行集会主义，此即以文字而论，亦不能不加以修正者也。

适间蒋君以为临时会议由大总统召集甚为妥协，并谓关于牒集临时会议之重大事件，行政部知之较详，应将此种权限完全付于行政部。但据草案观之，议会方面本可请求行政部牒集临时会，非仅限于行政部一方面也。

至于蒋君又谓宪法既采责任内阁制度，关于重大事件，于国会闭会期间，当然牒集临时会云云。此说本员亦不甚承认。但何以谓行政部可完全有牒集之权，而议会本身对于重大事件反无自行集会之权乎？此诚本员百思而不得其解者也！故本员赞成修正案，以为临时会一方面既可由大总统牒集，一方面国会亦可自行集会，双方俱无畸轻畸重之弊，较诸完全付与行政部一方面者为愈也。

又，蒋君谓昨日外交之事件，政府当然提交国会同意。云云。然，政府对外宣战始须提交国会同意，如未至宣战程度，即可不交国会。设昨日之事在国会闭会期间发生，政府认为，系断绝国交，并未至宣战程度，即可不必召集临时会矣！使条文中有两院议员各有三分一以上连名通告可以临时集会之规定，国会议员即可自行集会。就此而言，议员自行召集临时会，在宪法上系必须规定者也。

适间何君谓照第三十四条第一款规定，议员亦可自行临时集会，不过由大总统宣告而已。立法之意如此。然则第三十一条但书终属不妥，恐解释上将来不免纷争，故本员赞成刘议员之修正案。(《中华民国史档案资料汇编》第3

辑政治（一）第 472 页）

3 月 13 日　出席众议院会议，开议第 2 案《各部官制通则案》。下午继续开议，因不足法定人数，改为谈话会。为兼顾众院会议不与国务会议不相冲突，庶国务员可以出席，先生主张星期四上午开会，俾足法定人数。(《申报》1917 年 3 月 17 日)

3 月 19 日　出席众议院会议，讨论大总统紧急教令权问题，此案被否决。(《申报》1917 年 3 月 22 日)

3 月 21 日　出席宪法会议，开议宪法第 49 条。

昨日（二十一）午后一点，宪法会议开会，议长王家襄主席，延至两点始足法定人数，计参议院出席者一百八十三人，众议院出席者四百九人。开议第四十九条，原案为：两院议员除现行犯外，非得各本院或国会委员会之许可，不得逮捕或监视。第二项两院员因现行犯被逮捕时，政府应将其理由报告于各本院或国会委员会。参议员王伊文提出修正案，删去"或国会委员会"六字，并于第二项之后增加但各本院认为不可时得要求政府将被逮捕之议员释放。说明后孙钟赞成之。议长以第一项修正案付表决，在场人数五百九十四人，四分三应有四百四十六人，起立人数四百十九人，已足法定人数，成立。又以第二项付表决，不足四分三法数。有人提起疑义，反正表决，起立人数百十八人，不足四分一，证明适间表决已足四分三法数，成立。杨永泰又动议，在第二项之后增加一项，解树强赞成之。褚辅成赞成修正案意思，而主张另外加于修正，以三分一之议员保释之。(《申报》1917 年 3 月 25 日)

3 月 23 日　出席宪法会议，开议宪法第 73 至 75 条。(《申

报》1917年3月26日）

同日 与金溶熙、田稔等50余人提出查办浙江省长齐耀珊裁撤审检所一案。

> 众议员褚辅成君等提出查办浙江省长齐耀珊案一件称：浙江自独立后，见县知事兼理诉讼之弊，改设审检所，为司法独立预备，七阅月来成绩昭然。去年中央司法会议多数赞成，经司法部呈奉大总统追认有案。乃该省长到任以来腐败情形指不胜屈，更专权自恣，不待国务院核准，擅行通电各县，裁撤审检所。不独非法干涉破坏司法之独立，抑且越职侵权，违背中央之命令。若各省起而效尤，尚复成何政治。查现行官制，法院之设置废止，为司法部之职权，该省长擅废各县审检所，显系违法云云。其署名议员系褚辅成、金溶熙、田稔、杭辛斋、董增儒、张大昕、吕复、骆继汉、王枢、虞廷恺等五十余人，已于昨日提交该院矣。并闻政府对于此案颇为注意。司法部以职权所在，不容侵越，特提出国务会议，昨已议决电令该省长停止处分，侯部派员前往查办后会同办理。部中已派秘书沈钧儒君前往，俟沈君报告如何办理再行续志。（《申报》1917年3月24日）

3月24日 应段祺瑞之约，出席国务院谈话会。

> 昨日（二十四）上午十时，段总理约两院各派议员在国务院开谈话会，到者七十余人。段总理谓：因外交总长伍秩庸君辞职之意甚坚，不能挽留，当此外交紧急之时，不可不急觅替人。政府意思以陆君征祥本系外交熟手，此次办理对德外交，又系陆君与公使团接洽，陆君心思甚细，与外交公式亦极明了，故认为以陆君继任为长适

宜。但陆君前曾提出议会被否决一次，故此次未敢冒昧提出。然当此外交紧急之时，或者诸君对于陆君之感想，比前不同，故特约诸君到院讨论此事，云云。褚君辅成谓："前次议会否决陆君为外交总长，其中实含有政治意味，现在时势紧迫，关于从前反对之理由已觉减轻。但曾经否决之案，在同一会期之内再行提出，似于法律上不无障碍，故讨论此问题宜先从法律方面着想"云云。段总理谓：同意案与议案性质不同，似宜分别观之。其时发言者甚多。……此次谈话会中吴君景濂、杨君时杰等俱在，与段总理问答，亦有辩论，但均从法律一方面立言。最后有某君主张谓：解释之意见既有两层，应有政府先提出一咨询案，咨询同意案是否为议案，如议会表决为是，当然不能提出。如表决为非则可以商量提出云云。段总理深以为然。（《申报》1917年3月27日）

3月27日 提出政府"不得收买存土"修正案，三读通过。

众议员郭宝慈日前提出决议案，请政府杜绝烟患，万勿以公债票收买土商存土，致滋流弊而溃烟防，业经排入昨日众议院议事日程第六案。开会后由褚辅成动议变更议事日程，将此案提前开议，表决多数。先由郭宝慈说明提案理由，何雯、吕复皆赞成之。议长以本案应付二读会，付表决赞成者多数。又决定即开二读，褚辅成修正标题，改"万勿"为"不得"，而去最后一语，并将"以公债票"四字删去。议长以修正案付表决，赞成者多数。……勿买存土案三读通过。（《申报》1917年3月30日）

3月28日 出席宪法会议，开议宪法第43、第75、第76条。

昨日（二十八）下午一时，宪法会议开会，议长王家襄主席。议长宣告检查人数，结果参议院一百八十三人，众议院三百九十九人，在三分二以上，按照议事日程，遂讨论第七十六条大总统除叛逆罪外非解职后不受刑事上之诉究。龚议员主张大总统下加"副总统"三字，附议在二十人以上，成为议题。褚辅成及某议员稍有讨论，议长即以龚议员修正案表决，起立者数人，又以原案表决，在场者五百九十一人，起立者五百六十一人，足法定人数。宣告讨论第七十七条。（《申报》1917年3月31日）

3月30日 宪法会议散会之前，得悉俄国临时政府成立，先生提议由国会致电祝贺。

原电云：俄国国会鉴：天牗贵国，政治革新，国民自由，进步无量。遽听之下，欢忭同深。谨以至诚，驰电祝贺。中华民国国会全体议员同叩。（《申报》1917年4月2日）

4月2日 出席宪法会议，开议宪法第79、80、81条。（《申报》1917年4月6日）

4月3日 上午，主持审查岁出预算会议。

昨日（三日）上午，众议院预算委员会开会，政府委员出席者二十六人，委员长褚辅成主席，报告本股审查先从岁出入手，第一、第二两科系属审查岁入，现应先审查第三科财政部所管，请第三科主任报告。钟才宏报告该股审查经过大概情形，报告毕，主席宣告逐项审查。……会议至十二时半，乃宣告延会。（《申报》1917年4月7日）

按：是会后，先生主持众院预算委员会审查政府各部及军警费等的岁出岁出，因公正审查，得罪权贵小肖，受到诬陷，谓有预算委员会收贿情事。先生在5月1日的众院会议上动议，请咨政府彻查预算委员会收贿一事，谓"近日报纸上多有登载陈锦涛、钮传善因烟酒公卖局事，以银十万元运动本院预算委员会，此种谣言甚多，本无足怪。但此事不独于本员名誉有碍，且于议会名誉有关，此事北京各报及上海各报均有登载。本席虽敢自信必无其事，然实不敢断定其他预算委员无此举动。故本员动议，咨请政府饬令检察厅切实检察，彻底根究，以免国会议员永在嫌疑之中。"后经马骧提出："查究上海租界报馆之法"的动议，经表决，大多数赞成。先生并将拟就之要求彻查谣传"收贿"之稿及报纸上不实报道剪下送议长，咨达政府。后经查明：关于众院预算委员受贿嫌疑，原谣言所起，系有人利用，以攻财部并中伤褚氏等及众院之信用。（《申报》1917年5月8日）

同日 下午，出席众议院会议，提议变更议事日程，先开议查办齐耀珊违法撤消审检所案及取消交通银行代理国库案。经众赞成，遂先开议此案。但查办浙省长齐耀珊违法撤销审检所案未获段祺瑞支持。

> 众议员褚辅成等前曾提出浙省长查办案一件，经该院大会可决咨达政府。兹经国务院于昨日咨复，该院已将此查办案打消矣。其文云：国务院为咨复事，奉大总统发交贵院咨开。议员褚辅成等提出查办浙江省长齐耀珊违法越权蹂躏司法案，咨询全院多数可决，请予查办等因。查此案业经司法部据实呈明，奉大总统指令，裁撤审检所既系该省长越权处分，应即撤销，至如何结束即由该部速拟办法，呈复核夺，此令。等因。嗣经司法部遵拟结束办

法，仍请将审检所一律裁撤，各县司法事务暂由该县知事兼理，俟地方分庭组织法及县司法公署章程公布后，再行依法组织。呈奉大总统指令，准如所拟，将浙省各县审检所一律裁撤，所有司法事务并责成各该县知事暂行兼理。即由部转行遵照此令等因。该省长越权处分既经查明撤销，司法部所拟结束办法并经奉令遵行，此案已告结束。相应咨复贵院查照可也。此咨众议院。国务总理段祺瑞。（《申报》1917年4月6、15日）

4月22日 政治商榷会开第一届大会，当选为理事。

杭州快讯：政治商榷会昨假公立法校开第一届大会，选出理事沈定一、金泯澜、褚慧僧、王文庆、王正廷等五人。评议员许祖谦等十四人。（《申报》1917年4月24日）

4月30日 出席宪法会议，表决孔教为国教问题案，先生反对此案。

昨（三十）宪法审议会于下午一时余开会，参、众两院议员到会者五百余人，由审议长王正廷主席。首先由审议长宣告开议，将所有关系第十条后加一条（第十一条）及孔教为国教之修正案，依次提出讨论。……至于祀孔典礼以法律定之。赞成此案者为王某，反对者为褚辅成，各有发挥之理由，卒付表决，少数，未能通过。（《申报》1917年5月3日）

5月6日 与王正廷等组织政余俱乐部。

国民系议员一部分，组织政余俱乐部自筹备以来已将二月。昨日（六日）下午一时开成立大会于象坊桥该会事务所，到者约百余人，推褚辅成为临时主席。即由褚君述开会辞，其进行所注意者，大致政治上态度取平静主义。宪法未颁布以前，益友社仍主张存在，对于其他各政团均抱亲善主义。惟主张平民政治，对于官僚政治根本反对。次，王正廷报告组织情形。报告毕，以宣言书应速发表，当并推定胡汉民、陈独秀、吕复三君为起草员，即日起草，众赞成。次由主席将章程逐条咨询，均无异议。全部通过后褚辅成、彭允彝等多人均有演说，演说毕逐摄影散会，时已四点钟矣。（《申报》1917年5月9日）

5月7日 国务院向众议院咨送对德宣战案。8日，众议院开秘密会议，讨论宣战案，因各派争执不下，会议决定交全院委员会审查。10日，众议院开全院委员会议，审查对德宣战案，公民请愿团等包围议院，殴伤议员邹鲁等20余人，强迫通过参战案。（《近代史料笔记丛刊——安福国会祸国记、段氏卖国记》第236页）

5月12日 晚，政余俱乐部开会，当选为干事。

各政团对于众议院被扰之事均为激愤。惟至善后办法则以为政府当局应负其责，故多持冷静态度，以待政府之自处。各政团之态度约略计之：政学会于昨晚开干事会联合会，议决关于善后办法，待当局自行处理，本会暂守镇静态度。益友社昨日未开会，惟有人晤该会要人叩其意见，亦多主张冷静。政余俱乐部昨晚开会，选举干事，举定褚辅成、王正廷、胡汉民、柏文蔚、赵世钰、彭允彝等六人。对于时局问题未有何表示，惟闻主张与益友社相同。（《申报》1917年5月14日）

5月19日 众议院讨论对德宣战案，先生动议"暂从缓议"，对德宣战案被搁置。

昨众院褚辅成动议言:"宣战案国务院三咨速决,但此种咨文用国务总理署名并不生效力。惟本院对于宣战案应自有主张,本员提一动议,阁员辞职者甚众,对德宣战案暂从缓议,俟内阁全体改组后,再行讨论。"张伯烈呼赞成,吴宗慈反对,主张速决。唐宝锷、王敬芳均发言,以褚说付表决,多数。对德宣战案遂搁起。(顾敦鍒《中国议会史》第255页)

5月23日 黎元洪免段祺瑞的国务总理和陆军总长职。25日,黎元洪向国会提出李经羲为国务总理。据朱镜宙《梦痕记》记载,自段氏被免职的第二天朱曾有函致吴景濂与先生。函谓:

濂伯、慧僧先生赐鉴:顷据赵其湘先生面告,拟于明日去上海,请唐少川先生来京组阁,如所言不虚,窃期期以为未可。政局如此动荡不安,无论何人组阁,均无法收拾残局,无已,或于北洋老军官中,择一资格声誉较可者,作为过渡,当不失为上策。至于少川先生,为吾党不可多得之政治家,宜加爱护,使其清时养望,静以观变。方今张勋虎视徐州,不可一世!即使其湘能去,其意少川,先生亦未必肯来。即来,亦难飞渡徐州,于势至显。况此次倒段,乃系维护法律之尊严,非争夺政权也。倘请唐消息,一旦外泄,段更振振有辞矣。愿二先生熟虑之。这封信去后,并没回音。但仍见其湘在京,则此议当已打消了。(《近代中国史料丛刊续辑(426)》第207页)

5月25日 先生等入府见黎元洪,不赞成徐世昌,"劝勿来京"。

二十三日,黎元洪下令免段祺瑞的国务总理和陆军总长职，任伍廷芳暂代国务总理。段祺瑞即出京赴津，策动北洋各省军阀独立，脱离中央，以推倒黎元洪。因时局艰困，各方面认为可以出面收拾残局者以徐东海为最适当。王正廷、褚辅成二十五日下午谒黎元洪，陈述"不赞成东海，劝勿来京"。二十六日晚七时，黎元洪约各派首领汤化龙、黄云鹏、张耀曾、江天铎、谷钟秀、张大昕、吴景濂、贺赞元、褚辅成、马君武入府，述邀徐（世昌）不来，王（士珍）又坚辞，惟有提李（经羲），请大家极力疏通。（《申报》1917年5月24、25、27日）

5月27日 午后，出席益友社会议，讨论时局。

益友社昨日午后开大会，讨论结果对于徐东海个人固无反对之可言，第恐东海既出，交通系、旧帝制系等或相随而来，故万难同意。至于北洋派之势力固不可藐视，然王士珍、李经羲两氏亦可代表多数。议至午后五时，遂决定方针，公推王正廷、吴景濂、褚辅成等四名为代表，向当局陈述反对徐世昌之理由，并希望王士珍出山之意见，如王士珍不肯担任，即推李经羲氏亦可。当时复选举委员向各政团接洽，以便运动一切。（《申报》1917年5月28日）

5月30日 出席宪法会议，反对缓议地方制度。

昨日（三十），宪法会议开审议，继续审议地方制度，由审议长王正廷主席……遂宣告开议。汤议员漪提起动议，缓议地方制度一章，登台说明理由，略谓地方制度头绪繁多，分条概括讨论或就全案具体讨论，欲其即有结果，皆为不可能之事。加以前次审议会对于地方权限之规定问题，三次表决自相矛盾，即此问题断难继续讨论，可知以本员之意见，与其长此审议地方制度而仍无结果，不如先将前次大会交付审议各条从事报告，以便举行二读会，俟各条二读终了后，则一面将二读通过之全部交付宪法起草委员会整理条句，一面再开审议地方制度之为捷速云云，大多数表示赞成。褚议员辅成起而反对，略谓："汤议员主张俟宪法草案二读会通过者，交付委员会整理条记后，再从事审议地方制度者，则地方制度未审查完竣之时，而彼已交付委员会整理条句之各条，已可开三读，三读会毕，则宪法彼一部份自可公布情形。显然本席认为，地方制度之规定，为宪法中万不可迟缓者，故极端反对汤议员之动议。"审议长谓：地方制度可否缓议须在大会，始可表决。汤漪谓既不可表决，则本席认为地方制度前次审议会表决时，自相冲突，当然不能继续讨论，主张今日延会。于是马议员君武起而反对汤议员之动议，王议员源翰则赞成之。吕复对于缓议地方制度问题一半反对，一半赞成。议场秩序已大乱，王审议长遂声明本席提出对汤漪第一次动议缓议地方制度问题，认为须待大会表决，第二次动议今日延会问题，则可在审议会表决。褚议员辅成遂援引规则，须请议长复席说明延会理由，并定期举行大会。王审议长遂请王议长复席，王议长复席宣告：据审议长报告今日不能继续审议，暂行延会。星期五再开大会，众遂散会。(《申报》1917年6月3日)

5月31日 出席众议院会议，时政潮声起，汤（化龙）议长及议员、秘书纷纷辞职，改选吴景濂为议长。(《申报》1917年6月4日)

6月1日 张勋操纵之徐州十三省区联合会（督军团）电迫黎元洪退职。2日，张勋电黎元洪，以解散国会为罢兵交换条件。9日，辫子军开进北京。黎屈从，于13日宣布解散国

会。(《申报》1917年6月15、20日)

6月8日 应黎总统之召，与吴景濂、王正廷入府商危局，反对解散国会。

> 前日，倪嗣冲（督军团代表）派安徽警察团长易乃谦来京入谒总统，陈述倪之意见谓：倪意此次举兵颇近冒昧，有悔心。但事已发动，不便收束。只要总统予以面子，即可收兵云云。总统谓：何种面子方可解兵，我实想不到。易乃谦谓：倪等请解散国会，总统即下令解散国会得矣。总统谓：此事我办不到，遂即时电召吴景濂、王正廷、褚辅成等入府。总统谓：易曰汝可当面与议会诸君接洽，易谓如此似不可与之直接。于是总统遂于别室会吴景濂、王正廷、褚辅成诸人，告以此事。吴等谓：此事不能办，盖议会为总统之后盾，若解散议会总统岂不孤立乎？总统亦无如之何。易亦辞出，已于昨日回蚌埠复命去矣。(《申报》1917年6月10日)

> 按：是日后先生离京回籍，往返于杭州、嘉兴、上海三地之间。6月15日，与王正廷等在上海法租界恺自尔路二百七十八号组织通讯处，接待南来议员。7月1日，张勋等拥清帝宣统复辟。4日，段祺瑞马厂誓师，与冯国璋联电数张勋八罪，宣布复任国务总理。4日，孙中山与程璧光、唐绍仪、孙洪伊、章炳麟等商移政府于上海，迎黎元洪南来，并发讨逆宣言。

7月6日 孙中山由上海起程赴广东，以"两粤为根据"，号召议员赴粤护法。(《孙中山年谱长编》上册第1034、1035页)

7月10日 先生与王正廷等赴沪，共商讨逆办法。

> 杭州通讯，国会议员赴沪：参众两院浙籍议员自被

解散后，大多已回余籍。兹因复辟谬举，亟须赴沪共商讨逆办法，如褚辅成、杭辛斋、盛邦彦、朱文劭、王正廷等均由籍来杭。前晚（十日）在湖滨某处宴会，相约于今晨坐火车联袂赴沪。（《申报》1917年7月12日）

同日 在沪发出通电，重审解散国会命令无效及决定自行集会五项护法主张。

一、解散国会命令违背约法，当然无效，厥后黎大总统既失自由，无合法国务员之副署，所有任免国务员及一切命令均属无效。嗣后国务员之任免及一切命令非依约法不能承认。二、优待条件系因清室退位表示民国宽大之意，且经前参议院议决，今清室既敢僭位叛国，当然失其优待资格，其应如何办理之处当由国会议决。三、凡主张召集各省代表再开临时参议院，另组宪法会议等议，均属根本破坏约法，绝对不能承认。四、国会克日自行集会。五、复辟叛国及前此倡乱毁法之祸首，一律依法严办。(同上)

7月11日 就7月1日张勋复辟事，与吴景濂、王正廷等致电冯玉祥，建议"惩张之后并正倪（嗣冲）罪"。

丰台讨逆军冯司令、王司令并请转各省、各团体、报馆均鉴：张逆称叛，公倡议致讨，功盖民国，天下共见。读庚电云：非歼逆党，不足以安天下，非杀张勋，不足以谢国人，词严义正，皓如日星。闻此次国难，肇自去岁徐州会议，此时阳言，反对之人多属始与阴谋之辈，诚恐迫张太憨，尽揭秘幕，必致多数与谋之人无地自容，调停之说或即由此而起。夫叛国何事，张勋何人，进与言和，国胡成国，去恶务尽，滋蔓难除。今日之事，惟有直捣北京，擒诛贼首，穷究共谋之人，祸根既已斩绝，死灰始不复燃。尤有进者，张勋所以敢于叛国者，由于倪嗣冲之倡乱，厥罪维均，断不能惩此而宥彼。尚望于惩张之后并正倪罪。奠国护法，惟公是赖。临电不胜翘企之至。吴景濂、王正廷、褚辅成、林森、王杰、宋渊源、吕复等叩。真。（《申报》1917年7月13日）

7月14日　与孙洪伊、吴景濂、张继、王正廷等联名致电唐继尧，请唐"克日出师，靖难护法"。

云南唐督军鉴：张勋叛国，不日就歼，惟后兹来者，逞威蔑法，实可寒心。段氏擅称总理，竟拟召集临时参议院，以代国会，非特触犯临时约法第二十八条之规定，直将根本大法完全推翻。国家托命，端在纲纪。若任一二豪强割裂国法，择其便于己者而假借之，不便者自由废弃之，玩法逞私，成何国家？此次张逆颠覆国本，等于倪嗣冲等之倡乱。复辟、倡乱，同为叛逆。既言讨逆，万不能置倡乱之人于不问。乃段氏竟以倪逆督皖，崇奖奸宄，国纪何存？我公中兴民国，丁兹大变，谅难坐视。望即会合两粤、黔、湘，克日出师，靖难护法，举国瞻仰。临电无任恺切之至。孙洪伊、吴景濂、张继、王正廷、赵世钰、马君武、褚辅成、田桐、萧晋荣、宋渊源、彭介石、张我华、李有忱、贺赞元、吕复、林森、张大义等。寒。（《中华新报》1917年7月15日）

7月18日　梁启超、汤化龙等商组织临时参议院，不再恢复国会。国会议员130余人宣言反对，并倡言在粤开非常会议。

同日　先生与吴景濂、王正廷、林森、张继等在《字林报》刊登对于外交问题之宣言，阐述民党外交政策，不承认段祺瑞为总理。

《字林报》昨载吴景濂、王正廷、林森、张继、郭泰祺、汪兆铭、褚辅成等之宣言书，略谓：上海某英文报著有德人在华运动之社论，同人深恐读者误会，致谓民党反对向德宣战，故特宣言，切实否认此种误解。民党首先主张加入战局，并促前总理段祺瑞决定宣战政策，俾中国得列于世界民政国之林，此为美使及协约国公使所共知者。当时民党中虽有少数要人恐撤消中立，适增内患，惟多数党员则以中国加入为宜。苟政府果忠于共和精神，反对武力主义确无疑义，则少数不赞成宣战者亦必立即服从政府宣战之决议，此乃吾人所可断言者。故与其谓民党反对中国联合美国与协约国对德宣战，无宁谓民党政治的信仰，在名学上必使民党全体赞助，中国可与自由国家并驾齐驱之政策之为得也。同人之意，以为中国苟不失为新式国家，则必可渐变强盛，但欲使中国强盛，而不为天下之危害，则中国之受治，当如世界民政国之受治，依据自由而不依据武力。同人之笃信自由，并笃信自由物，如无拘束的国会、无钳制的报纸，及各种保障民政生活之担保品，即为此。故而同人前之反对袁氏专制，今之反对段氏武力，亦即为此。故同人敢谓中华民国今所遭者，与欧洲今所争者适同，盖皆武人政府与民意政府间之竞争也。段祺瑞为前清专制国之臣仆，其知识、经验断不能统治中国，使成民政国家云云。（《申报》1917年7月19日）

7月27日 旅沪国会议员举行茶话会，商定赴粤。8月初，先生与吕复、马骧、刘奇瑶等赴粤。

> 旅沪国会议员近接孙中山自粤来电，以时事日亟，赶紧筹备，克期赴粤，组织国会等语。旅沪两院正副议长吴景濂、王正廷等已定于二十七日午后三时，假英租界一品香番菜馆开茶话会，邀请在沪各议员集议进行。（《申报》1917年7月27日）

> 国会议员定在广东集会，已有四十余人于上月杪乘谀访丸（轮）赴粤。昨晚广大商轮出口，又有褚辅成、吕复等三十余人等拟偕赴粤。（《申报》1917年8月4日）

8月25日 国会非常会议在广东省议会举行开幕式，孙中山列席，并致祝词。略谓：

> 今北部为叛党所据，遏绝民意，乃相率而会于粤东，举行非常会议，由此而扬谠论，于嘉谟，建设真正民意政府，起既绝之国运，以发扬我华夏之光荣于世界。（上海《民国日报》）1917年9月3日）

9月1日 国会非常会议举孙中山为中华民国军政府大元帅。10日，孙中山就大元帅职，发表就任布告。（《孙中山年谱长编》（上册）第1057页）

9月19日 先生与彭介石、林森等受派赴沪，欢迎伍廷芳、孙伯兰赴粤任职。

> 旧国会议员自在粤东组织非常国会，开会选举各部长后，当派彭介石、林森、褚辅成、马骧等代表来沪欢迎伍、孙二君。兹将彭代表等致粤议会函电照录如下：彭代表等函谓，莲伯、儒堂议长暨两院同人公鉴：介石等奉命来沪欢迎伍、孙两总长，即于十九日亲谒两公，具道来意。两公均热心护法，慨允就职。惟伍公尚有私人事务，暂须少留。除伍、孙两公专电奉复外，谨先报告。只颂义

祺。(《申报》1917 年 9 月 24 日)

同日　访伍朝枢。

母生辰，早、晚备膳款待亲友。来访马骥（彦冲）、林森（子超）、褚辅成（慧僧）邀往粤。(《伍朝枢日记》,《近代史资料》总第 69 号第 213 页)

9 月 21 日　伍廷芳复电，暂不能赴粤。

伍秩庸君电谓，国会非常会议诸公大鉴：彭巨川、马彦冲暨林子超、褚慧僧诸先生来面致尊意，敬悉一切。此次国会因被非法解散，在粤开非常会议，依照军政府组织大纲，选举各部总长。廷芳不才，谬承推长外交，自惭衰朽，感愧不胜。惟现在尚有贱恙羁身，一时未能赴粤，谨先电复。伍廷芳。马。(《申报》1917 年 9 月 24 日)

10 月 6 日　护法战争开始。

北洋政府以第八师师长王汝贤为湘南总司令，第二十师师长范国璋为副司令，向湘南进攻，是日南北正面战争开始。(《孙中山年谱长编》第 1068 页)

10 月 25 日　非常国会全体议员电日本内阁总理大臣，请拒借款。

广东非常国会致日本电云：日本东京寺内内阁总理大臣本野外务大臣钧鉴：敝国伪国务总理段祺瑞摧残宪政，蹂躏国法，我国之人痛心疾首，矢志驱除。近西南护国军方兴，与段氏作战于川、湘，人心所归，捷报频至，段氏之亡可立而待。该伪总理情见势绌，近闻借口出兵欧洲，拟向贵国借款，购备军械，实则用于屠戮异己，宰制民国。果成事实,战祸延长,直接破坏敝国之安宁,间接扰乱东亚之和平。中日唇齿之邦,休戚与共,援助一人,以仇全国,想我亲善之友邦,当不出此。务望贵大臣严词拒绝,以表两国亲善之真诚,四万万人感无既矣。中华民国国会非常会议全体议员叩。有。(《申报》1917年11月4日)

11月25日 与程璧光等为敦促胡汉民接任省长事致电孙中山先生。

广州孙中山先生公鉴:省长一职关系地方异常重大,现李省长业经去职,继任无人。前议会曾举胡汉民先生担任斯职,现更责无旁贷,应照省议会原案,公请胡汉民先生即日就任,以重民意而维粤局。程璧光、李烈钧、林葆怿、张开儒、方声涛、吴景濂、钮永建、张继、褚辅成、汤漪、李茂之公叩。有。(上海《民国日报》1917年12月2日)

12月15日 先生在沪力予维持国会议员通讯处工作,但经费极端困难。是日通讯处恳请经费支持。

莲伯、儒堂议长暨议员诸先生议席。敬启者,自通讯处成立以来,迄今已七阅月矣。当其创立之始,本无的实经济筹储,而处中开支遂时有竭蹶之虞,虽迭承褚慧僧先生暨同志先生力予维持,然至今日则已成无米之炊。而诸同志先生近又多数在粤,因之处中日用几至无从筹措,设或支持不住,则观听所系殊非浅鲜。是以迫切陈词,务恳诸先生妥筹接济,俾资维护。好在大局前途日有佳况,则一篑之覆当蒙诸先生所亮许也。谨附呈预算表一纸,伏祈察核,并希惠准赐覆,是祷只请议安。旅沪国会议员通讯处梁馨谨白。十二月十五日。(《北洋军阀史料 吴景濂卷》

第 2 册第 33 页）

12 月 21 日 据李烈钧致岑春煊电，知先生已到粤。

褚君慧僧到粤，益悉荩筹，并苏督调处苦心，至佩。拟即商海陆联合军，暂停进行，以副台嘱。但望旬日内，有确实办法，足以慰国人也。伯兰先生处，并请转知为荷，详情续闻。（《李烈钧文集》第 352 页，中华书局出版 1996 年）

◎ 1918 年（戊午） 民国七年 46 岁

1 月 15 日 西南护法各省联合会议成立。

桂系军阀不满军政府的存在，惟又不敢以武力强迫其解散，于是联合政学系首领岑春煊，于民国七年一月十五日在广州成立西南各省联合会议（政学系拉拢非常国会中益友系吴景濂等，阴谋改组军政府），为护法各省最高政务执行机关。20 日，护法各省军政首长，在广东督军署组织西南各省护法联合会。28 日，陆荣廷等正式宣布"联合会"条文，推定岑春煊为议和总代表，伍廷芳为外交总代表，唐绍仪为财政总代表，唐继尧、陆荣廷、程璧光为军事总代表，形成与军政府对峙之局面。（陈锡璋《细说护法》第 61、62 页）

1 月 20 日 出席孙中山先生招待海军及滇军将领公宴，并有发言。

下午四时，国父公宴海军及滇军第三师将领，程璧光、伍廷芳、徐绍桢、蓝天蔚，海圻舰长汤廷光及各舰长各执事及海军将领十余人，国会议员十余人。酒半，国父起言前日炮击督军署之事，继程璧光、伍廷芳、徐绍桢、蓝天

蔚、胡汉民、林森、褚辅成、刘燧昌等均有发言，九时许散会。（罗刚编著《中华民国国父实录（1—6册）》第3138页）

1月21日 出席孙中山先生招待刘燧昌、刘洪基等公宴。

下午四时，国父公宴黔督刘显世之子燧昌及王瑚代表刘洪基，同席者刘佑宸、彭凌霄、傅畅和、吴景濂、徐绍桢、蓝天蔚、刘成禺、褚辅成、林森等，九时许散。（同上）

4月10日 出席国会非常会议，与罗家衡等提出改组军政府案，推为临时审查员。

国会非常会议举行会议，出席者六十余人，由议长吴景濂、众议员罗家衡等人提出改组军政府案，将大元帅的首领制，改为实力派的总裁合议制，赞成四十余人，居正、马君武等人反对，均被干扰，未果。遂由议长吴景濂指定审查员二十人交付审查。（陈锡璋编《细说护法》第62页）

改组军政府案（案略）提议者：罗家衡、邓元、田桐、张瑞萱、张我华、褚辅成、许新、卢天游、田永正、王国佑、邹树声等（名单下略）。（《申报》1918年4月19日）

非常会议秘书厅致委员长罗家衡函，公布提案审查委员名单

敬启者，本日开议中华民国军政府组织大纲修正案，初读会后决定即付审查，经推定临时审查委员二十一人如左：罗家衡、叶夏声、龚政、陈光勋、褚辅成、汤漪、吴宗慈、王葆真、居正、李华林、丁象谦、宋汝梅、王湘、李执中、童杭时、彭建标、李自芳、黄肇河、梁士模、刘芷芬、卢仲琳，照常以首列罗君家衡为委员长。请委员长择定开会日期及地点，通知议事科即发通告。此颂议祺。

国会非常会议秘书厅启。四月十日。(《申报》1918年4月19日)

与罗家衡(緱笙)、刘奇瑶(炳寰)等致函吴景濂,迅定开会日期,早日通过改组军政府案。

敬启者,中华民国军政府组织大纲案前开谈话会曾决定讨论修正案后,再与各方面接洽,旋即议决修正案两点,以之电商护法各省各军,征求同意。现唐、陆、刘、谭、李、陈诸公先后来电,表示赞同。而时局日迫,非急谋统一不可。为此,函请议长即将军政府组织大纲修正案迅定开会日期,以便早日告成,救补大局,实为公便。此上议长大人鉴。陈光勋、张大义、彭建标、李自芳、张鸿饶、沈智夫、黄宝铭、褚辅成、陈昌烺、傅谐、王湘、陈时铨、朱观玄、李华林、卢元弼、黄肇河、李式璠、邓元、丁铭礼、罗黼、赖庆晖、邹继龙、陈子斌、刘冶洲、刘奇瑶、罗家衡。(《申报》1918年4月19日)

4月11日 应孙中山邀约,至军政府谈话。

孙中山邀约全体非常国会议员至军政府谈话,反对改组军政府谓:"对改组后有欲以余为总裁者,亦决不就之,惟有洁身引退也。"而吴景濂、褚辅成等发言称:"改组之意并非阻梗军政府,而实为扩充军政府实力计。"(陈锡璋编《细说护法》第63页)

4月12日 出席讨论改组军政府大纲审查委员会会议,先生就改组军政府案在会上发言谓:

西南改组政府两方激争。本月十日将改组军政府大纲案提出非常会议,讨论大体,出席者六十余人,经五十余人赞成，多数通过。初读会认为大体成立，遂付审查会审查，由议长指定审查员二十一人。十二日午后二时在回龙社第一招待所开审查会，到会十五人。褚辅成谓："本案因时事之要求，有认为成立之必要，大体无庸讨论。但条文如何规定须采纳各方面之意见，以求完美。先由会推定各员分头向元帅府、督军署、海军办事处询其对于本案意见，俾便采取。"（《申报》1918年4月26日）

4月13日 进谒孙中山先生，征询对于军政府改组之意见。

国会非常会议审查会推选褚辅成、王湘、吴宗慈、卢仲琳、王葆真五人进谒孙中山先生，征询对于改组之意见，孙先生重申反对改组军政府之主张，并谓：改组事，余始终反对，以法律上万难通融也。苟不论法律而论事实，则余无不可委曲求全者。若国会必以联陆为有利者，则余虽亲至南宁、梧州晤之，或以大元帅让之，皆无不可。是可见余非争一己地位者矣！褚辅成等乃谓至会商榷后再决定。（陈锡璋编《细说护法》第63、64页）

5月4日 国会非常会议通过改组军政府案。当日，孙中山通电辞大元帅职。（同上，第67页）

5月12日 先生就军政府改组应取补救办法致函吴景濂等，函中主张极力挽留中山先生。

自改组案成立，中山先生提出辞职后，外间颇多误会。佥谓此次改组，皆在排去中山，并疑改组后之军政府，专为议和机关，将牺牲护法主义，置国会于不顾。此论调不独国人为然，而日人新闻多作如是观察，且西林方面确有此种主张。……吾辈对于改组事，不可不筹补救之道，谨就管见所及，略陈数端于左：

一、联合军政府宜延至六月十二日成立（须于大会加以表决）。闻修正案尚在二读中，自此而三读而选举而电请各总裁就职，经过种种手续，极快必须两星期，已距六月十二（日）不远。中山先生曾宣言此时卸责。今以是日为新机关成立之期，则中山之面子亦可过去。愤气既平，再设法劝其就总裁职，谅可允许。一、请公等于此案通过后，以个人名义发一通电，声明此次改组系谋西南统一，并以中山先生曾有六月十二（日）卸责之宣言，不得不于事前筹备一继承之机关，以免青黄不接。如是，则中外之误会及浮言胥冰释矣。一、亟请伍、林联合唐帅、莫督等再为坚持护法初旨之宣言，以祛中外之疑。一、请协和致电莫公，告以北方军心解体，军费无着，而日本对支方针已变动，能再坚持三月，必奏全功。劝其勿为软派所惑，轻率言和。(《吴景濂卷》第3册第144页)

5月19日 报载旅沪国会议员褚辅成等致书各国公使，反对段祺瑞政府签订中日新约。

北京各国公使鉴：据中外各报，中日新约有已经签字说。按北京为非法政府，段氏为民国罪人，当然无代表民国之资格。且据民国约法，凡缔结条约须经国会同意。兹段氏以非法内阁、民国罪人，不经国会同意，遽与日本密结新约，当然不生效力。即已签字，国人誓不承认。议员等屡经宣言，兹更声明，凡我诸友邦伏乞鉴察勿爽。旅沪国会议员李述庸、张我华、褚辅成、马骧等一百八十六人同启。(《申报》1918年5月19日)

5月20日 依军政府改组案，国会非常会议选举七总裁。21日，孙中山离粤赴沪。(《近代史资料》专刊第1期第433页)

6月7日　先生再次受派赴沪，迎岑西林（春煊）来粤就总裁职。

日昨，国会议员开谈话会，推定议员欢迎各总裁就职。陈策、刘奇瑶二君赴日迎唐少川；马骧、褚辅成二君赴申迎岑西林；居正、焦易堂二君迎孙中山；汤漪、王葆真二君迎陆干老；罗家衡、童杭时、李绍白、曹振懋诸君迎伍秩老、林司令；其余远地诸君先后出发，当无回音。唯据罗、童诸君报告，伍、林两总裁不日允即就职总裁。办公处仍定大元帅府旧址，而陆干老有来电允即就职矣。（《申报》1918年6月8日）

6月10日　在沪电告非常国会，在沪议员一俟有船即分帮南下。

国会非常会议定期五月三十一日齐集广州，六月十二日在粤开正式国会，经纪前报。查日前各议员因事离粤者颇众，故每次开议出席议员恒数十人，至选举总统之日全体出席亦不过一百二十余人。迩因正式国会开幕在即，日来由沪新到议员甚为踊跃。兹闻现在共有二百三十人，据国会议员某君云：查正式国会法定人数以四百五十人以上为合，今只得此数，尚欠百余人。惟昨得褚辅成由沪电告，大致谓近日来津、沪各省议员报名来粤者已有二百余人，核计参议院议员现欠七人，众议院议员欠五人者。此十二人报到连在粤者可足法定之数。并云，此二百余之议员，一俟有船即分帮南下云云。至吴议长则主无论人数若干，亦必如期（六月十二）开正式国会。又一部分人则主须满足法数方可定期开会，故六月十二之期尚未敢预决其必开会也。（《申报》1918年6月14日）

6月12日 广州国会议员开正式会议，到会的参、众两院旧议员只300余人。依照《国会组织法》第15条"两院非各有总议员过半数之出席不得开议"之规定，仍不足法定人数。(《申报》1918年6月20日)

6月26日 在沪函告广东非常国会：孙中山到沪。

> 旅沪国会议员褚辅成来函云：敬启者，孙中山到沪，始决候唐公少川回国，同就总裁职。今因各方面敦促甚急，已拟派代表胡汉民先回粤表示意见，并与已就职各总裁共商大计。查胡公不日必可就道，唐公于月内亦可回国，堪慰。诸君厪注，专此，顺颂议祺。褚辅成。六月二十六日启。(《申报》1918年7月14日)

7月5日 唐继尧、伍廷芳、陆荣廷、林葆怿、岑春煊就任广州军政府政务总裁职（孙中山、唐绍仪未就）。

7月15日 在沪接吴景濂电，劝请各议员从速南下，俾足法定人数。

> 粤省为西南护法中坚，近日最为社会注目者，一为新组织之军政府，一为自行召集之正式国会。在国会方面，参众两院昨已发出通电，定本月十一日午后一时在省议会开两院谈话会，筹议正式开议事件矣。其两院之秘书厅，众议院已组织完备，参议院则因王正廷未回，尚在组织中，闻吴议长景濂已电王正廷、褚辅成二君，就近劝津沪各议员从速南下。
>
> 又闻，吴议长景濂以各议员来粤报到者固多，而因事回沪者亦属不少，除电褚辅成请各议员返粤外，并电王、褚二君，就近劝各议员从速南下，俾足法定人数，以助军政府进行。(《申报》1918年7月16日)

7月19日　在沪电吴景濂称："议员已足法定人数，约于25日到粤。"（《申报》1918年7月30日）

7月23日　众院议员金漈熙携议员除名标准赴沪与先生接洽。

> 参、众两院议员除名标准一节曾纪前报，兹据国会方面消息云：该项标准自经表决后，参众两院即经着手分别认真详细调查一切，并缮造各种表册。以故连日以来甚形忙碌。昨闻此项表册业已一律分别缮造完竣，特公同推由众议院议员金漈熙亲带赴沪，向驻上海国会议员通讯处褚辅成接洽后再行发表，以昭审慎而臻周妥。其布告内容大致谓：查议院法第七条，议员于开会后满一个月尚未到院者，解其职。但有不得已故障报告到院者，得以院议展期，延至两个月为限。本院于六月十二日业经开会，至七月十二日为止，已逾法定期间，除已经声明故障议员应依法办理外，所有应予解职。（《申报》1918年7月24日）

> 刘崇佑、梁善济等前与国民党最为反对者，闻亦相率来粤，尽护法之职。托驻旅沪国会招待员褚辅成代为声明故障。兹将褚君来电录下：广州青年会吕复君转吴君景濂鉴：汇款已收到，参议院议员江苏辛汉、众议院议员直隶马英俊、张云阁、浙江周继荣、福建刘崇佑、山西梁善济、贵州陈国祥均声明故障，请缓行解职。褚辅成。（《申报》1918年8月4日）

7月27日　先生乘日本邮论由沪来粤出席正式会议，同来议员27人。（《申报》1918年8月7日）

> 按：先生回粤后，在上海的国会议员通讯处的联络、招待等事务交由议员孙棣三办理。

8月2日 出席两院议员谈话会,报告在沪招待议员南下情形,并被推为宣言书起草委员。(《申报》1918年8月10、11日)

8月3日 出席两院宣言书起草委员会议,讨论国会宣言书。

广东参众两院于本月二日开起草委员会情形已纪昨报。三日下午二时,各委员在众议院秘书处继续开会,到二十四人。林森主席宣告开议,请昨日所指定起草委员报告。吕复报告起草之经过,并说明昨日讨论分电宣言二种,现经拟就,请大家讨论。主席以两稿请大家传观。……汤漪谓:就实质说我们应说明此次之所以集会,并精神之所在,如赵君世钰所谓此次为临时会,不妥之处均易解释。褚辅成谓:汤君之说在事实上有困难。汤君重申前说……。休会后继续开会,褚辅成谓:"宣言之中应详叙事实理由及结论,故对总统问题应于叙事中声明稍稍表示而已,不必多加一条。"孟森主宣言应以战祸延长于人民有切身之苦痛着眼,至护法不护法人民知之者尚少。周嘉坦亦主对总统问题应轻轻提出,不必着意。罗家衡主孟君之意,应加叙于宣言中,以得多数人民之同意。汤君又声明二条:(一)中华民国临时约法之效力未完全恢复,大总统之职权未能依法行使以前,凡以武力谋破坏护法自主各省之安宁秩序者以内乱论。(二)民国政府未依法组织以前,所有护法戡乱之职责,应由国会非常会议所产出之军政府行之。前二点系本席意见,此外尚对孟君之说,事实上赞成两层:(一)北京借债法律上不发生效力。(二)对被难各省设法体恤。吕复发言主张借债事发一种痛快之言论。褚辅成主孟君之说,并主张推二三人到伍总裁处询其外交之情形,以为明日立论之标准。(《申报》1918年8月12日)

8月6日 众议院开第一次会议,被推为议员资格审查委员。

六日众院第一次会议,是日冒暴风雨及病者亦出席。总数三百零二名。下午二时吴景濂至开会词,决定议员席次。褚辅成以下十三名为审查议员资格委员。至四时散会。(《申报》1918年8月8日)

8月9日 出席参众两院联合会,讨论宣言书。因意见未能一致,宣言书未决。旋经两院议长指定十四人为审查员:参议院林森、赵世钰、焦易堂、章士钊、汤漪、彭介石、宋汝梅。众议院褚辅成、吴宗慈、彭允彝、王绍鏊、牟琳、吕复、罗家衡。(《申报》1918年8月15日)

同日 午后2时,继续出席国会宣言书审查会。

九日所开之两院联合会详细情形已纪前报,兹另得一报告照录如下:是日下午一时开议。参议院议长王正廷因公约一时三十分到,众议院议长吴景濂主席。查点人数毕……主席令提案人褚辅成说明主旨与宣言必要及宣言理由毕,主席谓:宣言大旨经提案人说明,自应先就大体讨论,依报号次序发言。经议员多人发言,主席遂以付审查,付表决,赞成起立者大多数。(《申报》1918年8月18日)

8月12日 先生与林森签名提交南方国会宣言书审查结果于院议(《申报》1918年8月21日)

同日 北京新国会开会。20日,新国会选举王揖唐为众议院正议长(明日选刘恩格为副议长)。22日,梁士诒当选参议院议长,朱启钤为副议长。

8月19日 出席两院联合会,继续讨论国会宣言书。先生主张用"中华民国国会宣言"名之。

广东昨日（十九）参、众两院联合会，于午后一时在省议会开会，王议长主席，三时许两院议员始到齐，已过法定人数。仍系继续讨论国会宣言事件。盖以十五日之两院联合会为风雨所阻，故改定今日开会，应先请审查委员长报告审查经过。旋由委员长林森登台报告开审查会之情况。主席询众议谓：诸君对于宣言之标题有无讨论？罗家衡动议谓：本席反对标题用"广州集会"四字，主张用"护法"二字，其理由已详本席提出之修正案。其最要者以用"广州集会"四字，既文不对题，且隐示偏安。证以法、美革命时之人权宣言，独立宣言的先例，皆宜改用"护法"二字。否则标题为中华民国国会宣言亦可。褚辅成赞成用"国会宣言"。主席先以中华民国国会护法宣言付表决，赞成者少数。继以中华民国国会宣言付表决，多数通过。(《申报》1918 年 8 月 27 日)

中华民国国会宣言自两院联合会通过后业已发表，题曰：《中华民国国会宣言》(宣言略)。中华民国七年八月十九日宣布。(《申报》1918 年 8 月 31 日)

8 月 22 日　与汤漪、林森等被任为军政府参议。

八月二十二日午后，军政府缘有重要政务解决，特举行第二次政务会议，岑、伍、林三总长暨唐、陆总裁之代表及秘书厅长章士钊、总务厅长伍朝枢等要人均躬亲列席。是日所议者悉属应付时局方略，以故关防殊严，并议及前军政府用过款项，要求承认一事，直至五时方宣告散会。又闻，是日会议岑总裁主席，林、伍二总裁及莫、李两部长亦列席。已特任伍朝枢（广东）为外交部次长、冷遹（江苏）为内务部次长、汤廷光（广东）为海军部次长、林虎（广西）为陆军部次长、方声涛（福建）为参谋部次长。此外，任命汤漪、林森、褚辅成、彭允彝、曾彦、赵世钰等六人为军政府参议。(《申报》1918年8月31日)

8月29日 军政府开政务会议之际，先生与陈家鼎、丁超五等提出一案，主张"仍以非常会议维系军政府"。

前日（二十九）军政府开政务会议，午后一时集齐，岑总裁主席。是日所议政要（一）国会军费问题；（二）旧军政府交待问题；（三）浙军向义后之待遇问题。国会方面消息云：众议员陈家鼎、丁超五、李燮阳、彭养光、袁豁臣以为：非常之时必以事实济法律之穷，护法之义必以法律救事实之困。故特联名提出一案于众议院，请仍以非常会议维系军政府，连署者褚辅成等五十九人。其所根据之理由为：约法未完全恢复，正式政府未依法组织以前，除临时会自行开会外，仍一面以非常会议维系军政府，于法律、事实两无窒碍云云。此案于国会、军政府均有关系，刻已付院议讨论矣。(《申报》1918年9月6日)

8月31日 非常国会宣言继续召集护法会议，选举总统。否认北京政府缔结对外条约及公布法律。通电否认北京新国会选举总统，仍承认冯国璋之代理为合法。

9月2、3日 广东众议院开谈话会，讨论副议长候补人选，益友社极力推举先生。(《申报》1918年9月10日)

9月4日 参、众两院召开谈话会，再议补选副议长等事。

闻众议院副议长陈国祥已决不南下，众院须另举副议长。现时政学会方面拟举褚辅成为候补人，而孙派则拟举吴宗慈为候补人。……陈国祥不能南下就职，刻参议院副议长王正廷既在假中，宪法审议会向章以两院副议长主席，参副不在，当以众副主之，故日来众院遂发生副议长补选问题。闻浙江褚某、湖北张某、江西吴某均极希望此席。惟一般议员以为参议院两议长均已为浙籍议员所占，倘众又举褚，是议长悉归浙人，殊不平允。于是有主张两院既在粤集合，为进行之方便，利兴国会之前途，宜各省皆不争此，以此席属之粤议员，故日来形势又已一变。闻粤籍议员已开谈话会，提议此事，将来提出之候补者以资格、学问、言论、风采论，皆以为叶议员夏声可望多数之通过。（《申报》1918年9月8日）

9月14日 与孙钟等17人发起开各省招待员谈话会。

国会议员褚辅成、孙钟等十七人发起，于昨日（十四日）在众议院秘书厅开各省招待员谈话会。是日，各省招待员到者三十六人，讨论对于同人大意已来者劝其勿再离粤，已去者请其从速回粤，以利进行。此外，决定由议长咨问军政府，对于时局如何办法，并由各省招待员调查近日本省议员有无离粤情事，其离粤之议员至支给岁费时不得由他人代领云云。（《申报》1918年9月23日）

9月17日 当选为众议院副议长。

广东通信云：昨日（十七）下午一时，众议院开会选举副议长，出席议员三百零四人，主席宣布已逾法定人数，由秘书长依席散票，各议员投票毕，结果褚辅成以一百七十四票当选，其余或二十余票或三、五票者甚多。从略不载。（《申报》1918年9月25日）

9月18日 吴景濂通告：褚议员辅成当选为副议长，即日就职。

（衔略）本院副议长陈国祥逾限不到，业经依法解职，特按照院法第十九条之规定，于本月十七开会补选，褚议员辅成得票过投票总数之半当选为副议长，即日就职，合亟奉闻。吴景濂。巧。（《军政府公报》修字第 8 号，1918 年 9 月 25 日）

9 月 20 日　政务会议祝贺先生当选副议长。

广州众议院鉴：巧电悉。褚议员辅成为国勤劳，久经艰险，才长德茂，众望所归，当选副议长，深庆得人，踊跃之余，谨以电贺。政务会议。哿。（同上）

同日　出席众议院谈话会，商资助留学生等事。

二十日下午三时众议院开会，议长吴景濂主席起言：今日人数不足，不能开大会，只好开谈话会。……又上海救国团数次派代表前来，闻该团系由日本留学生因反对中日协约所组织而成，彼等所决定之办法（一）预备到美国留学；（二）不能到美国者，在中国设立大学，造端甚宏大，正在筹措之中。此外，又办救国报一份，因办以上种种事业，需款甚繁，派有代表李大年、闵肇基二人来见。广东一方面欲维持学生之求学，一方面欲维持报馆之发展，请大家量力捐助。……副议长褚辅成言："由日本回国之学生，对于国家甚抱热诚，殊堪钦佩，大家应量力资助。因对于国家牺牲甚大，不可不励其苦心。至于补助报馆一事可以无庸提及，以免接应不暇。"主席言：方才不过报告其用途之广，褚又言："大家应平均捐助，最少每人若干，可交秘书厅。"（《申报》1918 年 9 月 30 日）

9 月 22 日　出席军政府与两院茶话会，并有演说。

九月二十二日，军政府借广东省议会，邀请参、众两院议员于午后三时开茶话会，岑总裁举杯致敬，即演说；次伍总裁、议长吴景濂演说。众议院副议长褚辅成云："前阅上海报载，北方某氏常对北方诸人言，西南护法诸人良不足畏，因法律派与实力派始终意见不能一致，绝对不能成功。今代表同人，愿诸大总裁及两院同人，无论法律派、实力派大家同心协力，以谋国家。对于护法戡乱主张一致，不堕北方之阴谋，此后共和前途始有把握，愿诸大总裁及两院同人彼此勉励。谨致答词（各总裁鼓掌）。"至时军乐大作，散会时已经五点矣。（《申报》1918年9月29日）

9月24日　出席两院议员谈话会，讨论总统选举问题。先生等"主张缓行选举"。

　　昨日（二十四）午后一时，两院议员在省议会会场开谈话会，讨论总统选举问题，到会议员三百余人。吴景濂主席报告开会事由谓：近有两院同人关于选举总统问题提出意见书者若干件，并有临时动议一件。现在总统将届任满，总统选举会应如何着手组织，倘事实上不能组织，而北方非法总统适于此时出现，应如何对付？请详细讨论。于是陈鸿钧发言，反对展长总统任期之说，大概以罗议员之意见书为议题而反驳之，始终未能说出陈议员所主张之解决办法。汪彭年、汤漪、褚辅成、罗家衡、马骧等皆主张缓行选举，其理由应以宣言或议决案为表示。（《申报》1918年10月1日）

10月4日　出席参、众两院谈话会，讨论选举总统等问题。（是会解决缓选总统案，由军府代行总统职务）

  十月四日下午二时两院议员又假省议会开谈话会。讨论问题。（一）选举总统问题；（二）委托军府代理国务院职权问题；（三）声讨北方伪国会问题。因报号发言者甚多，邓天一提起讨论终局之动议，请议长即以前二说付表决。议长先以讨论终局付表决，多数。议长提出三说：（一）事实说不能选举；（二）法律说主张延期；（三）政治说暂缓选举。付表决，前二说否决。第三说多数通过。……再以军政府代行国务院职权，并根据大总统选举法第六条摄行大总统职权，付表决，大多数。遂由议长指定参议员赵世钰等众议员汪彭年等十六人为起草员，遂宣告散会。（《申报》1918年10月13日）

同日 徐世昌受非法国会选举，承认新国会，而不愿尊重约法。（《申报》1918年10月7日）

10月7日 主持参、众两院会议，讨论军政府代行国务院职权、摄行总统职务等。

  参、众两院关于讨论军政府代行国务院职权、摄行总统职务、执行条例开谈话会，副议长褚辅成主席。审查会报告由赵世钰说明，大致谓审查结果认为国务院之职权由国务会议行之，今由军政府代行，先决问题在军政府执行职权时孰为组织国务会议之分子：（一）各总裁；（二）各总裁及各部长。两说均有人主张，表决时多数采用第一说，此根本的先决问题既已解决，此外当然不成问题云云。……惟闻一部分议员对此次委托军政府代行责权案以不足法定数，坚执前说，大起反对。日前已以国会议员二百五十九人之名义通电各省矣。（《申报》1918年10月30日）

10月8日 与王正廷、吴景濂发出扩张军府职权（宣言）

电，委托军府摄行大总统职权。

广东旧国会八日通电云：天津黎大总统、北京冯代总统，广州军政府各总裁、各部长、各省督军、省长，省议会、商会、农会、教育会、各报馆公鉴：中华民国国会于十月八日开两院联合会，议决中华民国国会第三次宣言。文曰：选举大总统，为国会议员之职责，依大总统选举法第三条第二项：大总统任满前三个月，国会议员须自行集会，组织总统选举会，行次任大总统之选举。惟现值国内非常政变，次任大总统之选举，应暂缓举行，自民国七年十月十日起，委托军政府代行国务院职权，依大总统选举法第六条之规定，摄行大总统职权，至次任大总统选出就职之日为止。特此宣言，咸使闻知。参议院副议长王正廷、众议院议长吴景濂、副议长褚辅成。齐。(《申报》1918年10月21日)

10月9日 军政府发出承诺代行职权之青电。反对徐世昌在北京就任大总统。(《申报》1918年10月21日)

10月10日 出席国庆祝贺会，并发表演说。

昨日，军政府举行国庆祝贺会，诸重要人物均有演说。……褚辅成曰："官僚常视法律如仇敌，此次徐世昌之非法选举，为其最显著之一例，北方之违法与南方之护法到底不一致。"伍廷芳、吴景濂、李烈钧、徐谦均发表演说。同日，军政府致各方面电曰：民国不幸，大难未平，谨以此第七次国庆日，布告护法各省及前敌将士，愿人人努力一致，以成我统一之实。(《申报》1918年10月13日)

同日 徐世昌在北京就任大总统，宣言以诚心谋统一，以毅力达和平。国务总理段祺瑞免职，内务总长钱能训暂行兼代。

10月16日　与伍朝枢、徐谦等决议委派税务监督。

陈炯明为惠、潮、梅税务督办免职问题甚为愤恨，声称拟暂率军队移驻广东。伍朝枢（字梯云）、徐谦（字季龙）、汪兆铭、魏斯炅、冷遹、陈策、褚辅成、方声涛，广东海关副监督施家霖及海军、福建、浙江、广东各方面有关系之各要人，于十六日在海军俱乐部集议，决议此后由督军方面派遣惠、潮、梅税务监督一人，另由陈炯明、方声涛、吕公望各军各派委员一名，在该监督之下处理税务，每月依照按分率分配各军军费。此项决议俟得莫督军之允许后，即通告有关系诸人。据一般人士之观察，此问题似已因此告一段落矣。（《申报》1918年10月20日）

10月17日　参议院改选林森为议长。（《申报》1918年10月24日）

10月18日　国会议宪开始。是日，先生就代理审议长席，宣告审议地方制度草案。

国会前次宪法审议会因参院人数不足，未经开会。自前日林森当选为参议院议长，日昨参议院议员已到一百十九人，众议院议员之到会者三百零五人，已逾法定人数。两句钟开会，褚副议长就审议长席，宣告审议地方制度草案第八条：省长任命之方法（因去岁宪法审议会已议决认为一大体者）。参议员韩玉辰与龚焕辰相继报号发言，均主张先行审议第十二条省参事会组织，然后再讨论省长任命方法。审议长以韩、龚主张付表决，多数。又以省参事会是否需要付表决，多数赞成可设。是日之重要讨论即第十二条：省参事会之组织，反对与赞成者相间发言，尹承福反对，张知竞赞成，韩玉辰主张参事十三人由省议会选举，执行一切省行政。周嘉坦主张参事员由省长提出，省议会同意。张瑞萱反对。……至（九）省行政机关组织；（十）省设警备队之规定；（十一）划分国税、地方税三问题均行表决，认为大体应行讨论者。审议会停顿经年，昨日乃能逾法定人数开会讨论，不可不为非第一佳音也。(《申报》1918年11月2日)

同日 为盐税及主张先行克复闽浙，以促军政府讨伐事，与吴景濂致电陈炯明。

漳州陈总司令鉴：……自取销我公督办，弟等屡经向各当道力陈其非。军府易日议决，只为救济方法，未能促他方收回成命，可知当局之用心非微力所能补救。为今之计，不在空名，而在饷源有着。现经各方商定，以矿捐、盐漏两款归我公，并于盐税中月拨二万元，业由精卫兄电陈台端，想我公以大局为前提，当能俯允也。……徐世昌就伪职后，西南兴义诸公责任护法而外，加一讨贼。十月十日以前，曾以此议向军府力陈。承军府诸公咸以为不谬，于易日提出会议。经全体表决，徐逆如果就职，即行下令讨伐，所以国会以摄行大总统权委托。军政府乃迟至今日仍不下令声罪讨伐，此诚令人大感不解者。依愚见，于短时间内能将闽浙次第克复，东南局势一新，或者可振醒当局之暮气。弟等连日迭与军政府、海军、滇军各要人会商，拟由海军先派数舰赴汕，以促在厦海军及童军早日反戈，亟图进取。此议已得悦公同意（按：即海军司令林葆怿）。弟等望我公从速整军，与前方各义军将帅共策进行，挽救危局，实所盼切。吴景濂、褚辅成。巧。

印。(《近代史资料》1980年第1期第16页)

10月24日　参、众两院召开各省招待员会议,调查在粤、离粤议员之人数,设法催促议员回粤。(《申报》1918年11月2日)

10月27日　先生主持宪法促成会成立大会,报告各省招待员谈话会之结果等。

> 二十七日午后一时,宪法促成会假国会议员俱乐部开成立大会,到会者二百余人,褚辅成主席。首由主席报告会议进行情形,并以会中设议事、文牍、交际、庶务四项,干事咨询大众,赞成。再,褚氏报告各省招待员谈话会之结果如下:(一)同人因事离粤者,由各省招待员设法催促回粤。(二)现时在粤同人,由各省招待员劝告,勿得任意离粤。(三)现在未经递补各缺,除由院查明正式通知候补人外,仍由各省招待员催促。闻参院到粤人数为百七十二人,现在离粤者二十五人,在中途未到者约五、六人。众议院已到粤者四百十五人,离粤者七十余人。(《申报》1918年11月3日)

10月29日　主持两院谈话会,定30日开讨论护法进行大会。

> 日前,粤、桂、湘、赣、闽、浙、川、滇、鄂各省议员集于某宅,因共相讨论对付时局之方法,于是发起昨日(29日)之谈话会。午后二时,十省议员集于东园俱乐部内之会议室者约百余人,公推褚辅成为主席。褚起立发言,大意谓:"今日和平空气弥漫全国,然吾人所希望者为合法的和平,永久的和平,吾人何如而后能贯彻其和平之目的,即为贯彻护法目的之问题也。因之,同人等先

邀集与护法最关切之各省同人，从事讨论，俟得结果，再集合全体同人提出讨论。"牟琳、焦易堂、谢持、朱念祖、吕志伊等相继发言，力明护法宗旨，慷慨激昂。……五时散会。议定对于北京倡言和平，西南对之自不能无一种表示，特定三十日午后二时在东园俱乐部开讨论护法进行大会。(《申报》1918年11月5日)

10月30日　出席国会议员茶话会，发起组织护法后援会。(《申报》1918年11月7日)

10月31日　出席两院联合会，议决致美国议院一电。

昨日（三十一）两院联合会开会，一时半已达过半人数，由参议院议长林森主席，报告前日东园俱乐部谈话会委托往询军府事件。因众院吴、褚两议长连日抱病，本席即于昨午一人往军府，适岑总裁亦病，林总裁未来，晤伍总裁与内务冷次长、海军毛参谋长，询以军府对于和平期成会来电之态度。据云：本日政务会议已列为议题，此时尚未决定。复经本席询以军府接电之后，政府会议未决之前诸总裁之意若何？据云：对此电报一致反对，如希望和平亦当真正的和平与合法的和平，大意如是。报告毕即开议致美国议院一电，发言者为黄攻素、唐宝锷、朱念祖、吴宗慈、龚焕辰、褚辅成、张鲁泉、吕复、王源瀚等。龚焕辰主张用两院议长名义。汤漪主张修正各案，分次表决，发电手续遵照民国二年先例办理（因二年美国承认国会之电由国会电复者）。主席宣告表决，修正案均成立。复以全电付表决，大多数通过。众请由秘书厅整理文字，译成西文拍发，时已五句钟，主席宣告宪法会议延会乃散。(《申报》1918年11月9日)

同日 与林森、吴景濂发出"辟和"电,声讨徐世昌与段祺瑞狼狈相依,诫国人勿堕彼奸谋,西南各省毋为和议诡辨所淆。(《申报》1918年11月7日)

11月6日 与林森、吴景濂复和平期成会电,坚持法律说。

> 北京和平期成会蔡鹤卿(蔡元培)、王亮畴(王宠惠)先生鉴:漾电诵悉。公等眷念国难,企想和平,联合在野名流,组织盛会,用心良苦。惟约法为立国之大,本国会为约法上重要之机关,数年以来,兵端迭见,皆由约法横被摧残,国会莫举职责。追原祸首,责有悠归。欲使长治久安之策,当以护法戡乱为先。若释奸慝之重诛,置国宪于不问,则是扬汤止沸,使公理法律长屈服于强权之下。国人血气犹存,良知未泯,恐未能默尔息也。来电谓内争一日不息,则国本一日不安。窃谓国本一日不安,则内争一日不息,公等明达,当知根本之所在。要之,和平固吾人所渴望,而必衷于法律,期以永久。苟安雷同,所不敢蹈。诸公当代名流,海内宗仰,弟等素忝交游,不敢不以自勉者为贤者勉。敢布愚忱,以为商榷,愿更有以教之。林森、吴景濂、褚辅成。鱼。印。(《申报》1918年11月13日)

11月16日 与林森、吴景濂复奉省会一电,指出"当以复法为其准"。

> 卅一电诵悉。诸君关心时乱,渴望和平,仁人之言,敢不拜嘉。惟理乱之源,必有所自。吾国政变迭起,兵祸频仍,皆国会横遭解散,约法失其效力。推原祸首,责有攸归。今日之役,既以毁法启其端,而和平之禽,当以复法为其准。若欲隐忍于一时,置国宪于不顾,则是屈正义

以徇暴力,饮鸩止渴,贻害将来,复辙相寻,乱靡有极。吾人厕身议会,代表民意,一言不智,足以丧邦。诸公本爱国之热忱,求根本解决,然后兵祸可以永消,和平可期久远。国民受赐,实无涯涘。谨布区区,惟希亮察。林森、吴景濂、褚辅成叩。铣。(《申报》1918年11月24日)

11月24日 唐继尧发出和平通电,主张"仿辛亥成例,在上海开和平会议,南北各派代表莅会,并以在野名贤若干人参加会议。对此,先生与林森、吴景濂复电,提出商榷。

云南唐总裁鉴:……尊电主张于和平会议时参加在野名贤若干人,使各方意思得自由发表,用意深远。惟舆论虽贵周,而大计尤在独断。处士虚名,今古一辙。今之所谓在野名贤,其文章言论非不足耸动庸愚,而考其立身大节,其不污洪宪帝制者曾有几人。且此辈于前清虽应巍科显仕,而思想陈旧,食古不化,于世界大势、政治常识几白,茫然摇笔鼓舌,闻者齿冷。执此等人而与商国家百年大计,固非国家之福,亦贻当世之羞。敢贡狂愚,以为商榷。临电愤慨,伫候明教。林森、吴景濂、褚辅成。(《申报》1918年12月22日)

同日 美国劝告军政府书,由美领事亲自咨送至军政府外交部。略云:"欧战告终,中国宜速息内争,自谋统一,以派代表于欧战和平议会,与各国共同商决世界和平"云云。闻其中尚有为中国谋息争之方法。(《申报》1918年12月4日)

11月28日 先生出席军政府特别会议,讨论停战议和问题。

闻二十日美领事又至军府访伍总裁,声言奉公使训令,以北京政府撤兵停战,美国极表赞同,不知南方政府意见如何，嘱令探询。伍氏答以南方用兵之目的即系求永久和平，现北方既息兵言和，南方无不同意。但法律之点完全抛弃，则违背希望和平之本旨。今正在采取南方公同意见，筹商办法。美国望中国和平如此热心，中国人民应与感谢。并求本诸公道进行，以期不负美国之盛意。美领事否定云：如南方拒绝停战息兵，则国际上必不直南方所为也。现闻军府因此问题特于昨日上午九时后，开特别会议，除总裁及各军代表出席外，并请两院正副议长林森、吴景濂、褚辅成三君出席，岑西林因有故障未出席。对于停战问题意见颇不一致，两院议长主张照前两院联合会议决议之二前提：（一）徐世昌取消总统名义；（二）解散新国会。两项办到，即以明令正式停战。总裁与代表有主张即照国会意见办理者，有主张先以非正式停战，俟决定开和平谈判时再以此二前提相要求者。讨论至下午一时尚不能解决。下午八时复行开会，各总裁暨代表多数意见先行停战，以应国际之希望。至国会决议二前提当于和平谈判前办到，否则不开谈判，当决定发布停战令。（《申报》1918年11月29日）

12月2日 英、法、美、日、意五国联合，对南、北政府提出和平劝告书，声明不干涉中国内政。

12月3日 先生主持宪法审议会，审议省之事权规定。（《申报》1918年12月11日）

同日 孙棣三来函，告知五国劝告书已分递南北政府。

慧公大鉴：廿四号手教诵悉。冬电悉。江日，中山先生致电国会暨军府，文曰："威尔逊总统已赞同文之和平条件，即国会必须得完全自由，以行使职权是也。彼将有以尽力于中国民权正义，我当退让其他一切之要求，而惟坚持唯一之条件，并力劝军政府以公式请威尔逊总统为仲裁人。此上。孙文。"此电谅已达到。……昨得消息，知五国劝告书已分递南北政府，谅今日已达到广州。默观外交潮流，不得不着手议和。……棣三顿首。三日。（《近代史资料》1980年第1期第25页）

12月5日 众议员孙洪伊（号伯兰）致函三议长提出：未开和平会议以前，应惩办祸首，去其障碍。（同上，第29页）

12月13日 唐绍仪来函报告"关于陕军冲突及议和地点事，已去电力争"。

> 莲伯、慧僧先生大鉴：昨又奉来电，关于陕军冲突及议和地点事，已去电力争。兹将弟与东海来往电文录呈，希为察览。国事艰难，于今为极，扶持补救，责在诸公。承示以集合同志，互谋国是，仰佩无似。人之爱国，谁不如我。苟利国家，捐顶糜踵，所不敢辞。区区之心，当蒙共信。信公、次乾不日返粤，当能将此详情面达一切。海天在望，引领为劳，伏惟为国珍重。……弟绍仪谨启。（同上，第31、32页）

12月14日 与林森、吴景濂联名发出公推唐（绍仪）总裁为南北和议南方总代表征求意见电。

> （衔略）□密。均鉴：自我军政府对于前敌下恪守原防、静待后命之训令后，北庭于陕、闽方面犹复分兵入寇，已经军政府严词诘责，昭告中外。彼如有悔祸诚意，立戢奸谋，遵守约束，自当本与人为善之心，与之开始会议。惟和议总代表一席，中外具瞻，关系重要，倘不得其人，则经年血战，等诸泡幻。森等再四思维，西林军府中

枢，领袖西南。北方首领徐氏既未南来自当会议之冲，则西林自未可轻出，以损体制。孙、伍两总裁行将往欧列席和平会议，陆、唐、林三总裁为西南陆海军主帅，在和平未告成以前，须从容坐镇。惟唐少川总裁近留沪上，资高望重，中外同钦，就目下情势而论，军府和议总代表一席，自以唐公为最适。如荷同意，即请军府正式委托。事机紧迫，竚候明教。林森、吴景濂、褚辅成叩。盐。印。(同上，第50页)

按：此后，广西李根源、黄冈吕公望、郴州程潜、广州林葆怿、漳州陈炯明、桂林陈炳焜、南宁谭浩明等均来电，赞同唐绍仪为和议总代表。(同上，第51、52页)

12月15日 出席众院临时会，与马骧、孙钟等提出《和平会议派遣代表条例案》。

国会方面本定十五日开宪法审议会，因国内和平会议派遣代表问题，审议会延会，改开众院临时会。首由胡祖舜等提出：咨请政府于闽、陕、湘西、鄂西未一律停战以前，不能先派和议代表决议案，多数通过。次由马骧(字幼伯)、孙钟、褚辅成诸君提出和平会议派遣代表条例案。第一条：和平会议由代行大总统职务，代行国务院职权，军政府派遣总代表一人，代表十人；第二条：总代表须经国会同意；第三条：总代表全权代表军政府，办理关于和平会议事宜；第四条：代表赞襄总代表；第五条：和平条件须经国会同意；第六条：总代表得延聘参赞若干人；第七条：本条例自公布尔日施行。附则：本条例至和平会议终了时废止。各条例大体成立，先讨论标题，孙钟修改为民国某年上海和平会议条例，通过。再讨论条文。

(《申报》1918年12月23日)

12月16日 与林森、吴景濂致电唐绍仪，一致同意军府推举唐为和议总代表。

> 十六日午后，政务会议提议唐总裁绍仪为议和总代表案，各与会者均甚赞成。惟陕、川、鄂各代表主张以陕、闽等处停止进兵为议和先决问题，认推总代表之时尚早。讨论许久，卒决定议决条文如下：政务会议拟定唐少川总裁为和议总代表，俟北方明白答复停止陕、闽、鄂西等处军事进行，再行发表云云。是和议能否开始，仍以陕、闽为先决问题也。而此问题自经议决后，即由各要人致电唐总裁，一致推举。两院议长电文录下：
>
> 林森、吴景濂、褚辅成电云：唐公少川老成望重，中外同钦。就目下情形而论，军府议和总代表一席，自以唐公为最适。如荷同意，即请军政府正式委托。林森、吴景濂、褚辅成。印。(《申报》1918年12月23日)

12月17日 唐绍仪分电南北各方，正式宣布就和议总代表职，并派易次乾等三人先期旋粤，与各方面接洽一切。(《申报》1918年12月30日)

12月17、19日 出席众议院临时会及褚寓茶话会，讨论和平会议派遣代表条例案。

> 十七日众议院开临时会，讨论马骧、孙钟、褚辅成提出之和平会议派遣代表条例案，未得结果后，吴、褚两议长定期今日（十九）十时在南关二马路褚寓开茶话会，继续商议此事。又有众议员唐宝锷提出对于马骧等选派代表条例之修正案。(《申报》1918年12月26日)

12月18日 与林森、吴景濂等致电军政府暨护法各省，揭露北政府将陕、闽置之和议范围之外的阴谋。主张"将上项情形通告各国，俾各国知非法政府之不直。一面率粤、滇、浙各军，充实军备以援闽；以滇、黔各军之在川东者援湘西、鄂西；川军入陕者援陕，以威辅德，以武济仁，俾彼贪诈之谋无所得逞"，"庶不致败和议之局于垂成。"（《申报》1918年12月30日）

12月21日 出席两院议员谈话会。午后5时，偕同议员赵世钰、焦易堂等至军府质问三事。

> 日昨（二十一）两院议员开宪法审议会，审议王源瀚与吕复提出宪法增加条文案。韩玉辰以非经大会交议，不合手续不能开议，嗣改为两院谈话会，由参议院林议长主席。张伯烈首先发言谓：本员接到鄂军来电，以北方认陕、闽、鄂为特别区域，准备作战。并传闻岑总裁曾电南京，只认西南、川、滇、黔、湘、粤、桂六省之统一代表，如何处置？请众讨论。赵其湘报告前日政务会议关于派往欧洲和会代表，已决定孙（中山）、伍（廷芳）及汪精卫、王正廷、伍朝枢五人，并未列有王宠惠之名。今报纸所载，忽伍与王宠惠均由军府派遣，违背前次议决，请众公决。于是温世霖、邹鲁、张我华诸人相继发言，均以军政府蔑视国会，几次议决均归无效，是否有意违法。张我华并主张：即日公推两院议长暨陕、闽、鄂三省之议员十余人，往军府口头质问，要求明白答复，以便明日再开谈话会商决办法。随由大家推定代表而散。

> 是日午后五时，两院议长林森、褚辅成、吴景濂遂偕同议员赵世钰、焦易堂、邹鲁、李述膺、杨铭源、胡祖舜、汪哕鸾、张伯烈诸君至军政府，称两院议员谈话会之

结果，对军政府有所质问：(一) 三总裁电徐世昌派遣伍朝枢、王宠惠两君为欧洲和平会议代表，何以不经政务会议通过，并不提交国会同意。(二) 鄂军司令黎天才等电称，上海探报苏都督，据岑总裁来电，谓此次议和，军政府系为川、滇、黔、湘、粤、桂六省之统一代表，将鄂省除外云云，是否属实。(三) 国会决议案声明闽、陕、鄂西、湘西等处停战问题未经解决以前，不得议和，并不得派总代表，军政府何以忽派总代表？时军府方面出席者为伍（廷芳）总裁及岑总裁之代表、章秘书长士钊答复：……章最后表示：待下次政务会议决议后再行通知诸君。

议长等出军府后，复在褚辅成寓所开派遣上海和议代表问题谈话会，马骧主张总代表一人，由国会同意，余十人由代国务院派遣。反对者谓若不全经国会同意，则卖法误国者流皆为代表，实为可虑。(《申报》1918年12月30日)

12月30日 出席军政府政务会议，商派遣和平代表问题。

三十日开政务会议，协议派遣代表问题，参、众两院议长及其他要人均出席。经军政府委员于是日出席于国会议员谈话会，疏通意见后，国会始承认以须俟陕、闽问题完全解决后，再开南北和平会议为前提，派遣南方代表至上海。因有人主张选择代表应抛弃向所采用之各省本位主义，而统观全体以人才为本位，方可得国会之同意。故关于选定代表事件尚有波折也。(《申报》1919年1月3日)

同日 与林森、吴景濂对和议地点发表陷电，请坚持和议地点在沪。

惟此次和平会议关系国本，主张固难轻忽。而开会地点亦宜审量再三，公允妥适，无逾上海，征诸舆论，亦甚赞同。又总代表唐少川先生才望经验中外同钦，叠次来电，亦力主在沪，意志甚坚，争以去就。其所持理由，森等认为绝当，特节述之：（一）此次会议既属公开，复为对等，则会议地点允宜超出双方势力之范围。沪滨为舆论集中之区，中外观瞻所在，托庇于民意公理之下，与周旋于警跸樽俎之间，其孰为适，无待熟计。（二）若以解决内政，必在国土之内，则上海、京、津性质相同。如谓上海非国土，则根本错误，不敢附同。（三）会议要点在避干涉。壬子二月十八日之变，思之既然，前车之覆，后车之鉴云云。缘是，会议地点宜在上海，理由既极正大，事实亦难变更。森等对于少川先生所见固完全相同，即诸公以希望少川先生之尽力，与冀会议之有良果，亦必出而赞助。敬希力拒□言，一致主张，不议则已，议必在沪，以杜干涉，而免后患。和局幸甚。国会议员林森、吴景濂、褚辅成等同叩。陷。（《申报》1919年1月13日）

12月31日 出席两院议员谈话会，公决致日、美、英、法、义多国议会公电。

广东消息：日昨两院议员因时局问题，以参、众两院名义召集谈话会于东园之国会议员俱乐部。由吴景濂、胡祖舜、焦易堂、张伯烈等报告质问军政府经过，多数议员均不满意于军政府，言论颇为激昂。汤漪发表意见，以为解决政局之根本办法在组织大政党，其演说极长。吴景濂、褚辅成最后发言谓："俟星期一之政务会议，看军政府对于国会是否有诚意，再开谈话会决定对付方法云云。"是日并公决致日、美、英、法、义多国议会公电一通，随即散会。（致日、美、英、法、义（意）各国议会公电

略)。(《申报》1919年1月1日)

◎ 1919年（己未）民国八年 47岁

1月3日 出席两院议员谈话会，提议三事，请众讨论。

昨日，两院议员因易君次乾由上海返粤，代表唐少川总裁有所报告，特开谈话会于东园俱乐部，到会者甚众。易君代表唐总裁发表意见约有数条：（一）分代表应速派，以免北方以无诚意加我。至陕、闽军队不得认为土匪，乃必然之事，自当力争；（二）和议地点若非上海，则当辞去总代表职；（三）议和意见：甲、国会必恢复职权，方合护法本旨；乙、国防督办处主张解散；丙、国会宜速规定此后军费每年不得过总支出几分之几，因民国五年预算军费过巨；丁、欧洲和平会议代表由南北和议会提前议定，由南北两方加于委定；戊、议和各种条件以国会之意见为意见。易君报告毕，刘成禹以滑稽态度演说外交情状，及南北政客运动现相。次，褚辅成提议三事：（一）和议地点是否必争上海。（二）唐总代表既能尊重国会之意思，国会对于和议条件应有相当之意思表示。（三）军政府约两院议员开谈话会，对于陕、闽、湘、鄂问题及派遣分代表问题必在讨论之中，应作如何主张？吴宗慈等各有意见发表。(《申报》1919年1月4日)

1月5日 应军府七总裁之邀入府谈话。

旧参、众两院以此次南北和平会议关系甚巨，除法律问题得以依法解决外，其余各种政治问题之解决，至极纷繁。当局者方针一误，全局皆非，欲图慎终，实有事前监督之必要，特以国会决议案咨达军府，要求将选定各代表交由国会同意。是日，军府以七总裁名义柬邀两院议长林森、吴景濂、褚辅成入府谈话，军府方面由五总裁同徐谦、赵藩、冷遹、章士钊、李根源与之接洽说明：前日，国会决议案，军府方面对于此项决议同当服从。惟分代表多已由护法各督军派定，若专重国会一方面意思，则与事实上不免隔阂，或引起护法各省之误会，而失其均衡之势。至陕、闽停战，当另一问题，分代表即派定，陕、闽事不解决，决不开议，希望三议长疏通各议员意见。闻林、吴、褚答以国会决议即为多数人之意见，议长无权可以挽回，军府既有此意，当转告同人云云。(《申报》1919年1月7日)

1月6日 列席军政府政务会议，谢绝军政府提议为议和代表。

昨日政务会议，军政府要求参、众两院议长出席，疏通关于代表问题，然因国会不能改变其从来之主张，故终无结果而散。当日，军政府提议代表者中加入褚辅成，但褚氏以国会议员另有重大职责谢绝。闻二、三日内更当开会协商善后之策。

据消息灵通之某氏之谈话云：南方派遣代表问题所以停顿之原因，即由于国会决议案不能轻易改变，及所拟代表舍人才，而取各省本位主义，不注意于党派关系，即代表中属政学会者有六名，而无民社派、益友社派之人物，国会多数对于候补人物之一部分不能满意等是也。(《申报》1919年1月9日)

军政府近因选派议和代表一事，国会方面尚未实行妥协，故未将人名提出。又因前定各代表系照各省军推举指定，而国会方面并无代表，恐不公平，拟加入褚副议长为分代表。而三议长均不赞成，谓争持选派代表一事系国会公意所在，非为个人加入与否起见云云。并闻国会委托军政府代行大总统职权之期之阳历正月十日即行满期限（扣除第一任总统任期至今年一月十日满足），至满限后军政府之行为非国会议决案所能拘束矣。(《申报》1919年1月14日)

1月7日 出席宪法会议，报告审议地方制度之经过，开议地方制度一章。(《申报》1919年1月15日)

1月9日 广州派出和平善后会议代表。

广州七总裁联名致电徐世昌，告军政府已派定唐绍仪为议和总代表，章士钊（字行严）、胡汉民（字展堂）、李日垓（字子畅）、曾彦、郭椿森（字松年）、刘光烈（字亚休）、王伯群、彭允彝（字静仁）、饶鸣銮、李述膺（字龙门）为代表，即日赴沪，听候陕、闽、鄂西问题解决，即行开议。佳印。(《近代史资料》1919年《南北和议资料》专刊第1号第297页)

按：在派遣议和代表问题上，旧国会一派与军政府意见尚不一致，唐继尧因不满李日垓，14日再电北洋政府，告李日垓一席改派缪嘉寿（字延之）担任。

1月10日 与吴景濂致电刘人熙，祝上海国民策进永久和平会成立。(《申报》1919年1月22日)

1月11日 国会两院联席会议议决军政府改名护法政府。(《申报》1919年1月16日)

同日 北京内阁改组。国务总理钱能训兼内务总长，陆征祥为外交总长，龚心湛为财政总长（新任），靳云鹏为陆军总长（新任），刘冠雄为海军总长，朱深为司法总长，傅增湘为教育总长，田文烈为农商总长，曹汝霖为交通总长。

1月14日 先生出席军政府政务会议。下午，出席军政府开代表饯别会，商榷议和条件。

> 上海平和会议的南方分代表已由军政府派定章士钊、胡汉民等十人电知北方。十四日下午一时，各总裁特请十代表及军事委员会委员钮永建（因疮伤未到）、李书城、蒋尊簋、林虎、马济、刘祖武、陈强、缪嘉寿、魏邦平、金永炎、魏子浩、耿毅、才孝准、吕公望等茶会，唐总裁代表唐继虞及各省代表并国会议长褚辅成等均与会。首由伍总裁言明委托代表之意在贯彻护法及永久和平。此外一请北方勿压抑南方电报，二请北廷通知英公使转知香港英政府将南方在美所购之军火材料急速放行，以便制弹剿匪。三请北廷将香港扣留广东巡舰放回。次由徐谦演说，略谓此次议和条件当由军府提交国会同意并孙中山所主张惟一条件，必使国会自由行使其职权云云。次由金永炎述岑总裁之六个条件。次由唐继虞发言，谓此次不得已而议和，固亦莫可如何，但唐联军总司令之意，总要不负"护法"两个字，其他财政、军事亦最为重要，务请诸公注意。……次褚辅成谓："今日林、吴两议长因事未到，鄙人但知军府开茶会不知即是为分代表及军事委员饯行，故吾不能代表同人。至议和条件国会尚待研究，更非鄙人所能言者，惟同人意思极赞成伍总裁之'护法永久'四字"云云。次，四川代表吴永珊、湖北代表张伯烈等发言，至五时半散会。（《申报》1919年1月24日）

同日 与林森、吴景濂发出盐电，解释军政府改名之理由。

迩者欧战告终，和平会议开始，我西南护法政府当然有派遣代表、参列会议之责。惟此项代表关系重大，若以军府名称遣派，则恐友邦以军府名词属于武人性质，既有违世界和平之心理，复易启友邦黩武之误会，将来恐难得其承认。故为遣派赴欧代表计，急宜改军府为护法政府者，此其一。此次欧战结果，世界已入于法理胜利、强权消灭之时期，吾人既以抵抗强权拥护法理为职志，则立言行事必以法律为根据。民国约法，主权在民，而国会为民意所寄。与此合法国会并立之机关，即当显标护法旗帜，以鼓荡全国之人心，不宜再有军府之名。故护法政府之改称，对内可以表示护法之决心，对外足以表白希望和平之素志。此为护法前途计，急宜改军府为护法政府者，又其一。凡此二端，同人认为重要理由，故有今兹军府改名之议。前后名称虽殊，而其实际之组织不变，既无纷更之弊，尤收名实之功，因时制宜，无逾于此。诸公高瞻，谋国坚贞，布此愚忱，谅荷鉴察。敬布区区，惟希明教。林森、吴景濂、褚辅成。盐。印。（《申报》1919年1月24日）

1月18日 巴黎和会开幕。

1月20日 与吴景濂电复唐继尧，坚持和议立场。

目前和议声浪虽日见接近，南方各分代表虽已正式派定，不日赴沪，静候开议，表面上似已进一步。然实际于议和之根本问题如所谓法律、事实，将来争执至如何地步，则正未可料。观于近来广东各方面种种消息，尚未稍露退让之意。日前唐继尧曾有电致军政府政务会议谓：北方所派代表，少川先生既已表示赞成，此间对各员亦无异议。惟陕、闽问题不解决，和议未便遽开。军府去电力争，至为切要。此间亦已迭电诘问，并饬前敌恪守原防云云。又有电致国会议员坚持法律主张。昨，议长吴景濂、褚辅成电复唐氏，略云：奉读阳电，谠论咸言，深铭五内。至谓新旧合并制宪或别立制宪机关，乃系二三金人妄肆拟议，蛊惑听闻。不由根本解决，别无适当办法。我西南不承认伪国会及伪总理，既经一再宣言，义不反汗，无依违之可言，无迁就之余地。必如尊论，因护法而举兵，不能因罢兵而废法，始有永久和平之希望。并示体察舆情，郑重法典，同人不敏，岂敢不勉。现两院出席人数均达三分之二以上，宪法已经赓续开议，并以奉闻。谨复。（《申报》1919年1月21日）

1月22日 出席众议院临时会议。

二十二日众议院开临时会，不足法定数改为谈话会，讨论派赴欧洲媾和会代表问题。首由褚辅成登台发言，谓参议院对于军政府所拟派代表五人仅同意其二，于事实上颇现困难，宜设法补救。至应如何补救之法，或去其"全权"字样改为"大使"，或改为"专使"，另行提出大众讨论。曹振懋谓此事已经过法律手续，无可补救。并云军府历次对国会轻蔑，未闻有补救者，今军府感觉不便即有人为之补救、疏通者，诚非所愿闻也。……末由汪彭年主张请军府将派遣代表问题经过情形详告国会……使国会了解内容，如应须国会补救，国会当然设法。今国会尚不知错误所在，遽言补救，自无从说起。现应定期另开一会，通知军府派人出席，说明一切，再定办法。想此重大问题关系国会对于人民之信用，国会议员决不专恃感情，挟有不可牺牲之意见也。众无异议，遂散会。（《申报》1919年2月

5日）

1月23日 出席众院会议，议上海和平会议代表条例。

日昨，众议院为选举常任委员开会，到三百零三人。议长报告请假议员毕，褚辅成登台发言，请变更议事日程，改议上海和平会议代表条例，多数可决。先是此案已通过，标题为《民国八年上海和平会议选派代表条例》。是日接开二读会，逐条讨论表决……即日咨交参议院矣。（《申报》1919年1月24日）

1月25日 出席众议院会议，协议派遣欧洲议和全权大使案。

协议派遣欧洲议和全权大使同意案，出席议员三百二十六名，孙文得三百十三票，伍廷芳得二百八十六票通过。又将专使问题及由参议院交还之上海议和会议代表条例先后商议可决。（《申报》1919年2月4日）

1月27日 与吴景濂电上海唐总代表告知议和代表条例。

和平会议选派代表条例，业经两院议决，文曰：民国八年上海和平会选派代表条例，第一条：和平会议由护法政府选派总代表一人，代表若干人，但总代表之选派须经国会之同意。第二条：总代表代表护法政府，全权办理和平会议事宜。第三条：代表赞勷总代表办理和平会议事宜，但代表有违反护法宗旨时，总代表得请护法政府改派之。第四条：和平条例之决定须经国会同意。第五条：本条例自和平会议终了之日废止等语。特此达知。吴景濂、褚辅成。沁。（《申报》1919年2月11日）

2月6日 李纯电南北政府，提议福建、陕西及鄂西实行停战，陕鄂军停止前进及增援，南北代表派员监视，划分防区等五条，为南北政府所接受。

2月10日 出席东园议员俱乐部谈话会，与王葆真等主张用国会名义电致王正廷：对于挽回国权问题，在欧洲和会上应坚持到底。

> 十日下午二时，广东两院议员在东园议员俱乐部开谈话会，议长吴景濂主席，讨论对日外交问题。会上王葆真、吴宗慈、褚辅成等议员均主张：（一）用国会名义电致王正廷，对于挽回国权问题，在欧洲和会上应坚持到底。近来日本对于政府有所恫吓，我辈人民必可为最强硬之后盾，并电王正廷转陆、顾诸使一致以对外，表明无南、北及党派之见存。（二）用议员名义电达全国，唤起一致对外之同情。（三）由两院议长先与广东各界接洽，发起对外后援会。取消二十一条之协迫条约；取消国会解散后段内阁时代与日本所订一切密约；青岛、山东及满蒙问题至王君（葆真）所主张发电，及与广东各界接洽之事均赞同。（《申报》1919年2月18日）

2月13日 为支持中国代表在巴黎和会发表中日各项密约，以两院议长名义，发出致欧会中国代表及致国内各省、各界电。

> 昨日（十三）下午一时，旧参众两院开联合会，议长吴景濂主席，讨论对外问题。……孙钟提议发电不用联合会名义，改用两院议长名义，均得大多数通过。

致欧会中国代表电：

巴黎中国公使馆转王正廷先生转陆、顾诸先生鉴：此次欧洲和平会议，日本交还青岛及宣布密约问题，关系中国与东亚和平，极为重要。闻诸公提出力争，国人同深钦佩。惟日使竟公然反对，而驻京日使更向北政府威胁，国人甚愤。现已不分南北，群起谋划对待方法，望诸公坚持到底，勿为所屈。全国国民当一致为诸公后盾，即希亮察。林森、吴景濂、褚辅成叩。（《申报》1919年2月21日）

致国内各省、各界电：

各省议会、商会、教育会、农会、工会、各报馆均鉴：巴黎和平会议各国代表，应有绝对自由发言权。兹据中西各报载称，我国代表提议宣布中日密约，及归还胶州湾等问题，原本美大总统威尔逊宣布和平条件之第一条，不得私结国际盟约之要旨，乃驻京日使竟向我国恫吓，干涉代表发言，不徒违背国际公理，抑亦大反此次会议之原则。……溯自中华民国国会自六年六月被武力迫散后，所有中日缔结之一切密约、借款、契约早有宣言，我国国民断难承认。又民国四年强迫订立之二十一条条约等均有妨害东亚永久和平者，必须于巴黎和会概行提出要求，一律取消，始足维持东亚永久和平，而达世界永久和平之目的。今我国内和平会议业经开始，无论结果如何，我全国国民对外均宜采取一致之精神，期以国民全力为我国代表之后盾，赞助其交涉之成功。尤应先将驻京日使向我国非理干涉之情形声叙于各协约友邦，求国际上公平之评判。嗣后，我国代表始能自由发表其主张，而得所保障。……同心御侮，责任在国民。为此通电全国，希一致进行，无任翘企。参议院议长林森、众议院议长吴景濂、副议长褚

辅成暨全体议员等叩。元。(《申报》1919年2月17日)

2月16日 出席广东各界茶话会,讨论外交问题,议决开广东国民大会。

十六号下午二时,参众两院议长假东园议员俱乐部,邀集广东各界开茶话会,讨论外交问题。计是日各团体到者为广东省议会、广州总商会、爱育善堂、洋杂货全行、红十字分会、商船总公司、广东机器总会、国民和平会、世界和平会、润身社、广济医院、平粜公所、明善堂各代表,报界公会主任及羊城报、民权报、民报、新民国报、中华新报、七十二行商报、南华报各记者等数十人。二时三十分开会,首由参议长林森略谓,此次外交问题国会已经开谈话会,致电欧洲代表及唐总代表发表意见。惟国会系国家一种法定机构。现外交问题关系重要,且为千载一时之机会。故由两院同人委托各界商量办法,从国民方面入手,为全国一致之进行。……众院副议长褚辅成言:"今日广东地方为我护法各省国都所在之地,故甚希望各界诸公对于此事筹积极之办法,以为全国之模范。我两院同人外省人居多,故于粤事未能十分接洽,故今日延请各界诸公,希望对国民方面筹出办法,请各界诸公相商为幸。"

七十二行商报代表罗少翱主张以今日谈话会结果,开广东各界联合会,地点为省会,由省会通知,或明日、后日均可。将来后援会之地点须择适中之地点为妥。……业于十六日参、众两院林、吴、褚三议长邀请吾粤各界同人磋商外交后援会办法,经当场决定,由广东省议会暨各团体联合发起,准十八日一点钟在广东省议会内开广东国民大会,以为外交后盾。执事爱国热诚,夙所钦佩,务恳从速预备议案，以便讨论。届时并恳分途多邀男女各界，务必莅会研究办法，事关中国存亡问题，决勿放弃。是所切望。广东省议会暨各团体公启。(《申报》1919年2月24日)

同日 唐绍仪来函，请指示和谈方针。

吴、褚议长鉴：景密。寒电悉。冀赓处近直接间接来电，所见大略相同。其主张先决条件，后开议，与鄙见亦同。唯冀赓电言法律问题最后让步，为旧会制宪。然法律问题在和会上让步，负责者固感困难，而流弊亦多。公等意见如何，请密商决定，电复一切，以便照冀电与前途交涉。仪。铣。(《近代史资料》1980年第1期第68页)

2月18日 出席广东国民大会，并有演说。

昨日广东各界及各团体假座省议会开国民全体大会，研究对付外交办法，各团体代表及各界人士到会者不可数计，议场上下座为之满。二时开会，由众公推参议院议长林森、众议院议长吴景濂、广东省会议长宗以梅为正副主席。首由吴主席起立宣布开会理由，先述中日种种不平等密约之内幕，次述中国代表在欧洲和会提议取消中日密约为日代表干涉之经过。继请各界研究应付方法。次宣布致欧洲议和代表陆、顾、王三使电文，及致各省通电。次公推组织外交后援会筹备员电文。当即通过，均无异议。筹备员众议由三议长推定各界若干人，以省选举手续。随由褚辅成、梁懔丹、钟荣光、李六更、张民权、戴天球、黄焕廷、何侠、谭明东等相继演说，各有意见发表。综其主张约有数端：(一)克日成立外交后援会，以为国民对外之机关。(二)国民宜公推代表赴欧请愿欧洲和会，废除中日各种不平等之条约及密约；（三）电京要求取消军械借款，至日人已交之三百万即由国民筹还，以免日人借口；（四）主张撤消北京国防军；（五）要请惩办与日人私订各种秘约之罪魁，并将其罪状宣布中外；（六）国民宜速振兴国货，以挽权利。（《申报》1919年2月25日）

2月20日 南北和平会议在沪德国旧商会开幕。同日，众议员罗家衡电告和会"今日已开会"。

> 莲伯、慧僧二兄左右：……和议方面，今日已开会，未议要事。关于陕西事，朱（启钤）今日已严重电徐（世昌），饬令实行停战，以杜口实。外间谣传，少老牺牲陕西，勿听信。陕事不决，他事决不提议，望转致同志，以免受人蛊惑。……弟衡顿首。廿日午。（《近代史资料》1980年第1期第68页）

2月21日 上海南北和会第一次正式会议，南方代表要求陕西停战，撤换陈树藩，停募参战军。

同日 众议员刘奇瑶、张瑞萱、罗家衡、陈策函告上海和议情况。

> 莲伯、慧僧、其相、健秋、藩侯诸兄均鉴：南北代表齐集沪上，今日早九时行开会式，明日开议。第一议题为陕西问题，即为此次和平会议之最大难关。北方运兵输械，极力进攻，民军地盘，几完全为所夺去，陕西同人有切肤之痛。对总代表由责备而进于攻击，情有可原。一般无聊之人借题发挥，对总代表亦颇攻击。现正用釜底抽薪之法，消弭此风波也。在粤同人当亦以冷静态度处之，则难关可稳渡矣。少公对陕西问题，对北庭诘责，对朱总代表诘责，请军府备战，函电交驰，积筐盈尽，竭诚尽力，

不为不苦。且内幕又有朱桂莘（朱启钤）从中斡旋，再三逼促北庭停战，亦少公力也。……现两院同人来沪者络绎不绝，非好现象。当今中外两和平会议万分吃紧之时，在在须以国会为后盾，正同人振刷精神，力做工夫之时，乃竟偃旗息鼓，任意漫散，将何以图两会议之结果乎？请向大家劝告，忍耐一些，以谋最后五分钟之胜利为要。……刘奇瑶、张瑞萱、罗家衡、陈策同启。二月廿一日。(《近代史资料》1980年第1期第69、70页)

2月22日 出席参、众两院联合会，军政府派代理总务厅长朱履和来院报告。会上，就陕西问题先生与胡祖舜、童杭时、何畏、吴宗慈、邹鲁、吕复、王葆真等人请（军）政府即电唐总代表停止和议，一面密令前敌预备作战。(《申报》1919年3月2日)

2月26日 出席东园俱乐部谈话会，讨论唐总代表拟聘国会议员充议和参赞等事，不予赞同。

昨日下午二时，旧国会两院议员在东园俱乐部开谈话会，到会者颇多，商决数事：（一）在沪所设立国会通讯处暂不裁撤，以期消息灵通。但每月只许支给常费三百元，除职员外无论何人不得在处膳宿、借款，以节经费；（二）再用全体名义电达唐总代表，赞成聘参赞襄办和议，而不赞成国会议员充参赞，并催促旅沪议员从速返粤，完成制宪之事。（三）致电唐总代表，陕西问题若无善法解决，即停止和议之进行，并公推两院议长赴护法政府声叙前项之理由。如陕西方面不能实行停战，则护法省份急须通告前敌，预备再战（致唐总代表电略）。(《申报》1919年2月27日)

同日 上海南北和议会议上，唐绍仪以陕西战事未停，坚持撤督军陈树藩职，否则和议不能进行。

2月28日 出席两院联合会，商榷陕西问题等。

> 国会议员俱乐部定二十八号召集两院议员开谈话会，亦因陕事，军府派委员出席。查前次两院联合会，曾因陕西问题开一度会议，最后决定对陕办法三条，大致与军府二十七号之议决办法相同。（《申报》1919年3月8日）

同日 唐绍仪在上海和会上坚持先决陕西停战，取消参战军，宣布中日军事协定问题，再续议其他，限48小时内圆满答复。"如48小时内无圆满答复，当单独由南方代表向中外宣告和议停顿，并声明其理由。"（《申报》1919年3月1日）

3月1日 先生出席两院联合会，与王葆真、李载庚等17人提出，拟请电致美国会，"表示赞成国际联盟会之动议"。

> 国会议员王葆真、褚辅成、李载庚等十七人，于昨开两院联合会时，提出拟请电致美国（国）会，表示赞成国际联盟会之动议。其原文云：
>
> 顷阅报载，美总统威尔逊主倡国际联盟会，拟订条款，其要旨所在，不外谋世界万国永底于和平，求人类幸福趋于均等。而其所以排难解纷，抑强扶弱，诱掖人群于安全自由之域者，不惟合乎我古先圣哲治道之精神，抑亦将来大同盛世之端绪也欤。现今各国多已赞同此会，加入联盟。我国民素爱和平，近征各界舆论，亦多主张加入，我国会为代表国民之唯一机关，不可默无表示。拟请电致美国议院转致美总统，表示赞同国会联盟之盛举，而昭宣我国民崇重公道之素心。特此提出动议，只祈公决。（《申报》1919年3月2日）

同日 与吴景濂致电靖国军第 8 军叶军长、陕西靖国军于右任总司令、张钫副司令暨各路司令：望诸公"秣马厉兵，严阵以待，免受诳欺"。

自上海和会因陕事停顿后，此间旧国会特开两院联合会，决定请军政府备战，一面将不得不备战之理由电复各方面。众议院复叶、于、张电谓：蘷州电局转凤翔送靖国军第八军叶军长，陕西靖国军于总司令，张副司令暨各路司令鉴：感电悉。北庭于停战后仍复节节进逼，毫无诚信，殊堪痛恨。诸公相机防御，自属正当办法。本院对于此事，早经咨请护法政府向北庭严重交涉，并请通令前敌，预备作战。复电上海唐总代表，如陕事不能即日解决，即行停止和议。战端再启，咎有攸归。尚望诸公秣马厉兵，严阵以待，免受诳欺，贻误大局。不胜盼祷之至。吴景濂，褚辅成。东。(《申报》1919 年 3 月 11 日)

同日 众议员张瑞萱、刘奇瑶，参议员曾彦等自沪来电，建议不召还代表，"以表我渴望和平之诚意"。

众议院吴莲伯、褚慧僧先生暨同志鉴：昨日南代表提议曰，"四十八点钟内陕事不得圆满解决，南北代表应共同宣告和议停顿。"北代表认为尚须考虑。结果，南代表仍决定，候晚间单独将和议停顿及其理由宣告中外。北代表见此，已于昨午全体向北庭辞职，此局有无转圜，全视外人主张。惟此间闻军府有陕事不决召还代表之议，此着正中他人计，万勿附和。且南代表不召还，正以表我渴望和平之诚意。此层尚望与秩庸（伍廷芳）、悦卿（林葆怿）、干卿（陆荣廷）及西南要人一致主张。瑞、瑶、策、彦、乾、衡叩。东。(《近代史资料》1980 年第 1 期第 75 页)

3月3日 先生与吴景濂复李根源电,主张进兵赣、闽,以分北京图陕之势。(《申报》1919年3月11日)

3月4日 赴沪,与唐绍仪会商要务。

> 众议院褚副议长辅成偕众议员田桐于昨(四日)日下午赴港,搭春洋丸于今日赴沪,闻系因有重要事务,拟与旅沪要人协商。并由在粤两院托以劝促赴沪同人从速返粤,并嘱褚君须在沪一礼拜即行,旋言以议长责任重于议员,且褚系宪法审议会主席,尤难旷职,褚君允于事毕即归。(《申报》1919年3月13日)

3月6日 美、英、法、日、意五国公使召开会议,向南北政府提出"劝告",希望南北和议尽早恢复。

3月8日 熊克武来电,报告陕西军事危急,提出援陕拒北作战计划。(《近代史资料》1980年第1期第77页)

同日 先生与胡汉民等至四马路新关渡,送汪精卫赴法调查战后经济状况。

> 开赴美国旧金山之日本邮船春洋丸原定昨日(三月八日)上午九时三十分载客离四马路新关渡黄浦,嗣以改迟时刻,直迫下午一时方行,头等乘客中重要人物甚多。(一)赴法调查战后经济状况之汪君精卫,期即赴法过美,不再停留。送之者为汪陈璧君夫人、胡君汉民、徐君季龙、褚君辅成、林君浚南、美日两国总领事,及南方代表办事处诸要员。(《申报》1919年3月9日)

3月10日 在沪报告广州两院暨军政府对于上海和议经过情况,主张议员宜速返粤,续议宪法。

> 广州参议院议长林森致唐总代表一电,请敦促在沪议

员从速返粤制定宪法。议员（上海）通讯处十日午后召集在沪议员开会，由褚辅成君报告广州两院暨军政府对于上海和议经过情形。末后主张议员宜速返粤续议宪法。经众赞同，议决在沪诸人于十日内一同起身，一面通知由沪赴他处议员，催令从速到粤，并电告广州嘱在粤同人勿再他往。（《申报》1919 年 3 月 12 日）

3月11日 南北代表会晤。唐总代表赞同先生之主张："先将陕西、福建两省督军裁去，以树废督之先声。"

平和通信社消息：唐总代表病已完全告痊。惟因陕事纠纷无法解决，致和议迟迟不能开会。昨日，南北代表会晤，提议撤陈树藩亦不得要领。日前议员褚辅成君来沪，曾主张先将陕西、福建两省督军裁去，以树废督之先声，不必出以罢免形式，如此则北方政府已不碍难，陕、闽内乱藉可平定。唐总代表亦抱有此意，并谓北方如能裁废陈树藩与李厚基，则南方亦可使于右任与林葆怿不为陕、闽督军，以示大公无我之怀。日内果能以此主张明白向北代表提议，谅北方不能再有词拒绝也。（《申报》1919 年 3 月 12 日）

3月12日 致电林森、吴景濂两议长，请速选派议员参加比京万国议员会议。

比京召集万国议员会议一事自褚辅成由上海来电报告此事，请速筹办法，选派议员前往与会。当由两院议长林、吴二君会同商定本星期二（十八日），开两院联合会，商决此事。兹录褚电如下：广州林议长、吴议长鉴：报载胡维德来电，各国国会将在比京开世界代议士大会，上下院各举一人列席。据闻北京伪国会已举定二人赴会，此举关系

国本，不容以伪乱真，请急开联合会，慎选二人，克期前往，幸勿延误。褚辅成。文。（《申报》1919年3月24日）

3月13日 在陕战不停，和会宣告中断，南方国会决请军府备战之际，总裁陆荣廷提出辞职。为此先生与林森、吴景濂联名电诘陆武鸣。

> 武鸣陆总裁鉴：自权奸肆虐，大法凌夷，民国邦基不绝如缕，幸赖我公与西南诸巨公同心戮力，仗义兴师，一线国脉始有攸托。……北庭知正义之不可犯，而有对等言和之举，在北庭或诡谋懈我，藉此备兵。然惧中外之交，訾淫威渐戢。非我公与护法诸公同心戮力，曷以致之。苟藉此宏力，益修盟好，号召中原，大张挞伐，则去此逆凶，真如摧枯拉朽，固不虑和议之成否也。比者秦陇增兵，敌谋揭破，我护法诸公正当力图结合，秣马厉兵，而我公忽有辞职之举，闻之怅然。……然值此国步艰难，生民困苦，宁忍袖手旁观，置理乱兴亡于不顾耶？国本阽危，贤豪高引，茫茫禹甸，沦堕堪虞。尚幸践就职之宣言，与政府诸公共肩巨任，扫荡群丑，重奠邦基，民国前途实深利赖。临电不胜企祷之至。林森、吴景濂、褚辅成。元。印。（《申报》1919年3月22日）

3月14日 罗家衡致函吴景濂，谈先生到沪情况。

> ……慧兄到，得闻粤况，知兄等劳苦过我，佩慰佩慰。和局因陕战尚未得确停消息，继续开议，无从说起，纵能停战。而撤陈树藩与恢复停战令后之原状，二者必得其一，方能开议"。并告："昨日特以可靠人之介绍，亲访朱某，将北方对于怀疑及顾虑之点，逐一解释，并将新国会不足相提并论之理由，缕析说明，俾彼有所感悟。而便

向北方各方面切实疏通，结果似甚有效。约谈四小时之久。慧僧亦曾与面，惟说话不如弟之多。其他如内阁问题，朱不与唐争，已有表示。唐能上台，亦不固辞，亦为当然。善后借款毫无困难，亦已可见。故国会复，吾辈对于政治上之计划，逐一实现，甚非无望。"又告"外交情形，英、美、法、意各不相同。美对于南绝对援助。英则择尤援助。法、意因欧洲和会席上与日人有互相提携之处，故不如美、英之明瞭。近精卫赴法，大有关系，可惜稍迟耳。……（《近代史资料》1980年第1期第78、79页）

同日 唐继尧电告参、众两院林、吴、褚议长：谓"已迭令各军飞速援陕"。

参议院林议长、众议院吴议长、褚议长暨全体议员诸君鉴：新成密。敬电悉。陕西战事未停，北军屡次进攻，据陕图川，阴谋毕露。此间前已迭令各军飞速赴援，兹准电示。复经分电熊督，饬前敌军队先行进援，一面当详商军府，统筹全局，积极准备。特复。唐继尧。寒。（《近代史资料》1980年第1期第78页，同见《申报》1919年3月27日）

3月15日 出席留沪国会议员会餐，并有演说。

昨日（三月十五日）正午，旧国会议员唐秀丰（宝锷）柬邀各报记者在大东旅社嘉禾厅会餐，留沪国会议员诸君如约，至无缺席者。联合通信社李次山君起言：今日之会虽无政治关系，然我辈或为议员或为记者，一言一动无时不与政治有关。方今和议正在停顿之中，广东乃为国会之根本地，深盼唐君及在座两院诸公及时努力，俾我国渐入和平轨道，则我侪从事新闻事业者亦必同具决心，期得永久之和平与合法之和平也云云。次广东来之国会议长褚慧僧君（辅成）起言曰："同人来沪乃为贡献刍荛，并非抛弃职务，贡献事毕即归。归粤后最大职务则为早定宪法，宪法中之联邦制尤为解决南北争端要着。此当报告于诸君之前者也"云云。(《申报》1919年3月16日)

3月中旬 在沪就废督裁兵发表谈话。

（一）废督问题：督军之为世诟病，非关充任督军之个人，实督军制度不良之结果。督军制度溯源于民国初元之都督。当时军事方剧，应时势之需要，不能不将全省军民大权赋诸都督一人，以谋作战之便利。嗣后几经沿革，仍不外此精神，遂完全形成一种武人政治。武人政治，无论为共和国所不容，即立宪国家亦不容有此现象。至现任督军之个人，不乏贤才，堪为国家柱石，徒以受督军制度之支配，几以个人为之牺牲。吾人为爱惜人才计，亦必将此种制度根本打销。惟打销督军制于现任督军之个人，宁能听其闲散？予（褚君自称）等意见当过渡时代，各省裁兵、善后等事，仍须重要人员督理，不妨各仍旧贯，任为裁兵督办或善后督办等名目。俟此等事件办完，再别为区处，总使国家人才充分发展之地。且办理裁兵、善后，一省不妨分任两人，就如闽、陕两省，南北各有一督军，即将该两督军改委分任办理。

（二）军区问题：废督后的主张划分军区者，大致合数省为一军区，区设军区长，果尔则军区长范围更大，势力更雄，诚恐较督军制度流弊尤大，鄙意未敢赞同。予在粤时军事委员会对于废督裁兵，曾经具有草案，大致主张全国陆军以旅为单位，共设四十旅，各旅划定管区，所用军队各就该管区内征募。予对于此项草案所定（管区）两字，认为易滋流弊，主张改为征兵，以区明军队无管辖地面之意。

（三）军额问题：军事费用之多寡，要以国家岁出、入为衡。五年度预算岁入不满四万万，应偿债额几二万万，而海陆军费达一万七千万以上，是军费估岁入三分之二，以致行政、教育、实业一事不能办。今后应留军额，必就军费计算，至多不能超过纯岁入（除偿债外）总额三分一，或四分一。军政府军事委员会主张设常备军四十旅，岁费约五千万元，大致尚为合度。

（四）裁兵生计问题：国家筹款养兵，耗费饷糈当有一定数目。若裁归乡野，不为安置，则流为匪盗，小则惊扰闾阎，大则劳师动众，为害至无纪极。鄙意，被裁兵丁必由国家代筹生计，始能收一劳永逸之效。至代筹生计之法，不妨就今次善后问题，举多额之债务，分配各省，俾将应裁军队改办各省交通，修筑马路，疏浚河防，皆可为容纳兵丁之地。至交通完竣后，各该兵丁不难就地自谋生计，国家尚可随时设法创办工厂、屯垦以为永远安插之计。若单言裁兵而不计裁兵后之生计，其自杀之毒，当过于养兵以自焚。此种情形，鄙人极盼各方人士注意及之也。（《申报》1919年3月15日）

3月15日 南方议和总代表唐绍仪发表二次宣言，指责北京政府无议和诚意。17日，唐绍仪函朱启钤，指责陕西境内北军继续进攻。

3月17日 先生与王法勤、张我华、居正等致电西南各省，揭露北庭"假停战之名，抽调各路重兵，全力图陕，蓄意并吞西南"之阴谋。亟盼西南各省"戮力同心，申讨国贼，绝

民国之祸水，竟护法之全功。"(《申报》1919 年 3 月 18 日)

3 月 19 日　与周震麟、王法勤等发表"皓"电，揭露段祺瑞"持日本军阀之援助，围攻议会，放逐元首，组织造乱机关，引鬼入室，为虎作伥"之罪行。(《申报》1919 年 3 月 20 日)

同日　与吴景濂复熊克武电谓："当此和议既不足恃，战备即不可缓。而三秦义师，复深陷重围，尤属万分吃紧"之时，"务希速饬援军星夜进发，并联合各方奋力前进，互相维持。"(《近代史资料》1980 年第 1 期第 81 页)

3 月 21 日　与吴景濂致电罗家衡，表示："西南义师以毁法始，当以复法终"。(同上，第 1 期第 82 页)

3 月 22 日　与张我华访曾彦，探陆武鸣态度。

> 联合通讯社消息：二十二日，为南代表二次宣言发表后之第六日，两方代表仍不过函往返。就中最要之函，为南代表对于北京进行八年公债之抗议，声叙五种理由，措词极为严重，阅者宜注意及之。又旅沪国会议员通讯处，因和议停顿，日前推举代表，向唐总代表就询意见。唐总代表谈话中，有须就询滇、桂两地代表始能清晰之处。旅沪国会议员，对于陆武鸣态度之谣传，亦正欲向桂籍代表一叩真象。午后四时，遂由议员通讯处公推褚辅成、张我华两君，至愚园路四十七号曾代表住宅就询一切。曾君延见后，褚、张两君述明来意。曾君就桂、粤内情有所陈述，末谓武鸣真意希望和平，不欲轻于决裂。但北方苟无意求和，与西南以不堪，则武鸣本诸素日主张与现时地位，必有相当办法以为最后促进和平之计。至外间谣传单独媾和之说，彦（曾君自称）已一再向言界声明，绝对虚伪，两公转告两院同人云云。褚、张两君又云：最好请足下电达武鸣，早将真意自行宣布，则更为圆满。曾

君谓武鸣实事求是，不尚空言之人。丙辰之役，公等当能记忆。两公意思，彦电达武鸣，但武鸣是否自行通电？与实际殊无关系也。褚、张两君遂兴辞而出。(《中华民国史事纪要》(初稿)1919年第380页)

同日 与吴景濂电复柏文蔚，请速指挥所部并联合各友军"援陕援鄂，一致反攻"。(《近代史资料》1980年第1期第83页)

3月25日 与王法勤、张我华、居正等42人联名致电唐(继尧)、陆(荣廷)两总裁，至外间谣传有单独媾和之说，请唐、陆"明白宣言，以释各方误会"，并"杜宵小奸谋，庶西南护法主张不致功亏一篑"。(《申报》1919年3月26日)

3月26日 张瑞萱、刘奇瑶、罗家衡、陈策致电吴、褚两议长，报告南北代表在陕西、国防、八年公债问题上，一致电责北京政府。(《吴景濂卷》第5册第155页)

同日 先生与吴景濂致电王正廷：设法力争万国代议士会议代表。

儒堂先生鉴：比京将开万国代议士会议，各国上下院各举一人莅会。两院即日开会，选派代表，克期赴会。闻北京非法国会亦经派代表前往，此事关系国本，万不容以伪乱真，务恳设法力争，请各国勿予承认，并盼复。林森、吴景濂、褚辅成叩。(《申报》1919年3月26日)

3月27日 出席世界和平共进会茶话会，并有演说。

昨二十七日下午二时，世界和平共进会代表徐绍桢、丁象谦、焦易堂、蒙民伟等邀集会员开茶话会于嵩山路二十八号，到者数十人。公推徐绍桢为主席，报告开会宗旨及经过情形，并讨论进行方法。继由褚辅成、张我华、陈家鼎、曾彦、丁象谦、焦易堂、刘盥训、张秋白等先后

演说。后拟定代表赴欧洲和平会议陈述意见。时近五钟，茶点散会。(《申报》1919年3月28日)

3月28日 在一枝香菜馆宴请旅沪各界要人、各和平会会长等。

> 旧国会众议院副议长褚辅成订于二十八日（今日）下午六时，假座一枝香菜馆设备西餐，遍邀旅沪各界要人、各和平会会长等会宴，以联情谊。(《申报》1919年3月28日)

3月29日 就和议中梗原因，与吴景濂致电熊克武，望"积极进取，一致反攻，以谋最后之胜利。"(《吴景濂卷》第5册第279页)

4月1日 为敦促黔军备战事，先生与吴景濂复电贵州督军刘显世。

> 贵州刘督军鉴：新成密。顷读马电，对于锦公盐电主张粤、桂、湘、闽各军齐进及滇、黔各军为川军后盾两层，极表赞同，并饬黔军除防御川东、鄂西外，尚可为锦公后盾，壮怀远计，至堪钦折。当此陕局日急，义难漠视，除由锦公担任赴援外，仍望我公速商蓂公，调拨滇、黔劲旅，以为后盾，免致疏虞。至湘、鄂、闽方面，近据各前敌电告，业已切实备战。外交问题，则由护法政府及唐总代表迭次交涉。生死关头，万望积极进行，实所盼祷。吴景濂、褚辅成。东。(《近代史资料》1980年第1期第90页)

4月2日 与吴景濂致电靖国军总司令黎天才，敦促湖北靖国军援陕，"直捣汉中"。(同上)

1919年

4月7日 唐继尧致电吴、褚两议长,报告"已迭电熊督军,饬援陕各军飞速援陕"。(同上,第92页)

4月9日 就段派离间西南而忧虑时局,先生与吴景濂复电陆荣廷,此电言词恳切,意存警告。

> 捧读江电,敬佩名言。惟念今日之事,言战言和,均非得已。顾战有战之目的,和有和之范围,何以策万全,何以图久远,要必以国家为前提,以法理为依归。苟逆人民之心理,战固不能率行,昧百年之大计,和亦岂能持久。前车之覆,可为殷鉴。迩者因势利导,共致和平,和会开议以来,兼旬累月,乃北军攻陕愈演愈烈,虽唐总代表一再抗议,而攻者自攻,谓非别有阴谋,何至孤行若是。尊电谓,若操之过急,必且堕其计中。又谓应一面交涉陕事,一面促开会议。老成谋国,极佩荩筹。彼如有悔祸诚意,立戢奸谋,则以樽俎折冲,稍留国家之元气,而减生民之苦痛,取径虽殊,收效则一,夫亦焉往而不可者。独是我方急谋和平,彼乃野心不死。一方以全力攻陕,存得陇望蜀之心;一方谋各个议和,为釜底抽薪之计。居心险毒,尤显而易见。故濂等以为时至今日,危险万分。我西南同志,益宜力谋团结,誓共存亡,庶和非苟且,战赋同仇,进止自如,操纵在我,自有贯彻初衷之一日。如果同床异梦,不相为谋,则全局瓦解,不战而自馁矣。我公砥柱南天,身系安危,当此大局未定,诸赖维持。伏希戮力同心,共谋应付,庶北庭有所畏惮,和议可望转机。西南幸甚,民国幸甚。敢布愚忱,以为商榷。吴景濂、褚辅成。佳。(《吴景濂卷》第5册第317页)

同日 南北和会续开,争辩恢复国会问题。

4月12日 出席国会谈话会，报告赴沪经过等。

广东国会开谈话会，褚辅成报告赴沪事后，各议员因三月份薪水无着，议决请盐运使出席会议，报告账略。（《申报》1919年4月15日）

同日 与林森、吴景濂致电上海和会南方诸代表指出：国会完全自由行使职权，"为和议中之根本问题"。（《申报》1919年5月11日）

4月17日 就国会问题先生发表谈话，指出："恢复旧国会与惩办祸首，乃南北和平会议中之最大难关。"（《申报》1919年4月18日）

同日 新国会议员通电，反对南北和议讨论国会问题（4月21日钱能训函复，谓和会对此问题不能不论）。

4月18日 国会召集联席会议，林、吴、褚三议长联名发表通电，主张"对于法律问题，寸步亦不能相让"。（《申报》1919年4月24日）

4月19日 出席国会两院联合会议，面谒岑（春煊）、伍（廷芳），为国会问题询问意见，岑、伍两氏皆声言："誓必坚守议和大纲之方针。"（《申报》1919年4月24日）

4月20日 伍廷芳来电，要求对王正廷、伍朝枢16日来电所提请争废约一事"似须速办"。

莲伯、子超、慧僧议长鉴：顷接王、伍特使来电一通，兹译录一份，特送台鉴。此事似须速办，务祈酌夺为盼。专此，即候公安。计送王、伍特使来电一通。伍廷芳启。四月二十日。

附：王正廷、伍朝枢来电。

电云：政务会议诸总裁并国会议长均鉴：儒密。我国主张废除二十一条，几经研究，始于日昨提交大会。但非英、美、法、意诸当局之赞助，仍恐难达目的。因与某国（指日本）利害相反，阻碍伎俩不可究极。然求各国赞助，须设法使其不能不表同情。务请诸总裁以个人名义，并国会以国会名义，迅速分电美威总统、英首相阁意佐治，须用英文；法总理克雷孟索、意总理欧兰度，须用法文；请其主张公道，维持中国主权。盖此种密约不但为我国生死存亡所关，且为破坏世界和平之滥觞。即一则与威总统十四条之宣言冲突，二则与国际联合会之宗旨违反。时机迫切，稍纵即逝，特急电闻。该电请直接寄巴黎和会。廷、枢叩。铣。（《近代史资料》1980年第1期第99页）

4月21日 南北和会争执国会问题。南方主张恢复旧国会，北方反对。（《申报》1919年4月22日）

4月25日 先生邀各议员开谈话会，专议国会一事，声明对于国会问题的三项主要政策。

国会问题，自经上海和会提出后，广东参、众两院议员迭经开会，集议筹商办法，以期终达恢复职权目的。昨星期五日（二十五）众院副议长褚辅成又邀请各议员开谈话会，专议国会一事。各议员主张除请护法政府须坚持国会完全自由行使职权一节外，其他委曲迁就之办法均属违反法律，同人绝对反对。声明广州国会对于国会问题之主要政策有三：（一）请南代表及各省官员保全旧国会。（二）如上海和会不能最后决定恢复旧国会执行职务之自由，则所议决之其他问题概作无效。（三）南代表之任何让步，国会概不承认。（《申报》1919年4月26、30日）

同日 何陶、居正等23位旅沪国会议员发出致吴、褚两议长专函，函中引用《中华新报》载：广州电称吴、褚两议长已赞成在南京制宪，两议长均复电赞成，对此提出质问，语极尖锐。先生等即复一函指出：来函所引《中华新报》记载各语，同一无稽，尤难缄默。函谓：

> 诸兄均鉴：展诵四月廿五号公函，不胜骇异。前接护法后援会快邮代电，曾据道路传闻，有景濂长农商，辅成长浙之说。当以和议告成在即，是否去议会而就官，不久立见，悠悠之口，何庸置辩。乃诸君来书亦复以此见疑，并责□□宣言，不为北廷伪官。比年以来，洞见国是之飘摇，病在民气之不振，尔后须群策群力，尽瘁于社会事业，方可补救，此志此愿，常与同人互相勖勉者久矣。言犹在耳，君岂忘心。且景濂自入世后，未尝作一日官，民国元、二年间，袁项城以总长、民政长多次相饵，犹不屑为。辅成元年在浙从事民政数月，旋即辞职就议员，被囚数年，守志弥坚，岂有亲倡护法之人，反生非法之举。展堂兄所谓买空卖空者，实为护法之蟊贼，请查明当与国人共弃之。至来函所引中华新报记载各语，同一无稽，尤难缄默。制宪为吾人第一天职，无所谓主张，亦无所谓赞成。地点问题，□□固不赞成在宁，开会屡有表示，然究以何处为宜，仍当听诸公决。其他职权，具载约法，将来孰当行孰不当行，在议员之自由行使，并国会多数之取决，断非少数所能左右之也。迩来人心不古，私欲横流，乘革命而攫取总长者有之，身为议长而牺牲国会以求荣者有之。诸君鉴于前车，疑及来者，何足深怪。虽然，君子出言不可不慎，诬曾参杀人，于曾参何伤，而告者之妄言共见矣。□□承诸君惠书督责，自当本无则加勉之意，敬拜嘉言，窃愿诸君亦有以自重焉。云天在望，不尽依依。

专复，顺颂旅祺。弟吴、褚拜启。(《近代史资料》1980年第1期第101、102页)

5月1日 刘奇瑶、张瑞萱、陈策、罗家衡来电报告北政府之阴谋，谓："吴鼎昌此次南下，受亲日派之金钱运动，使在欧和会五月十日对德和约签字以前，国内和会停顿，则中国在欧土代表根本失据，日人对华政策可完全得利，亦即亲日派全达其目的。"(《近代史资料》1980年第1期第105、106页)

5月2日 山东问题交涉失败消息传来，举国愤慨。4日，为争山东主权，北京大学等13校学生3000余人举行示威运动，火烧赵家楼，痛打章宗祥。北洋政府则进行镇压，有32名学生被捕。五四运动发生。

5月4日 巴黎和会中国代表向英、美、法抗议日本继承在山东权利。

5月5日 出席国会参、众两院联合会议。先生主张迳电巴黎和会各国代表，力争青岛问题。

> 五日下午二时，旧国会参、众两院开联合会议，参院到会者九十人，众院到会者二百一十六人，由参议长林森主席。第一案：王葆真建议抚恤革命遗族暨开释拘禁党人，全案通过。第二案：王葆真提议电致巴黎和会代表，力争青岛问题。王说明旨趣后，丁骞主张用三种电报：（一）致英、美、法、意各国和议代表；（二）致英、美、法、意各国议会；（三）致日本国会。褚辅成谓："巴黎和会瞬将结束，分电各国恐来不及，不如迳电巴黎和会各国代表。"丁骞声明取消主张，经付表决，大多数通过，并由主席声明此项电文由秘书厅用英文起草。(《申报》1919年5月14日)

5月6日 南北和会第七次会议,讨论山东问题,取得对外一致意见。(《近代史资料》1919年《南北和议资料专刊》第1号第254页)

5月8日 与林森、吴景濂发出通电,呼吁激发全国舆论,声援欧洲和会中国代表,严讨罪魁祸首。

> 唐总代表、商界联合会虞洽卿、邹静斋先生、全国报界联合会、省议会、商会、教育会、农会、工会、各报馆均鉴:顷得巴黎来电内开,国会同人均鉴:取消二十一条,我代表虽已提出,惟某国鬼蜮多端,必来阻碍。望到底勿懈,求达目的。昨日,意国要求管理阜姆,威总统以与其十条宣言相反,力予拒绝,将来胶澳大可援例。惟胶济、济顺、高徐、吉开、长洮、洮热、徐海七路密约,关系国防,我代表虽提议取消,奈友邦见约中有"欣然同意"之明文,且北庭对于订约者,向倚重如故,致有爱莫能助之叹。似此情形,取消恐难,望速设法激发全国舆论,明指罪魁祸首,一致严讨。则民意所播,或可挽回于万一等语。此事关系我国存亡,务望一致主张,坚持勿懈,冀收良果。林森、吴景濂、褚辅成。庚。印。(《近代史资料》总24号1959年第1号,同见《申报》1919年5月13日)

5月9日 与林森、吴景濂暨参众两院全体议员发出通电,要求北庭释放学生,严惩曹汝霖、章宗祥、陆宗舆。

> 上海唐、朱总代表暨各代表、各省督军、省长、省议会、商会、农会、工会、各报馆并转各公团均鉴:卖国贼曹汝霖、章宗祥、陆宗舆,甘为外人鹰犬,密与日本勾结。外而阻挠赴欧代表之要求,撤销中日密约及交还青岛;内则希图破坏上海和议,以遂卖国阴谋。罪状昭著,天人共

愤。京津学生怵于国亡之惨,目击贼党横行,奋不顾身,义勇勃发,立毁曹宅,痛击章獠。有史以来,无此痛快。乃北庭不思卖国奸党尽可诛,反任意捕禁学生,并有将加惨害,及解散大学之说。国人闻之,不胜诧异。爰于佳日特开两院联合会,群情愤激,一致议决,通电各省,要求北庭即释已捕学生,维持各校现状;严惩卖国贼曹汝霖、章宗祥、陆宗舆以谢天下。诸公爱国热忱,宁灭此莘莘学子?尚乞一致声讨,合力救援,为人间留正气,为国家扫妖氛。事机迫切,立盼进行。参议院议长林森、众议院议长吴景濂、副议长褚辅成暨全体议员同叩。(《近代史资料》总24号1959年第1号,同见《申报》1919年5月16日)

按:此电发出时,被捕学生已于7日释放,是否因信息不达之故。但此电表达了南方护法国会议长们反对北洋政府镇压学生爱国运动的态度。

5月12日 张瑞萱等来电,报告在南北和会上今日南代表所提三条意见:一、由和会宣言六年解散国会之命令无效,国会分子及时期由议会依法办理;二、取消中日所有密约;三、严惩与密约有关之人。(《近代史资料》1980年第1期第107页)

5月13日 南方总代表唐绍仪在和会第八次正式会议上公布八条意见。同时指出:此八项主张,为南方最后之让步。因北政府拒绝之,南方和议代表12人致电军政府,提出辞代表职。(《近代史资料》1919年《南北和议资料专刊》第1号第265页)

5月16日 自13日接南方总、分代表辞职电后,先生与吴景濂等研究对付时局之方策,致电各代表,"万不可即萌退志"。

上海唐总代表暨饶、胡、缪、曾、李、王、彭、刘、章、郭分代表均鉴：闻公等连袂辞职，足见北方无议和诚意，逼人太甚，以致出此。惟国人渴望和议成立，如此重任又非公等莫属，万不可即萌退志，务望坚持到底，力任其艰。此间各方必能协力，为公等后盾也。吴景濂、褚辅成等（百余人）铣。印。

惟当时因各派系之不同主张，政学会一派之议员于十六日晚间开干部会议，主挽留。惟照霞楼一派则主张不同，谓唐总代表之辞职实系对于北政府表示强硬之态度，若从而挽留是不异令其退让，以故主张对于总、分各代表一律听其辞职，并对于唐总代表所提出八项条款，最终一项承认徐世昌为临时总统，极端反对。该派议员十六日讨论之结果大概如是。

另一消息云：自上海和议代表辞职后，吴景濂议长除联合多数议员发电挽留外，并于十六日在南关马路褚辅成寓所召集两院议员特开会议，研究对付时局之方策，讨论结果派出多人与各派协商，以期行动一致。（《申报》1919年5月25日）

5月18日 与吴景濂为劝勉唐绍仪勿辞总代表，及指示探查北方代表撤回出于何派主意事，致电罗家衡等。

此间照霞楼铣日开会，对第六、第八两条大加反攻，除电责少公外，并要求开联合会，主张撤消代表，弹劾主席总裁。弟亦于铣日开会，主张挽留，并推人与各派协商，声明信任代表。对八条大体满意。预料可得大多数同情，结果再闻。军府方面弟亲往谈，西林决定始终挽留，任少公全权办理，并派人与陆、唐协商。印泉军府方面，岑表面去电挽留，并言派人与陆、唐协商。印泉亦出面奔走,其实极密之内幕,与徐(世昌)勾结已成(岑已暗中与北方接洽)。少公再辞,即将代表全体撤回。将来由岑直接与徐议和,牺牲国会。陈强回粤,即为此事。今午接到消息,北代表撤回。此举如出徐派,与粤中作用即符。如出段,北方恐有剧变。请速设法探告。弟等与楚兄密商,以为此时少公不宜再辞,并设法鼓吹南方万不可撤代表,以博中外同情。请其衡兄速电干老,一致主张,非至再行开战时,决不撤消代表。如干老能密电冀公协同行动,尤足破其阴谋。以上应守秘密。兄等务劝少公持以镇静,力任艰难,沈机观变,勿中奸计。濂、辅叩。巧。极密之。(《吴景濂卷》第5册第413页)

5月27日 与吴景濂致电胡汉民,希望胡为国家前途着想,"勿萌退志"。

上海环龙路四十四号胡展堂先生鉴:笙密。和会停顿,时论泯棼,引瞻前途,曷胜浩叹。然我南方诸代表本正义以求和平,实为国民心理所同。执事谋国之诚,皎然不渝,同辈久相推重。当此外患日亟,人心惶惑,怀阴谋者辄欲利用时机,逞私图以误大局。假使执事与少川先生遽相率退出和会,则道路传闻直接或单独媾和,及以某易某之说,必将见诸事实,将来和会之结果与国家前途之险象盖有不忍言者。以公之明,必能见及,所望勉为其难,勿萌退志,必待事势万无可为之日,则吾侪自问护法初衷终始如一,一旦共同撒手以谢国人,天下后世必有能谅之者。恳切电陈,伏希垂鉴。吴景濂、褚辅成叩。沁。(《近代史资料》1980第1期第124、125页)

6月6日 就日本继承德国在山东一切权利之无理要求,

先生极为愤慨,与林森、吴景濂发表通电,声明山东问题"不认日本继承德国一切权利"。要"依法取消一切卖国私约,以惩民贼,以复国权"。(《申报》1919年6月27日)

同日 张瑞萱等来电,报告五四运动后北京滥捕学生及上海5日罢市状况。

> 众议院吴莲伯先生暨子超、慧僧及诸同志鉴:笙密。五国于歌日正式劝告续和。朱允赴京。沪因京捕学生,歌日罢市起,昨决定非办国贼不市。此等举动,弟等接洽商业公团、学生,并接洽各店户。沪商会劣,而商业公团好。可否由议会通电劝勉全国商会并再声明:订卖国密约,由于国会解散,导其由惩办卖国贼救国,进而主张维持法律救国。希酌行。……瑞、瑶、策、衡叩。麻。(《近代史资料》1980年第1期第129页)

6月7日 与林森、吴景濂就山东问题再次通电指出:山东问题关系我国存亡,"万勿签字"。

> 各省督军、省长、省议会、商会、教育会、农会、工会、各报馆均鉴:顷接王正廷特使由巴黎来电,略谓奥约关于我国诸款均满意,当签约。惟德约保留山东三款,如不能办到,伍、顾及正廷则主张不签押,陆赞同,然未决。胡、王主张仍签,魏尚无定见。如不保留而签押,是明认日本无理要求,并失各国公道之助,又不能再申诉与国际联合会。气馁势孤,永劫不复。山东乃咽喉,地一失,国亡无日,必死争。况我签奥约,仍可列入联合会。德既败,旧约尽废,与订新约,岂能强我予以权利皆无足虑等语。窃念山东问题关系我国存亡,一经签字,万劫不复。如北使电从伪命,不问保留与否,悍然签字,则他日

即粉其身，何救国亡，故与其为事后之严诛，不若图事前之挽救。诸公爱护国家，同具苦心，务请一致力争，协电陆使，坚持初志，万勿签字，并加以最后之警告，俾免铸成大错，无法挽回。存亡之机，迫于眉睫。除电复王特使转告各使万勿签字外，特此电闻，不胜悲愤，待命之至。林森、吴景濂、褚辅成叩。阳。（《申报》1919年6月15日）

6月9日 张瑞萱等来电，提出"组新政府"之建议。

参众议院吴莲伯、林子超、褚慧僧及诸同志鉴：景密。此次罢市，商、学、工俱坚，声势甚大，有由学、商、工组织新政府之谣。苟若不悟，世局将呈奇变。弟等疏庸，容商与南共进。某派挑拨，谓北卖国，南误国，其罪惟均，致学、商尚踌躇。军府、国会宜指派几人密与学、商接洽，并蔡鹤卿表示愿共谋救国，共组新政府，以昭大公。一面速电全国学、商、工表示希望一致进行。瑞、瑶、策、乾、衡叩。青。（《近代史资料》1980年第1期第130页）

6月10日 北京政府被迫下令免去交通总长曹汝霖、驻日公使章宗祥、币制局总裁陆宗舆职。11日，徐世昌因对日及南北和议问题困难，向国会辞总统职（两院议长挽留）。（《中华民国史事日志》1919年6月10、11日条）

6月12日 张瑞萱等来电，报告五四运动后北京、上海两地情况。

参众议院吴莲伯、慧僧、其相三兄诸同志鉴：景密。曹、陆、章罢。徐向伪国会辞职未准。钱阁亦全辞。沪外交团闻段将组阁，电京反对。工商虽将开市，而救国仍进行。南联络学、商、工一节，仍须进行。……瑞、瑶、

策、衡叩。文。(《近代史资料》1980 年第 1 期第 130 页)

6 月 28 日 张瑞萱等致吴景濂与先生等电，报告上海学、商、工、报界绝签德约字及废中日一切不平等条约等情形。(同上，第 134、135 页)

同日 巴黎和会闭幕，协约国对德和约签字，中国代表因争保留山东案无效，拒绝签字。胡惟德、汪兆铭、郭秉文、徐谦等电唐绍仪、朱启钤，劝南北牺牲，从速解决纠纷。(《申报》1919 年 7 月 5 日)

6 月 30 日 出席两院联合会，讨论发行公债等事。因意见不合，议场几致冲突，无果。(《申报》1919 年 7 月 6 日)

7 月 5 日 主持国会两院联合会，决定广州为制宪地点，8 月 15 日为制宪人数齐集日。讨论外交问题两电稿当日通过。

> 七月五日（星期六）国会开两院联合会，讨论关于外交问题之电稿。由褚副议长主席，先报告前一日在东园开会情形。次由起草委员吴宗慈报告起草理由，经多数详细讨论，各有修正。最后决定仍由起草员五人将各修正案斟酌采入，并整理文字即行分别译发。此案议毕，再讨论促进制宪办法，其关重要者（一）决定广州为制宪地点，无论议和成否，均不变更；（二）决定八月十五日为制宪人数齐集日期；（三）两院共派议员四人为招待员，赴京、津、沪一带，催促议员从速归粤。当日通过外交问题两电，一致协约各国国会电（除日本）（略）；一致全国电（略）。(《申报》1919 年 7 月 13 日)

7 月 8 日 为盐款、制宪经费等事，与吴景濂致电罗家衡等。

> 万急。上海重庆路咸益里七百二十号罗厚生、张瑞轩、陈勤宣诸兄鉴：……盐款于江日与伍协商，并另具印

函,候政务会议决定再闻。两院经费截止月底,运司积欠至四十四万之多。歌日,两院联合会决定,无论和议若何,准在广东制宪,以八月十五日为齐集日期,催促同人回粤,由各派及各省同乡负责。将来制宪经费如何筹措,更为棘手,专靠关税恐不济事。北庭虽有和议重开之说,而徐、段交哄,主持无人,恐去事实逾远。现在德约不签字,日人谋我更急,即使勉强议和,而卖国贼仍盘据都门,焉能成功。即成功焉能救国。……所难者经费及人事问题,尤以经费为先,请与少公谋之。濂、辅叩。齐。

(《近代史资料》1980年第1期第138页)

7月19日 王正廷来电,提出"此后外交应一致对日"。

子超、莲伯、慧僧诸兄鉴:……英、法因与日密约,刻以媾和失败,态度稍变,略有商量余地。意国近要求承租天津奥界,四强拒之。此后外交应一致对日。南方亦请设法联络英、法为要,季龙已由欧经巴西归。廷。皓。

(《近代史资料》1980年第1期第144页)

7月21日 罗家衡来函,报告徐树铮在京组筹边使行署等事。

莲伯、慧僧两兄大鉴:……北京政象愈演愈糟,钱倒徐孤,大权全操诸安系掌握,近小徐(树铮)又在京组筹边使行署,俨然又一小政府出现,与国防军筹办处及伪政府对垒互峙,一京城而有三政府矣。争权夺利,遑恤国计。南北和议,殆已绝望。即勉强再有和议出现,有安系背后捣乱,亦决无成功之理。万祈兄等速图自行解决方法,以救危亡而奠国基,无任盼祷。对政派接洽,以不上当而裨大局为之旨。彼如果有开诚布公之实现的办法,吾

辈亦当然推诚相与。衡、策、瑞同启。二十一日。（同上）

7月22日 众议员张瑞萱等来函，谈及和议诸多问题。23日，先生亲拟一函，与吴景濂联名复卢信、易次乾、张瑞萱、罗家衡等议员，一一予以答复。

> 信公、次乾（鼎丞）、瑞轩、缑笙、勤宣、达夫诸兄公鉴：典学兄持来手书，诵悉种种。诸兄所定进行之方略，诚与吾党大多数之心理相合。一年以来，弟等即本此二义以进行。但权衡二者之间，须有轻重缓急之分。若至二者不可得兼时，宁师孟子舍生取义之意，偏重前者。盖吾人之立足，全凭信用。信用一失，政治上即无活动之余地矣。诸兄所论对付现局之主张，与鄙见间有出入。第一款，所谓但以表示为止，不必力求做到。弟等以为，吾辈作事万不可效法滑头政客。盖吾人之信用，全在心口如一，始终贯彻。若行不顾言，表里不一，他日不为自相挑战之卓如，即成言辩行伪之伯兰，而其失败必甚于若辈。弟等对于唐、陆所定条件，已表示最后之决心（此非弟等私意，前日本派开小会时多作如是主张）。将来如见诸事实，弟等为信用起见，亦不能不力践前言也。第二款，所谓非至万不得已，务宜赞成少老任总代表到底。此固弟等坚确不拔之主张，迄今一无变动。第三款，所谓吾党为自存计，只好与彼共活动于此和会之中及和会之后。一、二月来，据弟等观察，和会绝无希望。钱未必能来，来亦无用。盖北方势力仍在段派。徐事事请命于段，绝不负责。与少老有关者全属徐派，焉能有济。第四款，所谓只能真制宪，即能议法选总统，斯意弟等非不知之。但可虑有二：1.和会限定制宪，即于护法主义不能圆满，极

端派必愤而他去。宪法会议亦难开成。国会即无形消灭。2. 和会既以单纯制宪列为条件，他日如越此范围，行使其他职权，如政府不惮国会之所为，或嗾使一二武人出为抗言，或运动几个团体横加诘责，国会即无站足之地。第五款，所谓少老望和心切，与其自负让步之责，不如任军府负其责。此种苦心固当曲谅，然让步宜有程度。若并万不可让者而让之，则签字之人何能逃责。少老所提八条最为社会欢迎者，乃一、二、三三条。近闻谷、韩与龚接洽。有认此三条为事实问题，不再提出之说。少老若对此三条不以去就争之，则西南固陷于卖国从犯地位，而少老亦不能不分谤。少老为吾辈最希望之一人，宜竭力维持其信用而日增之，以为他日登台之地步，万不可使之失坠于一旦也。

　　总之，吾辈非反对和议者，第照目前情势，和实难成，成亦无益。段派不倒，试问和议告成，有何办法？来书所谓和议终时，少老必出任政事，终是镜花水月耳。欲倒段，须坚持一、二、三三条，不放松一步，以民意为后盾，或可达到目的。……专复。敬颂旅祺。濂、辅。(《吴景濂卷》第5册第571页)

8月11日　国会因孙中山先生辞职事开两院联合会，决挽留。此后（9月4日）与吴景濂二人领衔国会议员336人致电孙中山先生，勿辞总裁职。

　　旧国会议员三百三十六人，由吴景濂、褚辅成领衔，支日电孙中山云：上海孙总裁钧鉴：奉读阳电，无任悚惶。……先生之在全国，实为共和之神髓。先生之在西南，尤负倡率之重责。矧国会制宪，正在积极进行，外交问题犹复悬而未决。若因先生辞职,致议员来粤者裹足,卖国者自利者横行,则大业败于垂成,敌计藉以得售,又岂先生护法之初衷。务恳勉抑高怀,勿抱去志,励我同人,作我士气,以与毁法叛国者角最后之胜利。不胜迫切待命之至。吴景濂、褚辅成等(名略)。(《申报》1919年8月9日、9月12日)

8月17日 与林森、吴景濂就催拨认解国会经费事致唐继尧、熊克武等电。

万急!云南唐督军兼省长、成都熊督军、杨省长鉴:国会经费前由各省酌量筹垫,当蒙贵省来电,担任五万元,并先汇粤一万元,俾资接济,余款容后续解等因在案。至今数月,所余之款未承续汇。而院内经费因盐款淡收,周转不灵,以致月余未发岁费。明知各省军费浩繁,同形拮据,挹注不易,同人但播迁来粤,专恃岁费,以维现状。将伯之呼,势非得已,相应电请查照前案。要求即将认解未汇之款,克日筹兑来粤,以应急需,不胜盼祷。参议院议长林□、众议院议长吴□□、副议长褚□□。筱。印。(《吴景濂卷》第2册第338页)

8月下旬 赴滇访唐继尧,对大局问题进行商榷。9月3日吴景濂致卢信等电中谈到此事。

慧兄到滇与唐接洽颇近。据电告,谓岑近致唐一电。内略言,镕西来电主张恢复六年宪法会议。宪法成后,即解散。总统由新国会选举。此事已得李纯同意。如西南一致,徐氏即办。并谓与干、莫二公主张颇近,征求各省意见。(《近代史资料》1980年第1期第161页)

9月9日 由滇返粤。

众议院副议长褚辅成君前月曾赴滇吊奠（参见八月下旬条），并对于大局有所商榷，业于日昨偕众议员李华林君一同返粤。据述唐蓂赓总裁对于大局主张如以法律问题得相当解决，则安内攘外之主张未尝不可赞同。否则坚决进行，以达护法最终目的不可云云。褚、李二君由滇返回时于火车途中遇众议员王乃昌君亦由粤赴滇，众议员王有兰君亦偕云南交涉员徐之琛君同道赴滇，皆应唐总裁电召而往。济济多士奔走于碧鸡、金马间，当亦商榷时局问题也。（《申报》1919年9月22日）

9月10日 孙中山来电，重申辞军政府总裁职。

孙中山复广东国会吴、褚两议长及各议员书云：莲伯、慧僧先生暨诸先生公鉴：奉读支日快邮代电，殷殷以抑志勿去相勉，期以保存法律统系中最低限度。属望只此，复不能如命，良用增歉。文所望于国会者，在于代表国民行使最高权，驱除不法政府，以达民权主义之主张。前电已述衷怀，非徒自为痛心，亦非但望国会同人致慨也。坐言起行，还以望之于群彦。至于制宪，自是国会本分，岂有文之去就能损益于其间哉？诸公代表国民，先来者以护法而来，固有最后之决心；后来者以制宪而来，亦岂因文辞职而致裹足。文甚不欲以此无谓之顾虑，轻量暨未来粤诸议员之人格。若国会仍有推翻现制之决心，勿遽作最低限度之想，即或为牺牲于一时，尚可伸大义于天下。不然者则在文。虽有辱可忍，无重可负，诸公之属望未免空悬矣。专复。即颂决心。九月十日。（《孙中山全集》第5卷第111页）

9月13日　先生与吴景濂致电罗家衡等，对于总统问题、恢复六年国会问题"请告少老万勿赞同"。(《近代史资料》1980年第1期第193页）

9月16日　与吴景濂致电广州护法各省、各军代表，办事处各代表，赞成各省军代表反对北方派王揖唐为议和总代表之阳电。(《申报》1919年9月24日）

9月17日　与吕复、李载阳等与各省代表吴永珊、徐之琛、张知竞等开联合会议，推为代表再谒各总裁，坚拒王揖唐南来。(《申报》1919年9月29日）

9月23日　与林森、吴景濂电上海同人，请再次挽留孙文勿辞总裁职。

> 本埠国会议员通讯处二十三日接广州国会参、众两院议长电驻沪招待员董、张二君，挽留孙总裁电云：上海法租界恺自迩路通讯处董尧封、张瑞萱先生鉴：养电敬悉。孙总裁出处关系全局，谈话会议决，仍请二君代表两院同人恳切挽留。至盼。林森、吴景濂、褚辅成。漾。(《申报》1919年9月27日）

同日　广东学生调查日货遭逮捕，先生领衔172名国会议员通函声援。

> 国会两院议员通函云：两院同人公鉴：敬启者，顷阅学生团通告谓：有先施、大新、真光公司等组成之联益会，自受日人运动，呈请督军令行警察厅取消规约，严究学生调查，以便私办日货，冀图厚利等语。查该公司等久标不卖日货字样，果真毫无日货，何妨任人调查。今乃勾结外人，呈请官厅，禁止调查，显系图卖日货。同人相约，自今以往不到先施公司、大新公司、真光公司等商店

购货物,并劝爱国诸君勿为所愚。幸甚,幸甚。褚辅成等一百七十二名同启(姓名太多从略)。(《申报》1919年10月2日)

9月26日 董尧封、张瑞萱来电报告挽留孙文情况。

董、张二君接(23日)电后即往谒孙君(见二十三日条)。即于昨日电复两院电云:广州参议院议长林子超、众议院议长吴莲伯、褚慧僧、两院同人均鉴:漾电悉。遵即再赴孙总裁处,恳切挽留。当经孙总裁面允,嗣后决不表示意见,致发生纷歧,希转致同人等语。专此电闻。昆瀛、瑞萱同叩。宥。(《申报》1919年9月27日)

9月28日 出席广东外交后援会,议决援助学生方法。

二十八日下午一时,广东外交后援会因学生调查风潮通函各界团体,特假座东园开会讨论,各界代表赴会者百余人,由宋以梅主席。宣布开会理由毕,学生联合会代表张启荣报告经过情形,张殿邦报告入狱种种状况。褚辅成、林森、吴景濂、朱念祖、谢英伯、李芝畦等均有意见发表。……褚辅成谓:"官厅此种举动系属非法举动,既属非法举动,我辈人民当可否责之,如再拘捕学生,我本未尝狱中滋味,今随□□□诸君入狱。"……讨论数时,遂表决办法三条:(一)对于官厅方面采不理主义;(二)对于三公司面则劝导各界不与交易,以示惩戒;(三)对于调查方面仍继续进行,并由外交后援会通知总商会请转各行爱国商人担任调查,协助学生,以免势力薄弱。(《申报》1919年10月5日)

同日 唐绍仪因不满南方军人直接与北方进行和议,及反对王揖唐为北方总代表，向军政府再辞总代表职。29日，张瑞萱致先生等电：请军府"慰留"。

> 众议院吴莲伯、子超、慧僧三议长诸同志鉴：少老因北不换王，南方某系复明拒王，而暗与段、冯勾结，和议难开，纵开，亦难达护法、救国目的。于昨日派黄光甫持函，向军政府辞总代职。弟等以少老此举为负责起见，万难令军府允准。章、韩已回粤。冬日政务会议，望告伍、林、李、赵、吴诸公留意，议决不允辞职，免堕奸计。……瑞、瑶、衡叩。艳。(《近代史资料》1980年第1期第171页)

10月1日 参议员卢信、众议员易次乾来电，陈述唐绍仪辞职原因，并指出"惟有团结内部，更进而求发展"。

> 众议院吴莲伯、褚慧僧议长鉴：……西南内部散漫，各自为政。国会、军府失其尊严，徒擅总辖之名，毫无统驭之力。溃裂之真相暴露于外人，倾轧之根株深伏于内部，以致威信堕地，外邪乘虚。此其一。义师之兴，原以护法，乃积之渐久，遂离其宗。驯至今日，群尚事实，从前面具，翻然相忘。我不自尊，安望人之尊我。故法律问题悲观无极。此其二。信使则载涉于途，文电则络绎于道。求和之现象愈显著愈觉中虚，接洽之情形愈迫切愈形自馁。致令和平会议等若赘疣，代表职权毫无实力。此其三。王氏之出，本为舆论反对，惟反对当具有反对手腕，乃军政府不以条件为拒绝之方，仅于牛羊为别择之论，万一北廷以对人问题与对条件问题要求同时互让，我将何以自处。预测结果可为寒心。此其四。

> 少公外察北廷之无诚，内审西南之现状，知此次和

议实难有成，即苟且幸成，必无良好结果，故毅然出处。惟少公所耿耿者，对于诸同志属望之殷与相维之谊，殊觉辜负耳。为今之计，惟有团结内部，断绝往来，速定宪法，更进而求发展，彼将势憨求我。……信、次叩。东。

（《近代史资料》1980年第1期第172页）

10月2日 张瑞萱等来电，提出请唐蓂赓（继尧）挽留少老（绍仪）。（同上，第173页）

同日 与吴景濂致电罗家衡等，指出"少公万不可离沪"，并表示"军府如要牺牲根本主张，国会同人必先牺牲军府"。（同上，第173、174页）

10月5日 发起组设法典研究会。

两院议员借用省议会开议从前原系定每星期参众院各开会一天，宪法会议开会二天，刻下各议员纷纷南下，众院人数已足，参院正式会亦开会有期，大约此种每星期开议日数仍须变更。现众议院副议长褚辅成以宪法开议在即，两院同人均视此为重大之任务，自应有精密之研究。昨特约合议员吕复、赵世钰、张秉文、丁惟汾等数十人发起一法典研究所，假南关二马路褚寓为会所，凡属同志皆可加入。其宗旨则以现在编制宪典，及其他各法典均复提案编制，故亟应先事研究准备，以便提案，并议定推举正副主任、干事，及编纂干事，起草法案。所有各案由本派大会经过讨论、编纂、审查通过各项手续外，将来再与他派协商，交换意见，即提出议场。其宗旨及内容组织大略如是。闻两院从前在北京制宪时，各派人亦多有宪政讨论等会之组织，以辅助进行。褚氏之发起斯会亦即本此旨也。（《申报》1919年10月6日）

同日 致函学生团,提出抵制日货四条办法。

国会议长褚辅成等致学生团函云:奸商等败群害国,自当相率国人鸣鼓而攻,但仍须永久坚持妥筹善法。为今之计略有数端:(一)宜速设国货陈列所,内附日货样本任人参观,使同胞一见即知若何为国货,若何为日货,庶不至为若辈所愚;(一)宜聘用曾经充日货经纪之人为侦缉员,专司调查奸商将日货改变麦头,冒充国货等事,一经查出立即登报宣布,并将其改变货物之麦头、标贴,陈列所内,俾众咸知;(一)宜逐日巡行,每日由省城各学校轮派学生一小队,手执大旗一面,务使同胞醒目惊心,每日下午四时至七时在长堤及十八甫等处往来巡行。其轮派之法每校一日,周而复始。巡行时必须大声疾呼,以唤醒同胞;(一)宜广播演说团分派省外四乡,将奸商罪状详为宣布,使穷乡僻壤之人亦知该奸商为亡国罪首,一致抵制。以上数端不过举其大略,亦足以寒奸商之胆矣。(《申报》1919年10月16日)

10月6日 出席国会两院联合会,讨论万鸿图所提撤回总、分代表一案。与林、吴议长联名电沪:"唐君不必固辞。"(《申报》1919年10月13日)

10月10日 孙文改组中华革命党为中国国民党。党名加"中国"二字,以示别于1912年的国民党,本部设上海。(《孙中山年谱长编》第1208页)

10月18日 出席两院联合会。此会以盐运使易人为导线,军府改组为题目,实在排除政学会势力。派系之间大起冲突。

广东各党派风潮近与政学系意见日积日深,识者早料其必有爆发之一日。今之盐运使易人问题即其爆发之导线也。转录粤报消息如下：国会议员对于改组军政府问题久在酝酿进行之中，惟以改组办法中之对人问题，以及一切筹备手续诸未完妥，故尚未正式提出会议。至最近盐运使易人风潮发生，两院各议员以总裁岑春煊欲以政学会势力总握全省财权，运署盐款与国会有密切关系，乃事前并未与国会协商，迹近专揽。而平昔各议员以南北和议开会时岑派议员晋京，与北政府接洽，外间纷传岑有包办和议之说，岑尤多抱不满。故乘此次运使风潮，各党系之议员如新新俱乐部、石行会馆、褚寓、五十号、照霞楼各方面人均协商一致，决定于昨（十八号）两院联合会中将改组案提出，为排击岑氏之举。参议院议长林森、众议院正副议长吴景濂、褚辅成忽相继发表反对意见。是日由林森主席，吴、褚皆列席议员，故可发言，与各议员驳辩。各人以吴、褚昨日已赞和众议，主张改组军政府及速下讨伐令，今日在议场乃态度骤变，忽持异议，有知其与冷遹接洽情事者遂当场举发。各员闻言，乃群起呼打，吴见势不佳，急行飞跑出场，褚则逃避不及被围殴，幸无重伤。议场捣乱后，各人仍不肯散去，坚要即日表决，惟磋商移时仍未得一致意见，而表决某事时，众院秘书某以已受军府运动，故谬谓否决人数多于可决，林议长据以报告，议员大哗，又呼要打，林森卒获调停而罢。按：褚辅成一派议员即属褚寓系，而是日动手殴褚者即为褚寓系人。又林森属照霞楼民党一系，而是日唱打林者又为照霞楼一派人，皆属意料不到之事。会议散场时各员以兹事关系重大，宜速解决，定十九号再开联合会协商一切。（《申报》1919年10月25日）

十月十八日两院联合会，张知本、何陶等对于主席总裁岑春煊突有不信任投票之提议。关于此案主动者为新新俱乐部，赞成者为照霞楼，而当时反对最烈者不在号称政府党之石行会馆及五十号，而在中立派之褚寓，景象迷离，非详为剖解，几令局外人莫名其妙。盖是日联合会之开，实根于十七日东园俱乐部谈话会之议决，原定讨论盐运使问题，以谋对待之法。石行会馆及五十号议员因不欲加入战团，是日多数不出席，褚寓一派于不信任案事前亦毫无闻知，及入会场主席林议长始将新新俱乐部提出之意见书分布。褚寓派事前既不闻知，临时颇为失措。然上次在褚寓开会讨论关于改组军府方针时，曾有一种表决，即改组用意不牵涉对人问题，改组范围要以不动摇西南大局为限，故当时褚寓派议员对于不信任案虽多同情之感，而与其表决相冲突，多数遂有期期不可之意。同时又有一种感想，以褚寓在各派中向称多数，此等非常提议事前秘不以闻，而欲利用热度膨胀之际，施行强奸手段，尤所不能受也。故当张、何说明提议理由后，赵世钰等即力与抗辩，舌锋相触，势颇涛涛。卒由褚辅成想出一调停办法，以交付审查付表决，多数通过。(《申报》1919年11月9日)

盐运使易人之风潮起于十月三日广东督军发表命令，将两广盐运使李茂之撤换，而以军政府顾问刘玉麟代之。国会、海军群起干涉，致酿绝大之风潮。(《申报》1919年11月8日)

10月21日 出席国会两院联合会。各派协商结果，决定改组军政府，弹劾岑春煊。对记者谈军政府改组问题。

二十一日联合会各派以协商结果，决定改组案。自盐运使风潮发生后，各方益感军政府改组之不可缓，二十一日两院联合会已将改组案决定。究其改组至何程度,进行有无滞碍,尚非局外人所能判断。记者日昨往访众院副议长褚辅成君询问究竟,褚君曰:"军府成立年余以来,制度上已发见种种之弱点,因制度不良,致政务废弛,若不谋改弦更张,于西南大局益形不利。故此次改组之用意,系求制度之改良,绝非对人之排斥。换言之,改组系善意的,非恶意的,系巩固军府的,非破坏军府的。至改组程度予与吴议长莲伯及本派同人曾开会决定一个标准,欲以总裁行使大总统职权,其下取内阁制精神,组织一负责机关,罗致各方面人材,共肩国家重任。如是则西南之根本不动摇,而军府之力量加厚。现在国会联合会推定之起草员尚未提出具体的方案,然大致总不外此。各省各军如能了解国会意思,必且各抒伟略,赞成此举,安有滞碍之可言。"自改组问题发生后,一般希望速成者固多虑其引起内部纷扰者亦不少,观褚君之言,则知国会改组军府意思系就军府职权上划分,并不动摇根本,自无引起纷扰之可虑。(《申报》1919年11月9日)

10月25日 下午,两院议长柬请各省、各军代表及改组军府案之起草员等会集于东园国会议员俱乐部,讨论改组军府案。(《申报》1919年11月2日)

10月27日 陆荣廷、林葆怿、谭延闿、莫荣新等通电挽留岑春煊,反对改组军政府(岑春煊于22日通电辞职)。

10月30日 改组军政府起草员再度开会,讨论28日所议各节。国会内各派议员对于改组案各有主张,褚寓方面议决有三:

(一)照霞楼民党议员方面对此案开会议,有主张改独裁制者，有主张仍用合议制者，有主张将军府完全改造者，有主张仍留总裁，而另组正式内阁者，意见尚未能一致。（二）褚寓方面议决三大纲：甲、改组后之总裁，代行大总统职权；乙、组织正式内阁，代行国务院职权；丙、采责任内阁制，内阁阁员对国会负责。（《申报》1919年11月5日）

11月1日 军政府改组案起草会开会，议决改组大纲，石行会馆议决宣言反对。2日，褚寓政团议员开会，商军府改组案。因改组案提出后政学会与照霞楼两系不能相容，褚寓各党系人决定出任停调。

> 褚寓政团议员最近之决议如下：（一）宪法会议积极进行。昨日（二日）褚寓政团议员在褚寓开会，咸以国会最大职责厥惟制宪，现已定十一月十八日为宪法会议开议日期，凡两院议员中犹有羁留于上海及各省，当再以个人名义分头电促，务期于十八日以前回粤；（一）法典编纂会组织成立，是会前由褚辅成发起，以同政团议员长于法政学者组织之，内容分三部：第一部：凡属宪法法律、地方自治法律、各项行政法律、官厅组织法律、行政诉讼法属之。第二部：各项赋税法律、各项实业组织经营及奖励之法律、各项劳动保护法律属之。第三部：刑法、民商法典、民刑诉讼等法、各级法院组织法属之。昨日由各议员分部担任起草，作为将来国会制定各项法律之预备。（一）改组军府意见明白宣示。褚寓政团议员对于改组军府意见，上两次开会已有一种抽象的表示，即改组之原因由于现军政府制度不良，政务废弛，主张改组之用意非欲排斥某人，亦非欲拥戴某人。改组之程度以不动摇西南根本，

及各省各军之地位为限。所谓弥补缺点，适可而止也。国会自决定改组后，曾推定起草委员二十余人共拟改组方案，近闻大体已渐次决定。其中有数点与褚寓上次表决不相容者，因而提出讨论并加以表决：一不赞成联省政府名称；二不赞成总裁再经国会选举；三不赞成改组方案中规定不信任投票；四主张各省代表仍将列席政务会议。所以不动摇各省各军地位也。闻已指定起草员将此项意见要电报方式明白宣示矣。（《申报》1919年11月8、10日）

11月4日　出席宪法促成会议，商定催促议员从速回粤议宪。（《申报》1919年11月13日）

11月5日　陈炯明通电各议长等，主张和议公开，"惟以正式之会议，公开之方法解决一切，方能收快刀斩乱丝之效"。对政系大加挞伐。（《近代史资料》1980年第1期第182页）

11月6日　主持众议院会议，通过查办杨永泰案等项。

六日下午众议院开会，副议长褚辅成主席，到会议员三百二十余人。宣告开议后先讨论议事日程所列第一案，为参议院移付者对于京政府与英使划川、藏界以德格即德化为界事，誓难承认案，略有讨论，众主省略审查，即日付二读会，无修正即开三读会，全体通过。次议廖希贤提议请议长饬秘书厅赶造民国八年二月以后收支决算册，交付审查，以重公款案，略有讨论。次议孔昭晟提议咨请护法政府查办广东财政厅长杨永泰案，陈鸿钧反对，其理由（一）据院法，同一议案不得同时提出于两院，今查办杨永泰案参议院（四日）已通过，则众议院不能再提出；（二）据军政府组织大纲第十条，地方政府行政事件仍其旧财政厅长失职与否为地方行政事，国会可不必过问;(三)国会可注重国家问题,不必过问地方行政事。吕复起立驳辩:(一)法律案与议决案固不得两院同时提出,若查办官吏案则两院可以各别行使,此彰彰载诸约法者;(二)军政府组织大纲虽有第十条之规定,然后此两院联合会又付与军政府以代行国务院摄行大总统之职权,宁有不能过问地方高等官吏之理;(三)地方官吏违背法律乃关系国家最重大者,岂得视为仅属地方之小事。林伯和又登台驳辩后,要求院内同人予以赞同即日表决。因无报号发言者,主席以赞成原案付表决,起立者大多数,遂通过。(《申报》1919年11月13日)

11月8日 与吴景濂反对北庭"飞机借款",电请各省公团一致电诘北庭,要求"克日取消此项借款草约,以杜狡谋"。

旧国会议长请拒飞机借款电:顷闻北庭又以飞机借款名义,向英国某会社借英金八百万镑,其草约业已成立,并先交款五十万镑,为北京所设之航空局开办费。已任伪参谋次长丁锦为该局督办等语,不胜诧异。现在,欧和既经成立,对德业已宣告恢复和平状态,何须借此巨款购此大宗军用品?纵使巧立名目,指为邮递之用,然我国约法,凡公债之募集及国库有负担之契约,未经正式国会议决,不能认为有效。况其居心险诈,别有阴谋。"司马昭之心,路人皆见"。若使此项借款成立,实足助长内乱。现在英商所派代表阿伦卑氏,闻于中途病故,正约尚未签字,趁此抗争,犹可补救。除径电驻京英使,请令该国商人取消此项草约,以符前此各友邦宣言,南北未统一以前,不贷款与中国之宗旨外,务希各省公团一致电诘北庭,要求克日取消此项借款草约,以杜狡谋。不胜盼祷之至。参议院议长林森、众议院议长吴景濂、褚辅成。庚。
(《申报》1919 年 11 月 15 日)

11月16日 主持褚寓政团谈话会,议决关于宪法问题等6案。

大公通讯社云:两院议宪日期转瞬即届,各议员对于宪法问题已着手研究。本月十六日下午一时,褚寓政团为讨论宪法起见,在广九车站对门该寓内开谈话会,到会者约计一百四十余人,由褚副议长主席,六时散会。是日共议决案件六条:(一)国会会期赞成原案,以三月一号为法定常会期。(二)主张政府对于众议院不有解散权,删除原案第七十二条。(三)宪法草案第一章加一条,其文如下:(凡限制人民通信、住居、职业、集会、结社、言论、著作及刊行之法律,及法律中有规定侵入或搜索人民住居者,非两院各有列席议员三分二之同意,不得制定)。(四)原案第二十九条下加一条,其文如下:(遇非常事变不能行使□选举时,两院议员在期展至依法改选后,下届开会之前一日为止)。(五)原案第一百九条下加一条,其文如下:(五省以上之公民各有十万以上或五省以上之省议会请愿修正宪法时,参、众两院须即本其意旨,举出同数起草委员,依第一百九条第二项之规定议决之)。(六)凡关于宪法问题,本派所议决者应一致主张,但本派主张不能通过时,仍赞成多数主张云云。闻该政团意见对于宪法上未决及应加各问题,虽欲有所主张,而此次议宪总期以最短期间完成大业,故于主张各点不取对抗的态度,而有服从多数之表示,深望两院议员咸取同一态度,则宪法不难速成矣。(《申报》1919 年 11 月 25 日)

11月18日 出席广州国会（重开）宪法会议，审议因南北和议而中断的宪法草案条文讨论，到会议员极为踊跃。报告审议结果。

十八日下午二钟，广州宪法会议开会，到会议员极为踊跃，竟有扶病而来者。当未开议之先，有许多学生列队来国会请愿。此外，尚有所谓宪法促成会者，于议院门前手执请愿庆祝之旗序立两行，待议员等入议院时摇旗欢迎，脱帽为礼。一般旧议员观此恍若二年举总统时之被围、五年议外交案时被殴之景况，虽时地宗旨各有不同，而见景伤情亦有不堪回首者。至三时法定人数已足，遂宣告开会。计参议院列席一百八十八人，众议院列席四百零十四人，共计五百九十二人。先由主席林议长森报告请假之人数，由审议长褚辅成报告审议结果后开议第三十二条，反对与赞成相间发言。计主张修正案者（八月一日为国会开会期）为王玉树。主张原案者（三月一日为国会开会期）为杨铭源、韩玉辰、汤漪。讨论既毕，先以修正案付表决，赞成者一百八十七人，依法须出席四分三（四百四十四人）之人数方为通过，故修正案被否决。再以原案付表决，起立者四百八十人，已逾法定人数，可决。次议第七十五条，原案条文为（大总统经参议院列席议员三分二以上之同意得解散众议院，但同一会期不得为第二次之解散）。第二项（大总统解散众议院时应即另行选举，于五个月内定期继续开会）。审议报告修正之条文为（大总统于国务员受不信任之决议时非免国务员之职即解散众议院，但解散众议院须参议院之同意），第二项为（国务员在职中或同一会期不得为第二次解散）。主席宣告开议后，反对与赞成者相间发言……于是有人提起讨论终局,付表决多数赞成。先以删去原案付表决,起立者四百一十人,不足四分三之人数,否决。再以审议报告之案付表决,起立者三百四十五人,仍不足法定人数,否决。终以原案付表决,起立者亦不足法定人数,否决。汤漪提议认为此条为宪法内不可废弃之问题,主席咨询有无附议?主席宣告附议者在五十人以上,付表决,赞成者一百六十六人,不足过半数,该条遂宣告废弃矣。(《申报》1919年11月25日)

11月20日　出席众议院常会,讨论福州抵制日货事件。

二十日众议院常会期,……开会时福建议员曹振懋临时动议,福州学生为检查日货被日人伤毙,请咨达军政府严重交涉,经多数可决。粤籍议员马小进动议,日前议决查办魏邦平一案咨达政府多日,现在学生罢学亦以撤惩魏邦平为目的,且闻各行商对于查办魏邦平案亦已集议,请求政府执行。吾粤为护法首都,岂可置若罔闻,应由议院请政府派员出席,质问政府对于查办案究竟如何处理。马骧、褚辅成、林伯和等赞成之,表决通过,即由电话邀政府即日派员出席。随即问话政府拟派代理内政部长冷御秋出席,遂开议别案。(《申报》1919年11月26日)

11月22日　出席宪法会议,开议宪法第82条等。(《申报》1919年11月30日)

11月23日　报载国会说明改组军府之主张。

急密。近以改组军政府之议,引起各方误会,函电交驰,或以独裁制与合议制之利害相提并论,或以维持现状与和衷共济等说来相劝勉,皆由未明此事真相,只见改组案与不信任案相距一日,先后提出,遂疑二案有连带作用。因视此举全属意气，不知改组之说酝酿于数月以前，而成熟于上海和会停顿以后。非第国会同人心同此理，即在军府当局亦认有刷新之必要。……顾念前途，危险殊甚。现拟改组之要点，仍以总裁代行大总统职权，对外为代表，对内发布命令，不必兼管部务，以各部长组织一行政会议，或政务院之类，代总裁向国会负责。如是办理，总裁地位较崇，军府基础益为强固。而行政之与立法，声气沟通，约法上内阁制之精神亦完全表现。同人等认为团结内部之唯一急图，决无丝毫私见杂厕其间。……林森、吴景濂、褚辅成暨国会议员（约二百人，名不备录）。（《申报》1919年11月23日）

11月24日 出席褚寓政团会议，议决认国民对众院违宪有投票解散之权。

照霞楼昨日（二十四）表决，仍主七十五条既已废弃，凡关于解散权即不得再行提出。褚寓昨（二十四）议决仍主大总统对不信任决议案得交复议，而别设一条，认国民对众院违宪有投票解散之权，盖采吕复君之说也。（《申报》1919年12月1日）

褚寓派为国会中唯一之大党，亦即国民党正宗。洪宪前分为护国革命两派，恢复国会后为益友社，议员三百余人，以吴景濂、褚辅成、王正廷、曾彦、罗家衡、张瑞萱、刘奇瑶、易次乾、白逾桓、常恒芳、覃振等为中坚。对于国家、社会有确定之政见，以故西南政局恒为其所左右。因与唐少川接近，人多拟之为唐派，其份子布满皖、赣、鄂、湘、豫、鲁、浙、桂及东三省各地。其主张采进步的方向，而态度稳和，恒居政学系与照霞楼之间，立于

政治主动地位。(《申报》1919年12月8日)

11月26日 为抵制日货酿成的福州事件,与林森、吴景濂发出通电,要求北京政府向日领严重交涉:(一)克日将日舰暨登陆水兵由福建撤退;(二)惩办滋事凶徒;(三)陪偿华人死伤及损害;(四)保证以后旅闽日人不得滋事。(《申报》1919年12月12日)

11月29日 出席宪法会议,开议92条等,此日会议进行顺利。

> 二十九日宪法会议开会,下午二时议长宣告开议第一案。……此日开会成绩甚佳,计打消规则修正案一件,缓议者一条,通过者三全条。而决议案及审计院组织两问题,尤为从前北京开议时争辩多日不能解决者,今皆一一完满解决矣。(《申报》1919年12月6日)

12月1日 出席宪法会议,讨论地方制度。因各派意见不合,议场秩序大乱,乃宣告延会。(《申报》1919年12月9日)

同日 下午5时,应邀出席汪精卫、郭泰祺归国欢迎会,并作发言。(《申报》1919年12月8日)

12月6日 出席宪法会议,开议地方制度案第1条。11日,出席宪法会议,开议地方制度中省之事权。13日,出席宪法会议,讨论地方制度第3条。(《申报》1919年12月10、23日)

12月14日 与吴景濂致函唐继尧,主张利用北方不换王(揖唐)之机会,"完成宪法,整理内部,以图发展"。(《近代史资料》1980年第1期第183、184页)

12月15日 出席宪法会议,因不足法定人数,是日流会。18日,出席宪法会议,开议原案第3条第1款。20日,

出席宪法会议,开议第4、第5条。(《申报》1919年12月30日)

12月22日 与林森、吴景濂联名通电西南各省,坚决主张"北庭必先令解散伪国会,始有开议之余地"。

(衔略)西南兴师,揭帜护法。中经事变,连带又发生救国问题。将来国家存亡,要以护法、救国两主义能否贯彻为标准,情势显然无待详述。今北庭卖国党盘踞京、津,而国无可救,伪国会盗窃民意,而法无可言。此时惟有团结内部,唤起国人,与贼党争最后之生死。莫公筱电所标六大主义,删电所谓"卖国公约未除,庆父犹在,苟且言和,无异自投罗网",俱已慨乎言之。乃日者,中原之惨雾方浓,而议和之声浪忽起,南方议和分代表为制宪回粤者,顷复渐次引去。忆昨年宪会方开,因中北庭议和之狡谋,致大业中缀,国贼视宪典若仇雠。值兹宪会复开,又逞破坏故伎。抚今追昔,不寒而栗。

......

森等对于和战本无容心。第以北庭如果诚意言和,当先尊重西南护法之主张,承认西南护法之人格,取对等之形式,乃有和议之可言。故关于救国各事因涉及外交,容可留在和会席上谈判。而与护法绝对不兼容之伪国会必先令解散,作为开议之前提,否则是蔑视我护法之主张,不承认我西南护法之人格。以是言和,在彼为招降,在我为屈服。以招降屈服之和议,陷国家于万劫不复,是可忍孰不可忍!质言之,北庭必先解散伪国会,始有开议之余地。上次宪会既因和议中辍,此次必俟宪典完成,方可定开议日期,为护法争人格,即为国家争生存。诸公护法首倡,痛心国难。关于此点,当有同情,尚冀坚持主张,勿摇勿馁。国家幸甚。林森、吴景濂、褚辅成叩。养。(《申

报》1919年12月28日）

12月23日 针对议和声浪日高，致电郭宇镜，主张"解散伪国会为开议之前提，非俟宪法完成勿定开议日期"。

郭镜宇兄鉴：吾兄行后，此间议和声浪逾唱逾高，而事实逾演逾奇。龚心湛来港，西林亲往面于陈赓如家，所谈甚秘。据陈家传出消息，仅谓岑、龚接洽已妥，大家准备投降，其详不肯吐露。章、郭、刘三代表已于巧日赴沪。章行严竟将军府重要案卷悉数带往，似有准备散场之意。津报载：川代表尹亮易与北政府磋商之结果，北允三事：一、熊为川督，掌全川各军。二、独立前各事概不置议。三、给军饷三百万元，半搭公债。熊允取消独立。据此看来，非议和，实为投降。若不急起挽救，西南护法人格将被彼辈牺牲。今海军颇愿顾全体面，不甘屈服。协和反对苟和尤力。莫公删电诚为中流砥柱，足挽狂澜。弟等不揣绵薄，步趋莫公之后，特发一电，主张解散伪国会为开议之前提，非俟宪法完成勿定开议日期。请商蓂（唐继尧）、夔（唐继虞）二公，如荷赞同，即希一致主张通电表示。现在因苟和反响，不信任及改组案又纷纷催议，并望与蓂、夔二公预筹办法。濂、辅叩。漾。（《近代史资料》1980年第1期第186页）

12月24日 出席宪法会议，开议第6、第9条。27日，出席宪法会议，开议地方制度第10条。（《申报》1920年1月5日）

12月29日 军政府复三议长电，提出制宪与和议说。

军政府复三议长电云：参议院林议长、众议院吴、褚议长鉴：养电诵悉。公等主张宪典完成方开和议。尤深虑远，至佩尽筹。惟是和平会议既开于此次制宪之前，自不便因制宪期间置和议于绝对不顾。各分代表之先后返沪，不过维持议和局面，不欲以久滞南中者，致为破坏和局之口实耳。北廷阻止制宪之狡谋固所当虑，然区区一总代表尚不能毅然更易，复何能即时开议竣事于旬月间。同人以为国会诸公尽可安心制宪，其和议之开否，似属另一问题。至解散伪国会一节，前次唐总代表所提八条中之第三条，已由和会宣告前总统黎元洪六年六月十二日命令无效等语。旧国会既云恢复，伪国会当然取消，对等形势则自开议以来本属南北平列，早邀洞鉴。同人等惟期有利于国，力图厥终承属，力争人格，敢不奋勉，谨抒悃忱，希察照焉。政务会议。艳。（《申报》1920年1月10日）

12月30日 出席宪法会议，开议地方制度第11条第1项。（《申报》1920年1月8日）

12月31日 与林森、吴景濂复唐继尧一电，告唐"和议行将复活，谣诼颇滋，现正筹商办法"。

> 云南唐总裁钧鉴：读删电，备知尊旨。前日梦迪、季文两兄返粤，赍到惠书，并将执事怀抱多所倾述。崇论宏议，至惬鄙怀。诚哉尊电所云"卖国之约未消，庆父犹在，苟且言和，无异自投罗网"者。否则吾辈三年来之护法行动，徒以苦民，绝无意义矣。顷者，和议行将复活，谣诼颇滋，苟无诡弱之士迁就图存，吾辈正深厚幸，故竭力坚持之责，森等愿与执事分任之。此间现正筹商办法，一俟就绪，再当密陈。先此电复，言不宣意。林森、吴景濂、褚辅成同叩。世。（《近代史资料》1980年第1期第186页）

◎ **1920年（庚申）民国九年　48岁**

1月3日 午后，出席宪法会议，因对省长民选问题各派

意见不一，会议讨论未有结果。(《申报》1920 年 1 月 15 日)

1 月 6 日 出席宪法会议，讨论地方制度第 11 条第 1 项，先生赞成原案。是日，因各政团仍无法取得一致意见而延会。(《申报》1920 年 1 月 15 日，《吴景濂卷》第 1 册第 186 页)

同日 为和会续开及解决国会及总统问题，与吴景濂等致电卢信。

> 卢信公兄鉴：景密。各电悉详。察南北形势，欲和会续开及解决国会及总统问题，非北能取消六年解散命令及同时解散伪国会，不易进行。但北如能本前意，向军府表示，自可斟酌尊意办理。莲、慧、瑞、炳、厚叩。鱼。

(《近代史资料》1980 年第 1 期第 201 页)

1 月 8 日、10 日 宪法会议因政学会议员相约不出席以为抵制而相继停会，党派间又起风波。鉴于宪法会议遭政学会抵制，未能开成，为瞻念前途，10 日先生与吴景濂致电云南督军署李宗黄，提出"转请冀公主持公道，力予维持"。(同上，第 201、202 页)

1 月 11 日 在省长民选问题上，党派互生争执，不能统一，制宪顿停。先生在东园约各政团要人举行非正式协商会。

> 今日（十一日）由褚寓首领褚辅成约各政团重要分子二十人，于东园为非正式的协商。王有兰（五十号）欲以解散之保存，与省长民选为交换，而褚辅成并无有肯定之答复。其实褚固难约束其党员承认解散权，而王亦能保五十号议员肯抛弃其主张也。王有兰之说不过为唐蓂赓吐其主张耳。现在五十号、石行会馆扬言宪法内容（即省长民选抑任命）吾辈暂不问，今日先决问题乃在表决手续，于是联合多人，拟发出宣言，要求第十条第一项再行

提交大会，依法表决。闻至今晚（十一日晚）签名者已有一百九十七人之多，其中包括两政团以外之议员不少。褚寓及照霞楼则欲先取审议会，报告其他各条先议，而将第十一条暂为搁下，以此缓和时间，将十一条以下各条详细协商，俟得结果，再定办法云。（《申报》1920年1月18日）

1月13日 出席宪法会议，因人数不足改开谈话会。同日，与吴景濂致函唐继尧，请唐速电岑春煊、李根源及滇籍国会议员诸君，希望"转劝政系各议员，勿妨制宪进行，藉免破坏国本"。（《近代史资料》1980年第1期第203、204页）

1月14日 旧国会议员各派30余人自由集会于东园，协商第11条问题，仍无结果。次日，先生与吴景濂致电卢信、易次乾：谓"今日谈话会决定，若本星期四政系仍不出席宪会，则重提不信任及改组案。（同上，第205页）

1月15日 为宪法会议事，与吴景濂等再电唐继尧：请电岑春煊、李根源转知政系议员，"勿妨宪会，致堕北计"。（同上，第204页）

1月17日 与李茂芝、朱念祖、殷汝骊等在香港力请王正廷专使抵粤。

此次陆、王两专使归国，于十七日十一点余钟附法邮船抵港，青年会董事局派出专员胡维德医生到船接洽。……省城方面自外交后援会发起欢迎王特使大会，国会暨政、学各界皆一致赞同。旬来筹备一切，极为壮观。十七日王特使抵港，外交后援会先后派杨祖琛、吴尚鹰君驻港，挽请使节抵粤，如国会部分李茂芝、褚辅成、朱念祖、梁士模、殷汝骊、陈策等，亦均在港候驾，故王特使遂于十九日来粤。莫督先遣江汉兵轮赴港接驾欢迎。

另据报载：王专使正廷初拟不返粤，即赴上海，闻其原因实以其母在沪，现适抱病，王专使以母年逾古稀，不能不前往省视。故虽经外交后援会暨各社团多方劝请，而行止犹豫不决。迨褚辅成议长等赴港，力为敦请，故允转旌。(《申报》1920年1月25日)

1月20日 宪法会议流会，先生等在东园欢迎王正廷，王备述欧洲和会经过情形及今后对于国民之希望。(《申报》1920年1月25日)

1月22日 出席宪法会议，因不足法定人数改开谈话会，与凌钺、张我华等主张通电宣布政系"破坏制宪"。(《申报》1920年1月30日)

1月24日 宪法会议再次流会，先生与林、吴议长以宪法会议名义，通电指责政学系议员破坏宪法，宣布暂时停止议宪。

一月二十四日宪法会议开会，议长林森主席宣告众院人数到三百人，已足法定人数。惟参院人数差十余人，不及法定数，改开谈话会。林森演说略云：吾人来粤护法于兹数年，救国目的丝毫未曾达到今之所希望者，在此宪法能于护法期间完成大业。不意少数人之牵制，又致功败垂成。数年来人民困苦流离，丝毫福利未曾得到。即此百余条纸上空文之宪法，亦属望梅不能止渴，殊足令人伤心。言既泪披两颊，不能终其词。同时在坐者多半涕泗汍澜，不能仰视。年老议员如李文治、樊文耀等尤为哀痛云。乃宣告暂时停止议宪(电文略)。(吴宗慈《中华民国宪法史》第312页)

1月28日 与林森、吴景濂等发表通电，反对山东问题直接交涉。

（衔略）两国宣战，所有条约，概引废弃，此国际之公例。我国自对德宣战后，中德间一切条约，当然无效。德国根据一八九八年三月六日所取得山东之权利，亦即丧失。前对于巴黎媾和条约中之一百五十六、一百五十七、一百五十八三条，拒绝签字者，职是之，由该和约所关山东三款，我国既未承认，复得美国上院决议保留，英、法默认。是条约上山东各种权利，德国既无权转移，日本更何自取得。乃日本挟其强权，蔑视公法，对于山东权利，强欲承继，我国人民誓死不能承认。现日本竟通牒北庭，藉交还青岛为名，诱我直接交涉，彼之狡诈百出。前此二十一条之胁迫，军事协定之阴谋，丧权辱国，痛犹未已。今若再堕狡谋，自铸大错，匪特拒绝德约之前功尽弃，并失友邦主持公道之同情。况国际联盟业已开幕，正宜根据该会约章，提交公判，则山东主权或有挽回之一日。一发千钧，事机危迫，用特电恳我全国父老兄弟，同心抗拒，协力匡救，以绝后患，而保国权，不胜盼祷之至。参议院议长林森、众议院议长吴景濂、副议长褚辅成暨参众两院议员同叩。勘。印。（《申报》1920年2月3日）

1月29日　鉴于国内外形势之变化，唐绍仪致电广州军政府，提出续开国内和会的建议。（《近代史资料》1980年第1期第207、208、209页）

同日　先生与吴景濂致电卢信译转唐绍仪，认为有必要改组军府，并谓："对于改组办法能探得中山意旨尤佳。"（同上，第209页）

同日　与吴景濂又致电云南督军署转郭宇镜，告知自6日宪法会议后之情形。提出改组案二种，请"即陈莫（继尧）、夔（继虞）二公，从速商定"。

> 郭宇镜兄鉴：……自六日宪法会议后，政系二十余人始终不出席。子超与辅各设宴疏通无效。协和出为调解，又无效。经各派协商十余次，彼派屡承诺而屡反复，甚至五十号代表王源瀚、沈钧儒自提之条件，要求于已通过之第一项加一但书，列入议事日程，各派俱已承认签字，而彼派独不具名，坚执非再行反证表决不可。至廿四日仍不出席。众见其已有破坏议宪之决心，无法挽回，遂决定暂停宪法会议，发通电以明责任之所在。详情见通电中，不赘。
>
> ……
>
> 为今之计，果以改组为然，惟有请冀公作主之一法。其改组之方，拟有两种：一、请冀公来粤主持，现制不必大动，略加整顿已足。二、总裁不另举，单换主席。尔后或以伍代或轮充，另设政务院，以协和为长，以图振作。请兄即陈冀、蘷二公，从速商定，采用何法，望迅电复。闻冀公将赴龙州与武鸣（陆荣廷）会商，此举极赞成，并盼速行。景濂、辅成叩。艳。（同上，第210、211、212页）

2月3日　与吴景濂致电唐绍仪，反对章士钊等与北各代表私人之接洽，指出：章等行为并不代表军府意志。（同上，第213、214页）

2月4日　与吴景濂致电唐继尧，告知近日政系急于求和及伍总裁与海军、各省诸代表对此事的态度。

> 云南唐总裁鉴：近日政系急于求和，对于主张正义者，不惜骗吓兼施，多方压迫，盛唱徐（世昌）、陆（荣廷）直接议和之说。恫吓唐总代表，迫其承认修改会议规则，即日开议。少川遂有艳电请示军府。此计若行，将来

和会中取决多数，南有一二不肖者与北沟通，所争条件势必全盘失败。幸冬日政务会议讨论此事，伍总裁与海军及各省诸代表多已洞烛其奸，力持反对。议决电复唐总代表，谓修改规则系章士钊个人主张，军府并无此意，并徇少川意，严催北方速办取消军事协议，方与开议。足见粤中各方面多与尊旨相合，绝非群等屈服。且干老（荣廷）自吴佩孚决心撤兵后，态度大变。近电嘱马济出兵一师援湘，另以他军一师为辅，已由督署开军事会议决定，西南局面大有可为。所惜者，军府方针不定，未能一振士气耳。改组案同人催议甚急，弟等力穷应付，艳日致宇镜电，请其转达奉商，务望早示南针，不胜待命之至。吴景濂、褚辅成叩。支。（同上，第214、215页）

2月14日 与吴景濂致电唐绍仪，告以近日与唐继尧函电往来情况，以备唐"应付时局之参考"。

卢信公鉴：译转少老鉴：蓂赓致濂等歌电，致协和转滇军及致印泉（李根源）两庚电，关系重要，特电转闻，用备我公应付时局之参考。……其致协和转滇军庚电有云："……惟参谋部长李公协和，屹立于各党之间，持正不阿，久为一般人士所敬仰。在军府为继尧代表，尤为此间所倚信之人。且屡率滇军两靖粤难，与诸将士共同患难，树立光荣，情谊相关，尤极深挚。以后如有时局疑难问题，关于滇军动作，务希诸将士随时请示协公，以端趋向，特电谆嘱。"又电印泉"取消滇军总司令，归参谋部直接指挥"各等语。

按此三电，蓂赓对于和事一节，专仗我公主持，固深且著明，而关于世局解决，其痛愤印泉与政系之假用滇军图私，此后宜倚重协和，亦甚昭著。似此内部整理与和议公开，公共之目的尚能贯彻，故和会规则修改一节，仍冀勿与赞成，先此转陈。余后续。濂、辅叩。寒。（同上，第217、218页）

3月11日 岑春煊电西南各省当局，征求对于曹锟、张作霖、李纯所提解决时局办法五条意见（即召集省议会联合会，承认徐世昌为总统，设弼政院等）。

3月24日 唐继尧就有关解决时局办法之意见致电林、吴、褚三议长，反对岑（春煊）与北方所议之解决时局办法。（同上，第221、222页）

3月29日 广州军政府政务总裁伍廷芳携关余离粤赴港。伍到香港后于4月9日致电（林、吴、王、褚）四议长及国会议员诸君各总裁等，述离粤理由。文末云：

廷芳离粤后，广州政务会议不足法定人数，照章不能开会，一切行动，概属无效。廷芳忝长财政，责任攸关，特将关税余款，携以偕行。廷芳一生于公款出入，不苟丝毫，操守如何，国人当能共信，所有收支数目，自当详细报告。知关廑念，并以奉闻。伍廷芳。青九。叩。（李培生《桂系据粤之由来及其经过》第203、204页）

3月30日 先生与林森、吴景濂致电唐绍仪，主张国会迁上海自行集会。（《近代史资料》1980年第1期第222、223页）

4月1日 搭金山轮离穗赴港，行前号召国民党籍议员一律赴港集中，并指挥两院秘书厅将所有印信、卷宗分批运港。

星期四日（本月一日）曾由众议院副议长褚慧僧在沙面域多厘酒店召集各派重要人物（褚寓、照霞楼重要分子，商量起程及一切事宜），并促议员克日到港，买舟赴

沪。当晚八时褚慧僧即搭金山轮船赴港，办理招待事宜。（《申报》1920年4月12日）

4月4日 先生等在港安排议员赴沪制宪，经费由伍廷芳关余项下拨充。

> 有新自香港归来之某君所谈，自昨日（四日）下午止，议员之在香港领取旅费候船待发者，两院合计已达两百人以上。两院秘书长暨各科长，已经搭轮船赴沪，先行组织秘书厅。据吴、林、褚三议长先后与各省议员接治，将来陆续赴沪者，参议院可得一百二十余人，众议院可得三百人，其业经赴沪者尚不在内。……
>
> 滇军改编问题，自李部长烈钧前日（三日）归来后，此事表面上已告一段落。目前，西南方面最大问题，即在国会移地制宪一事。据闻此事之决定，实在众议院正副议长吴景濂、褚辅成最后一次亲携公文赴军府，谒见岑西林总裁，催促国会经费，系根据东园谈话会之结果。东园谈话会议决，即委托议长向军府为公式的最后之催索。岑西林总裁以病却之，两议长知军府无维持国会之意，乃向伍总裁磋商，暂由关余款若干，维持目前。伍答称在现在军府之下，予决不能以关余接济国会，若能迁徙他处，尚可商量云云。于是移沪制宪之事遂即时决定。吴议长犹恐伍总裁徒托空言，遂约以同船赴港。到港后，伍即将所提关余（约百万）交由吴议长托香港某银行汇往上海，仅留一部分为在香港发给议员旅费之需。（《申报》1920年4月11日）

4月6日 留穗未走的国会政学系议员通电攻击林、吴、褚三议长，谓："吴、褚变志违法，携印款潜逃，如假议长名义发表文电，概属无效。"末请王正廷回粤主持院务。（《申报》

1920年4月8、11日）

4月8日 自广州到香港之国会议员决定在上海集会,吴景濂即往筹备。吴抵沪后发表谈话云:

> 吾人离粤后,政学系欲改军府,组织非常国会。然非常国会组织法,系以参议院长为议长,众议院长为副议长,今予与林、王、褚三君均已离粤,议员来沪者又有多人,始终留粤者五十号、石行会馆两部与维新俱乐部,并计不出五十人,当然无产出议长之余地。彼等在粤,因互争议长不决,竟有孙光庭为参院临时主席,兼督众议院事务之怪头衔。(李培生《桂系据粤之由来及其经过》第207、208页)

4月9日 先生与林森、吴景濂等联名发表通电,斥责岑春煊违法。

> (衔略)溯自叛督倡乱,"约法"失效,国会遭非法解散,总统被迫去职,国会同人不得已,乃依据"约法",自行集会于广州,制定"军政府组织大纲",选举大元帅,后复修改组织大纲,选举总裁七人,组织政务会议,依会议制代行国务院职权,摄行大总统职务。一再宣言,矢志护法救国,为国人所共闻见。

> 嗣因频年战争,重苦吾民,欧战告终,国人望治,由双方政府派全权总代表,开对等和议于上海。凡法律外交政治军事诸问题,应悉由上海和会议决,依据"军政府组织大纲",请求国会同意。法理炳耀,昭若日星。

> 不意总裁岑春煊自就任后,即勾通北方,阴谋苟合,以金钱、阁员、督军、省长与夫八省铁路督办,为私人权利之交换。报纸喧传,五声四播。森等以事未征实,正待

详查。乃岑春煊三月真日致电唐总裁继尧，竟以北方数省督军，提出解决时局之办法（五条），征求同意。其条件首列解散国会，创造省议会联合会；次为西南取消自主，电贺非法总统徐世昌为大总统。其余三条，亦无非毁法乱国，瓜分权利。至全国民所奔走呼号之外交问题，则付诸北方指派之非法机关审议之；全国民所痛心疾首之武人专横，则由西南军阀与北廷直接协商维持之。拟此违反民意，贻误国家，视国会如无物，置全权代表及其他总裁于不顾。目无法纪，尚何护法之有。祸国殃民，又何救国之有？

至国会经费，向由盐款拨支。而岑春煊以勾通北廷之故，嗾使莫荣新，设计把持，历十三月，竟不照发，计在使国会无形消灭，以便私图。其用心较袁世凯停止议员职务，督军团胁迫解散国会，犹为险毒。

森等职任国会议长，受国民寄托之重，护法三载，大义昭然。今竟以数年来重苦吾民之结果，徒供少数人权利之交换。顾念职责，义难容忍。谨先持岑春煊违法祸国之尤者，宣告国人。并即相继离粤，另择地点，继续开会，以贯彻护法救国之初衷。广州军政府政务会议，自伍总裁廷芳离粤后，已不足法定人数。此后一切行为，概不生效力。而森等则惟有矢诚竭力，一本初志，以与我全国国民共勉之。参议院议长林森、众议院议长吴景濂、副议长褚辅成等同叩。（顾敦鍒《中国议会史》第338、339页，苏州木渎心正堂1931年版，下同）

同日 在港面晤议员胡林坡、尹承福，表明在沪设立国会之决心

周循社通迅云：林子超去粤，吴莲伯随之，其留在

广州者只褚辅成一人而已。当时各议员以三议长竟去其二，牵动甚大，诚恐国会随之破坏，遂致函褚辅成，求维持国会之计，乃褚函未复，亦随之赴港。各议员之留省者举出中立派议员胡林坡（宪友社）、尹承福（维新俱乐部）、王葆真三人，于九号赶赴香港，面见褚辅成。

问：阁下尚回粤否？

答：此刻难于回粤。

问：阁下对于六年宪法会如何主张？

答：我固不承认此说，亦可代表吴莲伯（因此时吴已赴沪）绝对否认，此事于法律上说不（过）去，两院系以院法所组织而成，现在两院议员有解职者，有投降于安系者故也。

问：阁下对于新旧（国会）合并制宪之说又如何？

答：新国会与旧国会熏莸不同，气味不投，绝不能合并。

问：闻各议长及一部分议员拟在上海设立国会，此事究竟有无把握？

答：此次离粤，系出于不得已，不辞而行，非常抱歉。将来到沪设立国会成功时，当必通电各同人赴沪，维持大局。但此行系出冒险，将来成功与否，尚不能预决，大约有七成把握。无论如何，必竭吾侪之力以为。如若不成，则宁牺牲三议长（因三议长不回粤也），任由各议员再行回粤也。（《申报》1920年4月20日）

4月14日 吴景濂忧虑西南局势，就开议条件、调停闽、粤诸事，致电先生。

（衔略）真、文电悉。中山俟国会通电再为声援，免谓国会为被动。延之（缪嘉寿）已去两电，请冀赓主持。子和（饶鸣銮）乘广利回粤，谈话数次，均肯切，意谓陈事现虽不可挽，如中山、少川、秩老（廷芳）及三议长能发通电主张公道，亦可平海军愤气。商之少公，以难措辞，无结果。中山不置可否，就近请商于秩老。章士钊请麦律师在英公堂起诉秩老，本星期四预审。少公正设法打销。开会地点，急切难定。移沪开会事，北总代非开议不能签字。开议后，并可照少公先提之八条，一概承认。惟删去第七条临时二字。关于法律、外交两条，均加附条。惟法律条内限十月十日改选。参减额二分一，众减额三分一。弟大反对。少公并虑开议签字无实力保障，恐为北愚，持重不敢进行。且王催之甚急，疑有阴谋。而徐现又勾结岑、陆，对唐大反前议，因此更为迟回。此事南代惟延之知，余以决心未下，不敢协商，请急秘之。弟与少公迭商，亦不能决断。既恐岑撤销南议，又恐开议被欺。而伯兰派复通电耸动议员返粤，捏造谣言，真不可解。时事破坏至此，人心险诈如彼，可为浩叹。弟意无论如何，吾人仍抱定宗旨奋斗。一盼协和早日离粤，滇帅下大决心。二调停闽粤之事，以免渔人得利。设此事不能作到，恐西南将变成不可收拾之地位。至租界觅地挂牌开会，非与各领事交涉清楚不易办到。滇调缪回，以由宗龙代理，何意？兄未去滇之先，来沪一商，再去为盼。濂。寒。（《吴景濂卷》第5册第865页）

4月15日　先生在港复吴景濂寒电，提出取消岑职；赴漳或赴滇、组织政务会议二事。（同上，第868页）

4月17日　致电吴景濂，告知唐继尧对和会诸问题的四项主张。

……众难（林学衡）已到，详陈莫赓主张如下：（一）军事仍积极准备，但须竞存（炯明）先动，协和先离粤。（二）政务会议须速组织，可暂以漳州为根据地。（三）对于大局，以尊重和会为主旨，其手段取速开议，缓签字。（四）宣布岑罪，留作第二步，若发表军府行动无效电，则可署名。莫赓对于陈方问题，极为注重，以此事不先解决，诸事不能进行也。延之回滇，因李纯变计联唐，许以种种利益，请其回滇面陈。昨箴三密告，政系以秀山（李纯）靠不住，请其赴保勾曹。合观之，足见岑又失败。望密之。辅。筱。（同上，第872页）

4月21日 与林森、王正廷、吴景濂致电孙中山及西南各省当局、各军队，否认3月29日以后之政务会议。宣告军府职权中断。

（衔略）军政府之职权行使，依军政府组织大纲，由国会选举总裁七人，组织会议制之政务会议行之。兹孙总裁文、唐总裁绍仪驻沪，并无代表出席。唐总裁继尧，于二月已准其列席政务会议之代表赵藩（樾村）辞职。伍总裁廷芳又于三月二十九日离粤。是自三月二十九日始，政务会议已不足法定人数，所有免伍廷芳外交、财政部长等职，及其他一切决议事件，概属违法行为，当然不生效力。至军政府外交、财政两部，只认伍廷芳为合法之部长，一切外交、财政事宜，仍应由伍总裁兼部长负责。用特宣告中外，以维法纪，而正观听。参议院议长林森、副议长王正廷，众议院议长吴景濂、副议长褚辅成。马。

（顾敦鍒《中国议会史》第340页）

4月23日 在香港致电吴景濂："24日乘轮来沪。"同日，

留穗众议院议员举陈鸿钧代行众院议长职。(《申报》1920年4月23、28日)

4月24日 吴景濂据先生转述唐继尧对和会诸问题的四项主张,特电唐指出,"军府之设,宜在滇不在漳",并述理由。(《近代史资料》1980年第1期第225页)

4月25日 唐继尧、伍廷芳、唐绍仪宣布脱离广州军政府。27日,李烈钧被迫从广州秘密逃往香港,旋由港转赴上海。(《孙中山年谱长编》第1244、1245页)

4月28日 先生由港抵沪。

> 众议院副议长褚辅成君,偕议员陈策、众院秘书长潘训初及秘书多人,乘英国邮轮于昨(二十八)日上午九时进口,旧国会两院正副议长四人至是已全数在沪矣。据潘训初君言:两院议员在香港领资来沪者,众院有二百四十余人,参院有一百零几人。现留在广州者不过七十余人,尚有一大部分有愿意来沪之表示。至两院文卷(除不完全之印品)及重要物件,粤中无一留者。(《申报》1920年4月29日)

5月3日 出席国会议员谈话会,会商议员发款、赴滇诸问题。(长沙《大公报》1920年5月8日)

5月4日 岑春煊与桂系军阀嗾使政学系议员及留粤少数国会议员集会,"改组"军政府,补选熊克武、刘显世、温宗尧为政务总裁。意在分化滇系。

5月5日 主持在沪国会议员谈话会,正式决定国会迁滇。宣布否认广州的军政府与国会,将情形宣告云南当局。(《申报》1920年5月6日)

5月8日 在孙中山宅集议,国会仍决移滇。

唐继尧总裁主张将旧国会移设重庆,已志本报。孙、伍、唐三总裁及国会四议长,业于八日在莫利爱路孙宅正式集议一次,均主张国会仍应移滇。盖国会所在地,即为军政府设立之处,重庆虽较近便,然由沪经安南赴滇亦不甚艰。而图安全计,更非去滇不可,故一致主张军府、国会应移设云南。已将情形电复唐蓂赓总裁,请其同意,国会移滇似已确定矣。(长沙《大公报》1920年5月13日)

5月12日 在通讯处约各筹备员及赴滇宣言起草员议赴滇宣言。(长沙《大公报》1920年5月13日)

5月13日 先生与林森、吴景濂联衔发表真电,驳辩岑春煊于四月号日之通电。(《申报》1920年5月13、14日)

5月15日 主持国会议员第二次谈话会,修正国会移滇开会之宣言。与林森、吴景濂、王正廷领衔暨国会两院议员共320余人以"快邮代电"公布,文曰:

各省省议会、教育会、商会、农会、工会、各界联合会、学生联合会、各报社、上海各报馆钧鉴:

叛督称兵,约法破坏,国会遭非法解散,总统被强迫弃职。同人等职居最高立法机关,受国人委托之重,不忍大法凌夷,国本摇动,乃自由集会广州,初开国会非常会议,继开常会,再开宪法会议者,所以行使我中华民国之立法权也。组织军政府,选举大元帅,后修改军政府组织大纲,改选七总裁,以合议制组织政务会议,并代行国务院职权,摄行大总统职务者,所以维护我中华民国之统治权也。

不意自岑春煊、陆荣廷尸位军政府总裁以来,专意通敌,单独媾和,破坏护法,事实昭著。近复派章士钊、郭椿森等勾串叛督,秘结五条办法,牺牲国会,并私发真电。嗾使莫荣新扣留国会经费，意欲使国会无形消灭，藉除私和之障碍，且派军警围搜两院秘书厅，淫威滥施，横暴万状。同人等不能开会行使职权，遂相率离粤。关于离粤详情及岑氏违法祸国罪状，曾经通电宣告中外。惟同人等职责所在，奚能放弃。兹本国会自由集会之义，移滇开会，誓达护法救国之初衷。所有广州政系议员，并无合法之议长为议会主席，其私选总裁及其他一切行为，完全违法，当然无效。广州七总裁已去其四，政务会议已不足法定人数，所有任免职官及其他一切议决，概属违法，亦当然不生效力。至恢复六年宪法会议，及新旧国会合并制宪等谬说，尤属无稽滥言，岂能以伪乱真。谨此宣言，藉正观听。护法救国，矢志不渝。凡我国人，其速奋起图之。林森、吴景濂、王正廷、褚辅成、丁象谦、张我华、陈时夏、居正、周震麟、谢持、马君武、温世霖、孟森、常恒芳、陈策、吴宗慈、罗家衡、郭同、杭辛斋、赵舒、田桐、白逾桓、张伯烈、李锜、覃振、张瑞萱、刘奇瑶、马骧、李华林、（人数与名单不全，下略）（《申报》1920年5月16日）

按：《近代史资料》1980年第1期，《革命文献》第51辑，两处所载此文个别文字有所不同，本书采用《申报》所载。

5月28日 出席国会赴滇筹备员谈话会，时赴滇经费发放仍无确期。（长沙《大公报》1920年6月2日）

5月31日 议员质问唐绍仪二事，经沟通后双方释然。

自孙、唐、伍、唐四总裁宣告对北和议后，王、唐两代表双方往来颇形亲密，一时各报喧传谓：和议条件中有新旧国会同时取消之说。日前旅沪国会议员推定王湘、胡祖舜、张瑞萱、王用宾四君,偕同两院议长质问和议总代表唐少川。三十一日午后四时,约唐在科登路伍宅会面,当时除国会王、胡、张、王四代表及吴景濂、褚辅成两议长外,尚有伍博士、徐元诰、居正、伍朝枢诸人在座。首由褚、胡述国会议员公意,质问二事:(一)唐总代表连日与王揖唐会晤接洽和议大概情形如何;(二)据各报载有议和案件,有新旧国会同时取消之说,是否属实。旋唐颇露不满之态度。……唐答称:虽连日与王揖唐见面,此乃属于个人交际,尚未谈及条件如何,什么新旧国会同时取消的话,我亦未曾说过,大家相信我就没有说的,,如不信我,尽可取消我的代表。于是王、胡继言曰:适才唐先生所讲的话,我们原来恐怕报纸所载不实,所以公推我们前来问明。我们乃是昨日谈话多数之意见,并与个人责难不同。我们同属护法团体,如有怀疑之处,当然质问。唐先生要晓得我们没有工夫天天开会,推代表来相质问,至于个人本没有意见向先生发表之必要。时唐态度顿形缓和,笑向诸代表曰:良心如此,请将转我的话转告议员诸君。于是各代表兴辞而出。(长沙《大公报》1920年6月22日)

6月2日 出席孙中山、唐绍仪、伍廷芳、李烈钧及云南代表在孙宅举行的重要会议,否认广州的军府与国会。

昨(二日)日下午三时,在沪之军府总裁孙中山、唐少川、伍秩庸、唐蓂赓代表李协和暨国会两院议长吴、林、王、褚四君,及各省各军代表赵世钰(陕西)、覃震(湖南)、谢持(四川)、由宗龙(云南)、王世荣(贵州)、陈策（鄂西）等多人，在孙中山住宅集会，讨论应付时局办法，历时甚久。结果决定由孙、唐、唐、伍四总裁发表正式宣言，通告中外，声明不承认广东残留之军府为护法政府，残留之国会议员既无合法议长，亦不能认为国会，其所议决事件，完全不生效力。此项宣言，已经四总裁同意，现正在起草中，日内即可发表。(《申报》1920 年 6 月 3 日)

6月5日 出席国会赴滇筹备会，报告赴滇起行船位暨旅费筹划情形。(《申报》1920 年 6 月 7 日)

6月7日 郭同、李华林、汪彭年等上电孙中山与军政府在沪各总裁及国会林、吴、王、褚四议长，请将国会及军府移至重庆。(《中华民国史事纪要（初稿）》第 271、272 页)

6月10日 主持在沪国会议员谈话会，决议发放赴滇旅费办法等事。

昨日（十日）下午三时，在沪旧国会议员，就法租界凯自迩路议员通讯处开谈话会，到会议员六十余人，褚副议长主席。议决数事后，推举赴滇筹备员，拟定发给赴滇旅费办法三条，请众讨论，结果照原案通过。嗣后由沪启行之议员，在沪发给旅费二百元，倘领费后不能赴滇者付停。在沪之维持费，由粤启行者，其旅费二百元，至云南发给云。(《申报》1920 年 6 月 12 日)

6月12日 决定第一批议员赴滇。

国会移滇问题，经各省筹备员多日预备后，刻下已领有护照暨尚未领照已决定启行者，计参、众两院五十余人，均定于本月十二日乘英国邮轮起行，为第一批至香港，然后转船至海防，换车赴滇。众院副议长褚慧僧亦于第一批前往，议长吴莲伯则俟月底第二批启行时再行出

发。参院王副议长定于七月前往，议长或将与吴莲伯君同行云云。(《申报》1920年6月5日)

6月13日 响应孙中山、唐绍仪、伍廷芳、唐继尧于6月3日发表之宣言，致电孙、唐、伍、唐四总裁，请克期将军政府移滇。

> 上海孙总裁、唐总裁、伍总裁、云南唐总裁均鉴：奉江日宣言，仰见不辞危难，力肩艰巨，护法爱国，始终不渝，迴环雒诵，钦佩同深。夫国会军府为我护法团体之中枢，自国会离粤，广州无国会；自伍总裁离粤，广州无军府，森等早有宣言，尊论尤为痛切。现国会移滇，业经通电宣言，兹已成行有日，诸公决议移设军府，洵为切要之图，务望克期成立，力谋完备。至和平固为国人所殷望，而永久和平仍当求之于法治，故保全法系，正所以巩固国基。和议倘能重开，深冀体念国民多数之心理，贯彻护法救国之初衷，庶国脉可保，正义能伸。临电祷祝，谨此奉复，诸希察照。林森、吴景濂、王正廷、褚辅成。元。(《中华民国史事纪要(初稿)》第276页)

6月15日 偕丁惟汾、张瑞萱等议员乘太古公司绥阳轮船启行赴港。

> 旧国会众院副议长褚慧僧暨议员丁惟汾、张瑞萱、凌钺、童杭时、白瑞、申炳炎、杜凯元、康汝耜、宋慎、童启曾、阎绶卿、于恩波、方因培、张秉文、高子厚、刘汝麟、邓天一等二十人。又众议院职员四人，均于昨日(十五日)上午八时乘太古公司绥阳轮船赴港，然后转船经安南赴滇。至昨日止，议员成行者已二十人，职员亦有十人。众院议长吴莲伯因抱病新痊，尚须休养数日，参

院议长林子超亦须稍有所待,现尚未定行期云。(《申报》1920年6月16日)

6月18日 晚,抵香港。在港致函林森、吴景濂、王正廷三议长,就此后议员顺利赴滇提出四点应注意的事项。

子超、莲伯、儒堂三兄均鉴:别后次晨(十二日)动身,途中无风无雾,舟平如砥,十八号晚即抵香港,同行均安。兹定后日(二十三日)分乘海门、河内两船赴海防,月底定可抵滇。今将此后赴滇应注意各事分陈于下:

一、乘镇安、绥阳(轮)来者,仅得奉、直、鲁、皖、豫、苏、浙、滇八省。照非常会议规则,尚少八省。请催吉、黑、晋、陕、湘、鄂、川、黔、赣、闽、粤、桂、蒙、藏各省(白瑞已赴粤,故蒙古亦无人)速来一二人,俾足法定省数,以备缓急。

一、由港赴海防火船,海门最大,据云有二千七百余吨。此船系中国人租开,船价较廉,头等五十元,二等三十元,三等十二元。头、二等舱位约各十余,须三日前预定。……

一、此后汇款已与富滇分行总理杨君少韩接洽,彼可代办。汇水较沪稍长,港币千元可兑滇币壹千一百十元。(此间港元币价值比上海稍低,上星期最高时每元作银七钱二分五。带来沪币每百可申二元。)将来如有整批汇滇,(至少一次汇四五万元)可将款存上海银行,来一水电通知富记,(住址另纸)电托上海商号代收,由彼负责。一面电知滇总行付款,汇水照收款之日,依港市结算。如数目不多(一万以下),可即电汇香港富记。彼接电后,即按市价汇滇香港富滇分行。张木新等已去,想不致有危险也。

一、此间请领护照，诸多为难，不给小费，往往等候二三日不能到手。……此后赴滇者须在上海办妥，至要至要。容到滇后再陈。顺颂公绥。弟褚辅成敬上。(《吴景濂卷》第 1 册第 235 页)

6 月 23 日　在港乘法国邮船赴滇。

旧国会议员自十七日起，已陆续乘轮赴港，再由港转轮取道海防入滇。据闻到港议员均定二十三日偕众院副议长褚辅成，乘法国邮船前往，李烈钧亦于是日同船。(《申报》1920 年 6 月 21 日)

至六月三十日止，由上海法租界凯自迩路议员通讯处领取赴滇川资陆续出发者，计众议院张秉文、褚辅成等七十二名，参议院丁象谦、彭介石等二十四名。由港、粤方面迳行前往者不在此内。(《申报》1920 年 7 月 5 日)

7 月 2 日　抵滇。次日致电王正廷，对川事形势颇为乐观。在滇演讲"联省自治"之说。

昨晚抵滇，寓卦仕街招待所。在滇集会，冀公已同意，且谓如和不成，国会、军府均须积极进行，非仅挂牌而止。川事颇利，资中已下，现围成都，大势不日可定，请诸兄偕未到各省同人速来。辅。江。(《吴景濂卷》第 1 册第 235 页)

一九二〇年褚辅成、殷汝骊等倡"联省自治"之说。他们认为：中国幅员广阔，人口众多，民族繁杂，各省民情习俗，各不相同，欲订一部全国性的宪法，困难很多，主张各省自订宪法，实行自治。中央政府仅管军事、外交，地方政治不应插手。这就是他们当时所谓的"联省自治"政见。……是年八月间，褚辅成、殷汝骊邀同章炳麟、郭同（大公报编辑）等，联袂到达昆明，云南联军总司令唐继尧召开盛大欢迎会，命各界人士亲聆褚等演说。章炳麟当时亦颇韪褚等的谬论，实际上褚等特利用章炳麟以重其说。唐继尧对褚等特别招待。（龚师曾《追随孙中山北伐回忆录》，全国政协文史资料研究委员会编《文史资料选辑》第24辑第18页）

7月8日　吴景濂为催促同人赴滇诸事致电先生云："正照江电所嘱进行，设法催促同人赴滇。"（《近代史资料》1980年第1期第232页）

7月10日　出席参、众两院联合会，致电孙中山、唐绍仪、伍廷芳等，报告移滇开会宣言。

> 孙中山、唐绍仪等昨接云南来通电云：上海孙总裁、唐总裁、伍总裁、徐季龙部长、伍次长、南方议和各分代表、各省军区代表（以外衔略）均鉴：中华民国国会于本年七月十日开参、众两院联合会，议决国会移滇宣言。文曰："国会移滇，早经两院议员开会决议，宣告国人。现两院议员业已集合于云南省城，组织机关，行使中华民国国会职权，以维护法统。兹于七月十日开两院联合会，决议为国会移滇成立之宣告，特布云云。特于本日宣布。中华民国参议院、众议院。印。"特此奉闻。褚辅成。灰。（《申报》1920年7月27日，（顾敦鍒《中国议会史》第340页）

7月11日　吴景濂为请与唐继尧等切商谋奠西南局面，致电先生。

> 云南褚辅成副议长：……宜乘北方内讧时机，速奠川局，一面将留湘滇军，与湘帅联合，作窥赣之预备。赣

地空虚，以滇、湘之力，足以取之。取赣后湘、赣联合进行，可以规画鄂、浙，建立以自□藩篱。若能分旧日之兵力，并援秦中，就可树建瓴之势。弟之鄙见，请与冀公、侠公切商，以定大计。至盼。濂。真（七月十二日发）。

（《吴景濂卷》第3册第530页）

7月12日 为邀各省同人迅速赴滇议定国会、军府改移于渝事，致电吴景濂。

蒸日开联合会，议决移滇宣言及电请孙、伍、唐三总裁来滇组政府电已发。今直、皖已开战，国内将大乱，非速将军府、国会移渝，不足收拾国事。请三兄迅偕未到各省同人，并邀季龙、梯云来滇决定大计，中、秩二老能来更佳。款勿全汇，望照来滇人数，每人月留百元，存上海银行。诸兄何日行，盼水电复。印议文件，俱可带来。辅。吻。（同上，第244、245页）

7月16日 就谈话会决议国会从速移渝，及众议院诸项费用预算事致电林森、吴景濂、王正廷。

昨日开谈话会，决定国会设渝。未移以前，须开非常会，以取消岑职。人数缺七省，非三兄倡导，恐皆观望。请克日带同来滇，其余议员、职员可径赴渝。八月份经费及赴渝川资，以议员五十人计，约需三万五千元。望即汇滇。并取上海银行票二册寄来。留沪议员可将八、九两月维持费作川资。此后来电，须由水线。线电费已议决，作正式开支，盼立复。成都已下，石军先入城。辅。铣。（同上，第1册第247、248、249页）

7月17日 再函吴景濂、林森、王正廷，催促各省议员

速赴滇开非常会议。(同上)

7月22日 就召开非常会议取消岑职诸事,致函吴景濂。

> 莲伯吾兄大鉴：……昨开谈话会决定，如不能开非常会议，即开联合会，取消岑职，已推人起草矣。移渝之期，定来月中旬，预计九月二十左右可抵重庆。请兄与子超先去数日，预为布置一切，俾弟等到后获稍休息也。……请告勤宣、藩侯二兄，去函转陈关余交款事。莫公已将办法送交法领事，请其转达法公使（现领袖公使），其办法大要如下：
>
> 一、须将关余全数交付合法之总裁，由此方分配各省区；二、如为接洽便利起，可以区域广狭为准，酌留若干，径交两广当局，此方须得三分之二以上；三、如不能照一、二办法办理，所有关余请公使团保留，万不承认交与非法之军府；四、无论采用如何方法，非得此间承认，不得交款。
>
> 此就记忆所及，略书大概，如欲知其详文，请向鹤仙兄索阅报载。伍秩老已返沪，将来重庆成立政府，此老非去不可。请兄竭力劝驾。秘书厅事务、文牍较繁，暂委萧剑庐代理科长。特闻。此颂近祺！弟辅成上。七月廿二日。(同上，第256页)

7月26日 李烈钧自云南取道贵州赴重庆，主持在川之滇、黔军。(《中华民国史事日志》1920年7月26日条)

7月28日 孙中山、唐绍仪、伍廷芳、唐继尧致电徐菊人、萨鼎铭、云南褚慧僧议长、转参、众院诸公，各省省议会。督军、省长，再度宣言，重申护法救国主张。(上海《民国日报》1920年7月29日)

8月6日 吴景濂来电云："对徐（世昌）应加否认"。

云南褚辅成：支日安部解散（于八月四日为徐世昌下令解散），委李纯为总代。李向与岑、陆勾结，请即开会取消岑职，以戢阴谋。卖国贼段去徐在，对徐应加否认。与超兄已发通电，望滇同人一致声讨。俭、歌两电所陈，冀公意何如？沪报及商业公团受运动，对旧会大施攻击，可注意。闻滇同人有回沪往渝者，请力劝阻。濂。鱼。（《近代史资料》1980年第1期第232页）

同日 唐继尧鱼电，对参、众两院决议国会移渝开会表示赞同。

云南抄送褚议长、上海唐总裁、孙总裁、吴议长、林议长、王议长鉴：顷得两院江电开示，议决国会移渝开会等因。查民国主权，依法属于国民之全体，而以国会为之代表。自因广州事变，国会分崩，民国主权，几致无所附丽。兹经议决移渝开会，既可主权行使之表现，又可正海内人民之观听。继尧宣言护法，忝任总裁，对此自应赞同。所望诸公从速赴渝，俾西南正式合法之机关早得成立，国家人民实多利赖。临电无任盼祷。继尧。鱼。（《申报》1920年8月15日）

8月7日 国会参、众两院联合会，决议取消岑春煊总裁职务。9日，致电在沪西南各要人，通告此事。

吴议长转孙、伍、唐总裁，王代表鉴：虞日两院联合会，万议员鸿图等提案，岑春煊毁法误国，亟应收取总裁职务案，当付讨论，全体可决。除电西南护法各省外，专此奉闻，并请通告各国公使为盼。参议院议长林森、众

议院议长吴景濂、副议长褚辅成。佳。(《申报》1920 年 8 月 14 日)

同日 与林森联衔发出通电,昭告中外:"即行撤去岑春煊总裁职务。"

> 各报馆均鉴:议员万鸿图等为岑春煊毁法误国,亟应取消总裁职务事,提出议案。文云:为岑春煊毁法误国,亟应取消总裁职务事。……岑与北方叛逆之伪政府勾通,破坏制宪,消灭国会,牺牲约法,希图交换私人权利,其罪已不容赦。……岑春煊既已罪状昭著,亟应取消其总裁职务,以挽前次国会用人之失当,而利今后护法戡乱之进行。……当于八月七日开参众两院联合会,决议岑春煊毁法误国,即行撤去总裁职务。准此通告。参议院议长林森、众议院副议长代理议长褚辅成。佳。印。(《申报》1920 年 8 月 18 日)

8 月 14 日 唐继尧致电唐绍仪等:请速往重庆设立军政府、国会。(《申报》1920 年 8 月 19 日)

8 月 20 日 与林森等发出通电,宣告于 8 月 26 日国会移至重庆开会。

> (衔略)国会为维持国家法律,保全国家纲维,不得已集会于云南,业经宣告国人。现北方不法武人,复自开战,扰害人民,危及国本。国会系国家主权所寄托,处此非常变故之时,不能不谋相当之救济,今因地域之便利,时机之必要。于八月二十八日移至重庆开会,特此宣言。参议院议长林森、众议院副议长、代理议长褚辅成及全体议员叩。哿。(上海《民国日报》1920 年 9 月 2 日)

9月7日 先生率在滇之两院议员由滇赴川。时四川战争正炽,途中遭遇险情。

> 此时,褚副议长辅成率去滇之两院议员,由滇赴川,行至叙府,适川、滇两军大战之时,两方将领,均与国会无怨,双方派人雇船送褚赴渝。褚离叙府次日,赵即被害。褚率两院同人,由叙府赴渝,途中遇土匪将船上辎重行李均解至岸上,褚副议长所戴之草帽已穿数孔,而人未受伤,亦云幸矣!土匪问褚曰:"诸位是作什么的?"褚曰:"吾们是国会议员护法的,有护法大旗及两院守卫。"土匪闻言,即向褚等抱拳道歉而曰:"对不住,诸位为护法,为国家奔走,来到云南,吾兄弟不知,殊为失礼。"移至岸上之物,复运回船上。(《吴景濂自述年谱》,《近代史资料》总第107期第77页)

先生在入川途中观宣威、毕节一带农民的极度贫困,甚觉凄惨。他在民国十六年撰《扶助农民根本计划》一文中谈及此事。

> 鄙人于民国九年从云南省城遵陆入川,经过宣威、毕节一带,所见山居农民一无米麦煮饭,皆以包谷(玉蜀黍)充饥,观其身上衣服更觉凄惨。其时已过中秋,未成年的儿童尚多裸裸,一丝不挂。男子大半并无衣裤,腰间所围,肩背所披,全是一块麻布。女子算是着有衣服,但是浑身补缀,奚窭鹑衣百结,远望宛似以树叶制成,大小的孔无数,一一露出肉体,问其何以度冬?答称家家以烤火过日子。如此困苦的生活,殆非人类所能忍受。(《浙江月报》第1卷第4号第3页)

9月22日 率议员抵渝。

予（吴景濂自称）等到重庆三日后褚等即由滇到此。在渝军、民、农、商、党机关，于某日假商会礼堂设宴欢迎，到渝同人，军事倥偬之时，地主如此盛大厚意，良可感也。并为予及林议长择张家花园为下榻之地。因张家花园距城十余里，往返均须有兵接送，予以其烦谢之，仍与褚副议长居于商会，林议长则往住焉。连日地方各方面之私人宴请者尤多。（《吴景濂自述年谱》，《近代史资料》总第107期第77页）

10月14日 重庆受熊克武围攻，次日被川军攻克，军政府解散。先生与林森、吴景濂发布离渝宣言，另觅地点开会。（《申报》1920年11月3日）

10月16日 晨，先生等离渝。

隆茂船于十六日早离渝，此时只能到宜昌，不能由宜昌到上海。予同林、褚至宜昌时，有人报告：王占元命宜昌镇守使将有不利予及林议长之举。……遂密搭怡和船至汉口。（《吴景濂自述年谱》，《近代史资料》总第107期第78、79页）

10月24日 岑春煊等宣言取消广州军政府。（《戊戌以后三十年中国政治史》第307页）

11月4日 彭邦栋诸人致电孙中山及林、王、吴、褚四议长等，合恳"远驾返粤，组织政府，以维持法系，巩固国基。"（《吴景濂卷》第3册第615页）

11月5日 先生与林森、吴景濂致刘显世一电，反对北廷宣布的所谓和平统一令。

贵阳刘总裁均鉴：熊、刘附逆，假地方主义以挫义师。贼辈反复，必起内讧，覆亡立见。二公艰难辛苦支持危局，中外共睹，最后胜利，终属二公，望勿以小挫介怀。顷粤军下广州，岑出走，宣告取消自主。北庭据此发布和平统一伪令，大为张惶。意欲欺骗外人，诱借巨款。岑氏如此下场，早在意料，固不足异。而北方竟敢蔑视公等迭次宣言，欲以一纸空文打消，情殊可恶。政务会议已通电中外，表示反对，各方称快，北方益以失信，惶恐非常。二公想亦同深愤慨，恳速电告内外，严重反对，破借款之阴谋，竟护法之全功，国家前途实利赖之。敢布区区，伫候明教。林森、吴景濂、褚辅成。歌。（《近代史资料》1980年第1期第233、234页）

11月7日 邹鲁、王试功等电请林森、吴景濂、先生等克日返粤"规复国会"。

自国会代议长孙光庭、陈鸿钧逃散后，参、众两院业已无形解散，惟各省议员现在留粤、留港未去者，仍有三十余人，极力为恢复旧国会之运动。顷悉民党派议员邹海滨、王试功等，昨在省议会集议，决定规复国会，在粤开会，仍以海珠酒店东园俱乐部为招待议员地点。闻其第一步进行办法，拟电请旧议长林森、吴景濂、褚辅成等克日返粤，为招集各省议员之先声；一面电请孙、唐、伍三总裁加于赞助，力促在沪各议员来粤。至广州方面，则由民党护法各议员向当局征求意见，俾得继续制宪，完成护法伟业。（《申报》1920年11月8日）

11月16日 与吴景濂致电谭延闿。

长沙谭督军鉴：协和此次行止，在渝时彼此曾经细谈。过湘确系假道，目的实在粤、赣。阅报载，贵省各公团对于协和之过湘，多所疑虑。在贵省屡遭客军之祸，惩羹吹斋，无怪其然。惟协和此次带兵南旋，于西南全局则有益，于湘决无不利。弟等曾与闻协和行止，知之甚确。我公爱协和逾我百倍，当能见信用。恳我公即贵省各公团力为解释，俾免误会，西南厚幸。吴景濂、褚辅成叩。铣。(《近代史资料》1980年第1期第234、235页)

  按：自上月15日川军但懋辛、刘湘、赖心辉、刘伯承攻占重庆，李烈钧、王文华等出走，军政府瓦解，旧国会议员东去。李烈钧部假道湘省入粤，引起谭及该省各公团疑虑。为此，先生与吴景濂特电谭延闿释疑。

同日　上海孙、唐、伍宣布赞成成立联省组织。

  ……窃念我西南各省各军以护法救国为职志，支撑数载，艰险备尝。现在，人民自决潮流所趋，吾人正宜本真正之民意，革故取新，推广平民教育，振兴农工事业，整理地方财政，发展道路交通，裁撤无用军队，实行地方自治。我护法各省，联合一致，以树全国之模范。诸公艰难共济，久证心期，尚望共策进行。国家前途，实利赖之。孙文、唐绍仪、伍廷芳等。佳。(《陈竞存〔炯明〕年谱》第9章)

11月24日　午后，先生出席两院议员谈话会，决赴粤。

  议长吴景濂主席报告，今日合集谈话会，本席首先报告事件。因在沪三总裁已决定于今日(二十四)附轮赴粤。而国会自重庆返沪一月以来关于前途问题，尚未与各位总裁为正式之交谈。前日下午五时与孙、伍、唐三总裁，并唐总裁代表邀请两院议长晤谈，为正式表示于国会之主张。……李君建民谓：现在赴粤与否，先决定大概赴粤不成问题，则筹款是第一问题。董昆瀛谓：吴议长已宣告决定赴粤，褚副议长去否？褚君辅成谓："诸公既决定前往，本席亦不敢后。"(《吴景濂卷》第 1 册第 271—289 页)

11月25日　与吴景濂、罗家衡等送孙中山、伍秩庸、唐少川三总裁等赴粤。

在沪西南军政府总裁孙中山、伍秩庸、唐少川三君暨唐蓂赓代表王伯群，均于昨日（二十五）清晨乘中国邮船公司轮船中国号启行赴粤。随行者有胡展堂、伍梯云、戴季陶、许崇智等。又卢信公、易次乾亦乘新宁轮船同时前往。张溥泉、汪精卫两君则于先一日乘他船启行。中国号轮船于昨晨九时由招商局中栈启椗，国会议长吴莲伯、褚慧僧，议员居正、罗家衡、刘奇瑶暨广帮要人均登轮送别，人数甚众也。(《申报》1920 年 11 月 26 日)

11月28日　孙中山一行抵达广州。29 日，孙中山重组军政府，召开政务会议，决定政府人选。以广州观音山旧督署为军政府府第。12 月 1 日，孙中山、唐绍仪、伍廷芳、唐继尧四总裁联名发表宣言，宣布军政府的建设方针和对北方政府的态度。(《孙中山年谱长编》第 1319、1324 页)

12月13日　先生与林森等搭四川轮船赴粤。

旅沪国会议员林森、褚辅成等数十人昨（十三日）来电称：已克期搭四川轮船来粤，其余各议员亦皆候轮出发。其已抵粤者则有吕志伊、万鸿图、禹瀛等数人。(《申报》1920 年 12 月 25 日)

12月18日　到粤，奉命筹备国会秘书厅。运盐使邹鲁奉命筹备国会事宜

孙文命运盐使邹鲁负责国会筹备事宜，议院副议长

褚辅成已于十八日早到粤。参议院议长林森在福州，日内启程前来。刻下褚副议长已派员筹备秘书厅，其地点仍设在广州大沙头旧地。（上海《民国日报》1920年12月29日）

军府既成立，势不能无国会以辅助之。近日恢复国会之说呼声甚高，旧议员源源到粤，众院副议长褚辅成已到。参院议长林森、众院议长吴景濂闻亦将到。明知议员之来，断不能足法定人数，然非常会议在所必开，孙中山已命运盐使邹鲁担任国会筹备事宜矣。至国会开后，军府之力量较厚，倘北方仍不能有所解决，则再进一步，即选举孙中山为正式总统，此举或将实现也。（《申报》1920年12月28日）

12月24日 长沙宗鹤庚等27人电孙、伍、唐各总裁，吴、王、褚各议长，报告湖南内讧倏起。遂使"湘局骚然，人民惊溃"。表示要"誓殄乱贼，务使元凶就戮，祸乱永纾，以谢湘人，而肃军纪。"（参见《熊希龄先生遗稿》第4册第3884页）

本年 先生次子褚凤仪赴法国留学。为第15届赴法留学共197人，于11月7日乘法国邮船包岛斯号起行。

◎ **1921年（辛酉）民国十年　49岁**

1月1日 军政府庆贺元旦，孙中山讲演，主张建立正式政府。先生赞成孙中山主张，但认为应取得"来粤国会议员多数之同意。"（罗刚编著《中华民国国父实录（1—6册）》第3800、3801页）

1月2日 就国民党对改组政府、选举总统所持立场致函吴景濂。

莲伯我兄鉴：……改组政府事，较上海所签四条更进一步，欲以非常手段举合法总统，并欲国会宣言，法律均已无效，以建设全权付托大总统。季龙两次来商，弟答以第一层讲不过去，第二层是将民国九年之基础尽行推翻。国会无此权能宣告一切法律无效，只可出诸革命者之口。国会乃约法上之机关，未便出此。日前中山告弟，恐黎老复出，不便与争，故须速举。然如此做去，适为老黎造机，会伯兰辈自命拥护中山，真是揠苗助长。吾辈虽爱中山，只有徒唤奈何而已。兹候子超到来，看其如何举动，并看同人对此如何行动，如单举临时性质之总统，弟取消极态度，不负责任。若必欲推翻约法，弟立即离粤。信公、次乾先后返沪，其他近状想已由两兄面陈矣。此布台绥，并贺阖第新禧。弟辅成敬上。一月二日。（《吴景濂卷》第1册第318页）

1月12日 广州国会两院谈话会通过审查议员附逆条文6条，决定组织议员附逆审查委员会。15日，先生主持非常国会两院联合会，审查附逆议员。23日，孙文面告褚辅成："对于来粤议员，自应格外优待，不能遇事挑剔；争取来者不拒之方针，以免（便）早日凑足法定人数云。"（《申报》1921年1月24、29日）

1月15日 先生与林森致函伍廷芳，请伍从速筹定国会经费之缺款。时议员抵粤已达200余人，财政困迫，函中提出缺款由"两广盐运使署拨凑"。（《吴景濂卷》第2册第772页）

1月16日 致电吴景濂，谓陈炯明"反对速举总统"。

上海环龙路渔阳里一号吴议长鉴：景密。今（昨）日竞存遵邀议长谈话，反对速举总统，语极强硬。大意谓护法区内绝不容非法举动。军警、商民多怀危惧，设有意外，彼不负责。如能依法选举，彼可筹款百万以待。彼所主张完全与吾辈相同,然主张速举者必不肯罢手,相激相荡,粤(局)势将破裂。吾辈同肩巨责,义难坐视。拟向同人尽力劝导,请告在沪诸同志,速来帮助。辅。铣。
(同上,第 1 册第 336 页)

1 月 23 日　就各派对选举孙中山为总统之意见,致函吴景濂。

十六日奉上一电,谅亦达览矣。竞存表示态度后,子超不肯宣布(子超打官话,谓国会不应听地方政府说话)。同人中有知其事者,群来问弟。弟以大局攸关,未便秘而不宣,遂将当日谈话据直报告。伯兰辈闻之,仍主不顾一切赶快办了。对于稍知真相者,谓竞存力量甚小,毋庸顾虑。对于无知者流,谓竞存并无此言,皆是某一人造谣。然弟所报告者,不过十之五六。其他有伤感情之言,如中山要议员举他做皇帝,议员亦应照办么?地方官亦可置之不理么?袁世凯、段祺瑞等假造民意,我们亦可学他么?等语,均为略去。伯兰复在中山前乱说褚寓造谣。弟告人云,前所报告,本非谣言,但愿竞存取消前说,变成褚某造谣,广东得以相安无事,岂不甚好。二十日,竞存面向中山辞职,初见时中山临以盛气,经竞存多方解劝,其意稍动,遂向竞存挽留。二十一日,中山决定缓办选举,先攻广西,昨已对众宣布,其议似可暂寝。然伯兰派对于此举视为生死关头,决不罢休,一旦有机可乘,难保不死灰复燃。竞存本以攻下广西,即举总统为约,果能即日出师,二三月内可保无事,否则彼又振振有词矣。我兄稍事休养,当易复元。此间如无变故(三五日内观察明确后,当电闻),旧历年后即可命驾前来。开春二三月间,弟或须回沪一行也。超兄劝驾之电,出自诚意,绝非因疑而发。中山等支电系超兄请发,亦无他意,外间蜚语可勿介怀。发电印纸将用罄,昨嘱珊亭寄上壹百张,请用印,办齐后望即交邮寄来。静仁转来炎午函,弟处尚未接到。鄂中机会甚好,惜此间当局无暇远图。协和欲出长江,势非与炎午携手不可,兄能为之疏通,裨益大局不鲜。子嘉近与电轮(王文华)商定办法数条,意在联合各派之有实力者(北吴、滇唐、粤陈、闽李、湘赵、赣陈、皖马)共打复辟派,曾在伯群处见其详文。各方结合,俱在进行中。此事若成,即为联合政府之基础。故伯群、昆仲俱不赞成速举总统也。……弟辅成谨启。(同上,第1册第351页)

对于选举总统,各方态度不一,《申报》广州通信作了如下报道:"陈炯明不主张国会重集广州,更不赞成选举总统"。褚辅成力持"慎重"之说。

  自国会议员纷纷回粤,决定开非常会议,选举总统。其具体办法在军府中业已决定矣。故十五日之会议,各议员已将重要办法,互相接洽,并注重审查资格。十八日国会审查委员,在参院秘书厅开会,又将应审查之议员,列表摘出。观此情势以观,一经开会,选举正式总统之事,必即实现。但兹事重大,关系西南大局非浅,广东军界之首领为陈炯明,军府之陆军部总长亦为陈炯明,外间传孙、陈不和,陈炯明不主张国会重集广州,更不赞成选举总统。……昨日下午前参议院议长张溥泉等,因选举总统问题,往晤陈省长,蹉商颇久,始兴辞出署。记者方欲访张君,忽友人过谈,称陈省长近因某项问题,顿萌退志,拟向军府提出辞职书,并云此种消息非全属子虚。省会方面已有多名议员准备挽留云云。……所谓某项问题,即选举总统也。(《申报》1921年1月25日)

粤省自军政府复设而后,倏已逾月,大总统之选举呼声甚高。初拟新历一月元旦即将实现,乃今所谓元旦,已经届期,而实现选举消息尚复杳然。目前孙派之健者,仍在努力进行,不稍懈怠。传闻总统府之匾额业已制就,玉玺亦已刊刻。而不能不加于审慎者。滇派议员多不赞成,此辈以众议院副议长褚辅成为领袖,力持慎重之说。因褚在议会中颇有吸引能力,于是无所可否之议员,皆趋向于彼。而主张速行选举者,其力反形薄弱。且尤有一层,足为孙派主张之障碍,即粤省有实力之某要人,亦曾发表意见,其对于中山,非常仰重,非常服从,而对于中山之立即选为总统,则期期以为不可,曾有极端坚决之态度表示。(《申报》1921年2月18日)

同日 先生参加广州军政府举行公祭朱执信、邓子瑜与江大舰殉义烈士大会。是日参加追悼会的还有马君武、伍廷芳、林森、陈炯明及徐谦等。(《孙中山年谱长编》第1331页)

1月31日 陈独秀(仲甫)在广州成立中国共产党支部,并开始农民运动。

2月5日 就选举总统、援桂、联省自治诸事致电吴景濂。

急,上海环龙路渔阳里一号吴议长鉴:景密。申如、仲甫持来两函,俱已诵悉。选举事确已停顿,刻下并无复活消息。伯兰派颇懊丧。援桂事已有筹备,月内可望实现。近夷午来电,许协和通过,惟须划定路线。军府令其由宝庆集桂边,以待后命。联省自治为吾辈所日夕祷祝者，如能成功，国会当自解散，奚待踌躇。但此次行动，不脱军人范围，结果必非真正自治，以之为手段，则可以之，为最终目的，则不可。吾辈宜于其告成之际表示态度，目前只好静观。楚香（白逾桓）已与少川、竞存谈过，二公完全赞成。范亭兄不日到沪，应与前途接洽，各事望详告之。荣之已办职赴沪。欠款请就近催问。辅。歌。（《吴景濂卷》第3册第708、709页）

同日 滇军顾品珍自宣威进军昆明。8日，唐继尧受顾品珍之逼，自昆明出走海防。9日，顾品珍进入昆明，代唐继尧为云南总司令，时朱德任顾部旅长。

2月10日 就粤桂战事致吴景濂函。

莲公大鉴：歌电谅早达览。近日贵恙定卜全愈。此间天气温和，公事清简，于休养最为相宜，请即命驾前来，俾共晨夕。援桂事正在积极进行，军队日有移动，竞存自为总司令，两星期后必可行总攻击也。关余颇有希望，三日前总税务司来电询问用途，则允交之意已可于言外得之。湘代表杨君尚未到此，未知因何逗留？湘议会近又来通电，攻击滇军颇烈，似有逐客之意。观此，则夷午对于协和终犹未释。前此电告欢迎，不过表面之词，须再尽力疏通，请商静臣兄，即去函电劝解，并催杨君速来，能得一根本解决，则枝叶自无问题矣。……望即裁复，何日首途，祈先电告。专布敬颂新禧。弟辅成谨启。二月十日。（《吴景濂卷》第3册第710—714页）

2月14日 陈炯明在军政府政务会议上反对孙文成立正式政府之提议。会上孙文发言谓："非组织强有力的政府，便不能得外人承认，交涉多难得力。"陈炯明反对是议，谓："但

要自己内力充实,外人之承认与不承认不必过问,亦不成问题。"(《孙文与陈炯明史事编年》第364页)

同日 据香港电:闻孙主急选总统,陈力主反对。腊底陈请林、褚两议长将案打销,孙大愤,由胡汉民出任调停,双方遂主展缓两月,再提案。(《申报》1921年2月15日)

2月26日 出席在海珠公园举行的程璧光铜像竖立揭幕典礼。

> 昨二十六日为程公玉堂铜像举行开幕典礼,与会者有伍总裁、汤部长、陈总司令、孙总裁代表何克夫、参院议长林森、众院副议长褚辅成、胡君汉民、汪君精卫、黎元洪代表某氏暨国会同人海陆军警省会商会省内外各团体香港七十二工团代表冯自由谢英伯等不下千数百人,颇极一时之盛,十时半由伍总裁、汤部长、陈总司令主祭,依开幕仪式举行典礼,宣读祝词毕(祝词从略)。(《申报》1921年2月28日)

2月28日 先生就滇变后应取的对策事,致函吴景濂。

> 莲公大鉴:……得滇变消息后,弟即往见竞存,劝其速攻广西,并请其帮助协和军饷,共同作战,彼均首肯。依弟愚见,为巩固西南计,为援助莫赓计,为破坏政系势力计,舍攻桂外,无他办法。盖云南为护法中坚省分,此一年来非莫赓支撑局面,安有今日?今莫赓失去地盘,护法基础根本动摇。补救之道,惟有速将广西攻下,使云南不敢脱离。莫赓势力在迤南一带者,尚有一师,协和能到广西,可与联成一气,加之赵德裕、赖无璜、李明扬所部,足有三师。以三师之众集中一处,攸往咸宜。政系联结川、滇、桂之计画,不攻自破。日来正为此事向各

方面接洽候商，有确实办法，即烦方城、筱川两兄归告冀赓，征其同意。至惠民兄面述一节，弟固深为赞同，但目前不宜孟浪做去，以彼中人物与顾氏颇有关联。协和力薄，恐不足以左右之，将来事成，无异为虎傅翼。且西南经此巨变，不宜再有变动，使卢、吴等闻而生惧。须待广西攻下，滇军集中，斯时方可进行。请劝前途，稍安毋躁。取消如周总裁之说，广州《晨报》曾有此项记载，同人中附和者不多，即使有人提议，弟必设法打销之，乞勿虑。选举总统事，近日又在暗中酝酿，而竟存仍表示反对，昨在程玉堂（程璧光）铜像开幕礼场演说，大为借题发挥。谓程公为护法而死，我辈军人宜尽护法责任，国会宜照法律做事，不可有违法举动。同人中不主张速举者实居多数，惜无人敢明倡反对耳。夷午态度甚佳，未始非大局之福。此间当局对其请行严回湘、派刘德裕来粤两事，稍滋误解。杨丙托弟代为疏通，已向精卫谈过，精卫主张攻桂、联湘、援唐，完全与吾辈相同。……专复敬颂。痊祺！弟辅拜上。二月廿八日。（《吴景濂卷》第3册第726页）

3月4日 就南方政局情况致函吴景濂。

子静已返粤，据言冀赓所有实力完全无损，在迤南一带者尚有二十余营，迤西尚有一旅，迤东亦有数营，合计总在四十营以上。顾氏带来军队只有十四营。以兵力论，本可即图恢复，徒以宣言既出，不可反汗，遂决心暂离云南。顾氏就职后，势力仅及省城，而罗佩金、杨蓁等又日与争权，叶荃在省城附近聚集土匪二、三千，宣传共产主义，顾氏无法应付，于是转向冀赓敷衍，谓此事全系杨蓁所为，愿杀之以谢罪。省长问题亦来请示。察其能力，似有做不下去之势。蓂赓出洋之意并非坚决，现在海防暂驻，候此间去信，再定行止。弟已发去两电，劝其万弗离粤。援桂之举，昨偕筱川、方城往见竞存，叩其方略及时期，彼言粤为主攻，滇、湘为助攻（湘赵来电愿出一旅），时期尚需三、四礼拜，欲请萍赓一来此间，共商作战计划。筱川、方城二、三日内即回海防报告一切，如萍赓果来，弟拟请竞存电邀朱益之师长同时来此会商，请兄先探其意思如何，即日示知。少公已渠返，颇注重本县自治。欲向孙、伍两总裁声明，军府事归彼两人负责，自身则于广州、香山间时往时来，实行其不即不离之凤旨也。（同上，第 3 册第 731 页）

3 月 12 日　出席非常国会欢迎唐继尧莅粤宴会，并致欢迎词。

> 唐总裁护国护法，劳苦功高。当袁氏称帝时代，袁许以若何（干）权利，唐总裁当时严行拒绝，并首先倡义，护国讨袁，而袁氏遂倒。及六年督军团骚乱，孙总裁与海军南下来粤，宣言护法，唐总裁率滇中健儿首先响应，因此民国赖以存在至今，皆唐总裁之力。唐总裁今天来粤，国会同人极表欢迎，更希望唐总裁与诸位总裁协商大计，必把北京非法政府推倒，而后实行民治，否则民治之障未除，结果仍为破坏。唐总裁将来对于民国之责任既如此重大，同人特祝唐总裁健康。（上海《民国日报》1921 年 3 月 20 日）

3 月 16 日　军政府各总裁联名通电，否认北京政府非法国会选举徐世昌为总统。（《孙中山年谱长编》第 1341 页）

3 月 21 日　就孙中山、唐绍仪、陈炯明对组织正式政府、

1921年

选举总统诸问题所持立场,致函吴景濂。

莲伯我兄大鉴:别后十八日抵粤,次日即迁入秘书厅,所有厅中器具已由宪之会同警厅点收,散失尚微。竞存当三总裁抵粤之初,本有欢迎国会之意。少川恐议员一来必开非常会议,改组政府或补选总裁,故设词以阻之,此少川不要国会之说所由来也。联省政府问题亦为少川、竞存之主张,意在打销正式政府。汉民亦以先下广西,后举总统为宜,故以讨论该问题为延宕之计。盖联省政府之组织,军府仅居指导者地位,政务会议通过后,须征求各省同意,最终由国会承认,如此转折,废时必久。目前可以维持现状,中山但求改合议制为独裁制,他无成见。少川初仍反对,嗣以种种之压迫(如《晨报》发布卢信反对孙中山号外之类),认为无法挽救,遂一变方针。前次提出讨论时,首先赞成独裁制,中山本已满意。乃伯兰一到,力劝中山速组正式政府,颇为所动,联省案遂又搁置。以现势观之,选举总统此事终须实现,少川现取放任主义,诸事不争。弟来时,彼已返唐家湾,尚未见面,星期四仍返省,盖持一种不即不离态度也。昨海滨来告,中山、竞存要招待议员,已与士敏土厂交涉,仍以该处房屋为招待所,此后议员岁费彼可担任,并谓秘书厅如缺用,可先垫付一千元。弟以议员方面一闻有款必来纠扰,故未向其支取。子超尚未到,不知逗留何处。秘书厅图章及各科图章,望告训初兄捡出,交便人带来。京、沪近状如何,祈见示。(《吴景濂卷》第1册第23—29页)

3月25日 与林森为请克期拨款事,致函护法军政府财政部:要求盐运署"克期照拨,以资应付。"(同上,第2册第

829 页）

4月6日 孙中山在军政府宴请国会议员，据传先生参加并发言，引起中山不快。

> 中山先生发表演说谓：外交团将关余税交付北京政府，是不啻于宣告西南死刑，等吾人如土匪。今之救济方法，非速选总统，昭示中外，不足与北方抗而成同志之大业。余此次回粤，所抱革命目的綦为伟大，将来期求历史上之无上光荣。席间有某议员（闻系褚辅成）驳之云："闻人咸革命愈烈，则国体愈纷乱。现在西南自身、粤省内部，均呈不稳固现象，反对者固不止一二人，若拂群众之意而孤行之，必无好结果。"孙氏遂力斥其说，而作较激烈之论调云：余从事革命三十年，向来之态度均抱一往直前之概，不必顾虑周围之事势如何，以自馁其志。清之覆，袁之倒，发难者初不过一省，卒获成功。同志等倘并力以行，安见其倨我于前者不复恭我于后耶？（长沙《大公报》1924年4月19日）

4月7日 广州国会议员开非常会议，议决湖南议员周震麟提出之《中华民国政府组织大纲》，即日原案通过，发票选举。孙文得二百一十八票，当选为中华民国大总统。（《申报》1921年4月15日）

先生离粤。

> 广州通信：广东总统选出后，护法之军政府已一易而为革命之政府，西南数省之合议制一易为广东一省之独裁制。情势既已大变，当局之办理，必有种种之为难，孙中山因此于十三日在财政厅召集国会议员，到二百余人，报谢其选举之盛意，并即席演说（略）。……此次总统选

举,国会中不主张者亦颇有人。众议院(副)议长褚辅成向来为会中最负责任之人,此次对于选举总统,非常反对,所议既不行,今已决意离粤。虽经伍廷芳函劝其顾全大局,而褚尚未取消前意。又白逾桓、狄楼海亦因反对选举,在东园议员俱乐部被殴至重伤,闻狄氏伤势甚重,恐有生命之虞也。(《申报》1921 年 4 月 21 日)

5 月 9 日　抵沪,接受记者采访。

第一届国会众院副议长褚辅成君,因不满于中山派,于三星期前离粤。在香港盘桓多日,昨乘太古公司新宁轮船抵沪。(《申报》1921 年 5 月 10 日)

国会副议长褚辅成自孙(文)被选总统后,即由粤赴沪,人多注意及之。有某君就访于其沪寓,询问对于西南新局面之态度。褚君云:吾人对于孙中山之当选总统,事先认为不妥,曾尽量发言主张缓选。迨吾人主张不为议会多数所采用,吾人只好对于中山设之政府不负一切责任。若持极端反对之论,徒为仇难所快,非吾人所乐为。唐莫赓、唐少川之态度,亦与吾人略同。报载唐莫赓派代表晋省祝贺,绝非事实。当中山就任之前一日,特派吴霭霖到港,请唐莫赓晋省参与典礼,唐不可,拒请派遣代表。唐谓王伯群系余之代表,现在省城,届时到场,与余亲到无异,亦无须另派代表云云。唐少川现在香山原籍,建筑□方公园,不与闻一切政事云云。(长沙《大公报》1921 年 5 月 19 日)

5 月 22 日　出席浙江省宪期成会正式成立大会,希望省宪"从速制成"。

浙江省宪期成会于二十二日下午假省教育会举行成

立大会，会员签到者二百余人，二时开会，公推张羽生为临时主席，报告开会宗旨。略谓今日中国几频于破产地位，国民欲谋救济，非自制省宪不可。现由同人发起省宪期成会，实救国之唯一方法。兹依照会场秩序，先行讨论会章，自第一至第五条，由主席朗读后，均无讨论，通过。读至第六条附则：本会俟浙江省宪法施行之日解散，褚辅成云："省宪法公布之日，究竟能否实行，尚未可必。人民监督之责，不能就此终了，故拟改为本会俟浙江省宪法施行后解散。"众赞成，通过。次讨论选举评议干事方法（讨论略）。……主席宣告一方面开票，一方面提议事件，毛蒙正云：本会期成省宪，如期缓成，可不必有本会，倘期速成，第三届省议员选举，自应首先停办。……曹慕管云：宪法有良与不良，如不良的宪法，还是不制为是。故本席主张制宪必先由各县城镇乡自治恢复始。王荣云制宪应重分权，以普遍为主旨。褚辅成云："本席系国会议员，十年制宪不成，很觉惭愧。浙省不受官厅拘束，有制宪自动之机会，极为难得，故希望从速制成，以谋人民幸福。"并主张"各级自治，依元年章程恢复。（长沙《大公报》1921年5月29日）

省宪期成会昨开成立会，选出杭属评议员陆启、张立、张立衡；嘉属褚辅成、龚宝铨、李开福；湖属李次九、蒋玉麟、萧鉴；宁属盛在珩、孙锵、严方；绍属阮性存、童学琦、郦忱；台属张翅、王荦、周继溁；金属王廷扬、何绍韩、陈鼎新；衢属何建章、汪汉滔、贵德馨；严属胡炳虪、方孔修、方赞修；温属郑迈、周锡经、杨悌；处属樊光、陈琪、毛蒙正。又选出交际干事每属四人，及会计、庶务、编辑、文书干事许倬云等十二人。（《申报》

1921年5月24日）

5月24日 出席省宪期成会第一次职员会议。

省宪期成会今午（二十四）开第一次职员会，到褚辅成、阮性存、许汉章等十七余人。提议事件：（一）评议会议事细则，公推张翅、胡炳旒、何绍韩等九人起草。干事员办事细则，公推林文琴、胡逸等九人起草。均限二十五日交会，二十六日上午开评议会讨论；（二）本会于省议会协商事件，公推褚辅成、王莘等二十人代表赴会，陈述意见，协商浙江省宪法会议组织方法。（《申报》1921年5月25日）

5月26日 出席省宪期成会第二次职员会议，讨论宪法组织方法。赴省议会商省宪组织法案。最后由王莘动议选举宪法起草委员会。（《申报》1921年5月27日）

6月11日 章太炎请宣布浙江自主，详情请先生代陈。

卢督军准章太炎来电云：浙省自主，既可使伪廷夺气，亦于浙省度支有益，鄙人本极端赞成。唯自治二字，名义精严，非可迁就。前见（卢）公豪电，既以自治为名，而浙人亦以自治评议之结果，促成省宪，两方同调，其误甚多。鄙意公宜速宣布自主。而浙人则极端主张自治，精神可以互助，名义不必苟同，庶名实相符，无所牵掣。在浙人既有回翔之地，则公亦促进取之心，计莫善于此矣。鄙人被选为起草，待命而行，若必欲强同，鄙人本提倡西南真正自治之人，稍一唯阿，即无以见西南之士。特先电达，详俟褚辅成代陈。章炳麟。真。（长沙《大公报》1921年6月18日）

6月12日 在沪主持浙江省宪协进会第二次发起人会议。

浙江省宪协进会，自日前发起人会议商订草章后，当由发起人中之曹慕管、褚辅成、王正廷、邬志豪、蒋著卿等五君，具名函邀该省旅沪各有力分子，于昨日午后二时假宁波旅沪同乡会五楼，开第二次发起人会议。到会者除曹、褚、王、邬、蒋五君外，有李征五、蒋智由、张申之、杭辛斋、姚吾刚、应季审、徐建侯、严浚宣、沈菊人等五十人左右。首由褚辅成主席发表开会宗旨，后由到会者讨论发起人问题，当即公决：以本日到会之数十人中愿具名为发起人者，请各具名，计署名为发起人者共四十人左右。次修改草章。后由褚辅成主张云："本会须发表一明白之宣言。"当经在座者赞成，即推定杭辛斋、张申之、严浚宣、姚吾刚四君为起草员。继由某君主张推举临时干事员，遂公推李征五、邬志豪、王正廷、蒋著卿、曹慕管、应季审、徐建侯、黄献廷、沈菊人、邵仲辉等九人。并定于今日午后三时，在法租界恺自尔路国会议员通迅处，开临时干事会议云。（《申报》1921年6月13日）

6月14日 从上海携带与章太炎等人拟就的促进浙江自治方案到杭。寓清泰第二旅馆。（《申报》1921年6月15日）

6月15日 出席浙江省宪起草委员会谈话会，决议明日省宪起草委员会成立。

浙江省宪起草委员会于六月十五日开谈话会，起草员褚辅成、沈钧儒、张立、莫永贞、王正廷、余名铨、王荣、王廷扬、何建章、汪汉滔、胡维鹏、黄群、汤国琛、方赞修、樊光、张翅等三十九人，公推省议长周继潆为临时主席，报告筹备经过情形。……褚辅成云："本席赞成明天开成立会，草案务须限内告成。"沈钧儒云：会期既有规定，如明天开成立会，省宪自应于限内草成。主席咨询六月十六日上午九时开成立会，无异议，众一致赞成。王荣、方赞修、郑迈等请行开会式，邀官绅及团体莅会观礼。褚辅成云："明天尚是起草委员会成立，并非省宪会议正式开幕，毋庸邀外界观礼。"众赞成。主席咨询委员长是否明天互选？褚辅成云："本法规定委员长一人，但有事故时，无人代表，拟另设理事数人，俾有时代理主席。"张翅、吕衡、姜恂如等皆主张不设理事，如委员长有事故时，以年长者代理主席，众赞成。并决定开会秩序。（长沙《大公报》1921年6月22日）

6月16日 浙江省宪起草委员会成立，王正廷当选为委员长。（《申报》1921年6月17日）

6月17日 出席浙江省宪法起草委员会第一次大会，讨论宪法大纲8条，大致采取湖南省宪法纲要。

十七日为浙江省宪法起草委员会第一次大会，到会者三十六人，委员长王正廷主席。九时开会，讨论大纲八条，大致采取湖南省宪法纲要。首讨论浙人之义务与权利，主张列举以保障人权。王荦主张法律人民平等，宪法应规定军人与普通人民有事时，应用普通法律，所有现行之惩治盗匪法、出版法应行废止。郑迈主张应取刚性，以杜流弊。次讨论省之事权，郑迈主张用概括的。胡炳旒、张翅、王廷扬、阮性存等主张列举，通过。十一时休会。

下午一时开会，讨论省议会问题，胡炳旒主张各邑选举一人，王荦主张合并县加选一人，褚辅成主张职业团体各出若干人，郑迈、沈钧儒赞成。胡炳旒、樊光、张翅等不以为然，辩论甚久。主席用表决法，第一次每县选出一人，多数通过。第二次合并县加选一人，多数通过。……次，主席讨论女子应否有选举权？王荦主张男女应一律平等，且湖南各省宪法可以采取，褚辅成赞成王说，众无异议，通过。(《申报》1921年6月19日)

王正廷主席提出人民之权利与义务为题。褚辅成云："对于人民权利、义务之保障，湘省规定较详，本席主张采用。(长沙《大公报》1921年6月23日)

6月18日 出席浙江省宪法起草委员会第二次大会，主张"合议制"。

浙江省宪法起草委员会十八日上午九时开第二次大会，委员出席者三十六人，委员长王正廷主席……。下午一时开会，到会者三十九人。委员长先行报号讨论省行政独任制仰合议制问题，退就二十二席发表意见，请王廷扬主席。王正廷历举独任与合议制之利弊……。次褚辅成、黄群等主张合议制。(《申报》1921年6月20日)

6月19日 主持浙江省宪协进会成立大会，当选干事。

浙江省宪协进会昨日下午一时，在西门江苏省教育会开成立大会，到者三百余人，发表宣言，讨论会章，选评干事。公推褚辅成为临时主席，即由褚辅成发表宣言。次，讨论会章。会议选举褚辅成、费公侠、邬志豪等为干事。(《申报》1921年6月20日)

6月20日 出席浙江省宪起草会议，继续讨论省行政机关问题。在独任制与合议制之讨论中，先生主张取瑞士式之委员制。(长沙《大公报》1921年6月22日)

6月21日 主持浙宪起草会第四次大会,讨论省长与省务院之如何产出问题。

二十一日上午九时半,开浙宪起草会第四次大会,到三十一人,公推褚辅成主席,讨论省长与省务院之如何产出。……沈钧儒主张将省务院改名省政院,以符省法院、省议院三权并立之名称。陈树基主张省长与省务员完全由公民直接选举。下午一时开会,仍由褚辅成主席。

(《申报》1921年6月23日)

6月22日 出席浙江省宪起草会议,继续讨论省务院之组织及国税与省税划分问题。

浙江省宪起草委员会于六月二十二日下午一时开会,王廷扬主席,宣告省务院组织请继续讨论。陈琪云:省务员之责任,一部兼事务员者,对省长负责,一部不兼事务员者,对省议会负责。胡炳旒云:本问题讨论已久,请付表决,赞成者十人以上,主席宣告讨论终结。惟省务院之组织共有二说,兹特分次表决。第一语:省务员不兼事务员付表决,少数,打消。以第二说:省务员兼事务员付表决,起立多数,通过。

次讨论省长对于省议会有无解散之权,及省议会对于省长有无弹劾之权。郑迈云:省长应有解散议会权,议会应有弹劾省长权。何建章云:省长之不信任,由议会提交各县议会公决。胡炳旒赞成郑说。褚辅成云:"此确是一个问题,并无两个问题。"袁荣叟云:省务员不信任投票与弹劾省长,应分别讨论,省长解散议会应有条件,不能概括言之。樊光云:省务员对议会负责任,省长对议会不负责任。阮性存云:省务员受不信任之投票,省长应执行，不能与弹劾省长并论。袁荣叟云：省议会对于省务院有不信任之投票，再取决于省长。郑迈反对袁君之说。褚辅成云："省长与省务院共同负责，省议会对省务院有不信任投票，省长不能去任。"沈钧儒赞成褚君之说。……主席宣告讨论终结，以第一说省议会对于省长不能有弹劾权，付表决，否决。次以第二说省议会对于省长有不信任之提议，付人民公决，人民多数可决时，省长即行退职，然否决时省长即行解散省议会，付表决，通过。又以省长对于省议会有解散之提议，交人民公决，人民多数可决，即行解散省议会，多数否决后，省长即行退职，付表决，通过。

次，褚辅成提出讨论中央与地方财政应如何划分问题。余名铨主张列举主义。陈益轩赞成其说。褚辅成云："湖南草案取概括主义，本席反对，应即列举主义。"此议题尚未解决。(长沙《大公报》1921年6月29日)

同日 下午3时，浙江省宪协进会开第一次评议、干事两部联席会议，被推为干事部部长。(《申报》1921年6月23日)

6月23日 出席浙江省宪起草会议，继续讨论国税与省税划分问题。同日 下午，继续讨论国税与省税划分及国军与省军划分等问题。先生主张"省不设常备军"。(长沙《大公报》1921年6月29、30日)

6月24日 出席浙江省宪起草会议，讨论国军与省军划分及司法机关等问题。

浙江省宪起草委员会六月二十四日上午九时半开会，王正廷主席。报告陈时夏不应选，依法以次多数递补。祝绍箕云：蔡元培、章炳麟亦未到会出席，请并依法办理。

主席云：蔡君现游美国，来电系蒋梦麟，其自己尚无表示。褚辅成云："章君不来，因浙省空气犹未至自主地步。"主席云：请继续讨论国军与省军划分问题。互有讨论后，沈钧儒请宣告讨论终局，众赞成。主席以省设常备军付表决，少数，否决。次以国军驻浙境地点应加于条件付表决。褚辅成云："此问题系本席提出，可不必付表决，但备起草员参考。"众无异议。主席宣告讨论司法机关，先研究省长是否为一省之最高之机关。张翅主张司法独立，采三级三审制，互有讨论，何建章请宣告讨论终局，众赞成。主席以三级三审制以省为最终机关付表决，多数赞成，可决。次讨论应否有检察厅问题，郑迈云：现世多病检察制，然系人的问题，并非法的问题。以为检察制依司法上观察，万不可废。主席云：现在已至法定时间，拟延长三刻钟，俾诸大问题于本星期内议决，下星期即可起草，众赞成。褚辅成云："查现在各检察厅并无自动提公诉，且多设检察机关，经费亦巨，故为审判普及起见，应废止检察制。"……陈树基主张尊重人权，非用检察制不可。当由主席付表决，赞成有检察厅者五人，少数，否决。宣告延会。（长沙《大公报》1921年6月30日）

6月26日 出席浙江省宪协进会评、干联席会议，被选为省宪起草委员主稿员（有阮性存、王正廷、褚辅成、袁荣叟、周继潆、沈钧儒、何建章等7人当选），自星期一起着手起草。（《申报》1921年6月27日）

6月27日 省宪起草委员分组起草，先生与王正廷、周继潆则随在研究指导。

起草委员会既将大体各问题讨论决定，遂于昨日选举起草专员七人，既经举定之后，即今日开起草会议。先讨论大体及省宪应分章节，然后再就其互有关系者合并成组，归一人认定动笔。现所定者共计四组十七章：（一）总纲；（二）人民之权利；（三）人民之义务；（四）省之事权；（五）省议会；（六）省长；（七）省务院；（八）立法；（九）行政（会计财政）；（十）法院；（十一）教育；（十二）审计院；（十三）平政院；（十四）市自治大纲；（十五）县制及乡村自治大纲；（十六）宪法之修改解释。以上不过为大体之分章，至将来应少应多及章节次序，俟起草毕后再定。尚有附则一章，归各起草员。起草员分组：人民之权利、义务、宪法之修改解释为一组，由何建章担任起草，此组为宪法之根本事项。省之事权、市自治大纲、县制及乡村自治大纲各章又为一组，归袁道冲担任起草，此组为中央与省划清界限，及自治制度之事项。省议会、省长、省务院、法院、审计院、平政院又为一组，归阮性存担任起草，此组为关于机关之如何组织事项。立法、行政（会计财政）、教育又为一组，归沈钧儒担任起草，此组关于省权之如何行使事项。以上共四组，分四人动笔。此外王正廷、褚辅成、周继潆则随在斟酌研究。……起草动笔之时期为一星期，然则一星期后，浙省宪法必有一部完整之成文草案，可以供全省人民之研究、全国各省之参考。（《申报》1921年6月28日）

6月30日 浙江省宪法草案脱稿。

浙江省宪起草委员会主稿员褚辅成、沈钧儒、袁荣叟、阮性存、周继潆、何建章六人暨王君介绍之包世杰，六月三十日上午九时，在省议会审查室，将各人草成初稿提出讨论，定名"浙江省宪法草案初稿"。公决将各条说明一律删去，即由主稿员自向大会报告，凡已经大会决定者，概免讨论，以省时间。全部宪法优点：在最高法院院长有党籍者不得当选，省议会议员缺席十五天以上即行解职。此为湖南省宪法所无，唯浙省宪法有之。(长沙《大公报》1921年7月6日)

7月12日 浙江省宪法草案初稿三读会。(长沙《大公报》1921年7月16、17、19、20日)

7月18日 由先生等10余人通告发起嘉兴选民大会，定19日下午1时在城内讲演厅开选民大会，筹商对付选举违法情事。(《申报》1921年7月19日)

7月19日 出席嘉兴选民大会，推为代表会汪知事，交涉嘉兴省选问题。

嘉兴本届省选，闹至今日，仍未办竣，近更愈闹愈大，双方各走极端，在办理选政者以省令难违，故曾分令各区依法选举。在选民方面，以主其事者营私舞弊，剥夺选民权利。现由褚辅成等发起，于十九日下午一时在城中讲演厅开选民大会。是日天气炎热，溽暑熏蒸，选民冒暑莅会者约五六百人，公推沈钧儒为主席，登台宣布开会宗旨。继由褚辅成、田文渊等发表意见，并经到会选民公决对付方法。(一)电省请求将嘉邑省初选作为无效，重行调查，重办省选。(二)推定褚辅成等十一人为代表，晋谒汪初选监督，将本届封存县署之各区票匦不予开票，一律作为无效。(三)另推干事百余人，分头组织选民监察团，以防此后重选之舞弊，并经各干事公决：于二十日午后会议进行方法。至散会时已四句钟矣。代表褚辅成等遂相偕入县谒汪知事，陈述各种意见。汪以未曾开票，破绽未得，遽行宣布无效，事实上亦难办到，仅允未办各区，再由县令饬于二十日补选，定于二十二日开票。届时如有不合法之处，自当再定办法。现闻代表方面，拟于开票时分别监视，以便检举。(《申报》1921年7月20、22日)

7月23日 浙江省宪法会议举行开幕式。是日卢督军、第一师潘师长、第二师张师长、第四师陈师长、夏警务处长、云实业厅长、杜杭关监督、范参谋、张副官等到会。公推王佐为临时主席。林文琴宣读开会词。次由卢督军演说，略谓：北南统一无期，国宪之成，不知何日。自非各省制宪，立自治之基础，庶可因分裂而进于分治，由分治合成统一。(长沙《大公报》1921年8月2日)

7月27日 先生当选为省宪法会议副会长。王正廷为正会长。(《申报》1921年7月28日)

7月28日 推为请愿代表赴县、赴省，请求展缓复选日期。

嘉兴选民会，因省会初选事宜，于二十八日召集选民大会公决。午前先有讲演员田毓甫、陈知礼等四人在南湖一带热闹之区宣讲，以促社会注意。午后二点在演讲厅开会，由褚辅成为主席，报告开会宗旨，继即由选民发表意见。当经公决：（一）推定褚辅成、沈钧儒、屠伯钦、顾企先等六人等为代表赴县，请求汪初选监督对于初选重行调查后再办；（二）公推褚辅成、沈钧儒等四人为代表赴省，请求沈总监督展缓复选日期。决议后各代表遂分头出发请求矣。(《申报》1921年7月30日)

7月30日 主持省宪法会议第三次大会。(长沙《大公报》1921年8月8日)

7月31日 出席法团联合会议。

法团联合会今日（三十一）上午八时在律师公会开会，到四十四人，推周季伦主席，报告接洽员归述情形。褚辅成、沈钧儒均以加入七十六人问题为许可，惟限定星期二前解决。次提议停办三届选举问题，多数根据卢督艳电，主张发电表示赞同，经汤兆颐反对未结果。待晚间七时大会讨论公决。（《申报》1921年8月1日）

8月初 中国共产党第一次全国代表大会在嘉兴南湖的一艘游船上闭幕。会议通过了党的纲领和关于工作计划的决议。会议选举了党的领导机构，陈独秀、张国焘、李达为中央局成员。大会选举陈独秀担任中央局书记。（中共嘉兴市委党史研究室、南湖革命纪念馆编《中国共产党的诞生》第7页）

8月4日 上午，先生主持省宪法会议第七次大会，讨论补充条款第一条第四、五款。5日上午，主持省宪法会议第八次大会。10日上午，主持省宪法会议，议决本星期六开议宪法正文等项。11日，上午主持省宪法会议第十一次大会。（长沙《大公报》1921年8月12、14、19日）

8月12日 上午，主持省宪法会议第十二次大会，修正通过浙江省自治宣言书。

八月十二日上午九时，浙江省宪法会议开第十二次大会，议员出席者九十人，褚副议长主席。报告王议长来电，已抵沪，今日晚车来杭。杭县、金华律师公会已据报告，选出议员。又女界联合会来函，推王壁华等来会陈述意见。次抽定席次，共计二百零七席。……次议浙江省自治宣言，王佐报告审查结果。何绍韩提出修正案。郑迈赞成审查报告，不赞成修正案……。主席以应否重付审查先付表决，在席九十八人，赞成重付审查者二十人，少数，否决。次以何君修正案付表决，赞成者五人，又少数，否决。袁荣叟提出修正案。胡炳蔬云：袁案系逐条修正，请将审查报告即付二读，以便合并讨论，众赞成。主席宣告省自治宣言开二读会，逐条讨论，修正通过。即日正式公告。遂散会。(长沙《大公报》1921年8月20日)

8月13日 出席省宪法会议第十三次大会。15日下午，主持省宪法会议第十四次大会。(长沙《大公报》1921年8月23日)

8月16日 下午，主持省宪法会议第十五次大会。17日下午，主持省宪法会议第十六次大会。(长沙《大公报》1921年8月26、28日)

8月18日 主持嘉兴选民会议，公决省初选定于19日举行，推定监察员，严行监视。

嘉兴选民会因省选事宜，于十八日午后召集选民在讲演厅开大会，以便公决。是日共到二百余人，当推褚辅成为临时主席，报告选民会经过情形。次即公决对付方法。(一)省初选定于十九日举行，仍恐难免舞弊，由会推定四十余人，为十七投票区名誉监察员，以便严行监视，并请汪监督发给凭证。(二)推定褚辅成、沈衡山等八人面见复选监督成本朴，责问其不待嘉邑初选办竣，遽行定期复选，是否剥夺禾民选权，是何用意。议决后遂散会。(《申报》1921年8月20日)

8月19日 嘉兴省初选投票发生冲突。(《申报》1921年8月21日)

8月23日 初选开票，先生与计宗型等被殴伤。

嘉兴省初选，已于十九日重行投票，投票匦亦已陆续交到。汪初选监督于二十二日委定监察各员，并布告选民，于二十三日上午八时在县开票。是日，开票所四周警察荷枪站立，九时许汪监督出席，督同各职员开票。其时选民褚辅成等，据选举法逐条责问，并言塘汇等区不于十九日投票，延至二十日举行，应由何人负责？汪答：由监督负责。迨后，又据理诘责，警察即上前干涉，顿时人声沸腾，长凳乱掷，枪柄横击，受伤最重者为计仰先、顾一鸣等六人。(《申报》1921年8月24日)

省初选于二十三日由汪知事督同管理监察各县，分区共投票数十二万九千六百六十五纸，开票结果，郑寿庄等一百三十五名当选人完全产出，业由初选监督榜示周知，并送达通知书于初当选人，口日答复愿否应选，以便填送证书。惟闻某区当选人中因开票时褚辅成等均受重伤，不愿意选者有多人。(《申报》1921年8月27日)

同日 晚，先生夜车赴杭，由杭县律师公会会长阮性存等向高等检察厅提起刑事诉讼。

至褚辅成等旋经自治员劝解，始得出外，当晚即乘夜车来杭。省宪法会议派去慰问之董亦韩、袁道冲、许养颐、王卓夫等亦途中折回。当延杭县律师公会会长阮性存、副会长许壬向高等检察厅提起刑事诉讼。由陶厅长转令杭县地检厅检察官谢鸿慈派吏冯水年验明褚等头部、腿部，均受枪柄击伤及刺刀等伤，惟屠斗山内伤，须俟医生诊断，已呈报高检厅转请省长核示办理。闻沈省长已令钱塘道尹查办，张道尹业于二十四日赴禾调查一切，当日下午即匆匆返省。(《申报》1921年8月26日)

同日 嘉兴县教育会、商会、农会致电督军、省长，报告褚辅成、计宗型被殴致重伤。

> 杭州督军、省长钧鉴：今日开票，初选监督汪莹种种违法，经人民依法检举，该监督喝令卫队用枪杆击刺选民褚辅成、计宗型、姚在忠、褚琴相、顾昭钧、孔俊明、屠斗山等，身受重伤，血流如注，其余参观选民受伤者不计其数。现关门开票，禁止出入。受伤选民均被卫队围住痛打，危急万分，请速派员依法查办。嘉兴县教育会、商会、农会。漾。（《申报》1921年8月26日）

同日 浙江省宪法会议慰问先生与计宗型等，并发电揭露初选开票时知事汪莹行凶真相。

> 浙属嘉兴前日举行初选，褚辅成、沈钧儒等在参观席发表意见，知事汪莹授意警备队用枪殴伤，电告到省。省宪会当开紧急会议，决派代表许壬、王莘、袁荣叟、童学琦乘夜车驰往慰问。一面发通电云：上海各报馆、本省各县团体钧鉴：嘉兴县知事汪莹，办理选举，违背法令，屡经选民纠正，宣告无效。此次重选，由县定十九日投票，而第六、第八、第十、第十七等区，届时并未闻所投票，有汪知事所委监察员可证。乃二十三日开票，第六等区票匦均已满投票纸，参观开票之选举人依法质问，汪知事尚强辩。继因有多数开票监察员宣言退席，汪遽令其卫队及警长巡士任意殴打，如本会议员计宗型君面部、副议长褚辅成君面部、腿部，均受枪刺戳伤，血染衣裤。选民姚在忠、褚裹、顾昭钧君并至内损吐血，其余轻伤者二十多人。汪不自认过，转以选民互殴朦电省垣。然褚、计诸君伤痕，均系枪刺所戳，选民参观开票焉带枪枝之理。且如本会员沈钧儒君幸免殴辱，同时被巡警持枪监视，不

许行动，与计君同禁一处至四小时之久，此又与互殴何关，是否亦可诬为选民指使？足证汪知事欲禁止选民监视开票，用械伤人，任意侵犯人民自由，事前早有布置，情迹显然。除由受伤者及选举人分别起诉外，诚恐远道未知真相，合先电闻，即希公鉴。浙江省宪法会议。漾。(《申报》1921年8月25日)

同日 浙江省宪协进会致电浙督、省长，呼吁对嘉兴省初选演成惨剧提出应"谋彻底之主张"。

督军、省长钧鉴：顷阅报载，嘉兴初选，二次开票，又以种种违法，经选民当场质问，汪监督理屈词穷，竟悍然喝令武装警察横肆凶殴，致血肉横飞，演成惨剧，现受伤者已纷赴杭垣起诉，自当待法律解决。惟法律信用，久已破产，结果如何，正未可必。……军、民两长，统治全浙，或主省宪，或主省选，立意皆为造福吾浙。今冰炭同炉，纷争日烈，福未见而祸已伏，全省人民，实忧虞危迫而不知所届，渴望两公俯念浙民灾劫余生，不堪再扰，务各谋彻底之主张，而勿为依违两可之谬论，一误再误，以无事自扰，而蹈我浙于水深火热之地位，不独浙人生死所关，而全国安危所系也，惟两公实图利之。浙江省宪协进会叩。漾。(《申报》1921年8月25日)

8月27日 主持省宪法会议，选举补充附属法起草员等项。

王正廷昨又因公赴沪。午后，省宪法会议由副议长褚辅成主席（伤尚未痊）。今日（二十七日）议事日程：（一）浙江宪法草案附施行法草案未解决各项；（二）恢复城镇乡议会案（议员提出）；（三）选举补充附属法起草员。(《申报》1921年8月28日)

同日　嘉兴各商号为先生等被殴重伤事联电到省，请求"依法查办"汪知事，但不被杭地检察厅重视。

> 褚辅成、计宗型等，因于初选开票时，责问汪莹致为警察所殴，受伤颇重，现已赴杭验伤起诉。此次风潮发生后，教育、农商等三法团亦有电到省，请求派员查办。学界方面，亦主张全体罢课，以作最后对付。各商号亦于日昨联电到省，请求依法查办。总之，此次发生喏大风潮，原因甚为复杂。汪莹因急于办选，致令喋血公庭，实属咎无可辞。据闻汪将于省议员产出后，即行解职，以谢禾民。(《申报》1921 年 8 月 28 日)

> 褚辅成等被殴伤案，杭地检察厅验讯后，迄无正当办法，闻已主张却下。该厅长刘以莆日来因迎眷到杭，觅寓甚忙。(《申报》1921 年 9 月 1 日)

9 月 9 日　浙江省宪法会议佳电宣布：浙江省宪法告成。各县联电到省，纷纷举行庆祝。

> 申报转各报馆、浙江旅沪学会、浙江省宪法协进会、宁波同乡会并转各府同乡会鉴：浙江省宪法告成，于九月九日宣布。特闻。浙江省宪法会议，佳。(《申报》1921 年 9 月 10 日)

> 省宪法九月九日宣布后，各县联电到省，纷纷举行庆祝，定名双九节庆祝筹备会，并遍发白话通告。省宪法会议因各章附属法起草尚未完竣，今日（十一日）休会一天，专行起草。十二日继续开会。(《申报》1921 年 9 月 11 日)

9 月 13 日　主持省宪法会议，开议浙江省议院议员选举法草案审查报告等四项。

> 省宪会议议长王正廷前日赴沪，由副议长褚辅成主席。今日（十三）议事日程：（一）浙江省议院法二读，延前会；（二）政务员选举法草案二读；（三）浙江省议院议员选举法草案审查报告；（四）省政院组织法草案审查报告。（《申报》1921年9月14日）

9月15日 因上月中旬旅京浙人来电，提出浙江制宪"付诸省民总投票"的质疑，与王正廷再次致电旅京浙人，解释浙省制宪经过。略谓：

> 浙江省宪法公布后，旅京浙人以未经总投票手续，一再来电反对。昨省宪法会议又二次去电解释云：……吾浙省宪会议组织法于本年五月一日议决，省宪起草委员会于六月十五日开幕，浙江省宪法于九月九日宣布，而诸公乃于九月十二日来电，主张人民总投票，譬诸婴儿即已分娩，始责其胎教之不良，建筑既已竣工，忽悟其图样之有误，用意虽佳，为时已晚，使同人等不及受此切磨，共图补救，此同人之不幸，亦吾浙省宪之遗恨也。……金谓自治主权属于全民，故之，大政大疑，首由人民公决，吾浙省宪业经明白规定矣。……王正廷、褚辅成及浙江宪法会议同人公叩。删。（《申报》1921年9月20日）

9月22日 下午，先生当选为宪法执行委员会候补执行委员。25日，由杭赴沪。

> 各报馆均鉴：本会议自九月九日宣布省宪法暨施行法后，接续开议关于施行省宪法所必需之法律。陆续议决省议院法、省议院议员选举法……等二十五种。并于本月二十二日依据省宪法施行法第二十一条之规定，选举蔡元培、卢永祥、虞和德、王正廷、朱庆澜、沈金鉴、陈榥、

叶焕华、黄郛九人为省宪法执行委员会委员；褚辅成、王廷扬、王文庆、阮性存、陈时夏、吕公望、沈钧儒、周继潆、俞炜九人为候补执行委员。即以是日闭会。特此奉闻。浙江省宪法会议叩。敬。

省宪会议闭幕后，正会长王正廷、副会长褚辅成于前、昨两日先后赴沪。（《申报》1921年9月26、27日）

10月4日 与邵力子探访陈独秀被误捕。与张继等人保释陈独秀。

居住法新租界之地方陈独秀，迩因编辑共产主义、社会主义、工党主义、劳动主义、新青年等书籍，被特别机关探目黄金荣、包探程子卿侦悉，以其有过激性质，于前日偕同西探至该处，抄出是项书籍甚多，当将陈及其妻林氏并牵涉人褚辅成、牟有德、杨一生、胡树人等一并带入捕房。除陈夫妇外余均交保出外。昨日传至法公堂请究，先由西探上堂禀明前情，并将书籍呈鉴。被告陈独秀延巴和律师代辩称，此项书籍是否有过激性质，敝律师尚未细查，请求展期讯核。中西谳员判陈交五百两人银，并保陈、林氏开释。余均交寻常保出外，听候展期讯夺。（《申报》1921年10月6日）

到巡捕房已经四点多钟了，巡捕问了我们的姓名、职业、与陈独秀的关系等，陈独秀报名王坦甫，我报名杨一如，其他人也报了假名，接着打了指纹，这时已五点多钟了。不久，褚辅成（字惠生，北京众议院副议长，上海法学院院长）、邵力子也先后被捕。褚辅成一见陈独秀就拉着他的手说："仲甫，怎么回事，一到你家就把我弄到这儿来了。"这一下陈独秀就暴露了。褚辅成和邵力子在弄清身份后就释放了。我们被送进了牢房。……陈独秀是个有影响的人物,被捕后上海闹得满城风雨。第三天褚辅成、张继等就将他保释出去了。……陈独秀只关了两天,我们关了五天后也被保释出来,人放出来,但要随传随到。二十多天以后又会审,说陈独秀宣传赤化,最后定案是《新青年》有过激言论。经过马林的种种活动,结果罚款五千元了事。(《包惠僧回忆录》第371、372页)

11月18日 推为国民外交大会浙江代表,出席国民外交大会。

全国国民外交大会筹备处,昨接浙江省浙江民治协进会来电云:(上略)外交形势日益重要,吾侪国民应为后盾。本会经大会公推王君正廷、褚君辅成、俞君凤韶、汤君国琛、张君传保、吕君衡、许君燊、陈君树基为代表,出席与会。敬希接洽为荷。(《申报》1921年11月18日)

12月6日 国民外交大会全体代表大会召开,会议发表通电,要求华盛顿会议主持正义,促使日本归还山东权益。(《申报》1921年12月7日)

12月31日 李烈钧来函,告知已在计划出师。

莲伯、慧僧议长先生台鉴:握别许时,渭北江东,时毁驰仰。乍奉大教,深慰忭周饥。闳论苾筹,悉关大局。风檐展诵,欣佩奚如。

元首莅桂,山河生色。大计已有成竹,今正计划出师。伟见所及,当时注意。能纳天下贤豪,斯易举天下事也。先此奉复,仍盼赐教。顺颂议祺。李烈钧。(《吴景濂卷》第4册第71页)

本月 金佛郎案发生。(张宪文等《中国近现代大事年编》第234页)

◎ 1922年（壬戌）民国十一年 50岁

2月3日 孙中山在桂林以大元帅名义，下北伐动员令。(《中华民国史事日志》1922年2月3日条)

4月 第一届国会议员运动恢复旧国会。举制宪大旗，并谋选举总统。(《申报》1922年4月17日)

5月2日 先生由浙赴沪。京师宪兵司令部沪上坐侦5月4日报告："浙议员褚辅成、袁荣叟前日来沪，有不日往北说。"(来新夏主编《中国近代史资料丛刊 北洋军阀（四）》第550页)

5月10日 吴佩孚自天津到保定，召开时局会议。旧国会议长王家襄、吴景濂均至，决恢复法统。

> 十一年，曹锟等战胜奉军后，即觊觎总统大位，而国号共和，苦无名义。时益友系众院议长吴景濂等，因孙文为非常总统，与之积有意见，乃结合参院议长王家襄及前热河都统张绍曾等，以恢复法统之计画进之曹锟、吴佩孚（字子玉）等。自丁巳护法军兴，迄今六载，时局棼如乱丝，舍此亦别无救时良策。而直系亦欲借此统一南北，并借第一届国会以为谋选总统之地，于是逐徐世昌，请黎元洪。(刘楚湘《癸亥政变纪略》，《近代稗海》第7辑第118页，以下简称《纪略》)

5月17日 吴景濂到沪，为接洽议员赴京，自行集会，并交换沪、粤议员对于恢复六年、八年国会之意见。19日，曹锟、吴佩孚、田中玉等通电征求对于恢复六年国会，或召集新国会，或国民会议，或联省自治意见。20日，第一届国会议员（即民六国会）在天津设立第一届国会继续开会筹备处。

(《申报》1922年5月20、24日)

5月23日 到京之各筹备员在息游别墅开谈话会,认为复活旧国会有水到渠成之势。先生等复电:"主张第一届国会自由召集,执行一切职权,不仅限于制宪。"(《申报》1922年5月26日)

5月31日 赴杭。

国闻通讯社云:广东非常国会副议长褚辅成,于前日乘早快车赴杭,闻系对于旧国会恢复一事,有所商榷,现寓湖滨清泰旅馆云。(《申报》1922年6月2日)

6月1日 王家襄、吴景濂等203人在天津开会(一说150余人),宣言"自今日始,应由国会完全行使职权,再由合法大总统依法组织政府,护法大业亦以完成。其西南各省因护法而成立之一切特别组织,应自于此终结"。(《纪略》第119页)

6月2日 由杭返沪。

众议院(副)议长褚慧僧因国会恢复问题,来杭面晤卢督,协商一切,昨午车返沪。(《申报》1922年6月3日)

6月5日 先生与虞和德、邬志豪等在沪创设全浙公会,致力于团结浙人,发展地方事业,倡导地方自治之议。

旅沪浙人虞和德、褚辅成、邵仲辉、邬志豪等百余人发起全浙公会,昨发表缘起、简章如下:

(缘起)壬戌之夏,五月既望,同人等相与讨论地方事业,乃发起全浙公会于上海。良以浙沪密迩,交通綦便。痛陈地方得失,影响较巨,故发起兹会。不于浙而于沪也,嗟乎!浙之利害,浙人身受之,浙人之子孙世世受之。我不自谋，而日日责备之不我谋，钜非□哉。是用揭櫫指归，征集同意，消融区区之见，屏除党派之私，堂堂正正，侃侃恂恂，以民治为言论范围，以公益为行动标准。维护公益者吾迎之，妨碍公益者吾拒之，阳言公益，阴便私图者吾尤拒之。下此决心，齐向努力，懔有初鲜终之诚，为邦宁本固之谋。主权在民，义无放弃，邦人君子，盍兴乎来（简章略）。(《申报》1922年6月6日)

6月6日 黎元洪通电各省，以废督、裁兵为复职条件。此时先生在上海宝隆医院养疴，通讯社记者前往采访，询其对于时局之意见，先生主张"废总统制，改建委员制"。又谈黎元洪鱼电，主张"改各省督军为裁兵督办，办理一切裁兵事宜"。(《申报》1922年6月10、12日)

6月9日 国会赴沪代表李文熙谒见黎元洪谓：褚辅成、岑春煊等均赞成恢复法统。

国会赴沪代表李文熙氏，于昨晚（八日）回津，今日下午二时谒见黄陂，报告沪、粤国会议员除孙文一派外，均可北上，共一百余人，足凑成法定开会人数。又孙洪伊、褚辅成、岑春煊、谭延闿等均赞成恢复法统，且对黎感情颇佳。黎复位以后，必能援助进行统一。(《申报》1922年6月13日)

6月11日 黎元洪由王家襄、吴景濂陪同由津入京，暂行大总统职权，颜惠庆署为国务总理。13日，黎元洪下令撤销六年六月十三日之解散国会令。

6月13日 接吴景濂来电：催促旅沪两院同人"请克日北上"。

联合通讯社云：自徐世昌退职后，天津第一届国会继续开会筹备处通告,于本月十二日移京,已志前报。兹悉旅沪之众院副议长褚慧僧氏,已接北京来电,正式通告,并请克日北上,文曰:上海法界凯自尔路二八二号褚慧僧先生暨旅沪两院同人公鉴:两院已于文日移京,筹备集会,务望克日北上为祷,盼复。景濂。元。(《申报》1922年6月15日)

6月15日 卢永祥宣布即日废去浙江督军之职,唯所兼近畿第10师师长借口尚无合法政府,"未便交卸"。(《申报》1922年6月17日)

6月16日 出席关于卢子嘉废督及善后问题会议,列名发出致卢子嘉废督贺电(此电未发出)。

国闻通讯社云:昨日下午二时,旅沪浙人在凯自尔路开会讨论,对于卢子嘉废督及善后问题,到会者三十一人,杭辛斋主席。讨论三小时,议决:(一)赞成卢子嘉废督举动;(二)责成卢子嘉监督实行省宪法;(三)通电各省,通告浙江已实行废督。推姚吾刚、杭辛斋起草致卢子嘉废督贺电,派徐聘耕、黄文叔、戴立夫、张雨樵四人赴杭,与各法团商议善后问题,并报告会议情形。至六时散会。

致卢子嘉电如下:

杭州卢子嘉将军鉴:废督裁兵,舆论早已一致,而通国未见实行。将军既首倡于昔,今复毅然执行,断十年乱国之祸根,为全国军人之模范,风声所布,中外胪欢,况我浙人,忻幸何极。惟废督先宜裁兵,善后而须自治,利弊倚重,呈厘千里。将军筹备有素,必已成竹在胸,尚祈统筹兼顾,务令废督以后,防微杜渐,不令有类似督军及兴督相抵牾之名义事实发生。而各镇守使实亦督军之分支，亟宜一律废除，以期名实相符。庶几以树各省之表率，开统一之先。蒙福受赐，岂特浙人。遴听佳音，距跃三百。只肃电贺，统希垂照。杭辛斋、褚辅成、虞洽卿、蒋蓍卿、王文庆、徐聘耕、张申之、周佩箴、李征五、姚吾刚、项佛时、邵仲辉、戴立夫、俞寰澄……等叩。谏。（《申报》1922 年 6 月 17 日）

同日 广东陈炯明部发动兵变，炮击总统府和孙文所在的观音山越秀楼。（《申报》1922 年 6 月 17 日）

6 月 17 日 先生派代表赴杭，与各法团接洽废督善后问题。

前日下午二时，旅沪浙人褚辅成、虞洽卿等，在凯自尔路浙江省宪协进会讨论废督善后各问题，不取开会形式，任意发表意见，至五时余迄无结果。所拟定致卢子嘉一电，因主张未能一致，亦未曾发出。至昨日（十七）下午始由姚吾刚等署名发出一电，并由褚辅成、杭辛斋等派遣代表二人赴杭，与各法团接洽各种善后问题云。（《申报》1922 年 6 月 18 日）

6 月 19 日 电劝卢永祥裁兵。

联合通讯社云：浙人褚辅成氏于接到卢子嘉删电后，昨复一电云：杭州卢子嘉先生鉴：删电诵悉。我公实行废督，为各省倡，甚感甚感！然人民期望裁兵切于废督，今督已废而兵未裁，浙人欢忭之余，犹有疑虑。还望我公毕践前言，完成素志，再奋废督之决心，早施裁兵之伟业，则讴歌感德，当不仅一省一时止也。专电奉复，敬颂勋祺。褚辅成叩。效。（《申报》1922 年 6 月 20 日）

同日 与赵世钰、白逾桓、常恒芳、罗家衡等电西南各省，请速派代表来沪商议统一方针。提出"欲求真正和平，当先弭兆乱之源。"（《申报》1922年6月24日）

6月23日 致电北京众议院，以生活"困窘"为不能北上之说词。

昨日（二十四日）下午四时，参、众两院议员在众议院开谈话会，参议院议长王家襄主席，当即报告本日讨论事项：（一）议员岁费问题；（二）催促议员来京问题，俱请吴景濂详细报告。吴登台报告：（一）关于岁费问题，由两议长依法办理；（二）催促同人来京问题，现在两院议员业已报到在京者，有二百三十三人，确能来京者有一百六十六人，出缺者四十八人，故合计议员确能足法定开会人数。至于赴粤、赴沪招待同人办法，昨接上海褚辅成君来电谓："粤、沪两处同人，现均甚为困窘，实不能即日北上。盖因护法而备尝艰苦之名流，亦应设法援助，以期公平"云云。（《申报》1922年6月27日）

6月25日 全浙公会成立，当选为总干事，发表关于改革本省意见，及其施行办法。

全浙公会于昨日下午二时一刻，开成立大会，到者八十余人，公推杭辛斋主席，先由筹备员褚辅成报告筹备经过情形。次由简章起草员说明简章草案之用意，即由主席将草案逐条诵读，稍有修改，旋即通过。简章通过后，即分发选举票，选举干事，用记名连举法，当推定检票员及开票员八人。次由褚辅成发表关于改革本省意见。其施行办法，众主俟干事会成立后，再行计议，旋即散会。

当选干事姓名列下：褚辅成、杭辛斋、邵仲辉、蒋智由、斯烈、虞洽卿、李征五、顾乃斌、卢临先、高尔登、黄文叔、许达夫、徐建侯、张申之、阮性存、庄子盘、林子桐、顾企韩、徐聘耕、赵成之、周佩箴、王孚川、陈素子、蒋著卿、童亦韩、方青箱、姚吾刚等三十一人。(《申报》1922年6月26日)

同日 与章炳麟在沪联名发电赞成孙文下野。

联合通讯社云：昨日章太炎、褚慧僧两人，联名致孙中山一电：广州探送孙中山先生鉴：徐世昌伏罪，我公内践前言，外从舆论，翩然下野，信若丹青，无任钦佩。时局尚有纠纷，望公惠然来沪，赐以教言，鹄立待命。章炳麟、褚辅成叩。(《申报》1922年6月26日)

同日 侄婿龚宝铨卒，年37岁。

未生，名宝铨，嘉兴人。……十一年六月以时疾卒，年三十七，同志哭之皆失声。初娶余女，继娶同县褚氏，无子，以弟之子（龚）肇文为后。(章炳麟撰《龚未生传略（注）》，同上，第97、98页)

6月27日 与姚桐豫、赵舒、蒋著卿等致伍梯云唁电，哀悼其父伍廷芳（6月23日）逝世。(《申报》1922年6月28日)

6月29日 蒋介石自浙江赴粤海，谒孙中山于永丰舰。(《蒋介石日记揭密》上册第46页)

7月3日 先生领导之全浙公会发出通电，提出对苏、浙两省裁兵主张。

联合通讯社云：全浙公会昨发出通电云：江苏省教育会、上海总商会并转江苏各公团鉴：废督裁兵，为全国人民日夕祈祷，延颈跂足，以盼实行。黄陂鱼电，列废督为复职唯一条件，乃迁移入京。……自粤军弃赣回粤，岳州亦已撤防，长江形势转入缓和，吾两省无用兵必要，何必推波助澜，为将来卷入漩涡之预备。裁兵既为舆论所同，招兵更为时势所忌。吾两省人民具有身家性命，不愿牺牲于同室之纷争，便当奋起为武人之忠告。如承同意，乞指示联络方法，共策进行。……全浙公会。江。(《申报》1922年7月4日)

7月8日 全浙公会致电卢永祥等："请浙军界定期实行裁兵"。(《申报》1922年7月9日)

7月10日 先生出席虹口澄衷学校第十七次毕业典礼，并做演说。

> 虹口澄衷学校于昨日举行第十次小学第十七次毕业典礼，由校长曹慕管致训词，教务长葛祖兰报告毕业生之成绩。次由张继、褚慧僧相继演说。张继演题：纪律与自由，略谓：吾人应少谈自由，多注重纪律。褚演题为：青年与政治，略谓："青年应负改良国家之责任。"(《申报》1922年7月11日)

7月22日 邀旅沪各省名流集会，讨论"联省自治"，决定成立"联省自治促进会"。

> 联合通信社云：昨日正午十二时，旅沪众院副议长褚慧僧氏假座某旅社，柬邀旅沪各省名流，如柏烈武、章太炎、尹昌衡、徐季龙、蒋伯器、蒋雨岩、曹伯亚等，及川、湘等省委派来沪商洽联席会议之代表甘子言（川）、钟伯毅（湘）、朱湘溪（滇）等及国会议员多人，开叙餐会。席次，褚君起立致词：略谓："自国会在天津设立筹

备处后,吾人即认为护法事业可告结束。惟西南护法,数年于兹,一切政治问题、事实问题,待决者正复不少。亟宜先将西南各省,团结一致,由各省派出代表在上海开联席会议,以谋政治问题、事实问题之解决。曾于前今两月发出四次通电,将此种意见贡献各省当局,幸各省当局均以此议为然,先后派出代表,有业已到沪者,有出发在途者,此后如何进行,各省当局与代表诸公自有权衡。惟余以为吾人政治上最重大之要求为'联省自治'。刻下北方武人,对联省自治之政制,有怀疑者,有反对者。欲求此种政治之实现,尚非纯恃国会同人与西南当局之力所能奏效。鄙意以为亟宜联络各省同志,组织一联省自治之运动机关,从社会方面分道进行,以赞助国会议员与西南当局,期达实现此种政制而后已。今日列席诸公,皆各省名宿,夙多同此宗旨,亟盼共同发起,为团体之组织,此一事也。刻下北方当局,以恢复法统、和平统一相号召,而吴子玉乃决心对赣省用兵,置黎黄陂所颁停战命令于不顾,其致电蔡成勋,且有将在外君命有所不受之语。此事虽为赣省局部问题,而李协和统兵回赣,系以江西自治为职志,若北方不肯停战,则其他自治省份,亦同受绝大打击。故赣停战与否,实为联省自治成败所关。北方武人有无和平统一之诚意,尤必以此为断。余拟以个人名义,电告在京国会议员,声明此事之关系,谓在沪议员均因此观望不前,请就询政府,究竟有无停止江西战事之诚意与能力?迅速见复。尤盼今日在座诸公,联衔发电,共伸公道,此又一事也。凡此两事鄙意主张如此,还祈诸公赐教"云云。旋沪滇籍议员吕志伊、湘省代表钟伯毅、皖籍议员汪建刚、滇籍议员李华林及柏烈武、徐季龙、尹昌衡等均次第发言,赞成此议。

惟关于赣事之电文,决定由国会议员与非国会议员分别拍发。次即推举起草员,非国会议员之电文,由章太炎起草,国会议员之电文,由吴宗慈起草。……其非议员方面,凡赞同发电者,均亲笔签字,交章太炎君起草叙列,并决定非议员之电,专致吴佩孚,仍将原文通告各省。最后又讨论组织团体之事,决定名义为"联省自治促进会",推举曹伯亚、朱湘溪、甘子言、钟伯毅、吴宗慈、褚慧僧、李次山等七人为筹备员,并假定贵州路一百三十三号为筹备事务所,然后散会。(《申报》1922年7月23日)

联合通讯社云:联省自治促进会发起情形,已志本报,据悉所推筹备员曹伯亚、钟才宏、朱湘溪、褚慧僧、刘君亮、吴霭孙、李次山等,已在贵州路该会筹备事务所连次集议,讨论进行事宜,推举吴霭孙起草宣言,李次山起草章程,均限三日内脱稿。一面设法募集经费,其会所地点,已择定西藏路附近某号房屋,正在租赁中,一俟租定地点,即将所拟宣言、草案先行付印,以便于本埠暨外省各团体开始接洽。又自该会发起消息传布后,连日来函索阅章程请求加入及陈述意见者甚多云。(《申报》1922年7月27日)

此次集会前,湘省议会曾有一电致章太炎、柏烈武及先生等。电中称"联省会议尤以上海地点为适中"。

上海章太炎先生、柏烈武先生、褚慧僧先生、谭组安(庵)先生并道尹赵曾先生均鉴:佳电敬悉。至符初愿,联省建国,当以联省会议为起点,联省会议尤以上海地点为适中。因重庆、长沙均偏一隅,不便交通。上海不独为舆论中心,实绾政治枢纽,敝会昨将尊旨转电西南各省,自必一致赞同,共争先着,各选代表,迅集申江,求真正之永久统一。至集一团体以为耳目,则全仗群公鼎力倡导,结合时彦。对于联省自治主旨,尽量发抒,俾无遗义,其影响与社会人心,当不在联省自治之下。敝会业派宣传联省自治代表李况松、陈国钧于筱日首途,顺便接洽。乞赐南针,藉资遵循,特电奉复,诸维鉴察。湖南省议会叩。(《太平洋杂志》1922年第3卷第7号第4页)

7月26日 为反对江西用兵,与吴宗慈等人致电北京参、众两院同人,"务使在赣北军遵令停战,曹、吴续派赴赣之北军停止开拔"。

(衔略):北京政府既以恢复法统,力谋统一为名,必须言行相符,方足表示真诚,泯除虞诈。今赣省军事,北政府既已下停战令,前敌将士理应恪遵命令,静候解决。乃南军屡电赞成停战,而驻赣北军蔡成勋等,则假托南军进攻,遂分兵三路,逐步压迫,冀一逞其武力。近且拒绝调人,国人耳目具在,岂能容其矫饰。确闻蔡成勋之敢于抗命启衅,乃受军阀之指使,究竟北政府有否节制将领之权能?窃谓今日国家能否真正统一,应以赣省能否停战为断。若口头以统一号召,实际则诡谋开衅,不惟停战付诸空言,且增兵运械,有急不暇择之势。似此行为,尚何恢复法统之可言,尚何国家建设可望。黎公固北方军阀所奉戴为元首者,乃视其命令如废纸。黎公自损威信不足惜,若国家人民均任意为其残贼牺牲,国欲不亡,其可得乎。辅成等视江西问题,为南北实现统一之关键,尚望群策进行，务使在赣北军遵令停战，曹吴续派赴赣之北军停止开拔。非唯江西之幸，国家实利赖之。迫切陈言，诸唯垂察。褚辅成、蒙民伟、钟才宏、吴宗慈、王宗尧、朱念祖、常恒芳等（49人）。

是日，章太炎代表等非国会议员起草电文同时拍发。（《申报》1922年7月27日）

7月30日 下午，先生在上海一品香出席茶话会，谈联省自治问题。主张先制国宪，后制省宪。至联省自治问题，主张由各省代表来沪开会决定。

湘省赵恒惕所派来沪运动联省自治代表钟才宏及该省议会代表陈国钧、李况松，于今日（七月三十日）下午四时因此问题，在一品香大厅开茶话会，遍邀各界人士莅临，表示意见。到者柏文蔚、邵仲辉、褚慧僧、黄汉宗女士等六十余人。首由陈国钧、李况松报告宗旨，略谓联省自治乃前数年智识界、舆论界所提倡，敝省议会承认此问题可解决中国一切纠纷，遂邀请名流制就省宪，现省宪既已公布，于是乃集合各省为联省自治之运动。但湘省此项运动欲系促成统一，并非以此为分裂之媒介，系单一式之联邦制度，非复杂式之（协约）制度，至联省自治以何种手段可以达到目的，则颇希望海内名流加以指导。今诸君光临，极盼各抒伟见，以匡不逮云云。……褚慧僧演说云："鄙人前数年主张先制省宪后制国宪，然现在已制宪之省区寥寥可数，若求普通，非一时所能办到。故余现又改变宗旨，主张先由国会制宪，再由国宪产生省宪。至联省自治问题，则主张由各省代表来沪开一联省会议"云云。(天津《益世报》1922年8月3日)

第一届国会将于 8 月 1 日在北京正式复会,而先生此时迟迟未能北上。天津《益世报》在 7 月底的一篇通讯中评述:原因"盖在沪推进联省自治问题"。

> 联省自治问题,记者在上月通讯中,即一再言其为今日一般武人所最欢迎之名词,后果有唐继尧等暗中运动,力谋实现。迨吴子玉反对后,始不复如以前之热烈。然此种运动,表面似已停顿,其实暗中之进行,仍未尝稍息也。近日如川代表甘子言、湖南代表钟伯毅、云南代表朱湘溪等,均在沪大肆活动,分头接洽,欲于联省自治问题暗中有一种结合。褚辅成初本欲北上,旋一再迟迟未行者,其目的即思在此,鼓吹一种局面,而增自己声势。近于联省问题大为心切,除日与诸代表接洽外,日前并假东亚旅社邀各省代表及各名流会议,决组织联省自治促进会,请各省推代表来沪开会。近两日各代表活动较前愈甚,甚至有亲自到他省接洽者。闻闽、浙、皖等省允派员与会,不久可望实现矣。(天津《益世报》1922 年 7 月 29 日)

8 月 10 日　先生北上。

> 褚辅成今夜北上。国闻通信社云:旅沪议员褚慧僧,前拟在沪组织自治会议,因该会受川局之影响,已不能成事实。而在京议员又屡函劝驾,故决定于今日下午十一时,乘沪宁路夜快车北上。(《申报》1922 年 8 月 10 日)

> 关于南议员北上问题,据国会某当局昨(三十一日)接褚辅成氏由上海寄来一函,该函原文如下:贱恙较前尤剧,数日前不能行动,近已稍愈,然久坐仍作痛,此症乃臀痛,非痔疮也。参议员已有八九人先后北上,尚有八九人月内准到。李茂之、曾彦、李英铨、李自芳、吴湘

二十七（日）自港动身，月底月初准可到京。谢家鸿、卢式楷、邹树声亦须月初首途。初一日开会定可足数。西南代表到者已有三省，滇、粤即日可到。弟候代表到齐，一度接洽后，便可北上，极迟不出下月十号也。（《申报》1922年8月1日）

8月22日 先生出席宪法审议会第五十次会议，继续讨论省制问题。（《申报》1922年8月25日）

8月23日 出席众议院第二期常会，讨论汕头风灾案、保护劳工法案等尽皆通过。是日选举众院副议长无结果。

昨日（二十三）下午一时，众议院第二期常会开会，议长吴景濂主席。……主席将刘彦议员提议之请政府将华盛顿九国会议关于中国事件之各条约及议定书，咨送国会同意案，提出讨论。孙润宇、赵金堂赞成原案，主张由国会向政府提出建议案。王源瀚言：政府与外国订定条约，例须交国会批准，今国会成立多日，政府尚未补行提出，殊属违法，应向之提出质问。褚辅成言："华会条约及议定书关系甚巨，刘议员之提议可作成本院之决议案。"主席以付表决，多数通过。

随即宣布第六案，互选副议长。徐清和言：国会恢复，法统重光，褚议员辅成为广州合法国会之副议长，今日无再选之必要，主席若必欲另行互选，本席质问褚辅成之副议长资格因何消灭？此时场内有一部分之议员急呼散票，秘书某持票将散，主席以无命令大斥之。主席报告在场人数三百三十一人，指定马骧、尚镇圭等八人为检票员，随命秘书散票。主席并宣布检票员投票后，各议员即可随之投票，此时向例散票后必查在场人数与票数是否相符?主席且有报告一次之手续,微有不合,场中遂有大声呼主席手续不合者,时投票者已络续不绝。主席又宣告在场人数共一百三十一人,散出之票有一百七十张,当系人数增加之故。场中又大呼手续不合,事实又不合,主席违法,投票应作无效。马骧力持票数应作有效之议,人声沸腾,秩序大乱,主席亦命迅速检票。惟时各议员大半散去,在场人数不及三分之一。最后检票:褚辅成得八十三票,张伯烈得七十五票,蒲伯英四十票,吕复十八票,裴廷藩得四十二票,其余得票不等,均不足法定票数。主席宣告散会。(《申报》1922年8月26日)

8月24日 出席宪法审议会,续议省制。(《申报》1922年8月、27、28日)

8月26日 出席宪法审议会第五十二次会议,表决通过"省于不抵触国宪范围内得制定省宪案"。是日先生对制定省宪问题做了长篇发言。

> 昨日(二十六)为宪法审议会第五十二次会议,以上次之改定,改至下午一时开会,乃延长至二时,出席人数仍寥寥无几,后又延长至三时四十分,主席报告参议院出席者一百三十八人,众议院出席者三百零一人,已足法定人数,应将上次审议会关于省与中央之关系问题中关于国家事权,提起讨论终局之动议,先付表决,赞成讨论终局者大多数,宣告讨论终局。并谓上次开会褚议员关于手续问题,提起临时动议之意思,"中央事权中之关系重大者,提作为议题,先付讨论,其应于宪法中专列一章或加入宪法各章内,当由宪法起草委员会斟酌规定后,再由大会或审议会讨论决定之",已有法定附议人数,似应接续付议

表决。蒋羲明主张应将实质问题表决后，方能表决手续问题。郑江皓谓：国权问题甚大，中央事权问题甚小，关于大者未经决定，而欲先将中央事权付表决，似乎时间上尚嫌其早。主席言：对于国权问题，有主另立一章者，有主规定于立法权一章之内者，有主分列于各章者，尚有主在地方制度章内为除外之规定者。褚议员因鉴于讨论之不易归结，故有关于手续上之动议，已于上次会议中咨询，得有法定附议人数，似乎当继续为应否表决之咨询。现在本席咨询对于褚议员之动议，究竟是否可以表决？陈铭鉴谓：本席认为褚君之动议，非手续上的办法，以为既讨论国权一章之应否加入，则表决亦当认定题目。中央事权之大者，先付讨论一语，颇有病语。在本席意见，加入国权问题，应付表决。至于如何加入，及应列举之事项，应交起草委员会，综合各方面提案，详细拟具条文，再交大会或者议会讨论，如此可以节省时间，而讨论亦易有归宿。

褚辅成谓："关于中央事权，本席以为讨论手续可不必在审议会讨论。近日诸公主张国权另立专章者有之，加在国会章内者有之，主张在地方制度章内者有之，本员以为均可让之宪法起草委员详细斟酌。惟关于问题之重大者，如汤议员提案有各省不得设常备军问题。本席以为应由宪法会议先行讨论，或提出时由审议长咨询是否可作为一大纲咨询之。认为大纲者，即可提出讨论。各省不得设常备军一项，本员认为异常重大，如仅交起草委员会，恐移至大会仍有纷争，不如先行讨论之为愈，其余则迳由起草委员会决定后，再交大会或审议会讨论，本席动议之意见如此。"

汤漪谓：本席认为表决方法须分两项，盖如前次关于地方事权表决取概括规定，而对于其重大问题，仍可提出讨论，地方事权表决概括规定之结果，而中央事权不得不取列举规定，因此提案甚多，势必在审议会不能为逐一详细之讨论。本席主张将所有各种关于国权列举之修正案，一并交起草委员会斟酌拟定，交由大会讨论决定，此项表决，与两日来讨论情形不相违背。而关于国权中之重大问题，仍可提出讨论。陈铭鉴赞成汤议员之意见。褚辅成谓："本席前日之动议，与汤议员所言相同，如多数赞成汤君之意思，则本席之动议可以取消。"主席谓：地方事权既取概括规定，则中央事权当然列举。近日关于增加国家事权一章之讨论，已甚详尽，现在汤议员提出表决方法，系将关于国家事权各种修正案，并交宪法起草委员会，俟提出方式或具体条文后，再交大会或审议会讨论表决，此意与褚议员关于手续上之动议，大致相同。即以汤议员之主张付表决，赞成汤议员之主张者大多数。汤君第二主张系有大体问题，仍可提出讨论。现在咨询关于国家事项，有认为大体者，提出讨论否？陈铭鉴谓：前日本席提议两条，一增加国权一章，今日已经表决。二省于不抵触国宪范围内得自定省宪法，今日应接续讨论，但此问题讨论亦已多次，以为今日应提出表决。赵时钦谓：对于陈议员第二问题，以为尚须讨论。

主席谓：既有人提出讨论，即待讨论之后再付表决。现在关于陈议员所提出之第二问题即"各省于不抵触国宪范围得自定省宪法"，请诸君发言。褚辅成谓："陈议员所提出之第二项'各省于不抵触国宪范围，得自定省宪法'问题，本席以为前既表决省之事权取概括规定，则省得自定省宪，为一种当然之结果，不生提议问题。盖国家宪法对于省之事权，既不明为列举，则各省之行政权、立法权，必让之各省根本制度自由规定，则除省宪许各省自定以外，在宪法上即无以表明此项之用意。而怀疑者以为省得自定省宪，则统一国家将于无形中变成联邦国家，联邦制度之是否适合于中国国情，此为另一问题，本席姑暂置不论。仅就怀疑派所疑义之一点而剖解之，则以为有省宪之国家，未必即为联邦国也。夫美之有州宪，美固为联邦国之一，但返而观之于英，非世所称单一国家者乎。然坎（加）拿大、爱尔兰则无不各有宪法，此足以证有地方宪法之国，不仅为联邦国家为然，即有之，亦仍不失为单一国家者也。怀疑派尚有一种见解，以近来各省盛倡联省自治即联邦之变形也。当在各省初倡联省自治之说，固亦未尝无将中国改建联邦制之思想，故有主张由各省派遣代表先议省宪，然后再以省宪之赋予，而定国宪，此议迄未见施行。现且以宪法会议堂皇开会，进而为地方制度之审议矣。以宪法会议之先议国宪，而后再以宪法之赋予，许各省自定省宪，显见非联邦制度之所宜然。况乎各省自定省宪者，只湖南一省，他省虽有此议，迄未告成，推厥原由，各省亦正让步。至于先国宪而省宪之一途，窃愿怀疑者切勿为联省自治之即为联邦制度之说之所惑。盖联省自治，国内虽有此种运动，但既已让步，至于先国宪而后省宪，则省虽得自定省宪，当仍不出于国宪之范围。是虽又省宪，不失为统一国家，与宪法草案所通过之'中华民国为统一民主国'一语，毫无冲突，此种误会，自可消释。尚有论者谓各省联省自治之论，均各省军阀所提倡，非出于真正民意之趋向。本席于此须先有一问，即现在诸公所认定各省须有省宪之主张，究竟是否合于今日之国情状态？本席虽不欲保障军阀之存在，但认定联省自治之说，决非军阀所首倡。夫联省自治之运动，尚远在民国元年，自二年国会解散，同人中多有以此主张在外间发表，虽属言论鼓吹，但是其足以表显一部分之主张甚多，即此知联省自治之说，完全为知识界所提倡耳。军人之藉以表示赞成者或有之，然大都利用时机而博虚荣，以为沽名计耳，如浙之卢永祥，亦为最近提倡联省自治之一人。但细考其实，浙之自治运动，固假藉军阀以活动乎，果尔则全浙民意不啻一概抹煞。当民国九年，浙江省议会即有制省宪之提议，因时机未熟，暂行中止。去年时机已熟，制宪之提议即一发而不可遏，卢永祥见有省议会之提议，乐得表示赞同，故只可谓之军人利用时机则有之。因此而谓为非民意之趋向，则未免过矣。本席极端赞成打破今日割据式之自治与军阀之潜势力，然对于诸公怀疑省自制宪一层，应为分题讨论，故对于汤议员提案中之省不得设常备军之点，认为极有讨论之价值。果能如此，则割据现状不消灭而自消灭，而真正自治之目的，可以达到。如上之诸端误会，可以消释，则省宪之说即不成何种问题。郭议员主张省得制自治法，此不过名词上微细问题。本席以为省宪云者，即省之根本制度是也，省自治法者，乃省宪之解释，与其用解释之名词，无宁用'省宪'二字之为妥。当本席赞成丁议员与陈议员之提案，省于不抵触国宪范围内，得自制省宪法，大致意思如此。"（《申报》1922年8月29日）

8月29日 出席宪法审议会第五十三次会议，讨论县制，先生赞成汤漪议员"各省不得设常备军"之主张。（《申报》1922年9月1日）

8月30日 出席众议院第二期第七十次常会。是日护法议员梅宝玑等闹众院，质问吴景濂有关议员资格问题，吴不敢见，先生遭质问。

昨（三十）日，众议院开第二期第七十次常会，自下午一时起，议员陆续到院，尚未足数。突有护法派议员四十八人（内有民八议员二十余人）由徐清和领首结队，拥至门首，声言来院出席。议长吴景濂先已得信，预令警卫队对于无徽章人众，禁止入院。惟时护法派议员愤怒特甚，警卫队恐难阻止，遂将院门关闭，因而后到之议员均被屏诸门外，当由先到议员何雯、王法岐二人出为调解，先将护法派议员邀至第二休息室暂坐，其他来院出席者始得进入议场。一说谓由彭汉遗之出而调停，该议员等遂得邀进第二休息室云（一说适值参议院秘书长沈钧儒由参议院来众议院，因沈亦曾为护法议员，故全体议员俱与沈相识，沈不得已遂曰：诸公远来，无论吴议长见与不见，有话到休息室谈一谈，亦无不可，全体护法议员遂偕沈入众议院休息室云）。

一说谓，先有议员何雯者出而欲自任调人，将护法议员种种意见传达于吴，吴见何雯，大发牢骚，不得已允派代表数人相见，众不允，斥吴目中无人，力持非吴出来与众相见不可，吴终不肯出。无已，何雯始引护法议员王法岐一人见吴，须臾何、王两代表终不得要领而出。护法议员已入议场，因吴景濂事前已令警卫将议场锁闭，护法议员不得入场，又同回休息室，遇护法副议长褚辅成于途中，护法议员大呼曰："此我护法国会副议长褚辅成也"，褚趋避未及，护法议员要求入议场谈话。褚曰："何妨就至休息室谈谈"，遂随褚拥入第五休息室。甫入座，护法议员纷纷质问褚氏，谓褚副议长是否同人在广州时所选出之副议长？今日副议长可到院，而同人等来，则关门不令入内，是何理由？褚答："我此番到北京来以议员资格来，非以议长资格来。"众闻既自己不认为副议长，问褚副议长资格，在何时消灭？因何而消灭？请明白答复。褚面红耳赤，格格不能作答，但云这个问题应由大会多数人解决，此时此地不能解决，故不能答复。众问："副议长既认这个问题尚待解决，岂非一方以议员资格来，一方认副议长资格尚未消灭？"同人即以褚副议长资格质问，请求明白答复，褚窘，张口无言。护法议员曰："褚辅成既自丧失议长资格，我辈无与彼谈话之必要，仍非请吴景濂出来不可。"时往见吴景濂之何雯、王法岐回来报告，谓吴答："往广州来北京无非为国家做事，现在只能办理事实问题，法律话不能答复。"一时众议纷纷，人声嘈杂。

又一报告谓，徐清和、梅宝玑提出简单质问：（一）吴景濂既执行国会职权，何以不负法律上之责任；（二）北京国会既不讲法律，是否事实上之国会；（三）北京如系事实上之国会，是否另有一合法国会存在；（四）国会并无"民六"、"民八"之分，吴景濂何以有此权能，禁止护法同人到会。以上各项质问，吴景濂一日不答复，我辈一日不罢休，今日纵不见，下次当再来。比有新任农次之罗家衡氏出而为吴洗刷，徐清和等曰：罗先生你也是护法议员，今仅做农商次长几天，何故便失本来面目，今天你已丧失议员资格。同人在此开会，请你不要以次长的资格多说话，罗遂愤愤而出。纷议良久，众以法律请吴景濂既不能立时答复，即请吴将以上事实问题先行逐条答复，公推何雯、王法岐、陈则民、王枢再往见吴氏，而吴与褚均由侧门逃出院外。不得已众请王枢、何雯、王法岐三君负

转达之任，务使吴氏明白答复。法律话宽恕吴氏缓日答复。否则以后每次开会，仍当到院出席。(《申报》1922年9月2日)

9月4日 与沈维贤等函请总统、总理改组太湖水利工程局，主张"废除官制，注重工程，以杜水患，而恤民瘼"。(《申报》1922年9月8日)

9月6日 众议院决选副议长，张伯烈得湖北议员之助当选，先生丧失广州国会时的众院副议长职位。

> 至九月六日，众议院行副议长之决选，出席者三百九十人，张伯烈得二百一十八票，褚辅成得一百六十八票，张伯烈当选为副议长。论者谓褚氏之票，由益友、政学两系提携之结果，张氏之能当选，则得力于研究系、小孙派（孙洪伊派）二百号云。(谢彬《民国政党史》，《近代稗海》第6辑第77页)

9月7日 出席宪法审议会，续议县制。12日，出席宪法审议会第五十八次会议，继续讨论"县制度之如何规定"。提出县制应于国宪中规定原则，并说明理由。

> 略谓关于县制有主详细规定，有主大纲规定，分析起来不外两种心理：（一）不赞成省宪，因省宪业已通过，故主张将县之地位提高。关于此点，王君敬芳业已言之。审议会通过之问题，不生法律上拘束，可至大会再行发言。在审议会中可不必为抵触已通过议题之讨论。（二）绝对主张地方分权者，如江君浩之提议是也，本席亦颇赞成其意思。江君有两种目的，一为防止省之割据，二为防止县对于省之革命。本席以为防止省之割据，本席曾两次发言，力主地方军队当集权于中央，尚不在县制上之讨

论。至于防止县对省之革命，大不必分权于县，尽可让各省人民自由主张。吾人在宪法上不必代为之分，只须将县制在国宪上大略的规定数条，即可在宪法上得有保障。(《申报》1922年9月10、15、16日)

9月14日 议院举行常会，民八议员梅宝玑、贾述尧等10余人襟佩红布徽章，上书"国会议员"四字，在众院门外演说民六、民八之旨趣。遇有议员到会则阻拦之，不使入门，参院议长王家襄即在被阻之列，以是参院议员之到会者，只53人，不能足数。(《申报》1922年9月17日)

9月18日 国会第二届议会举行闭会礼，黎元洪莅会致词。(《申报》1922年9月24日)

10月上旬 先生准备南下广东，会陈炯明商榷联治问题。当时向议长吴景濂请假10天。(《吴景濂卷》第4册第202页)

10月10日 在粤接受记者采访，谈联省自治问题。

国会议员褚辅成，为西南运动联治之有力分子，现因某要事来粤，下榻东亚宾馆，访者昨特晋谒，谈话数分钟之久，兹特记录如下：

问：先生此行来粤，由北京动身乎，抑由上海动身乎？

答：系由北京动身直接来粤。

问：先生来粤必抱有重要目的，可得闻乎？

答：此次抵粤，一则因私事亟待料理，一则与陈总司令违别已久，而西南联治问题亦亟须与竞公一为商榷。

问：先生既由北京来，则北京社会人士，对于联治办法有何种评论？

答：北方人士对于联治，虽均未表同情，惟不明联治内容，故多抱狐疑，然亦不可谓其绝对反对。总期北方人士能明了内容组织后，必能减少其反抵力。

问：上海一地，联治空气似已闭塞，究竟将来进行步骤如何？

答：运动联治，固为西南各省人士所抱大愿。现在上海已设有联省自治促进会之外，又设一西南各省通讯处，现在大会虽未尝开，而各省代表来报到者已有川、滇、黔、湘、粤等省。闻广西也将派出代表，其余各省拟加入者尚有数省之多，一俟各省代表派齐即可开会云云。访者因褚另有他事，遂兴辞而出。（长沙《大公报》1922年10月21日）

本月 长子凤章学成归国。（《褚辅成专辑》第180页）

按：褚凤章在美国麻省理工学院获电机硕士学位，学成归国，先后任浙江省建设厅技正（总工程师），嘉兴民丰造纸厂及杭州华丰造纸厂、云南昆明云丰造纸厂总工程师、总经理等职，一生致力于造纸工业，对我国造纸工业发展颇多贡献。

11月1日 致电吴景濂谓："四号早车回京。"

在粤勾留二十日，少川、竞存均与畅谈。隔昨始回沪。兹定四号（极迟五号）早车回京。一切详情容俟面陈。此布。敬颂议祺。弟辅成再拜。十一月一日。（《吴景濂卷》第4册第201页）

11月8日 下午，出席众议院第三期第六次常会会议。

昨日（八日）下午一时，众议院第三期第六次常会，议长吴景濂主席。……讨论第十案《咨请政府将自民国六年六月以后，历次借款合同、各种公债条例、及其他有关国库负担等文件,速汇交众议院,分别审查,以重度支而肃纲纪案》,由提案人骆继汉出席说明提案要点……。主席谓:马骧议员提出之《咨请政府将民国六年六月十二日以后,所有内外债务,应依法提出国会议决》,第十一案与第十案性质相同,可否合并讨论,众赞成。马骧出席说明谓,本席提案之理由,大致与骆议员所说明之意相同,惟本席之意在注重(一)清查财政;(二)维持财政,使国民知本身究竟负有若干之债率,而思所以偿还之法。褚辅成谓:"本席对于骆、马二君之提案,极端赞成。惟向政府提出内外债务之期间,尚有考虑之余地。查国会自遭非法解散后,政府毫无忌惮,一意孤行,滥借外债,已有数万万。其借债之时期,多半自六年六月十二日至十一年八月十二日。故咨请政府提出各项外债务案,亦当以此期间为准。"彭汉遗谓:六年六月十二日至十一年八月十二日为政府第一期之滥借外债,而在此时间以后,尚有种种不合法之借款,亦应请其提交国会,同时付审议。廖希贤提出修正案:咨请政府将民国成立以来未经国会同意之内外债务,一律提交国会议决。马骧谓:本席提案之初意,为政府的违法问题,廖君之提案为政府之责任问题,似未可并为一谈。主席谓:综合骆、马二议员之提案,及褚议员之补充案,可为"咨请政府自民国六年六月十二日以后,至十一年八月十二日止,历次借款合同、各种公债条例及其他有关国库负担等各文件,速汇交众议院,分别审查,以重度支而肃纪纲案。"付表决,多数通过。

钱崇恺临时动议:变更议事日程,先讨论马骧提出"咨请政府速依法提交内阁同意案"。主席付表决,多数。马骧说明提案理由后,主席提付表决,多通过数。主席谓：政府已派外交部司长钱泰为委员，出席说明提案理由，可否请即出席？众无异议。褚辅成谓："政府提出之（一）中国、智利通好条约咨请承诺案；（二）中国、瑞士通好条约咨请承诺案；（三）中国、波斯通好条约咨请承诺案；（四）中、德协约咨请承诺案各案，事实虽有不同，性质究无少异，可并案说明。"众无异议。钱委员乃出席说明理由。……钱又说明第七案《九国间关于中国事件应适用各原则及政策之条约咨请承诺案》。褚辅成谓："此案关系重要，请政府在华会之议事录交付审查股，以供参考。"钱允之。此案即付外交、内务、实业、交通四委员会联合审查。钱又说明第八、九案。（《申报》1922年11月11日）

11月14日 出席宪法审议会议，讨论教育专章。15日，出席宪法起草委员会议。先生赞成国权有"另立专章"之必要。下午出席众议院常会，议决审查鲁案文件等。

昨日（十五）下午一时众议院开常会，议长吴景濂主席，主席报告出席三百零二人，已足法定人数，宣告开会。……主席报告骆继汉提出临时动议，咨请政府饬鲁案善后督办，将关于善后会议文件交院审查案。又刘彦提出临时动议，咨请政府饬鲁案善后督办来院，将前后会议情形报告大会案，有无附议者，附议者甚众。骆、刘先后说明提案理由后，褚辅成、何雯等发言赞成。马骧请照刘之提案，加入将凡关会议文件统交院审查，在院未同意前，不得与日签字字样，骆赞成。……主席以骆案付表决，大多数通过。又以刘案及马修正案付表决，大多数通过。主席报告何雯提出临时动议，请国葬伍廷芳案，咨询有无附议，附议者甚众，由何雯说明提案理由案。马骧提出国葬程壁光，彭养光提出国葬刘建藩，请合并讨论。王斧请先以国葬伍廷芳付表决，黄攻素反对国葬伍廷芳。褚辅成发言："国葬案依照院法，应经三读会通过，请主席以交二读会付表决。"汪彭年赞成褚说。主席以国葬伍廷芳交付二读会付表决，在场人数三百零四人，赞成者二百三十一人，多数。王斧请即开二读会，褚辅成反对。众请下次常会再开二读会，赞成者多数。主席报告钱崇恺临时动议，请先议刘楚湘提案，咨达政府内外债须依法先交国会议决，否则无效决议案，咨询有无附议，附议者甚众。刘楚湘说明提案理由后，王源瀚主张一面咨达政府，一面向中外宣言，凡未经国会通过之内外债，均归无效。马骧等请以刘之原文加入"声明"二字。褚辅成请将原文中"决议"二字删去。主席以咨达政府声明内外债须依法先交国会议决，否则无效。一面以咨政府之原文译成英文，分送各使馆，付表决，赞成者多数。主席报告已过法定钟点，应宣告散会，时五时三十分。(《申报》1922年11月18日)

11月16日 出席宪法审议会第六十次会议，讨论劳工互助专章。

前日（十六）为宪法审议会第六十次会议，张伯烈代理主席。主席请王议员鑫润说明"劳工互助章列在地方制度后"之旨趣。主席请江浩说明增加劳工专章之旨趣。江浩发言：谓因中国向不注重此项问题，中国因历史上关系，均注重于高等阶级，至社会上普通阶级，则视为无足重轻。吾人制定宪法，目光当许放远大，劳工问题虽在中国尚未发达，但劳动界在社会上为最苦痛、最多数之部分。因其最受苦痛，又为社会上最多数人，故易为捣乱之导火线，须请大家注意此点。……主席请赞成、反对者相间发言。易宗夔主张另提劳动法案。林长民赞成在宪法上设立专章，作简单的规定。……娄裕熊发言，大致谓劳工为国民之一部分，第三章关于国民权利已有规定，如此详细分析，则士、农、工、商各部分岂非皆须规定，以为此种枝节为之，实不成为宪法，希望提案诸公稍稍牺牲意见，促成宪法。褚辅成发言："赞成。但对于江议员等数位提案，尚有不明了之处。若认为有在宪法上规定之必要者，使宪法永远巩固，或政治、社会方面有足以惹起纠纷者，当须使之解决，这是吾侪制宪之责任。说者谓世界上因有一种新潮流，但吾人程度未至，何必迎合。本席观察在宪法有抽急规定之必要者，非迎合新潮流，正缓和新潮流。夫潮流之来也，迎合之足使之激而溃决，缓和之足使之顺其轨道而行，而不为大祸。现在宪法上倘毫不容纳此种政策，将来难免有极端过激主义，为宪法根本上之动摇。故本席赞成江君之意思，并赞成陈君铭鉴之主张，将所有民生经济各章，统交宪法起草委员会详细讨论，草议条文。"(《申报》1922年11月20日)

11月18日 众议院议长吴景濂、副议长张伯烈私用众议院名义向黎元洪密告财政总长罗文干11月14日订立奥国借款展期合同，有纳贿情事，黎即手谕捕罗并转送地方检察厅拘押。20日，众议院常会通过查办罗文干案。先生主张将查办罗文干案及宣告合同无效案以议长、副议长及全体议员名义，通电全国。众赞成。(《申报》1922年11月23日)

11月26日 为便利起草宪法起见，宪法起草委员会决分类进行，先生在第二类。27日，出席宪法起草委员会议，讨论地方制度问题。先生等提出"省自治各机关之组织以适用民选为原则",得多数赞同。同日下午,出席众议院第三期第十号常会,通过查办国务总理王(宠惠)、外交总长顾(维钧)案。(《申报》1922 年 11 月 27、30 日)

12 月 6 日　出席宪法起草委员会议,议决宪法起草委员会解职规则。约于是会后,因长子完婚,先生请假南归(期间,蒋尊篯回原籍视察灾情顺道到嘉兴贺喜),至 20 日先生始北返。

> 褚辅成将北上。国会议员褚辅成因其子完姻于日前回嘉兴,现已事毕,于昨日(十九)由嘉兴站搭乘沪杭甬夜快车到沪,约在今明乘沪宁车北上。
>
> 褚辅成于昨日赴京。国会议员褚辅成氏于前日由原籍嘉兴抵沪,因接北京宪法起草委员会电催,即于昨晨乘九点快车北上,以期完成宪法草案云。(《申报》1922 年 12 月 10、20、21 日)

12 月 27 日　出席众议院会议。先生所提取消邮电加价一案讨论通过。

> 众院昨日(二十七)下午一时开会,议长吴景濂主席。……主席报告褚辅成提出临时动议,请先议第八案《取消邮电加资决议案》。范殿栋请变更议事日程,先议第九案《邮电加价关系极重,拟请由院议决咨行政府,收回原案案》,咨询有无附议,附议者甚众。又以赞成变更议程,先议八、九两案付表决,赞成者多数。主席请褚、范先后发言说明提案理由后,骆继汉发言,谓八、九两案性质相同,请合并讨论。主席以骆说付表决,赞成者多数。吕复发言,谓褚君所提决议案,本席主张为建议案,即以

范君之建议案付表决，经众赞成。主席即以范君之原案付表决，赞成者大多数。主席报告吕复等请变更议事日程，先议第五、六、七案《修正众议院议员选举法草案》，咨询有无附议，附议者甚众……请交法律委员股付表决，起立者多数。主席报告关议员提出临时动议，请咨达政府，将中央所欠内外债全数登各报公布案，咨询有无附议，附议者甚多，主席请关议员说明提案理由后，无讨论，即照原案通过，众请散会。主席报告尚有褚辅成提出临时动议，请咨催政府将本年八月以前政府所借内外债合同即日交院审查，咨询有无附议，附议者七人以上，略说明后即照原案通过，遂散会。(《申报》1922年12月30日)

12月30日 宪法会议继续民六之大会。(《申报》1922年12月31日，1923年1月3、4日)

◎ 1923年（癸亥）民国十二年　51岁

1月8日 出席宪法起草委员会谈话会，商量国权与地方制度两章的说明书。(《申报》1923年1月11日)

1月11日 出席宪法会议，讨论生计专章。

> 昨日（十一日）上午，宪法起草委员会开会，由汤漪主席，因不足法定人数，延至一时五十分继续开议，仍未足法定人数。……易宗夔主张上午开会时未经请假，及上午请假下午不到，并在休息后不经告假而离席，均当作缺席论。其时已足法定人数，主席以易君之说咨询大众，众无异议。褚辅成主张请假不以日计，以次数计，虽请假一小时亦是一次，众赞成褚说。主席声明下次通告后即遵照实行，乃宣告按照议事日程开议。主席宣告就原案第一条《生计秩序以适合正义，使国民各得有相当价值之生活

为原则,个人之生计自由,在此范围内,应受保障》付讨论,均以原案"相当价值"字样,稍嫌含混,恐生误会,于是林长民修正相当价值四字为"公平"二字……。褚辅成修正为"适当标准之生活",林君取消修正,赞成诸君之修正。主席以付表决,仍不足法数,以原案付表决通过。……主席以原案第四条《精神劳动之出版权发明权美术权,受国家特别保护》,林长民修正删"特别"二字,于末尾加"以法律规定之"各字,付表决,赞成者三十六人,可决。主席谓照例应以原案第五条付讨论,但为有林长民之修正案,似应以原案第五、六、九三条合并讨论,众赞成。……林长民修正五、六、九三条为第一条,国家关于财产营业及私人契约之立法,应规定左列诸款:(一)土地之分配利用,及意外增加之价格,国家或地方得因公共之利益,依法监督或限制或征收之;(二)利用天然富源之营业,以国有或地方公有为原则,其特许及其他营业属于独占者,国家或地方得依法监督或限制之,并得适用公同征收法;(三)遗产之限制,依其价额,及继承者之亲等或关系,定其税率;(四)高利称贷禁止之。主席以林君修正案《第□条国家关于财产营业及私人契约之立法,应规定左列诸款》付表决,赞成者三十六人,可决。黄云鹏、林长民、范熙壬又合并修正林君修正案之第一款为"土地享有利用,及不因自力经营而增加之价格,国家或地方得因公共之利益,依法监督或限制或征收之",主席付表决,赞成者二十八人,不足法定人数,否决。林长民声明第一款所通过者,既有财产二字,则第一款中关于财产之立法,将来当仍可提出修正案。主席以林君修正第二款付讨论,孙润宇修正末句"并得适用公同征收法"为

"或征收之"。主席以孙君之修正付表决,赞成者三十四人,可决。主席以林君修正之第三款付讨论,吕复、褚辅成合并修正为"财产之承继,国家得依其价额及承继者之亲等或关系,依法律加以限制,并以累进法定其税率",主席付表决,赞成者三十五人,可决。(《申报》1923年1月14日)

1月16日 出席宪法会议第五十九次会议,因人数不足而流会,改开谈话会。(《申报》1923年1月20日)

同日 先生与王宗尧、刘楚湘、潘大道、韩玉辰等140余名议员通电,主张"在宪法未公布以前不谈选举"。

> 各报馆鉴:共和十稔,政局俶扰,邦基杌隉,靡有宁日,同人等流离播迁。痛定思痛,此次宪议复开,心目所注,惟在大法之早成,与统一之实现。故对于政治则力避纠纷,对于党争则亟图消弭,诚以吾人欲延国脉于绝续之交,而导政象于清明之会,舍此而外,其道莫由,区区之心,天日共鉴。乃近日谣诼纷起,谓将有选举总统之事发生。同人等以为宪法垂成,不宜自扰,纠纷一起,必致宪法亏一篑之功。而议会为众矢之的,十年颠沛,宁无觉悟。用本共有之天良,为一致之表示,在宪法未公布以前,不谈选举。敬告国人,尚希鉴之。国会议员(署名略)谏。印。(《申报》1923年1月18日)

1月17日 出席众院会议,讨论有关罗文干案等议案。18日,出席宪法会议,是日又因不足法定人数而流会。(《申报》1923年1月20、21日)

1月20日 出席宪法会议,开议地方制度。

> 宪法会议十日以来,已流会者三次矣。前日(二十

日）下午二时又开会，主席吴景濂，直延至三时二十分始足法定人数，宣告开议。第一案为地方制度修正案……主席宣告赞成、反对者相间发言，景耀月反对原案，主张废省存道说。潘大道赞成原案。王葆真赞成道、县两级之修正，并赞成张善兴之修正加"市村"二字。陈铭鉴、韩玉辰赞成原案。褚辅成提起讨论终局之动议，主席咨询大众，附议者五十人以上，以褚君动议付表决，赞成者大多数，宣告讨论终局。主席以各修正案次第付表决……。原案《地方划分为省县两级》，全场人数五百八十八，四分三应四百四十二人，起立赞成者四百五十八人。主席报告已足四分三以上人数，可决。宣告散会。(《申报》1923年1月24日)

1月25日 出席宪法会议，继续讨论地方制度。会上对于地方制度是"原案"仰或为"修正案"有争议。讨论无结果，主席宣告延会。(《申报》1923年1月28、29日)

1月30日 与众议员罗永绍、周大烈等35人提出速修粤汉铁路建议案。

> 众议员罗永绍等日昨提出速修粤汉铁路建议案云：窃查粤汉铁路纵贯鄂湘粤三省，北枕江，南濒海，中经号称天府之三湘。铁路检计家有云，第一等路在通海以控外洋，横江以灵腹地。故论地位，实重于京汉，论利益更十百倍于京绥。讵当局不察，一意重北轻南，毫未注及本国现情，世界大势。兹为国计民生筹算，试述其如下：……谨依法提出速修粤汉铁路建议案，伏候公决。(《申报》1923年1月31日)

1月31日 出席众院会议，会议决议延长会期。2月1日，

宪法起草会通过教育、生计专章。(《申报》1923年2月3、4日)

2月5日 出席众院会议,讨论十二年公债案,先生主张"俟财政委员会审查结果后,再交全院委员会审查"。(《申报》1923年2月9日)

2月6日 众院全院委员会会议,审查大会交付筹办中央紧急政费8厘短期公债条例一案,未果。(《申报》1923年2月10日)

2月7日 二七大罢工发生,后遭吴佩孚镇压。

2月9日 谢震被捕,后先生与于右任、黄郛等展开营救,未成。

> 二月九日,浙探徐鸿飞诱先生至西马路言茂源酒馆围而捕之,密解杭州,于二月十五日(壬戌除夕)被害于杭州陆军监狱。其罪状为:诸新嵊发现伪自治军,系受先生指挥云。时成在北平,得杭辛斋先生等自沪来电,即奔走呼号于旅京同志之前,蒙褚公慧僧、赵公澄志、蒋公著卿、卢公临先,及外交总长黄公膺白、与本党议员凌公蕉庵、田公梓琴等,发电营救。上海方面,全浙公会蒋观云、杭辛斋、方青箱诸乡老,亦均纷纷设法营救。同志中有请先总理电浙卢释放者。杭公辛斋以总理发电,恐速其死,乃由蒋公百器等,改推代表往救。浙卢以势成骑虎,以迅雷不及掩耳之手段,遽行加害。呜呼!痛哉!(《先烈谢飞麟先生年谱》,《革命人物志》第425页)

2月11日 自"二七"惨案发生,先生与参、众两院议员10余人于是日开会,揭露军阀罪行。

> 众院议员特为此事,曾于上星期六(九日)致吴景濂一函,请于星期日开紧急会议,及吴与张伯烈秘密磋商,恐讨论此事时难免不与政府所定办法相左,遂将此议

打销，改于十一日（星期一）下午二时，参众两院议员百余人，为工潮问题，在众议院小议场讨论。推定褚辅成君为临时主席，白逾桓、胡祖舜二君为临时书记，主席报告开会理由：略谓工潮问题发生后。本院吴议长曾向政府提出三项调和办法，尚无正式答覆。现范围愈形扩大，前途异常危险。为维持大局、尊重人权起见，故特邀请同人商议办法。当经江浩、骆继汉、张树森、马骧、黄攻素、胡祖舜、高仲和、罗家衡、王葆真、王用宾、吕复、汪彭年诸君，各陈意见。讨论结果，决定一面由到会众议院议员公提建议案。一面对政府要求办法如下：（一）政府应根据约法承认工会；（二）释放此次工潮之被捕者；（三）抚恤此次工潮之伤亡者；（四）撤退临时增调弹压军警，同时恢复各路工作。旋即缮具公函，由褚辅成、白逾桓、彭养光、张树森、黄攻素、胡鄂公六君，携到帽儿胡同张宅，候至一时之久，方得面见张绍曾。首由褚君发言谓："此次工潮之发生，纯因京汉路总工会在郑州开成立大会。并无非法举动，而该路局长及郑州警察长等，遽以军警强迫解散，工人呼吁无灵，被迫罢工。当局不谋和平办法，遽用武力对付，杀伤逮捕各数十人，酿成偌大惨剧。国会同人金以当局处置失当，故特拟定调和办法四项，请总理尊重公意，予以正当答覆。"张云："政府正在拟订工会专章，俟交国会议定公布后，方能依法承认工会，其被捕诸人，除工人外，颇多故意煽惑捣乱者，能否释放，须听各方长官依法处理。"争持良久，张始云："本人仅可以私函请其从宽而已。至撤退弹压军警一节，亦须由地方官酌量办理，政府未便遽断。"白、张、彭、黄、胡五君相继发言，张固持己见，仍不得一要领。乃退与众商定，由众议院同人,速提建议案,于星期二开紧急会议,再向政府严重交涉云(建议案略)。(罗章龙著《京汉铁路工人流血记》第177、178页)

2月13日 出席在众议院召集的讨论金佛郎案紧急会议,会上先生反对政府以金佛郎付法庚款。以政府承诺法政府以金佛郎付还庚子赔款,国家损失过大,要求政府速将金佛郎案提交国会议决,共同讨论补救方法案。

> 众议院因政府承认法使要求,以金佛郎交还庚子赔款,我国受损失过巨,特于十三日下午召集紧急会议,共筹挽救方法,由吴景濂主席。……褚辅成谓:"本席亦提案人之一,现由本席说明理由,大致以政府之承认法国要求,以金佛郎交付庚子赔款,其损失在五千万两以上,折银元有七千余万元之巨。如政府果已允诺,本席认为有三大危险之点:(一)二十三年后,中法银行仍无盈余,中国之股款又如何交涉。(二)二十三年以后,法政府不为中法实业银行担保。(三)佛郎价格再跌,对于俄、法如有同样之要求,又如何应付?"……以政府承诺法政府以金佛郎付还庚子赔款,国家损失太巨,请共同讨论补救方法案。(《申报》1923年2月19日)

同日 与王廷弼等国会议员33人联名通电全国,指出:"在中法银行有债权的中国人都是权要人物",内阁通过金佛郎案,不仅是媚外之举,而且有"损削国家,以附益个人"之嫌,要求大总统取消此案,以资挽救。(同上)

2月18日 北京政府声辩金佛郎案通电:"如不承认金佛郎案,其结果为庚子赔款不能退还,去年七月九日之协定悉行推翻。"为此,先生于22日起在《申报》上连续刊出《反对金佛郎案意见书》的长文。

> 法国部分庚子赔款改用金佛郎一案，自众议院紧急会议向政府严重责问后，已成为议会与政府间之重大问题。政府方面以已应允法国付金佛郎，倘今日复取消前议，则与邦交必大受影响，故竭力运动议员使不反对此事。而益友社方面已决计反对政府之主张，为贯彻目的起见，即瓦解现政府，亦所不惜。现已纠合同志，将于政府在议会提出此案之际，即行否决。益友社领袖褚辅成最近发表长文之意见书，说明此案根本上无可以成立之性质。（意见书略）（《申报》1923年2月22、23日）

2月24日 英、法、美、义、日、荷、比、西八国公使照会外交部，要求庚子赔款按金价折付。（《中华民国史事日志》1923年2月24日条）

2月25日 先生等提出《咨请政府将法国退还之赔款酌定用途，以答友邦盛意建议案》。

> 法国退还庚子赔款，政府已与法国议定用途，其中一部分作中法实业银行复业之用。兹闻众议院议员褚辅成以中法实业银行协定，仅利少数富豪，且增国库负担，其内容亦多错误，自应作废。特本临时约法第十九条第八款之规定，主张另行斟定法国赔款用途，其建议案云：法国政府允将庚子赔款余额全数抛弃，希望我国政府将该款运用于有利人民之事业，殊深感谢。查中法实业银行复业案协议，关于庚子赔款之用途，徒利少数富豪，反增国库负担，一般人民咸蒙其害，实背法国抛弃赔款之本意。况该协议因诈欺而成立，内容大有错误（参看先生意见书），所幸国会尚未通过，自应作废。惟此项巨款，若不将用途规定，

势必供军阀滥用。不特有负友邦之期望,并且大拂我国之舆情。特依临时约法第十九条第八款之规定,建议政府请依左列各标准,将法国退还之赔款复位用途,咨送国会议决后,照会法国政府查照,是为至要。用途之标准:

(一)法国所抛弃之庚子赔款,应用诸有利于中国人民之事业,而足以副法国之希望者;(二)运用于前项事业之总额,以法国所抛弃之赔款总数三万九千一百五十八万一千五百二十九佛郎,折合国币四千八百九十四万七千六百九十一元为限;(三)二十三年以内,每年至少须以国币五十万元,用诸中法间教育事业;(四)民国十一年应交法国部分之赔款,全数拨充灾赈之用;(五)供维持中法实业银行之用者,至多以国币三千万元为限;(六)代中法实业银行收回发给债权者之无利证券,应以中国香港两处之存户为限。收回无利证券之次序,应由存款之少者而及于多者,依次递收,款罄即止。右案是否有当,敬候公决。提出者褚辅成,连署者邵瑞彭、黄汝鉴、吕复、徐象先、唐玠、周珏、彭学浚、祝光樾、王任化、罗家衡、曹振懋、李秉恕、陈友青、朱腾芬、袁彌臣、邱珍、欧阳钧、霍椿森、万庄、黄肇河、舒祖勋、丁善庆、傅师说、刘可均、胡兆沂、钟麟祥、张峰、谭启桂、陈尚裔。(《吴景濂卷》第6册第182页)

又,提议致电法国国会道谢。

褚辅成因法国抛弃庚子赔款,特提议致电法国国会道谢,电云:据敝国政府报告,贵国本公道及正义,决定将庚子赔款余额完全抛弃,以增进两国之睦谊,深感厚意。除由敝国酌定有利事业,议决该款用途,再由敝国政府照会贵国政府外，特先代表敝国人民致谢。提出者褚辅成，连署者邵瑞彭、王任化、徐象先、李秉恕等。(《申报》1923年3月25日)

本月 发起创办禾丰造纸厂，具体由长子褚凤章及嘉兴诸好友操办。禾丰造纸厂的创办，开嘉兴有现代机器工业之始。

> 褚本人是个政治活动家，并无巨额财产，要办厂主要靠拉股集资。他首先向嘉兴南门的亲戚、邻居拉股集资，有开米行的店主徐老德、王赞庭，还有在农村的数十家亲戚，股资大小不等，这样才凑足近十万银元，但还不够建厂所需的款额。褚又邀请嘉兴的好友盛亮周、徐景伊、高叔荃、平湖的黄畏三，常熟银钱业人士杨孟龙、陈良卿等豪绅入股，最后共集得建厂资金三十六万银元。1923年，造纸厂办事处在上海举行创立会，会议确定了厂名，盛亮周被推为董事长（因盛个人出资最多，近十万银元），选举褚辅成等为董事，陈佑之任经理，褚凤章任协理，并用嘉兴旧时地名"禾"为作为厂名，即定为禾丰造纸厂。(杨鑫海《褚辅成创办禾丰造纸厂》，《褚辅成专辑》第61、62页)

3月4日 黎总统召宴。黎政府认为先生提出的反对金佛郎案《意见书》系根据一种油印本案报告，与原稿不附。

> 金佛郎案，前日阁议议决咨复众议院，昨日（四日）黎总统特在东厂胡同私邸，宴请两院议员。对于金佛郎案，历述政府办理此项交涉不得已之苦衷，希望议员诸公谅解。当时阁员除内高、交吴赴津外，余均列席，议员到者约二百余人。总统演说毕，议员多有发言。大家希望政府速将全案提出审查核议，当然有正当的决定云云。闻众议院

昨日已接到政府关于答复金佛郎之咨文一道。兹录原文如次：国务院为咨复事，奉大总统交下贵院咨文，即经特派专员调取外交、财政两部卷宗，详细根查，以便呈交。先后严催该两部，仅抄送来院寥寥数件，正在核办间。阅报褚议员与王议员等意见书，所据事实，核与财政、外交两部原卷，情节悬殊。褚议员意见书谓中法协定附件清单有重大瑕疵，详查原协定并无附件，始知褚、王两议员议案系根据一种油印本案报告。咨询财政刘总长，据云此项报告书，系其与黄总长在总统府闻诸周自齐，遂请黄总长据以撰述，仓卒脱稿，未及核对部案，即油印分散，致成此错。今有详细声明者三：……（三）外交部送到法使往来文件，均称以庚子赔款维持银行复业，或支配或运用庚子赔款等字样，并无抛弃退还庚子赔款字样。查贵院咨文系退还庚子赔款，油印报告书系抛弃庚子赔款。总之，退还抛弃与支配运用，实大相径庭。报告书之叙述，大半多与原案不符。……对于贵院议员研究此案，极表赞同。除派专员调卷彻查，一俟继续调到卷宗，核明真相，或俟甘斯东（银行法人）到京，询明原委，再检齐全卷，咨询贵院，征求意见外。……特先抄外、财两部送到文件各一本，谨依约法第十九条第六款，咨请贵院查核答复。以便根据事实，依法咨文。此咨众议院。（《申报》1923年3月7日）

3月8日　因金佛郎案，张绍曾内阁发表辞职庚电，先生主张应由议会咨请总统挽留。（《申报》1923年3月10、12日）

3月9日　出席众议院常会，审议第7、第8案等。

众议院昨日（九日）下午一时开会，由议长吴景濂主席，两次延长时间，至二时二十分，出席人数为三百另三人。主席报告已足法定人数，宣布开会。……

第八案《咨催政府将法国抛弃庚子赔款，改折金佛郎，成立中法银行复业协定，案关条约，增加国库负担，速交国会同意案》，（议员杜华等提出），提案人说明理由后，王源瀚、张琴、褚辅成等均提出修正案。讨论结果，主席以将同意案之"同意"修改为"议决"案付表决，赞成者多数。主席报告政府现派外交部条约司长钱泰出席，说明第一案理由，钱泰说明后，主席以交付外交股审查，咨询有无异议，众无异议。褚辅成谓外交案件交付外交股审查者甚多，迄未见该股之审查报告，此案关系重要，应请该股委员注意，提前审查，迅为报告，众赞成。

……

主席报告管象颐等请变更日程，先议第十五案《修正议院法岁费案》（议员黄序鹓等提出初读），附议者三人以上，主席以变更日程付表决，赞成者多数。……主席咨询是否交法典股审查，马荣昌反对，主张即日开二读会。褚辅成等则主张交法典股审查，惟须限该股于三日内审查完毕。主席以褚说付表决，赞成者多数，时已五时二十五分，遂宣告散会。（《申报》1923年3月12日）

3月10日 外交部照会日本外务省及日使，声明取消民国四年五月二十五日缔结之中日条约及换文（即二十一条），并接洽收回租期届满之旅顺、大连（三月二十七日期满）。14日，日本外务省照复中国使馆及外交部，拒绝取消二十一条及收回旅、大之接洽。对此，先生与赵世钰等发出通电：号召"国人本民族自决之心，为国家自卫之计，缨冠剑属，起为后盾，誓不达目的不止。"

各报馆均鉴：溯自欧战开始，日本政府袭军阀侵略政策，对于中国有二十一条之无理要求。时值袁氏专政，既非国会议决，复为暴力压迫，按诸国际法理，当然无效。国民痛定思痛，饮恨泣血，于今莫忘。往者巴黎和会华府会议，欧美友帮主持正义，即彼邦有识之士亦多表同情，谓该约之存在实利不敌害也。此次法统重光，国会开会以来，鉴于欧战结果，强权失败，谋东亚真正和平，策中日根本亲善，业已正式议决。对日二十一条强迫要挟，宣告无效，咨请政府，严重交涉。迨三月十日上午，由署理外交总长黄郛根据国会议决，同时咨达日本使馆暨其政府在案。查二十一条之废止，关系中国存亡，发议者虽由国会，执行者仍在政府。顷据报载，日本政府拒绝废止，已决定对我国提出抗议。似此废约问题，前途茫茫，望我国人本民族自决之心，为国家自卫之计，缨冠剑属，起为后盾，誓不达目的不止。特电告警，愿共图之。赵世钰、褚辅成、沈钧儒等（九十余人）叩。寒。印。(《申报》1923年3月17日)

3月14日 出席众议院第三期第二十八次常会，讨论数案。

众议院昨日（十四日）下午一时开第三期第二十八次常会，议长吴景濂主席。两次延长时间至二时三十分，主席报告出席者二百九十九人，已足法定人数，宣告开会。

……

续议第五案，外交委员会关于解决中日山东悬案条约咨请承诺案审查报告，审查委员王葆真报告审查经过后，褚辅成谓：审查会对于该案条约，并未加以详略之审查，主张仍交由该委员会详细审查后，再交大会议决。吕复等议员相继发言，均主张交审查股重行审查，结果照吕复提出之主张，以政府交议各条约，仍交由审查会审查。如何咨复政府之处，再提交大会议决后施行，付表决，赞成者多数。

  主席报告褚辅成提议将第六案《咨询政府检交参战借款合同与用途，及其所没收之敌侨财产等详细账目簿据，以凭切实审查案》（议员郭同提出）、第七案《咨请政府从速将前伪总理靳云鹏任内借款合同与用途，及其报销原案，送审院查案》（议员廖宗北提出）、第八案《咨请政府检交特种财产事务，暨统一委员会详细帐目簿据，以凭特别审查案》（议员姚桐豫等提出）、第九案《再咨催政府限期将民国六年六月十二日以后之所有内外债务，及各部用途之全卷并案汇交国会，分别审议，以资追查案》（议员马骧等提出）合并讨论，咨询有无附议？附议者七人以上，主席请提案人分别说明理由。第六案、第七案提案人分别说明后，第八案提案人未出席，主席正拟请第九案提案人说明提案理由时，彭汉遗发言谓：第六、七、八三案可以合并讨论，第九案则应另行讨论。褚仍主合并讨论。王源翰赞成彭之主张，惟谓第九案今日亦必有结果，因时已过法定时间，恐六、七、八有结果后，不能继续讨论，故有此声明。主席以六、七、八三案照原案即日咨达政府付表决，赞成者多数。续议第九案，原提案人请省略说明，经众许可后，主席以原案即日咨达政府付表决，赞成者多数。遂宣告散会。（《申报》1923 年 3 月 17 日）

3 月 17 日　针对日本政府拒绝取消二十一条及收回旅、大之接洽，先生与王葆真等 30 位国会议员再次发出通电，提出收回旅顺、大连六条办法。

各报馆、各界同胞公鉴：五七国耻纪念未忘，二十一条条约誓在必废，回溯协我以哀的美敦书，迫我以自由行动，当日情形，中外皆知。强迫签字，安有信义之可言。未经国会批准，即为国际间条约之不成立，在我据理力争，彼乃强词拒绝，亡我之约不废，即灭国之祸未除，凡我国人能不慄惧？查本年三月二十六日为旅顺、大连收回之期，谨拟办法数端。（一）三月二十六日，全国人民应举行旅大收回大运动。（二）是日请各界放假，集会游行演说，作种种之行动。惟须严守秩序，不可有私人泄愤行为，致贻口实。（三）声明二十一条约，为日人协迫订立，未经国会批准，誓死不能承认。（四）声明今后旅大为日人非法侵占，应负损失赔偿。（五）电致各国，请按照国际联合会盟约，提交国际行政院解决争议，或按照国际法庭规约，提交国际法庭裁判。（六）主张对外一致，与国内其他政治问题不相牵混。上列六条办法，务请国人一致进行，以期最后胜利，洗雪前耻，争回国民人格，保全国家领土。实深盼祷。（议员名略）。（《申报》1923年3月19日）

3月19日 出席众议院常会。是日先生所提拟《咨请政府对于日本政府复文应严重驳回，并通电各国以求谅解案》列入议程。（《申报》1923年3月22日）

3月21日 出席众议院常会，先生前案被修正通过。同日晚，众议院备文将褚案及张案连同咨送政府，咨请查照办理。

前日（二十一）众议院常会，议决对日本政府复文，根据国会议决应严重驳回。闻此项公文，当晚即由众院备文咨达政府。其原文如次：众议院为咨请事，本院于本月二十一日开第三期第三十六次常会，褚议员辅成提议《咨请政府对于日本政府复文，应根据国会议决，严重驳回案》，当经讨论，多数可决。又，张议员树森提议《咨请政府根据国会议决，再行对日声复案》，佥称案与褚议员所提之案性质相同。该案既经议决，即将此案附入前案，连同咨送，多数赞成，相应抄同各原案，咨请政府查照办理可也。此咨大总统。（《申报》1923年3月25日）

4月2日 出席众议院常会，讨论通过整理公债案，先生所提一案被通过。

昨日（二日）众议院常会，议长吴景濂主席，出席议员三百零三人，已足法定人数，按照议事日程开议。骆继汉请变更议程，讨论整理公债案。……主席宣读褚辅成提出提案原文三要点：（一）民国十二年以前，所有内外债合同及详细用途，限七日内咨交国会议决；（二）整理内外债办法，须作成法律案，咨交国会议决；（三）整理内外债办法，未经国会议决，不生效力。主席以原案交二读会付表决，在场三百四十六人，起立者二百七十五人，多数通过。（《申报》1923年4月5日）

4月3日 政府阁议外长问题与公债问题，决定允国会之请。

昨日（三日）阁议十一时开会，二时十五分始散，外（交）、内（政）仍次长出席，除例案外，关于整理内外债问题、外长问题均有所讨论。……至于整理内外债问题，曾为长时间之讨论。微闻各阁员虽因昨日众议院褚辅成之提案已经通过，颇为不快，然仍从容讨论应付办法，结果对于民国十二年以前所有内外债合同及详细用途，限七日内咨交国会议决一层，众皆谓除照办外，别无问题可言。虽前此合同暧昧，用途不明白者甚多，然今政府非前政府，自不能代负其责任。将来发生质问等问题，则当照现在之事实，加以说明，以明其责任之所在。其关于整理内外债办法，须作成法律案，咨交国会议决一层，最初某阁员曾持异议，但多数谓今政府对整理公债办法，本取公开主义。同时此事与国库负担有关，亦不能不允国会之请。结果卒决定将拟议中之整理内外债各办法，再加以精密考察，然后送国会征求同意。又关于整理内外债未经国会同意不生效力一层，众皆认为上两项之附带条件，亦决定完全承认此一事也。至于整理办法，闻政府亦已决定。（《申报》1923 年 4 月 6 日）

4 月 6 日 与汤漪、林长民、吕复等省宪派议员宴请在京新闻界人士，希望新闻界批评反省宪派破坏省宪之行为。（《申报》1923 年 4 月 9 日）

4 月 11 日 出席众议院会议。是日，因倒阁派议员不出席会议而流会（同日，参议院通过不信任张阁案）。

> 昨日（十一日）下午一时众议院开会，议长吴景濂主席。延长时间至二时十分，主席报告签到议员三百一十八人，大半在休息室未出席，已命令秘书两次往请，均请不动。褚辅成发言谓："今日议事日程所列要案甚多，本席希望赶紧议决，请主席再派秘书往催。"主席遂又命秘书往休息室请各位议员入席，并点察在场人数，在场者为二百四十二人，有五十余人在休息室。李载庚主张延会，主席遂宣告延会。（《申报》1923 年 4 月 14 日）

4 月 13 日 出席众议院第三期第三十六次常会，讨论修改国际联合会盟约议定书等案。先生提出的关于国会组织法修正案被否决。

众议院昨日（十三日）下午一时开第三期第三十六次常会，专议法律条约等案，议长吴景濂主席，至二时二十五分出席人数三百人，始足法定人数，宣告开会。……主席发言，谓修改国会组织法，各种修正计须分四项付表决，现在先以郑元恺、邵瑞彭修正"宪法会议主席由参、众两院正副议长任之，正副议长因故缺席时，由宪法起草委员会委员长任之"付表决，在场三百零一人，起立二百十九人，多数，通过。又报告出席宪法会议人数，有修正为过半数之出席者，有修改为三分之二之出席者。现在先以褚君提出之"非有两院议员总额之过半数，不得开会"付表决，在场人数三百零一人，起立者一百四十六人，少数，否决。吕复提出疑义，附议在五人以上，主席反证表决，起立者仍为一百四十六人。尚镇圭、黄汝瀛提出疑义，请投票表决，附议在五人以上，主席指定丁蹇、寇遐、汪建纲、黄汝瀛、李郁文、李载庚、尚镇圭、余绍琴等八人为检票员，并宣布赞成褚之修正案者投白票，反对者投蓝票。检查在场人数三百零七人（主席除外），散票三百零七张，检票之结果，蓝票一百六十一张，白票一百四十一张，废票五张，褚之修正案被否决。时已六时三十分，已逾法定时间，遂宣告散会。（《申报》1923年4月16日）

4月17日 出席宪法委员会谈话会，主张早成宪法。

昨日（十七日）宪法起草委员会于上午十一时开谈话会，到会委员二十余人，由汤漪委员长主席。首先报告生计、教育两章说明书。……褚辅成谓："对于五、六年二读通过之条文，不但整理而已，就中不适用或遗漏之处甚多，此次莫妙于重行再议，但格于形势，有所未可。故当于条项之间，详细考究，设法补充。人有讥笑我国宪法为补钉宪法者，惟补钉得好，亦未始不可补救，于人民权利、义务章之关于人之自由保障，极不缜密，必须增加条项，故不但施行细则之须起草，即补充条文亦当起草。本员默察国内情状，深恐战祸不能避免，能否容我两院同人从容议宪，或斯伟业。苟能由本委员先行研究讨论，草成一完善之草案，而为民国之规模，我起草同人庶几问心无愧矣。"（《申报》1923年4月20日）

4月20日 出席众议院第三期第三十八次常会，质问政府为何镇压京汉路工人集会。讨论国会组织法时为赞成修正一方。

众议院众昨日（二十）下午一时开第三期第三十八次常会，议长吴景濂主席。至二时三十分足法定人数，宣告开会，按照议事日程开议第一案，修正著作权法各条案（大总统提出初读），政府委派李傥、王志昌、何志澄、钟赓言、邱继恩、吴冠英等六人出席，说明提案理由。政府委员正拟说明第一案理由时，牟琳谓本日专议法律、外交等案，系经前次大会议决，金佛郎案既系属于外交案件，关系亦颇重大，主张先议该案，主席允俟第一、二、三等案议毕，即重议金佛郎案。政府委员说明提案理由后，马骧、王侃等以政府所提之第一案，从未经国会通过，不得谓之修正案，仅得谓为政府提案或退案。褚辅成请交付审查。主席以交法典股审查付咨询，众无异议。第二案修正出版法各条案（大总统提出初读），经政府委员说明提案理由后，即交付审查。第三案工人协会法案（大总统提出初读），政府委员说明提案理由后，林长民、褚辅成等相继发言，大致以政府既准许工人集会、集社，何以前次京汉路工人集会，且经地方当局允可，而于开会时竟被强迫解散？政府委员含糊答复后，由主席宣告付审查，咨询有无异议，众无异议，主席请政府委员退席。牟琳请变更议事日程，请先议金佛郎案。……按照议事日程，开议第四、第五修正国会组织法第二十一条第二项案（二读延前会）。主席报告上次大会讨论至议员邵珍提出修正为："然两院有继议员五分三以上之出席不能开议"，现在即以此修正付表决，有无附议，附议者五人以上。又以赞成邵之修正案者请起立，起立者二百五十一人，大多数，可决。又以林长民之修正"非出席议员三分二以上之同意不得议决"付表决，时在场人数三百十一人，起立者二百十一人，多数，可决。张琴提出异议，主席谓既有人提出异议，应付反证表决，请不赞成林之修正案者起立，起立者四十一人，少数，证明正表决无误。又以审查会修正之"但与宪法会议之无关问题，以两院议员总额过半数出席开议，两院议员总额过半数同意议决"付表决，赞成者大多数，可决。王源瀚请即日开三读会，主席咨询有无附议，附议者五人以上。又以赞成即日开三读会者请举手，多数，可决。裴廷藩请主席咨询有无文字之修正，如无即以全案付表决。褚辅成提出文字之修正，主张将"宪法会议"四字改为"议宪"两字，经众许可后，主席以全案付表决，起立者二百二十二人，大多数，可决。（《申报》1923年4月23日）

4月28日 黎元洪邀众、参两院议长吴景濂、王家襄商议刘恩源所进行之五万万大借款、三千万垫款。（《申报》1923

年 5 月 2 日）

4月30日 出席众议院第三期第四十二次常会，讨论三千万垫款案（同日，参议院否决众议院移付的议院法案）。

众议院昨日（三十）下午一时开第四十二次常会，议长吴景濂主席，至二时三十分足法定人数，主席宣告开会。……主席报告顷得国务院来电，总理正在接见外宾，刘总长有病，派现财政次长张竞仁为政府出席，钱崇恺、胡祖舜等不承认次长出席。褚辅成谓："本院应前日各议员与财次所言不得要领，故今日必请总理、总长出席，请议长以此意转达国务院。"吴宗慈主张以未得国会同意以前，不承认政府自由借款，作成议决案，骆继汉赞成之。主席报告政府派财政次长张竞仁、公债司司长洪铸已到院，当由秘书引之就政府委员席。张竞仁要求开秘密会议，主席遂命旁听退席。据闻秘密会议中，先由张竞仁说明政府现况之窘迫，及最近接洽三千万借款之经过。牟琳质问云：外传政府有向银行团借款三千万，即日鉴字，又不交议会议决，其用途究竟如何？张答谓三千万借款为整理内外债务基金，若到成立之时期，当然送交国会征求同意。胡祖舜问外债共有若干？张答谓五万万元。骆继汉、马骧先后质问：外传三千万借款确实可据，总统亦召吴议长等亲面言及，并闻其中之一千二百万，分六个月垫款，何得完全谓之为整理内外债务基金？张竞仁答云：三千万借款确为青黄不接之用，分期垫款，亦系相手方事实上之利害计。褚辅成等又质问五万万借款接洽之情形，并抵押品如何？张云：五万万借款，为外人已预定之计划，欲以新债易旧债，抵押品为总长亲手接洽。闻其起草合同，外人已拟就，持以与我国商量，并无多大之手续。某议员又问三千万之抵押品如何？张答谓闻系先以十三年之盐余及二五附加税作抵押品，不过将来政府如何举债，必先交国会同意，请大家放心，即整理内外债案亦当交国会议决。时已五时，主席遂宣告散会。(《申报》1923年5月3日)

5月2日 出席众院会议，讨论不信任案，主张再将不信任案交全院委员会审查，经大会通过。

主席报告现在变更议事日程，请彭养光说明变更议事日程，先议"参议院移付之不信任决议案审查报告"之理由，彭养光说明理由毕。牟琳发言云：查议院法对于甲院移付之案，只有可决、否决、修正三种办法，绝无退还之规定。所谓国会，以参、众两院合组而成，事固一家，并非敌对，假令彼此相仇，其前途危险，不可设想。况行使不信任权，为立宪国之通例。所谓责任内阁之制度，舍此别无运用之方法，为维持院法，维持国会起见，特提出意见，请同人讨论。……彭汉遗言，谓本院对于内阁因不信任而退还，已有唐绍仪之先例，故退还参议院之不信任决议案，并无不合之点。……褚辅成发言谓："唐绍仪内阁咨文之退还，为因政府无诚意之举动，且系退还政府，不能以之作例。本席认审查报告有违法之处，主张重付审查。"……主席发言，谓报号发言者已完，现在以尚议员动议讨论终局付表决，结果在场三百三十二人，起立者一百九十二人，多数。主席报告讨论结果，约分四项：(一)吴议员之赞成审查案；(二)褚议员之重付审查；(三)牟议员之意见；(四)张益芳议员之撤回修正。应以何项表决？牟琳主张以重付审查付表决。主席发言，谓赞成不信任案重付全院委员会审查者请起立，在场

三百三十二人，起立者一百九十七人，多数可决。时正五时，遂宣告散会。(《申报》1923年5月5日)

5月3日 出席两院会合会，修改宪法会议规则。

昨日（三日）宪法会议开会，仍由吴景濂主席。……主席谓：褚辅成有关于宪法会议规则第三条第二项之修正，请说明旨趣。褚辅成登台说明，略谓"本席提议对于宪法会议规则第三条第二项之修正，文为'本会议开会以参议院议长为议长，众议院议长为副议长，正、副议长均有事故时，以参议院副议长、众议院副议长依次临时代理'。盖因国会组织法二十一条第二项修正之结果，本条第二项遂亦不得不加以修改。查国会组织法二十一条第二项下半截，修改为正、副议长均有事故时，以参议院副议长、众议院副议长临时代理条文上，本席未表明前后之次序，尚恐于临时代理时发生争议，故加依次二字，是正、副议长均有事故时，当然先以参议院副议长代理，参议院副议长有事故不能代理时，再轮推众议院副议长代理。因第三条第二项即是根据于国会组织法二十一条第二项，此为当然之结果，理由简单如此。"吴宗慈谓：褚议员之修正系当然之结果，无讨论请表决。褚辅成请查宪法会议规则成立时之手续办理。主席谓：查宪法会议规则成立时系经过三读会手续，现以应否开第二读会付表决，赞成开第二读会者大多数。彭汉遗主张省略审查，即日开二读会，附议在三人以上，主席即以开二读会付举手表决，大多数赞成。张鲁泉谓：正副议长之正字不妥，应改为"议长、副议长"，附议者在三十人以上，主席以张议员修正正副议长为议长、副议长付起立表决，赞成者大多数。范熙壬修改"以参议院副议长、众议院副议长依次临时代理"为"由参议院、众议院副议长依次临时代理"。彭养光谓"由"字系出于自动，"以"字有大会付托之意，不必修改。主席谓：尚有参议院副议长、众议院副议长修改为参议院、众议院副议长，是否表决？李槃请与原文作一起表决。主席以褚君修正原案及范君修正案并案表决，赞成者大多数。……寇遐请以关于惩戒事件之各修正案省略说明，指定两院各二十人审查，附议者三十人以上。汤漪谓共三十人已足，遂由主席指定参议院汤漪、潘大道等、众议院林长民、褚辅成等各十五人为审查委员。主席提出姚守先动议，请分期公布宪法案，请众暂缓讨论。主席咨询每星期开会若干次，韩玉辰主张四次，张树枏等主张三次，马骧、褚辅成等谓规则在二次以上，是三次、四次均非违法，应请议长斟酌办理。汤漪对于发通告请议长注意，照第七条办理。主席谓会议事件已毕，宣告散会。(《申报》1923 年 5 月 6 日)

5 月 6 日　与汤漪等在北京发起成立省宪同志会，到会 230 余人，公推汤漪主席并报告宗旨。先生报告省宪同志会成立之经过，顾维钧等发表演说。大会通过宣言及简章。最后"公推丁佛言、林长民、李肇甫、骆继汉、汤漪、吕复、吴宗慈、褚辅成、马骧、雷殷等为书记员及会计员。"(《申报》1923 年 5 月 10 日)

同日　晨 2 时 50 分，津浦路北上快车在山东临城被土匪孙美瑶等（张敬尧旧部）截劫，中外乘客 300 余人（内外人 19 名，另妇女 7 名均释放）悉被掳往匪巢抱犊崮（即所谓临城劫车案）。(《中华民国史事日志》1923 年 5 月 6 日条)

5 月 8 日　宪法会议讨论地方制度，因修正案与六年原案之争议，会议又无结果。10日，出席宪法会议，因反对省宪者缺席，是日又流会。12日，由于反对省宪者又不出席，宪法会议再次流会。(《申报》1923年5月13、14、15日)

5月13日 下午，出席省宪同志会全体大会，报告与反省宪同志会牟琳等协商情形。同日下午3时，反对省宪同志会在宣武门外江西会馆开成立大会。(《申报》1923年5月17日)

5月15日 晚，拥阁派与倒阁派在中央公园活动，先生与罗家衡等主张倒张阁。16日，众议院全院委员会通过不信任张绍曾内阁案，以257人之起立，多数通过。(《申报》1923年5月19日)

5月17日 出席宪法会议，讨论地方制度第一条，大会开成但仍无结果。散会后，省宪同志会对于制宪及选举总统两问题继续商议，先生等主张公布宪法"当在选举总统之日，不当在总统就职之日"。(《申报》1923年5月22日)

5月19日 出席宪法会议，讨论地方制度。22日，出席宪法会议，因反对省宪派故意捣乱，秩序大乱。先生与李肇甫等进行停调。(《申报》1923年5月23、26日)

5月26日 出席两院会合会，修正宪法会议规则。先生等170余人提出促成宪法、选举总统意见书。期于八月三十一日为止，将宪法全部通过三读会，尽九月一日办理选举。俾黄陂任满之前，制宪告成，于次任总统选举之日，同时公布。(《申报》1923年5月30日)

5月28日 孙传芳发出通电，要求孙中山、徐世昌两总统"及时引退"。(《纪略》，第127、128页)

6月1日 两院会议均流会。先生主张将不出席议员姓名宣布，"俾明责任"。(《申报》1923年6月5日)

6月2日 北京阁议，以冯玉祥系之薛笃弼代陶立为崇文门税务监督，黎元洪因总统府经费关系，拒不盖印，内阁对总统府所筹制宪经费亦借口手续不合，退回税务处。(《申报》1923年6月7日)

同日 陕西督军刘镇华等分电各地及知名人士，催促中山下野。

> 云南、长沙、广东、贵州、四川、广西各地司令并伍廷芳、汪精卫、胡汉民、唐绍仪、李烈钧、徐谦、林森、褚辅成、吴景濂、章太炎、岑春煊、李根源、戴季陶鉴：……"请共一致，催促中山下野，俾大局讯告成功。"……刘镇华。冬。(《纪略》第128、129页)

6月6日 张绍曾内阁因津保派阁员吴毓麟、高凌霨、程克、张英华之胁迫，全体辞职（辞呈中指责黎元洪借拨制宪经费等事违法。此为迫黎去职之第一步）张即赴津。

> 宪法会议屡次流会。……国会三次集会，众院任期本年届满，若宪法再不产出，则无面目以对天下，乃共商一惩奖之法以促成之。于是提案修改宪法会议规则：每次出席者，给出席二十元；缺席者，扣岁费如之；请假须有议员五人证明；缺席过二次者除名。并修改《国会组织法》，将宪法会议由两院议员总数各三分二之出席人数，改为五分三。又四分三之表决人数，改为三分二。此项出席费，由众议院议长吴景濂、参院前议长王家襄及汤漪、褚辅成等就商于黎大总统。黎即慨然允为代筹。乃召国务总理张绍曾及财长刘恩源、交长吴毓麟、税务督办孙宝琦等入府商议。后由孙宝琦商同总税务司，由建筑海关经费项下，借拨七十万两。以三十万两作驻外使馆经费，四十万两作制宪经费。此议成后，保方闻之，深滋不悦，

以黎此举为示惠国会，有蝉联总统意，遂决计逐之。而旬日来议员中提案请开会解释总统任期者，亦有数十起。乃由保派阁员内长高凌霨、交长吴毓麟及派署财长张英华等于阁议席上，提出以拨借此款未经国务会议议决呈请，径由大总统命令处分，有侵夺国务院权限之嫌，并因免崇文门税关监督陶立职，以冯玉祥秘书薛笃弼继任之命令，黎未下，张绍曾内阁即以此二事为题，引咎辞职。黎派员将辞呈送还慰留，而张已赴津。(《纪略》第122页)

6月7日 黎元洪为张内阁辞职事通电辩白，并派陆军次长金永炎，农商次长刘治洲赴津挽张绍曾。同日，陆军检阅使冯玉祥、北京卫戍司令王怀庆、步军统领聂宪藩、警察总监薛之珩等借口内阁已辞，嗾使军警官佐500余人向总统府索饷（迫黎去位之第二步）。(《申报》1923年6月10日)

6月9日 出席宪法会议，是会因宪法会议中民八、民六之争，又大闹一次。先生主张"调和"，遭议员李燮阳等质问。

昨日（九日）下午二时，为宪法会议开会之期，吴议长请假，由众议院副议长张伯烈氏代理主席。宣告继续讨论宪法起草委员会所提修正地方制度第二条省宪问题，依报号席次，应请赞成省宪者发言。当有参议院议员李文治动议，请继续上次曾讨论窦应昌之提议，窦应昌登台发言，略谓继续民八广州议案乃宪法会议根本上最关重要之事件，如先将此事解决，则本会议一切纷扰均可迎刃而解。……依次骆继汉发言，李文治突登上演台，大发挥其国会正统之议论，略谓国会被迫开会广州，犹是古人公在乾侯帝在房州之义，名分所在，正如吾人作八股文章，脉络要清。自民国二年以来，国会只是一个，无所谓民六，亦所谓民八。广州合法集会，其议案当然有效，此事如不解决，宪法会议可以不开，语毕下台。彭养光等群起大呼要解决广州议案问题。吕志伊登台发言，主张维持广州议案，略谓今为速成宪法起见，民八、民六问题可以不谈，即国会亦不生问题。但已经在广州表决之议案，不能推翻。彭汉遗同时登台，主张调和，谓民国已届十二年，尚无宪法，省宪问题讨论多日，要有一结束。语甫出，李燮阳等群上演台，推彭下去，秩序大乱。李载庚、张端等大呼散会。李燮阳就台上大呼，广州通过议案不能废弃，亦不能作为修正案。当有褚辅成登台，主张调和，略谓民八、民六原案现在均不适用，语甫出，李燮阳、王湘、李文治、王泽敉等即起而大闹。有呼褚君系广州宪法审议长，正宜主张维持原案者，有呼褚君系广州所举副议长，不应出尔反尔者。人声嘈杂，场中秩序大乱，遂宣告散会，时正下午三时四十分。(《申报》1923年6月13日)

同日 冯玉祥、王怀庆等推颜惠庆组阁，迫黎交出政权，警察总监薛之珩令全城警察罢岗，撤去黎之守卫，断其电话（迫黎去位之第三步）。先生等闻信往视。

> 昨日（九日）天明，黎在东厂胡同私宅，即知有罢岗之事，即召吴景濂、李根源、彭允彝往，吴迄未至。而国会中如褚辅成、章士钊、王正廷等诸人已多有闻信往视者。黎当闭门之顷，未必一无惊慌，然大众都到，群认定走不得，黎亦知断无因此一吓而走之理，乃决以镇静处之。一面召财次筹款，一面召军警当局训话，一面派人赴南苑，一面又令王（正廷）、章（士钊）往访颜惠庆劝其组阁。晌午，商会及商联会代表又至，黎氏是日以三海无

守卫，不能前往办公。而电话忽断，亦与外间不通消息。然对人表示，则谓无论如何，非有国会方面之表示，来去明白，则任如何相迫决不出京。且既为法律上总统，则在职一日，即尽一日之责。(《申报》1923年6月13日)

6月10日 北京警察因外交团干涉，复岗，惟仍索饷。冯玉祥、王怀庆部军官大举向黎元洪索饷。所谓"国民大会"亦包围黎宅鼓噪。11日，北京军警官佐及所谓公民团继续围困黎元洪宅。(《申报》1923年6月14日)

6月12日 王怀庆、冯玉祥上呈辞职，宣布对北京治安不负责任（迫黎去职之第四步）。黎元洪派参谋总长张怀芝劝慰，退还辞呈，王、冯拒不接受。晚6时，先生与王家襄、汤漪、颜惠庆、顾维钧、王正廷、孙宝琦、章士钊、屈映光等出席黎元洪邀餐，席间有张耀曾、谷钟秀加入，黎谈及时事，阖座默然，莫或划策。(《申报》1923年6月14日)

6月13日 黎元洪离北京走天津。黎临行将总统印玺交其妾黎本尼携往东交民巷法国医院，直隶省长王承斌率军包围黎元洪于天津车站，迫令向国会辞职，将总统印玺交出。通电由国务院摄政，声明临行所发命令无效。同日下午，先生等知黄陂赴津，正告王怀庆、冯玉祥："对于国会不可有非法举动。"(《申报》1923年6月17日)

同日 曹锟致王怀庆等一电谓：务望"极力维持，以重首都"。(同上)

6月14日 出席两院议员谈话会，商应付时局办法，先生与吴景濂政见不合，当晚离京赴津，从此与吴分道扬镳。

十四日下午二时，参众两院议员依昨日之商决，在众议院大议场开两院会合谈话会，由众议院议长吴景濂主席，延长时间为二时三十分。主席报告：出席议员参议院一百二十人，众议院二百五十七人，宣告开会；报告昨日（十三日）谈话会之经过，并谓黎总统昨日出京，曾有公函分致两院，谓彼在京不能自由行使职权，已移津。今日复由天津来电辞职，此应请诸公讨论。众议员吴宗慈首先登台发表意见，略云："时局纠纷，至今已极。合法机关，只有国会。两院同人不能不有正当表示，本席以为当务之急：（一）应即定期开两院会合会，解决黎总统辞职事件。其日期以星期六为宜。（二）总统未举出以前，应由国务院摄行职务。（三）俟平时秩序完全恢复后，即组织大总统选举会。"吴发言后，即有报号发言之宋汝梅欲行登台。李载庚谓："吴君主张办法三条，均已发挥尽致，即可照此步骤办理，无庸多加讨论。"有一部分人拍掌和之。褚辅成登台谓："国会对于此次政潮，应有所表示……"语至此，台下多方阻其发言，叫嚣之声，几震屋瓦。褚不得已，退下。而议员亦纷纷出场。主席亟以星期六开会合会咨询大众，均无异议，遂散会。（顾敦鍒《中国议会史》第360、361页）

众院议长吴景濂、参院前议长王家襄，约集两院议员数十人，在众院第五休息室开一谈话会。吴景濂为主席。拥吴派议员主张组织"总统选举会"，选出继任大总统。褚辅成登台发言，略谓此次政变，军警流氓以暴力逼走总统，国会为维持国家纪纲计，亦须有正当之表示。应将肇事之军警及逼走总统之人，由国会提案查办。拥吴派议员即群阻褚君发言，哗躁叫嚣，秩序大乱。吴景濂遂宣告散会。……余尾追至国务总理休息室，严词诘伊，何不令褚君毕其词，即宣告散会，吴以无法维持为答。（《纪

略》第 202、203 页)

6月16日 黎元洪在天津咨国会以唐绍仪为国务总理,依法征求同意,未到任前暂由李根源兼署(原文倒填十三日)。(《中华民国史事日志》1923 年 6 月 16 条日)

6月20日 先生在津主持两院议员谈话会,讨论时局紧急应付之方法。21 日发表离京宣言,主张"国会迁沪"。推定田桐等人赴沪,筹备国会开会地点。同时在天津设议员招待处。同日,吴景濂在京开十二政团协商会,提出组织总统选举会,以过半数之非常选举,选出非常总统。(《申报》1923 年 6 月 25 日)

6月22日 先生领衔两院议员 201 人发表宣言,驳斥吴景濂主持召开的两院会合会违法,不予承认。略谓:

……查《国会组织法》第二十一条第一项,民国宪法之议定,由两院会合行之。前项会即名曰宪法会议,非有议员五分三以上之出席,不得开议;非出席议员三分二以上之同意,不得议定。又查《大总统选举法》第二条,大总统由国会议员组织选举会选举之。前项选举,以选举人总数三分二以上之列席,投票人数四分三者为当选。是前者由两院机关之会合而成独立之宪法会议,后者则由国会议员分子之集合而成之总统选举会,各有一定之职权,各有一定之名称。遍民国法规,并无所谓两院会合会者。今此次通告,两院会合会,俨成一种独立之机关,究竟根据何法何条?……

……查国务院官制第二条,国务院以国务总理各部总长组织之。第三条,国务总理为国务员首领。第十条,国务会议时以国务总理为议长。今之国务院既无总理,合法阁员不及半数,且全体辞职,复经免职,当然已无国务院之资格,亦安能摄行总统职务?……

……同人等对于今次政变,并无拥护何方,反对何面之成见。惟议员职责所关,在法言法,不能知而不言。况以一国元首受军警流氓之扰骚,致不能安于其职。而国会未闻主持正论,整饬纪纲,乃组织一似是而非之机关与军警流氓相呼应,合力以去之。天下后世,其谓之何?

而今后之为总统者亦危矣!覆辙相寻,政变迭生,将永无宁岁矣。夫以法律无据、权责不属、人数不定之机关,若竟听其任意处决国之大政,举国熟视无睹,不亟为匡正,则一切法律可以烧毁,一切机关亦可退听矣。毁法兆乱,同人怒焉忧之。兹合郑重宣言:六月十六日两院会合会之决议,种种违法,根本无效。……参、众两院褚辅成、吴昆、郭同等同叩。马。(顾敦鍒《中国议会史》第364、365、366页)

吴景濂在京开三十五政团协商会,决定具体九条办法,派牟琳、张益芳等人赴天津劝议员回京制宪。

二十三日国民新闻消息:各政团协商会,昨晚(二十二)继续协商,到会团体除前晚之三十政团外,又加入漠南、寄庐、壬戌俱乐部等五政团,各团代表约百二十余人……决定具体办法如左:……(九)离京赴津之同人,应设法劝告,推牟琳、金兆棪、张益芳、潘大道四人,于星期日赴津挽劝之。就以上决定各点,拟对近日时局所发生之纠纷,差不多完全解决。此次协商,总可谓大告成功矣。(《申报》1923年6月26日)

自两院会合会违法决议后,褚辅成愤然出京。褚与吴景濂关系素深，此次毅然决然不与合作，人多韪之。自是出京议员益众，吴景濂多方劝阻，为效殊少。吴所以如此卖力者，固有得着五十万之重赏，亦由其本身政治生活，非在北京断无发展之望。盖奉天万不能回，南方又万不为人所容也。吴劝阻议员南下之措辞（一）首选与制宪并进，以慰渴望宪法成功者一派。（二）谓在京则我们做主人，南下则替人当傀儡。且六年之间，颠沛流离之苦，难道诸君犹未饱尝。（三）南下经费谁能担保，民六、民八之争未已。南下后民八势力益张，民六分子如何立脚。然而吴景濂虽辩，究不足以敌议员辈正谊之观念，出京者仍自纷纷。自洛吴号电披露，人心益愤，出京者遂益多。二十二日晚，吴约三十五团体在众议院小议场协商，情形危急，灼然可见矣。(《申报》1923年6月27日)

6月23日 先生领衔向各报馆发表郑重声明："倘北京发生监视议员，强迫选举情事，依法当然无效"。(《纪略》第146、147页，同见《申报》1923年6月27日)

6月26日 先生拒津派要人边守靖于息游别墅疏通意见，决定南下。(《申报》1923年6月27日)

吴景濂曾有函致先生等，劝返北京出席宪法会议。

致天津日本租界息游别墅褚。敬复者，顷奉。大函聆悉种切。刻下都中秩序如常，各方面对于国会均极尊重，宪法会议照常开会，毫无恐怖之虞。同人等尽可自由发表意思，行使职权。诸君热心制宪，至深敬佩。且宪法协商会议已多次，各派意见□□一致，制宪大业旦夕可举，务望夕旌遄返，照常出席，俾宪典早日观成，不胜盼祷。此致褚慧僧、白楚香、董尧封等先生。吴敬启。六

月。(《吴景濂卷》第 6 册第 342、343 页)

同日 国会移沪筹备处发出通告:"定斜桥湖北会馆为筹备处。"浙卢(永祥)所派代表邓汉祥邀宴在津各议员。(《申报》1923 年 6 月 30 日)

6 月 27 日 先生在津拒绝张益芳促其"回京制宪"的要求,张无功而返。

> 吴景濂所派至天津之代表,除景耀月未来外,车琳、潘大道来津后,寓熙来饭店,因见出京议员态度强硬,无法疏通,已于昨日早车回京。惟同来之张益芳于昨午(二十七)应各议员之约,在德义楼交换意见,到者有褚辅成、焦易堂、白逾桓、杭辛斋等百余人。白逾桓首先发言,痛骂军阀之专横,演成大局紊乱之危险。两院同仁贤者固多,不肖者亦复不少,大半以猪仔自命,而任人强奸侮辱。盼张君转告在京同仁,速行觉悟,共挽危亡。童杭时、王源瀚、焦易堂、黄云鹏皆有表示。最后褚辅成发言,要旨凡二:(一)请在京两院同仁暂行停止任何会议;(二)限三日内实行惩办负责军警,罢免冯玉祥、王怀庆、薛之珩、聂宪藩。以上两事如能完全办到,在津同仁方可与各方协商。如上述两项不能办到,则请在京同仁一概出京,共同择地制宪,克成大业,尚不失为好男儿云云,众赞成。张益芳比即对此两事答复谓:俟即日回京,与各方面协商后,再行来津,为切实之答复。(《申报》1923 年 6 月 30 日)

同日 浙江军务督办卢永祥发表通电,反对曹锟实行贿选,欢迎国会议员南下制宪。(《申报》1923 年 6 月 28 日)

6 月 28 日 北京宪法会议因人数不足,不能成会。拥曹派许以查办军警,以促成宪法为晃子,诱离京议员回京制宪。同日,先生与汤漪等295人致两院议员函,申述为保持议员人格计、亦为保持国家人格计,不得已而有移沪集会之议。(《纪略》212、213页,同见《申报》1923年7月1、3日)

6月29日 晚,先生应黎黄陂之召,商南下集会问题。30日,先生离津赴赴沪。

> 查现时离京议员人数,据某方调查所得:大孙派约四十人,安福派约二十人,政学会约三十人,褚辅成派二十人,东三省派约六十人,江苏派约三十人,浙江派约二十人,湖北派约二十人,总计之约有二百四十人之谱。其大部分已由津陆续由海道南下,小部分尚留京、津两处,以便交代出席国会刺探消息,万一如遇宪法会议开成会时,则准备在内部妨害议事进行。又据旅沪议员消息:连日在津议员南下益多。褚辅成等有乘即日到沪之新铭轮南下之讯,并有议会同人推定两院议员移沪集会。(《申报》1923年6月30日,7月2、5日)

7月1日 与刘楚湘、董昆瀛、范熙壬等132人致函吴景濂,请缓开宪法会议。(《申报》1923年7月2日)

7月3日 杭辛斋、徐兰墅二君携先生等致上海各法团的公函抵沪,协助筹备国会南迁事宜。

> 留津国会议员续派代表杭辛斋、徐兰墅二君南下。杭、徐二君已于前日(三日)下午八时,由海道抵沪,并携有致本埠各团体公函(函略)。又闻,前晚到沪之议员杭辛斋君云:褚辅成君在津候乘招商局新铭轮南下,同行者有二百余人,日内即可到埠云云。(《申报》1923年7月5日)

同日 王家襄表示绝不出京。先生劝吴景濂"不要十分向热的地方跑",吴景濂称"慧僧还在那儿做梦"。

  日昨(三日)有人晤王家襄,叩以对于国会之意见,王谓:我是始终热心制宪者,我且认定非在北京不能开会制宪者。宪法如有一线可制之希望,我总不去。国会若真至无希望,则我惟有辞去议员不干,要我南下,随他们一齐去干,我是不来的。并言彼方迭次派人来征我同意,且以议长为交换条件,我皆一例拒绝云云。众议院吴景濂态度则大可异,笑骂皆所不顾。日前忽派议员王茂才赴津,劝褚辅成返京。褚谓王曰:"你去回复莲伯,我与莲伯是十年患难之交,此时莲伯不出京也好,将来留他,或者有转圜之望。不过我要劝劝莲伯,还是冷淡一点的好,不要十分向热的跑。"王回,具以告吴,吴曰:"慧僧还在那儿做梦呢"。究竟做梦者何人耶?(《申报》1923年7月8日)

《申报》评述:国会分裂后,吴景濂失其操纵益友社之实力,褚辅成为主张国会南迁最力之人。

  国会分裂后,北京政府无一事不呈混乱状况,而议员三五成群,人自为战,尤为一切混乱之源。假使其时国会仅为两大政党所组织,则内阁问题、总统(选举)问题成败归于一方,欲谋解决尚易。而今则政党林立,失其重心,"是"之一点以金钱为转移。权利契合,有时数十政团可合而为一。为权利冲突,则虽一小政团亦不难变分裂为数部分。……综合数之,实达五十余数。……虽然所谓五十余政团者,皆旧来四五政党之变象,及当时一二大党之分支,其历史上之关系,尚不能脱离净尽。概括而论,约可分为六派:即民党、小孙、政学、益友、讨论、研究是也。但六月十三日政变以后,东三省议员团结甚力,在政治上之活动，颇能发挥其个性，此当别为一派。安福系自法统恢复以后，虽无人论列，然其时拥段拒曹，亦成一部分小势力。又其一为褚寓，褚寓原与益友社合并，且已改组为民宪同志会者，至是，褚辅成为主张国会南迁最力之人，俨然成一首领。且其行动，大半代表浙卢，似可称为浙系，不得复以益友视之。故除六大派外，又可列为上述三小派也。兹试将此九派之内容一一解剖于左：……（九）浙系，此系以浙籍议员与褚寓合组而成，其首领即褚辅成也。褚寓本益友社之一支，因恨吴景濂包办贿选，遂致脱离关系。然浙籍人亦殊不满褚氏，初不乐与合作，寻以卢小嘉之搓合，始能言归于好。其行动完全以拥卢为主旨，故以浙系名之。吴景濂所视为劲敌者，亦正在此。说者谓益友社分子，其时均跨民宪、褚寓两党。直系胜，则随吴景濂后；直系败，则随褚辅成后。则是当是之时，吴已失其操纵益友社之实力，吴之所以畏褚者，其在是欤。（《申报》1923年7月6日，同见《谢彬《民国政党史》，《近代稗海》第6辑第87—91页）

7月4日 先生与赵舒搭奉天轮抵沪。次日，与杭辛斋、田桐、章行严等聚商。

多数议员将到（沪）：国会移沪开会，日来筹备甚形顺利，褚辅成（褚寓于劳合路全浙公会）、赵舒二人前晚搭奉天轮（四日）到沪。昨日报到者，又有李茂之、刘安钦、史之照、徐邦俊、王恒等数人。闻下次到沪之新铭、新丰两轮，将有多数议员到埠。新铭轮于前日启椗，预计今明日可到，至在京议员可以出京者约有百人。闻张伯烈经友人劝告，并舆论制裁之故，亦已离京矣。此间招待处所，昨已在民国路某旅社商借，已就成功。又褚君于昨午邀请杭辛斋、田桐、章行严等聚餐，商议进行云。(《申报》1923年7月6日)

7月5日　在沪发表谈话，揭露直派进行大选的阴谋（文略）。(《申报》1923年7月6日)

7月6日　赴杭，接洽在沪开会事宜。

国会议员褚辅成，前日因筹备开会事赴杭，有所接洽。现褚氏已于昨日傍晚返沪，闻与杭当道接洽在沪开会事，颇为圆满云。(《申报》1923年7月8日)

7月7日　由杭返沪（卢永祥赞同国会在上海开会）。

褚辅成来杭，商榷国会南移事，已于七日返沪。集会地点，决定沪上，此间各界颇赞同。(《申报》1923年7月9日)

浙江卢督办对于国会制宪，已赞同众议员褚辅成、周继漾等主张，在上海开会。至于治安问题，决定江浙联防。(《申报》1923年7月8日)

同日　晚8时，出席浙卢代表邓汉祥邀宴，议决有关事项。

前晚八时，浙卢代表邓汉祥邀宴在沪议员及各要人，到者有章士钊、褚辅成、曾毓隽、覃振、杭辛斋、田桐、吕志伊、周勃等。席间谈及国会种种问题，议决如下：（一）民六、民八待遇一致。（二）开谈话会，举筹备员。未举以前，推褚辅成、田桐二君主之。（三）事务员事项。（四）自本月十日起发到沪旅费，每名二百元。（五）月费三百元，望晦二日，各发一半云。(《申报》1923年7月9日)

7月8日　出席唐少川晚宴。

唐少川今晚宴议员代表。唐少川本定前日宴请议员到沪代表，嗣以褚辅成因事赴杭，故业已改订今晚六时假一品香设筵宴聚，以资交换意见云。(《申报》1923年7月8日)

同日 函天津筹备处汤漪等各议员，通报6日赴杭与卢永祥商榷国会南移事项及在沪筹备情况。函中指出：7日北京宪会到者有501人，人数何反增加，其中必有黑幕，尚祈诸同人注意。(《中华民国史料丛刊（13）》第477页)

同日 留京国会议员陈嘉会、牟琳电劝赴津、沪两地国会议员"从速回京，完成制宪"。为此，先生领衔复书，望其"翻然来归，共成制宪大业"。(《纪略》275—282页)

7月13日 出席移沪议员谈话会，报告国会移沪筹备情形，领衔发表对国民宣言。声明：倘北京以后再开宪法会议，或组织总统选举会，同人等绝不承认。(《申报》1923年7月14日)

7月14日 下午，出席国会移沪集会式，推为审查员，修改对内、对外两宣言发表。对内宣言宣布将于十二年七月十四日下午2时，在上海举行正式开会，行使职权。对外宣言宣布将不承认曹锟假借政府名义与外国签订之条约及向外国所借款项。(《纪略》247、248页)

同日 分函顾维钧、王克敏，阻其任外长、财长职，请"洁身自好"。(《申报》1923年7月19日)

7月15日 出席上海各团体欢迎国会议员茶会，并发表演说。

本埠团体昨日午后二时，假爱多亚路五洲大旅社开欢迎国会议员大会，到国会议员一百余人，各团体代表及来宾到者，有章太炎、柏烈武、于右任、马良等百余人。公推章太炎主席。章君即代表各团体致词（略）。读毕，掌声四起。次议员褚辅成起立演说云："同人等因北京六月十三日之变,暴力横行,国会失却自由,不得已而南下。同人等忝居议职,无力惩暴,正用疚心,宁足以言欢迎,此诸公殷殷之情,同人不胜感激者也。"顷主席太炎先生以三事相勖……。次凌钺、田桐、于右任、马良等相继演说。(《申报》1923年7月16日)

晚六时,出席黎元洪专使金永炎等的招宴。

黄陂专使金永炎、韩玉辰,业已到沪。昨晚六时,在新闻某君私寓宴叙,在座者有唐绍仪、褚辅成、章太炎诸人云。(《申报》1923年7月16日)

7月16日 出席移沪国会议员谈话会,推为办事处大纲起草员。17日,移沪国会办事处迁入大寿第,先生等商议起草办事处组织大纲。(《申报》1923年7月17、18日)

7月19日 午,各方代表讨论时局进行办法,得完满一致之结果。

国闻通信社云:自黄陂代表金永炎、韩玉辰来沪后,连日与各方面重要人物商榷应付时局办法。几经郑重讨论,至昨日已得完满一致之结果。据闻金、韩二氏于十七日招宴章太炎、汪精卫、褚辅成、邓汉祥等人,披沥黄陂对于大局之意见,及破坏建设之种种办法。当由汪精卫电达广州,请孙中山先生核示,并由邓汉祥赴杭报告卢督办,金、韩二人因此缓期赴浙。至前晚邓氏由杭返沪,乃于昨午宴请金、韩并章太炎、汪精卫、章士钊、褚慧僧等,报告浙卢意思,大致折衷各方政见,于慎重考量之后,得一归宿,总期法律、事实,双方俱能兼顾,颇为在座与会诸人所赞同,决即分头接洽,一致进行,以图时局

之发展云。(《申报》1923年7月20日)

同日 为金佛郎事件先生领衔再函法国公使,请"暂时停止金佛郎案一切接洽,勿予北京官僚以乘机舞弊助桀为虐之便"。(《申报》1923年7月24日)

7月20日 为阻克利斯浦借款,致函英国公使。要求英公使"速即饬知该克利斯浦驻京代表等,即日废弃所签契约,停止交款。勿使我两国向来最好之邦交,因克利斯浦之故,而令我国民对于贵国发生最不良之观念,使此后不能长保此最好邦交之历史。"(《申报》1923年7月21日)

7月21日 与各方讨论时局问题,决召集各省联合会,由各省区推出负责人。

> 自黄陂代表金、韩两氏到沪后,关于时局问题,各要人迭有讨论。最后各方意见,大致主张,由上海耆宿如岑西林、唐少川、章太炎诸人发起,通电各省,召集各省联合会议,当请褚慧僧往征唐意,章行严往征岑意。昨据章君语人云,西林以多数人意见为意见,如大家决发此电,则电意宜稍空洞,留各派有转旋余地,衔名似不必具体列出,示人不广。如本电分达各省军民长官,则只统言各省军民长官,不必标明某几省,排除某几省。至于召集时,某省能来,某省不能来,则事实问题,不必由发电者先有成见。此西林之意,章已正式面告某方代表云。
>
> 公平通信社云:国会议员通信处根据十九日谈话会议决案,各省区推举一人,担任以后进行事宜。昨(二十一)先推定各省区负责人一人,联络各本省议员,再各就本省议员之中正式推举一人,担任以后进行事宜。

(《申报》1923年7月22日)

同日 致函意大利国公使，反对出售军械。"请毅然与直派废约，不可交付"（文略）。（同上）

同日 《申报》始连载褚辅成、汤漪等离京议员复留京议员书，驳回京制宪之说（此文极长，略）。（《申报》1923年7月21、22、23日）

7月22日 致函颜惠庆、王正廷、顾维钧，忠告外交系，要为国事前途着想。（《申报》1923年7月23日）

7月23日 顾维钧于本月23日先行到部就外长职。先生闻后，于25日领衔548名议员致函顾维钧，函中谓顾此次出山"甘为非法之阁员"，"实瞀于私利，将贻国家以无穷之害"。是"违母训，犯众怒。"（《纪略》第356、357页）

7月25日 致函各国公使团及银行团，反对吴毓麟以交通部名义发行外国公债五六千万元，以京汉、京奉、京绥、津浦四路收入作担保，其多余数移作直系军、政费用暨贿选财源。（《申报》1923年7月26日）

同日 先生又领衔致各国公使电，否认顾维钧有外长"资格"。指出："顾维钧自称外交总长，所发表之文书，及代表中华民国缔结一切条约，概不发生效力。"（《申报》1923年7月27日）

7月29日 先生等为德华银行复业问题函驻京德国公使，劝"万不可贪得目前之小利，贸然与之订约，致引起我国民之反感。"（《纪略》第368、369页）

同日 赴杭。

> 国会议员褚辅成前日来杭，与当道有所接洽，已忽忽返沪。闻尚有郑际平、沈钧儒、张复元、王任化等亦将于日内来杭。（《申报》1923年8月1日）

7月30日 先生等为金佛郎案致书留京同人,揭露王克敏等本为中法银行权要人物,急欲确定此案,以规复其原有利益之阴谋。敬告留京同人要为保障人民利益着想。(《纪略》第358—360页)

8月1日 先生等因闻近日交部以改订去秋京绥路所属包宁线购料合同名义,与华比银行陶普士接洽借款,将原订材料作为沧石线内债务事,与汤漪等410人公函陶普士,阻沧石借款。郑重宣言:自民国十二年六月十三日起,凡北京官吏对外所订契约,概不生效。"(《申报》1923年8月5日)

8月3日 先生等由京到沪议员举行恳亲会,议决设接洽总枢。(古蒋孙《甲子内乱始末纪实》第63、64、65页,同见《申报》1923年8月4日)

8月4日 先生等在五洲旅社设宴招待南下国会议员。5日中午,续宴上海各团体并致词,希望"共组一健全之政府"。同日晚7时,出席日本新总领事矢田来沪欢迎会,讨论日本移用庚子赔款为扩充我国文化事业经费问题。6日中午12时,宴请上海新闻界,并发表演说。

> 次褚辅成君演说谓:国会代表民意,新闻界代表舆论,其地位及尽力方面虽不同,而其责任则属相同,因此余今日愿以亲切之言,为诸君告。同人等此后行动,深盼诸君有所指示,同时亦愿诸君予以监督。惟监督一层,窃亦有为诸君陈述者。历来报纸对于议员,批评甚多,甚表不满。惟往往不列举某议员某议员,而混统指责国会。盖国会为一事,国会议员又为一事。倘因有一部分议员而率诋及国会机关,则不啻予彼等以宽宥。此后同人等与诸君近在咫尺,倘有败类之议员,请诸君为列举的斥责,实为至幸。议员十二年来,开会三次,数更患难,无成绩以对

国民，实不可讳。但就十二年来表现之民意，则舍推翻复辟、声讨卖国等消极表示外，尚乏积极主张。以故议员同人亦惟有不苟同复辟卖国，以及此次之不举曹锟之消极举动而已，故极盼诸君于建设方面，能对同人指示一着实办法也。（《申报》1923年8月6、7日）

8月6日 报载离京议员褚辅成等致驻京英公使函，请阻止英商两项借款。

其中一项是交通部以道清铁路合同为底本，改订道济铁路借款合同，总额100万磅，挪用此款，以充军费。另一项是口北蒙盐局总办魏宝琳，与察哈尔都统张锡元，拟以当地盐池若干所作为抵押，经与开滦煤矿公司那森少佐担任介绍，向友华银行借款500万元，供给中国作乱之军阀。对此两项借款，要求英公使"暂取中立态度"，对于英国商民援助中国军阀之行动，如福公司及那森少佐之所为者，请"立予禁止"。（《申报》1923年8月6日）

8月7日 先生等致函留京两院同人，坚决反对留京议员通过延长任期案。（《申报》1923年8月11日）

同日 汤漪自天津致函先生，谈议员南下中之民八问题，希望在沪同人"勿开民八列席之先例，而滋国会内部之纷扰。"（《申报》1923年8月13日）

8月9日 与沈钧儒、黄炎培、沈信卿等20余人在上海开苏浙和平协会筹备会议。

苏浙士绅鉴于时局紧急，发起苏浙和平协会。昨日（九日）下午二时，在南市凝和路也是园开筹备会，苏省士绅到者为姚文枬、袁希涛、沈信卿、黄炎培、穆湘瑶等。浙省方面到者为褚辅成、杭辛斋、袁荣叟、沈钧儒、金兆梭等共二十余人。先由沈衡山说明简章大意,大众讨论,略有修改,即决定尽三、四日内分头介绍会员。如何进行,俟成立后再行研究,并定未成立前暂以江苏省教育会为通信处(简章略)。(《申报》1923年8月10日)

8月10日 与汤漪等国会议员吊唁美国总统哈定逝世。

文曰:"华盛顿国务院公鉴:闻贵大总统哈定阁下凶耗,中华国民怆悼弗胜,谨代表全体国民表示哀忱。中华民国国会议员汤漪、褚辅成等五百四十八人同叩。蒸。"(《申报》1923年8月12日)

8月12日 近代诗人陈去病(字巢南,一字佩忍,号垂虹亭长)五十大庆,先生撰诗贺之。

百尺楼头客,君刊有《百尺楼丛书》年来白发增。词华征笠泽,刊行《笠泽词征》数十卷文笔集松陵。《松陵文集》百数十卷,已刊至第三编。醇酒不离口,雄才久服膺。新秋梧叶落悬弧之期为七月朔,今岁立秋五日矣,高会聚良朋。嘉兴褚辅成 慧僧。(殷安如、刘颖白编《陈去病诗文集》第174页)

8月13日 推为国会移沪参、众两院筹备会主任之一。时秘书长但焘与筹备员徐可亭发生冲突,先生等前往挽留未果。(《申报》1923年8月14日)

8月15日 因移沪国会即将正式开会,与焦易堂二人邀集各省重要议员协商内部问题。

昨日报到之议员计有刘志詹等(十二人)。现在两院议员报到人数,众议院已到二百八十余人,参议院已到一百十余人,加以将到之东三省议员,去过半数已属不远。故现对东（三）省方面，业已函催，从速南下。开会日期现拟九月一日，会场拟借西门中华职业学校内之职工教育馆，已派员前往接洽。内部问题，今日由焦易堂、褚辅成二人出面，邀集各省重要议员开始协商，解决当非难事也。又议员阿什拉乌勒贵辞职，应以白瑞补充。(《申报》1923年8月16日)

8月16日 报载褚辅成等致驻京日使函，反对张弧筹措款项，专供直派军阀乱国之用。函中说：张弧所筹措款项其中有三款与日方有关，一、民国十年中国所发行之九六公债，日人持有债券之一部分。二、吉会借款继续进行。三、葫芦岛筑港费1000万，现向南满铁道会社磋商借款。凡此三端，务请驻京日使转达日本国政府，并训告其国民"一律严词拒绝"。(《申报》1923年8月16日)

8月18日 报载褚辅成等致驻京美公使舒尔曼函，反对直军首领曹锟以办理无线电信为名，借款800万元。函中要求驻京美公使舒尔曼饬知该国商人"无论何人，均不能与曹锟党人之何人，订立何种垫款之约，使曹锟得将此项金钱移为不正当之用"。(《申报》1923年8月18日)

8月21日 报载褚辅成等致美、法、英、日四国公使函，指出："江、浙战事发生之原因实由曹锟之欲得总统而起，其战事中损及外人生命财产等赔偿，应由曹锟等负责。"(《申报》1923年8月21日)

同日 与潘大道、焦易堂等453人发出辟曹锟促宪通电，列举曹锟破坏制宪事实。指出："在彼辈之意，黄陂之促成宪法，即所以破坏大宪，是故黄陂不去，则宪法必成；宪法有成，则大选无望。所以放逐黄陂者，为欲破坏制宪也。所以破坏制宪者，为欲攫得总统也。以欲攫得总统之故，不恤放逐黄

陂。……"(《申报》1923年8月22日)

8月24日 北京众议院议长吴景濂等召开两院议员谈话会，进行大选（总统选举），以支付预备费贿议员（每次常会出席议员每人支给百元）。(《纪略》149、150页)

8月25日 与汤漪、杨永泰、林长民、郭同等485名议员发表痛斥吴景濂宣言，指出："院法及岁费支给规则，既无出席费之规定，而宪法会议规则所规定之出席费，尤不能适用于常会，甚至以集众谈话。而变更民国法律，增加国库负担，根本上为法外行动。"(同上，第308、309页)

又与焦易堂、潘大道等参、众两院532名议员联名发出通电，反对支给常会出席费。通电郑重声明："北京自六月十三日以后国会陷于暴力，不能自由行使职权，所有一切议决，迭经宣言，概为非法。所有八月二十四日北京两院谈话会关于总统之变相受贿议员案，及以后少数人利用国会名义，类于此种滑稽卑劣之议决案，吾南下两院同人，咸认为系北京少数附逆分子之所为，绝对不予承认。"(同上，第311、312页)

同日 与汤漪等复钱崇恺一函。留京议员钱崇恺等因宪法会议无望，为又有意于进行大选，曾有马电致南下议员，劝请回京。对此，先生与汤漪等513人复驳一函，函中有"热中大选者不妨留京，誓成大法者，即应来沪"之忠告。(同上，第289、290页)

又，与汤漪等10余人致函北京同人，函中引用议院法第92、93条之规定，反对以维持费名义支给常会出席费。(《申报》1923年8月26日)

8月26日 与旅沪国会议员致函谷钟秀，阻提胶济铁路盈余金百万元，及人民储蓄赎路金20余万元，以为曹锟等筹备大选经费之用。嘱令设法取消。(《申报》1923年8月27日)

同日 报载褚辅成等因闻上海纸烟捐总办汪瑞闿奉保派之密命，与英美烟公司等磋商垫款 1000 万元，即以该公司及商办之南洋烟草公司应纳之纸烟捐款，分 10 年扣还。以纸烟捐印花折扣作保。此项垫款如果成立，影响国事甚钜。先生等特分函劝阻。

在致英美烟公司函中指出："倘此项垫款之约果成，则彼辈军费有着，江浙战祸立时发生。而北京贿买总统之进行，亦必厉行不息。而反对派之谋以兵力对抗之计，亦必应时而起。此后混战之局是不啻以此次垫款为之引火线也。"请"毅然拒绝此次交涉，或其他类似此项之借款交涉"。

在致英公使函中，要求英公使"饬知该英美烟公司，即日停止交涉之进行，并拒绝任何样式之借款交涉，以保全我国之和平，即以重两国之邦交。"（另有致美公使一函，词意相同，从略）。

又致函上海纸烟捐总办汪瑞闿，警告汪要"鉴察舆情，顾全大局，毅然停止交涉，不使巨款落于军阀之手"。"勿为军阀效死力"。（《申报》1923 年 8 月 26 日）

8 月 27 日 报载褚辅成等近闻直派拟将青岛官产拍卖，致函驻京日本公使芳泽，指出："北京伪政府本一不合法之机关，拍卖官产，筹集重款，无非用之于贿买总统与战服敌党之二途，应请立即禁止结立此项买卖契约。"（《申报》1923 年 8 月 27 日）

8 月 28 日 报载离京议员褚辅成等致函克利斯浦银团代表何立慈，阻止克利斯浦借款。函中指出："北京伪摄政为曹锟等之私人机关，非我国合法之民意政府，倘于此时予曹锟等以钜大现金，则军实充足，任所欲为，其战祸必瞬息暴发，其战区将必牵动而扩及全国，微论我国地方与人民同遭锋火之惨，非仁人君子所忍言，即外国侨商受池鱼之殃，亦难保无生命财产之危。"正式通告何立慈，"速即毅然停止此项交涉之进行，并类似此项交涉之何种借款。"（《申报》1923年8月28日）

8月30日 报载褚辅成等函驻京日芳泽公使，制止沧石铁路借款。函中指出："北京伪内阁现依附军阀，肆无忌惮"，应请"设法制止此项借款之成立，以免助长内乱，增加纷扰"。（《申报》1923年8月30日，同见《纪略》第376页）

8月30日 先生与汤漪等，因闻由顾维钧电令驻伦敦中国使馆代办朱兆莘在克利斯浦借款上签字之讯，特电朱氏，请"拒绝签字"。朱兆莘于9月1日复电先生等谓："北京并无来电令莘签约，亦无他项借款之委托"。否认有克利斯浦借款一事。（《申报》1923年8月31日，9月5日）

8月31日 领衔众、参532名议员通电全国，历数曹锟祸国殃民八大罪状，吁请国民共起讨贼戡乱。略谓：

> 自武汉首义，各省从风。民国政府成立于南京，及清帝退位，民国统一，临时大总统孙文辞职。袁世凯被选继任，乃别蓄异谋，不愿南来就职。曹锟时任第三师师长，教唆兵变，蹂躏京津，祸甚于庚子拳匪之乱。袁氏遂借口维持地方治安，效社鼠城狐，盘据数百年首恶之区，种后日帝制自为之祸。此曹锟祸国殃民之一罪也。

> 及袁世凯买凶毁宋，违法借债，薄海同愤。赣宁独立，袁氏恃其金钱武力，幸胜一时，称帝野心，遂愈潜滋暗长。顾民嵒可异，逆谋未发。曹锟身任军职，不避干政之嫌，惟希逢恶之宠，自称直省代表，假托民意，请愿帝制，促成袁氏叛国，改元洪宪之巨变。此曹锟祸国殃民之罪二也。

> 洎乎云南起义，拥护共和，川黔响应，举国震动。

曹锟受袁伪命，率兵入川，抗拒义军，幸滇、川、黔军队，均义勇善战。而曹锟之军队，则惟事奸淫抢掠，至临阵溃逃，屡战屡北，甘为桀犬，枉作凶人。此曹锟祸国殃民之罪三也。

迨袁世凯自毙，黎元洪继位，曹锟以叛人之党，败军之将，谬膺滥赏，擢任直隶督军。自宜效忠民国，力盖前愆，乃复枭獍居心，豺狼成性。入京示威，通电干宪。督团叛乱，逼京邑而弄兵。张勋复辟，称奴臣惟恐后，致国会被非法解散，民国几斩然中绝。此曹锟祸国殃民之罪四也。

至国会移粤集会，西南护法兴师，义声所播，国人景从。而曹锟仍挟持武力，命吴佩孚率队侵湘，饮马洞庭，屯兵衡岳。以倒戈攻北之诡词，骗护法政府之巨款，后复背信灭义，北向邀功。此曹锟祸国殃民之罪五也。

若夫兵凶战危，古有明训，必不得已而用兵，亦宜纯以卫国救民为主旨。乃直系之与皖战与奉战，虽阳假救国之美名，实为争政权夺地盘之私图。党同伐异，自寻干戈。以暴易暴，暴愈滋甚，致使直、鲁、豫、陕数省赤地千里，十室九空，膏血流河川，尸骨积原野。此曹锟祸国殃民之罪六也。

又粤、蜀、黔、湘，均属西南护法省分，在全国未统一时，自宜保境安民，不相侵越。乃曹锟与吴佩孚等复时谋乘机入鈙，黩武穷兵，招纳各省叛将，授以伪命，资以金钱，助以械弹。利用虎伥之愚，藉收渔人之利，致各省兄弟阋墙，同室操戈，内讧不已，民困愈深。此曹锟祸国殃民之罪七也。

尤有甚者，民国大总统对内为全国行政首长，对外代表国家，非依宪法规定之大总统选举会，无权黜陟。乃曹锟及其私党，恣作威福，任意废置，狐埋狐搰，有类博奕，招来挥去，直同儿戏。而其走狗高凌霨、吴毓麟辈，以曾经免职之阁员，妄称摄政，私相授受，日惟谋以卖国之巨赃，为贿买选票代价。近更闻有欲以武力压迫异己，夺取总统之凶谋。小人为恶，肆无忌弹。此曹锟祸国殃民之罪八也。

……

同人为国家存正义，为国会保尊严，为个人全人格，为国民作先锋，愿我邦人君子，惩前毖后，义愤同伸，为国保障，去彼凶残，共立于讨贼戡乱之义旗下，为最后之决战。有民国决不容有北洋正统之曹锟；有北洋正统之曹锟，则民国必至名存而实亡，甚或并其名而亡之。为五族造幸福，抑为一姓作家奴，爱国男儿，当知所择。特此电闻，以当露布。众议院议员褚辅成，参议院议员潘大道等五百三十二人同叩。(《纪略》第 224—226 页)

同日 中国国民党中央干部会议决定，反对黎元洪至沪以政府名义发号施令。(《中华民国国父实录(1—6 册)》第 4384、4385 页)

9 月 1 日 日本发生大地震，继之于大火，受灾甚巨，东京、横滨几全被毁，人民死伤约及 20 万。我国留学生、侨商亦罹祸难。先生与焦易堂、刘楚湘等发起征捐，赈济日本灾民。(《申报》1923 年 9 月 9 日)

9 月 8 日 出席浙、奉代表招宴。

浙奉代表邓鸣阶、杨琪山及曾云沛、姚幼之、周士贞等，在半淞园宴请两院议员，到者近二百人。入席后，首由邓鸣阶致词，大意谓：……此次北京政变，妨碍制宪，诸公仗义南下，国人莫不表示欢迎，其希望于诸公者，即在于此。是诸公今日积极责任，即制宪一事也。但两院留京人数，现尚不少，宜如何劝导南来，俾沪会早观厥成，想诸公荩筹所及，谅有办法，不待局外人之借箸也。卢督办爱护国家，尊重国会之心不亚于人。苟利于国，莫不竭尽心力。对于国会诸公，法律上应得之费，自当与同志省分，力为筹措，幸勿置念。至北京政府法律、事实两无根据，中华民国已陷于无政府之境地。诸公代表人民，为立法最高机关。关于建设方面，亦望有以主持之。……次褚辅成谓："邓君所希望建设一层，惟建设一事，非先破除障碍不可，故极盼各省能实力及负责的将阻碍中华民国建设之各种障碍，尽力铲除，则国会议员方有尽力之余地。末有杨毓珣谓：褚君所述障碍一层，凡为中国国民，俱有同心协力，以赴此种目的之责。末田桐等相继发言。至三时宾主尽欢而散。(《申报》1923 年 9 月 8 日)

同日 与汤漪等 483 名国会议员在上海联名通电，否认北京选举会。申明自 6 月 13 日以后，"所有在京以国会名义决定之事件，完全为议员个人之行动，不能认为国会职权之行使，在法律上绝对不生效力。"(《申报》1923 年 9 月 12 日，同见《顺天时报》1923 年 9 月 14 日)

9 月 10 日 北京国会开总统选举预备会，每一议员先致送出席费 500 元，定 12 日开正式选举会。11 日，先生与汤漪等 483 人再发一电，揭贿选黑幕。指出："吴景濂等以捏报及冒名之伎俩，拥戴总统，国人誓不承认"，并吁请全国各界，"同力声讨，以纾国难"。(《申报》1923 年 9 月 15 日)

9 月 11 日 晨，黎元洪秘密抵沪，先生与唐绍仪、李根源、姚国桢、曾毓隽、李烈钧等先后进谒，集议黎来沪后应取之方针。是日晚黎即发出两电。略云：

> 元洪忝受国民付托，待罪公仆，德薄能鲜，致有六月十三日之祸。惟念纪纲不可以不立，责任不可以不尽，业于九月十一日到沪，勉从国人之后，力图靖献，谨此奉闻。黎元洪真。（古蔣孙《甲子内乱始末纪实》第75页，同见《纪略》第334页）

致广州孙中山电中略云：

> ……我公昔在季清，与元洪共开草昧，丁兹丧乱，休戚与同。惟望共伸正义，解决时局。（同上）
>
> 按：据《申报》报道：黎氏到沪后，即有文电发表，惟同来并无秘书，约定章太炎、章士钊、褚辅成三人主持一切文稿。

9月12日 下午，出席移沪国会议员开谈话会，决定续开常会。为确保远地各省议员均能赶到，先生提议定本月22日开会，以多数通过。（《申报》1923年9月13日）

同日 午，黎元洪宴请西南各省代表，要求实力援助，谋组织政府，无结果。（《申报》1923年9月13日）

9月13日 领衔离京国会议员483人发表通电，宣布选会舞弊。指出：吴景濂等降志从贼，卖身军阀，根本上为国人所否认。（《纪略》第330页）

9月14、15日 针对吴景濂10日大选预备会作弊，领衔离京国会议员483人连发两电，揭露其行贿作弊实情。15日（删）电略谓：

> 查十日大选预备会，冒名浮报种种舞弊实情，迭经

在场秘书孙曜及被冒签代到之议员张瑾雯等先后通电指证，铁案如山，谅邀鉴察。惟其顶替、浮冒之人数，系由两院书记编成，匪夷所思，非个中人不能道破。连日吴景濂等极力进行宪法会议，以先宪后选或宪、选并行为号召，意在必成。孰知此中黑幕，以要求百万巨款格于曹锐，非俟宪会足数，不能听其诓取。故以制宪名号愚弄我同人，遂其发财局骗之私，而王孝伯亦适于寒夜入京，实行蒸电直接商量办法，蛛丝马迹，更历历可寻。该电内容业已完全证实，似此行贿作弊，白昼公行，情真罪确，此而可忍，不特廉耻道丧，实人心全死，国何以立？敢据实披露，唯国人实图利之。国会离京议员褚辅成、汤漪等四百八十三人叩。删。（《纪略》第330、331页，同见《申报》1923年9月21日）

9月17日 留京议员政团协商会在众议院小议场开会，30个政团参加，通过三项决定，诱使离京议员北返。（《申报》1923年9月22日）

9月22日 先生出席南下国会议员续开6月13日之常会。此会不成后移沪运动遂趋云散。（《申报》1923年9月23日）

9月26日 与移沪国会议员潘大道、李永声、王有兰、张树森、黄云鹏、刘重、吴昆等8人，在沪欢宴黎元洪，并约同李根源、饶汉祥、金永炎暨各省代表作陪。（《申报》1923年9月26日）

9月27日 与移沪国会议员杭辛斋、焦易堂、王源瀚、田桐等人，假法租界蒲柏路大寿第国会筹备处，宴请各省代表。出席者有奉天代表杨琪山、广东代表汪精卫、浙江代表邓汉祥（鸣阶）、湖南代表费行简、合肥代表姚国祯、云南代表李雁宾，并邀旅沪名流政客作陪。（《申报》1923年9月27日）

9月29日 国会议员由海宁观潮后返杭。晚间,先生等假座陆军同胞社设席邀宴各省区同人近150人。田稷致词,马君武致答词。(《申报》1923年10月1日)。

10月3日 报载汤漪、褚辅成等离京议员忠告留京同人:为纲常计、统一计、宪法计、个人计,均不可出席选会。

> 离京议员汤漪等忠告留京同人不可出席选会书云:……五千元之身值,宁足供一生之滥用耶?以区区不义之金钱,轻弃其乡里庐墓而不惜,窃为公等不取矣。此为国会信用计、为个人利害计,均不当出席选会者四也。凡斯所陈,人所共晓。以两院同人之明达,宁待鳃鳃过虑,觍缕以争,而犹不能已于言者,则以旁观或清于当局,而一指蔽目,不见泰山,亦容恒情之所有也。如其处泥不滓,志趣矍然,众浊独清,孤标遒上,其固国民之所熏沐,同人之所企望者也。其或借彼寇粮,资我膏秣,取之于盗,本不为贪,但能避席明心,何常有累大德。若乃贪慕宠荣,降志从贼,戮力大选,功狗自居,则是自绝于国家,不知有羞耻。同人等惟当尽揭逆名,宣布中外,着之简帛,贻厥后来。俾与贾充成济之徒相辉映于无穷也。力所得为,义无反顾,何去何从,幸毋后悔。离京两院同人汤漪、褚辅成、彭养光、王用宾、韩玉辰、杨永泰、乌泽声、范熙壬、郭同、郑万瞻、黄云鹏、张瑾雯等四百八十三人同叩。(《申报》1923年10月3日)

10月5日 吴景濂包办之国会开总统选举会,曹锟以重贿当选。(《中华民史事日志》1923年10月5日条)

10月6日 出席在沪国会议员紧急会议,发表宣言,声讨贿选之罪。

全国各机关、各团体、各报馆公鉴：自六月十三日北京政变，同人等猥以身受全国人民付托之重，为卫护国家纪纲法律，相率南下，集会沪渎，迭次发表宣言，当为全国所共鉴。乃直系军阀，仍悍然不顾，恃其金钱万恶，可以驱使一切无耻之徒，竟于十月五日以五千元之票价，捏报五百九十人之出席，四百八十之票数，使民国罪魁及此次毁法乱纪之祸首曹锟伪称当选总统。窃以共和国家总统、国会俱为全国人民所托命，今竟明目张胆，使神圣议会变为交易市场；尊严总统，视若交易货品，显犯刑典，腾笑友邦。曹锟个人不足惜，其如中华民国之名誉何！卖国败类不足惜，其如四百兆人民之人格何！同人等诚不足以感人，力不足以弭乱，抚躬自问，负疚滋多。虽不敢谓保兹清白之身，为国家留一线之正气，仍当大声疾呼，追随全国人民之后，明正贿选之罪，一致声讨。谨此宣言，统希签察。移沪国会议员江浩、张继、褚辅成、杭辛斋等一百七十余人签名。（《申报》1923年10月7日，同见《纪略》第423、424页）

10月8日 孙中山宣布讨伐曹锟。同日，浙江卢督办通令："力维本省治安，照行庆祝国庆。"北京宪法会议开三读会，通过宪法十三章一百四十一条，制宪事业告毕。（《申报》1923年10月10日）

10月9日 先生出席在沪参、众两院议员会议，不认北会公布宪法，催促保、津、奉议员来沪，共商办法。（《申报》1923年10月10日）

10月10日 吴景濂等在北京举行公布宪法典礼，曹锟在北京就职。上海、杭州、南京、芜湖、嘉兴等处人民举行反曹锟大游行。

10月12日 先生出席全浙公会干事紧急会议，决通电吁请浙当道出师讨贼，并宣布守正议员名单。

（一）杭州卢督办、张省长、陈师长、潘师长钧鉴：慨自政变以还，浙人两读感电，词严义正，斧钺之诛，已足以昭千古，浙人竭诚拥戴，亦矢效死勿去之志。不谓人心已死，贿选竟成，口诛笔伐，已不足以褫奸魄。加以形势既变，时局紧张，我不谋人，人将谋我。锦绣河山，或不免戎马之蹂躏。浙人皇皇焉惧祸至之无日，不胜其桓范之痛哭也。本会因于昨十一日午后开干事会，讨论再四，佥以讨贼之事，在有力者当有实力之准备。而请讨之举，在野者应尽入告之义务，谨公推王君孚川、毛君西峰偕同来杭，谒敬芃辕，尚乞推诚赐洽，以慰全浙二千七百万人民云霓之望，不尽区区。全浙公会。文。

（二）各报馆钧鉴：曹锟贿选，全国痛心，讨伐之声，责在有力；清议之权，操之社会。是非不可不明，泾渭不可不分。谨将浙江参、众两院议员，始终在沪反对贿选诸君子姓氏宣布全国，以彰正义。

姓氏如下：

参议员：童杭时、许桑、沈钧儒、盛邦彦；

众议员：金溶熙、褚辅成、杭辛斋、张世祯、胡翔青、张传保、王任化、卢钟岳、孙世卫、周继潆、沈椿年、陈时夏、田稔、陈燮枢、余名铨、袁荣叟、邵瑞彭、刘景晨、赵舒、洪国垣、王宗尧。（《时报》1923年10月13日）

10月13日 全浙公会所推请愿代表王孚川、毛西峰赴杭谒卢督办，吁请出师讨贼。（《申报》1923年10月14日）

同日 奉浙与西南各省驻沪代表汪兆铭（粤）、姜登选

（奉）、邓汉祥（浙）、吕苾筹（湘）、费行简（川）等联合通电讨曹，并拟另组政府。（《中华民史事日志》1923年10月13日条）

10月15日　先生出席在沪参、众两院议员谈话会，主张通电全国，宣布参与贿选议员姓名，吁请国民及实力派出面讨贼。（《申报》1923年10月16日）

10月16日　晚，与蒋伯器、杭辛斋等听取全浙公会赴杭代表报告请愿结果。

> 本埠全浙公会前议决派代表返杭，谒见两长，敦促出师讨贼。兹悉被推之代表王孚川、毛酉峰二君到杭后，即先后谒卢督办、张省长，陈述一切，谈话颇久。……现毛君已于前夜晚车返沪，即赴各重要旅沪浙人（杭辛斋、褚慧僧、蒋伯器等）处报告一切。闻代表陈述大意，以曹锟贿选告成后，旅沪浙人愤慨异常，而本省军民长官之主持正义，至为可佩。惟更盼进为有力之举动，以慰人民之望云云。至卢督答词大意，主持正义，反对毁法乱国者，此心已甚坚决。惟以浙省处境，与此项事件之重大，故如何运用此种决心，以为救国之运动者，则尚须郑重考虑云云。又张省长表示同意于卢督之主张外，并谓贿选告成，浙省已完全与中央脱离文电往来关系，一切均觉顺利云云。闻目下旅沪浙人方面，颇有重要之计议云。（《申报》1923年10月18日、11月5日）

10月22日　移沪国会推定派赴各省代表，促各省会师讨伐曹锟。护法议员商请汪精卫、褚辅成筹款。（《申报》1923年10月23日）

10月27日　偕沈钧儒赴杭，接洽联省政府。

> 国闻通信社云，北京贿选成后，一部分议员主张组

织政府之说益力，以未得各方同意，迄未成立。现滞留津门之议员杨永泰、胡钧、沈钧儒、焦易堂等，俱于前日南下到沪，汤漪亦不久将离津来沪。闻彼等对于组织政府一层，又在向各方活动进行，其所持之主张，为联省政府。闻褚辅成、沈钧儒二人，已于前日赴杭，亦以此事有所接洽云。(《申报》1923年10月29日)

同日 在杭欢迎邵瑞彭。

揭发贿选之浙籍议员邵瑞彭已以前日（二十七）午刻抵杭，由金、衢、严、处四府同乡会会员三百余人全体到站欢迎。是日有夏定侯处长、徐允中厅长、褚慧僧、沈衡山两议员及王孚川、方述齐、许汉章、胡墨仙、叶荆门、胡芷香、孙宋卿等，及各界人士开会欢迎，并在西湖瀛洲旅馆摄影纪念云。(《申报》1923年10月29日)

10月29日 因省自治问题，在杭假省教育厅开茶话会，请浙省各界共同讨论筹备自治之步骤。(《申报》1923年10月31日)

10月30日 由杭返沪。

褚辅成、沈钧儒因浙省自治问题，来杭与各方交换意见，业于前晚返沪。惟邵瑞彭现尚寓杭，勾留二三日，即返淳安珂里。(《申报》1923年11月2日)

11月2日 赴黎元洪邀宴。下午3时，出席留沪参众两院议员会议，被推为宪法审查员。

黎黄陂行将赴日，已见前报。兹悉黎氏拟乘日轮高丽丸，约于八日赴日，抵长崎后，换乘火车，迳往别府。昨日正午，在杜美路宅中邀请各方面代表等人宴会。……席次，由黄陂表示，本身患糖汁病，到沪后运动太少，所患复发……医生谓宜赴温泉地方修养。日本别府温泉甚好，最宜疗养，因决意一往，以资调理。至于大局办法，极望各方通力合作，谋一一劳永逸之办法，本身愿尽个人之能，相与努力。好在有李印泉、饶瑟僧各位在沪，请诸公有事随予接洽云云。至二时半始各散去。兹录今日继续邀宴之名单下：唐绍仪、章炳麟、章士钊、褚辅成、潘大道、钟伯毅、叶月舫、杨永泰、（中略）沈钧儒、常恒芳、李茂之、刘奇瑶、饶汉祥、李介如、刘钟秀、金永炎、熊少豪、唐仲寅等四十余人。（《申报》1923年11月3日）

11月4日 与章太炎等致电唐继尧，对唐之否认贿选电，表示赞赏（此前唐曾有号电反对贿选）。

章太炎、于右任、柏烈武等昨致唐继尧电云：云南唐省长鉴：东日见公否认贿选电，义声所播，薄海同钦。逆知西南各省，必归一致，拨乱反正，在此一举。静候川军东下，当执鞭弭，以迓清尘。临电神驰，不胜鼓舞。章太炎、于右任、柏文蔚、褚辅成、赵铁桥、方声涛、吴醒汉。支。（《申报》1923年11月6日）

11月8日 与李根源等20余人送黎元洪登轮东渡日本。（因浙沪当局及国民党之不合作，黎氏组织政府计划以失败告终）。（《申报》1923年11月9日）

11月15日 出席旅沪参众两院议员会议，反对北京政府承认金佛郎案，拟就致法国参、众两院及全国国民电各一则，即日拍发。

旅沪参众两院议员，于前日（十五日）开临时会，讨论金佛郎案，由褚辅成草定致法国国会电稿，经孟森、吕志伊、焦易堂等修改后，经众议决，译成法文，即日拍发。褚辅成谓：对外发表文电，应由负责人署名。经众讨论，主张用当日临时主席姚文枬署名，议决通过。今将电文录下。电末云：……曹锟窃据首都而号称政府，无代表国家之资格，外交部亦为叛徒所盘踞，无与他国缔约之权。今敝国国民对于曹锟僭窃之政府，已群起声讨，不久必至倾覆。假令贵国政府以为金佛郎之交涉，得其承诺，便可作为根据，贸然为中法实业银行发行五厘美金债券，将来因此所生之损失，敝国国民及政府当然不能承认，势必至全归贵国国库负担，应请贵国政府注意及之。特此电达（致全国国民电稿略）。（《申报》1923 年 11 月 17 日）

11 月 17 日　出席汪精卫代表华侨欢宴，并代议员致谢。

昨日正午，汪精卫君代表新加坡华侨张永福氏，假座大东旅社，欢宴此次反对不法选举之国会议员，到者褚辅成、李茂之、潘大道、刘重、徐兰墅等数十人，并有于右任、马君武及新闻记者数人作陪。宴将毕，汪君举杯起立，谓兆铭承张永福君之托，欢宴诸君，设备不周，尚希鉴察。海外同胞一片纯洁之心，满引一觞云云。嗣有褚辅成氏代议员同人致谢，谓同人不与贿选，不过为庸言庸行之一端，初无受人钦仰之价值，张君厚意，惟有心感，望汪君代同人转达谢忱云云。宴毕，合摄一影而散。（《申报》1923 年 11 月 18 日）

11 月 20 日　赴汕，晤陈炯明。

国会议员褚辅成，前曾历次致电陈炯明，调和粤事，陈复电态度强硬，未有结果。现悉褚氏已于前日搭轮赴汕，与陈炯明有所接洽云。（《申报》1923 年 11 月 22 日）

按：此行无功，中途折返。

11月24日 移沪国会两院行政委员会开会讨论,移沪国会行将结束。(《申报》1923年11月25日)

12月14日 闽孙(传芳)窥浙,全浙公会电致南京齐(燮元)督军,警告"勿与孙图浙"。

全浙公会昨致南京齐督军电云:南京齐抚万先生鉴:日来盛传闽孙传芳部进窥浙边,建宁、松溪方面陆续到有大批军队,与贵省昆山、宜兴等处节节移防。殆如桴鼓相应,同为对浙而发,已无疑义。足证月来报载左右阴结孙军,要约皖省,密谋图浙,皆为确有其事,深堪愤骇。左右前与子嘉督办手签和平公约,墨犹未干,遽自背弃盟信,其何颜以对两省人民?江浙历年生聚,间阎粗安,不幸将启衅于刁酷军阀之手。他日两省地方,有行一不义,杀一无辜,甚至盈野盈城,肝脑涂地者,惟左右实尸其罪。语曰:赫赫师尹,民具尔瞻。又曰:始祸者踬。左右慎毋谓阴谋之必胜也。临电眦裂,特此申警。上海全浙公会。寒。(《申报》1923年12月15日)

本年 先生三子凤华离开上海到欧洲读书。

1923年,我离开上海到欧洲去读书,就近与在德国柏林读书的二哥褚凤仪联系较多,而很少与父亲通信。我只有在国内出版的报刊上偶尔看到关于父亲的消息。(褚凤华《我对父亲政治生活的一些了解》,《褚辅成专辑》第37页)

◎ **1924年(甲子)民国十三年 52岁**

1月20日 中国国民党第一次全国代表大会在广州召开。23日,大会通过《宣言》。

1月24日 杭辛斋逝世于上海,先生协力筹措杭氏身后问题。

国会议员杭辛斋业于前日出殡,兹悉杭州张省长,业已致函该宅治丧事务所,允先拨一千元充治丧费,至其余各项,尚在考议。沪杭各团体如全浙公会、矿业协会等,拟即为筹备追悼会,于阴历正月底举行,由褚辅成主持其事云。(《申报》1924年1月30日)

2月28日 先生发起筹设嘉兴除螟会,当选为正会长,盛时亮、沈文华当选为副会长。(《申报》1924年2月29日)

3月8日 报载,蔡元培主张陈炯明、孙中山调和。据闻,此事实由褚辅成等所主动。

外间现传有北京大学校长蔡元培及吴稚晖、李石曾等将来粤实行调停陈、孙战争,一致向外发展之说。经记者向各方探访,据说确有其事。陈、孙两方已接蔡等来电,痛陈内讧之失,并谓蔡氏特因此事回国,希望两方无论如何先行停战,俟彼等抵粤,然后以最公平的条件,大家言和云云。又据友人之接近蔡氏者谓,此事实由褚辅成等所主动。因蔡氏固负全国重望,且属旧国民党人,自任北大校长后,虽鲜谈政治,然自胡适办努力周刊,主张好人政治,蔡氏固列名第一,其未忘情于政治可知,故特电蔡氏。蔡接电后,以陈、孙固非坏人,不过各有所偏耳,徒此相残,时局愈不可救,故即复电赞成,并允回国,闻已在途中。至陈、孙两方对之,两方故无可无不可,但条件极难商量耳。(香港《华字日报》1924年3月8日,引自《陈竞存(炯明)年谱》第12章)

同日 先生等致电湖南省议会、省长、省务院以及各军官,力陈湘省自治万不可任洛吴取消,请拼死护宪,以维联治前途。

因吴佩孚武力统一之压迫，致当局不敢宣明其拥宪之态度，而有种种毁宪之运动发现于光天化日之下，此诚联治前途之危运，亦湘人之奇耻大辱也。……既谓湘省现处地位不能举联治主义而促成之，何至仅求拥宪自卫而亦不可得耶？不能拥宪便当殉宪，其不失为自卫之道，则一也。弟等既力倡联治于前，不忍见同志变节于后，祈以定力支此危局。（引自何文辉《历史拐点处的记忆》第282页）

3月10日 主持嘉兴除螟会议，报告会务经过情形。26日，亲自深入乡间，宣讲除螟方法。（《申报》1924年3月11、27日）

4月13日 主持全浙公会会议，商议本省财政、吏治问题等项。

本埠全浙公会于昨日下午开干事会，到者有张申之、毛西峰、余遂辛、周佩箴、邵仲辉、殷铸夫等十七人，褚辅成主席。先由主席报告，谓关于会务进行，本拟去年即开全体大会，改选干事，并已着手征求会员。嗣以时局变化，磋跎至今，故此次必须设法进行。又有干事提出本省财政、吏治两问题、要求讨论。因浙省财政迩来颇形竭蹶，不及民国二三年之优裕，亟应呈请本省当局公开清理。又吏治问题，自采用袁世凯适用县知事条例后，外省人知县事有存五日京兆之心，以致政绩不佳。况环顾国内各省，俱已废止。江苏苏社最近亦开会，表示县知事参用本省人。浙省既已宣布自治，当然亦可照办。次经田稔、赵舒、张申之等发言讨论，认为此事有举办之必要。惟事关浙省全局，应联合上海各同乡团体，如宁波同乡会、绍兴同乡会等，共同进行，以期易于成功。至此项主张理由亦须申说明白，始可免除误会。当经众推定余遂辛起草理由书，以便分送各同乡团体，一面派人接洽。次邵仲辉提议以整理财政，最好从调查入手，主张组织财政调查会，从事调查。经众赞成，即推殷铸夫起草会章及缘起。……末主席报告本届大会事，佥以先应从征求会员着手，当公推殷铸夫为征求正主任，张申之副之。(《申报》1924年4月14日)

4月19日 主祭杭辛斋。

已故浙籍国会议员杭辛斋氏，订于今日在报本堂祭奠，上午为祭奠，下午起为各团体之追悼会，加入者已有全浙公会、浙江省宪协进会、研几学社等三十余团体，届时公推褚辅成主祭。浙江卢督办、张省长及广州孙中山先生等，俱有挽联寄到。闻关于杭氏身后问题，届时将为一度讨论云。(《申报》1924年4月19日)

4月23日 出席全浙公会干事会议，商议组织财政调查会。(《申报》1924年4月24日)

5月7日 当选为嘉兴出席省自治法会议代表。(《申报》1924年5月8日)

5月11日 出席浙江财政调查会发起人会议，报告发起经过。决本月25日开正式成立大会。25日，浙江财政调查会成立，先生报告筹备经过，决暂设会址于上海。经众推定任正主任，副主任殷汝骊。干事方青箱、陈仲眉、周椒青、张一鸣、毛西峰、周佩箴、金润庠、严慎予。次讨论通过致杭甬商会代电（略）。(《申报》1924年5月12、26日)

5月30日 因北京孙宝琦内阁有总辞（职）消息，金佛郎、德发债券等两案行将急于解决，损害国家。先生领导的全浙公会出三电，坚决反对两案。(《申报》1924年5月31日)

6月1日　在嘉兴主持除蝗会议，议决除蝗案件。(《申报》1924年6月3日)

6月8日　主持财政调查会会议，主张截留全部盐余，弥补亏空。

> 浙江财政调查会，昨日下午二时开会，到会者三十余人，褚辅成主席。所议事件如下：(一)上海大学浙江同乡会来函请求加入，议决复函请其推派代表与会。(二)报告向杭州接洽情形大概，各机关均已答应送参考资料。至浙省亏累实数，截至去年止，为四百四十余万。(三)调查方法，决将各项目分列一单，送交各会员自由认定，分门调查。(四)致各机关调查函，即行起草发出。(五)浙省财政亏累，已为浙人公认。查浙省自脱离北京政府后，曾将盐余半数每月十五万截留。现浙省情形既已如此，应将其余半数一并截留，弥补亏空。当即推人起草一函致卢子嘉，定十日开会通过发出云（电略）。(《申报》1924年6月9日)

6月9日　全浙公会致电浙卢，请决定对臧致平、杨化昭两军将抵浙边后之方针。

> 自臧致平、杨化昭两军由闽抵赣，将抵浙边之消息传来以后，浙人深虑因此引起纠纷，迭由杭垣绅商各界与上海浙籍人士接洽，吁请当道妥为制止，以安边境。当经浙省军、民两当局一再答复，均谓已先期派员赴浙、赣交界地方照料，并制止入境。昨本埠全浙公会因此问题，于下午再开会议，讨论结果：以臧部既隶反曹义旗之下，仅阻止入境，而无相当安置，亦非办法。当又致电浙卢，请决定方针。惟浙江旅沪地方自治协会及金、衢、严、处旅沪

同乡会，仍虑地方受军队影响，（九日）分别致电浙当道阻止臧军（全浙公会佳电略）。(《申报》1924年6月10日)

6月15日、7月24日 主持嘉兴除螟会议，议决除螟事项。(《申报》1924年6月16日、7月26日)

7月28日 在沪出席联治社第三次筹备会，通过致各省长函及各省议会电。

联治社昨日下午四时，在海宁路天鑫里筹备处开第三次筹备会……章太炎主席。首由汤漪发言，略谓：本社致西南各省省议会文电业已脱稿，但如何分发，尚须经众讨论。结果由各省省长或出席本社代表转达，并由本社致函各省长。致西南各省议会电暨各省长函如下：

致各省长函：（衔略）顷以国家失统，咸趋联治，敝处开会提倡，已及半年。会员虽盛，终须自治各省议员、法团加入，方有实力。今特分电说明，敦请入会。素稔贵省长热心联治，备历艰难，祈将该电转发，是为至幸。联治社叩。

致各省议会电：（衔略）自国会贿选，祸首怙恶不悛，于是乃攘窃宪案，延长任期以自固。民国根本，悉被蹂躏，无举国咸遵之大法一也，无依法存在之国会二也。取之既逆，守亦不顺，执政如虎，议员为伥，且以断送东三省铁道、举办德发债票，承认金法郎案，卖国求逞为得计，奉伪命者又复同恶相争，互争盟主，抛除异己，以人民生命为儿戏，以地方财产供牺牲。自民国成立以来，未有悖乱若斯之甚者也。同人等困心积虑，原始要终，以为欲谋民国之统一，为在打破蹂躏省权之势力，而以各省为同流共进之单位。欲谋国宪之成立，首在消灭谬托法统之国会,而以联省会议为根本解决之枢纽;欲得联省自治之实际,首在邻还伪宪赋予之自治,而以人民自决为特立独行之主张。由是集合同志,共筹联治社之发起,以贯彻上述政策为职志。因念贵会所负最大之责任,与诸公今后政治上之生命,无所往而非属于同一主义之下,殆可断言。用特略述缘起,并附简章草案,聊备参考。亟盼诸公本其素抱,积极进行,打破旧有一切团体,以联治主义为结合之中心,或就当地筹备支分部之发起,或推代表参加本部筹备之进行,庶几保持国民正谊,造成有力政党,用为根本改造之先导,是在诸公之急起直追而已。同人不敏,为之执鞭,所幸慕焉,敢布腹心,敬俟明教。联治社筹备处章炳麟、褚辅成、汤漪、黄大伟、但焘、章士钊、刘白、殷汝骊、欧阳荣之、余名铨、陈伯庄、白逾桓、杨永泰、潘大道、黄云鹏、陈光谱、陈懋鼎等同叩。(《申报》1924年7月29日)

同日 先生长子褚凤章等所组织之《嘉兴商报》筹备就绪,于今日出版。(《申报》1924年7月28日)

7月31日 出席浙省自治法会议第二次预备会。与孙智敏、莫永贞、陈训正、阮性存、李惠人、蒋邦彦、毛云鹄、叶杏南、叶亘东、毛蒙正等被公推为各项细则起草员。会议通过开会词。(《申报》1924年8月1日)

8月1日 浙江省自治法会议正式开幕,先生发表演说。主张"民国议会有权监督官厅"。(《申报》1924年8月2日)

8月2日 出席浙省自治法会议第二次大会,当选为省自治法会议主席。上海全浙公会及联治社分别电贺:

(一)杭州褚慧僧先生鉴:公此次当选为省自治法会

议主席,一致推戴,舆论翕然,实为自有选举以来绝无仅有之好现象。望风逖听,雀跃莫名。上海全浙公会叩。江。(二)杭州褚慧僧先生鉴:闻公当选为省自治法会议主席,发扬民治精神,为全国树模范,同人等有厚望焉。上海联治筹备处叩。江。(《申报》1924年8月3、8日)

8月5日 出席星期会、平社之欢迎会,在会上致词,声明"浙江省筹备自治完全系属独立性质,不受国宪之限制"。(《申报》1924年8月6日)

8月6、8日 主持浙省自治法会议第三、第四次大会,讨论议事细则。(《申报》1924年8月7、9日)

8月11日 主持浙省自治法会议,选举起草委员。结果殷汝骊、沈钧儒、王廷扬、孙智敏、叶亘东、经亨颐、阮性存等49人均当选为省自治法起草委员。(《申报》1924年8月20、13日)

8月17日 出席西湖博览会筹备处公宴,并有演说。

八月十七日上午十二时,西湖博览会筹备处公宴各团体领袖,并本省及旅沪诸绅商暨各官厅,由军民两长主席,计预宴者一百四十余人。由沪专车来会者,有十余人。席间由卢督办首先起立演说。次,李主任继起演说。其后相继发表意见者有宋汉章、盛竹书、褚慧僧、王孚川、方仲友、陈季侃、张孔修、曹慕管、陈兰薰、余遂辛诸君。大致皆以共襄盛举乐观厥成为辞。其间大有保境安民为博览会成否之要素,郑重致意者。演说既毕,各晋一觞,为博览会寿。散席后合摄一影,以为纪念。迨至散会,已下午三时矣。(《申报》1924年8月19日)

8月18日 主持浙江自治法选举审查员会议,依议事细

则选举审查员，李惠人、王侃等 49 人均当选为审查员。(《申报》1924 年 8 月 19 日)

8 月 19 日　主持浙省自治法会议，开议本会 8 月份支出预算书等项。(《申报》1924 年 8 月 20 日)

8 月 20 日　主持浙省自治法会议，讨论西湖博览会为圈用民地是否援助等案。

> 二十日上午八时，浙江省自治法会议续在省议会开会，代表出席范瀛桂等一百零五人。首由主席褚辅成报告吴嘉彦来函，因病请假十日，经众许可。次报告旧杭府前及运司河下住民二百五十余人，为西湖博览会圈用民地，请求援助，本会是否收受？……结果不属于省自治法请愿事件，概不收受。(《申报》1924 年 8 月 21)

8 月 22 日　主持浙省自治法会议，开议省民权利义务等案。

> 浙江省自治法会议，于二十二日上午八时在省议会续开大会，代表共到一百二十六人，由褚辅成主席。(一)报告陈益轩君函送浙江制宪史。次依议事日程开议(二)省民应否以户籍法为根据。潘上荣、叶亘东、范焜、陈德新均以省民资格及办理选举关系，主张规定户籍法，惟不能称省籍法。莫永贞、王廷扬、阮性存均以户籍法为内务行政，不必于省自治法上规定。孙世伟、叶杏南主张继续住居本省二年以上，即取得省民资格，不必有户籍法之资格。阮性存云：本问题可不必再讨论，即付起草委员会起草。次议(三)省民权利义务应如何规定？本问题讨论无结果。
>
> 又于本日下午三时，全体代表在省教育会开茶话会，与省议员协议一切。先由褚辅成主席发言："本会同人与

省议会同人合作，省自治应有告成之日。现值时局不靖，并希望同人勿离杭州。"又有省议会同人速召集临时会，以资救济。(《申报》1924年8月23日)

同日 与沈钧儒、计仰先等31人被推为嘉兴私立初级中学校董。(《沈钧儒年谱》第67页)

8月23日 主持浙省自治法会议，续议省民权利义务等案。(《申报》1924年8月24日)

晨，陈其采由沪来杭接洽和平。

> 今(二十三)晨陈其采(上年和平代表之一)由沪来杭，午后陈莅总商会，与各法团领袖会议，并报告今(二十三)日黄(伯雨)、张(仲仁)两先生在沪接洽和平，望浙方多推代表与议。(《申报》1924年8月24日)

8月25日 先生由杭赴沪。

> 二十五日上午八时，浙江省自治法会议在省议会续开大会，各代表相继签到嵇文等一百零七人。主席褚辅成赴沪，副主席叶焕华为代理主席。继续讨论省立法机关之组织及其选举制度，讨论未果。(《申报》1924年8月26日)

8月26日 出席省自治法会议，讨论议员名额分配之标准。下午，出席浙省议会茶话会，是日在各法团会议上被推为浙江各界和平运动嘉属代表。

> 浙江各法团代表及各学校校长，为讨论时局问题，二十六日下午四时，在省教育会开会，公推李俊夫主席。由县联合会朱志瀛报告发起情形。次高子白、陆佑之、阮荀伯、裘申伯、倪兰孙、方仲友等讨论办法。大致可分为数说：(一)推举代表赴沪，联合苏省团体一致进行。(二)

组织民团、商团，以图自卫。(三) 与各省耆绅合组运动和平永久机关。(四) 劝告军阀息争，否则以不纳税抵抗，即依此循序进行，以伸民气。又，是日省议会亦开茶话会，讨论苏省议员发起江浙议会在上海教育会协商和平问题，经褚辅成报告电稿。各席讨论一过，主张拟电答复，以顺时机。自督办处方面二十六日上午亦由高级军政长官举行军事会议。又省教育会，为时局与教育关系，亦定二十七日上午开临时平议会云。(《申报》1924 年 8 月 27 日)

昨（二十六日）各法团因时局问题，在省教育会开联席会议，到百十余人，李俊夫主席，由县议会代表朱鸿达报告开会宗旨。……讨论结果：先由各团体推出代表组织联合会，定名"浙江各界和平运动联合会"。旋推出各代表……嘉属为褚辅成、沈衡山。(《申报》1924 年 8 月 29 日)

8 月 27 日　出席省自治法会议，提议应保留特别市议员名额。(《申报》1924 年 8 月 29 日)

8 月 29 日　主持浙省自治法会议，讨论省行政机关之组织及其权限。

浙江省自治法会议，二十九日上午续在省议会开大会，代表出席者经享颐等一百十余人。由褚辅成主席，咨询省行政机关之组织及其权限。……主席请各席讨论，高尔登驳委员制及内阁制，主张省长制，扩张其权限。惟大逆不道等事，仍应限制。至于省长任期，不妨定为六年，任满不得再连任。……殷汝骊驳内阁制，谓其起源君主时代，不过藉此缓冲分过，其前提须有政党。以中国现状，府院之冲突，可见国内无政党，内阁制不能成立，主张委员制定立本法，独裁制定于施行法。如是，事实、法律皆可兼顾。……沈钧儒声明委员制之利，驳独裁制及内阁制……。主席以讨论终局付表决，时在席九十五人，起立者五十四人，多数可决。主席宣告各代表主张，以俞之谦交付委员会自由起草一说付表决，在席九十六人，起立者四十六人，少数。毛云鹏提出异议，起立者四十五人，仍少数。廖家驹仍提异议。主席宣告用记名投票表决，众赞成。主席宣告本问题付起草委员会自由起草，赞成者投白票，反对者投青票。在席九十八人，投票结果：白票五十张，青票四十八张，白票多于青票两张，可决，遂付起草委员会自由起草。……主席宣告开议司法机关之组织。主席云：凡对于本问题提出意见书者请述明旨趣，先由陈乃烈述明旨趣。因在席法定人数不足，遂散会。（《申报》1924年8月31日）

8月30日 主持浙省自治法会议，讨论司法机关之组织。

三十日上午八时，浙江省自治法会议续开大会，代表陆续签到，八时始足法数。首由主席褚辅成报告盛邦彦来函，因事请假七日，经众许可。次依据议事日程，讨论（八）司法机关之组织。王廷扬、毛蒙正、阮性存、韩宝华、冯中钧等先后提出各自主张。沈钧儒主张由委员会自由起草。潘上荣云：司法一章大体应由大会决定。潘豪云：司法应否规定，须由大会决定。阮性存云：司法当然规定，但应如何规定，须付起草委员会。主席咨询有无主张司法不应如何规定者，众谓均应规定。主席以司法应如何规定，交起草委员会自由起草付表决，在席九十人，起立者六十一人，多数可决。休息十五分钟，讨论（九）监察院应否设置。潘奇、姜恂如、周继漛、蔡信芳、叶焕华、庄景仲、章紫绶等就反对、赞成提出各自主张。尹廷辅动议讨论终局，附议者十人以上。主席以讨论终局付表决，在席七十八人，起立者五十三人，多数可决。主席以设置监察院付表决，起立者三十七人，少数。庄景仲提出议案，请反证表决，起立者三十七人，仍少数。王侃请投票表决，众赞成。仍用记名投票法，开票结果，白票四十一张，青票三十六张，白票占多数，可决。监察院应设置。遂振玲散会。（《申报》1924年9月1日）

8月31日 由浙赴沪，斡旋和平。

褚辅成来沪斡旋和平。浙绅褚辅成昨日由浙返沪，其目的拟邀集浙省名流，进行大规模之和平运动，以冀消弭战祸云。（同上）

9月1日 由沪返浙。

国闻通信社云：浙省自治法会议正主席褚辅成，于前晚夜车到沪，即于昨晨搭早车匆匆返杭，此行系传专为私事。闻浙省自治法会议，为最近之浙江全省民意集合团体，现因时局紧急，各代表已相约不得离会。但目下对时局取静默，至必要时将为重要表示云。（《申报》1924年9月2日）

9月2日 主持浙省自治法会议第十七次大会，讨论地方税、教育应如何规定等案。（《申报》1924年9月3日）

9月3日 主持浙省自治法会议，议县制度。同日，"江浙战争"爆发，先生主张"联省自治"。（《申报》1924年9月5、6日）

9月8日 主持浙江国民大会，声讨曹锟。

浙江国民大会，八日上午九时在公众运动场露天举行，万众云集，湖滨一带大有人山人海之概。公推褚辅成为临时主席，报告今日开会，实为曹锟祸国，天地难容。卢督办特举义旗，为民除害，吾浙三千万人民，亟应起为后盾，众皆鼓掌。次由庄景仲、经亨颐等数十人登台演说，一致主张竭我民力，助卢督讨曹，其辞激昂慷慨，湖山亦为之吐气。次由韩宝华报告致各方通电，众赞成通过，并由全体国民在场议决：王克敏助纣为虐，应即处分其家产，以泄公愤。遂众拥至钱塘门外西湖金沙港，拟捣毁王氏宗祠，幸有警署方面竭力劝解，尚得保存。会后发出致冯玉祥将军、孙中山先生、蒋伯器先生及陈竞存先生等《浙江国民大会庚电》。(《申报》1924年9月9日)

9月10日 全浙公会致电卢（永祥）督办、张（载阳）省长："请惩王克敏。"

国闻通信社云：杭州前日开国民大会，会毕后，齐往捣毁王克敏家祠，当场由警厅派保安队前往制止，并捕黄维时等十余人。本埠全浙公会昨特致电杭州两长及警察厅长，请其释放。原电云：杭州卢督办、张省长、夏厅长钧鉴：王克敏卖国附逆，罪大恶极，浙民仅将其宗祠捣毁，不过聊伸公愤，未足蔽其辜。乃保安队竟将公民黄志雄等十人拘押，不特压抑民气，且蹈庇护贼之嫌。请即饬令礼送公民还家，一面查明王贼在籍财产，没收充公，先示薄惩，不胜迫切待命之至。上海全浙公会叩。蒸。(《申报》1924年9月11日)

9月15日 北方直奉二次战争爆发，奉军分六路出动。16日，南方孙传芳得浙军团长张国威之助，败浙江第三军副司令潘国纲于江山。

9月18日 卢永祥将浙沪军总司令部移沪。先生与莫永贞、殷汝骊及沈钧儒、何绍韩等自治法会议代表赴沪。(《申报》1924年9月22日)

9月19日 主持全浙公会等各团体联席会议,宣布浙省组织保卫军,实行自卫。

> 全浙公会等团体,昨因浙卢赴沪督师,浙省治安急须设法维持,于昨日下午三时在高昌庙开联席会议,到者五十余人,公推褚辅成主席。经讨论后议决:(一)吾浙本已宣布自治,民九议决之宪法,已经公布,既经众公认,即应暂时实行。其有未合实际之处,由省自治法会议修改。(二)由省内各法团推举临时省长,以维现状。(三)公推本省富有军事学识者七人,组织保卫军,务使外力不致侵入,以保浙人人格。议毕散会。当发表通电(电略)。(《申报》1924年9月20日)

同日 孙中山复电段祺瑞谓:"文已移驻韶关,宣告邦人,出师入赣,期与浙、奉义军,一致讨贼。"(《申报》1924年9月23日)

9月20日 与蒋伯器等致电夏定侯(夏超)、周恭先(周凤岐),盼维持全浙安宁。

> 旅沪浙省重要人物蒋伯器、褚慧僧等,昨日下午曾为一度叙谈,当决定先致电夏定侯(夏超)、周恭先(周凤岐),询问办法。原电云:定侯、恭先两兄鉴:吾浙不幸,迭生变故。卢、张离浙,全省治安急待维持。两兄对于拒绝敌军,维持安宁,究竟有无具体办法?亟盼电复。蒋尊簋、褚辅成、屈映光、高尔登、王文卿、李征五、徐

乐尧。叩。(《申报》1924年9月21日)

同日 因浙军内变，衢州城防司令汪镐基不战而退，闽军入衢，先生与蒋尊簋等电责汪镐基。

此次闽军入衢，城防司令汪镐基不战而退。昨日旅沪浙省要人蒋伯器等，特电汪镐基，请表明态度。原电云：衢州、金华探送汪旅长鉴：此次闽军寇浙，衢已失防，贵部不战而退，传有通敌嫌疑。吾浙完善之区，卢氏去浙，是予浙人治浙之机。倘竟引狼入室，不仅糜烂地方，足下有负守土之责，将何以见桑梓父老。请以讨逆，从速拒敌，以白心迹。果能保全浙境，浙人犹可相谅也。蒋尊簋、褚辅成、屈映光、高尔登。叩。(《申报》1924年9月21日)

9月22日 为探询对付时局办法，亲往龙华见卢永祥。

远东通讯社云：二十二日下午，浙江省自治法会议主席褚辅成氏，亲往龙华见卢永祥，探询对付时局办法。卢云对于战事，宜进不宜退，拟于三日内会所部进攻昆山。并连日接奉天来电，谓奉方战事颇顺利，嘱坚守待援云。(《申报》1924年9月24日)

同日 浙局变化后，为反对孙氏入浙，先生致电卢永祥、虞和德、朱庆澜等7人，促其"克日就职"、"实施宪法"。

浙局变化后，北京政府已令孙传芳督浙，旅沪浙人对孙氏入浙，极端反对。复以浙省自宣布自治后，曾于民国十年开省宪法会议，议决省宪法，并经公布在案，惟以阻力尚多，迄未实行。但当时会议终结后，曾由会举出卢永祥、虞和德、朱庆澜、陈榥、王正廷、黄郛、叶焕华、沈金鉴、蔡元培等九人为执行委员，组织执行委员会，以实施该项宪法。目下局势既变，卢子嘉辞去督办，以浙省还诸浙人，自为实施宪法之良机。当经各团体及重要各方面商酌后，以为此次机会，万不能再任其蹉跎。昨由该会副议长褚辅成，通电省内外人士，申明旨趣外，一面电请各委员到省成立执行委员会。并以执行委员沈金鉴因事辞职，应以辅成递补；蔡元培远在法国，不能到会，应以王廷扬递补。均已分别通知，兹将电文录下。

一、致省内外人士电：

上海、杭州各报馆转浙江旅沪同乡会各团体公鉴：民国十年，省宪法会议制定省宪法，早经公布。徒以阻力横生，迄未实施。今时局正急，旅沪各团体电促履行省宪，以纾浙难。特电分电省宪法执行委员卢君永祥、虞君和德、王君正廷、朱君庆澜、陈君楟、叶君焕华、黄君郛，克日就职。此外，沈君金鉴声明不应选，蔡君元培在法不能来者，亦已依法递补。省宪法执行委员会当可即日成立，筹备改组各机关、法团，明文责无旁贷。嗣后凡新受伪命之一切浙省官吏，均与省宪抵触，浙人应一致拒绝，特此宣言。浙江省宪法会议副议长褚辅成叩。养。

二、致执行委员电：

上海卢永祥、虞和德，奉天总司令部转朱庆澜先生、陈楟先生，北京铁狮子胡同王正廷先生，糖房胡同黄郛先生，杭州马坡巷叶焕华先生均鉴：民国十年，省宪法会议举公为省宪法执行委员，早将当选证书送达台端。目前时局紧急，省宪亟待实施，应请执事即日来省就职，成立执行委员会，筹备改组各机关，以纾浙难，而慰众望。浙江省宪法会议副议长褚辅成叩。养。

三、致王廷扬电：

杭州雄雄楼平安里四号王廷扬先生鉴：时局紧迫，省宪法执行委员会亟须成立。蔡委员元培远在法国，不能来省就职，应由执事递补。竚盼电复应选。浙江省宪法会议副议长褚辅成叩。养。(《申报》1924 年 9 月 23 日)

同日 旅沪浙团体发出公电，主张迎归浙江在京沪耆老名流，共维浙局。

昨日，旅沪浙团体曾代电致杭州各法团各公团云：浙局骤变，人心浮动。湖防已撤，衢城被占，警耗传闻，大有前门拒虎，后门进狼之势。卢、张离浙，省局动摇，虽夏、周代拆代办，维持省城日前状况，棼乱之丝，断非一二人所能理晰。吾浙京沪耆老名流，不乏贤明才识之人，如孙慕韩、汪伯唐、章太炎、高白叔、蒋百器、顾之才、虞洽卿、李征五、褚慧僧、屈文六、李赞侯诸君，应请公电迎归，共图挽救。俾浙早定，地方幸甚。旅沪浙江辛亥同志会，浙民协会，旅沪工商协进会叩。(《申报》1924 年 9 月 23 日)

同日 夏超、周凤岐复电先生等，询问对浙局办法。

浙局变化后，旅沪浙省要人蒋伯器、褚慧僧、屈文六等，曾电杭州夏超、周凤岐，询问对浙局办法（见 9 月 20 日条）。昨日，蒋等接夏、周复电云：伯器、慧僧、文六、子白、征五、文庆、聘耕诸先生均鉴：电悉。弟乃迫于张省长之命，暂维现状，已惧勿胜。而督座复有以浙还浙之谕，桑梓有关，谊难诿卸，力微责重，一时正苦无具体办法，辱承明问。诸公皆乡邦贤达，定有匡时伟略，宏济艰难。但视弟等力所能及，无不乐于承教也。夏超、周

凤岐。养。(《申报》1924 年 9 月 24 日)

同日 曹锟以夏超为浙江省长。

9 月 25 日 孙传芳军入杭州，即赴（并占）嘉兴。陈调元亦率师来会，进攻松江。(《中华民国史事日志》1924 年 9 月 25 日条)

9 月 29 日 先生与殷铸夫等赴甬，接洽浙东治安问题，次日返沪。

> 浙人褚慧僧、殷铸夫、赵澄志、陈味馀等，前日连袂赴甬，接洽浙东治安问题，昨已公毕返沪。据云：宁、绍两属，自潘国纲所率之第一师回防后，人心渐次安定，市面原状亦已恢复云。(《申报》1924 年 10 月 1 日)

同日 新任省长夏超正式接印。(《申报》1924 年 10 月 2 日)

10 月 5 日 嘉兴绅士亟盼姚（慕莲）、褚（辅成）等归乡，共维秩序。

> 嘉兴绅士等致嘉属旅沪同乡会姚慕莲、褚辅成等，电云：上海嘉属旅沪同乡会公鉴：军队连日过嘉，适当冲要。商农辍业，逃避一空。同人等勉竭驽骀，将维秩序。惟善后事琐，端赖诸公尽筹，亟盼驾归，共策进行，无任企祷。张熙民、盛谱兰、计仰先、屠殿音、唐子修、姚稚梅、尤季良、郑蔚文、陈希渊、赵琴一、顾企先、汪石礽、陆初觉。微。(《申报》1924 年 10 月 10 日)

10 月 8 日 与蒋尊簋、屈映光、吕公望等由沪秘密抵甬，组织浙江省临时自治政府，于 9 日宣布浙江自治。自宣布日起，地方治安由本自治政府完全负责。(《申报》1924 年 10 月 11 日)

10 月 12 日 王桂林劝导各人离甬。

省署昨电王桂林，请劝导蒋尊簋、屈映光、吕公望、褚辅成、沈钧儒、殷汝骊等，俯念地方为重，顾全大局，早日离甬。(《申报》1924年10月13日)

10月13日 宁波又宣告独立，后因军队反对而取消。先生行前因未得知，适已由沪动身赴甬，到埠后见事已中变，即于21日与沈钧儒等原轮返沪。(《申报》1924年10月16、22日)

同日 江浙战事历时凡40天结束。卢永祥通电下野，偕浙第一军军长何丰林东渡日本。(《申报》1924年10月13、14日)

10月23日 冯玉祥回师北京发动政变。

10月27日 先生与田桐等30余人集会讨论时局，发出通电，提出对去岁之贿选分子应予惩处。

移沪国会议员因时局变化，于昨日下午三时在旧办事处召集会议，到者田桐、褚慧僧、焦子静、张维墉等三十余人，当讨论对北京政局应取态度，由褚辅成、田桐等先后发表意见。以国会迁移，原为北京无合法政府，而曹锟贿选，尤为本会所反对。惟此次冯玉祥倒直，应促其彻底廓清非法分子，当将此意起草通电，经众通过发表，至六时散会（通电略）。(《申报》1924年10月28日)

同日 与章士钊、沈钧儒、韩玉宸、白逾桓、田桐等279人发出感电，辟吴（佩孚）有日通电。

国会议员闻吴佩孚有日通电，有"法统恢复，国会重光，选举正式总统，成立正式政府，中华民国宪法同时宣布，薄海人民，方庆国基大定，平成可期"等语。意在假借法纪，肆志寻仇，巨谬极謷，莫此为甚。……同人凡未参加贿选有二百七十九人之多，名籍森然，早经布达。以议员总额八百七十一人，除去中央学会及各选区未行补选之二十三人计之，受贿投票者，亦绝不足法定之三分二数。正式云云，其又谁欺？窃迹佩孚，色厉似刚，言刻似正，语其行已，亦有片长。无如所事非人，情殷阿附，戾气所至，不惜举全国之身家性命，为之牺牲。杀人盈城，目不留视，栖栖转战，足不暂停，如此顽强，古今未有。佩孚骂敌，辄以吕布相加，不知已即自命忠勇，窃比彦章。而曹锟之庸妄卑污，则且远出朱温之下。时当廿纪，政尚共和，吾国竟以佩孚一人之戴盆望天，师心黩武，尺士一民，举不能安，斯乃天下之公耻，匹夫之通责。谨此露布，咸使闻知。凡佩孚徇私灭理，违心长乱之謷言，所当严斥。章士钊、林长民、彭养光、潘大道、叶兰彬、向乃祺、王绍鳌、郑万瞻、乌泽声、胡钧、高杞、邵瑞彭、刘恩格、孟昭汉，范殿栋、汤漪、褚辅成、沈钧儒、（下略）等二百七十九人同叩。感。（《民国日报》1924年11月2日）

11月2日 曹锟宣告辞职。代理国务总理黄郛即宣告摄行大总统职务。3日，吴佩孚战败离天津，自塘沽登轮南逃。（古蓉孙《甲子内乱始末纪实》第249页）

11月4日 先生出席鄂、赣、闽、皖、苏、浙六省人士会议，发表时局宣言。

长江流域之鄂、赣、闽、皖、苏、浙六省之在沪要人，因曹、吴在北方虽已失势，而长江方面各省实力依然存在。且吴氏行将南下，恐六省再遭战祸，为谋自治起见，特于昨（四）日下午八时在静安寺路某号开紧急会议，到会者有章太炎、褚辅成、蔡元培、汤漪、史家麟、陈陶遗、常恒芳等三十余人。讨论要点如下：（一）反对六省军阀投诚冯、段，藉以保全原有势力，而祸人民；

（二）无论北方暨西南出兵讨伐，解除曹、吴在长江势力后，不许何方军队仍在六省驻防；（三）六省人民筹谋自治，并废除巡阅使、督军、镇守使种种名目。以上各点，经众讨论通过，并议决发表六省人民宣言，当即由各该省推出章太炎等十二人为起草员，其宣言须起草后经众修正，然后发表，至十时许散会。（《申报》1924 年 11 月 5 日）

11 月 10 日 先生领导之上海全浙公会发出两电，反对孙传芳裁撤浙军。认为"浙军饷自浙出，裁撤与否，应浙人自决"。同日，温、绍、湖三同乡会致电孙传芳，"为解散浙江省军之事请命"。（《申报》1924 年 11 月 11 日）

11 月 15 日 张作霖、冯玉祥、卢永祥等推段祺瑞为中华民国临时执政。21 日，段祺瑞通电，定于 24 日就临时执政职，一个月内召各省区代表开善后会议，产出国民会议。22 日，段祺瑞入北京。23 日，黄郛通电声明，摄政内阁职责已尽，即于 24 日宣告辞职。24 日，段祺瑞在陆军部宣誓就任临时执政，摄政内阁解职，公布临时政府条例，以唐绍仪为外交总长，龚心湛内务，李思浩财政，吴光新陆军，林建章海军，章士钊司法，王九龄教育，杨庶堪农商，叶恭绰交通。

11 月 23 日 先生与白逾桓等致西南唐继尧等要人一电，征求唐少川应否出山之意见。

褚辅成、白逾桓等前日致赵恒惕、唐继尧等一电，征求对于唐少川出山之意见。电云：长沙赵省长鉴，并转云南唐联帅、贵阳刘省长、汕头陈总司令均鉴：遵密。顷合肥致少川先生啸电云：此次临时组织，不设总理，以外交部为正主席，拟请我公担任，望早日命驾来津等语。少老对此表示不就，弟等以为少老平素主张，与公等相同，出处亦有密切关系，此后应否出山及如何应付，请公等代为考虑，迳电少老，俾免歧异而策全功。褚辅成、白逾桓、常藩候、焦子静、吴昆、吕复、陈峻云、史家麟、刘白、欧阳荣芝（之）叩。漾。（《申报》1924年11月25日）

11月24日 唐绍仪致电段祺瑞，表示不就职。（同上）

12月2日 省自治法会议讨论自治法草案，主张推先生与莫永贞为代表，参与国家造法。

> 浙江省自治法会议二日上午九时开会，代表签到七十五人，由莫永贞主席，报告议程共列两案。首议省自治法草案，委员长孙智敏报告经过情形，公决：草案付审查。……次主席报告本会延期手续，与省议会方面非正式接洽一过，以兼任代表之省议员提出修改法律案，最为妥当，潘上荣、叶杏南、吴秉元等均表示赞同。惟叶亘东以为本会延期，实因时局之关系，须将所以延期理由，函请省议会查照。李次九云：政治运动不必拘于法律，省议会可自决延期，本会亦未始不可自决延期。众皆鼓掌。李次九提议推举代表参与国家造法，叶亘东主张推举主席褚辅成、莫永贞为本会代表，众赞成。并推秘书长起草通电，对外表示意见。此散会已中午矣。（《申报》1924年12月4日）

12月7日 浙团体致电先生等，主张驱逐孙传芳

> 浙江民生协进会、浙江旅沪劳工会、浙江改造同志社、浙江自治商榷会等浙团体致电上海全浙公会褚慧僧先生并转蒋观云："虞洽卿、章太炎、周佩箴、王文庆先生及旅沪诸乡先生云：孙贼传芳囊藉曹、吴之淫威，强作东南之祸首，摧残义师，蹂躏我浙，种种罪状罄竹难书。……务望即日召集旅沪同乡，组成驱孙大会，并谋实

行废督办法。"(《申报》1924年12月8日)

12月9日　主持全浙公会临时会议,讨论组织驱孙大会。

旅沪浙人为驱逐孙传芳事,昨日下午二时在全浙公会开临时会议,到有褚辅成等三十余人,由褚辅成主席。首由主席宣告开会理由,并宣读浙江民生协进会等团体之代电,要求旅沪浙人组织驱孙大会,并谋实行废督办法。宣读毕,请众讨论办法。其结果如下:(一)即日组织驱孙大会。(二)推派代表分赴京、津,联合旅居京、津浙人,一致行动。并在京组织驱孙大会。当即推定顾子才、徐建侯、张心芜、黄志雄、楼潭安、毛芷沅等五人,代表北上。(三)甲、由全浙公会致电段祺瑞、张作霖,赞成废督裁兵。乙、致孙传芳电,忠告孙氏早日离浙;丙、致旅京同乡会电:请其一致行动;丁、致本省各县各团体电:请设法将已征未解各款扣留。讨论至四时半始散会。(《申报》1924年12月10日)

同日　方本仁入南昌。11日,先生等致电方本仁,贺驻南昌。

全浙公会褚辅成等致南昌方本仁电云:南昌方督办耀庭兄鉴:月前接竞公电,欣悉麾下举义讨贼,当由白电(黄)申芗兄转告各方盼切之忱,远山阻隔,未知曾否奉达?顷接佳电,大旆进驻南昌,地方安静,解赣人十余年之倒悬,开民治百世之伟业。遥听声威,曷胜鼓舞。谨电驰贺,伫候教言。褚辅成、杨丙、刘白叩。真。(《申报》1924年12月15日)

12月13日　北京阁议拟下令取消曹锟宪法,宣告临时约法

失效，消灭国会机关。(《中华民国史事日志》1924 年 12 月 13 日条)

12 月 16 日 主持全浙公会会议，请张允明"截留孙械"。

本埠全浙公会，昨日下午三时开会，褚辅成主席报告：谓昨据确报，孙传芳近由湖北运到大批炮械，一部分经已运浙。孙氏之去，大概当无问题。惟如此招兵购械，地方恐多糜烂，应就近请张克齐截留云云。经众讨论，议决致电段执政、张军使，请加截留，以安人心。当推人起草电文，议毕散会（电文略）。(《申报》1924 年 12 月 17 日)

12 月 21 日 主持全浙公会会议，继续请截孙械，反对阁议任命浙吏。

本埠全浙公会，昨日下午三时开职员会，到者二十余人，褚辅成主席。议案如下：（一）截留孙械案。主席报告前次本会因得报孙传芳由鄂运大批枪炮，过沪赴杭，曾电段执政及张护军使请予截留。兹段已有复电，已电饬沪使扣留。张亦有复函，谓已派员查察。该械已经运杭，不及扣留。众以孙尚陆续由鄂运来，应再电段请令沪使扣截。（二）临时提议：报载阁议通过蔡朴财厅长、王金钰运使。当此浙人群望去孙之际，蔡、王为孙同党，加以任命，不啻予孙以保障，众主去电请停止下令，议毕散会。(《申报》1924 年 12 月 22 日)

12 月 24 日 段祺瑞公布善后会议条例。25 日，段派许世英筹备善后会议。(《中华民国史事日志》1924 年 12 月 25、25 日条)

12 月 31 日 孙中山先生自天津扶病抵北京，受到民众盛大欢迎。(同上，12 月 31 日条)

◎ 1925年（乙丑）民国十四年　53岁

1月4日　被邀为善后会议会员。

善后会议，已在召集。兹悉本埠方面之被邀者，为王九龄、杨庶堪、褚辅成、虞洽卿等四人。昨日已接段执政来电邀请。电云：王竹村、杨沧白、褚慧僧、虞洽卿诸先生鉴：善后会议条例前经公布，计邀鉴察。此会专为整理军事、财政及筹议建设方案而设，并为国民代表会议之促进。质而言之，即沟通各方意思，由各省以及全国共谋和平统一。拟尽本年二月一日以前在北京开会。素仰我公学术湛深，经济宏富，守正不阿，久孚人望，敬请惠然肯来，共商大计。至关于国家组织根本大法，应照马电组织国民代表会议，由全国人民公意解决，以符主权在民之意。特电布臆，即希电复。祺瑞。东。（《申报》1925年1月5日）

1月31日　复许世英电，定期北上，列席善后会议。

为列席善后会议事，善后会议筹备处长许世英，昨电本埠褚慧僧，促北上列席善后会议。原电云：上海褚慧僧先生鉴：善后会议，我公惠然肯来，实深钦佩。行期约定，请先电示，以便招待。许世英叩。

褚氏复许电云：善后会议筹备处许俊人先生鉴：电悉。拟俟西南各代表到沪，约定行期。敬复。褚辅成。（《申报》1925年2月1日）

2月1日　善后会议在北京开幕。

2月15日　决定20日起程入京。

段执政此次召集善后会议，拒聘议员褚辅成亦在被召之列。昨褚氏在全浙公会声称，已定于二十日起程入京，并拟有《中华民国临时政府组织大纲》草案，准备列席会议时，请大众讨论。该草案日内行将脱稿云。（《申报》1925 年 2 月 16 日）

2 月 19 日　先生所撰《中华民国临时政府组织大纲草案》脱稿，在一枝香宴请新闻界同人，并证求意见。

善后会议会员褚辅成，昨日中午十二时，在一枝香宴请本埠新闻界同人，到者十余人。宴毕，由褚氏起立致词。略谓：今日蒙诸君光临，甚为荣幸。辅成明日将赴京，参与善后会议。善后会议自召集以来，上海舆论界对之似颇冷淡。然在今日，固无人能断其必有成功，但亦不能遽谓其必无成功。盖处此纷扰之局，能得各方实力相晤一堂，亦为解决国是之万一机会，今望诸君表示意见，凡可尽力，辅成必当在会议席上力争。至辅成提案，已载本报，理由亦详案中。惟此系第一草案，尽有修改之余地。本案为万不得已之办法，其中不满人意者必多，且余亦深知。（一）主张民治主义者必加反对，以为此不过督军团之变相，第余以为善后会议，重在收束纷乱。国民会议斯能计及建设。而民治之发皇，当在收束纷乱以后。（二）现政府将以余之提案为捣乱，实则余完全为拥护政府之地位，使其巩固，绝非恶意。至有虑集各党各派之人于一堂，将纷扰而无结果者，余意我国各党各派，俱已在政治上为一度之试验，无不失败，今后已应有相忍为国之觉悟。况中国之事，最坏在不见面，一见面纠纷转可稍解。此在张宗昌、孙传芳晤面，而上海免于战祸一事，可为明证。总之，此案纯系个人意见，并不代表何方。能否得十人以上之连署，而提出会议？提出会议后能否通过？通过后能否实行？俱在不可知之数。惟今日各省财政，俱操军阀之手，今假会议之结果，而欲举以还诸中央，是否可以实行，亦同样不可必也云云。末由新闻界致答而散。(《申报》1925年2月20日)

段执政所召集之善后会议，褚辅成氏亦在被召之列。褚氏对此会议，认为与中华民国政体前途关系非常重大，列席会议者不能不有所贡献意见，俾大众讨论。故褚氏拟有《中华民国临时政府组织大纲草案》，准备列席会议时，提出讨论。兹将其提案全文照录如下：(提案略)。(《申报》1925年2月19日)

2月20日 晨，偕滇、黔代表离沪北上。27日，抵京，受段政府极盛之欢迎和优待。

段祺瑞所切盼其来京之西南代表，已以今晨十时来京矣。该代表一行计八人：一周钟岳（惺甫），二徐之琛（葆权），三马聪（伯安），均唐继尧代表。四李华英（小川），系唐继禹代表。五刘遂昌（刚吾），系刘显世代表。六岑德广（心叔），系沈鸿英代表。七严端（直方），系李德麟代表。八褚辅成（慧僧），则系自以会员资格而来京者。故论其实数则仅七人而已。唯其人数虽仅七人，而段祺瑞视之，则不啻数千人，所以欢迎之者，较欢迎孙中山殆有过无不及。除饬沪宁、津浦、京奉三路特备专车迎迓外，并饬沿途军警加以保护，且令所过地方之长官如卢永祥、王揖唐、郑士琦等，于其经过之际，为之照料一切。……甫得该代表团来京之报，即将中央长安、西安等饭店最为优等客房预行包定，作为该代表行馆。(《申报》1925年2月21、27日)

先生携案到京后虽未提出于会，但在报上公布后已产生不小影响，而"政府尤为恐慌"。据上海《民国日报》3月2日载文：段祺瑞召集汤漪、林长民及全体阁员召开会议，决定对先生所提一案以非关军事、财政为理由"拒绝之"。《申报》亦有评述，道出该案与执政府之间的利害关系。现录以下：

> 自褚辅成与西南代表连袂到京，而褚所拟之临时政府组织大纲案，乃披露于北京报纸，京中之论政者，对之亦极注意。誉之者谓其以委员制与联省制融合为一，非之者谓其委员制与联省制缠混不清，又有嫌三十三（人）执政为数太多者。然自段氏自定临时政府制以后，实以此为受打击之始，故一般人皆极注意，而政府尤为恐慌。褚氏此案，迄今尚未提出，但闻西南代表已全体联署。云南代表昨（二十七日）且宴客于太平湖，商量此事。外间所传有谓此案不通过，西南代表即将退席者，故认此为拆台之手段。且恐此案即不通过而引起修正此案之案，或有类似之案连续而起，则段之地位必且动摇。故褚氏与汤漪遇，谈及此事，汤氏劝以不必过急，与其贸然提出，而大众未先接洽，致肇否决，不如先事疏通，俟多数赞同，再行提出。如接洽不得结果，则不如保留此案，留待国民会议。此语也，自汤漪言之，实极巧妙，既不失旧议员之身份，且系议会中经验之议。而实则阻止褚氏，使之勿提，以免去纷纠，此即段侧之最妙作用也。段侧以前述原因，于恐慌之下，为疏通之举，即接洽各中立分子，劝其不必赞成。且托其阻褚氏及西南代表，勿遽提到会议。此数日来，政府方面时宴会员，虽或由陆部出面谈军事案，或由财部出面谈财政案，而目的实在于此。且闻数日以前，褚氏及西南代表谒段，谈及此事，褚谓此案系为执政

帮忙。因执政政令不出都门，实陷于孤立之势，能加入各省长官，同为执政，则大家不便自埋自捐，令下必如流水之行。而段氏则曰：我之临时执政，本说定三个月，瞬将期满，此种办法，可俟后来人为之云云。段氏之意直是（一）表示并不恋栈，不必用其推翻；（二）在我做执政期内，不主张有此变更也。（《申报》1925 年 3 月 4 日）

3月8日 出席救国联合会会议，与徐谦等一致主张以委员制救国。

昨日（八日）上午九时，救国联合会在北河沿北大三院开会，到者二百余人，徐谦主席。首由徐谦报告开会宗旨，略谓前推举起草员，已将委员制大纲拟出，今日即讨论此案，并举审查员。因大会上逐条讨论很不容易，所以推举审查员，大家有意见，仍可交审查员互相讨论。今日并望注意实行之时期。次即演讲委员制大意，谓民国十一年，救国联合会成立之时，即应实行，无如全国舆论界并未十分注意，彼时如已注意，即可免去从前非法之选举发生。欲谋日后之安全起见，今日应速谋实行，以免日后再蹈复辙。……今日以委员制救国之第一良法，须求切实施行。倘有反对者，或其他制度，吾侪当竭力反对云。褚辅成对提案二点极表同情谓：（一）打破三权分立，而归于一权。十九世纪以来，三权分立已行之二百余年，实非善良制度。（二）救国联合会委员制之提案，辅成七八年来，本以主张。学者对此虽有反对与赞成二派，然辅成以为非委员制不能定时局。十三年来之祸乱，盖皆为争总统而起。现以曹锟倒后，希望段祺瑞出而维持，故西南来电，仅有维持字样，并未承认北京政府有统一之能力。欲使西南受命北京，非但历来主义不同，即于面子上令其投降，亦办不到。现在只有采用委员制之一法，无论为治本计，为治标计，均以此为救国良法云。……结果推举审查员九人如左：钮惕生、褚慧僧、梁松云、邓洁民、陈潜元、廖叙畴、马济生、白云梯、王汝璂。(《申报》1925年3月12日）

3月10日 出席善后会议第六次会议，要求讨论所提《中华民国临时政府组织大纲草案》，未果。

善后会议第六次会议，昨日（十日）下午二时开会，赵尔巽主席，秘书长许世英。因距法定人数少九人，改开预备会。……议程第一案：《收束军事大纲案》（临时执政提出）延前会，尚有附带报告者，即（一）执政提案第二条原文下脱"第一"字。（二）罗经猷有修正案。（三）张会员有修正案。褚辅成谓："预备会不必限于讨论议事日程所列之议案，今日任会员可澄提出休会案，请付讨论。又本会会期，以何日为始？请答复。"主席谓：本会会期当然以二月十三日发议事日程之日为始，扣至三月十三日为一月，但二月为二十八天，应加入二日，至三月十五日为止。按会则可延长二十日，现在事实上有延长之必要。……江亢虎谓：本会会期有延长之必要，本会以往之议事时间太凌乱，本席以为此后有注意之四点：（一）确定起草国宪之机关案；（二）通过国民会议条例案；（三）执政提出之整理军事、财政两案；（四）组织代表民意机关之临时参政院案。褚辅成谓："今日乃讨论议题，亦非讨论职权，如江会员所言，则将善后会议之职权，有一定之拘束。若果如此，本席尚有意见发表。"……江亢虎请讨论彼之四项动议。褚辅成谓："本席当有改组临时政府案，亦可讨论。"顾韶谓：本会议议事，须按照条例，若人不遵守，则以后议事更为困难云云。褚辅成谓："本会议条例，何所根据，当初在报端披露之时，本席与一部分同人即多不满。因段执政请曾云沛坚请本席到会，并允修改，及本席到会，车成马就，何能修改。故本会议仅可云和平会议，集全国实力派于一堂，共谋一时和平之方法。若云善后，颇不易言，不可以条例来束缚一切。"钟才宏发言，发挥联治案之五项纲要。时已五时，主席遂宣告延会。"(《申报》1925年3月14日)

3月12日 孙中山先生于上午9时30分在北京铁狮子胡同行辕逝世，享年60。先生有挽联挽孙中山（此联作于孙中山逝世后，月底北京举行悼念活动时）。

国而忘家，公而忘私，革命亘四十年，愧附末光才廿载。前无古人，后无来者，遗型传亿万世，管教主义奉三民。(景常春《近现代名人对联辑注》第345页)

3月19日 唐继尧乘孙中山先生逝世，宣布在滇就副元帅职事，致电汪精卫、孙哲生，分电李协和、先生等及各地军队司令、师长、各团体、报馆等。(《中华民国史档案资料汇编第四辑》第896、897页)

3月20日 与钟才宏、杨永泰、熊希龄宴请各省区法团领袖，并致欢迎词。略谓：

今日承诸君赐步，济济一堂，不胜荣幸。但大局前途，已成僵境，其唯一希望，即在联治问题。诸君即各省法团代表，对于鼓吹联省自治，尤负有重大责任与义务，希望积极进行，制成省宪，以谋人民福利，籍以解决大局

纠纷云云。(《申报》1925年3月25日)

同日 唐继尧、赵恒惕致电段祺瑞谓:解决纠纷,舍联省自治无第二途径。(实为迫段接受《褚案》和《钟案》)。(《申报》1925年3月26日)

3月27日 《申报》记者解剖联治派及褚案在善后会议之形势,谓:"褚案在善后会议实未能乐观。褚辅成等,因在善后会议中不能贯彻其联治主张,近日颇有退席南下之说。闻褚氏且已致电浙江省自治法会议,表示此意矣。"(《申报》1925年3月30日)

4月4日 先生提出的《中华民国临时政府制草案》,列入善后会议第十次大会议程,因段祺瑞、张作霖两系议员以不出席会议相抵制而流会。

> 昨日(四日)善后会议开第十次会议,因人数寥寥,直至三点三刻,始振铃开会。……闻昨日不足法定人数之原因,系议程中列入褚辅成提议之中华民国临时政府制案并钟才宏之联治案之故,致有不赞成者出此消极抵制之方法。但会员提案,议长当然列入议事日程,至应否讨论,能否成立,自待开会后公决,此系天经地义。且上次会议时,汤漪当场宣布,今褚案列出,即有人以不出席之法抵制,虽劝驾而无效。然则褚案已经列入,又无法撤销,列入议程又不能开会。善后会议为期无多,恐终至于一事无成也。(《申报》1925年4月9日)

> 按:自是日会议后,先生所提一案在会议讨论进程中颇不顺利。6日,善后会议第十一次大会,讨论《中华民国临时政府制草案》遭抵制。7日至9日,善后会议继续开议,褚案被搁置。13日,善后会议第十六次大会,

西南所提两案即《褚案》、《钟案》均告失败。先生等宣布：自即日起不再出席会议。21日，善后会议闭幕。执政府正式公布金佛郎案新协定，全国人民坚决反对。24日，段祺瑞下取消法统令。同日，公布善后会议议决之国民代表会议条例，因而旧国会随之俱去。

5月2日 先生由京回沪。

出席善后会议之褚辅成，以善后会议业经期满闭会，无留京之必要，已以昨日下午回沪。(《申报》1925年5月3日)

5月9日 在杭主持省自治法会议第六十次大会，讨论自治法草案第115条。(《申报》1925年5月11日)

同日 晚，由杭返沪。次日，主持全浙公会干事会议，讨论浙省财政，反对售卖鸦片。

本埠全浙公会，昨日下午三时，在会所开干事会，到者十余人，由褚辅成主席。先由主席报告：谓"吾浙省之事，关于政治、军事两项，现在自谈不到。惟财政一端，则亏积日巨，长此以往，将不堪设想。查浙省财政，在卢永祥临去之时，亏空总数为四百五十万，至去岁年底，已增至一千万。目下则已在一千万以上，危险不堪设想。孙氏现举募公债三百万，名为弥补亏空，惟各县勒派，极为严厉。而本省之保安队、警备队，亦在积极图谋扩充。应如何对付？"当经众讨论，决议：（一）以浙省财经现状，通告省内外各团体。（二）电请省中各法团，推代表组织审查会。次，提出淞沪售卖鸦片问题，佥以此事为江浙战源，现在战事甫平，又有此种情形发生，恐足引起风波。议决（一）通告各团体，由人民自组禁烟会。（二）电司法部高等检察厅，请惩地检厅失职。议毕散会。

(《申报》1925 年 5 月 11 日）

5 月 12 日　在嘉兴出席各界为敖嘉熊、龚宝铨、陈仲权、唐纪勋、王维忱、姚麟、徐小波等辛亥革命七烈士举行的公祭大会，发表演说。并提议建造敖嘉熊专祠。

嘉兴各界人士，以敖梦姜为革命先烈，宜有专祠，以垂后世，业已决议建造，并推定陈鲸量、陈竞生、魏石生、方旭初、王锡弓、韩郁堂、顾企先、孟芷舫、方青箱、褚慧僧、田月甫、蒋志新、陶慧斧、沈一均等十四人为筹备敖公祠事务员，并假县议会为筹备事务所。（先生演说词略）(《申报》1925 年 5 月 17 日）

5 月 22 日　为中法新协定事发表马电。

褚辅成为中法新协定事，发表马电，谓五厘美金债券，如入第三者之手，他日益滋轇轕，请向国际严重声明，藉图补救。(《申报》1925 年 5 月 23 日）

5 月 24 日　出席太湖流域联合自治会成立大会，当选为理事。

太湖流域联合自治会，昨（二十四日）下午五时，假江苏教育会开成立大会，到会者（桐乡）沈涅、（嘉善）汪山、唐侍轩、蔡俊夫、朱鉴开、赵振麐、周文焕、（海盐）张世桢、（海宁）徐光溥、查人伟、（平湖）徐清扬等十八县代表共五十余人，旨在息内争，永保和平。公选沈田莘、袁观澜、张敬垣、洪兰祥、姚公鹤、黄谱衡、华艺珊、汪周南、王景常、李恢伯、许剑青、姚瘦琴、钱基厚、贝戴安、徐申如、褚慧僧等十六人为理事。(《申报》1925 年 5 月 25 日）

5月30日 晚,由杭赴沪。31日,主持全浙公会会议。

本埠全浙公会定今日下午二时,在会所开干事会,总干事褚辅成,业已昨晚由杭来沪。前该会所提审查浙省财政一案,兹闻杭州各法团,均已经有接洽,大体均表赞成。惟省议会议长沈钧业,现尚以事在京,许俟其返浙后,再商确定办法云。(《申报》1925年5月31日)

同日 上海发生惨案(史称五卅惨案)。

6月1日 与章太炎等为五卅惨案联名发出《为上海英租界巡捕惨杀学生之通电》,谴责英帝国主义的罪行,要求政府收回租界市政。(《申报》1925年6月6日)

6月16日 继上海五卅惨案之后,6月11日汉口又发生了英帝国主义者屠杀我国同胞惨案,先生再次与章炳麟等联名发出《为汉口英租界惨案唤醒全国军人》的通电。要求政府"武装卫国"。(《民国日报》1925年6月19日)

6月25日 在杭州发起各界大游行,坚持对英、日的经济绝交,誓做外交的后援。

昨日(二十五日)下午四时半,全城各界齐集公众运动场,举行游行大会,首由主席褚慧僧报告今日举行全国大游行,是表示我们国民的决心,非完全达到交涉目的,决不甘休。现在上海虽有开市之说,但对英日的经济绝交仍旧坚持到底。全国国民应该万众一心,做外交的后援。今天的游行可以说是我中华民族全体的示威运动云云。次奏乐队,整队出发,庄崧甫先生手执总引导旗、陆佑之君两手握国旗、张旭人君率领商团一队为先导,商界、工界、各公团、各学校依次排列。……依照原定路程进行外,城站商家要求往城站游行,遂由总引导中途发令，由直碑楼直赴城站，过金刚寺巷，出板儿巷，入荐桥街，仍依原路程至藩司前时才九句钟，各队齐集藩司前听主（持）宣告，并三呼中华民国万岁万岁后，仍鼓其余勇，前往向公众运动场，再散队。游行时队伍之严肃，声音之面悲壮，精神之勇猛，实为前次所未有。我中华民族自强自卫之能力，于此可见一斑矣。（《越州公报》1925年6月29日）

初夏 与王理孚等旧咨议局同人在杭州青年会小聚，并共摄一影，王理孚并诗以记之。

乙丑初夏，旧咨议局同人杭州吴淳白、洪克臣、嘉兴褚慧僧、湖州萧剑尘、张笃生、潘芸笙、蒋复山，宁波陈屺怀，绍兴阮荀伯、沈蒲舟、楼醑安、罗扬伯，台州陈襄臣、郑平甫，金华王孚川，衢州郑渭川，温州黄胥庵与余，凡八十人，小集于杭州青年会，共摄一影，诗以纪之：影事重提海上尘，琴尊小集曲江滨。计年行及一千岁，屈指居然十八人。无碍飘萧多白发，相期怀抱各青春。庐山面目今如旧，此会何妨号率真。（陈盛奖编《王理孚集》第34页，2006年）

7月1日 主持浙江省自治法二读审议会。

浙江省自治法二读审议会举行。八十三名代表签到，褚辅成主席。上午第九章监察院，第十章审计院，第十一章财政等条文审议毕，并补选童杭时、李次九等六人为起草委员。（《申报》1925年7月2日）

7月7日 主持浙省自治法会议续开三读大会。因病未愈，由莫永贞代理主席，8日，主持浙省自治法会议。9日，

抱病出席浙省自治法三读大会,是日省自治法三读告竣。(《申报》1925年7月8、9、10日)

8月3日 赴普陀养病。11日,由普陀返沪,发表对于关税问题之意见,同意马寅初之主张。

> 国闻通讯社云:褚辅成前因养病,赴普陀遨游风景,已志报端。兹悉褚君因病体就痊,在普陀勾留七日后,已于昨日搭轮赴沪,三四日后须返嘉兴。昨有人晤褚辅成君,褚氏发表对于关税问题之意见云:关于修改不平等条约一事,将来当侧重于关税自由问题。对于此点,余于马寅初君之主张,极表同情。盖关税自由,外人一时以利害所系,自未必肯予承认。增加关税,自不必枝枝节节而为之,可由中国政府实行征收销场税,对洋货实行保护政策,如现在之卷烟特税办法,则外人自无法反对,即为关税自由之初步云云。(《申报》1925年8月12日)

9月14日 出席辛亥同志俱乐部设宴欢送章太炎赴长沙主考知事,并讨论大局。

> 章太炎应湘赵之请,赴长沙主考知事,湘代表已来沪欢迎。鄂萧(耀南)、赣方(本仁)闻章氏西上,亦各派员来沪探访章氏过境日期,以便招待。前晚(十四),辛亥同志在俱乐部宴集,到有唐少川、蒋伯器、柏烈武、杨希闵、褚辅成、黄大伟、任授道、赵铁桥、龚振鹏、查光佛、顾忠琛、张冲、但植之、莫纪彬等西南重要分子数十人,对于大局,有重要之讨论云。(《申报》1925年9月16日)

9月29日 先生致函李思浩,请宣布金佛郎案用途,要求澄清"分赃"谣传。(《申报》1925年10月2日)

10月3日　浙江省自治法会议第三次召集，先生因病提出辞主席职，当经各代表挽留后打消辞意。(《申报》1925年10月5日)

10月9日　由杭赴沪。

褚辅成为杭州国民会议复选监视团事，赴杭接洽，业已返沪。据云：关于时局之变化，杭州并未见有何征象，惟国民会议复选一事，前曾延期至本月十二日。旋得国民会议筹备处处长许俊人来电未准，现闻当道以时期已迫，各项手续犹未臻完备，故决将再展延期，已延至何日，尚未确定也。(《申报》1925年10月9日)

10月11日　主持旅沪浙人时局讨论会，求浙局之安宁。

旅沪浙人褚辅成、蒋尊簋、曹慕管、王晓籁等，昨日下午四时开茶话会，讨论时局善后办法，先由主席褚辅成宣读孙宝琦来函。次报告宗旨，略谓："历次政变，发难均自吾浙，长此牵入漩涡，殊属非计，且为上海计，不能不求浙局之安宁。"昨日全浙公会开会，拟有两种意思，(一)废督。(二)不驻客军。尚请讨论办法云云。次，邬志豪、沈田莘相继发言，大都表示赞成而散。(《申报》1925年10月12日)

10月15日　孙传芳自称浙闽苏皖赣联军总司令，以浙江第一师师长陈仪为第一军司令，第四师师长谢鸿勋为第二军司令，第二师师长卢香亭为第四军司令，第三师长周凤岐为第五军司令，自兼第三军司令，一、二军进向上海，三、四军进向宜兴。16日，五省联军浙军第二军谢鸿勋占上海，第四军卢香亭占宜兴，孙传芳出驻嘉兴，与浙省长夏超、闽督周荫人宣布讨伐张作霖。

1925 年

10 月 20 日　出席浙属各同乡会联席会议,发起讨论时局办法。是晚赴杭。

本埠全浙公会,昨日下午四时,邀集浙属各同乡会开会,到绍兴、宁波、湖州等各代表二十余人。公推曹慕管主席。先报告,略谓:本日之会,系由全浙公会所发起,以浙省频年以来,往往为战争之重心,废督,不驻客军,为吾人历来所主张,徒以无实行机会。此次孙馨远军向外发展,实为一实行机会。如诸君赞成此举,即请讨论办法云云。次由褚辅成报告,谓鄙人发起此事,实深感吾浙自民国五年客军入驻以来,无时不在恐慌之中。但吾人虽主张废督,不驻客军,但亦不欲取强硬之手段。此次孙氏出兵,立意非常坚决,倘与商酌,或可达到目的。惟所取手段应极郑重,务以此意向孙面商云云。次李征五发言,主张于财政一项,格外注重。王晓籁主张由沪上各同乡会公推褚辅成君赴杭,与省自治会、商会、县议会及官厅商议切实办法,一面函各同乡会另行定期开会讨论云。又褚君业已于昨日(二十日)乘晚车赴杭。(《申报》1925年10月21日)

同日　孙传芳到南京。孙传芳、萧耀南、岳维峻、孙岳、方本仁、杨森等20余人通电,推吴佩孚为讨贼联军总司令。

10 月 21 日　先生主持省自治法会议谈话会,催同人早日来省开会,使自治法于明年元旦公布。

浙江省自治法会议前保留延长会期两月,专讨论各种附属法暨施行法,以便十五年元旦公布实行。现各种附属法先后起草告竣,乃于二十一日午后三时续开大会,褚辅成主席。报告出席代表四十六人,不足法数,改开谈话会。褚辅成发言云："在今日开会以前，远处与近处各代表，多有电报与快信通知，催促来省出席。预料今日可望开成大会。惟今日只到四十余人，当系受时局之影响，望同人转邀相识同人，早日来省开会，务须于十一月一日开成大会。否则又须延长至明年，有违于明年元旦将全部公布之希望。"并报告代表祝绍文来函辞职，及汪甲榜等请假等函件。因系谈话会故未讨论。继论及时局，略谓："南京已下，他日即使有激烈之战事，亦必在陇海路及津浦路等处，距离我浙在数千里以外，大可无虑。且正系同人努力之绝好时机，使全部告成，公布施行。"王廷扬询附属法等已否全部起草完了。叶亘东谓尚有未脱稿者。陆启对时局之现状与趋势，及公布后之能否施行，有所论列及怀疑。褚辅成详论唐绍仪氏对政局之谈话与意见，并谓战事前途可抱乐观。惟政治是否在战事后而得以清明，尚难遽抱乐观。(《申报》1925年10月22日)

10月22日 通函省自治法会议各代表：早商自治大计。

浙江省自治法会议主席褚辅成，昨通函各代表云："地方多事，战争复见，联军节节进展，目下已达南京。时局虽似纠纷，而吾浙秩序如常，乘此实行自治，事半功倍，此乃不易多得之机。惟兹事体大，端赖群策群力，方足以收实效而底于成。现在根本诸法虽已议决，所有施行、附属等法，亟待完成。执事关怀桑梓，务祈早日贲临，共商大计。云天在望，翘企弥殷，专函速驾，敬请公安。"

闻定二十六日开大会，解决一切。一面与省议会副议长祝绍箕关于实施自治，协商一过。因大会召集期间系定于十一月一日，现尚未届，而在省各议员实有提前商

权之必要。昨已定本月二十四日先开谈话会商榷矣。(《申报》1925年10月23日)

11月6日 主持省自治法会议，选举附属法审查员。

浙江省自治法会议，六日下午开大会，由褚辅成主席。宣告本上次大会议决，今天选举附属法审查员，并咨询起草员，有无选举权，公决不能兼任。主席又谓一面投票选举，一面再开议事会，应节省时间，遂将省长选举法、省户籍法等七种附属法均行通过。开匦结果：王廷扬、尹志仁、陈其采、陆启、黄式苏、嵇文、蔡世澄、范焜、吴庶晨、陆亚夫、祝颖、周鼎、吴秉元、王观民、汪甲榜、孙乃泰、陈树钧、潘奇、李宗中、金熙、童杭时、梁雍、王庆莆、黄载赓、何一鸾、郑仁、陈曾军、毛雍康、王持培、方静修、徐应经、章紫绶等三十三人，当选为附属法审查员，并于七日上午九时开审查会，选举审查长一人。是日到会者为陈亚夫等十七人，公推王廷扬主席，选举结果，王廷扬宣告当选，即由王审查长起言，定九日上午九时开始审查。遂散会。(《申报》1925年11月8日)

11月23日 主持全浙公会干事会议，讨论四事。

本埠全浙公会，昨日下午四时开干事会，褚辅成主席。先报告在杭与各团体接洽情形。次讨论表示下列各意旨：（一）废督。（二）军、民、政划分。（三）腹地不驻军队。（四）限定军费数额，并推余遂辛、殷汝骊于孙过沪时面陈。(《申报》1925年11月24日)

11月24日 出席太湖流域联合自治会之欢迎会。

太湖流域联合自治会，昨日下午三时假海宁路无锡同乡会开会，欢迎江浙二省县议会代表及江浙二省领袖，到者李恢伯、华艺三、黄谱蘅、李右之（中略）莫永贞、稽少梅、张葆培、顾子才、王梓仁、褚慧僧、殷铸夫、余遂辛、许剑青、沈田莘等，公推庄景仲主席，报告开会宗旨。大致谓苏、浙本属一家，人民无分彼此，频年以来，因军阀相争，以致闾里不安，地方糜烂。兹幸军事渐有结束，希望诸君荟萃沪上，共商善后。用特开会欢迎，以商两省联合进行之旨云云。……黄申锡谓：苏浙两省应联合，以谋自治，但不可不有一机关，以为接洽、交换意见之所……拟组一苏浙联治协会，当时对黄提议赞成者颇多。陆启等对于会名稍有讨论。褚辅成谓："两省人民集会，固属要事，但追求苏浙肇祸之源，厥在两省军政之不统一，故大局一有变动，即致牵及，现在极应在此点分别进行。"（《申报》1925 年 11 月 25 日）

同日 邀集五省人士开会，会商废督运动。

东南通信社云：苏、浙、闽、皖、赣等五省人士，连日运动废督，颇为热烈，尤以苏、浙两省人为最。前日下午四时褚辅成等又为此来，邀集五省人士会议。预拟之办法，拟将五省军权统一，举孙传芳为总司令，同时将五省督军废除，民选省长，俟孙传芳来沪时，即将此项主张推派代表面商。又关于废督事，皖军现忽反对邓如琢，闽省粤军正图侵入，前途颇多纠纷，亦正废督之好机会云。（《申报》1925 年 11 月 26 日）

五省士绅将开联席会。据全浙公会消息：浙绅褚辅成等，此次发起五省废督运动，已蒙苏、浙、皖、闽、赣五省绅商之赞同。其第一步计画，将由浙绅章太炎、蒋观云、褚辅成、虞洽卿等列名发起五省士绅联席会议。第二步计画,则要求五省军事当局,废除督办名义,并公推总司令一人,专负军事之责,民政则由人民选举省长,一俟此计画实行后,则再作大规模之裁兵运动。闻第一步计画,日内即将办理,且五省士绅之复文赞成者,现已不少云。(《申报》1925年11月25日)

同日 与章炳麟、张一麐等联名发出《致孙传芳电》,提出目前善后办法。

各报馆转江浙两省各公团及诸父老均鉴:顷上南京孙总司令一电,文曰:南京孙总司令鉴:闻公凯旋,群情欣慰。同人为两省久远治安问题,先就目前善后办法,条陈两事:

一、最近两年,战祸皆起于江浙区域问题,为杜绝以后纠纷计,军事权限,不宜分歧。今后江浙两省军队,应请以五省总司令名义负责,直接指挥。所有督办、帮办、某省总司令、护军使、镇守使等名称,一律取销,不再设置。其有必须设置军事专职者,应以军事上有防御之必要地点为限。

二、江浙两省,比年以来,人民苦兵已极,民政财政,俱受绝大影响。今后两省军权统一,应请总司令抱定兵贵精不贵多主义,严禁所属添招军队,并统一军需支放机关,一俟时局渐平,力谋裁减,庶两省财力,渐轻负担,而民政亦得依次进行。

以上二端,尚恩鉴纳施行,江浙人民幸甚等语,应请一致主张,至为企盼。张一麐、章炳麟、黄以霖、褚辅成、马士杰、顾乃斌、沈恩孚、殷汝骊、袁希涛、俞凤

韶、陈陶遗、陆启、黄炎培、余名铨、史量才、沈泽春、张嘉森、赵正平。敬。(《申报》1925年11月26日)

11月26日 孙传芳就任浙、闽、苏、皖、赣五省联军总司令兼江苏省长职。29日，北京各团体在天安门开国民大会，议决：一、倒段祺瑞政府，组织国民政府委员会。二、由此委员会召集国民会议。三、由国民会议组织国民政府，责成国民军服从议决案，惩办卖国贼，查办金佛郎案。

11月30日 由沪返杭。

国闻通信社云，关于五省废督运动，日前传说甚盛，兹闻此事尚无大规模之联络。褚辅成君前晚应沪上友人之召，来沪接洽，即于昨日午车返杭。(《申报》1925年12月1日)

12月1日 孙传芳不承认段对东南各省所下命令，自以五省联军总司令名义任陈调元为安徽总司令，王普为安徽省长，陈陶遗为江苏省长。

12月10日 为贯彻实施浙省自治，谒孙传芳。

昨主席褚辅成为省自治问题，至兴武路军署谒见孙氏，略事寒暄，询以对于政治上之意见。孙氏谓：联军范围内，军财两政，亟应从事整理，以收统一之效。褚氏云："军政统一，人民固所盼望，财政统一，人民亦颇赞助。"次谈及政治问题，对于联省自治，孙氏之意，以为前清巡抚即现在之联省制，事实上应予赞同。至于自治范围，有广义、狭议之别。广义的自治，除国家行政外，统归地方自治，系各省一律办理。狭义的自治，省自为政，系独立式的自治，与各省不取一致。正在解释间，省教育会催孙赴宴，褚氏遂兴辞而出。闻省自治法会议定于十一日中午欢宴孙氏，褚氏等数十人则定十二日中午假西湖老扬庄欢宴。届时对于自治问题，究应如何解决，料必有确切表示也。(《申报》1925年12月11日)

12月13日 应邀出席江浙两省县议会联合会议。

十三日上午十一时许，浙联会假西泠印社，欢宴苏联会全体代表，并请褚慧僧、殷铸夫、祝星五、金润泉、陈蔼士、阮荀伯、王孚川、童萱甫、沈田莘、徐申如、查仲坚、顾子才、叶南坡、王冰忱、陆少梅、项佛时诸君作陪，马龙车水，颇极一时之盛。苏省代表演说，大意均谓江、浙本为一家，我人民初无此疆彼界之分，只以前次军事当局以派别之不同，演成几度之兵灾，致两省人民未能实行携手，事实上既深遗憾，精神上尤感痛苦。现障碍已除，得相幸一堂叙首，不胜欢慰。惟浙省自治法行将告竣，而我苏省尚未有头绪，令人且羡且愧云云。浙省代表庄景仲等亦相继演说，要旨谓时代之需要，联省自治，实为救国之根本政策，希望相互携手策励，使两省早日实行省自治云。(《申报》1925年12月14日)

12月24日 致电北京财政部，主张停止委托总税务司保管关税。提出"内债基金，由全国各公团合组机关，自行保管。"(《申报》1925年12月25日)

12月27日 报载省自治法由自治法会议定期自行公布。

浙江省自治法，愿拟由省法会议咨送省长公布。现查浙江省自治程序法及浙江省自治法会议组织法，对于公布手续，均无明文规定。若由省长公布，恐外间引起误会，于本省自治前途，或有窒碍。业经官民两方合作精神，协商一过，援照九九省宪成例，由省自治法会议自行公布。至各种附属法，俟一律议决后，咨送省长公布，如是办理，庶于自治事业，得以顺利进行。闻公布日期定于十五年元旦，其公布形式如何，尚未决定。夏省长经褚辅成宴请后，已表示根本赞成，但须与各行政官作一度之协商耳。(《申报》1925 年 12 月 27 日)

12 月 31 日 《浙江自治法》全部通过三读。

九三学社人物丛书

褚辅成年谱

（下册）

王天松　著

学苑出版社

谱 中
（续上册）

◎ 1926年（丙寅）民国十五年　54岁

1月1日　出席省自治法正式宣布大会，报告自治法成立之经过，并致答词。

> 是日会场门首国旂交叉，威仪整肃。到会观礼者不下二千余人，男女老幼莫不欢呼。而以胸前所佩之花朵，尤足为会场增色，届十时许，振铃开会。主席褚辅成报告自治法成立之经过情形，并宣布省自治法及施行法。次，省议会副议长祝绍箕致祝词。秘书报告嘉兴、嘉善各县庆贺本法成立之来电。次，各代表及来宾三呼（一）浙江万岁。（二）浙江省万岁。（三）浙江省自治法万岁。以贺庆祝之意。次，来宾演说……。次，褚辅成致答词。次，各代表暨来宾摄影，以留纪念。次各代表手执小旗，间以军乐彩柏亭等，至公共运动场，复三呼万岁而散。（《申报》1926年1月3日）

1月3日　主持督促自治实施谈话会。（《申报》1926年1月4日）

1月6日　出席浙江省各公团联合会代表大会，讨论五卅司法重查，反对日本兵入奉天。

> 浙江省会公团联合会，六日下午二时在省教育会宴会室开代表大会，杭州总商会、省教育会、省议会、省

自治法会议、教职员联合会、律师公会、县议会联合会、学生联合会等十四公团，皆推代表列席，由王竹斋主席。（一）议"五卅"案司法重查事件，由褚辅成、许蟠云、罗霞天、郦庚九、黄守玄等互相讨论。电外交当局否认司法调查，并电全国公团，一致反对，继续经济绝交。次议反对日本派兵入奉，由许蟠云报告上次开过国民大会情形。褚辅成主张，继续上次国民大会之反对，公决电外交当局，严重交涉。（二）电张作霖，勾引日兵，侵我领土，须负责任，至少限度应即日下野，以谢国人。（三）议冯玉祥下野，结果通电赞成，并讽示其他军阀，一律下野。（四）议庆祝自治问题，王竹斋、沈肃文等均谓是理应庆祝。并决定庆祝费三百元。（五）报告账略，王竹斋报告筹到特捐一万元，除公团及学生会领支外，尚存四千二百元零……收支细账分送各公团并登报。（六）议学生联合会救国预备费，公决先拨五百元。（七）议宣传费，由沈肃文、韩剑青等讨论结果，拨付平民教育促进会款洋二百元。在各平民学校内宣读"五卅"案始末。议毕遂散会，时已暮色苍茫矣。（《申报》1926年1月8日）

1月16日 出席浙江各界庆祝省自治法大会，并有演讲。讲题为省自治法大纲。对于自治之真意，尤为详晰无遗，听者掌声雷动。（《申报》1926年1月17日）

1月25日 主持全浙公会干事会，主张军民分治。

本埠全浙公会，昨日开干事会，褚辅成主席。当议决通电一件，主张军民分治。文云：自督军团起后，武人干政之风，举世靡然，人民身受痛苦，如水益深，如火益烈，有识之士群倡废督之议。本会代陈民意，亦尝函电纷驰，揭橥此议。然物必自腐而后虫生，人必自侮而后人侮。军阀之敢于越权揽政，未始非吾民之非分妄渎，有以启其端而煽其焰，世无为伥者，则虎威难肆。人无佞佛者，则土偶无灵。吾人苟不自抉藩篱，军人亦有所顾忌而自敛也。吾浙如孙公馨远之撤废浙江督办而改总司令，吾人循名责实，当知总司令一职，专在指挥军队，统一军令。管辖不及乎地方，职权无关乎民政，且属临时性质，战争结束以后，理应废止。卢总司令就职宣言亦曰专管军队，足证军民二政，界限本甚分明。在军阀中，亦尽有明达自好之士，远之如湘如直，且盛倡省权在民之论。则在人民当恪守范围，认定专责，不宜以民事范围之文电，干渎军长，庶以成贤者之美德，而保民治之精神。尤望长民政者，不必专事请求，仰军阀之鼻息，而恪守其专职，则省治前途，庶乎有豸。有谓将军地位优崇于巡抚，而巡抚能行其完善之职权者，以各专其责故耳。唯父老兄弟共勉之。全浙公会叩。有。(《申报》1926年1月26日)

同日 全浙公会致孙传芳一电，要求公开浙省财政。(《申报》1926年1月27日)

1月30日 由沪返杭，推动各县自治。

浙江省自治法会议主席褚辅成，前以膺浙江自治同志会筹备主任之职务，特偕殷汝骊等来沪接洽，闻接洽结果甚佳，旅沪人士愿一致拥护实行。褚氏事毕后，当于昨日乘早车返杭。据褚氏临行语人，谓人民方面，省内外几于一致，惟关于省政局方面因种种关系，尚愿急切实施。但吾人以为如各县之地方自治机关，不妨于不牵动省政局之范围内，先行恢复，以树基础，将来逐渐扩充，闻当局方面亦不致有异议云。(《申报》1926年1月31日)

1月31日 因浙省有发盐余债600万之议,全浙公会特电浙公团,一致呼吁反对。(《申报》1926年2月2日)

3月14日 在嘉兴召集除螟会议。(《申报》1926年3月16日)

3月18日 由沪致电京外交部王正廷等,主张根本改组国际联盟——出席代表权利应平等。

褚辅成君昨日由沪致电京外部云:北京外交部并转王儒堂、颜俊人、汪伯唐、黄膺白诸先生鉴:国际以平等为原则,联盟行政会,五强国各占一席,数十弱国共得一席,是有强权而无公理,不平孰甚。我国仅为一己争位,取义不广,难得多数同情,拙见宜训令出席代表主张根本改组。凡独立各国均邀入会,与会代表,权利平等,如此则国际可跻共和,战争自能永弭。如五国不纳所请,可联合各国退出联盟,别谋改组,以与之抗。迩来国人视线集于内争,对于外交,非偏向即忽视。然内乱终有已时,国际平等之机会,稍纵即逝。诸公高瞻远瞩,想不以鄙言为过也。褚辅成叩。(《申报》1926年3月19日)

同日 "三一八"惨案发生。

3月28日 与章太炎等因杭州报主笔许祖谦被捕入狱,电孙传芳"请免予置议"。31日,孙传芳复电:"似难原恕。"(《申报》1926年4月4日)

4月1日 亲赴乡下宣讲除螟事务,"藉资督促农民捕除螟蛾,以利进行,而益田畴。"(《申报》1926年4月1日)

4月2日 以全浙公会名义发出冬电,主张将许(祖谦)案移送法庭裁判。

昨日本埠全浙公会,因闻杭垣有发封报馆之举,特电杭州省议会等,请一致主张依法办理。原电录下。(衔略）顷致杭州冬电，文曰：卢总司令、夏省长鉴：近闻省中有发封报馆、逮捕记者之举。窃以报馆为舆论之机关，记者有闻必录，职责使然，如果所录有不实不尽，亦应照现行法令办理，方符手续。两公素重法治，凡百设施，尤以舆论为依归。应请即日将该案移送法庭，受正式之审问裁判，无任公感等语，务请一致主张。至纫公谊。全浙公会叩。冬。（《申报》1926 年 4 月 3 日）

4月4日 以太湖放垦有碍江浙两省沿湖农田水利，与黄以霖等发出通电："应严令禁止放垦。"（《河海周报》第 14 卷第 10 期第 156 页，1926 年 5 月）

4月10日 晚，出席江浙协会晚宴，议决重要提案。

（一）沈田莘提议及对太湖垦放，袁观澜主张组织委员会。（二）史量才提议办沪杭汽车道，议决由会发起，由商办理。（三）张仲仁提议政局丕变，贿选议员又拟上台，应一致反对。当议决电报一通，（按：致吴佩孚电，见 16 日条），分请章太炎等签名拍发。（《申报》1926 年 4 月 12 日）

4月11日 出席全浙公会会员大会，做会务报告。当选为新一届董事。提议就教育、农林、实业、水利各项由委员各就一己专门知识，组织委员会，从事研究调查。（《申报》1926 年 4 月 12、13 日）

4月16日 出席嘉兴庆祝省自治法大会，宣布自治大纲。

嘉兴于十六日起，在天后宫举行庆祝省自治法，上午行庆祝礼，并由省法会议主席褚辅成宣布自治大纲。省法会议代表到者有殷铸夫，余名铨等二人，即于下午演讲自治法之真义。其次并有各校游艺。两日人数到者均有

五千以上。(《申报》1926 年 4 月 18 日)

同日 与张一麐、董康等致电吴佩孚,忠告吴"勿使政以贿成","为民国存一线生机"。

> 汉口吴玉帅赐鉴:曹出段逃,大局已定。闻公坚持法统之说,贿选一事全国痛心。日日以政治清明自许,而使贿选重光,诚为不取。公听人贿选而不能阻,致酿成两年来之大乱,已为不谅。若谓君以此始,必以此终。其在春秋,平仲之于景公,曰非其亲昵,谁敢死之。郄庶其窃邑以人,春秋谓之盗。公必欲奖盗则已,不则彼得贿巨万者,何以尚逍遥江汉间也。此而为法,孰为不法。昔孟德奖不孝不悌之人,以致五胡十六国,人道绝灭,大乱相寻,愿公慎之。勿使政以贿成,长留种子也。一麐等为民国存一线生机,不避威严,以进忠告,乞垂览焉。张一麐、董康、褚辅成、袁希涛、沈恩孚、孟森、沈惟贤、沈椿年、余名铨。铣。叩。(《申报》1926 年 4 月 19 日)

4 月 18 日 出席嘉兴庆祝省自治法大会,并讲演。(《申报》1926 年 4 月 19 日)

同日 与章太炎、张一麐等发表《对时局主张》通电,请黄陂补足八十三日任期,以合法之总统,下令改选过期之议员。(《申报》1926 年 4 月 19 日)

> 按:《对时局主张》发表后,旅沪各省区公民协会"颇多非议"。"对于章炳麟等主张时局之巧电,昨特发表意见,于黄陂补足八十三天任期之拟议,颇多非难,而主张召集国民会议,仿南京临时组织法,重订约法云云。已拟此意致函章氏商榷矣。(《申报》1926 年 4 月 20 日)

4月24日 与章太炎共商省自治法。晚,与韩宝华宴章。

章太炎现莅杭垣,已返余杭原籍一行,夏省长今午在署邀请宴会。并悉省自治法会议代表褚慧僧、韩宝华等定今晚宴章。(《申报》1926年4月24日)

5月1日 主持全浙公会董事会,举行复选,当选为正会长,副会长殷铸夫、魏伯桢。常务董事严慎予、黄献庭、沈田莘、余遂辛、王晓籁、徐聘耕、何炳松、汪纪南、金华亭、林炎夫、刘劼夫。末推余遂辛、魏伯桢起草议事细则及办事细则。定15日开常务会。(《申报》1926年5月2日)

5月8日 组织浙西反对太湖放垦联合会,反对太湖涨滩放垦。任理事。

太湖水利局将实行太湖涨滩放垦,浙西滨湖十五县人民以此事倘成事实,农田水利受害非尠,特于八日下午三时假座浙西水利议事会召集各县代表集议,到者陈菊如、祝星五等二十余人。议决组织浙西反对太湖放垦联合会,请省议会、浙西水利议事会、太湖流域防灾会、太湖流域联合自治会、浙西各县县议会、县农会等团体加入,并推举蒋馥山、褚慧僧、金甸丞、骆树立、陈蔼士、沈田莘等十一人为理事,处理会务。一面议决俟孙总司令莅杭时再行面递理由,务必达到取消目的。其余进行事务定十一日下午二时再开会讨论。(《申报》1926年5月10日)

5月10日 与沈信卿(孚恩)宴请江浙协会各会员。

江浙协会五月份由沈信卿、褚慧僧轮值,前日在全浙公会宴集各会员,到者十余人。当议决通电江、浙当局,反对太湖放垦。次议其他要案而散。闻该会宗旨:对

于两省如有建议应兴应革事件提出，经讨论通过后，随时迳向二省当局建议采纳。(《申报》1926 年 5 月 12 日)

5 月 15 日　主持全浙公会董事常会，议决组织经济委员会。

本埠全浙公会，昨日下午二时在该会开第一次董事常会，到会者二十余人，由褚慧僧主席。开会情形如下：(一) 褚会长报告会董来函；(二) 讨论（甲）推举名誉会董事，宜议决自即日起由本会各会董随时自由推举之；（乙）办事细则首由起草员余遂辛将草稿逐条报告后，即由各会董逐条加以讨论修正通过，并议决每月之第二星期六日开董事常会；（丙）会务进行：推举严慎予、潘更生、严谔声、金华亭、张静庐五人为出版委员会，研究出版计划。张树屏、王晓籁、邬志豪、沈田莘、高子谷、张咏霓、林康侯等七人组织经济委员会，研究经济事项；(三) 决定本月二十二日开经济及出版两委员会，直至五时始散会。(《申报》1926 年 5 月 16 日)

5 月 30 日　主持浙江自治同志会成立，推选为委员及评议员。

浙江自治同志会三十日下午一时在省教育会开成立大会，签到发起百余人，公推褚辅成为临时主席，报告筹备之经过。次讨论章程，由原起草员张韬等说明旨趣，略有修正。章程通过后开始选举，推尹志仁、韩玉华、邵宏志、毛雍康、方直、潘兢、王泽普等为检票员，开匦结果褚辅成、孙宝琦、王廷扬、祝绍箕、王正廷、章炳麟、王家襄、殷汝骊、蒋方震、阮性存、金百顺、陈其采、莫永贞、沈田莘、方修赞、徐鼎年、方悌、庄敬仲、沈钧业、沈钧儒、叶焕华、郑永禧、沈定一、余名铨、汪大燮、许震寰、王侃等二十七人当选为委员。查人伟、韩宝华、陆启、黄强、顾乃斌、张韬、方修赞、沈钧儒、莫永贞、赵舒、潘豪、姜恂如、李次九、朱章宝、郑纪文、蒋玉麟、邵梦同、廖家驹、杨毓琦、阮性存、翁诗彦、陈棍、王廷扬、廖应铎、张楚英、褚辅成、周继潆、戴敦勋、王正廷、沈定一、陈训正、陈德新、沈肃平等三十三人当选为评议员。选毕时已十一时,遂散会。(《申报》1926年6月1日)

6月11日 接受《国民社》记者采访,谈二五加税损失问题。

自颜阁有承认二五附加税律,以为大借款之抵押后,本埠商学各团体纷纷表示反对。国民社记者爰特于昨日上午往访褚辅成氏,询其对此问题之意见。褚氏云:去年"五卅"惨案以后,全国民气沸腾,废约之声遍以全国。列强为示惠国人计,乃允遣派代表来华,举行关税会议。夫关税本应自主,为每一独立国应具之原则,自主而出于协定,已为吾国民所不满。惟审情度理,事实上既不能一蹴即就,则固能由协定而得自主,亦得慰情聊胜于无。惟关会自开会迄今,列强始终态度强硬。重以我外交当局,怯弱无能,乃仅得二五附加税之结果,此在吾人惟有一致拒绝,以留自主之路。不料颜阁竟为欲举行大借款之故,不惜轻轻承认,其甘心卖国为何如哉。客岁安福当政,举办金佛郎案,其损失达一万万,遂遭国人之诟病,当时在野之直系军人如吴子玉等,亦引为反对之口实。而二五附税若一旦承认,自主之路既绝,而每年所得仅三千万,且无年限之限制,损失不可以数计。此每年三千万之微款,以之为无抵押外债之利息犹不足。而此三千万,虽云直接取之外商，实则外商运货销以国内，间接取价于吾民。是二五附税之承认，直系榨取吾人民之脂膏而供无抵押外债之保证。其愚既不可及，而其损丧国家主权，实至巨而且大。甚望国民一致反对此重大之卖国行为，使勿成为事实也可。(《申报》1926 年 6 月 12 日)

6 月 12 日 主持全浙公会（第二次）董事常会，提议反对北京外交部秘密解决关税会议及"五卅"案。(《申报》1926 年 6 月 13 日)

同日 晚 7 时，讨论太湖放垦事，致电南京孙（传芳）、陈（陶遗）两长：请停太湖放垦。(《申报》1926 年 6 月 13 日)

6 月 14 日 由沪赴嘉兴，主持除螟会议。(《申报》1926 年 6 月 15 日)

6 月 17 日 与王正廷赴桐庐游览七里陇风景，摄下渔樵乐一照。

> 王正廷、褚辅成今日（十七）上午八时，偕乘轮前往桐庐七里垅游览风景。(《申报》1926 年 6 月 18 日)

6 月 26 日 出席全浙公会出版及经济委员会会议，聘请潘更生担任浙江月刊编辑。(《申报》1926 月 29 日)

7 月 9 日 蒋介石在广州就北伐军总司令之职，誓师北伐。

7 月 10 日 主持全浙公会第三次董事常会。讨论月刊发刊宗旨等问题。(《申报》1926 年 7 月 11 日)

7 月 24 日 赴宁谒孙（传芳）、陈（陶遗）两长，反对湖田放垦。(《申报》1926 年 7 月 25 日)

7 月 25 日 就任全国地方自治协进会联合会副会长职，并演说。(《申报》1926 年 7 月 27 日)

8 月 14 日 主持全浙公会全体董事会议，讨论时局案等。

本埠全浙公会，昨日下午三时，开全体董事会，到者二十余人，由会长褚辅成主席，先报告：（一）蔡元培、马叙伦来函及钱新之允就名誉会董职。（二）报告浙江月报筹备案，已定下月一日出版，并加推蒋伯器、沈田莘为名誉撰述。刘山农、楼桐孙为撰述。关于移件及广告方面，仍望会董力予扶助。（三）讨论时局案，由褚辅成、严慎予、汪纪南三人提出。先由主席报告各方接洽情形及调解危局办法，大致着重赣局。次王汉良、沈田莘均有意见发表。结果发三电：（一）致吴佩孚，警告其切勿扰乱五省；（二）致蒋介石，请其保持五省安全；（三）致孙传芳，请其实行人不犯我、我不犯人之宣言，并勿以五省内经济、军械接济任何方面。电文由书记起草，推魏伯桢、严慎予、汪纪南审查。（三电均于十五日发出）。（四）欢迎总商会赴粤代表王晓籁，王氏演说颇久（辞同在总商会报告，从略），众鼓掌。（五）组织各种调查委员会，推沈田莘、魏伯桢起草细则，下次续议。六时散会。（《申报》1926年8月15日）

同日 晚，出席江浙协会会议，决赴东山察看太湖水利。

江浙协会前晚开会，由值年干事史量才、陈蔼士二君邀集，到者有胡雨人、孟莼森、钱绳斋、姚子让、褚慧僧、魏伯桢、沈任夫、沈田莘、袁希涛、史量才、沈思齐、陈蔼士、许达夫、俞寰澄、赵厚生等。议决事件如下：（一）电请孙联帅严守中立；并电蒋介帅尊重中立。（二）太湖水利案（由）褚慧僧、袁观澜报告赴宁面谒孙、陈及财政厅长情形。决由会内推出胡雨人、钱绳斋、袁观澜、褚慧僧、沈田莘、潘更生六君赴东山察看。（三）组

织太湖水利委员会，先阅草章，下次会议会商。(《申报》1926 年 8 月 16 日)

夏 上海法科大学成立，聘为董事，后推为董事长。

> 本院之历史，一毕襜楼之历史也。创始于民国十五年夏，发起者为王开疆，租赁法租界蒲柏路四七九号至四八三号房屋为校舍，定名为上海法科大学，推章太炎、董绶经两先生为校长。是值上海法政大学离校学生一百余人，悉力赞助，校事遂立，基础渐固。及□、章、王相继辞职，董校长邀请王儒堂、李印泉、于右仁、陈陶遗、许俊人、李梦驹、陈霆锐、吴凯声、褚慧僧、钱新之、赵晋卿诸先生组织董事会，共赞艰巨，并推褚先生为董事长，潘先生力山为副校长，十月三日举行本校正式典礼。建筑方面仅于租赁房屋以外，建造木屋一座，以补教室之不足，及平房数间，以作门房及厕所之用而已。(沈兆彭《上海法学院商业专修科史略》，《上海法学院商专季刊》第 9 期第 1 页)

> 按：据《申报》6 月 22 日报道：章太炎、董康、褚慧僧、王开疆等发起创办上海法科大学，在法租界南阳桥北首敏体尼荫路四一五号，设上海法科大学筹备处。发起人昨晚七时假西藏路一品香二楼七九号八〇号开会，推校长及教职员等。到有章太炎、董康、褚慧僧、陈霆锐、蒋保厘、王开疆、范发源、李琢、陶本厚、施瑾、王孝师、王立功等。推定章太炎、董康两氏为正副校长，并由章、董两氏就国内名宿中分别物色各科教授。

9 月 8 日 主持全浙公会常务董事紧急会议，"敬告孙、蒋双方，无冲突必要"，应请合力防制奉军南下，决派代表与孙传芳及国民革命军接洽。

赣局紧急，奉军已决南下。本埠全浙公会昨日下午四时召集常务董事紧急会议，讨论应付办法。到十余人，褚慧僧主席，敬告孙、蒋双方无冲突必要。奉军南下，人民恐慌万分，应请双方消融意见，合力防制。当公决推蒋伯器、殷铸夫、沈田莘三君即行赴宁，与孙切实接洽。当即致电于孙传芳氏云：南京孙馨帅鉴：时局紧急，人民恐慌，本会拟有保持和平切实办法，公推蒋伯器、殷铸夫、沈田莘三君趋前面陈，谨先电达。全浙公会。庚。(《申报》1926年9月9日)

9月9日 和平代表出发。同日，孙传芳复电表示欢迎和平代表。10日，和平代表蒋伯器、蒋百里联袂赴宁。(《申报》1926年9月9、12日)

9月11日 主持全浙公会第五次常务董事会议，讨论运动和平之办法。致电张作霖、孙传芳、蒋介石，"要求缓冲"。

上海全浙公会昨日下午三时，在爱文义路联珠里本会所召集常务董事会议，以便讨论运动和平之办法暨会务之进行，到褚辅成等二十余人，由褚辅成主席。(一) 由主席报告八日临时会议讨论运动和平事宜之经过。(二) 报告各方函件。(三) 讨论修改组织委员会规则（规则略）。(四) 赴宁请愿代表殷汝骊君报告到宁谒孙请愿之经过。(五) 议决对军事当局再发一电，要求缓冲，俾便调停。直至下午七时半散会。(同上)

按：殷汝骊9日赴宁谒孙，11日返沪，向全浙公会董事会报告谒孙请愿之经过。据谈，孙传芳认为："破坏和平，在蒋不在我"。谓"只须蒋中正将入赣境之部队完全退出，我决不追赶一步"。

全浙公会董事会议决对军事当局一电当日发出。

（一）致奉张电云：盛京张雨帅鉴：报载奉鲁大军南下，人民惊恐。鄂事已告段落，东南人士正在力谋和平，以期缩小战区，应请大军中止出发，大局甚幸。

（二）致孙传芳电云：南京孙总司令鉴：代表回述尊旨，甚感。除已向蒋总司令方面接洽，并电请其停止前进外，敬乞大军暂缓移动，俾利进行。

（三）致蒋介石电云：汉口探投蒋总司令鉴：湘鄂战事，牵涉赣局。本会佳日推代表向孙总司令接洽和平办法，颇蒙容纳。除再电请其暂缓移动军队外，即推派代表趋前面陈，先请停止前进，俾利进行，全浙公会。真。（《申报》1926年9月12日）

9月13日 蒋介石复电全浙公会诸先生，谓："孙氏保境安民之说，全为蒙蔽民众。"（《蒋介石日记揭密》〔下〕第439页）

同日 蒋介石又致电先生，要求孙传芳"速撤在赣之苏、浙各军"。

蒋总司令昨由汉口致电褚慧僧云，全浙公会褚慧僧先生大鉴：公会电悉。宁绅果有和平之诚意，应请其速撤在赣之苏浙各军。中正叩，元。（《申报》1926年9月17日）

同日 蒋介石驳孙传芳电，略云："中正只知主义之异同，无分南北之界域。"并令孙"应速撤退驻赣各军"。又通电各报馆暨全国各界，宣布孙传芳罪状。（同上）

9月14日 先生与陈其采、蒋尊簋、殷铸夫、沈田莘诸君，联合东南五省士绅及川、鄂、湘诸省热心大局者，集议和平运动。

连日湘、赣、粤、闽之交，战云弥漫，形势极为紧张。本埠方面由全浙公会努力于和平运动，向宁孙、粤蒋双方并进，悉其间虽难免有所猜疑，而挽救实未绝望。连日由陈其采、蒋尊簋、褚辅成、殷铸夫、沈田莘诸君，联合东南五省士绅，及川、鄂、湘诸省热心大局者，进而作大规模之和平运动。其经过情形，已志前报。昨晚复由徐绍桢、蒋尊簋、褚辅成、陈其采、沈泽春等宴请东南各省旅沪士绅于新新酒楼，到者有何雪竹、许世英、傅筱庵、虞洽卿、屈伯刚、殷铸夫、包世杰、李拔可、方韵松、张岳军、汪翌唐、徐鹤仙、伍肖岩、韩君玉、沈衡山、白楚香、李梦驺、魏伯桢、沈信卿、李次山、袁礼登、邬志豪等二十余人，蒋尊簋君主宴。席间由蒋君发表运动和平之志趣后，褚辅成、陈其采、方韵松、袁礼登等相继发表意见。佥以此次奔走和平，对内则为五省保元气，对外则为国家养实力。而进行方法，则即推派代表，请双方尊重民意，并为之疏解隔阂误会，说以动则两害，和则两利，请总以蓄养实力，为国家于国际间谋生存富强为前提。今宁方既有断不先自犯人之表示，则当亟派代表，往广州、汉口请求维持闽、赣和局。嗣又论及欲贯彻和平主张，非集合沿江及南中各省人士，共策进行不可。故拟集诸省人士组织一大规模民间团体，以提倡民治。（《申报》1926年9月15日）

9月15日 全浙公会推蒋伯器、魏伯桢为赴汉代表。

汉口探送蒋总司令鉴：真电谅达。兹推蒋伯器、魏伯桢两君为代表，偕同陈君蔼士趋前面陈。敬希接洽。特闻。全浙公会。删。（《申报》1926年9月17日）

9月16日 全浙公会致电广州国民政府。

广州国民政府谭祖庵、张静江、钮惕生三先生暨执行委员会诸公鉴：湘鄂战事，牵动东南。本会为保持和平起见，公推蒋百器、魏伯桢二君（赴汉代表）偕同陈君荩士向蒋总司令接洽。殷铸夫、王晓籁、赵澄志三君（赴粤代表）趋前面陈一切。特闻。全浙公会。铣。（《申报》1926 年 9 月 17 日）

9 月 18 日 先生由杭返沪，开全浙公会常务董事会议，决定和平代表出发。

全浙公会今日开会。上海全浙公会之奔走和平消息，已迭志前报。兹悉该会赴汉、赴粤代表，本定昨晚或今日起程。现因会长褚慧僧君于日前赴杭，须今晨始能返沪，故该各代表昨日尚未起程。今晨褚会长返沪后，下午二时在本会召集常务董事会议，讨论代表出发前后之各项进行事宜，故各代表须俟会后始能出发。（《申报》1926 年 9 月 18 日）

9 月 19 日 议决和平代表出发，至必要时先生将亲自赴宁谒孙。

苏、浙、皖、闽四省奔走和平代表，以褚慧僧君赴杭未回，暂缓出发。昨午褚君来沪，各代表当于午后齐集全浙公会，决定今日动身赴宁。……各代表今晚出发。褚慧僧君以各代表尚未议商，且尚有需接洽之处，定今午邀代表宴叙。（《申报》1926 年 9 月 19 日）

苏、浙、皖、闽四省奔走和平代表蒋百器、魏伯桢、赵厚生、史家麟、李次山诸君，昨日上午十二时由褚慧僧邀集在新新酒楼聚餐，讨论进言程序暨进行之办法，直至下午二时许，始散席。该代表等即于昨日（十九日）下午十一时半乘夜快车出发赴宁。张仲仁君前赴苏州,昨晚由苏州起身赴宁,预约在下关花园饭店集中,乘联和轮赴汉。但皖省代表李次山君,闻有他事,不克分身。陈蔼士君以事羁在杭,恐亦不能到宁偕往。赴粤代表王晓籁、殷铸夫两君尚须延迟数日,方克成行。又至必要时,褚慧僧君拟亲自赴宁谒孙,藉以面陈一切云。(《申报》1926 年 9 月 20 日)

9 月 23 日　先生将蒋介石亲笔函转孙传芳,促孙应有切实和平之表示。

蒋介石昨有亲笔信致褚慧僧君,对于赣局切实表示,只须孙方撤退在赣各军,即有商量之余地。褚氏接函后,当即将原函致电孙总司令,请其切实表示,俾便进行。兹将函电分录如下:

蒋总司令致褚慧僧函:慧僧先生大鉴:昨奉一电,想已察阅。此时须要求孙调回援赣各军,为第一步办法。如其果有和平诚意,即使全赣为敝军占领,亦可归还其范围,敝军只要其不侵犯粤、湘、鄂境也。从前交涉,何雪竹、张岳军甚详悉,可接洽。对孙仍照原约,即得赣可还于孙,决不愿延长战祸,侵及江、浙、皖、闽。乃彼三十日作战命令之电,为我军所得,故不得不有相当防范也。现在认为冲突,非正式开战可比。总之彼如速撤援赣之军,江西必可归还于彼,惟须其切实表示耳,此请时祉。中正手上。

褚慧僧致孙总司令电:九江孙总司令鉴:顷接蒋总司令亲笔来函(全文照上从略),函中一再表示不占赣省。谋和之诚,灼然可见。我公既揭櫫保境安民,应请迅速切实表示,示人以信。时机迫切,立待明教。褚辅成。漾。

(《申报》1926 年 9 月 24 日)

同日 主持全浙公会临时董事会议，讨论和平运动之进行。

上海全浙公会昨日下午三时，在爱文义路联珠里该会所召集临时董事会议，到褚慧僧、殷铸夫、陈蔼士等十余人，褚慧僧主席。首先报告各方所得消息，并讨论和平运动之进行。次即讨论蒋总司令致褚慧僧函，如何办法。当即议决由褚氏个人致电孙总司令，请其明白表示，以便进行，即时起稿拍发。又推定赴粤代表王晓籁、殷汝骊两君，来函表示停止赴粤。又陈蔼士君本定由杭赴汉，现亦因事不能成行，大致俟孙总司令对褚氏有答复后再定行止，至五时半始散会。(《申报》1926 年 9 月 24 日)

9 月 24 日 面晤陈蔼士。

浙绅陈蔼士君日前由杭来沪，接洽和平问题。与褚慧僧面晤后，又以昨日乘早车返杭。盖因行务繁忙，不能久离之故。闻陈氏到杭后，即拟以私人资格致电孙氏，转述蒋介石谋和平之诚意。俟得切实答复，当往九江一行。(《申报》1926 年 9 月 25 日)

9 月 26 日 再电孙传芳，请"撤退援军"。

褚慧僧君接到蒋介石氏复书后，曾致漾电于孙氏，请其切实答复。昨日褚氏已接孙氏有（二十五日）日复电，对于撤退援军一节，尚无切实表示。全浙公会因于昨日下午三时，召集常务会董会，讨论其事。当议决以褚氏个人再去一电。原文云：九江孙总司令鉴：奉读有电，尊指甚佩。彼方果实践前言，我公可否同时撤退援军？盼复。褚辅成。宥。(《申报》1926 年 9 月 27 日)

9月27日 孙传芳复电，要求粤军尽数撤退。

全浙公会褚慧僧先生鉴：宥电奉悉。尊意甚感，救焚拯溺，人情所同。如能俾传芳贯彻保境之旨，不失信于五省人民，不失信于天下，更何求焉。区区所为，只欲早见和平耳。自南昌克复，我军并未追击，而粤军猛攻赣南、樟树、吉安一带，到处皆见敌迹。如粤军果能觉悟，尽数撤退，使赣省永不受侵凌之患，则传芳决不为已甚。耿耿此心，当为先生所能洞察也。特复。孙传芳。感印。(《申报》1926年9月29日)

9月28日 主持全浙公会常务董事会议，讨论和平运动进行办法。

上海全浙公会为谋东南五省之和平运动起见，特联络五省旅沪士绅，进行和平运动，各情迭志前报。兹悉褚慧僧君二次致孙总司令电，孙已复电。派往汉口代表，昨日亦有报告到会。该会以孙、蒋双方之意见渐趋接近，和平前途，尚有希望，昨日下午又召集常务董事会议，讨论进行办法如下。昨日上午二时，褚会长接到孙总司令复电后，下午即以电话召集常务董事会，到沈田莘、王晓籁、江仲权、严慎予、汪纪南等数人，由褚慧僧主席。先由主席报告孙总司令来电，次即议决将前后两电原文，转寄汉口代表，俾各代表切实与蒋总司令方面接洽，俟其答复后再接洽进行，至五时许散会。(《申报》1926年9月29日)

9月30日 与沈田莘、袁观澜等乘车赴苏，勘测太湖。

江浙协会勘视湖田代表浙省褚慧僧、沈田莘，苏省袁观澜、钱强斋定于今日乘车赴苏。苏、浙两省当局，各派技术员一人，浙江水利局、太湖水利局亦派代表，均携有测量器前往，会同各代表实施勘测。各代表定今晚在苏会集齐，明晨即搭小轮先往东山视察。闻尚有代表沈维贤以母病，胡雨人、潘耘苏二君以患疾，均未克偕行云。（《申报》1926年9月30日）

同日 蒋介石到江西清江。10月1日，蒋介石进向高安，指挥南路，猛攻南昌。

10月1日 张一麐、蒋伯器等呼请孙、蒋"应进一步停战之宣言，使和平不致徒托空言"，请全浙公会联合各公团一致协助。（《申报》1926年10月2日）

10月2日 全浙公会董事会致电孙、蒋双方谓：和平前提"必须停战"。

全浙公会因前晚七时接和平代表张仲仁、蒋百器等来电，报告接洽已有几分头绪，昨日下午三时特召集常务董事会议（此时褚先生因在苏勘视太湖未回），由副会长殷铸夫主席。当议决分两种办法：（一）由本会致电双方，请先行宣布停战，电文即日拍发。（二）推代表与各团体接洽，推定王晓籁接洽总商会；殷铸夫接洽省教育会；江仲权接洽各路商界总联合会，请共同表示，六时余始散会。电文如下：

九江孙总司令、萍乡蒋总司令均鉴：顷接张、蒋诸公来电，两公对于和平，正有诚挚表示，闻讯之余，佩慰无量。惟和平前提，必须停战，庶可从容磋议善后。应恳两公联衔正式宣布，明示天下。无任迫切待命之至。全浙公会叩。冬。

当日，各路商界总联合会王延松赞成和平代表张一麐等之东电，向总商会提议，务希于今晚会议席上议决，

克日拍发。(《申报》1926 年 10 月 3 日)

10 月 5 日　先生由苏返沪。

江浙协会勘视太湖代表袁观澜、钱强斋、沈田莘、褚慧僧等,于上月三十日由沪出发赴苏,勘视太湖垦放问题。现袁君等已察勘完毕,于昨日(五日)返沪。据云,此次勘视后,各代表经公同研究,讨论结果,认为大势积涨滩地,以平望北坼为最多,吴江、横泾次之,东山又其次之。为治标计,吴江平望等处宜亟为注意。所有察勘情形,各代表将具函报告江浙协会察核云。(《申报》1926 年 10 月 6 日)

10 月 7 日　与殷汝骊等集商,续推和平代表。

江苏接洽和平代表张一麐奔其太夫人之丧,折回上海。七日晚江浙协会江苏同人黄以霖、沈恩孚、姚文枬、马士杰、袁希涛、史量才、黄炎培、张嘉森、朱叔源,邀同褚辅成、殷汝骊等,集商续推和平代表。当经推定董康,并请陈其采偕往,会同前推之蒋尊簋、赵正平、魏炯从速进行。即拍电双方,电文如下:九江孙总司令、汉口唐总司令并转蒋总司令鉴:张君仲仁母丧回沪,敬加推董君授经为代表,并请陈君蔼士偕往,不日就道。同人深感双方各有趋向和平之表示,务恳一面停战,一面开示办法,切实协商,以苏民困。江浙协会。(《申报》1926 年 10 月 9 日)

10 月 9 日　主持全浙公会董事会,讨论以后和平进行方法,决联络各有力团体共同进行。

全浙公会诸君,此次为谋东南五省之安宁起见,乃从事和平运动。数旬以来，积极进行，不遗余力。现下孙、蒋双方意见渐趋接近，和平前途，颇有希望。故该会会长褚辅成君，特于昨日下午召集本会各董事，讨论以后之进行方法，以便早达目的。褚君将此次奔走和平运动之经过详细报告毕，经众议决：仅我全浙公会单独奔走，似力量太小，当联合各团体共起进行，较为有效。即行决定于星期二日（十二日）下午二时，在宁波同乡会召集南北市租界三商会，及各省各属之有力团体，开一联席会议，讨论进行办法。通告今日可以发出。(《申报》1926年10月10日)

全浙公会致各团体通告云：

敬启者，自湘、鄂战兴，牵动东南。本会惧鹬蚌相争，坐使渔人收利，而五省人民为其俎上之肉，特开紧急会议，发起和平运动。一月以来，函电交驰，代表奔走，虽不无一线之希望，尚未达最终之目的。今日本会董事常会，公决联合各界，以群策群力为最后之奋斗。并定于月之十二日下午三时，假座西藏路宁波旅沪同乡会，开各团体联席会议，共筹进行方法，事关五省大局，当得热忱赞许。为此函达贵会，务乞推派代表，准时莅临，无任企盼。再，本会出席代表，已推定王晓籁、邬志豪、严慎予、张静庐、江仲权、汪纪南诸君，敬希台洽是荷。全浙公会谨启。(《申报》1926年10月11日)

10月12日 发起组织东南和平运动联合会。

上海全浙公会为谋东南和平，作有力之运动起见，联合上海各团体，讨论进行办法。昨日下午三时，在西藏路宁波同乡会四楼开各团体联席会议。（一）公推省教育会代表黄以霖为主席。(二)主席报告开会,并谓此次和平运动,由全浙公会诸公所发起,现请全浙公会代表报告经过情形。(三)全浙公会代表王晓籁报告向各方奔走和平运动之经过。其报告甚简单,因各方来往函电均经刊登各报,仅将最近电文宣读一过。读毕后谓今后如何进行,应请诸君共同讨论。当即经众讨论,结果议决:(甲)组织东南和平运动联合会,并由全浙公会担任起草组织办法,于本星期六日(十六日)下午三时,在全浙公会开第二次联席会议时决定,每团体得推代表一人至三人出席为会员。(乙)致电孙、蒋两方,请其先行停战,再商善后办法,并发表宣言,向全国各界呼吁。当即推举陈寿凡、严谔声、严慎予三君担任起草。电文当场拟就,通过拍发。宣言因时局关系,俟起草员拟妥后,再行发表,直至五时许始散会。(宣言略)(《申报》1926年10月13日)

10月13日 主持浙江省自治同志会平委联席会议。在杭呼吁和平。

浙江省自治同志会十三日下午五时,开平委联席会议。出席陈其采、沈钧儒等二十余人。褚辅成主席,报告运动和平之经过,并谓本会亦应有所表示。结果发一电文,呼吁和平。公推沈钧儒起草。文云:

九江孙总司令、汉口蒋总司令暨全国各省各法团、各报馆均鉴:和平之议未决,症结惟在赣事。同人等以为就全国形势论,公敌未除,何可便成蚌鹬相持之局。就政治根本而论,武力难继,尤宜早植地方自卫之基。为长江谋安宁,为战事备缓冲。远规全国政治前途,近纾赣省目前战祸,惟有呼请两方军事当局,各将现在分布赣省地面军队,悉数撤退至江西省境以外。通电声明,以赣省土地政权还之赣省人民，请其自行召集本省公民代表，开会议决一切善后事宜，组织一切省法机关，庶几主权有属，内衅自消。双方战争之标的既明，此后国事之解决亦易。临电迫切，惟希鉴纳。浙江省自治同志会。元。(《申报》1926年10月15日)

10月14日 浙省教育会宴请先生与沈钧儒等，讨论自治运动。

省宪法同志会褚慧僧、沈衡山、张雨蕉等，现均在杭呼吁和平，运动自治。省教育会长李俊夫，昨宴褚、沈诸君，并请各法团领袖作陪，讨论进行。(同上)

同日 由杭赴沪。晚，出席江浙协会勘视太湖报告会。

江、浙两省代表，前为反对太湖放垦事，推派代表至太湖实地查勘，昨日该会由张君劢、吴秉元二人作东，在联珠里开会，当由代表褚慧僧、袁观澜等将查勘结果，作成报告如下（略）。(《申报》1926年10月15日)

同日 孙传芳复电浙江省自治同志会，指责北伐军未遵议和代表张一麐、蒋尊簋在汉所订和平条件，乘势进逼，得寸进尺，不重信义，破坏和平。(《申报》1926年10月18日)

10月15日 先生主持全浙公会董事会，报告各方情形，并决致电孙传芳、周凤岐、蒋介石，"请其即日停战撤兵，再商善后办法"。

上海全浙公会昨日下午三时召集董事会，到十余人。首由褚辅成报告各方情形后，即讨论和平运动进行办法。结果，发电致孙、蒋两方，请其即日停战撤兵，再商善后办法。并请孙总司令将留浔预备队之浙军全部返浙，藉维浙局。电文拟妥后各人签名拍发。其电如下：

（一）致孙传芳电：九江孙总司令鉴：闻和平代表提议停战撤兵，双方接洽，已见端倪，东南人民额手称庆。维迩日鲁军假道，风传甚盛，人心惶恐，间阎震惊。复以时届冬防，尤宜兼顾，止戈为武，时不可失。自我先施，益贻令德，尚祈毅然即日宣布停战，划地缓冲，然后公议善后，亿兆生灵，实利赖之。再，浙军全师出境，地方空虚，伏莽潜滋，地方治安，在在堪虑。伏读贵部参谋处元日通电，前方巩固，总预备队已无留浔必要。则权衡事势，如荷允饬留浔预备之浙军全部返浙，既为人民所祷祝，当亦无背于我公保境之初旨，谅为我公所乐从者也。除电蒋总司令即行停战外，谨此电陈。褚辅成、俞凤韶、王晓籁、沈钧儒、虞和德、周继潆、殷汝骊、田稔、汪汉滔、余名铨、朱章宝、张传保、许燊、陈禅、张章斋、邬志豪、江仲权、徐熙、何炳松、高尔嘉叩。删。

（一）致周凤岐电：九江周军长鉴：顷致孙总司令一文日（中略）等语，特此奉达（署名同）。

（一）致蒋介石电：武昌蒋总司令电（中与致孙电同），尚祈毅然即日宣布停战，划地缓冲，然后公议善后。亿兆生灵，实利赖之。除电请孙总司令即日停战外，特此电陈（署名同）（《申报》1926年10月16日）

同日 浙江省长夏超宣布与孙传芳脱离关系，响应北伐军。16日，夏超令浙江保安队向松江出动，进攻上海，上海孙传芳军第13团王雅之前往抵抗。17日，夏超致电国民政府，报告已就第18军军长职，兼管浙江民政，并荐马叙伦、蔡元培等13人为政务委员会委员。同日，夏超将保安队撤退嘉兴。是日，夏超电致丁文江，谓宋梅村旅已进至嘉善，应请

宋旅长退回龙华，未果。联军继续前进至离嘉兴仅 14 华里，浙境局势吃紧。(《申报》1926 年 10 月 22 日)

10 月 17 日 主持全浙公会紧急会议，报告各方变化情形，商善后办法。

> 上海全浙公会以浙局发生变化，特于昨日下午三时召集紧急会议，到褚辅成、殷铸夫、虞洽卿、沈田莘、王晓籁等三十余人。首由褚辅成报告各方变化情形，并谓：本会始终以和平为宗旨。昨日（十六日）沪杭交通已经断绝，本会应先设法请双方恢复交通，再商善后办法。后虞洽卿谓时机已迫，恢复交通非根本办法，只联合江苏士绅一致进行，并召集银行、钱业、洋货三界及南北两商会及总商会以及各方有力团体，组织一和平运动机关，然后再与各方接洽，方有效力。并谓如不及早设法，淞沪恐有变化，地方治安甚为危险。乃一致议决通过照办。当晚即行召集各方代表接洽，当时并推定褚辅成、殷铸夫、沈任夫、沈田莘、沈衡山、汪纪南、严慎予、徐建侯八人为出席代表。旋即散会。(《申报》1926 年 10 月 18 日)

10 月 20 日 孙传芳联军宋梅村旅逼近嘉兴，夏超电请先生等拟"出作调人"。(《申报》1926 年 10 月 22 日)

10 月 21 日 夏超保安队与孙传芳部在嘉兴附近激战，夏超兵败被抓。次日即遭杀害。孙传芳即占领杭州。

10 月 26 日 先生与孙宝琦、张绍曾、蒋尊簋等南北名流发出呼吁和平电，主张"开国民会议，解决国是"。(《大公报》1926 年 10 月 31 日)

同日 蒋方震致电全浙公会，告陈仪（字公侠）将来长浙。(《申报》1926 年 10 月 28 日)

10月27日 营救中共杭州地委书记贺威圣（字刚峰）惜未成。

大约十月二十七日，中共杭州地委书记贺威圣同志和国民党杭县党部常务委员汪性天同志（中共党员）被捕了。……这使杭州的工作，受到了很大的损失。当时在各方面作了布置以后，潘枫涂到上海向江浙区委汇报，并请上海的全浙公会的褚辅成、宁波同乡会的魏炯等浙江绅士设法营救。但十一月三日，贺、汪两同志即被宋梅村部所秘密枪决，牺牲了。（潘念之《大革命时期浙江的反对国民党右派斗争》，《浙江文史资料选辑第15辑》第7、8页）

同日 先生等以全浙公会名义转恳杭当局请"勿事株连"。

全浙公会昨接杭州张载阳等电云：杭州高白叔、张暄初、祝星五、王竹斋、金顺泉、陈蔼士、阮荀伯、方仲友先生暨省议会、教育会、律师公会诸先生均鉴：报载杭垣日来搜索党人及向与省署有关系机关人员，株连无辜，罪及仆隶，闾阎为之不宁。诸公凤爱梓乡，务恳主持公道，力请当局勿事吹求，以重人道，而安民心，无任祷切。全浙公会。感。（《申报》1926年10月29日）

10月31日 陈仪（公侠）自徐州专车抵杭，就浙江省长职。（《申报》1926年11月2日）

11月2日 张学良、韩麟春复电先生等南北名流，呼吁和平。

孙慕老、熊秉老、汪伯老、庄思缄先生、张敬老、徐固老、张仲仁先生、汪隆苤先生、董绶经先生、李斐君先生、蒋伯器先生、褚慧僧先生、沈信卿先生、黄任之先生、袁观澜先生、赵钫恩先生均鉴：奉读诸公联衔息争"宥"日通电，谠论名言，曷胜钦仰。息争御侮，心里从同。倘轨物之能循，讵干戈之终持。其奈盱衡国内，煽有人，诚如酉电所谓"以外力酿内争"、"以内争召外侮"者，苟能痛悟，祸能有涯。诸公领袖群贤，万流景仰，切望主持正义，维护宗邦，聚多数力量以压过激之潮，谋一致主张以策治平之道。良虽不敏，愿效驰驱。张学良、韩麟春同叩。冬末。(天津《大公报》1926年11月6日)

11月7日 上海法科大学举行创立典礼，与在沪诸董事莅会致词。

> 斯时国民革命军已达武汉，董绶经先生与辅成等，发起苏浙皖三省联合会，拟以民意督促孙传芳，使与革命军妥洽，减少北伐障碍。日夜奔走，无暇专管校务，于是聘请校董，组织校董会，复推潘君力山为副校长。董校长专任对外，校内诸务，悉归潘君主持，于十月三日（农历）举行创立典礼，永以是日为本校成立纪念日。(褚辅成《十年的回顾和感想》)

11月8日 国民革命军入南昌城。

11月9、10日 出席全浙公会董事会议，就联军失守九江，战局有移至江浙两省之趋势，提出联合苏、皖两省人民自行处理民政及地方事宜。

> 上海全浙公会以联军失守九江，战局有移至江、浙两省之趋势，又鲁军有南下消息，若成事实，江、浙地方又遭浩劫。故前、昨两日，曾向江苏、安徽两省耆老协商一过，意见大致相同。全浙公会昨日下午召集董事会议，

讨论进行办法。到褚慧僧、刘劼夫、高子谷、江仲权、徐建侯、汪纪南、严慎予、潘更生等十余人。首由主席报告各方消息及拟进行意见后,即经众讨论,议决联合苏、皖两省人民,共同表示意见,三省民政及地方事宜,由三省人民组织政府自行处理。对孙、蒋两方,请其停止军事。如其容纳意见,即着手进行,否则只得听其自然。并主张上海划为特别区域,撤退驻兵。决定三日内与三省人士接洽妥协,以便表示。至五时半散会。(《申报》1926年11月11日)

11月11日 与皖、苏、浙三省人士讨论对时局积极进行方法,时局危急,主张划三省为自治区。

昨日午刻,皖、苏、浙三省人士特在四马路一枝香宴会,讨论对于时局积极进行方法。到者有姚文枬、王庆云、许世英、董康、黄以霖、朱叔源、李国杰、褚辅成、王廷扬、周继潆、王绍鏊、沈恩孚、江暐、程源铨、关建藩、樊光、袁希涛、袁希洛、王孝贲、沈田莘、殷汝骊、魏炯、沈钧儒、任庆辰、汪汉滔、顾乃斌、许鹏飞、孟森等约三十余人。先是浙江方面,于十日晚在全浙公会邀集苏、皖两省同人会谈,决定大致办法,推沈钧儒草拟通电底稿,及皖、苏、浙三省联合会简章,以备大众研究。昨会席间,首由江苏主席袁希涛致词,沈恩孚、褚辅成、朱叔源各有报告。沈钧儒说明起草主旨。王绍鏊、董康、孟森、袁希洛、关建藩、褚辅成、沈信卿、沈钧儒、朱叔源又相继发言,互有讨论。讨论结果认为时局危急,应有此种政治上积极的结合,惟事关重大,应再为一次之细密讨论,即行成立。(《申报》1926年11月12日)

11月14日　皖、苏、浙三省联合会成立，大会提出三项主张。

> 皖苏浙三省联合会自经发起后，各方面均表同意，即于昨日中午正式成立（到会之人物略）。会议之情形：由许世英主席……。发表通电（一）划苏浙皖三省为民治区域，一切军政、民政应即由人民分别推举委员，组织各委员会处理。（一）上海应为特别市，治同前条。（一）广州暨奉天直鲁方面接洽和平，应即有三省人民直接推举代表，任其责职。（一）三省以内军事行动，应即日停止。时机紧迫，不敢烦言。谨此宣告，涕泪与俱。苏浙皖三省联合会。寒。另致南京孙传芳等、广州国民政府等、天津张作霖等、及杭州、安庆各方面电均同，均已由电局即日拍发矣。（《申报》1926年11月15日）

11月16日　主持全浙公会常务董事会，欢迎蒋百器。报告组织浙、苏、皖三省联合会之经过等。

> 上海全浙公会，昨日下午二时，在爱文义路联珠里开董事常会，到十余人，由褚慧僧主席。开会情形如下：（一）蒋百器报告此项奔走鄂、湘、赣呼吁和平，及被阻南昌之经过（蒋百器自谓：奔走和平两月余，所得结果甚少）。（二）褚慧僧代表列席同人致谢蒋百器。（三）主席报告最近组织浙、苏、皖三省联合会之经过，并请蒋君协助进行。（四）讨论营救被捕之市民，议决联合各团体及私人，向当局请求释放。（五）定期于本月礼拜日（二十一日）在宁波同乡会开会推举代表十二人，并函请旅沪各属同乡会，届时出席协商，五时散会。（《申报》1926年11月17日）

11月21日 被推为苏浙皖三省联合会浙江委员。

三省联合会浙江委员，昨日由全浙公会召集各同乡会在宁波同乡会开联席会议，到绍兴、温州、嘉兴、杭州等同乡会代表共四十一人，当推王廷扬主席。先由褚辅成报告三省联合会性质，次讨论推举手续，决定先用协商手续，推出十四人后，再以投票决选出十二人为正式委员。结果当选者为蔡元培、虞和德、褚辅成、魏伯桢、殷铸夫、王晓籁、邬志豪、沈衡山、顾子才、毛酉峰、王廷扬、周萍泂等十二人。胡凤翔、姚吾刚、沈田莘等为候补。至蔡元培氏业由会当场派代表朱章宾等二人前往征求同意。蔡以"责任所在，自当勉任"云。（《申报》1926年11月22日）

11月22日 会晤周凤岐，协商东南大局。

第三师师长周凤岐，于前晚十时三刻由宁来沪，寓三马路新惠中旅社。即晚十二时赴全浙公会，晤褚慧僧，协商关于浙局善后及东南大局各问题，至一时许回旅社。昨日下午一时半由沪乘中（午）快车赴杭，与陈省长接洽一切。（《申报》1926年11月23日）

同日 出席皖苏浙三省联合会第一次委员会议。

皖苏浙三省联合会因三省委员均已推出，特于昨日下午四时，召集全体委员，开第一次委员会。计到会委员……浙省为邬志豪、周继漾、顾乃斌、蔡元培、王孝赉（晓籁）、褚辅成、殷汝骊、沈钧儒、魏伯桢、王廷扬等二十八人。公推许世英主席。由干事员沈钧儒报告经济状况及各处来函毕，次决议以下各事：（一）推定孟森、魏伯桢、李次山起草办事细则，（二）组织军事、外交两委员会，委员人选不限三省人，不拘人数，随时可以增加，并声明系临时性质。（《申报》1926年11月23日）

11月23日　主持苏浙皖三省联合会第二次委员会议。

苏浙皖三省联合会，昨日下午三时开第二次委员会，到者二十二人，公推蔡元培主席。嗣蔡氏他事离席，改由褚辅成代理。议决各案如下：（一）军事、外交两委员会业经推定。军事委员人名，暂不发表。外交委员则为王正廷、殷汝耕、王丰镐、赵锡恩。（二）办事细则及议事规则，均经起草竣事，由主席一一宣读，略有宣告，即经通过。（三）依据办事规则组织事务委员会，计推定孟森、杨天骥、汪同尘、王龙亭、江暐、李次山、沈衡山、魏伯桢、王晓籁，即日自行分配职务。（四）报告会内经费预算，决定由三省分担。（五）讨论通电稿，略经讨论即一致通过。（六）下次开会定星期四下午。至六时散会。

会后通电宣告三事：（一）孙传芳分属军人，自始不应与三省政治发生关系。现既弃军他往，以后孙氏行动表示，当然完全与三省无涉。（二）吾苏浙皖三省，已声明划为民治区域，此后主体，即为人民，奉直鲁首领如有对三省军事行动，即为对于人民作战，吾三省人民誓以民意抵抗之。（三）现在三省范围以内军队，赞护三省民治主张，吾三省人民应供其给养，仍认捍卫地方之责，否则认为公敌。……苏浙皖三省联合会叩。漾。（《申报》1926年11月24日）

同日　晚，出席江浙协会会议，议决致电张作霖："请采纳江浙人民公意，阻止大军南下。"

江浙协会于昨晚（二十三）八时开会，由黄任之（袁观澜代）、余遂辛轮值作主。到有褚辅成、魏炯、殷汝骊、沈钧儒、王绍鏊、沈恩孚、赵锡恩等。经众提议，以奉鲁军旦夕南下，江浙时局严重，影响所及，人心惶恐。当议决致电张作霖，请采纳江、浙人民公意，阻止大军南下。推沈信卿、沈衡山起草电文，于今日修正拍发。（电文略）（《申报》1926年11月25日）

11月25日 出席苏浙皖三省联合会委员会议。

苏浙皖三省联合会昨（二十五）日午后四时开委员会。到者有蔡元培、许世英、袁观澜、褚辅成、殷铸夫、关元良、王绍鏊等二十五人，袁观澜主席。杨千里宣读电英公使阻止借款原文。沈衡山宣读致港沪英商会函。次殷汝骊提议，谓沪上联华总会中外商人之交际机关，主致函该会，说明反对英商借款理由，众赞成，由文书股起草。次，决定加推陈廷锐、余日章为外交委员。（《申报》1926年11月26日）

11月27日 出席苏浙皖三省联合会委员会议，推为出席市民大会代表。

三省联合会昨日开委员会，公推蔡元培主席。议案为（一）外交代表报告接洽情形。（二）定下星期二下午四时招待中外新闻记者，报告本会宗旨，预定许世英或蔡元培主席。（三）今日市民大会推蔡元培、褚辅成、俞希稷、胡凤翔、汪同尘等为出席代表。（四）发表拒奉通电，请各军政当局明白表示态度，电即夜起草拍出。（五）定今日下午三时续会。（《申报》1926年11月28日）

同日 推为上海市民大会主席团成员之一。

本埠各团体联合会，昨日召集执行委员会，决于今日下午一时在西门公共体育场，召集反对鲁军南下上海市民大会，举行和平热烈之群众活动，表示民众反对奉鲁军南下之情绪。兹将其开会程序及致严警厅长、李戒严司令、三省联合会、商总联合会及主席褚辅成、蔡元培、杨杏佛函，分录如下：

致褚辅成、蔡元培、蒋伯器、王晓籁诸先生。请与主席函云：迳启者，奉鲁军南下，已成事实。本埠市民惧遭鱼肉，群起反对。爰定于明日（二十八日）下午一时假西门公共体育场，开反对奉鲁军市民大会，公推先生为大会主席团之一，希届时惠临为荷。（同上）

同日 全浙公会开董事会议，议决致联军各将领电：请一致拒绝奉军侵入上海。（同上）

11月28日 出席反对鲁军南下上海市民大会，并发表演讲。

蔡元培演讲略谓：江浙为中国文化先进之区，对于此种强暴军阀，当然不能容其立足，吾人今后为谋切身利益问题，而解放自由者，只有市民起而组织人民政府。次三省联合会代表褚辅成演讲，略谓："去岁五卅运动，首先破坏者即为张宗昌。去岁奉军自来沪以后，对我上海市民曾加以严重之压迫，因之工、商、学所提之十五条件，始终失败。现在奉鲁军二次南下，吾江、浙人民究竟应取何种态度，吾人须知上海乃上海人之上海，今日市民之大会（一）为拒绝奉鲁军南下；（二）我上海市民组织市政府，管理上海之市政。但此种责任非局部问题，须工、商、学各团体一致进行。回忆去年五卅失败，虽由军阀之压迫，其实亦人民所放弃也。自今以后，甚望工、商、学联合，作一全民运动云云。"（《申报》1926 年 11 月 29 日）

同日 下午 3 时出席苏浙皖三省联合会委员会，报告出席市民大会之经过。大会通过致三省各界及致张作霖电。（同上）

11 月 30 日 与蔡子民、殷铸夫等招待中外记者。

苏皖浙三省联合会，为求各界明了该会之宗旨，并望中外新闻界予以赞助，俾达民治目的起见，特于昨日下午四时假座西藏路宁波同乡会四楼设茶会，招待中外新闻记者。到者日本方面有东方通信社记者、日本联合新闻社、上海新闻社、上海每日新闻、大阪朝日新闻等，西人方面有大陆报、密勒评论报等，及我国各报馆、各通信社代表计五十余人。由该会委员蔡子民、褚慧僧、王悇成、殷铸夫、魏伯桢及外交委员殷汝耕等殷勤招待。五时入席，由蔡子民君主席，宾主入席后，蔡君即起立致欢迎词云。（《申报》1926 年 12 月 1 日）

同日 孙传芳、吴俊升、张宗昌、阎锡山、寇英杰、刘镇华等 16 人推戴张作霖为安国军总司令，统一指挥对革命军作战。同日，张作霖在天津宣布就任安国军总司令，以孙传芳、张宗昌为副总司令。

12 月 2 日 出席全浙公会全体董事紧急会议，致电孙传芳，责以大义。

上海全浙公会，因孙传芳三十日在天津发出领衔通电，拥戴张作霖为安国军总司令，且电内列有陈仪衔名，该会同人以为孙传芳本为反奉之首义，而陈仪早有坚决拒奉之表示，一转瞬间，竟有如此之反复。全浙人民如不奋起抵抗，浙局难免浩劫。特于昨日下午四时召集全体董事，在本会开紧急董事会，一致议决一面致电孙传芳，责以大义，一面致电陈仪，请其明白声明，当即拟稿通过拍发。

致陈仪电云：杭州陈师长、周师长均鉴：报载及同乡传说，日来闽、赣多数溃兵，由衢、严上游窜入浙境，沿途骚扰，民不堪命，应请即日饬部严加防范，分别缴械遣散。总期早日肃清，以安浙境。再本日报载，北方军阀推戴张作霖为安国军总司令，电内列有陈师长衔名。陈师长拒奉早有坚决表示，应请明白声明，免除误会，临电无任翘盼。全浙公会。冬。

致孙传芳电云：……吾浙全体人民，业已宣告划本省为民治区域，先生此后如尚有对浙言论、行动，吾全浙人民决不承认，其毋自辱，特此电告。全浙公会。冬。（《申报》1926年12月3日）

12月3日 出席三省联合会委员会议。

三省联合会昨日下午三时开委员会，许世英主席。（一）沈衡山报告各处来函；（二）外交委员马相伯、何尚平相继演说……；（三）马相伯加推陆伯鸿、张文彬、孟守熙、朱志尧为外交委员，经全体赞同；（四）褚辅成提议：报载孙传芳等竟推张作霖为安国军总司令，三省恐不能保持和平。奉军一来，党军亦必入三省境内，此责应由孙传芳负之，本会应明白宣言。其次，对于三省将领，应再电敦促表示态度，并宣告如此后再事迁延，此项军队不啻即已变为奉军。该两稿即推杨天骥、李次山、沈衡山起草；（五）特别市问题，仍推五起草员前往接洽；（六）定明日再行开会。（《申报》1926年12月4日）

12月4日 出席三省联合会委员会议，讨论合作实现自治的问题。

昨日下午七时，苏浙皖三省联合会假江南旅社招待国民党四党部，出席者蔡元培、褚慧僧、邬志豪、王澳良；国民党到者江苏省党部、上海特别市党部、安徽省党部、浙江省党部，梅电龙、林钧、侯绍求等六十余人。首由三省联合会蔡元培致欢迎词。次，双方讨论以后进行问题，并愿一致合作，以求贯彻自治之精神。席间互相致词，并对于目前政局应付情形亦略有讨论。最后并论及双方推派代表，讨论一切进行问题，席间均一致赞成，迨九时宾主始尽欢而散。（《申报》1926年12月5日）

12月6日 出席苏浙皖三省联合会第八次会议，讨论援助上海洋务公会启封、提议组织财政委员会等事。

皖苏浙三省联合会昨日下午三时，在本会所开第八次委员会，到二十五人，由蔡元培主席，杨千里记录。开会情形，（一）新苏公会改推余炳忠为出席委员。（二）上海洋务公会请援助启封。（三）主席询问下星期日市民大会，本会应如何协助或参加问题。当由褚辅成主张本会居于协助地位，向各方疏通提倡。至出席代表，可于下次开会时再行推举。褚辅成提议前两次外债问题，本会已坚决表示反对，英、日均顾忌舆论，中止进行。近又有与国内银团磋商借款之说，本会亟应组织财政委员会，以冀与银行公会接洽，议决通过，并议定于下次开会提出委员人选。（《申报》1926年12月7日）

12月8日 出席三省联合会第九次会议，提议警告银行界及安格联,"阻止发行新公债"。

> 皖苏浙三省联合昨日下午二时,在本会所开第九次委员大会,到蔡元培等二十余人,由蔡元培主席,魏炯、杨天骥记录。开会结果如下:……(五)褚慧僧提议北京现议财政计划,即积极进行加发九六及另发新公债,冀得三千余万元之巨款,本会亦应警告银行界及安格联,议决照电。推举沈钧儒、李时蕊、魏炯共同起草该通电,致海关总税务司安格联电,阻止发行新公债。(《申报》1926年12月9日)

12月9日 出席全浙公会常务董事会,讨论推出浙省财政委员及募集月刊经费等。(《申报》1926年12月10日)

同日 革命军第一路指挥官王俊、第一师师长薛岳入浙江衢州。杭州各界联合会分电蒋中正、孙传芳,各将部队撤出浙境。(《申报》1926年12月10日)

12月10日 出席三省联合会全体委员大会,讨论推派代表等问题。

> 皖苏浙三省联合会昨日下午三时,在本会所召集全体委员大会,到会二十余人,由董康主席,魏伯桢记录。会议情形:……(三)王彬彦报告官厅对于市民大会态度。(四)褚辅成主张明日再开委员会,决定推派代表与否,当有王禹丞、王绍鳌、沈衡山、汪同尘等均有讨论,议决仍推蔡元培出席市民公会,与各界公同商榷。(五)褚辅成提议讨论总工会被封后,恐激动公愤,反为不美,不如听其公开。较为有负责之人,应有本会推派代表,或请蒋百器君向官厅接洽。议决:推王彬彦、邬志豪、王晓籁向各商会及官厅接洽,并由褚辅成与蒋百器接洽。……

会议结果，发出二电：

一致三省各法团暨人民电（略）。

一致北京安格联电，反对军阀借款、预借漕粮及发行新公债。

北京安格联先生鉴：北京现已无政事可言，筹款无非为军阀提用，助长内乱。闻有发行新公债七千万元，或补发九六公债三千万元之议，东南人民异常愤激。先生去年在贺得霖长部时代，尚能坚拒签字，今日尤望以民意为重，勿徇所谋。谨代表东南民意声明，所谓现北京政府，实已为军阀统治下之一附属机关，此等举动，尤悖民意。如先生不能辩别民意所在，轻予赞助，所有以后此项负担损失，应即由先生个人完全负其责任，无论至于何时，将来由人民组织之新政府决不加以承认，特此忠告。（《蔡元培全集》第 11 卷第 285 页）

12 月 11 日 主持全浙公会董事会，讨论浙省自治、上海特别市以及其他各案。（《申报》1926 年 12 月 12 日）

同日 浙江第三师师长周凤岐在衢州就革命军第 26 军军长职，即移驻严州。

12 月 12 日 先生出席上海市各团体代表大会。

上海市民为组织特别市，拒绝奉鲁军南下，特于昨日下午三时，召集各团体代表大会，到会各团体及诸名流均有演说，并通过通电及提案三则。到会代表三省联合会蔡元培、褚辅成、沈衡山、上海特别市党部林钧、上海总工会汪寿华、商总会余华龙、全国学生会唐鉴、上海学联刘永简等三百余团体。推余华龙主席。由沈衡山宣读通电……通过后，即请蔡元培演讲。（《申报》1926 年 12 月 13 日）

12月13日　出席皖苏浙三省联合会第十二次委员大会。会议议决由外交委员会调查军阀向外人订购军械问题。

> 皖苏浙三省联合会昨日下午三时，在本会所召集第十二次委员大会，到二十余人，由蔡元培主席，杨千里、魏伯桢记录。会议结果如下：（一）主席报告上期委员因人数不足，改开谈话会；……（三）议决由本会致函张作霖，本人道主义（释放天津市党部被捕党员），予以警告，公推李次山起草；（四）褚慧僧、王恪成、杨千里相继提议：外间风闻孙传芳向外人订购军械，有半月、一月交货之说，应请外交委员切实调查，并应由本会通告外交团，不应接济军械，助长内乱。（《申报》1926年12月14日）

同日　浙江省长陈仪宣布浙江自治。14日，孙传芳决对浙用兵，陈仪部由杭州开往浙东，表示中立。

12月15日　下午1时，出席全浙公会常务董事会议。同日下午，出席苏浙皖三省联合会第十三次委员会议。提出"排除障碍，实现特别市之希望"。

> 皖苏浙三省联合会昨日下午三时，在本会所召集第十三次委员大会。到二十余人，由蔡元培主席，魏伯桢、杨千里记录。开会情形如下：（一）沈衡山报告各方文电。（二）殷汝耕报告与日领事馆接洽反对接济军火与孙传芳之情形。……（五）褚辅成提议：现在浙江（形势）已趋变化，时机甚为紧迫，上海特别市如三日内无办法，恐难免于糜烂。本会应会同各界、各方排除障碍，则特别市方有实现之希望。（《申报》1926年12月16日）

浙江民党方面消息：将组织临时政府，褚辅成将出任政务委员会主席。

浙民党消息：浙局变后，周凤岐以国民革命军第二十六军军长名义维持治安，杭州城内高揭青天白日满地红旗。国民党浙江省党部已于十五日迁入平海路省教育会办公，连日遍发传单、宣言，说明国民革命之意义及该党之主张，希望人民一致起来，解决国是。军事方面：现周凤岐之军队已进逼长安，党军先锋同进者有五六千人，后队业已抵杭。党军入浙之军队，除江西方面之鲁涤平、程潜、贺耀祖等部自江西开进外，尚有何应钦部由福建北上，何并拟亲自入浙指挥战事。综计党军预备入浙部队有十二师之众。至于浙省政治建设，则拟援照湖北、江西先例，组织临时政府，设政治会议为最高权力机关，设政务委员会及财政委员会为执行机关。政治会议一席将以现在中央党部代理主席张人杰担任，褚辅成任政务委员会主席，其财政委员会主席或将属之杭州中国银行行长陈其采，其他各委员闻已内定，不日将由总司令部委任。（《申报》1926年12月17日）

12月16日 晚，上海市民大会召集的紧急会议，推唐绍仪与先生等4人与外交及军政各界接洽，成立淞沪特别市政府。

上海市民大会因浙局变化，大局紧急，为谋上海特别市早日实现起见，非积极进行不可，特于昨晚九时召集紧急会议，到各界代表数十人，议决三案：（一）致电孙传芳，请其即日解除军职，否则即有严重之对付。（二）通告各界，积极筹备罢工、罢学、罢市、罢税，于必要时实行。（三）公请唐绍仪、褚辅成、王正廷、蔡元培四君，向外交及军政各界接洽进行淞沪特别市政府。俟到相当时，由市民公会议订市政府委员名单，召集市民大会公决，组织临时市政府，再行召集市议会办理市民选举，产

生正式市政府。(《申报》1926年12月17日)

同日 苏浙皖三省联合会发出两要电:一致电上海海关,要求"切实扣阻"军火进口。一电致驻北京各国公使,警告"各国对于我国内战,应守严正中正态度"。(《申报》1926年12月20日)

12月17日 下午,出席苏浙皖三省联合会第十四次委员会议,讨论营救被捕学生,提醒严行禁阻"军火"进口等。

> 皖苏浙三省联合会昨日下午三时,开第十四次委员会。到者袁观澜、汪禹丞、许静仁(王绍沂代)、朱叔源、张宏业、何尚平、殷汝耕、孟莼生、魏伯桢、董授经、褚慧僧、王晓籁、关达藩、周萍洄、杨千里、余炳忠、李次山、王恪成、蔡元培、毛西峰、王彬彦、沈衡山、胡凤翔等,公推袁观澜主席,杨千里记录。首由沈衡山报告来函:(一)中华全国警钟会来函,赞助本会进行由。(二)旅沪湖北商学会函请本会注重劳资两方之调剂由。公决留作参考。(三)吴忠法、周兰卿请本会设法援助被捕学生。公决:请即开释。次,杨千里宣读上次开会议决致孙传芳部下之电稿,及致各报馆经理编辑函稿,一致通过。褚慧僧报告本日《申报》载有《文汇报》据外交界消息,仍有某国接济军火情事,本会应请公使团及总税务司安格联分饬各国侨商、各海关严行禁阻,关云农、李次山附议。(《申报》1926年12月18日)

同日 浙民自决会力争浙政自主,拥戴先生与蒋伯器保护浙省安全。

> 旅沪浙民自决会,于昨日召集特别会议,讨论浙省

自治，力争浙政自主，由委员长童应时主席。……经众议决如下：（一）电召浙省朝野人士，组织民意政府，主持浙政。（二）孙传芳既尊重浙人公意，应由浙民自主，拒绝派兵入浙。（三）警告党军勿侵夺自治，须由浙民自决。否则为吾民公敌。（四）拥戴褚辅成、蒋伯器，请保护父老安全。议毕散会。（《申报》1926年12月18日）

12月19日 浙江正式宣布自治，通过省政府组织大纲，被选举为省务委员之一。

浙江各界联合会通电：本会征集各界主张，已决自组政府，业于本月十九日商定省政府组织大纲九条，选举蒋尊簋、陈仪、周凤岐、蔡元培、褚辅成、黄郛、周承菼、陈其采、张载阳为省务委员会委员，主持省政，并举陈仪为民政部长，蒋尊簋兼军政部长。从此境求自保、民冀相安，以自决之精神，行真正之民治。凡浙省以外问题，任何方面绝不参加。一俟国是奠定，中央政府足以代表人民利益，即当仍归统治，与全国同胞共图进步也。迫切陈词，察希垂鉴。浙江各界联合会。皓。（同以此电致浙省各县议会及各法团，文略）。（《申报》1926年12月23日）

时先生在沪，因事务繁琐，表示暂不赴杭就职。

浙省政府业已改组，举出委员，实行自治。昨闻此种办法，在党军未入浙境以前，陈仪与孙传芳曾有接洽，孙为避免困难起见，亦曾加以默契。此次时势变易，陈又派周赤忱前往解释，孙氏表示如何，尚未有所闻。惟此次改组内容，虽由各界联合会推出，实际以蒋伯器、陈仪之活动为主干，预有成议。九委员中在沪者有蔡子民、褚慧僧、黄膺白等三人。张暄初亦新近由绍来沪。昨（二十一日）据褚君谓此种办法，系杭垣不得已之应急办法，本人因沪上事务繁琐，不能离开，暂时决不前往就职云云。又蔡子民、黄膺白，闻暂时亦无赴杭意。至张暄初态度如何，尚未有所闻云。（《申报》1926年12月22日）

浙江各界联合会20日下午召开第六次委员会，决推派代表赴沪迎先生等省务委员来浙就职。

> 浙江各界联合会于二十日下午四时许，开第六次委员会，签到委员宓敬身、戴祺瑶、陈惠民、宓维琮等十五人，公推宓廷芳为主席，宓力辞，改推骆树立。……宋翰青云：沪报载全浙公会对本会持镇静态度，当再与之接洽。又当选省务委员如褚慧僧、蔡子民、张暄初等均在上海，亟需请其来杭就职。郦赓九主张由本会派代表四人，赴沪欢迎，当推定祝星五、许蟠云、陈惠民、张孔修为代表。裘英云：周恭先亦系省务委员之一，应一视同仁，亦派代表二人前往欢迎，庶不致厚于此而薄于彼，众赞成，即派定裘英、郦赓九为代表。定二十二号出发。（《申报》1926年12月24日）

12月20日 先生与许世英、董康、蔡元培等以三省联合会全体委员名义致电驻法国公使陈箓，反对借款。

> 巴黎陈公使鉴：字林西报载，公与法政府提议，将庚赔作为借款，供奉方讨赤之用等语。夫赤于何有？讨赤何意？公系解人，当解症结。现在皖苏浙三省人民，业已结同团体，迭次表示拒绝无意识之战争，断不许有效奔走口舌之劳，为军阀斡旋借款，借寇资而□盗粮也。特电奉

询，并请明示。(《申报》1926 年 12 月 21 日)

12 月 21 日 代表三省联合会向《字林西报》记者发表谈话，分析浙江当前之局势。

三省联合会代表褚辅成，向《字林西报》记者发表谈话，分析浙江当前之局势，谓可分为三，即：到达浙江常山之北伐军；在杭州附近之浙军；仍据苏浙间之孙残余。(《浙江百年大事记》第 200 页)

12 月 22 日 下午 3 时，皖苏浙三省联合会召集委员大会，反对征收二五附加税，谓"筹款结果，无非提供军阀延长内乱。"议决致电各国驻华公使、北京银行公会及安格联，望"力予阻止"。(《申报》1926 年 12 月 23 日)

12 月 23 日 遭孙传芳通缉。

孙传芳以苏浙皖三省联合会暨全浙公会、新苏公会、全皖公会四团体运动自治，不利联军，除由孙氏登报通告外，并饬戒严司令官李宝章、淞沪警察厅长严春阳，取缔该团体集会，并缉拿领袖褚辅成、董康、许世英等七十余人，商请英法两领事签字，以便执行。闻法领方面尚未签字，严厅长仍恐他人借名招摇，特先签发调查票，从事侦查后再行着手办理云。(《申报》1926 年 12 月 28 日)

大中通信社云：孙传芳对于皖苏浙三省联合会曾密令沪上军警当局逮捕各委员，人数有五十余人之多，嗣又减少人数为十一人，兹从军政界探得十一人姓名如下：(一) 蔡元培、(二) 杨天骥、(三) 董康、(四) 王绍鏊、(五) 褚辅成、(六) 沈钧儒、(七) 殷汝骊、(八) 殷汝耕、(九) 包世杰、(十) 李时蕊、(十一) 关建藩。(《申报》1926 年 12 月 31 日)

是年冬，国民革命军已占领江西全省，进取江浙。孙传芳不但不接受民众之要求，反视三省联合会中坚分子，如芒刺在背，不去不安，阴使上海护军使按名逮捕。校董蔡君子民、沈君衡山及辅成，偕赴浙东革命军前线，董校长亦赴东瀛暂避。潘副校长因非江浙人，未为当道所注目，得与留沪同志时相往还，凡遇秘密集议，往往借本校为会场，学生中参加秘密工作者，亦复不少，故本校自开办至暑假，未满一年，已使社会人士脑海中有深切的印象。（褚辅成《十年的回顾和感想》）

12月25日　报载中国济难会函聘褚辅成、沈钧儒等16人为名誉董事。（《申报》1926年12月25日）

12月27日　出席皖苏浙三省联合会第十八次委员会，讨论各团体新任代表等事，并报告浙省最近之状况。

昨日下午二时，皖苏浙三省联合会开第十八次委员会，到者许世英、蔡元培、王正廷、朱叔源、沈钧儒、王龙亭、周继潆、李次山、褚慧僧、魏炯、顾乃斌（魏代）、陈柱一、殷汝耕、胡凤翔、俞希稷、汪禹丞、关建藩、毛酉峰、王晓籁、何尚平等。公推许俊人主席，杨千里记录。首沈钧儒报告来函（一）曹裕炳来函辞职由。（二）新苏公会来函，以出席本会代表李味青辞职，改推汪同尘出席由。……次褚慧僧报告浙省最近之状况。（《申报》1926年12月28日）

12月28日　与蔡元培、许世英、董康等33人联名发表启事，责问孙传芳。

本会成立之始，即宣示主义，划三省为民治区域，冀免兵祸。两月以来,所主张、所抨击,荦荦数端,如拒绝奉鲁军南下,如警告外团私缔借款,如拒军用票,皆光明磊落,天日俱昭,未尝有不可告人之事。今见孙传芳启事,对于本会横肆诋诽,故不得不剀切质问:(一)所谓推诚延接之绅耆系属何人?(二)所谓有人假借,人系何人,假借何事?(三)所谓少数奸人,系何姓氏?信口鼓簧者,何种主义淆惑听闻,胁从何人?凡此所指,决非遮遮掩掩所能为。本会委员姓名俱在,对于三省人民,何敢自居父老,而对于孙传芳实居绅耆之列,公理不可没,民意不可诬,应请明白答复,布告国人,本会亦愿敬谨拜嘉。(同上)

12月30日 出席并临时主持皖苏浙三省联合会第十九次委员会议。

皖苏浙三省联合会昨日下午四时,在本会所召集第十九次委员大会,到二十余人,由蔡元培主席,杨天骥记录。(一)通过前次议决驳斥孙传芳宣言之通电,议决送各报,并另纸分散(发)。……(四)旅欧华侨废除比约归国代表蒋景瑞、张岱岑到会,报告海外侨民废约运动。(五)蔡元培因事先退,推褚辅成继续主席。(六)主席对蒋、张两君之报告,谓海外侨民运动废约,致受外警侮辱,本会甚为愤慨,并致感谢。惟本会以三省现状,非常危险,故对于外交,尚不能努力进行。然废除不平等条约,为我民众同一之口号,现拟请本会外交委员会王儒堂君与南代表详细谈论。(七)定下星期四开委员会。(《申报》1926年12月31日)

同日 浙军第一师在绍兴正式改编为革命军第19军,陈仪为军长,时陈被孙传芳押在南京,由石铎代理。

本月 蔡元培对被委以浙江政治会议委员及政务会议委员之职,并于张静江回浙以前代理政治会议主席一事致函蒋介石,提出"可否请褚慧僧先生兼代之?"

蒋介石于12月19日致函蔡元培云:

> 昨上一函,谅已察阅。政治会议,张静江先生一时恐不能到会,特请先生为该会代理主席,以是会关系重大,非请先生出面主持不可。务乞俯允为祷。敬请大安。晚中正手上。民国十五年十二月十九日。(《蒋介石致蔡元培函》,高平叔编《蔡元培全集》第5卷第102、103页)

◎ 1927年(丁卯)民国十六年 55岁

1月5日 先生与蔡元培、陈其采等于本日晚间乘"新北京"轮由上海往宁波。

> 国民政府任蔡先生为浙江政治分会(代)主席,褚慧僧(辅成)为浙江省府(政务委员会代理)主席,在上海的同志,亟谋在宁波成立省政府;集会数次,未能决定。蔡先生之意,是派人先去绍兴、萧山、桐庐考察一下,周、余(周凤岐、余宪文,均孙传芳的师长,此时反正,国民革命军派周为第二十六军军长,驻桐庐;并已派余为第二十九军军长,驻绍兴、萧山)实力究竟如何。当时决定派我先去看一看。……我偕徐知白(之圭)、徐钧溪二兄,取道宁波前往。周、余二人之部队,号称二军,其实力尚不足二师。军风纪及装备均甚差……决不足以御劲敌。回程曾潜入杭州观察孙(传芳)军情况,而卢香亭所部,是久经战阵之师,较周、余所部略胜一筹。……我将在绍、萧、桐庐及杭州所见情形,报告蔡先生,蔡先生

认为时机还没有成熟，必须等待国民革命军东路军由闽入浙，省政府始可在宁波成立。惟在沪同志，迫不及待，仍旧主张先在宁波成立。于是，浙江政治分会同仁，今晚均从上海搭船，航行一夜，翌晨到达宁波。（姜绍谟《随侍校长蔡先生琐忆》，台湾《传记文学》第12卷1期，1968年1月）

1月6日 清晨，船到宁波。

1月8日 国民党浙江政治会议在宁波成立，先生为该会委员。

浙江自改革后，由临时政治会议为最高机关，即以该会议决案，由政务委员会及财政委员会分别执行。现在该会组织成立，除报告国民政府暨蒋总司令外，并发布通电如下：全省各县党部、市党部、各工会、各农民协会、各教育会、各商会、各学校、各报馆钧鉴：案奉国民革命军蒋总司令开，任命张人杰、周凤岐、韩宝华、陈其采、经亨颐、宣中华、蒋梦麟、蔡元培、褚辅成、戴任、马叙伦等，为浙江临时政治会议委员，并任命张人杰为主席。在张人杰未就职以前，任命蔡元培为代理主席。等因，奉此。本会议业于本年一月八日在宁波成立，现在本省敌军已经廓清，本会议爰于三月一日在省城实行职权。特此电闻。浙江临时政治会议。印。（《申报》1927年3月9日）

本年元月八日，中央政治会议派张静江等为浙江临时政治会议委员，并以张为主席。张未到前，由蔡孑民（元培）先生代理。下设政务及财政两委员会，政务委员会亦以张为主任委员，张未到前由褚慧僧（辅成）先生代理。财政委员会，以钱新之（永铭）先生为主任委员，陈蔼士（其采）先生及公（按：指阮荀伯）等为委员。（阮

毅成《民国阮荀伯先生年谱》第 90 页）

1 月 10 日　离宁波。

来甬组织省政府之委员蔡元培、褚辅成、马叙伦、陈其采、沈衡山、魏伯桢等十日已离开宁波。（《申报》1927 年 1 月 12 日）

按：先生等自 1 月 10 日与蔡元培、马叙伦等离宁波赴定海，随国民革命军北伐的进展，途经温州、丽水、缙云、永康、金华、兰溪等地，于 2 月 21 日抵达杭州。以上行踪据沈钧儒所著《楼居七日记》及部分家信记载整理。

3 月 1 日　主持浙江政务委员会议，出任民治科长。

浙江政务委员会一日上午十时开会，潘枫涂、查人伟、马叙伦、蔡元培、王廷杨、魏炯、沈钧儒等均出席，褚辅成主席。根据浙江省政务委员会大纲第五条，政务委员会设秘书处及民治、司法、教育、建设四科之规定，公推朱兆莘为教育科长，同时并推马叙伦为建设科长、褚辅成为民治科长、查人伟为司法科长。众无异议。通过后即电蒋总司令委任，一俟复电到后，即行正式任事。（《申报》1927 年 3 月 5 日）

浙江临时政治会议在杭州行使职权，省长公署于三月一日起，设立政治委员会，由主席蔡元培、委员沈钧儒、褚辅成等主持其事，以后全省政务，均由该委员会执行。（《申报》1927 年 3 月 4 日）

按：据马叙伦回忆：实际上主持省政的是褚辅成，同共产党籍的委员合作得很好。委员中除了那位年轻的共产党员和三位兼职委员外，（褚辅成）差不多没有话问，每件公事，经共产党两位委员许可就成了决议案。（马叙

伦《我在六十岁以前》第 94 页）

3月12日 在杭纪念孙中山先生逝世二周年，宣读通电及宣言。

杭州快讯：今日（十二）为孙中山先生二周年纪念日，各界休业一天，在湖滨公众运动场开会纪念，各界男女到者约十五万人，先行奠礼，仪式如下：（一）鸣炮；（二）下半旗；（三）全体肃立；（四）奏哀乐；（五）向国旗及总理遗像行三鞠躬；（六）主席蔡元培恭读总理遗嘱；（七）献花；（八）读祭文；（九）全城静默五分种；（十）奏哀乐。祭毕开会首由蔡元培主席宣布开会宗旨，次宣中华报告总理生平事略。次何应钦代表钟武达读祭文，次褚辅成宣读通电及宣言，众赞成，通过。（《申报》1927年3月17日）

4月2日 调解杭州新旧工会冲突，形势缓和。

杭州新旧工会发生冲突，经省政务委员会代理主席褚辅成、委员查人伟等人调解，形势缓和。（《浙江百年大事记》第 203 页）

4月3日 赴沪。次日晨晤蒋介石。

浙江省政务委员会代理主席褚慧僧君于前日动身来沪，旁晚到站。昨早即晤蒋总司令，报告浙省政务近况。下午，往访张静江君，有所接洽。已定今晨偕沈衡山君返杭。（《申报》1927年4月5日）

按：此次蒋介石召先生赴沪报告浙省政务近况，实为了解杭州发生工潮一事。对于处理杭州新旧工会发生冲突，先生站在公正立场酌情处置，使形势得到缓和。而公安局长章烈等人则主张"即行复工，暂禁游行集会。"至于对总工会代表提出的解散职联（即职工联合会）一事，推托"此系政务问题，彼为军人，未便干涉"，故引起总工会代表的不满，遂向政府提出五条要求：（一）撤换章烈；（二）解散职联会，并惩办杜震芗等；（三）发还纠察队用器；（四）惩办指使开枪者；（五）抚恤此项死伤者。对此要求先生逐条答复："撤换章烈，省方本无问题，因彼屡抗命令，惟在军事时期，须得蒋总司令同意；解散职工会，省方早下令公安局解散，乃该局长托故请假，已再令代理局长讯即解散；至于惩办工贼，决令公安局惩办；纠察队器械俟向总部交涉发还；至惩办指使开枪者，事关军事，须由军事当局办理，对受伤者决即派员慰劳。抚恤一项，严令肇事者负责。"先生此答复引起公安局长章烈等人不满，密告蒋介石，褚辅成坦护工人，有"通共"嫌疑，致清党期间遭逮捕（见下）。

中共地下党潘念之在《大革命时期浙江的反对国民党右派斗争》一文中亦有记载，摘录以下：

> 大约三月二十九日，反动派收买了流氓歹徒，蒙蔽少数土木工人，由反动流氓、四府同乡会（金、衢、严、处）的杜震芗率领，手持铁锤木棍，呼叫反动口号，在省政府和国民党省党部前游行，扬言要捣毁省党部和总工会。由于我们的严密戒备，没有发生事故。在宁波，流氓歹徒烧毁了总工会办公处。在这样的情况下，宣中华同志到上海向党中央报告请示，派王贯三到武汉向国民党中央党部和国民党政府联系。一方面在杭州作了一些应急布置，同时设法扩大团结，除原来合作的国民党左派分子

外，加强对省政府浙江绅士的联系，褚辅成、沈钧儒的关系是比较好的，庄崧甫、王廷扬、魏炯也比较同情我们。（《浙江文史资料选辑》第 15 辑第 13 页）

4 月 12 日　蒋介石在上海发动政变，南方各省开始"清党"。13 日，先生被人诬告私购军火，勾结兵队，"将加张主席以不利"，遭逮捕。

昨晚有告者云，外间谓慧公（指褚辅成）私购军火，勾结兵队。本月初公（即沈钧儒）与慧公赴沪，并负有重大使命，将加张主席以不利。并谓于搜查党部时，在宣中华室内抽屉中得一函，有"褚辅成等真左派字样，公等宜早自为计。"余为骇然，即力言慧僧决无此等举动。"慧僧在民元，有疑其为青帮首领者，久之始明。今由被疑为共党，未免可笑。（沈钧儒《楼居七日记》，《浙江月刊》第 1 卷第 4 期）

大逮捕之前，有人曾告先生赶快逃走，先生谓："不须逃，蒋介石也杀不了我"。

在大逮捕之前，已有消息透露，省政府和省党部的委员，除阮性存、沈钧儒、褚辅成几人外，全数逃避一空。曾有人通知褚辅成，叫他赶快逃走。他说：我不逃。又告诉他，清党捕人是蒋介石的命令，他则说：蒋介石也杀不了我，不须逃。终于不免被章烈亲手逮捕。（骆正葵《慧老往事数则》，《褚辅成专辑》第 48、49 页）

4 月 14 日　与沈钧儒同被拘押于营部。

四月十四日，时近午，余正在阅一稿，慧僧匆匆走入，谓余云："公安局长现在吾室，传罗主任语，邀吾等至其营部,须即去,已命茶房速开饭。"余因遂偕慧僧往晤之,见尚有偕来二人,一中山装,一便衣。通姓名后,仍回余室,将本日应办之稿及应交各课文件赶速办毕,饭已开好,食完,即随手披衣持帽偕慧僧行,未及再处理他事。至二堂,见武装警士正督饬役夫搬运前由警务处移交到会存储之枪弹等件,与余等乘车杂逐同出大门,旋抵留守营部,入楼下客厅。小息,罗主任出见,略云外面空气不好,有欲加二位以危害者,请在此小住数日,以便保护等语。慧僧与余至此已全部了然,觉辩白均系多事,但唯唯谢之而已。……七时卧具衣服取来,罗主任偕一副官导余等至楼上重东偏二室,慧僧居其西,余居东室之后间,以前半间作餐所。副官处派来茶役一人,房外置守卒,每二小时更番持械监视。(沈钧儒《楼居七日记》)

拘押期间,先生仍挂念设立农业银行事。

> 慧僧于乡间情弊最谙习,常说农业银行不可不急办,并已想得一种办法,可以在全省同时举行,不及提出决议,尤为可惜。(沈钧儒《楼居七日记》)

4月20日 来通知:明晨8时解南京。

> 夜十一时,罗主任来通知,蒋中司令有电令慧僧与余到南京,已备专车,以明晨八时行,嘱预备衣服行李。(沈钧儒《楼居七日记》)

4月21日 晨,与沈钧儒一起被押解南京。

> 政委会代主席褚辅成,秘书长沈钧儒,日前经公安局长章烈邀至总指挥部行营后,顷闻褚、沈两君,昨(21日)已附车赴沪,转往南京谒蒋,面陈一切。(《申报》

1927年4月25日）

后经庄崧甫、魏炯、蔡元培、宋庆龄等的营救获释。

  过了两天，浙江省政治分会主席蔡元培和委员庄崧甫等，同往南京要求蒋介石释放褚辅成。蒋介石却说：慧老在这里原没有什么事，我是想问问他浙江的一些情况。这几天我忙，还没有时间和他谈话，今天我就叫人把他请来，我们大家一起谈谈吧！……褚辅成到来时，蒋介石说：慧老，我想问问你浙江的情况，现在你谈谈。褚辅成回答说：介石，浙江的人员除衡山外，全是由你选派的，我依照委员制行事，亦未便独裁，叫我说些什么？原来，蒋介石在上海做交易所经纪人时，褚已与其相熟，一向称其名习惯了。而今，别人都称蒋介石为蒋总司令，或者称为蒋先生，褚辅成则仍直呼介石之名，又听其说话态度傲慢，蒋介石心中极为不快。……据庄崧甫回到杭州后传出的消息说，蒋原来对褚辅成并没有什么，只是在几个月当中把浙江弄得有些不象样子了，想看看他与共产党是否有政治上的联系。那天蒋介石与他说话时，只要他认识到自己的错误，表明自己的态度，就会让他和我们一起回来的，将来也是会重用他的。不料他态度傲慢，出言不逊，以致把事情弄僵了。（骆正葵《慧老往事数则》，《褚辅成专辑》第48、49页）

获释后先生即去上海，致力于上海法科大学和全浙公会。

  清党后褚辅成不再参加省政府，不明白的人以为褚或和共党有关。事实是：马叙伦嫉忌褚辅成的地位，清党时加以诬陷，以政治分会名义，将褚及沈钧儒等拘捕，并谋杀害。幸得主持正义的省府委员庄崧甫、王孚川（廷扬）两氏电京呼冤，中央命解京办理，当即获释。后查出共党宣中华的日记所记和褚的交往系属伪造。褚氏于杭州克复初期，党政军联席会议上受东路军总政治部代表的攻讦，今又受此诬蔑，遂即决心离开现实政治工作，在沪办学。……"（王梓良著《忆旧与伤逝》第41页）

至十六年一月国民革命军克复杭州，进而克复上海，褚先生莅省垣就任代理主席。时言论无忌，组织庞杂。而第一次党政军联席会议，东路军政治部代表就公开骂人："我们国民革命军流血，联省自治者做官"（即指褚辅成），而省政府会议时，共党委员指金华方豪为土豪劣绅，方之舅父王廷扬先生，亦系委员，闷不作声，以局势混淆之故。惟先生默默作准备，一方引进新人入省府，如延楼桐荪先生（金华）、罗霞天先生（杭州）、陈成先生（绍属）分别任秘书、科长之责。一方设政治人员养成所，期为推进新政，实施廉洁政治之干部。是乃末两月，清党事起……先生亦遭逮捕。

……

据陈成先生告：褚先生被解送至京后，蒋总司令曾询以愿就何种职务时？他盱衡时局，尚多复杂，便答以"愿以在野之身，兴办教育，有余力为政府谋贡献。"于是遂返上海，他创设了私立上海法学院，自任董事长。（王梓良《褚辅成先生的一生》，台湾《浙江月刊》1979年5月第121期第13页）

按：上海法学院二十多年来培养了不少法律人才，师生中诸如王造时、楚图南、潘大逵、朱学范、史良、沙千里等先生，后来都成为民主党派的著名人士。（褚律元

《一位爱国的政治活动家——纪念祖父褚辅成先生》,《褚辅成专辑》第 8 页)

5 月 18 日　出席陈其美殉国十一周年纪念大会,在大会上述陈其美革命事迹。

陈英士逝世纪念大会十一时开始祭奠,由王一亭主祭,叶惠钧赞礼,王汉良读遗嘱。先向遗像行三鞠躬,次静默三分钟,由褚慧僧述陈公行状,陈果夫、朱剑霞等相继演说,末由家属致谢。即午全体在寺素斋。由褚辅成提议为陈公立铜像于上海,永留纪念,到者均为发起人,一致赞成。至六时许散会。(《时报》1927 年 5 月 19 日)

电蒋介石,请拨款铸陈其美铜像,以垂不朽。

褚辅成等云:南京蒋总司令钧鉴:先烈陈公英士,功在党国,应予表扬。除辅等已建议浙江省政府设立专祠外,兹再发起在沪铸立铜像,以垂不朽。应请我公鼎力提倡,并提出中央政治会议拨款补助,以慰英灵。纪念期迫,乞速电复。褚辅成、虞和德、杨谱笙、卢钟岳、周佩箴、王正廷、魏炯、杨济沧、钱永铭、蒋著卿、沈泽春、竺鸣涛叩。(《申报》1927 年 5 月 19 日)

撰挽联悼念陈其美。

数百万志士同盟,公能艰巨独肩。随总理灭清讨袁,拼死以身殉党国。十一年罪人未得,今正疆场相见。愿三军齐心协力,挥戈杀贼慰英灵。褚辅成。(刘作忠编:《挽陈其美先生楹联辑》第 606 页)

6 月 11 日　主持全浙公会常务董事会议。

上海全浙公会昨日上午十时,在本会所召集常务董事会，到褚慧僧等数人，会议事件如下：（一）本会加入陈公英士铜像发起大会，公推严慎予君为代表出席；（二）租界反对增加捕捐大会，本会议决加入，并推定严慎予、金华亭、徐建侯三君代表出席；（三）杭州劝用国货，本会去函表示热烈赞同，并随时设法鼓吹；（四）根据上次董事大会议决，十六年大会定七月二十四日在宁波同乡会举行。昨日发出同函两则，通告会员，议毕散会。（《申报》1927年6月12日）

6月15日 法科大学商业专修科第一届学生毕生。

六月十五日举行第一届毕业典礼。秋季开学，来学者益众，南及百奥，北及幽冀，董事会亦重行更订学校组织大纲，以期完善。（沈兆彭《上海法学院商业专修科史略》，《上海法学院商专季刊》第9期第1页）

6月20日 下午，出席筹备建造陈英士铜像事务所发起人大会，报告筹备经过及各团体踊跃加入情况。被推为筹备员。（《时报》1927年6月21日）

夏 与虞和德等8人致电蔡元培，请求撤销新税，借苏民困。蔡元培（8月）复函，不予采纳。（《蔡元培全集》第11卷第303、305页，浙江教育出版社1998年9月）

7月22日 嘉兴秀州中学改组，先生被推为校董事会副会长。

嘉兴秀州中学，自西差会宣布下学期停办后，即由该校校友会发起继续维持，其新组校董会已以本月二十二日在上海青年会召集开会，决定学校重要政策。如立案经济租借校产等。并聘定前代理校长黄式金氏为正式校长。兹访得其校董事会职员如下：会长周梅阁、副会长褚辅

成、书记包涵空、会计凌希陶。(《申报》1927年7月29日)

7月24日 主持全浙公会常年大会,做会务报告。

上海全浙公会昨日下午三时,假座西藏路宁波同乡会开常年大会,到会者数百人,公推褚辅成主席。沈衡山司仪,严慎予、金华亭记录。开会情形如下:(一)主席报告会务。(二)张彦成报告会计状况。(三)提议事件修改会章。先由沈衡山说明,随后逐条讨论,修改通过。(四)胡适之、黄膺白两君演说。(五)主席提议同乡子弟教育问题,交董事会筹备设立学校案,经众赞成通过。(六)主席提议政府宣布关税自主裁废厘金,交董事会推出委员接洽各团体于九月一日开庆祝大会案。议决通过。(七)李君提议征求会员案,议决交董事会办理。(八)陆君提议组织建设委员会案,议决交董事会办理。五时散会。(《申报》1927年7月25日)

7月26日 《浙江月报》第四期刊布,先生所撰《扶助农民之根本计划》一文发表。(《申报》1927年7月27日)

8月13日 主持全浙公会董事会议,当选为主席委员。

全浙公会昨日下午本届开第一次董事会,公推褚慧僧主席,先报告各处来函,次投票选举主席委员三人,常务委员十一人。开票结果:当选者(主席委员)褚慧僧、魏伯桢、王晓籁。(常务委员)严慎予、顾振庠、周佩箴、沈任夫、徐聘耕、何炳松、汪纪南、金华亭、许达夫、刘劼夫等。次修改办事规则,推沈任夫等起草。又讨论筹举校教育同乡子弟,推何炳松、沈衡山、魏伯桢、严慎予设计,俟下次会议提出讨论。末讨论拥护关税自主问题,推王晓

籁、张静庐出席各团体会议。(《申报》1927 年 8 月 14 日)

同日 蔡元培日记里记有"褚慧僧、董绶经营救被国民党逮捕的史良、郑观松"事。蔡元培日记编注者高平叔曾专函详询此事。

> 当时史良在校任男女生指导员，开会不肯喊口号，被反动当局逮捕。郑观松说，不喊口号就逮捕，是没有道理的，我也没有喊口号。于是也就同时被捕了。由于史良的父亲找了褚慧僧的亲戚，通过褚去找董康和蔡元培作保释的。(高平叔《蔡元培年谱长编》第 71 页)

9 月 8 日 主持嘉兴除螟会议，集议划除螟费办法。(《申报》1927 年 9 月 8 日)

10 月 7 日 出席上海拒毒运动周禁烟联席会议，报告浙江禁烟事略。

> 十月七日下午一时，在银行俱乐部举行各长官联席会议，到者上海县党部、卫戍司令部、市政府禁烟局、临时法院、卫生交涉署、地检厅、公安局、海军司令部及医师公会、教育会、全浙公会、拒毒会等代表，公推钟可托主席。黄嘉惠报告拒毒运动周经过，各长官演讲。郭泰祺、卢兴原等均有演说。褚辅成报告浙江禁烟事略及现状后，讨论倡办上海特别市模范戒烟医院问题，先由朱企洛报告组织计划草案，经众议决，由官民合作办理。(《上海拒毒运动周专刊》第 34 页)

10 月 13 日 与沈钧儒、吴凯声、李梦驺等排解法科大学学生风潮。上海法科大学接国民党上海市党部函，谓校中有"跨党分子"12 人，须限期离校，措词十分严厉。潘力山副校长立即通告被指的 12 名同学自动退学。

上海中等以上各校的学生，难免有跨党分子溷迹其间，在清党运动紧张的时候，若辈销声匿迹，皆能平安过去。一到暑假后开学，本校不属国民党的学生，发起改组学生会，开选举大会时，属于国民党学生以形势不利，中途退席。其他学生仍进行选举，国民党学生当然全体落选，遂以投票时不足法定人数为理由，主张选举无效。非国民党学生以放弃投票，不能影响于合法选举，双方各执片面的理由，相持不下。学生中显分国民党与非国民党两派，影响及于校长，董校长非国民党员，当然不愿受党部的拘束。潘副校长名列国民党党籍，不得不接受党议。两派学生初仅揭帖传单，互相攻击，后竟扩大范围，把董、潘两校长卷入旋涡。国民党派学生表示拥潘攻董。非国民党派学生反之。因此学生间的争端，校长无法解决。经校董会推辅成及沈衡山、吴凯声、李梦驺等四人出为排解，召集双方学生代表数度谈话，意见渐趋接近，两派各派代表已分向董、潘两校长谢罪。风潮本可平息，不料十月十二日，突然接奉上海市党部公函，指学生某等十二人为跨党分子，勒令开除。此十二学生当然属于非国民党的一派，且为此次风潮中显露头角者，但亦未必尽是共产党徒。董校长不肯执行，潘副校长以来函措词严厉，深恐危及学校，通告十二学生自动暂行离校。(褚辅成《十年的回顾和感想》)

按：关于"跨党分子"12人，《申报》有如下报道：临安县党部电称，杨明确系cp，请严密缉究。议决函请上海法科大学，驱逐跨党分子杨明、刘子明、赖国民、李钟华、林鸿基、陈诚、吴雨声、邹兆辰、杨生清、祝蕙芳、朱文华、谭济等限期出校。并警告该校说明：查历次

上海所发现之种种反动传单等，均由该校发出。如再不禁止，本党将有相当手段对付。（《申报》1927年10月8日）

10月14日　法科大学副校长潘大道遭暗杀。

十四日清晨，潘副校长乘包车到校，甫抵校门前，迎面窜出二人，擎枪乱击，眉际中一弹，负伤甚重，急送广慈医院，不及医治而亡。学校闹风潮，在中国虽属司空见惯，但至校长因此而被暗杀，实开古今未有的创例，人心之险恶，何一至于此？（同上）

10月16日　先生由南京赴上海，举行董事会议，设法维持校务。

董事长褚慧僧已于昨日来沪，即晚举行董事会议，惟人数不多，今晚尚须再行召集。对于潘氏身后之赙赠问题，均有所讨论。至校务进行一节，当由褚氏设法维持，藉免停顿云。（《申报》1927年10月17日）

潘副校长惨死后，董事长、校长亦提出辞职书，全校陷于无政府状态。校董会召集紧急会议，佥以将近五百的青年，断不可令其中途失学，不能不设法维持。值学校遭此空前的惨变，谁肯冒险来接办，遂由王校董儒堂提议，推辅成暂以董事长资格兼代校长。辅成从未办过中等以上的学校，并以天下难办的事情莫过于私立大学，不敢贸然担任。而各校董皆谓目前无从聘请校长，只好照王校董提议，维持至寒假。一面物色相当人才，并加推沈校董衡山为教务长，帮办校内一切事务。辅成无法推辞，暂行兼摄，以为三个月后，便可释此重负。（褚辅成《十年的回顾和感想》）

10月17日 接受校务，暂允（代理）校长。

本埠法租界蒲柏路上海法科大学，自副校长潘大道于上星期五晨被人在校门口枪击暗杀后，即于是日下午由法捕房发贴布告，限令学生于二十四小时迁出，将学校暂行封闭。兹悉该校董事长褚慧僧氏返沪后，对于学校前途进行，仍继续维持，以免停顿。当经委托吴凯声律师向法捕房磋商接收事宜，已于昨日下午二时半由法捕房西探目长及译员等等，将校内之教室宿舍、钥匙等在法大门内一并点交于褚氏，惟门外仍派警一二暂驻，以资照料。（《申报》1927年10月18日）

至学校问题，前晚经董事会议决，推褚慧僧继任校长，沈衡山董事任教务长。褚君以数百学生学业为重，已允暂予维持，再定永久计划。（《申报》1927年10月19日）

11月1日 晚，出席上海市张定璠市长欢宴各界之会议。

上海特别市市长张定璠昨晚七时假上海总商会三楼常会室，设宴款待各界，到市政府参事及政、学、商、党部、新闻各界来宾约百余人。张市长主席，酒过数巡，张市长起立致词，报告市政府成立以来之工作。嗣由冯少山、胡适之、褚慧僧、谌小岑、陈德徵、余日章、周雍能、谢福生等相继演说。大致以上海为世界第二大商埠，希望今后市政府能摆脱政治、军事漩涡，市政府方有建设机会，而市民对市政府亦须特别关心，上海市将来为全国之模范市云云。十时余摄影而散会。张市长演辞（略）。（《申报》1927年11月2日）

11月初 与法领事及总巡商法科大学复课问题，至21日始获照常上课。

当时唯一紧要的事情，便是设法复课。但出了惨案以后，法租界巡捕房即把校内文卷搜去检查，并派巡捕看守，禁止学生出入。几经交涉，始将文卷发还，然犹不准学生进校上课。嗣托华董向总领事及工部局疏通，复由吴校董凯声多方运动，偕辅成往见领事及总巡，声明负责保证，此后不致再发生同样情事，至十一月廿一日始获照常上课。(褚辅成《十年的回顾和感想》)

11月18日 出席中国经济学社第四届年会晚宴，并发表演说，认为："在新的时代势必以经济问题为中心，经济学者责任重大。"

昨日，为中国经济学社在总商会举行第四届年会之第一日，浙江财政委员魏颂唐送赠手著《浙江财政纪略》、《浙江经济调查一览》、《浙江农工银行问题》、《浙江财政最近状况》。

……

晚间公宴。下午七时在大东旅社举行公宴，到张公权、徐寄庼、褚慧僧、胡适之、王云五、高梦照、冯少山、赵晋卿、王晓籁、秦润卿、潘公展、陈德政、岑有常、潘叙伦、王延松、穆藕初、寿毅成、赵文锐、魏颂唐、王志莘、董修甲、金国宝、马崇淦、陶士玮、李权时、刘大钧等一百余人，由马寅初主席代表致欢迎辞，并请来宾演说。首由张公权代表来宾致答词，大旨谓：我国财政上之紊乱与商业上之失败，皆由缺乏经济常识及学者不注意实际上之经济状况所致，故经济学者于研求高深学理之外，更宜力求经济常识之普及于一般社会。次由褚慧僧氏演说："十六年以前之民国，以政治问题为中心，十六年以后之民国，势将以经济问题为中心。而此等问题之研究及指导，均惟经济学者是赖，敬祝中国经济学社前途无量发展。"又次则为胡适之博士演说（略）……最后由主席请胡适之报告英国退还庚子赔款之经过，及其将来分配用途之原则。又由主席报告十九、二十两日会务日程，宾主尽欢而散。(《申报》1927 年 11 月 19 日)

11 月 19 日　出席各团体联席会议，坚决反对鸦片公卖。

中华民国拒毒会昨日下午三时，在香港路四号五楼召集各团体代表联席会议，讨论反对鸦片公卖问题。出席……全浙公会代表褚辅成。主席报告（略）。次，褚辅成报告反对禁烟条例说贴审查经过，并被推为反对鸦片公卖六人请愿代表之一。(《申报》1927 年 11 月 19 日)

11 月 25 日　国民党浙江省党部呈报中国国民党中央特别委员会，诬陷全浙公会"假同乡会之名，行政治活动之实。勾结唐继尧、陈炯明、赵恒惕等军阀，倡言联省自治，破坏统一"。29 日，先生主持召开全浙公会临时董事会议，驳斥浙江省党部对于全浙公会之诬陷。曰：

本会成立在民国十一年间，当时本省为北方军阀所窃据，本会曾以浙江人民关系，对于本省，根据民权，主张省应自治，但与同时他省军人之假借自治名义为号召者，用意迥出两途，万不能谓为有所勾结。……去岁国民革命军出师湘、赣，本会即与苏皖等省在上海为三省联合运动，力抗军阀。此皆历年经过事实，可以公言。至本年夏间，国民政府成立，本会即开大会，修正会章，第一条：以联络乡谊并力谋全浙公益之发展为宗旨，嗣后一切无不本此宗旨办理。除遇关于本省全体民众疾痛苦恼万分不获已之时，偶一函电呼吁，绝未有干预本省政务或其他省外之事，断不能指为妄立名义，藉作政治活动。例如此次本会对于禁烟、鱼税及杭嘉湖土匪骚扰等事，或发电力争，或推举代表向本省政府陈述意见，即无不准此所定之宗旨而行，未尝一步逾越。同是浙江人，不能忘情乡里则有之，决非树忌立党。凡省内外同乡同志，稍知本会历史者，多数皆能予以谅解。浙江省党部此次忽尔仇视，似必有误会，久之自明，暂无庸向任何方面声辩。(《申报》1927年11月26日、12月1日)

12月1日 出席蒋介石与宋美龄女士婚礼。

蒋介石氏与宋美龄女士，昨日下午三时五分举行婚礼，党国要人暨中外各界男女来宾到有千余人。政界汪精卫、吴稚晖、何香凝、褚民谊、戴季陶、叶楚伧、陈果夫、张寿镛、易培基、汤钜、汤济沧、蒋伯诚、缪斌、邵力子、邵元冲、吴铁城、钱新之、褚辅成、沈钧儒、陈立夫、骆季忱、陈布雷、朱家骅、葛敬恩、陈蔼士、潘公展（中略）杨虎等（外宾名略）。蒋介石与宋美龄之婚礼，宗教仪式由余日章主持，中国仪式由蔡元培主持。(《申报》1927年12月2日)

12月4日 主持法科大学纪念潘大道追悼会，决创办校刊等，以志纪念。

本埠法科大学昨日在该校举行前校长潘大道先生追悼会，到会有潘大道先生家属、戚友、同乡暨本校校长、教职员、学生等五百余人。追悼会奏哀乐，向先总理遗像三鞠躬，恭读先总理遗嘱，静默三分钟。由主席褚辅成报告开会宗旨后，家属潘大造报告潘君生平历史。次为该校吴柏恒君及上海特别市三区十四分部、四川同乡会、中华学艺社等代表读祭文（词长从略）。再次由来宾傅无退、王兆荣及该校董事代表褚辅成教授、李剑秋、赵韵逸教授先后演讲，词极淋漓。而尤以傅、王两君演说时声泪俱下，全场戚然。最后提出议案数条：一将潘大道先生遗稿由该校刊行专集；二对潘大道先生子女的教育费由该校暨四川同乡会、中华学艺社共同负责筹集；三组织潘案委员会；四呈请中央抚恤；五将来在该校建铜像，以志纪念；六该校大礼堂改为大道堂，图书馆改称力山图书馆；七该校每年出版特刊一次，以资纪念。（《申报》1927年12月5日）

按：先生在纪念潘大道追悼会上的报告、演讲均收入《褚辅成文存》第379、380页。

◎ **1928年（戊辰）民国十七年　56岁**

1月6日　杭辛斋灵柩回籍，后葬于海宁长安镇南侧。杭辛斋墓碑由先生手书。（《申报》1928年1月5日）

1月下旬　正式出任上海法科大学校长，添办银行专科。适次子汉来留学归来，聘为专科主任，筹备开办。

十七年一月下旬，召开校董会，请各校董提出人选，不料有人提议，谓照学校现状，必无人肯来接任，代理亦非久计，不如由褚辅成专任校长，请钱校董担任董事长，大家负责募集基金，力谋发展，其他各校董悉表赞同。不由分说，录为决议，硬把这副重担加在辅成肩上。策驽骀以致远，往往颠踬于中途，深自惶惧。所幸校内教职员，皆能精诚团结，不辞劳苦，全体同学亦能安分读书，不生纠纷，在平静的过程中忽忽过了一学期。（褚辅成《十年的

回顾和感想》)

十七年一月开第十五次校董会议，公推褚代校长为正式校长，改选钱新之为董事长。且鉴于农村经济之动摇，生产资金之有待流通，合作运动之勃兴，银行人才之缺乏，议决添设银行专科，以应社会之需要。时适褚院长哲嗣汉来先生新自欧西饱学归来，不热中于仕宦，专以培育人才为主旨，遂受当局之嘱托，筹备开办银行专科，而聘为专科主任焉。褚主任既受命，惨淡经营，昼夜不懈，不二月而事竣。本年二月遂开始招生，于是本科生遂诞生，计四方来投考本科计五六十人，不可不谓盛事也。(沈兆彭《上海法学院商业专修科史略》，《上海法学院商专季刊》第9期第2页)

2月27日 应嘉兴县县长寿家骏邀请，回家乡列席嘉兴筹设农民银行会议。

嘉兴县长寿家骏发起筹设农民银行，以利农民，即以此次应募之二五库券充作基金。爰于日昨召集各区劝募员在县会议。到顾叔明、严米石等二十四人。褚辅成亦列席。(《申报》1928年2月28日)

同日 召集嘉兴除螟会开会，提出加强宣传，督促农民除螟。(同上)

3月4日 挽阮性存（字荀伯），发起追悼会。

民国十七年元月，父亲逝世，慧僧先生亲书挽联："读法惟精，立法惟新，执法惟平，是在我浙法界，有口皆碑。何期木坏山颓，听处处悲歌，同怀道范。为官不贪，为吏不污，为绅不劣，乐论先生为人，无暇可击。如此冰清玉洁，叹茫茫浊世，谁继前型。"先生又在上海代表全浙公会，联合绍兴七邑旅沪同乡会及余姚旅沪同乡会，发起于三月四日为父亲举行追悼会，地点在北西山路七邑会馆。先生自任主祭，我特地到上海与会答谢。(阮毅成《记褚辅成先生》，《褚辅成专辑》第57页)

3月26日 出席工商普济医院开幕。任该院董事。(《申报》1928年3月28日)

4月1日 中华法学会补行成立典礼，先生与吴凯声、沈钧儒等5人当选为检察委员。(《申报》1928年4月3日)

4月18日 日本田中内阁决定再出兵山东。21日，全浙公会董事会议决致电国民政府，表明对日本出兵山东的严正立场。

> 南京国民政府外交部黄部长钧鉴：我军代表民众势力，战事进展，不难指顾底定全鲁，救命水火。乃日本包藏祸心，不鉴于既往出兵青岛之非，复有二次出兵之举，可谓不顾国交，不察民意，至于已极。其所借口为保护日侨，兹姑不问彼国军阀内阁阴谋诡计何在，即以所持理由而论，日侨在华，因我国国内有事，即可托辞保护，任意派兵，侵入国境。则前年东京地震之际，及去年在朝鲜境内我国侨民且均明被惨杀，我国当时何以并未派遣一兵，侵入彼国境土。国际间恶例一开，何施不可。务乞贵部长持理力争，并向日本当局声明，以后华侨在日如或遇有危险事件发生时，我国亦必采取同样手段，以为适理之报答。临电愤激，誓为后盾，全浙公会叩。马。又致日领函（略）。(《申报》1928年4月24日)

5月3日 "济南惨案"发生，日军屠杀中国军民千余人，全国人民掀起反日及抵制日货活动，上海法科大学学生积极投入运动，先生与沈钧儒给予支持。5月7日，法科大学学生四百余人，在大道堂召集紧急全体大会，一致通过组织反日运动委员会，推举学生代表17人，教职员4人共同组织之。议决登载启事通告，印行反日运动专号等。9日，先生决定在校增设学生军事训练课。

  蒲柏路上海法科大学学生，于昨日上午九时，全体参加全市学生大会。下午一时，该校学生开全体大会，到四百余人。钮长铸主席，记录黄振东。行礼如仪后由主席报告学联议决案，旋即讨论。（一）学生军事训练问题，当由褚校长慧僧说明学生须受军事训练之必要。沈教务长复加申说，语均警闻，掌声雷起。末即议决自即日起增军事训练一课，由学校聘请军事专家，切实训练。（二）通电全国民众一致武装，议决通过。（三）电请国府宣布对日外交方针。（《申报》1928年5月8、10日）

5月12日 组织全浙公会反日委员会，任委员。

  全浙公会于本月十二日下午四时开董事常会时，经出席会董当场推定魏柏桢、褚慧僧、沈衡山、沈田莘、王晓籁、沈任夫、虞仲咸等七人为全浙公会反日委员会委员，即日组织成立。此后凡关于对日事件，统由委员会集议执行。（《申报》1928年5月15日）

5月26日 主持法科大学第一次募集基金委员会会议，议决募金委员会分设总务、设计、文书、会计四部，进行基金募集工作。（《申报》1928年5月27日）

6月2日 主持法科大学第二次募集基金委员会会议，议决：（一）同学中募捐队以学级为单位。（二）募捐员如有遗失捐册或收据应由遗失者自动登报声明，并将捐款者姓名及捐款数量详细披露。（三）议决学生捐募基金奖惩条例，推钱剑秋

女士起草。(《申报》1928年6月3日)

6月17日 出席全浙公会第四次会员大会,当选为董会董事。

> 全浙公会前日开第四次会员大会,主席团蒋伯器、褚慧僧、魏柏桢、殷铸夫、王晓籁。(一)蒋伯器主席致词;(二)褚慧僧报告会务;(三)邬志豪报告征求情况;(四)张彦成收支报告;(五)议决事项:魏柏桢提出请整理本省财政案;电请国民政府通缉谋害陈英士先生的张宗昌、程国瑞、许琨。末改选会董,当选者褚慧僧、蒋伯器、邬志豪、沈衡山等六十三人。(《申报》1928年6月21日)

6月28日 晚8时,主持召开法学院第19次董事会议,讨论校舍募集基金等重要问题。(《申报》1928年6月30日)

7月10日 国民政府通过豁免民国十六年(1927年)以前的旧欠田赋。先生践行,"以惠农民"。

> 嘉兴绅士褚辅成氏,因国府已明令豁免旧赋,日内即可由县公布。因此,褚氏已决定先将承种伊家之佃租,在十六年十二月末日以前所囤积欠者,一律豁免,以资提倡。并闻已得多数业主之赞同,日内亦将效尤继起,以惠农民。(《申报》1928年7月18日)

8月1日 中共在南昌发动武装起义,标志着国共关系的彻底破裂。(《中国近代通史》7卷第385页)

本月 上海法科大学由于蒲柏路校舍被房主收回,先生遂租江湾路新址,学校全部迁移。

> 暑假将届,忽接房主通知,遂将赁作校舍的洋房全部折卸,改造华式住宅。……辅成办理校务,处处遵守法律和习惯,平时虽不欠租,今房主既欲翻造,不能不迁,

且以托庇租界，于心不安。去年大受捕房干涉，更觉呕气，遂决意迁往我国行政权完整的内地。历十余日四处访寻，颇难得相当房产。忽然想到先施公司创办人欧炳的夫人，在江湾路游泳池对面，购地数十亩，建设模范新村，二年前曾邀辅成去看过，此地空气新鲜，离市区不远而幽静，当时有大洋房二座，业已动工，后闻夫人病故，事业中辍，该处已完成房屋，倘未租去，颇合学校之用。约同沈教务长前往探视，见有大洋房二座及住宅十余幢，落成后无人问津，现尚空关，计算分配教室、办公室及学生宿舍，勉强敷用，即行订约租定。第三年度开始，遂移入新址办公。此次迁移，却是一劳永逸，无意中得了建筑校舍的基础。（褚辅成《十年的回顾和感想》）

10月 赴京晋谒教育部蒋梦麟部长，争取大理院批准上海法科大学立案。

私立大学欲请政府立案，以自建校舍为必要条件。在十八年以前，国民政府对于未立案大学虽未取缔，而依照学制，未立案大学不能与国立大学受同等待遇，本校已办过两度毕业，不能不进行立案，为毕业生谋出路，所以筹募基金，建筑校舍，为本年度最重要的计划。

本校物质上建设比诸上海各大学当然望尘莫及，比之其他独立学院，自信尚不落后。后来经同人的努力，又陆续募到基金数万元，关乎立案的次要条件，亦已完备无缺。于是备具各项表册，呈请教育部派员视察，准予立案。钱董事长复偕辅成到京，晋谒蒋部长面请速办。在暑假之前，部中特派专员来校，按照所呈表册，详细观察。好在本校向不作伪，纸面上报陈列，尽与实际相符，窥视察员的态度,似尚满意。然而暑往秋来,杳无消息,究竟准与不准,令人莫测高深,尽在闷葫芦里。全体学生以学校立案与否关系自身出路,当然比学校当局尤为焦急,公请沈教务长赴京,向部中高等司催问,答称已签呈总部长核办,如是者三四次,终不得要领。后闻教育部长有更动消息,大家非常着慌,再请沈教务长一行,这次才得了一个切实的回音,嘱将现有基金之存款折据送部呈验。于是连夜赶办手续,请教育局立办呈转公文,交沈教务长带往亲递,文到之次日,准予立案令即下,本校教职员和学生,多年的期望于此才达到目的。蒋梦麟先生对于本校,亦留了一个不忘的去思。(同上)

11月4日 出席中华法学会第二次执监事联席会议,负责会员征求。

中华法学会于十一月四日下午开第二次执监联席会议,到吴凯声、褚辅成、赵韵逸、沈钧儒、伍澄宇、张文伯、钱剑秋、何元明等,主席吴凯声。一、报告会务经过;二、讨论;三、征求会员。推褚辅成、吴凯声、沈钧儒、赵韵逸、伍澄宇负责。建议政府召集司法会议。(《申报》1928年11月7日)

11月5日 出席中央国货公司筹备会,并做演讲。

邬志豪、孙梅堂、张子廉等筹备发起中央国货公司于首都,并于本部组织分公司,专为推销国货之机关。昨特假座宁波同乡会宴请各发起人,计到二百余人。主席邬志豪报告筹备之经过后,相继演说者有褚慧僧、各省商会代表王伯勤、南洋华商徐赓华、国货提倡会陈翊庭、丝厂业巨子王介安、前工商司长赵晋卿、煤业大王谢蘅窗等,

皆有热烈之演讲。(《申报》1928 年 11 月 6 日)

11 月 11 日 中华国术协会成立，当选为理事。

中华国术协会于昨日（十一）下午三时，假中法工专学校开成立会，到李景林、褚慧僧、褚民谊、蒋伯器、何玉书、章启东等八十余人。首由主席褚民谊宣布开会，次即讨论章程，末后选举理事。当选者褚民谊、李景林、蒋伯器、孙禄堂、张啸林、杜月笙、褚慧僧、何玉书等十三人。(《申报》1928 年 11 月 12 日)

本年 李剑华关于《劳动问题与劳动法》出版，李剑华在自序中感谢先生等给予研究中的支持。

李剑华《劳动问题与劳动法》自序：我很感谢马超俊、褚慧僧、沈衡山、盛灼三诸先生给我许多研究劳动问题与劳动法的机会，并感谢丁谷音、赵韵逸、陈顾远诸先生直接间接帮忙之至意。(《李剑华先生纪念集》第 262 页，上海社会科学院社会学研究所编，1995 年 9 月)

◎ **1929 年（己巳）民国十八年 57 岁**

1 月初 全国律师协会筹备法学杂志，柬邀先生共同担任著作。

全国律师协会执行委员会，于本月初旬在首都集会议决，为图法律制度之积极改善，应创一伟大之法学杂志，当经推举上海李时蕊、刘祖望两律师、宁波黄荣昌及协会常务委员刘陆民等七人为筹备委员。日前，刘陆民由京来沪，就李、刘两氏征询筹备意见。当经刘、李两氏具柬邀集本埠法学界闻人，如临时法院何世桢院长、吴经熊庭长、法科大学褚辅成校长、沈钧儒教务长、赵琛教授、暨南大学石殿教授,暨张绍曾、陈霆锐、潘震亚、张志让各律师,假北京路功德林聚会。席次由主席说明法学杂志筹备之意义,希望列席诸人共同担任著作。(《申报》1929年7月30日)

2月4日 向校董会辞校长职,未获通过。

十八年二月四日,向校董会辞职,并推荐王君儒堂以自代,幸得各校董谅解苦衷,全体通过。同时修改募捐委员会章程,推王君兼任委员长,请钱董事长前往劝驾。乃王君儒堂再三推辞,谓肩上负了一个中国大学,已苦难支,万不可再增负担。最后表示,只肯担任募捐委员长,倘强其接受校长,将连董事长一并辞职。王君如此坚决,无可再劝。五月间重付校董会讲座,咸谓辅成辞职,全为募捐问题,今王君既肯担任募捐委员长,困难已可解决,校长一席,仍命辅成续任。同时议决由各校董负责,先募五万元以树基础,于是这副重担依然推在辅成肩上而无法摆脱。(褚辅成《十年的回顾和感想》)

3月1日 韩国独立党创建,金九(号白凡)等任常务理事。(《申报》1929年3月2日)

3月4日 主持嘉兴除螟会议,改组治虫委员会。(《申报》1929年3月5日)

4月8日 出席嘉兴第一次治虫委员会会议,推为常务委员,商除螟办法。(《申报》1929年4月9日)

6月21日 主持法科大学学生毕业典礼,邀张耀曾演讲并授文凭。

朝,褚慧僧约赴法科大学,参与毕业典礼。余以校董资格演讲,谓社会生活之方针,应发展个人,以发展民族与人类。此三种发展互相关联而一贯，略其一，则其他之发展皆非纯正，诸毕业同学将去学校而入社会，望以此为指针，勿误趋向。复由余授文凭，礼毕已午过矣。（《宪政救国之梦—张耀曾先生文存》第272页）

6月30日 法科大学校召开董会会议，报告筹购地基经过。

江湾路法科大学于二十八日晚，在爱文义路全浙公会举行第二十四次校董会议，到董事钱新之、张镕西、吴凯声、赵晋卿、李梦骐、褚慧僧、沈衡山，由钱董事长报告纬通纱厂愿任公益捐六万元，由市党部议决，以四万元充本校基金。除具函表示谢意外，并于二十三晚恭宴市执监诸委员。次报告接收捐款经过，及最近吴凯声董事将赴欧就国际联盟会秘书长职，特设宴饯行，以表欢送。次由褚慧僧报告筹购地基经过。其后相继讨论下学期增设附属高中及以后各种关于政、经、法三科之课程。（《申报》1929年6月30日）

同日 主持全浙公会会员大会，为主席团。通过案件九项。

全浙公会，昨日下午一时假座宁波同乡会，举行第五届会员大会，到会者数百人，主席团褚慧僧、王晓籁、魏伯桢。首由主席团报告一年来会务概况，次讨论通过案件九项：（一）电省政府收回住屋捐成命；（二）请求中央催令地方政府执行豁免田赋；（三）请求省政府取销附加军事特捐；（四）电财政部撤销易纨士职；（五）抗议美国纽约国民市银行借款与日本东方拓殖会社；（六）请实行编遣会议议决案；（七）电呈省府请注重防务；（八）筹建杭沪汽车道；（九）电省府请救济浙省丝织业。末表演余兴，节目有褚民谊之球术，褚慧僧之无极形式，及名票友袁履登、王得天之黄鹤楼，陈景塘、邵达人之中牟县，裘剑飞之狮子楼，罗曲缘、沈恒一之宝莲灯。散会时已钟鸣七下矣。（《申报》1929 年 7 月 1 日）

7 月 12 日 被上海市政府聘为建设讨论委员会委员，任内务组主任。（《申报》1929 年 7 月 13 日）

夏 主持第二十八次校董会，议决自 1930 年 1 月 1 日起，上海法科大学更名为"私立上海法学院"。

是年夏，国民政府颁布大学组织法，凡具备三学院以上者，始得称为大学，不合上项条件者，为独立学院。本校单设法科，依法应称学院，好在独立学院与大学名称虽不同，待遇依然平等。经（第二十八次）校董会议决，改名为私立上海法学院。至新校舍全部落成，大门铜字，遂用新改的名称。（褚辅成《十年的回顾和感想》）

8 月 11 日 出席国产绸缎救济会晚宴，并做演讲。

中华国产绸缎上海救济会自组织以来，各项工作颇为紧张，所有该会宗旨宣言及进行计划等已迭志前报。前日该会为扩大宣传起见、特于晚间假座商整会议事厅，宴请本市党、政、军、新闻、妇女、农、工、学、商各界领袖。计赴宴者有张市长、潘公展、陈德征、褚民谊、褚慧僧暨各区党部代表、各局长、科长及虞洽卿、王孝赉等四百余人，觥筹交错，备极一时之盛。席间由该会主席王延松致辞，并有张市长、潘局长、褚民谊、褚慧僧、王孝赉、等相继演说辞语。主席演说辞（略）；张市长演词（略）；潘公展演辞（略）；褚民谊演辞（略）；褚慧僧演辞大旨谓："表示其人之爱国与否，即视其人之衣服质料是

否国货为断，极能发人猛省。"……末由王延松氏代表该会致谢。散席已十时许。(《申报》1929年8月13日)

8月17日 在嘉兴组织六邑联合治虫委员会。

嘉兴、嘉善、崇德、桐乡、平湖、海盐等六邑治虫会，兹于代表大会时提议组织联合委员会，俾协力治虫，得有实效。前昨六邑治虫委员会联合会在嘉兴治虫会成立，褚慧僧主席。选举常务，结果吴和叔、陈瑞清、朱佩绅当选。决定会址暂借嘉兴县治虫会。决议事项：(一)规定联合会经费，每年二百八十元，每县每季缴银十二元；(二)请建设厅从速扩充昆虫局试验区；(三)照案通过统一治螟方法；(四)减轻租税，强迫农民实施除螟案，保留至冬季大会决定。(《申报》1929年8月18日)

按：六邑联合治虫委员会成立不久，先生撰《除螟经验谈》一文。文中回顾治螟史，总结自民国十三年以来的除螟经验及今后注意之点，刊登在《浙江月报》上。(收入《褚辅成文存》第375—378页)

本月 先生等筹得基金10余万元，添设法科大学附属中学，聘张文伯为主任。

法大附中新讯：江湾路法科大学，最近募得基金十余万元，自建校室，基础巩固。下学期起添设附属中学，聘请张文伯君为主任。张君学识深宏，经验丰富，历任党部要职，劳绩卓著。此次主任该校，尽筹硕划，各事都已就绪。校舍在北四川路底天通庵站东，房屋宽敞，可纳五六百人，各路公交汽车及淞沪火车直达，交通便捷，所聘教员均系国内外大学硕士、学士，学科完善，务求学可致用。该校董事即系钱永铭、于右任、王正廷、褚辅成、

蔡元培、王宠惠、许世英诸名人，对于该校赞助，异常热心云。(《申报》1929年8月10日)

北四川路底法科大学附属中学，创办以来由校长褚辅成、主任张文伯氏悉心筹划，各事均已就绪，现正编辑学校规划一册，内分主要目标、创办经过、组织大纲、教育规划、训育规划、课程表及校董一览表、教职员一览表等。于八月二十六日续招新生。(《申报》1929年8月13日)

本月 朱宝瑨去世，葬于海宁长安"仰山书院"，建有"海宁长安朱宝瑨先生纪念塔，先生曾题词曰：

渊邃其学，廉不其操，曾偕代议，侃侃同曹；官治模范，兴学贤劳，伊人长往，穆然风高。(抄录朱宝瑨先生纪念塔碑)

按：朱宝瑨（1854—1929）字稼云。浙江海宁长安人。先生与朱宝瑨同为浙江咨议局议员，同道议政。词中有"曾偕代议，侃侃同曹"一句，即指此事。

10月21日 发起浙省救灾会，救济遭受风虫水旱最重之台、温两属诸县。

浙省赈灾会发起。全浙公会昨日开董事常会，以本年浙省风虫水旱为患，而尤以台、温二属灾情重大，拟发起浙省救灾会，昨晚由全浙公会代表褚辅成氏柬邀王一亭、虞洽卿、张啸林等二十余人，假座望平街觉林蔬食处，作初席之协商，当经一致赞同，即日发起通告，望全浙十一属旅沪同乡会，组织团体，积极进行。(《时报》1929年10月22日)

11月4日 主持旅沪全浙救灾会成立。

旅沪全浙救灾会，于昨日假西藏路宁波旅沪同乡会开成立大会，由褚辅成主席，开会如仪。首报告文件，一为湖社陈述安□二邑灾况函，一为浙财厅答复请蠲免田赋一案。□□查勘，分别蠲缓面。次屈文六报告，顷谒商许世英先生，请求增发浙省赈灾公债情形。次讨论章程，逐条修正通过。终推举委员王一亭、虞洽卿两氏，以本会委员完全义务性质，主张广罗同乡加入，经全体一致通过。当推出委员一百五人，均系浙中一时人望。闻该会定本月七日开第一次委员会云。（《申报》1929年11月5日）

11月7日 旅沪全浙救灾会召开第一次委员会议，被推为常务委员。

旅沪全浙救灾会常委题名。旅沪全浙救灾会业于前日成立，昨日（七日）开第一次委员会，推出常务委员张啸林、褚慧僧、王一亭、张申之、王晓籁、屈文六、吕戴之、郑纪文、何玉书、周守良、庄虞卿十一人，并定于十一日开第一次常务委员会。（《申报》1929年11月9日）

11月11日 出席旅沪全浙救灾会首次常会。

旅沪全浙救灾会昨开第一次常务会议，出席常务委员七人，公推张啸林为临时主席，开会如仪。褚慧僧氏报告上届会议议事录。推举主席，公决用投票选举法，开票结果：王一亭、褚慧僧各得五票，屈文六三票，王晓籁、张啸林、张申之各得二票。王一亭、褚慧僧、屈文六得多数当选。褚慧僧力辞，请以次多数王晓籁递补，全体一致挽留，并公推王一亭氏为主席，领袖常务委员。分配职务，公决分总务、经济、调查、宣传四组办事。另设经济

委员会,加推杜月笙为委员。常务会议公决每星期一次。(《申报》1929年11月17日)

11月16日 出席上海台灾急赈会发起人茶话会,讨论筹募方法。

上海台灾急赈会成立后,积极进行,不遗余力。原发起人于十六日下午三时在香港路银行俱乐部五楼茶会,讨论筹募方法。到者许静仁、王一亭、虞洽卿、李云书、褚慧僧、焦乐山、黄涵之、王晓籁、林康侯、卢润泉、陈蔼士、赵晋卿、黄瑞生、陈健庵、袁履登、王东园、章一山、喻志樵、屈文六、姚吾刚、王心如、张孟庭等六十余人。王一亭主席,由屈文六报告灾情,备极惨苦,闻者动容。虞洽卿、褚慧僧等各有演述。最后由虞洽卿、王一亭提议筹募方法,主张速办冬赈,全体一致赞成,当场各书捐数,以资提倡,并担任分头募集,各领捐册而去。场内情形极为踊跃,垂毙灾民来苏有望。(《时报》1929年11月18日)

自下半年始,由于关税及日商和同行的恶意竞争,加之管理经营不善,嘉兴禾丰造纸厂因亏损停业,由竺梅先、金润庠等合作接办,成立民丰造纸股份有限公司,改厂名为民丰造纸厂,竺出任经理,金任协理。

民丰创业时的资本总额是银币五十万元,竺梅先独任十二万五千元,占三分之一;金润庠投资六万元,占八分之一弱;禾丰股东褚辅成、黄畏三合资投入十万元,其余五分之二强的股票,分散在股东一百人左右之手。由于股权集中于竺、金两人,他们就成为这个企业的双"巨

头"。(《浙江文史资料选辑》第 36 辑第 36、37 页)

禾丰造纸厂乃于一九二七年冬由应季审之介绍,以二十八万元的代价出盘与竺梅先和金润庠。其中盘价十万元,由褚辅成、黄畏三两人加入股份名义转帐。故褚、黄都是"民丰"的大股东。(同上,第 66 页)

12 月 1 日　主持全浙救灾会第四次常务会议,讨论全浙救灾办法。

旅沪全浙救灾会,前日下午二时,开第四次常务委员会,出席委员褚慧僧等七人,主席褚慧僧,行礼如仪,报告事项(略)。讨论事项:(一)调查灾情办法。议决:将调查表函送各县县政府查填。如该县设有办赈机关,请由县交该机关查填。(一)各县报灾函件,发交调查组,对赈灾各县,将本会办理情形先行函复。(一)征募书画物品保管方法。议决:物品征集时,应另组保管委员会,在未推定保管委员以前,暂推总务主任保管。……(一)定期召集征募委员会,决定下星期日午后三时,常务委员会提前于午后二时开会。(一)征募笺扇,决函各大笺扇庄,请其捐助宣纸、扇页等件。(一)加推委员,书画、图画、古玩部洪谋九、朱颖生、胡馨吾三君。物品部沈九成、沈叔瑜二君。(《申报》1929 年 12 月 3 日)

12 月 27 日　先生等函请国货团体助赈,并题词

旅沪全浙救灾会,昨日分函上海国货工厂联合会等各国货团体云:敝会为筹赈浙灾,徵募书画物品助赈,经赈募物品委员决议,于国历新年内,组织国产物品展览会。就会场徵募物品内附设国产商场,并就营业所得,依

照货品价值,自百分之二至百分之十,抽成助赈,即可省踵门徵募之烦,又可增抽成助赈之益,一举两得。而各商号工厂,以援助慈善事业,兼可收集合国货比赛,引起观者赞美,清售堆积存货各项利益。至组织经费,由各商号工厂自行负责。开会地址俟召集会议,决定接洽后,由会加函商借等由,是于协助灾赈之中,兼寓提倡国货之旨,敝会深表赞同,相应函达贵会查照,希烦俯赐协助,至深感佩。(《申报》1929年12月28日)

"服用国货就是爱国心的表现"。褚辅成题。(《商业杂志》1929年第4卷第9期第1页)

本年 与马寅初(元善)二人在杭州捣毁鸦片公卖局。

是年,国民党政府财政部长宋子文,以筹措军费为由,竟冒天下之大不讳,实行鸦片公卖。东南各省都先后实行,唯浙江省有所顾虑,迟迟不敢实行。宋子文即通过上海的杜月笙,由杜委托杭州市公安局长何云代为筹备,委派安徽人蒋启麟为公卖局长,设局于闹市口。民众虽欲反对,然慑于公卖局之淫威,亦无可奈何。只有马寅初不顾一切,誓死反对……亦未奏效。褚辅成因此专程来杭,与马寅初二人立在公卖局前的高坡处,向群众讲演鸦片的毒害。听讲的人越聚越多,褚、马二人即乘机指挥民众把公卖局捣毁。先是他们二人亲自动手把公卖局的牌子取下来丢在地上,接着是听讲的民众一齐拥进公卖局,把里面砸了个稀把烂。对这一事件,公安局也不敢出来干涉,公卖局长蒋启麟则逃之夭夭。……从此之后,在浙江实行鸦片公卖之事再也没有一人敢提起了。(骆正蓁《慧老往事数则》,《褚辅成专辑》第49、50页)

本年 筹款资助王贯三创办中华学校。

王贯三在褚辅成及潘念之等相助之下,筹集资金,在上海爱文义路创办中华学校,自任校长。"中华"一名是为纪念已献身的中共党员宣中华。(《嘉兴市志》下卷第2111页)

◎ 1930年(庚午)民国十九年 58岁

1月5日 法学院附中招收新生。

上海法学院即上海法科大学附中招男女生,初中、一二年级高中,报名自即日起至考试前一日止。考试日期一月十六日、十七、十八日三日。校长褚辅成、主任张文伯、教务主任丁尧。(《申报》1930年1月5日)

1月9日 法学院大学部招收新生。

上海法学院大学部法律、政治、经济各系一、二、三年级,专门部法律、政治、经济各科一二年级新生,自一月十日起至考试前一日止。考试日期一月十四、十五两日。董事长钱永铭、院长褚辅成、教务长沈钧儒。(《申报》1930年1月9日)

同日 先生为上海老字号国货商场"大集成"题写"集其大成"四个隶书大字,刊在《申报》上。为国货商场题辞,意在提倡国货。(《申报》1930年1月9日)

本月 与王正廷、钱永铭代表上海法科大学捐募基金委员感谢社会各界对学校的热心赞助。

本校自募捐基金以来,荷蒙各界热心赞助,慨捐巨款,曷胜欣感。除第一期收到款项业经登报鸣谢外,兹将第二期收到捐款及捐款人大名,将再登报通告,籍申谢忧。其未经刊布而捐款已交经募人者，即烦函知本校，以便查复。又，本校遵照大学组织法之规定，自民国十九年起改名私立上海法学院，惟于改名前所发捐册、捐据仍继续有效。特合并声明，诸希公鉴。捐募基金委员长王正廷、总务委员褚辅成、会计委员钱永铭。（各捐款人名单略）。（《申报》1930年1月8日）

3月1日 受聘出席嘉兴县政府行政会议。

嘉兴县政府拟定县行政会议，聘定行政各科、局长。爰定三月一日举行第一次行政会议，除县长及政府秘书各科科长各局局长外，特聘定褚辅成等共同参加会议，讨论本县一切兴革事宜。（《申报》1930年2月26日）

3月3日 与王一亭、屈文六以旅沪全浙救灾会名义再次刊出征求书画物品助赈启事。（《申报》1930年3月3日）

3月8日 发起办理全浙救灾会临时国货商场，并主持开幕。

全浙救灾临时国货商场，昨日在小西门蓬莱市场开幕，参加工厂计有天厨味精、中国橡皮厂、华东织造厂、宝兴钢铁厂、中华珐琅厂、三星棉铁厂、冠生园、济生工业社、中华工业厂、五洲药房、兄弟工业社、中华饼干公司、仁昌永、三友实业社等五十余家。尚有苏州各工厂二十家，及闸北工厂十余家不及装修，拟明日参加。下午一时开会，到工商部孔部长代表赵晋卿、警备司令部代表陈泽宽及各股委员工厂代表八百余人，由徐赓华司仪，褚慧僧主席，孙筹成记录。主席报告救灾会与五国货团体，发起是项商场意旨后，赵晋卿、陈泽宽、王晓籁、杨哲知、陈翊廷等相继演说。大致均以救灾会与国货团体发起国货商场，含有救国救民之深意，请各界同胞提倡国货，以挽利权。旋在院内摄影后，引导来宾参观一周，乃散会。国货介绍汇报派汪厉吾到场分送报纸，以广宣传云。（《申报》1930年3月9日）

3月9日　出席旅沪全浙救灾会议，报告灾情，提议发行善果券。

旅沪全浙救灾会九日下午六时，在觉林蔬菜处设宴欢迎各委员，到虞洽卿、王一亭、徐寄庼、王晓籁、褚辅成、姚慕莲等四十余人。席间由褚辅成报告浙灾奇重，拟发行善果券，将请各委员担任敦促各队推销。旋由王一亭报告已征到书画数目，及张裕酿酒公司慨捐出品之盛意，到会诸君均以事关善举，自应竭力相助。至九时余始散。（《申报》1930年3月11日）

3月29日　出席全浙救灾临时国货商场各股委员与各工厂代表联席会议，动员各工厂捐助救灾。

临时国货商场，前日下午开各股委员与各工厂代表联席会议，王汉强主席。（一）总务股报告商场营业平均数，以星期计算，第一周每日售一千四百元，第二周每日售一千五百元。（二）褚慧僧报告救灾会发行善果券，请各工厂捐助出品，以充赠品，当场认捐出品者甚多。（三）原定营业时间为三星期，不日期满，因营业兴盛，公决展期一星期，过期不再展缓，俾欲购国货者从速前往，以免向隅。（《申报》1930年3月31日）

3月30日　主持民丰造纸公司成立会。当选为董事。

按：民丰造纸公司成立后刊出产品广告，广为宣传曰："本公司设厂，专制各种厚薄船牌纸版，行销国内外，以冀稍挽利权。业已正式开业出货，如蒙赐顾，请惠临上海博物院路二十九号，敝总公司接洽。无任欢迎，此启。董事长洪沧亭。董事孙梅堂、褚慧僧等，经理竺梅先，协理金润庠同启。(《申报》1930年4月2日)

同日 与王一亭、屈文六等在《申报》连续刊出旅沪全浙救灾会敬告慈善家启示："请大慈善家广购善券，集腋成裘，共襄善举。"(《申报》1930年3月30、31日)

4月22日 与王一亭、屈文六等刊出旅沪全浙救灾会紧急通告，切盼各界大善士热情赞助救灾。(《申报》1930年4月22日)

5月2日 旅沪全浙救灾会在西藏路宁波同乡会举行善果券赠品书画物品展览会。(《申报》1930年5月3日)

5月9日 与王一亭、屈文六、张啸林、王晓籁等刊出告示，致谢救灾大善士、各国货工厂、公司及行号的救灾善举。(《申报》1930年5月9日)

5月18日 上午出席上海市政府举行的建造陈英士纪念塔兴工典礼。(《时报》1930年5月19日)

6月7日 出席严慎予就职宣誓典礼，并作演讲：要提倡好人做县长。

上海县县长严慎予昨日上午十时补行就职典礼，到来宾百余人（略）。……首由监誓员管际安致词，次由县党部代表致词，次由来宾演说：（一）褚辅成演说略云："今天参加严先生宣誓典礼，刚才听到监誓员和党部代表的话，鄙人对于严县长论交情为老友，在党为老同志，他的生活很简单，我可以保证严县长必能付行誓言。他此次来长上海，系为党国工作而来，且彼久任报馆主笔，常以公正之眼光，批评一切行政官吏。现在来任县长，立在被批评的地位，一切事情如何是对的，如何是错的，自己早就很明白，有了判断。县长地位极重要，我们要提倡好人做县长，然后政治渐有清明之望。沈衡山先生曾任国会秘书长，资格甚高，但渠屡屡表示，愿出任县长，并希望一般朋友来出任县长，盖县长地位本极重要也云云。"（二）沈钧儒演讲：略云"余确有出任县长之决心。"（《申报》1930年6月8日）

6月29日 与王一亭等敦请沪上男女京剧名票赈灾。（《申报》1930年6月29日）

本月 上海法学院新址及宿舍次第落成。9月，邀潘大逵任上海法学院专职教授兼政治系主任。

> 我初回上海，住跑马场侧近的一品香旅馆，这时褚辅成、沈钧儒两先生迭来邀我到上海法学院任教，我总犹豫不决。……我进清华学校原是张澜先生保送的，他们都希望我留在成都。次际成大政治系正缺教授，张澜先生不由分说就给我下了聘书，只许我回沪一行，带上书籍衣物来校执教。因为褚辅成、沈钧儒两先生已相邀……为继续完成力山未竟之志，这亦是我所应尽之责，这就使我义不容辞了。最后只好向成大辞聘。对张澜先生失信，至今犹感遗憾。然而对我一生所走的道路来说，这一选择又是明智的、正确的。（潘大逵《风雨九十年》第78、79页）

8月16日 为徐砥平、沈慧文证婚，做新婚姻观演讲。

> 厦门大学教授徐砥平博士，与圣玛利亚学生沈慧文女士，日前（十六）假大东旅社行结婚礼，敦请褚慧僧先生证婚……良辰即届，乐声大作。褚慧僧氏于新夫妇用印

时，特别提一条件，谓须新郎新娘亲自盖印，宾相不得代行。复于训词中申述理由谓："往昔旧式婚姻，全凭父母之命，媒妁之言，凡事不由自主，流弊滋多。现代婚姻制度，完全自由。介绍人不过说明品性学识与地位，使双方初步认识而已，其在爱情上之进行，均无须代庖。今当结婚大礼，亲手用印，以昭慎重。……徐君二十九而婚，沈女士二十四而嫁，不但合乎古礼，两人之体格学养，均有丰富之经验，实难能而可贵。"沈钧儒氏所赠莲花镜屏一方，为其公子作品。(《申报》1930年8月21日)

9月14日 出席全浙旅沪救灾会结束会议，报告筹款、放振之经过。

全浙旅沪救灾会于十四日下午四时，在宁波同乡会召集全体委员，举行结束会议。到褚慧僧、王一亭、屈文六、殷铸夫、张申之等，王一亭主席。其程序如下：(一)褚慧僧报告筹款、放振之经过；(二)张申之报告详细收支账略；(三)常务委员会提交组织基金保管委员会细则。议决通过当推王一亭、褚慧僧等二十九人为委员，并推候补委员十五人。(《申报》1930年9月17日)

10月22日 出席苏浙沪丝厂业救济专委员第三次大会。会议推定代表9人赴京向蒋主席、财政部、工商部请愿：准予发行公债一千万元、以每丝百斤抽征二十两作担保，以六十五个月还清。(《申报》1930年10月23日)

11月3日 出席陈英士纪念塔落成典礼。(《申报》1930年11月4日)

11月21日 全浙公会为华丝受日丝倾轧而衰落，致电国民政府，请求"减免税捐，以资救济。"(1930年《全浙公会文牍

报告》)

12月2日　浙江省政府改组，张难先为主席兼民政厅长。

◎ 1931年（辛未）民国二十年　59岁

1月9日　出席外交讨论会讨论自来水加价问题善后案。

拟请外部对荷属地增加华侨入境税严重抗议案等。议决推请褚慧僧、林康侯二委员会同董修甲、何德奎、张星联、夏晋麟、陶乐勤等五专门委员，再行仔细研究，拟具草案，提出下届常会决定后，分别呈函外部及华董委等注意交涉。（《申报》1931年1月11日）

本月　主持上海法学院第二十九次董事会议，决议停办附中，增设大学部春季始业班。（《上法校友会成立四周年特刊》）

1月22日　主持瓯盐公所股东会决议。

承办浙省温处税销瓯盐公所董事会，于本月二十二日假座本埠爱文义路联珠里全浙公会，召集股东会议，到会股权计达全额股本五分之四。推褚慧僧主席。报告开议后，首先决定公所包期届满，本日列席股东一致不愿继续，于是讨论结束办法，当经议决取消董事会，由股东推举代表分别主持办理。公推股东褚慧僧、陈载峰为对外全权代表，负责向官厅接洽，此后公所行文即用该代表名义。并推沈任夫、陈剑生两股东赴瓯，督同新义银团办理结束。又推股东陈元福、陈剑生澈查陈泉卿浮支冒领各账，并议决将温处盐巡所长一职，暂请温处盐务行政局局长兼摄，实行收束，业已电呈两浙盐运使鉴核饬遵。纷扰多年之瓯盐公所至此将告一段落矣。（《申报》1931年1月24日）

2月25日 出席上海市特区教育研究委员会第一次会议，讨论各案。至五时始行散会。(《申报》1931年2月26日)

3月5日 苏浙沪三区丝厂同业因丝业公债案，于午后3时在上海市丝厂同业公会开三区全体代表紧急大会。大会公决推举先生与王晓籁为代表，即晚晋京请愿，当晚向蒋介石发出一电。

> 南京国民政府蒋主席钧鉴：报载丝业公债条例与请求救济宗旨悬殊，群情惶惑。今日大会公决，推举王晓籁、褚慧僧代表即晚晋京请训。谨先电陈。上海浙江无锡丝厂同业公会同叩。微。(《申报》1931年3月6日)

3月6日 晨，先生等抵京。

> 江浙丝业请愿代表王晓籁、褚辅成，六日晨抵京。下午谒蒋，述请愿意见。蒋允令财、实两部会同筹议其他支配办法。又赴财政部请愿，由财次李调生接待。允将来意转宋核夺。定七日再赴立法院、实业部请愿。王、褚七日晚返沪报告。(《申报》1931年3月7、8日)

3月10日 因丝业公债案二次赴京请愿，呈文吁请变更丝业债额，以资救济（文略）。14日，由京返沪。请愿得一结果。

> 闻与财、实两部接洽，决定以二百万元改良蚕业，二百万元改良机器，四百万元救济丝业。在实部未改良机器时，亦移作救济丝业用。(《银行周报》1931年第15卷第9期第53、54页)

3月11日 与许世英、虞和德、于右任、王晓籁等70人发起"上海筹募陕灾临时急赈会"，发出启示。

陕西灾情奇重，亘古罕闻。四载之中颗粒无收，人民死亡达二百万以上，其惨苦流离情形非楮墨所能尽载，实为中国今日最大最重灾区。比岁以来，政府、社会虽各筹款施救，奈灾区太广，灾民太多，终难彻底救济。上年慈善大家朱子桥先生筹募巨款，亲往放赈，往来陕西三次，灾民全活甚众，惟灾象于今仍烈。当此春耕，青黄不接之时，待赈万分紧急。是以，朱子桥先生毅然来沪，为三秦八百万灾黎请命。同人等安居乐土，慨念陕西同胞，罹斯浩劫，痛裂肚肠。爰特发起斯会（会址假设云南路仁济堂），募集捐款，期以一月，凑成巨数，仍请朱子桥先生携往陕省，散放急赈。凡我海内外仁人长者诸姑姊妹，素具热忱，尤多侠义，万恳慷慨捐输，多多益善，救人一命，胜造七级浮屠。不胜馨香祷祝之至。迫切呼吁，伏乞鉴垂（署名略）。（《申报》1931年3月14日）

3月15日　应南洋公学之邀，演讲《国民议会与训政》。

　　南洋公学演讲委员会邀请褚辅成莅校演讲，题目是《国民议会与训政》。（霍有光、顾利民《南洋公学—交通大学年谱》）

3月30日　赴复旦大学演讲《国民议会与训政》。

　　上月三十日，第七次纪念周，于上午八时，在体育馆举行。第四次来校演讲者，是日为轮流演讲之上海法学院院长褚慧僧先生。讲题为"国民会议与训政"。其中讲到："国民会议须谋国家之根本建设，制定约法。国内各方，对国民会议太过于漠视，目为国民党之私事，殊属大谬。智识阶级应参加国民会议，各大学宜联合起来，选出

教育专家为吾人代表。(《复旦大学校刊》第 88 期，1931 年 5 月 4 日)

4月11日 呈请在吴兴设英士蚕桑学校。

庄崧甫、张岳军、戴季陶、钮惕生、褚慧僧、杨谱笙、许政等呈国府，请在吴兴设立英士蚕桑学校，以纪念先烈。预定基金二百万，开办费五十万，并拟具组织计划，闻已奉蒋主席许可。(《申报》1931 年 4 月 12 日)

4月13日 主持全浙公会特种常务会议。"讨论呈请实行禁烟，反对公卖案"。决议由褚主席以个人名义函蒋主席及电呈全国禁烟委员会阻止。(1931 年《全浙公会会务报告》)

4月23日 当选为国民会议代表。(《申报》1931 年 4 月 25 日)

5月5日 出席南京"国民会议"。

五日，国民会议在南京开幕。浙江代表为姜卿云、陈希豪、张强、方青儒、项定荣、王竹斋、陈勤士、朱克清、褚辅成、王廷扬、庄崧甫、顾佑民、卢协、张临球、何子成、史志英、杨培根、陈安钧、徐文元、陈布雷、张任天、胡健中、朱家骅、张乃燕。大会通过《训政时期约法》及《废除不平等条约宣言》。(《浙江百年大事记》第 228 页)

5月9日 被推为嘉兴临时救济蚕茧委员会委员。(《申报》1931 年 5 月 11 日)

6月14日 主持全浙公会第七届会员大会，一致通过请政府禁阻鸦片及反对鸦片公卖案等。(《申报》1931 年 6 月 15 日)

6月18日 为禁烟由，以全浙公会名义致电浙江省政府张难先主席，表示要与鸦片恶魔做最后之奋斗。(同以此电致电省内各县党部。)(1931 年《全浙公会会务报告》)

6月20日　新龙华惠灵中学高中、初中部学生80余人毕业典礼，先生（主席校董）莅校给凭并训话。(《申报》1931年6月21日)

6月30日　主持全浙公会特种常务会议。是日为禁烟事发出致国民政府主席蒋中正一函。

> 本会褚主席致蒋主席（及全国禁烟委员会）函云：介公主座钧右：谨肃者。鸦片为害，大之病国弱种，小之丧家戕身。庸懦如清廷尚知悬为厉禁，与英人订立禁烟条约，以十年为期，分期施禁。辅成束发受书，即引禁烟为己任。光、宣之际，在原籍嘉兴办理禁烟，颇著成绩。逮司浙中民政，兢兢焉，尤以禁烟为先务，于禁吸、禁售、禁种诸要政，莫不悉心考虑，严厉实施。几经土商利诱、外人威吓，不为动。厘订章程，禁吸、售两项，民元即已禁绝。继任者为屈君文六，亦颇能认真从事，继续禁种，铲除烟苗亿万亩，浙省禁烟成效故能为诸省冠。民国四年，英人来浙实地查勘，公认烟毒确已肃清。近数年来，以受历届军事影响，烟禁不无稍弛，售、吸或未能绝迹。然尚知怵于禁令，不敢公然无忌。而私种则仍为绝无仅有，浙水为我公丰沛，自必知之较稔，未敢过作虚语。浙中烟禁较严，有犯必惩。民二派兵督铲烟苗，牺牲甚巨。浙民于烟祸感受创巨痛深。故一闻弛禁之说，莫不艴然色骇，群谋阻止。民六冯国璋之政记公司，与民十七之公卖政策，均以格于清议，未能实行，可为前鉴。兹闻财政部有全国禁烟处之设，师寓禁于征之故智，征收鸦片特税。上海为通商大埠，握运输之总枢，闻其销额月仅一千箱，每箱税银四百八十元，统全年计之，所入不过五百七十六万元。此项政策即能通行无阻，以推翻二十年

来完善之内政，违背全国国民多数之心理，收入仅此区区，殊觉得不偿失。即谓时值多故，库藏支绌，亦不当采用此饮鸩止渴政策，以丧失国际信用，而贻人民以无穷之流毒。当此粤中反侧已形，尤恐其撼为口实，为攻击中央之张本。深愿我公本总理与鸦片宣战绝对不为妥协之遗训，严行告诫所属，不得以鸦片营利之说进，如其已成事实，恳祈迅予明令，撤销一凭之愆，固无伤日月之明。辅成饱经忧患，心所谓危不敢自安缄默。干渎上陈，敬祈鉴纳。地方幸甚，全国幸甚，敬颂钧安。（同上）

同日 出席建设讨论委员会会议，提议收回上海租界。（《宪政救国之梦——张耀曾先生文存》第296页）

7月18日 主持全浙公会董事常务会议，与殷铸夫、王晓籁均当选为主席。魏伯桢、张申之当选为候补主席。杭属查仲坚、嘉属沈钧儒等21人当选为常务委员及候补常务委员。（1931年《全浙公会会务报告》）

8月8日 主持全浙公会董事常会，公决：本届霉雨成灾，被水区域甚广，应迅电呈省政府请求救济，并陈救济办法三项：一停征，二豁免，三散放急赈。其散放急赈办法，请迅拨省款驰往灾区散放，并由会函请上海各省水灾急赈会拨款救济。（同上）

8月17日 下午，出席市商会召开之上海筹募各省水灾急赈讨论会，由许世英报告各省灾况及最近请赈文电，继由王晓籁报告该会最近工作情形，继即讨论募捐办法等。（《申报》1931年8月18日）

9月12日 主持召开全浙公会董事常会，讨论建议国民政府兴复浙西水利，实施工赈案等。

主席褚慧僧先生报告事项：（一）财政部复本会呈请加入人造丝税率由。（二）省政府电复本会请办赈灾由。

提议事项：（一）水灾治本案。公决：掘除涨垦田地，永远禁止开垦升科；（二）禁止动用积存塘工抢险基金；（三）设治水专管机关，所有人员不准兼职。基以上各点，建议国民政府兴复浙西水利，实施工赈案。公决：拨用赈款修浚太湖，兴复溇港，加高圩岸，以工代赈，分函国府救灾委员会、浙西水利议事会及被灾各县政府、商会。（1931年《全浙公会会务报告》）

9月18日 "九一八"事变发生。

9月22日 出席上海各团体代表大会，决请政府下总动员令，驱逐日军出境，议决抗日9案。

上海市各界反日援侨委员会所召集之各界代表大会，于昨日上午九时，假天后宫桥市商会大厅举行。到会者有各界代表胡庶华、王晓籁、王延松等五千余人，各业团体及学生团体交通大学、东吴大学、法律学院等八百余个。会场空气极为激昂。兹将开会情形分志如下：

讨论各项：（一）本会应发表宣言案。议决：推胡庶华、陶百川、严谔声、赵树声、王屏南五人起草；（二）电请国府即下陆海空军总动员令，驱逐日军出境，恢复失地案。议决通过；（三）通电全国，团结力量一致抗日案。议决通过，交执行委员会办理；……（五）反日援侨委员会因事实之需要，应变更名称为抗日救国委员会，并扩大组织，规定委员为六十一人，除原有委员三十七人外，另增加委员二十四人案。议决通过。推举史量才、吴迈、汪伯奇、邬志豪、赵纫晋、徐威、朱学范、卢慕琴、王昌源、顾若峰、龚雨亭、傅德卫、虞仲咸、骆清华、马少荃、张子廉、刘勤莘、任矜苹、刘湛恩、林康侯、褚慧僧、谢福生、董显光、胡庶华等二十四人为委员；（六）讨论定期召集市民大会，并于是日全市停业一天志哀案。议决通过。定九月二十六日举行；（七）电请国府退还日本赈品、赈款，由国民自行筹捐救济案。议决通过；（八）彻底对日经济绝交案。议决通过。如有破坏者，格杀勿论；（九）其余未讨论各案，交由执行委员会办理案。议决通过。（《申报》1931 年 9 月 23 日）

9 月 26 日 下午 1 时，主持全院师生员工大会，呈请国府重要提案 4 件。

江湾路上海法学院全体教职员、学生、校工，前日下午一时召集全体紧急大会，褚院长主席，教授李剑华、潘大逵演讲，情词激昂。通过重要提案：（一）呈请国民政府责成张学良克日出兵，收复疆土；（二）呈请中央恢复民众运动，振作民气；（三）呈请国府惩办外交当局；（四）加紧军事训练，另组义勇军特别训练。并议决照常上课。（《申报》1931 年 9 月 28 日）

同日 下午 2 时，出席浙茧联合会执监会议，当选为常务委员。

前日下午二时，浙江全省茧联会在联珠里驻沪办事处开第一次执监会议。到会者褚慧僧、沈田莘、许行彬、蒋莱仙、王鹿坪、盛练心、徐申如、张幼仪、张信甫、沈恺如、于松青、顾速明等，开会如仪。推沈田莘为临时主席，投票选举常务委员及主席。选举结果沈田莘、许行彬、褚慧僧三人当选为常务委员。后由常务委员中选任主

席一人，结果褚慧僧当选为主席。实时就职后、继续讨论提案。（同上）

同日 下午3时，出席上海市教育局局长徐佩璜召集各大学校长谈话会。

> 自暴日出兵侵占东省后，各大学学生、教职员纷起热烈表示反对。昨日市教育局局长徐佩璜，特于昨日下午三时，召集上海各大学校长至教育局会议，到暨南大学校长郑洪年、中国公学副校长潘公展、沪江大学校长刘洪恩、法学院校长褚慧僧、交通大学校长黎照寰、大夏大学副校长欧元怀、复旦大学秘书长金通尹、大同大学校长曹惠群、劳动大学训育主任范争波、暨南大学训育主任汤德民，及持志、中法、法政等各校代表二十余人。首由徐局长报告召集会议意义，继由各校代表报告各该校学生爱国运动近况。最后讨论各校当局应如何指导学生，使抗日救国运动有效而守秩序。六时许散会。（《申报》1931年9月27日）

同日 出席上海800余团体20万群众举行的抗日救国大会，当选为执行委员。大会宣誓抗战到底。一致通过九项议案，通电拥护蒋总司令，统一军权，集中武力，准备实力对日。令张学良出兵抗日。大会通过宣言：愿同胞急起图之，与暴日决一殊死战，宁为玉碎，不为瓦全，为当前救亡挽危之要图。（《申报》1931年9月27日）

> 按：张学良于10月3日电复抗日救国会，表示抗日决心谓："学良守土无方，罪行山积，现正与中央筹计善妥应付办法。许身为国，宁计其他，一息尚存，誓与周

旋，大敌当前，愿与共勉。"(《中华民国史资料丛稿·大事记》第 17 辑第 171 页)

9 月 28 日　主持全浙公会常务会议，议决电浙省政府严密防堵日舰。(《申报》1931 年 10 月 6 日)

10 月 4 日　日军舰开至上海及长江一带。10 日，先生主持全浙公会董事常会，建议浙江省政府训练义务民兵等。(1931 年《全浙公会会务报告》)

10 月 21 日　出席抗日救国会第九次执行委员会议，推为审查员。

讨论本会委员兼秘书长冯一先检举后大椿委员侵吞捐款一案，议决推定王屏南、李次山、陈亚夫、褚慧僧、谢福生五位委员审查。(《申报》1931 年 10 月 22 日)

10 月 23 日　全浙公会发出梗电，呼吁国民结社、集会应完全自由。略谓：

（一）结社集会既属国民完全自由权，应无庸再经党部许可。报纸代表舆论，除军事戒严期外，平时应绝对不予检查，以保障人民获得真正之自由；（二）在国民会议未开以前，立法院应扩增立法委员名额，由民众团体按额分配，推选参加，以使人民早得参预立法权；（三）民众捍卫外侮，必需实力，应由中央即日制定全国施行义务民兵制办法，通令各省市派员分赴各乡镇，一律训练，以立人民自强卫国基础。……全浙公会。梗。(1931 年《全浙公会会务报告》，同见《申报》1931 年 10 月 31 日)

10 月 25 日　被推为嘉兴县备荒筹备委员。(《申报》1931 年 10 月 27 日)

10月29日 出席抗日救国会第十一次执行委员会议,补推为该会常务委员。(《申报》1931年10月30日)

10月30日 应张耀曾之邀,与殷铸夫等赴午餐。(《宪政救国之梦——张耀曾先生文存》第303页)

11月9日 接江苏黄炎培来函,盼组织国难救济会。

> 慧僧、衡山、铸夫先生:有道国难日逐,非谋团结,无以救亡,敝同人近有国难救济会之组织,极盼各省速起响应,联络进行,以厚势力。此间日有集议,仰公等望重全国,于贵省人士尤多结识,登高一呼,集合自易。并深信公等,于敝会宗旨定表同情。用特函请并祈转陈同人渴望之意。统希詧照,见复为荷。专此顺颂公祺。弟黄炎培谨启。(1931年《全浙公会会务报告》)

又接马良(相伯)来电云:

> 慧僧、衡山、铸夫先生并转浙省诸公均鉴:同人等以国难日亟,危亡在即,欲谋救济(国)必须从团结入手。先由江苏从事集合,因于本月三日成立一江苏省国难救济会,发表宣言,即电南京政府及全国父老,略伸救亡公意,传载报章,自荷省察。尤念诸公热忱爱国,在此千钧一发之际,必有良策指导国人。(同上)

11月14日 主持全浙公会董事常会议,议决电请中央出兵接应马占山等案。

> 褚慧僧先生主席报告事项:(一)续陈浙省被灾情况,请拨款赈济案。议决:推褚慧僧、殷铸夫、沈田莘三先生代表本会,赴国府水灾救济委员会及上海各省水灾筹募急赈会接洽,并定十七日星期二前往,由本会依据浙省

赈务会等来函备具公函面陈。(二) 请制止上海书贩收购崔氏藏书，以保存浙江文化案。议决：代电浙教厅、杭市长、省公安局，设法制止，由省购存，所拟电照发。(三) 会员蔡竞雄函称，暴日启衅，应起用军事人才，请释放浙人蒋百里案。议决：照来函电转总司令部，一面函陈公侠设法疏通，以常务会董全体具名。……(五) 电请中央出兵接应马占山，议决：照办。(陈觉《国民丛书第五编71 历史、地理类九一八后国难痛史资料　3》)

同日　下午，主持抗日救国会第十九次常务委员会议，加紧部署抗日各项工作。

> 本市抗日救国会，于昨日下午二时，召集第十九次常务委员会议，出席委员褚慧僧、王晓籁、林康侯、陆京士、方椒伯，公推褚慧僧主席。议决：封存日货，处置办法应由抗日会决定。(《申报》1931年11月15日)

11月19日　主持抗日救国会第十四次执行委员会议，讨论议决封存日货办法等案。(《申报》1931年11月20日)

11月24日　出席抗日救国会第二十二次常务委员会议，议决数案。(《申报》1931年11月25日)

本月　为《力山遗集》作序。

> ……余故友潘子力山为吾党之铮铮者，同列国会议席，其平时建白皆有裨于国计民生；遇事侃侃高谈，抵掌抗辩，不为威胁，不为利诱，事具详参议院议事录中。而拒贿、劾段二事尤为海内所称道。民国十五年北伐军兴，先生秉笔南下，任上海法科大学副校长，冀为党国造就建设人才；以守正不阿，不慊于恶化之徒，遂遭暗杀。……日者，其友人及其门弟子辈哀其遗作若干篇，谋刊《力山

遗集》以行世，索序于余。余曰：潘子之为人，固自有可传之事业，当不待文以传，而其为文戛戛独造，不同流俗，亦目为可传之文。若潘子者殆所谓其文其人皆可传者耶？而潘子其永永不朽已！中华民国二十年十一月。嘉兴褚辅成。(潘大逵《力山遗集》之序)

12 月 2 日　出席抗日救国会十六次执行委员会议，因中日有直接交涉之趋势，致电外交部，反对中日直接交涉。(《申报》1931 年 12 月 3 日)

12 月 7 日　出席抗日救国会义勇军委员会议，被推为常务委员。

> 本市抗日救国会义勇军委员会，昨假市商会开第十次执行委员会议。出席委员陈亚夫、李永祥、胡凤翔、褚慧僧、林康侯、王昌源、王晓籁……余华龙、任矜苹等十四人，主席胡凤翔，记录吴建之。开会行礼如仪。甲、报告事项（略）。乙、讨论事项：（一）叶惠钧、陈亚夫二委员，恳请准予辞去常务委员职务案，议决：照准。（二）本会现已增加委员八人，内部职务应重行分配，以利进行，是否有当，请讨论案。议决：重行分配，并推定林康侯、褚慧僧、王晓籁、张子廉、李永祥等五人为常务委员，任矜苹为秘书长。(《申报》1931 年 12 月 8 日)

12 月 8 日　出席抗日救国会第二十七次常务委员会议，提醒各同业公会切实注意日货。10 日，出席抗日救国会第十七次执行委员会议，改选常务委员，与王晓籁等 11 人当选。(《申报》1931 年 12 月 9、11 日)

12 月 12 日　主持召开全浙公会董事常会，议决浙省修复圩堤应列入工赈等 3 案。

主席褚慧僧先生报告事项：（一）浙江省保安处电复本会请训练民兵案由。（二）呈请罢免外交顾维钧案。议决：通过。（三）浙省修复圩堤，应列入工赈案。临时议决：函国府救灾会，并函水利局林同庄先生拨款救济兴修，否则通函各县，截留自办。临时提议：江苏国难救济会代电，请各省组织国难会联络响应由。议决：原则通过，其组织另行讨论，决定由本会发起，敦请本省在野耆老，共同组织。(1931年《全浙公会会务报告》)

12月13日 蔡元培致电上海各大学校长，请设法劝阻诸同学来京。

上海电报局荣局长，请即分转王伯群、张咏霓、李登辉、郑洪年、王景岐、黎照寰、胡庶华、何世桢、郑毓秀、褚辅成、刘湛恩、曹梁厦、刘海粟、潘公展诸先生公鉴：报载上海学生三分之一定寒（十四）日入京。现在外交自接受国联决议案后，暂告一段落，内容及政府之苦衷，均已公布。内政则四届中委不日来京，即产生统一政府，此后国家大计，统由国难会议统筹。此时来京，必无结果可言。京中天气骤寒，在零点以下，居行皆感困难，务望即邀集各校校长、教授，设法劝阻诸同学来京，并希以接洽经过电告。弟蔡元培。(《申报》1931年12月15日)

12月16日 主持全浙公会常务会议，反对鲁涤平任浙省主席。

昨悉，全浙公会以行政院国务会议议决，改组苏、浙、赣三省政府，认为一种起身炮。且现役军人，不得兼充各省主席，四中全会早经决议有案。乃政府以鲁涤平主组省政府，该会昨特电南京林主席、陈院长表示誓不承认。并分电杭州张主席难先，请勿交代。又电杭州市商会、教育会、学生联合会，请力阻张主席交替云。(《申报》1931年12月17日，同见1931年《全浙公会会务报告》)

12月17日 主持全浙公会会议，决议组织浙人拒鲁大会。

国民社云：浙省自经中央决议任命鲁涤平任省主席后，全浙公会得讯，昨通电反对。闻昨日（十七日）下午二时，在全浙公会召集旅沪浙人，讨论拒鲁事宜。到褚慧僧、朱横秋等三十余人。褚慧僧主席。决议组织浙人拒鲁大会，推选褚慧僧、张今烈等七人为干事，筹备进行。并另派人分赴南京、杭州，有所接洽云。(《申报》1931年12月18日)

同日 出席并主持抗日救国会第二十九次常务委员会议，公决抗日事宜5项。(《申报》1931年12月18日)

12月19日 中华民国国难救济会成立，先生为主要发起人之一。自江苏国难救济会成立后，各省旅沪人士群起响应。几经集议，于是日开中华民国国难救济会成立大会，到16省500余人，推先生及温宗尧、彭允彝、张耀曾为主席团，通过简章、宣言及通电，并决议反对军人主政，末推举理事。(《申报》1931年12月20日)

同日 先生主持浙江省国难救济会成立，当选为理事。大会议决发表宣言："不自卫何以立国于世界，不自治又何以定国内之纠纷。充实自卫之力量，自今日以后，本会誓即本此二义，与全国人民戮力周旋。共赴国难。"(《申报》1931年12月21日)

12月21日 主持国难救济会理事会议。

主席褚慧僧报告事项：一、各省临时理事报告本省所推理事（皖、桂、川、闽各省名单略）。提议事项：修正通电文字案，议决照修正案通过，即日以本会名义发表。一、对于日兵犯锦，应即电请政府动员案，议决即席起草通过，拍发。一、反对军人兼任疆吏宣言，由大会交由本会核办案，议决推张镕西、李伯玉、赵厚生审查。一、定期召开全体理事会案，议决本月二十五日晚八时，假全浙公会举行。(《中华民国国难救济会报告》第10页）

12月24日 与马良、熊希龄等致电南京一中全会，进陈解决纠纷两点意见。

南京一中全会全体委员会诸公均鉴：本会昨经通电，主张置党制于民治范围之内，纳党员于法治约束之中。顷阅报载，李烈钧、程潜、张知本诸先生等有实行民权进行制宪之提案，公诚谋国，洞见本源。同人以为，诚欲解决目前一切纠纷，莫要于：（一）即日废除依据党制限制人民自由之一切法令，严禁党部干涉人民自由，明令允许人民自由组织团体或政党。（二）即日组织人民代表机关，议决宪法会议选举法，组织宪法会议，制定宪法，实行宪政。二事实行，庶几全国一心，对外发生力量。方今强寇深入，国防已破，存亡生死一发千钧，惟望全体委员诸公从速赞同此议，一致通过，克日施行，以符民望而救国危，民国幸甚！中华民国国难救济会马良、熊希龄、褚辅成、赵凤昌、温完尧、张一麐、李根源、张耀曾、程子楷、彭允彝、赵恒惕、陶家瑶、王允恭、徐元诰、陈泽雷、黄炎培、石颖、沈钧儒、李国珍、殷汝骊、罗家衡、李为纶、张恪惟、林希谦、黄永熙、周辉浦、赵正平、陈启天、刘白、武宜停、陈宝书、公民言、武向晨、许璧、王宏实、吴山、萧炳章、李国凤、郭椿森、关建藩、谭道南、汪彭年、谢荫坡、李立民等。迥。(《熊希龄集(下册)》第 2056 页)

12 月 25 日 出席浙江省国难救济会第一次理事会,当选为常务理事。

浙江省国难救济会,昨开第一次理事会,当选举褚慧僧、殷铸夫、沈钧儒、沈田莘、朱铎民、高子白、朱劼丞、屈文六、钱新之、张申之、姚咏白十一人为常务理事。胡凤翔、赵澄志、查仲坚、虞仲咸四人为候补常务理事。认定各组专门委员。其议决事项:一为锦州事件,议决电一中全会及国民政府,严令各军出兵防卫。并电请各团体,一致督促。一为对于汪(精卫)、李(协和)诸先生提议民治各案,议决电陈意见,表示赞同。一为航空救国,议决请提议人高子白先生提出详细计划,再行讨论。(《申报》1931 年 12 月 26 日)

12 月 27 日 与马良、黄炎培等致张学良、阎锡山等电,坚请抗日。

北平张汉卿先生、太原阎百川先生、冯焕章先生、锦州荣(臻)参谋长并转各旅团长均鉴:暴日不戢,进犯锦州,目我国军曰土匪,名其侵占曰防剿,凶狡已极,普天共愤。现英、美、法已提警告,愿诸公立赋同仇,联集战线,正当自卫,拼死抗争,以护我疆土,以保我民族人格。本会誓为后盾。中华民国国难救济会马良、熊希龄、朱庆澜、温宗尧、褚辅成、张一麐、李根源、赵恒惕、张

耀曾、彭允彝、黄炎培、王允恭、陶家瑶、李为纶等叩。感。(上海《新闻报》1931年12月28日)

本月 为上海法学院成立五周年纪念刊撰《发刊词》，略谓：

本校创始于民国十五年，初仅赁屋于法租界蒲柏路，十七年乃迁江湾路今址，购买基地，建筑校舍、礼堂、教室、图书馆、办公室寄宿舍，规模粗具，并呈教育部立案，是犹婴娩初生。至今日已可冀其有成人之深造，不可不有以资纪念。为略述梗概如是。民国二十年十二月。嘉兴褚辅成。(《上海法学院成立五周年纪念》)

◎ **1932年（壬申）民国二十一年　60岁**

1月2日 出席国难救济会理事会议，介绍新会员张啸岑、朱维岳、张光亚、黄文中、姚咏白5人入会。(《中华民国国难救济会报告》第12页)

1月9日 致电何（柱国）旅长，请坚拒暴日，"以保边疆"。

本市抗日救国会，昨举行常务委员会议，主席褚慧僧。决议定于本月十一日（星期一）下午四时，假座宁波同乡会，举行执委会会议，讨论整顿会务及今后进行方针，以谋整个解决，并通告各部，安心照常服务。又自锦州失陷后，山海关形势顿急，特电驻军何旅长固守坚拒。原电照录如下：急。山海关何旅长鉴：锦州失陷，暴日继续内侵。山海关地处要隘，为平津门户，伏乞固守坚拒，以保边疆。本会率全市民众，誓为后盾。上海市抗日救国会。叩。(《申报》1932年1月10日)

同日 主持召开全浙公会董事常会，议决续请增加人造丝进口税等3案。

主席褚慧僧，讨论事项：（一）浙省主席易人问题应否继续进行案。议决：继续进行，将呈府院文稿分送各会员。（二）续请增加人造丝进口税，以救济蚕桑案。议决照办。并请褚主席赴京，与实业部接洽。（三）筹募本会会所基金应否继续进行案。议决先行筹备。(1932年《全浙公会会务报告》)

1月10日　与孙洪伊等发起宪政促进会，是日举行第一次谈话会，推举临时筹备员、通过宣言及简章草案等。

日日社云：孙洪伊等昨日下午二时，假中社召集宪政促进会第一次谈话会，到者有孙洪伊、张耀曾、褚辅成等百余人，公推孙洪伊主席，陈定远记录。首由孙氏报告本会发起之宗旨，在促进宪政，俾全国国民有共赴国难之轨道。外交失败，在于内政不良，内政所以不良，在本年来国民党一党专政，只知有党，不知有国，只知有党员，不知有国民之故。所以救国必先从打倒一党专政始。继由吴山历述国民党一党专政之弊，措词异常激烈。继林素园演说，略谓：此后作政治运动，当以全国民众的福利为福利，国民党以党员为基础，我辈当以民众为基础。此外发言之人甚多，措词大致相同，最后讨论进行，决定数事如下：（一）名称定为宪政促进会；（二）推举孙洪伊、罗家衡、胡祖舜、江天铎、林素园、赵尊岳、王造时、陈伯简、诸青来、范鸿钧、陈定远等十一人为临时筹备员；（三）通过宣言及简章草案；（四）定于下星期日开成立大会。(《申报》1932年1月11日)

1月13日　与熊希龄、章太炎、马相伯、黄炎培等60余人联名致电南京政府，要求收复失地，归政于民，召开国民会

议，团结抗日。(《申报》1932年1月15日)

1月16日 代表全浙公会出席上海国难协济会等50余团体召集的各界代表大会，讨论民众自卫救国办法，被推为会议主席之一。会议推举筹备员，预备不日开筹备会，于最短期内成立国民自动召集全国救国会议委员会。(《申报》1932年1月17日)

1月18日 出席国难救济会第三次会议，分担财政组召集人。(《中华民国国难救济会会务报告·第一次》第23页)

同日 报载全国地方自治协会会长褚慧僧、总务部长吴孝侯等集议，决定召集第三届常年大会。

> 全国地方自治协进会联合会，本由各省道县市地方自治协进会推举代表，依法组织，为协助政府进行地方自治之正式团体。自第一届在南京开会，第二届在杭州开会以后，适值革命军兴，全国人民咸致力于肃清军阀，冀树民主政治之基础，故将会务暂时停止。日前该会会长褚慧僧、总务部长吴孝侯、驻沪理事长沈田莘、江苏省会会长庞铁阶等重要分子多人，在沪集议。佥以自十六年来，内乱纷乘，民主政治仍无端倪，加以方今匪患日急，外侮叠来，人民困苦，更甚往昔。欲伸民权，而谋自救，舍实行地方自治，其道莫由。复经分别征求各地重要分子意见，皆认该会协进地方自治，责无旁贷，决本以往之精神，继续谋全国地方自治之发展，定期二月二十一日在上海召集第三届大会，并暂设事务所于上海爱文义路联珠里十三号。除分登京沪津汉四地各大报通告召集外，并另通函各地之地方自治协进会，届期推派代表出席。更欢迎各地热心地方自治之同志，踊跃入会，俾期集思广益，共策进行。(《申报》1932年1月18日)

同日 上海日僧5人与三友实业社工人在马玉山路冲突被殴，1日僧被打死。20日，上海日人暴动，焚毁三友实业社工厂，市长吴铁城向日领事抗议。21日，日总领事村井仓松向吴铁城道歉，允惩凶赔偿，对日僧被殴则要求缉凶并取缔抗日团体（共四项）。

1月22日 先生主持上海市抗日救国会紧急会议，会议发表宣言、通电，谴责日人暴行。

> 上海市抗日救国会，昨为日人在沪暴动事，召集执行委员紧急会议，公推褚慧僧主席。首由主席报告开会意旨后，经各委员慷慨发言，议决下列各案：（一）发表宣言。（二）致电中央对日绝交。（三）请市政府拒绝日方一切无理要求。（四）通告各界，采取正当自卫。（五）推定朱子范、龚雨亭代表本会，慰劳三友实业社工友及引翔港市民（宣言、通电略）。（《申报》1932年1月23日）

同日 接见闽省反日会代表。

> 福建反日会代表柳大经等五人，日前抵沪，分向京、沪报告闽省情形。该代表等昨复往访上海各界抗日会，适该会开临时紧急会议，由常委褚辅成接见。该代表等向褚报告福建最近反日情形，并请求援助，褚允即提交讨论会。据褚答复，已由该会议决，公电中央及福建省政府，从速恢复抗日运动。该代表等并决于今日夜车晋京，向中央国府请愿云。（《申报》1932年1月23日）

1月23日 日领事提出无理要求，市长吴铁城屈从。27日，上海市政府接受盐泽要求，下令取消抗日救国会及其他抗日团体，《民国日报》暂行停刊。

1月27日 先生出席抗日救国会常务、执行两会议,反对取消抗日救国会,指出:"辽案一日不解决,抗日会即存在一日。"(《申报》1932年1月28日)

1月28日 "一·二八"事变发生。沪战中,上海法学院校舍及一切设备于2月3日惨遭日军焚毁,总计损失30余万元。(《上海法学院十周年纪念刊》)

1月30日 上海各慈善及公益团体联合会假云南路仁济堂组织成立上海战区难民临时救济会,先生被推为执行委员。难民临时救济会在报上刊登紧要启事,号召各界父老兄弟诸姑姊妹赐金钱、捐衣食,救济难民。(《申报》1932年2月1、3日)

1月31日 《时事新报》报道:国民救国参战军奋起与日军激战,先生为国民救国参战军政治组委员。

> 中华国民救国会,为实际参加救国工作起见,已将该会组织之义勇军,一律改称为国民救国军,实行参加作战,现有实力约五千余人,分驻闸北太阳庙、引翔港、宝山路一带,曾于日军激战数次,颇占优势。
>
> 该会组织现已扩大,计分军事、政治、经济、特务各组。军事组委员为朱子桥、张子廉、李振亚、王逸公、王成志、柴中锋、吴道南等;政治组委员为褚慧僧、王汉良、吴迈、任矜苹、曹志功等;经济组委员为顾九如、邬志豪、吴本兰、蒋仲和、丁涌奎等;特务组委员为杨椒其、王肇成、王逸公、刘仲英、蒋于毅、虞仲咸等。除以实力参加作战外,并筹募物品慰劳前敌将士。(《时事新报》1932年1月31日)

同日 上海各团体救国联合会成立,先生当选为理事。晚,先生主持各团体救国联合会第二次理事会议,议决(一)

电请张学良一致对外；（二）请银、钱两业即日开市，并定限制办法，每户每星期提款数不得过五百元（工厂公司因发人员工薪不在此限）；（三）函朱子桥先生及各同乡会，增设人民收容所；（四）函米业公会及官厅，请设法阻制米价暴涨及恢复交通，以畅来源；（五）函烟兑业公会，请取缔兑换店居奇抑价；（六）电国联颜代表，请向国联要求执行国联会员章程第十六条。（《申报》1932年2月2日）

本月 到杭发起成立"浙江各界救国会"，被推选为理事长。

  淞沪战争发生之初，褚氏来到杭州，他邀请一些在杭的爱国人士，商议如何鼓动群众抗日情绪，反对对日本的妥协投降，声援淞沪抗战之策。决定成立一个群众性的浙省各界救国会，但应摒绝国民党官方人员的参加。在第二天就借聚丰园菜馆的大厅召开正式会议，一致决定成立"浙江各界救国会"。会议是褚辅成主持的。首先由褚氏致词，说明会议宗旨，大致是说，由于蒋介石政权一味地对日妥协投降，眼看行将亡国无日，我们中华民族是具有悠久文化和光荣传统及有志气的伟大民族，谁甘屈辱偷生作亡国奴？现在淞沪抗战已起，决不能再容忍当局背叛全国人民意志，妥协投降。有识爱国人士必须一致团结起来，唤醒全国人民为抗日战士作后盾！……褚氏的发言激昂而沉痛。接着在一些人的慷慨发言后，通过了简单的《会章》，成立了理事会为执行机构，一致推选褚辅成为救国会的理事长，推定理事10人，并推查人伟、沈尔乔、吴醒耶等五人为常务理事。还决定以救国会的名义创办一份小型报纸，定名《午报》，作为宣传抗日的工具，由我担任主笔，另一理事叶懋桐负责编辑和发行。《午报》出版3个月，由于写了一些比较严正、激昂的反对屈辱投降的言论，

也就被浙江省保安处以言论过激的罪名而予以查封了。(吴醒耶《褚辅成与浙江各界救国会》,《褚辅成专辑》第66、67页)

2月2日　出席国难会议会员谈话会。

自政府公布国难会议会员名单后,平津各地被聘会员,已开会讨论应持态度及共同主张。本埠被聘会员人数最多。兹因上海事变所引起之险恶局面,一部分被聘会员张耀曾、赵正平、王造时、温宗尧、彭允彝、褚辅成、陈锦涛、陈启天、刘天予、左舜生、章炳麟、冯少山、胡庶华、黄炎培、赵叔雍、孙洪伊、李璜、余家菊等认为,有共同设法救济之必要,特定于今日中午十二时在威海卫路中社便饭,交换意见,共筹国是。发起人方面诚恐通知不周,甚盼本埠被聘会员,全体届时出席。(《申报》1932年2月2日)

2月3日　出席国难救济会第八次会议,报告会务。(《中华民国国难救济会会务报告·第一次》第25页)

2月5日　致电蒋鼎文将军,请率部援沪。

南昌第四军团蒋总指挥铭山兄勋鉴:沪战九日,幸十九路军及吴淞将士用命,屡挫敌焰。惟日有增兵之讯,孤军应敌,危险万状。沪失则东南各省危。闻公电中央,愿率部赴援,深为佩慰。际此,沪地岌岌待命,恐误戎机,事急从权,希火速出师,以拯大局。褚辅成叩。微。(1932年《全浙公会会务报告》)

2月13日　主持全浙公会董事会议,议决通告各县训练义务兵,沿铁道各市、县多设难民收容所等3案。(同上)

2月18日　上海各团体救国联合会召开全体理事大会,

先生被推为常务理事。大会议决募集救国捐。(《申报》1932 年 2 月 19 日)

2 月 24 日　主持全国地方自治协进会大会,议决督促政府出兵抗战。

> 全国地方自治协进会联合会,昨在联珠里十三号开第三届大会,到八省代表褚辅成、沈田莘、吴孝侯、庞惕齐、陈亚夫、潘上莞等数十人,由会长褚辅成主席。报告停顿及恢复经过,并修正通过会章及规程。又以交通阻梗,到会代表省份未全,在新章程没曾备案前,暂由原有职员继续工作。其缺额就今日到会代表暂推补充,计沈田莘代理审查部;庞惕齐代理总务副部长;吴履平代理评议副部长;贾汉奇代理审查副部长;陈亚夫代理调查部长;仪南平代理调查副部长。又议决惟吴孝侯赴平津,庞惕齐赴宁,陈新民赴洛,督促出兵抗战及遵行会务等十二案而散。(《申报》1932 年 2 月 25 日)

2 月 26 日　主持国难救济会第十七次会议。

> 国难救济会第十七次会议召开,主席褚慧僧。一、致湘省主席电案,议决:已照发出。一、请军委会及军政部增援案,议决:去电严催。(《中华民国国难救济会会务报告·第一次》第 29 页)

同日　据 13 日全浙公会董事会决议,为训练义务民兵、筹办义务保卫团等,以全浙公会名义致函各县政府,"至祈采择试办。"(1932 年《全浙公会会务报告》)

2 月 27 日　上海各团体救国联合会举行十九路军血战周月纪念会,先生为主席团,议决分电国府、国联,谋正当出路。

各团体救国联合会，昨日上午十时在八仙桥青年会，开上海抗日血战周月纪念大会，痛悼抗日阵亡将士，并请十九路军第五军代表报告作战情形，会场空气极为哀庄。主席团胡庶华、褚辅成、冯少山。主席报告开会宗旨后，各军代（表）、师代表报告作战情形。十九路军代表范其务报告作战经过（略）；第五军张治中代表王学韬报告最近作战情形（略）；次，八十八师俞师长代表参谋项方强演说本师参加讨倭意义（略）；大会发出上国府电和致国联电（略）。（《申报》1932年2月28日）

3月12日 主持全浙公会董事常会，议决建议上海各团体救国联合会停收房租一月，以裕民力等3案。（1932年《全浙公会会务报告》）

3月17日 国联特别委员会召开会议，我方代表坚持日本无条件撤兵。20日，国联调查团视察上海战区。

3月19日 出席国难会议上海会员会议，推为组织提案预备委员会委员。

国难会议上海会员会，昨（十九）日在威海卫路一五零号中社开会，到会三十八人，公推张耀曾主席，讨论出席正式会议前之先决问题。首由自平返沪之王会员造时、左会员舜生报告平津会员之主张后，嗣议决关于会务之议案四项，计（一）关于开会地址，一致赞成平津会员之建议，电达中央，请迁南京开会。（二）要求政府保障会议席上之言论绝对自由。（三）国难会议正式开会时，不举行国民党之开会仪式，以示解放党禁。为郑重起见，特推定朱庆澜、褚辅成、冯少山、王造时四君为代表，陈述（二）（三）两项，以及对内对外之意见。（四）组织提案预备委员会,公推张耀曾、王造时、彭允彝、褚辅成、陈启天、温宗尧、黄炎培、左舜生、胡庶华、赵恒惕、钱新之、俞仙亭、陶家瑶、王晓籁、穆湘钥、吴经熊十六人为委员。(《申报》1932年3月20日)

3月21日 代表各省区旅沪民众晋谒国际联盟调查团,陈述意见,指出:应以客观立场,公正眼光,详究事实之因果,秉公裁判。

各省区旅沪同乡会推举代表李振亚、王毓荪、张仲平、谭雅谷、史达门、褚辅成、周柏莹、萧德宣、成荣春、宋士骧等,于前晨九时晋谒国际联盟调查团,代替全国民众,陈述意见,并面致国文公函一通,译稿一份。兹录其公函如下:国际联盟调查团公鉴:诸君为调查中日争端,主持公道而来,我各省区旅沪民众,自无任欢迎。……吾人甚望诸君以客观立场,公正眼光,详究事实之因果,勿为片面所朦蔽,俾得详确事实,作国联秉公裁判之根据,和平不为日本所破坏。则我各省区旅沪民众,曷胜感幸。倘诸君不加详查,竟以不实不尽之事实,报告国联,使国联裁判之结果仍无以裁日本侵略之野心,则是国联自失其威信。吾人为维持世界和平,保护民族生存,与伸张人类正义起见,惟有联合全国民众,督促政府,誓死与日本相周旋,务求得中华民族之自由为止。即或因此而引起世界第二次大战,以至于人类之大不幸,其责任谁属,举世自有公论。盖人类正义一日不灭,我中华民族断无横受日本侵略之理也。兹当诸君来华之始,以国联付托之重,人类期望之殷,和平祸乱,端在诸君之能否详实报告,与国联能否主持公道与断。用特掬诚奉告,敬希三致意焉。四川旅沪同乡会、广东、旅沪同乡会、安徽旅沪同乡会、全浙公会、江西旅沪同乡会、福建旅沪同乡会、旅沪粤民大会筹备会（包括两广）、江淮旅沪同乡会、扬州八邑旅沪同乡会、潮州旅沪同乡会。（《申报》1932年3月23日）

同日 午，主持全浙公会临时董事会，反对撤兵谈判，主张日本军队应完全撤离中国领土。

主席褚慧僧先生报告事项：旅沪同乡会联合办事处函称组织各同乡会联合会，请求加入并派代表出席案，议决：复函暂不加入。公决：节俭规约改为节俭运动宣言。魏伯桢先生提议：值此国难未已，各机关职员实行减薪救国由，公决：缓议。对张申之先生提议浙省征收国难特捐，应由地方监督用途由，公决：函财政厅及各地方团体、旅沪各同乡会。主席提议：撤兵谈判，丧权辱国，本会应表示力争，公决：电呈国民政府林（森）主席，行政院汪（精卫）院长及上海郭次长（略）。（1932年《全浙公会会务报告》，同见《申报》1932年3月23日）

3月22日 出席江苏国难救济会招待会，发表演说，主张缩短训政时期，"早日观成宪政"。（《申报》1932年3月23日）

3月23日 推为国难会议赴京代表。

午前，中社开国难会议干事会，商赴京代表到京应询事件，余主张会议讨论自由，请政府明白承认，至宪政具体方案，似不能提请事先承认。此次代表为褚慧僧、穆藕初、王造时、冯少山四人。（《宪政救国之梦——张耀曾先生文存》第322页）

本月 主持上海法学院第三十三次校董会议，决议暂移杭州开学。

校舍虽被毁，而青年宝贵光阴万不可使其失学。沪上苦无相当房屋，经校董会议决暂移杭州开学。校址租赁银河桥绸业会馆，一切设备皆须重置，无异创办一新校，幸得诸同事努力赶办，不日就绪，春假前已照常上课。（褚辅成《十年的回顾和感想》）

一九三一年发生"九一八"事变，日寇占领整个东北后，意犹未足，次年复企图侵占上海。中国军民奋起抗击，于是又发生"一·二八"战役，亦称淞沪战役。在战争烽火中，上海法学院校舍为日寇烧毁，无法上课，被迫迁到杭州，我亦随之而去，并代褚、沈二老主持校务。其间饱尝艰难，历尽坎坷，困顿之状，实非片言可罄。（潘大逵《风雨九十年》第83页）

民国二十一年"一·二八"之役，江湾成为战场，上海法学院暂行迁到杭州银河桥绸业会馆上课，其时我正在杭州，也曾略尽微薄力量。（阮毅成《记褚辅成先生》，《褚辅成专辑》第56页）

4月1日 主持国难会议上海会员第四次会员大会，报告赴京接洽经过。

先生等主张对日抵抗到底，以期收复东北失地肃清淞沪敌踪。为谋全国一致对外起见，从速结束党治，实行民治，于六个月内制定民治主义宪法，实行宪政。为应付当前国难，充实政府力量起见，在宪政政府未成立以前，立即集中人才，不分党派，组织国难政府，国难会议仍在南京举行。在国难会议开会前，宣布各党并存，自由活

动。自五月一日起停止国库及公款支给之党费。(《申报》1932 年 4 月 2 日)

同日 卫国阵亡将士抚育会举行第一届选举大会,先生当选为监察委员。(《申报》1932 年 4 月 2 日)

4 月 2 日 主持上海各团体救国联合会第七次紧急代表大会,议决发表促日撤兵宣言等。

上海各团体救国联合会,于昨日下午举行第七次紧急代表大会,到各团体代表胡凤翔、石芝坤、冯少山、褚辅成、殷芝龄等六十余人,公推褚辅成主席,报告开会宗旨,继即开始讨论:(一)遵照国联决议案,发表促日撤兵宣言,议决原则通过,推大学联等起草。(二)忠告我国首席代表郭泰祺案,议决通过。(三)筹备组织东北义勇军后援委员会案,议决推道路协会、全国律师协会、全浙公会、大学联会、国民救国会、国民救济会等团体筹备。(《申报》1932 年 4 月 3 日)

同日 又与温宗尧、孙洪伊、张耀曾、黄炎培等 35 人联名发出通电。

各报馆转全国国民公鉴:上海停战会议,日本除要求驻兵于吴淞、引翔、江湾、闸北四重要区域外,并不允规定撤退时期。近闻吾国政府对驻兵地点,完全让步,对撤兵时期,亦有交圆桌会议讨论,仅由日方单独声明了事之意。如此果确,则显系违反国际联盟决议,并政治问题与军事问题为一谈,陷上列四重要区域于长期被占领之绝地。在敌兵压境之下举行会议,去城下之盟有几,凡我国民,宜急起反对,监督政府,非使恢复一月二十八日以前之状态,不开圆桌会议。临电不胜迫切之至(名略)。(《申

报》1932年4月3日）

4月7日 出席洛阳"国难会议"。会议期间，先生提出，谢仲复等11人联署，主张顺应民意，迅施宪政。（徐矛《中华民国政治制度史》第228页）

4月9日 主持全浙公会董事会议，议决致电外交部，提出对日"经济绝交"案及增加人造丝税率以资救济等5案，并致电行政院，提出救济浙江丝茧办法。致外交部罗（文干）部长、洛阳国难会议王晓籁电于10日发出。

> 南京外交部罗部长、洛阳国难会议王晓籁先生勋鉴：中日停战会议，日本无确定撤兵日期。吴淞、江湾为驻兵区域，绝非与租界毗连，其违背国联议决案，奥无诚意接受友邦和平劝告，蓄意图占中国领土，断非口舌所能奏效。我方应与停止谈判，声请国联援用会章第十六条，以资裁制，并昭告友邦。此次停战谈判，我方已一再让步，破坏和平应由日方负责，我为被害国，应首倡经济绝交，以示抗拒。大部负外交重任，丧权辱国条约，国人宁死不甘忍受，请迅令出席代表（执事远道赴难，御侮负有专责。丧权辱国条约，国人宁死不甘忍受，请即提案主张）弗再退让。全浙公会。叩。蒸。（1932年《全浙公会会务报告》，同见《申报》1932年4月11日）

4月11日 出席公共租界纳税华人会，当选为该会执行委员。（《申报》1932年4月12日）

4月15日 主持上海各团体救国联合会第三十八次常务委员会议，议决抗日救国4案。（《申报》1932年4月16日）

4月17日 主持全浙公会特别会议，确定全浙公会节俭运动，征求会员简则。（1932年《全浙公会会务报告》）

4月18日 主持东北义勇军后援会成立大会,被推为理事。

本市各界组织之东北义勇军后援会,于昨日下午四时,在宁波旅沪同乡会举行成立大会,到江问渔、胡凤翔、张一麐、褚慧僧、林有壬、陶乐勤、袁近初、冯少山、胡庶华、任矜苹等六十余人。通过会章、选出理事。兹将各项情形志下:

公推褚慧僧主席,主席报告云:"自暴日侵略我东三省后,而东北负责长官张学良,始终贯彻不抵抗主义。虽马占山崛起黑龙江,比较差强人意,旋因粮尽饷绝,遂与暴日虚与委蛇。既经通电反正,凡我同胞,应有援助,特集合各界,组织后援会。今日为正式大会之时,请各界贡献意见。"

经大会推选出史量才、许冀公、赵昱、林康侯、江问渔、温钦甫、冯少山、许俊人、朱子桥、陈家鼐、陈培德、王志圣、李次山、褚慧僧、胡庶华、胡凤翔、杨筱堂、张子廉、张鹍声、殷芝龄、黄警顽、沈钧儒、张一麐、林植夫、罗吟圃、王葆真、吴山等二十七人为理事。又临时动议:公开募捐案。议决:原则通过,交理事会办理。(《申报》1932年4月19日)

4月20日 与北平代表凌昌炎等议组全国各团体救国联合会,议决(一)定名为中华民国各团体救国联合会,简称全国各团体救国联合会。(二)本会由上海、北平各团体联合会为发起人。(三)各团体救国联合会以各省市一个总组织为单位。(四)推定李次山、王葆真、凌昌炎三君为简章、宣言起草人。(五)暂定本埠梅白克路五十四号为发起人通讯处。以上诸端由到会签名代表,分头积极进行。(《申报》1932年4月21日)

4月25日　主持上海各团体救国联合会第三十八次常委会会议,议决:(一)永嘉县抗日救国会函送青川鱼样三条询问是否日货案,公决备函请陈培德君向渔业同业公会接洽,以资鉴别;(二)河南省抗日救国会函询全国各团体救国联合会组织及办法案,公决函复请加入公同发起,并附简章;(三)关于中东路驻沪办事处处长受伪政府之任命,本会已函请铁道部警备部公安局办理,请予追认案,公决通过。(《申报》1932年4月26日)

4月29日　震惊世界的"虹口炸案"发生,侵华日军司令官白川义则大将等当即被炸毙,驻华公使重光葵等被炸伤。投弹勇士、韩人爱国团团员尹奉吉被拘捕(后尹奉吉英勇不屈就义)。事发后,流亡在上海的韩国临时政府领导人金九等被日军悬重赏追缉(第一次悬赏20万元,第二次悬赏60万元),处境极为险恶。20余天后,金九在先生的掩护下避难嘉兴。《嘉兴当代人物志》有记:

> 三韩革命领袖金九氏,与先生甚密契,金氏于民国二十一年逃日军搜捕急令,先生为之掩饰易装,侨居嘉兴城南凡四年,初居五龙桥外,继梅湾,再日晖桥港南街,凡三迁移,悲沉沦故国之思,道唇齿相依之感,人鲜有知者。韩至今日而始光复,则先生与金氏一段缘法,亦足为我嘉兴革命掌故一录。(《浙江辛亥革命回忆录》第142页)

金九于1943年(67岁)写下《白凡逸志》下篇,书中叙述了他在中国最危急的时刻得先生援救,避难嘉兴的那段经历。

> 这样过了二十余天,有一天费夫人对我说,我住在费家的事被侦探知道了,正悄悄包围屋子,让我赶紧离开。我跟费夫人装成夫妇的样子,同乘费家的汽车,由费

先生驾驶出门。出了大门一看,果然密布着中国、俄国、法国(不见日本人)的侦探。但因为是美国人的家,不敢动手。费先生加速开着汽车,经过法租界到了中国地界,下了车和安恭根一起去了火车站,转乘火车避身到嘉兴秀纶纱厂去。这是朴南坡先生向殷铸夫、褚辅成先生商量觅得的地方。

……

我因此暂时住在嘉兴,跟随我祖母的姓改姓为张,名字改为"震球"或"震"。嘉兴是褚辅成(号慧僧)先生的故乡,褚先生曾任浙江省省长,是位德高望重的绅士,他的大公子凤章是留美的学生,在东门外民丰纸厂当技师。褚先生的家在嘉兴南门外,是老式房屋,并不太壮观,但看起来也是一个士大夫的宅第。……晓得我的底细的人只有褚家父子婆媳和他的养子陈桐荪夫妇而已。(金九《白凡逸志》第224、225页)

日寇搜捕甚急,先生派长媳朱佳蕊女士(褚凤章夫人)护送金九暂避海盐南北湖载青别墅。

在嘉兴寄寓没多久,从上海日本领事馆内一个被我们收买的日本官吏那儿秘密传来了报告,说日寇在上海严密搜捕后,不见金九的踪影,便怀疑躲至沪杭或京沪线一带,遂派了密探到两条铁路沿线进行侦察,要我谨慎小心。还说今晨搜查队已出发到沪杭线,如我隐藏在那儿,就应派人去车站监视日警的行动。

派人到嘉兴车站去打听,果然有日本便衣警察曾来此地巡视的消息,因此决定到褚凤章夫人的娘家暂避。他夫人的娘家在海盐县城,他们家的避暑别墅朱氏山庄则在县城西南方四十余里外,朱氏是褚凤章继室,刚生第一个婴儿,是位年轻美丽的夫人。褚(凤章)先生只请他太太一人陪我,乘了一整天轮船送我到了海盐县城朱家。

……

在海盐朱宅过了一夜,第二天再和褚夫人一同乘汽车到卢里堰,从那里向西南爬五六里的山路。褚夫人穿着高跟鞋,在七八月炎日之下,频频用手帕拭着汗,爬山过岭。夫人娘家的女婢带着我的食物和其他日用品跟随着我。我看到这光景真想把这场面摄成影片传给万代子孙,但这又怎能办得到呢?

……

若国家独立的话,我的子孙或我的同胞,谁能不感谢褚夫人这样的诚意和亲切呢?虽然不能摄成影片,但还可以用文字传下去,所以记下这一段往事以资纪念。(同上,226、227页)

与陈铭枢、朱庆澜等人援助经费,买下"公道书印社",给韩国同志暂作栖身之处。

> 虹口公园爆炸案发生后,由于日寇的大肆搜捕,此后金九等人的生活及活动经费极端困难,得到褚辅成等人的大力援助。王亚樵嘱部下原救国决死军司令余立奎等人买下上海法租界圣母院路庆顺里的"公道书印社",给韩国同志自劳自食,暂作栖身之处,这方面的经费一部由陈铭枢筹给,一部则由褚辅成及朱庆澜等人在上海慰劳金项下拨支。(安徽《合肥文史》1984年第3辑)

5月4日 出席上海各团体救国联合会第四十一次常务理事会议,议决援助北平市各界抗日救国会等5案。(《申报》

1932年5月6日)

5月11日 主持东北义勇军后援会会员、理事大会。议决原则通过加推理事、促进抗日宣传等5案。

上海市东北义勇军后援会，昨日下午举行两会议，分记如下。会员大会：昨日下午三时开第二次会员大会，出席者李次山、褚慧僧、胡庶华、殷芝龄、殷铸夫、沈祖儒等二十二人，公推褚慧僧主席，沈斌夫记录。先由主席报告德清县沈涵柏函送补助东北义勇军洋二十元。次议决（一）本会当选理事兼保管委员许冀公函请辞职案，议决准予辞职，并推举林云藩任理事。（二）加推十位理事案，议决加推李少川、殷铸夫、郭仲良、沈钧儒、谢复初、燕金、黄孟圭、陈亚夫、何静民为理事，议决通过。（三）本会筹募委员会等章程，交理事会审定案，议决通过。（四）审核本会办事经费预算案，议决由大会推举陆家鼎、张鹃声、陈亚夫为审查委员，负责审查，交理事会通过。（五）殷铸夫等提议，派遣多数同志，到东北各地协助义勇军进行一切任务，促进组织、指导、宣传，使抗日持久案，议决原则通过，交理事会核办。四时五十分散会。

理事于会员大会散后，即于五时接开第二次理事会，到查良钊、殷铸夫、林植夫、褚慧僧、胡庶华、李次山等十七人，公推褚慧僧主席。（一）许世英与温宗尧分别函辞常务理事案，公决准予辞职，并另推林云藩、殷铸夫、陈亚夫、吴山为常务理事。（二）筹募委员会章程，规定常务委员名额为五人至七人。（三）筹募委员章程第三条出席改为列席。（四）保管、监察、劝募三种委员会办事细则，按照后援会大纲，均应改称章程案，通过。（五）议决加推俞希稷为保管委员会委员。(六) 保管委员会主任,应改为保管委员会议常务委员三人案,公决交原起草人修正。(七) 修改预算案,公决职员津贴改为二百九十元,房租改为八十元,工役津贴四十元,纸张、笔墨五十元,茶水三十元,特别费实报实销。七时散会。(《申报》1932年5月12日)

5月12日 出席上海邮务工会、职工会招待会,并致词。

上海邮务工会、职工会昨日假座一品香大礼堂招待各界,报告提出巩固邮基方案之根本意义,及最近进行情形。到王晓籁、林康侯、褚慧僧、潘公展等共二百余人。由两会推举陆京士、傅德卫二同志报告,并有来宾褚慧僧、潘公展、林康侯、任矜苹、沈钧儒、胡凤翔、李永祥等致词。对于邮工此次运动极表同情,以民众力量援助该两会,督促政府求其实现。来宾演说时首由代表中褚慧僧致词,略谓:"此次邮费加价,民众虽积极反对,但政府仍不顾一切,毅然增加,实违民意。邮工所提出之方案,实为救邮之根本方案,我人在民众立场,务必促其政府实现,以达巩固邮政,减轻民众负担之目的"等语。以后又有潘公展、任矜苹、李永祥、林康侯、胡凤翔、沈钧儒等相继致词,情形至为热烈。(《申报》1932年5月13日)

同日 出席上海各团体救国联合会常务理事会议,就法租界捕房逮捕已入华籍之安昌浩及封闭大华、危言、华字3报馆,决议致函上海律师公会、上海市商会、银行同业公会、银钱同业公会、会计师公会、法租界华人纳税会等团体,请求一致主张。同时领衔急电法国众议院有效纠正上海法租界错误做法。(《时报》1932年5月13日)

5月14日 主持全浙公会董事常会,议决制止浙省加征

营业税等 6 案。(1932 年《全浙公会会务报告》)

5 月 17 日 以东北义勇军后援会常务理事名义,在《申报》刊登援助东北义勇军募捐启事。

东北地面之得失,关系国家民族之生死,已如本会宣言述明。现东北义勇军除丁超、李杜、马占山、王德林诸部外,由民众组织者已三十六路以上,只以缺乏经济,短少军实,不能密切联络,整个结合,以与敌人作大规模之持久战。一旦得有接济,不难收复失地,还我河山。切望海内外爱国同胞,解囊相助。各收款处皆有正式收据,本会收得捐款必先行登报露布,然后由理事会议决,以妥实方法负责发放,决不使分文捐款用于无益之乡也。东北幸甚,全国幸甚!东北义勇军后援会常务理事褚辅成、赵昱、李次山、吴山、殷汝骊、王葆真、林云藩、冯少山、陈亚夫。二十一年五月十七日。(《申报》1932 年 5 月 17 日)

5 月 23 日 上海各团体救国联合会、东北义勇军后援会致各省军政当局电,请援助东北义勇军。

上海各团体救国联合会、东北义勇军后援会昨电各省军政当局云:各省政府主席、各省绥靖主任公鉴:自九一八以来,东北三千余万同胞、四百万方里领土,沦于异族,亡国之痛,已及身受。所幸丁超、李杜、马占山诸将领,以及王德林等民间义侠,正在艰难险阻中率领健儿,誓死搏斗,其坚志不拔之敬精神,视死如归之气概,足以动天地泣鬼神,我民族一线之生机,胥系于此,凡在国人,亟应奋起援助。敝会等不揣棉薄,联合沪上各界爱国志士,成立东北义勇军后援会,先后推定褚辅成、李次山、赵昱、殷汝骊、吴山、王葆真、冯少山、林云藩、陈亚夫为常务理事,朱子桥、许静仁、胡庶华、殷芝龄、江问渔、张子廉等为理事，林康侯、王晓籁、黄炎培、俞希稷、张田之、胡凤翔、张鹍声为保管委员，潘序伦、贝祖翼、陈家鼎、陈德培、王志圣为监察委员，分别组织成立，开始办公。幸蒙各方惠赐捐款，俾得实际应援，使各路义军克以长期作战。惟杯水难救车薪，众擎方能易举，用是呼请全国贤俊，一面踊跃输将，一面倡导广众，庶几百川汇为巨浸，投鞭足以断流。钧座华厦柱石，邦国干城，抗日救国，素具热忱，敢乞予以实际之援助，并向当地政商各界尽量劝募，行见登高一呼，众山响应，直接嘉惠东北义勇军，间接即所以保种卫国。海天在望，鹄侯佳音。上海各团体救国联合会、东北义勇军后援会叩。漾。(《申报》1932年5月24日)

5月26日 在《申报》刊出《敢问》篇，号召各界男女同胞援助东北义勇军抗日杀敌。《敢问》云：

各界男女同胞们，你情愿做亡国奴吗？你若是不愿，现在数十万的东北义勇军，在那里拼命杀敌。他们都缺乏给养和军实，盼望大家援助，请你们赶快拿出不甚急用的金钱和实物，交到下边各处地方，好汇送出去，援助他们！（收款地址略）。东北义勇军后援会常务理事褚辅成、赵昱、李次山、吴山、殷汝骊、王葆真、林云藩、冯少山、陈亚夫。保管委员林康侯、王晓籁、黄炎培、俞希稷、张申之、胡凤翔、张鹍声。监察委员潘序伦（会计师）、贝祖翼（会计师）、陈培德、陆家鼎、王志圣。(《申报》1932年5月26日)

同日 先生与陈松源、任矜苹、李次山、李文杰等13人联名分函各界领袖，征求抵制仇货彻底方法。文中说："淞沪战祸甫戢，东北大难方殷，在仇国重大胁迫之下，吾人应所坚

持之抵货武器，固目前最要务也。"(《申报》1932 年 5 月 29 日）

5 月 29 日 在《申报》刊出《扪心自问》篇，号召民众援助捨命卫国的东北义勇军。《扪心自问》云：

> 敌人杀到上海，毁灭我们财产十五万万，打死我们士兵民众数万人，一面叫我们东三省的同胞，都要做他的顺民，我们东三省的义勇军，不愿意做亡国奴，拼命和他撕杀，这是何等光荣，何等正大的事体。义勇军将士们，不顾他血肉的身体，在敌人的炮火底下，讨生活，是何等艰难何等危险的事体。敌人用全国的力量，来压服义勇军，我们在这里睡安稳觉、吃安稳饭，有许多人还要打牌，吃酒，跳舞，作乐，清夜扪心，对得起天地祖宗，对得起自己么？请你们赶快拿出钱来，送到下面的各处（收款处略），好送到东北去援助舍命卫国的义勇军！东北义勇军后援会常务理事褚辅成、赵昱等（署名同上）。(《申报》1932 年 5 月 29 日）

同日 晚，参加丁起吾邀餐。

> 下午，黄任之来，余以早间温钦甫所传消息告之，寻向北翔来，谈北平情形，谓暮气沉沉，虽国难当前，不能有所振也。晚，丁起吾约一枝香便饭，遇褚慧僧，因约来家中。以早间温钦甫告之，慧（僧）云：近日联合会内部捣乱，亦系汪派嗾使，可见政府喘息稍舒，又将压迫在野各人也。(《宪政救国之梦——张耀曾先生文存》第 332 页）

5 月 31 日 上海各团体救国联合会召开第十二次代表大会，发表宣言。因内部分裂，会中图记条戳一度交先生保管，是日代表大会，计到有包括全浙公会在内的 49 个团体与会，并选举理事。当日，先生将暂时保管的图记条戳函交代表大会。(《申报》1932 年 6 月 5 日）

6月3日 出席上海市民地方维持会闭会典礼。该会创议于1月下旬事变将发之际，成立于1月末抗日激烈之时。鉴于中日停战协定已鉴字，淞沪秩序逐渐回复，特举行闭会礼。（《申报》1932年6月4日）

6月7日 上午，出席东北义勇军后援会第十五次常务理事会，会上先生提议：对于本会抗日捐款不应动用，理事会所需开支拟请征求委员每人担任征求会员20人，每一会员负担会费最低额30元。但征求会员不及20人，而会费已满600元者，即认为合格。"提议案一致通过。会议公推征求委员，当经公推先生与林康侯、江问渔、温钦甫、史量才、朱子桥、陆家鼎、李次山、胡庶华、吴山、林植夫、殷芝龄、胡凤翔、殷筹夫等14人为征求委员。（《申报》1932年6月8日）

同日 下午，出席地方协会成立大会。市民地方维持会宣告闭会后，同时发起组织地方协会，大会通过章程。选举史量才为会长，杜月笙、王晓籁为副会长。先生与钱新之、虞洽卿等15人为理事。（《申报》1932年6月9日）

同日 在《申报》刊出《援助东北义勇军，便是援助自己》篇，号召民众援助东北义勇军。

> 阅报的先生们，你们知道几十万的东北义勇军，在东北三省和敌人拼命作战么？他们和敌人作战，并不是为自己找甚么好处，他是为你们保东三省的大门，是为你守东三省的家当，是为整个中华民族争地位。所以捐款援助东北义勇军，更自援助自己。(收款处略)。东北义勇军后援会常务理事褚辅成、赵昱、李次山、吴山、殷汝骊、王葆真、林云藩、冯少山、陈亚夫。保管委员林康侯、王晓籁、黄炎培、俞希稷、张申之、胡凤翔、张鹍声。监察委员潘序伦（会计师）、贝祖翼（会计师）、陈培德、陆家

鼎、王志圣。(《申报》1932 年 6 月 7 日)

6 月 10 日 在《申报》刊出《顾维钧博士沉痛谈话》篇，号召民众勿忘东北，速想办法，援助东北义勇军，救东北同胞，免中国亡国。

> 顾维钧博士新近偕同国际联盟调查团，从东北归来，他对人家发表沉痛的谈话，他说："东北之行，无往而不伤心惨目，所见皆同胞，竟不能交谈，日仅以五万兵，征服我三千万人，东北面积，等于长江八九省，大于德法两国，触目痛惜，东北同胞，呼吁无门，痛哭无泪，现仍日夜盼国家救援，无人愿在异族下讨生活，望朝野上下，放大眼光，勿忘东北，速想办法。中国虽大，若长此不振，大有亡国可能，收回东北，愈觉不容再缓。"我们知道东北三千万同胞里面，尚在拼命抵抗的，只有数十万义勇军，但是械弹缺乏，难于持久。我们看了顾博士这篇谈话，应该觉得当务之急，就是援助东北义勇军，救东北同胞，免中国亡国，都在此一举。东北义勇军后援会常务理事褚辅成、赵昱等（署名同上）。(《申报》1932 年 6 月 10 日)

6 月 11 日 主持全浙公会董事常会，通过征求简章修正案等 2 案。

> 主席褚慧僧先生报告事项（略）。论事项：本会征求简章修正案，略加修正通过。公推褚慧僧先生为征求总队长，殷铸夫、王晓籁二先生为副总队长，公推郑郁周、张申之、胡凤祥、余华龙、虞仲咸、毛西峰、查仲坚、江仲权、魏伯桢诸先生为总参谋。征求经费由褚主席借垫一千元，用于办理征求事务及添用雇员。(1932 年《全浙公会会务报告》)

6 月 17 日 与顾维钧讨论外交问题。

国联调查团中国代表顾维钧氏，由京到沪后，各界以顾氏此次毅然远道跋涉，遂纷纷起而慰劳。昨午顾氏赴银行俱乐部、上海市商会及银行界各要人午宴……。晚赴圣约翰大学同学会晚宴……。当晚上海各团体救国联合会推殷芝龄、褚慧僧、李次山三君如约前往，与顾君讨论此后外交方针，约一小时，各项应付外交途径均经讨论甚详。(《申报》1932年6月18日)

6月25日 与王云五、王晓籁、史量才、左舜生、杨杏佛、杨卫玉、黎照寰、欧元怀、穆藕初、蔡元培、钱永铭等123人发出《筹备上海图书馆公启》。略谓：

　　上海为东方之一大市场，物质之奢靡，建筑之巍峨，交通之便利，学校之林立，商旅之辐辏，市场之繁荣……市民多至三百余万之通商大埠，竟无一大规模之图书馆，以供市民之阅览。而歌台舞榭栉比林立，唯此深关民智之文化设备，则付缺如，此诚为上海市民之大耻，亦即我国家之大耻也。……同人等认为恢复文化机关实为目前急务，而创设一规模较大之图书馆尤为首要。……尚恩社会各方共促其成。(见《档案与史学》2002年第5期第69页，上海市档案馆主办)

6月28日 出席中国航空建设协会成立大会，当选为理事。该会以"促进航空建设、培养航空人材"为宗旨。(《申报》1932年6月29日)

7月1日 先生等发出节俭运动广告，提倡节俭。

　　会员节俭信条（一）送礼不得过一元。（二）不用高价烟酒。（三）永远不用劣货。（四）宴客每席价值至多不得八元。（五）除必需品无代替者外，概用国货。

凡我浙人赞成上列信条宗旨，不论男女，不分阶级，均可入会。入会手续：先填入会通知书，连同入会费缴由征求员汇交本会，再行填写入会证。征求期限定为三个月，七月一日起，九月三十日止。全浙公会董事会褚慧僧、王晓籁、殷汝骊暨全体会董同启。(《申报》1932年7月1日)

同日 出席航空建设协会宴请各界招待会。

昨日下午一时，中国航空建设协会假青年会宴请各界，赴宴者翁照垣、朱子桥、许世英、熊希龄、褚慧僧、胡筠秋、严直方、胡怀安、胡庶华、温宗尧、殷芝龄、李次山、黄孟圭等五十余人。席半由朱子桥起立致词后，随即请翁照垣旅长、熊秉三、许世英、李次山、胡筠秋诸先生演说。……三时许散会。再开第一届理事会。(《申报》1932年7月2日)

7月9日 主持全浙公会征求工作会议，议决反对鸦片公卖等案。(1932年《全浙公会会务报告》)

7月12日 出席航空救国会筹委会成立大会，推为筹备委员。

航空署长黄秉衡，于昨晚召集本埠各界领袖，假银行公会俱乐部，举行中华航空救国会筹备会成立大会，市长吴铁城参加，并发表沉痛演词。即席讨论会章，并推定筹备委员。计被推者为吴铁城、黄秉衡、王晓籁、林康侯、杜月笙、史量才、虞洽卿、蔡子民、许世英、褚慧僧、余日章、张啸林等三十六人。(《申报》1932年7月13日)

7月15日 出席全国高等教育问题讨论会。(《申报》1932年7月16日)

7月20日　出席陈英士纪念堂落成开幕典礼。(《申报》1932年7月20日)

7月25日　据4月9日全浙公会董事会决议：增加人造丝及人造丝织品进口税率事，全浙公会致电财政部、实业部。(1932年《全浙公会会务报告》)

7月30日　发起成立"国民自救会"，从事抵制日货，提倡国货救国。

> 国民自救会，系由本市各界领袖褚慧僧、诸文绮、李永祥等所发起，筹备已阅一月，于昨日下午五时举行成立大会，出席者发起人及会员代表一百余人，由褚慧僧主席。行礼如仪，首由主席报告经过及开会宗旨后，即开始讨论，议决案如后：（一）通过会章；（二）规定经费筹募办法；（三）推定褚慧僧、王晓籁、金润庠、诸文绮、陈松源、李永祥、李次山、郑澄清、张一麐、胡凤翔、陈亚夫、陈培德、程祝荪、叶家兴、马少荃、陆星庄、殷铸夫、李文杰、朱学范、潘旭升为临时执行委员，陆凤竹、王汉良、王肇成、郑泽南、潘序伦、张佩珍、吴山等为临时监察委员，并推定褚慧僧为第一次执委会召集人；（四）其他各案均交执委会办理，议毕散会。闻该会宗旨专事于提倡国货，改善生产，发展实业以救国，绝不涉及其他一切云。(《申报》1932年7月31日)

同日　出席东北国民救国军指挥总监部驻沪办事处成立会。会间与殷汝骊、李次山、俞步九、汤济沧、吴山、刘武侯等相继发表意见。对于援助东北义勇军，均有相当办法。(《申报》1932年7月31日)

本月　因环境不宜，先生将迁居杭州银河桥绸业会馆开学

的上海法学院迁回上海，租借法租界姚主教路204号为临时校舍办学。(《上海法学院校友会成立四周年特刊》)

本月 在嘉兴发起组织"贫农借米会"。

今年天灾人祸，接踵而至。浙西各县皆发生抢米风潮，其势不可阻尔。来时老妪千余，成群结队，叫嚣勒索，虽武装实弹军警亦无办法加予阻止。盖民间之痛苦，实已陷于水深火热、呼吁无门之情况，故不惜铤而走险。耆绅褚辅成（慧僧）先生目睹桑梓之浩劫，鸠集某绅商组织"贫农借米会"，抢掠之风潮或可因此老登高一呼而稍缓乎。

借米会设嘉兴，由县长主干，筹集款项，购米借与乡民。其出借办法，最多每人以一石为限度，立有字据，约定秋后偿还。褚老以本人常川驻沪，故慨认采购委员，仆仆沪杭道中，殊引以为乐。自谓替十万嗷嗷待哺之灾民，做一次米买办。昨日又有巨款汇全浙公会，托褚老采购小米一千石。褚老遍赴各米行，细心比较米价。如此公者，可谓急公好义矣。

八月二日系索借米之日，褚老因为子女谋嫁娶，未能赶到参加，由县长监视指导，军警莅场纠察，秩序井然。乡农扶老携幼，蜂拥而来。自上午九时至下午三时止，计借米五斗者七百六十三户，六斗者一百八十五户，四斗者一百六十户。共计五百五十六石五斗。(《申报》1932年8月14日)

8月6日 为三子凤华授室，嘱其节俭省钱，助政府抗战。

褚先生秉性朴素，鉴于沪上人民日趋繁华，提倡节约运动，于全浙公会内订定节约信条。谓节约运动不尚空言，应以身作者，故于民国二十一年八月六日，其子凤华（一飞）与郁韵漪女士在（上海）康脑脱路徐园结婚时，实行全浙公会所定之节约办法。亲友送来之礼概受一元，多则必还。中午不备宴席，夜间所备之喜宴八元一席。对于来宾之车夫，不论汽车、包车，认为给以车力是轻视仆人，所以不给金钱，改送纸扇与毛巾，以示平等，系沪上之破天荒。下午五时举行结婚礼，褚先生先请朱庆澜证婚人，钱新之介绍人先讲话。朱、钱二君之演说，均从勤俭二字上着想。旋褚先生谓：顷聆朱、钱二君解释勤俭二字，谓勤字旁有力字，俭字旁有四个人字、两个口字所组成，可见为人要努力。希望二新人从家庭做起。予之发起节约运动，含有国家与社会两种观念。当此日兵压境，欲恢复失地，非民众节俭省钱以助政府不可。……今日乘其结婚时期，特提出以代训话。（孙筹成《褚辅成先生一生不忘民主》，《褚辅成专辑》第22、23页）

同日　在《申报》刊出《十六块大洋钱，便可收复东北！》篇，号召民众每人捐款十六元，援助东北义勇军。

东北义勇军，每人只要有二百发子弹，便可同敌人大战一场。二百发子弹的价钱只需十六元，我们如果一个人能够捐款十六元，便可使一个义勇军同敌人大战。这样，我们如果有一百万人，每人都捐出十六元，便可接济一百万义勇军，也就不难收复东北。同胞们，还要东北否？如果要东北，便请每人捐出十六元来！东北义勇军后援会常务理事褚辅成、赵昱等（署名略）。（《申报》1932年8月6日）

8月7日　在《申报》刊出《马占山将军健在》篇，辟日人关于马占山将军阵亡的谣言。

前几天,日本通讯机关捏造了马占山将军苦战阵亡的惊人消息,并且加上许多假仁假义的钦佩和痛惜的表示,后来经其公子马奎证明,日电造谣。马将军安然健在,依旧指挥部队,在黑龙江海伦的东面绥楞的地方,亲自督战。此事上海民报在八月三日有一篇小评,认为第一:日人制造马氏阵亡的谣言,一方面是显示痛恨马氏的心理,一方面也是活现着虽痛恨而无可奈何的着急情态。第二:国人在听着这项谣传以后,得了马公子的证明,固然已全不置信。就是在马公子未来电以前,也是若无其事,不为所惑。从这简短的文字理面,我们固然承认日本人是因为无法消灭马将军,只好学下流的咀咒方法,但是国内同胞,在听得这项谣传以后,依旧是"若无其事",未免镇静过分。须知马将军忠诚为国,誓死奋斗,处境艰苦,给养缺乏,转战多时,心力交瘁,日本人方有造谣咀咒的机会。我们如有天良,就应赶快切实援助,充分接济,目前再事坐视,来日恐遗后悔。千钧一发,再不努力,更待何时?请全国各界爱护马将军及其他民族英雄的同胞,从速捐款,实行长期抗敌,俾得收复东北失地。东北义勇军后援会常务理事赵昱、褚辅成等(署名略)。
(《申报》1932年8月7日)

8月11日 在《申报》刊出《安危比较》篇,热河遭日机轰炸,平津日军示威,上海还将会遭遇什么?以此唤起民众继续努力捐款,接济义军。

不久的过去,窃据东北的日本军队,又假托甚么"石本"事件,想用迅雷不及掩耳的手段,侵占热河,幸而还有一位肯爱国、不怕死的国军营长，当机立断，自动抵抗，使日不能长驱直入，热河一省得以暂时保全。但是朝阳一带，已经受了日机残酷轰炸，在热河轰炸之后，天津、北平的日兵，先后闯入华界，冲过大街鸣枪示威，持期狂呼。这种挑战的行为，是表示日本人眼中没有我中华民族，我们东北的三省哩，热河哩，平津哩，都是他们的囊中之物！经过日军蹂躏，日机轰炸的上海，最近又如风声鹤唳，草木频惊，日寇几时再来光临？我们不能知道。现在东省内部及南满铁路道沿线，义勇军到处奋进，日寇已疲于奔命，我们在百尺竿头，再进一步，收复失地，决非难事。敢请海内外全国同胞，尤其上海各界，已经捐款的继续努力，尚未捐款的从速解囊，各收款处收到捐款，本会即可陆续负责接济义军。国势阽危，兴亡有责，慎勿坐视！东北义勇军后援会常务理事赵昱、褚辅成等（署名略）。（《申报》1932年8月11日）

8月13日 主持全浙公会董事常会，议决函陈蒋铭三（鼎文）总指挥，对皖北烟捐酿成事变提出处理意见等3案。20日，致函蚌埠蒋铭三总司令：请"迅将是项烟税永远豁免，与民更始"。27日，蒋鼎文复函，表示要"亲往劝导，并于可能范围之中，尽量接受民众所提出之要求，以平息大波。"（1932年《全浙公会会务报告》）

8月15日 在《申报》刊出启事，对前一段时间上海各团体救国联合会内部的分裂表示痛心，希望双方消除成见，再度复合。

启者，上海各团体救国联合会，原为团结对外而设，不幸倭氛未殄，内部分崩，屡经调停，迄无效果，殊乖发起，故于双方开会均不出席，持此态度者不止辅成一人，盖咸痛心，分裂而仍谋复合者也。乃阅《申报》广告，现设事务所于少年宣讲团之救国联合会同人，本日登有启事，否认原与合作之救国联合会，召集全国联合会，并举辅成为一方发起人，如此行动，去复合之途逾远，辅成当然不能承认。惟调停之心犹未尽死，双方如能消除成见，仍愿于最短期间力谋复合，使全国救联会不受沪市各团体之影响。耿耿此心，幸共鉴焉。(《申报》1932年8月15日)

8月24日 在《申报》刊出《秋凉了，人心凉也未？》篇，对日军的暴行切齿痛恨，对热河局势表示忧虑，号召民众援助东北义勇军。

正当秋凉的时候，热河方面又是突然告急，日本军队的坦克车，已是横冲直撞，进占了南岭；多数飞机又满载着重量炸弹，到热河全境来肆意轰炸；去年"九一八"沈阳北大营，今年"一二八"上海闸北的一切惨无人道的日军兽行，又在一幕一幕的重演起来了！

差强人意的汤玉麟死守热河，我们看到汤玉麟的表示和董福亭旅长的实际抗战，但是同时正在火急求援！政府当局，你推我诿，还没有切实的办法。幸而各处义军，已经认为时机迫切，全部动员，用抄袭、游击、破坏种种敏捷有效的作战方法，来对付敌人！他们的饷弹是非常缺乏！渴待着援助！同胞们，天固然凉了，你们的热血，也凉了么？如果不曾变成凉血，就请你们不计多寡，尽自己的力量，赶快捐款来援助东北义勇军！东北义勇军后援会常务理事赵昱、褚辅成、等（署名略）。(《申报》1932年8月24日)

8月30日 在《申报》刊出《请注意"九一八"前三天的中秋节》篇,号召民众准备秋节使用的钱,移来捐助义勇军作战的饷弹。

各地的店主们、厂主们、东家们、主妇们,秋节到了,你们不是要照例的有许多准备么?可是请你们要切记今年的中秋节,是国历九一五,就是"九一八"的前三天!就是我们丧失东北土地一周年的前三天!我们数十万的义勇军,在那里正和敌人浴血作战,拼命要收复失地呢!老实说一句扫兴的话,希望你们不要作乐,那准备秋节使用的钱,移来捐助作战的饷弹,于你们无损,于国家有益,你看合算么?请你们快点就这样办吧!东北义勇军后援会常务理事赵昱、褚辅成等(署名略)。(《申报》1932年8月30日)

9月2日 出席航空建设协会第三次理事会议,定9月18日为扩大航空宣传。

中国航空建设协会,昨日先午四时半在西藏路宁波同乡会四楼,开第二次理事会,讨论修改章程及征求会员,实施初步教育,制造人材,扩大宣传工作等要案。到会有翁照垣(罗吟圃代)、褚慧僧、严直方、黄少岩、熊希龄(朱霖代)、殷芝龄、谈伯质、吴山、朱霖、林康侯(蒋君毅代)、郑正秋、黄孟圭、罗吟圃、何家成等二十余人,公推黄少岩主席。由殷芝龄报告两月来工作经过,有成立各组各委员会及该会向交通部立案批准等要项,嗣即进行讨论,通过定"九一八"开始进行扩大航空救国宣传及征求会员案等案。末对该会所定各项工作计划,相继发表意见颇多贡献云。(《申报》1932年9月3日)

9月6日 上海市各业同业公会发起组织拥护国联盟约委员会。先生与许世英、杜月笙、林康侯、黄任之等35人被聘为名誉委员。(《申报》1932年9月7日)

9月8日 与史量才、王晓籁、王延松等49人在上海联合各界发起东北难民救济会,定于"九一八"一周年纪念日举行成立大会。此举旨在"于慈善事业之外,兼为唤起民族意识。"(《申报》1932年9月8日)

9月10日 主持全浙公会董事常会,决再函蒋铭山师长,请禁种烟苗,以绝祸根等案。(1932年《全浙公会会务报告》)

9月19日 主持国民自救会第十二次常务委员会议,议决4案。

> 国民自救会于昨日下午四时,开第十二次常务委员会议,到褚慧僧、胡凤翔、陆星庄等,褚慧僧主席,开始讨论。首由调查科干事报告:(一)调查通县南货号经过情形,请公决案,决议再行复查。(二)报告调查协泰洋货号经过情形,请公决案,决议查存。(三)报告调查同华祥洋货号经过情形,并将劣质商标一纸携回,呈请鉴核案,决议登广告宣布。(四)调查科干事汤俊生报告调查协祥棉布号经国过,并携回样品及商标,呈请鉴核案,决议函棉布业同业会处置。(《申报》1932年9月20日)

9月20日 出席全国道路协会征求会员会议,由会长王正廷主席,先读总理建国大纲第2条,并报告征求锦标。继由市长吴铁城演讲。(《申报》1932年9月21日)

9月24日 与熊希龄等建议政府"严禁苛捐杂税、预征钱粮,保障人民集会、结社、言论出版之自由"。(《救国通讯》

1932 年 10 月 16 日）

9 月 25 日　主持上海东北义勇军后援会第五十六次常务理事会议，公决陕西东北义勇军救护队出发东北，指示路径及服务地点等 9 案。(《申报》1932 年 9 月 26 日）

9 月 27 日　主持东北义勇军后援会第三次会员大会，报告会务。公决扩大劝募捐款，发行援助东北义勇军彩票等案。(《申报》1932 年 9 月 28 日）

同日　晚七时，出席东北难民救济会发起人会议，被推为理事。

> 东北难民救济会发起人王晓籁、史量才、王延松、杜月笙、诸文绮、穆藕初、胡筠秋、褚慧僧、李祖夔、俞佐廷等五十余人，于二十七日午后七时，假地方协会开发起人会议，由王晓籁、史量才二君致词。略谓东北三省人民自上年九一八以来，所受兵灾水灾种种痛苦，日深一日，筹谋救济刻不容缓。现在发起此会，请求各界人士慷慨资助，以救三省人民。此举不值为慈善性质，实与民心向背、东北存亡有莫大关系云云。遂推王晓籁主席，请穆藕初君报告初次发起人会议经过，许克诚君报告东北难民救济会成立情形，阎玉衡君报告东北最近情况毕，主席提出月捐运动办法，议决如下：（一）定名为上海东北难民救济会月捐运动。（二）发起人及特约诸君，皆为干事。（三）由干事互推理事十五人至二十一人，内主席团五人，理事会以下设干事部，分为总务、捐务、保管、支给、审核、宣传六组。推定虞洽卿、张啸林、杜月笙、史量才、王晓籁五君为理事会主席团；穆藕初、徐寄庼、贝淞荪、王延松、俞佐廷、黄延芳、郭顺、秦润卿、刘鸿生、陈庶

青、劳敬修、褚慧僧、聂潞生诸君为理事会理事。至各股正副主任,由主席团推出,于下次大会时追认之。(《申报》1932年9月29日)

10月3日 出席上海租界纳税华人会第二次执行委员会议,对自来水及电话费有所讨论。(《申报》1932年10月4日)

10月4日 主持东北义勇军后援会第五十八次常务理事会、议决组织"义勇杯"足球委员会、以利募款支持东北义勇军抗战。(《申报》1932年10月5日)

10月6日 东北义勇军后援会电慰苏炳文部,拨1万元犒劳。

东北义勇军后援会,鉴于东北救国军苏炳文部屡建奇功,昨日为该会第五十八次常务理事会议决拨款一万元,并致电慰劳云:海拉尔苏总司令炳文、张副司令殿九暨全军各将士钧鉴:拜诵各报冬电,敬悉。矢志杀敌,昭举义旗,并联络各路义军暨在日寇压迫下之各军将士会师讨逆,使国旗重张,龙北重振,先后光复,河山气壮,中外同钦。兹经敝会第五十八次常务理事会议决拨款一万元,由□□□□汇上,犒劳贵部将士,款到请即印据,并祈劝议从逆各部及早反正,同剪国难,敝会当尽力援助。专此电达,不尽神驰。东北义勇军后援会常务理事褚辅成、李次山、殷铸夫、吴山、冯少山等同叩。鱼。(《申报》1932年10月7日)

10月7日 主持航空建设协会欢迎张惠长、翁照垣到来,并致欢迎词。

十九路军翁照垣旅长,四日由厦抵沪,连日除与航空建设协会理事等商航空发展会务,实施中国航空计划外，并由殷芝龄等陪同，访问各团体领袖。七日晚七时，航空建设协会假八仙桥青年会九楼大厅，开欢迎张惠长、翁旅长大会。到会者有张惠长、翁照垣、张参谋长、许世英、王晓籁、褚辅成、殷芝龄、冯少山、陈彬和、王培元等百余人，由褚辅成主席致欢迎词。述及欢迎张惠长、翁旅长二位，谓张先生是航空界先进，希望加入航空建设协会，指导我们。翁先生是抗日的军人，又为本会发起人，是抗日功勋，这是值得欢迎的。继由殷芝龄报告会务，希望大家努力航空建设。殷报告毕，张惠长演说（略）。继由翁先生起立，述及航空事业，必须籁国家帮助，否则无从发展等语。后由王晓籁、王培元等相继演说。（《申报》1932年10月8日）

10月8日 主持全浙公会董事常会，议决反对美麦借款等3案。（1932年《全浙公会会务报告》）

同日 主持航空建设协会第四次理事会议，通过若干决议。

中国航空建设协会昨开第四次理事会，到理事王晓籁等二十余人，公推褚慧僧主席，由殷芝龄报告九月间重要工作（略）。继议决事项：一、推请翁照垣为本会全权代表，赴海外各洲与侨胞及外国飞机厂联络，实施建设中国航空计划，决议通过。二、推翁照垣为常务理事案，决议通过。三、推补翁照垣为本会征求会员总队长案，决议通过。……六、准备翁代表出洋手续，决议推褚慧僧、殷芝龄、谈伯质、黄孟圭、许冀公、罗吟圃等负责办理。（《申报》1932年10月9日）

10月10日 马占山代表吴焕章、王振到沪，接洽援助。李杜致电先生等，求资助饷弹寒衣。

马占山将军代表黑省党务指导委员吴焕章,马将军参谋王振之二人,于前月二十日搭赖琪号轮船南下赴港转粤,向粤方各界报告马将军作战经过,并接洽援助,现已事毕,于前日(十)搭俄罗斯皇后号轮船返沪。

华联社十一日本埠消息:上海义勇军后援会褚辅成、李次山、吴山、殷铸夫、冯少山诸先生,华侨救国经济委员会许世英、许冀公、李登辉、叶承明、吴山、何永贞诸先生勋鉴:接王处长、刘秘书电,敬悉公等举办义捐,援助东北,遽听之下,至深铭感。杜分属军人,杀敌卫国,义所难辞,转战经年,未能规复河山,已滋愧慰。又承集援助,传谕部曲,益复振奋。惟关外早寒,转瞬冰雪,绝寒孤军,饷弹两缺,虽誓捐躯报国,究难空手退敌。万恳急予资助,以苏涸辙,他日失地收复,皆公等力也。临电神驰,谨此申谢。李杜叩。(《申报》1932年10月12日)

10月14日 筹募豫、皖、鄂灾区临时义赈会成立,当经推定吴铁城等为常务委员,许世英、王一亭、王晓籁为正副委员长,先生任监察委员。即日开始分组办公,此诚三省灾民之福音也。(《申报》1932年10月15日)

10月16日 与熊希龄、钮传善等9人致电南京国民政府及中央党部,建议移党费援助义勇军。同日,与熊希龄、钮传善、李次山等9人电请华侨援助东北义勇军。(《申报》1932年10月17日)

10月21日 赴杭,组织浙江省后援会。24日返沪。

上海东北义勇军后援会前准中华民国救国团体联合会,函请设法普遍义勇军后援会之组织,以期充实力量等情。当经提出第六十四次常务理事会议决,推举褚常务慧

僧，前往杭州接洽，组织浙江省后援会，褚君已于昨日携函赴杭。(《申报》1932年10月22、25日)

11月5日　上海国货公司开幕，全日营业甚佳，先生等前往道贺。

南京路上海国货公司昨日上午开幕，贺客盈门，如庄崧甫、虞洽卿、王晓籁、闻兰亭、褚慧僧、陈蔼士、王延松、方椒伯、袁履登、郭顺、孙梅堂等千余人，相继前往道贺。由该公司总经理邬志豪、经理朱炳章、副经理陆祺生等亲自招待，款以茶点。……闻全日营业竟达五万元，可称国货声中之好消息也。(《申报》1932年11月6日)

11月12日　主持全浙公会董事常会，公决购买公债票等3案。(1932年《全浙公会会务报告》)

11月20日　主持全浙公会常务会议，议决电呈蒋委员长，拒刘珍年部调驻浙东。

汉口蒋委员长、南京行政院、军政部钧鉴：胶东刘师，不容于鲁，调皖皖拒，调鄂鄂拒。兹闻调浙，群情惶骇。浙东安宁，无驻重兵必要，请另指防地，以安民心。上海全浙公会叩。(1932年《全浙公会会务报告》，同见《申报》1932年11月21日)

11月21日　在《申报》刊出启事，号召民众捐出余钱，援助东北义勇军。

东北五十万义勇军健儿，在冰天雪地中作战。饱食暖衣的同胞们，忍心坐视么？如不忍心坐视，便请拿出你们馀剩的金钱和实物，捐助出来，交给下列各处地方，均可由本会直接济助义军。这种功德比任何慈善还来得大呢！

东北义勇军后援会常务理事：李次山、褚辅成等（署名略）。(《申报》1932 年 11 月 21 日)

11 月 26 日 发起筹备大规模书画展览，征集全国艺术作品，援助东北义勇军。

当此北风凛冽，路上行人裹足不前之时，吾人苟一念及未收复之东北三省，犹处在敌人铁蹄之下，一般伟国健儿正在冰天雪地之中，浴血奋战，期能收复失去之国土，兴垂死之民气，其义其烈，全国人士莫不共表同情。兹悉上海东北义勇军后援会、中国书（画）会、及全国救国团体联合会等，特发起全国大规模之书画展览会，欲以所得券实全数援助义军。该会昨特假派克路功德林，招请全国各名家及新闻记者，计到狄平予、马企周、吴天翁（中略）及潘序伦、褚辅成、李次山、黄警顽、谢承平、任矜苹、胡祖舜、刘陆民、刘士熊、高道源、沈钧儒，及新闻记者来宾八十余人。……褚辅成代表东北义勇军后援会及中华民国救国联合会向来宾致谢。(《申报》1932 年 11 月 27 日)

11 月 27 日 电慰苏翰章（炳文）、冯寿山（占海）两将军，鼓励全军奋勇杀敌，一致策动，扰敌后方。前汇苏部犒劳费 1 万元，此次再汇 1 万元。前汇冯部犒劳费 7000 元，此次再汇 1 万元。(《申报》1932 年 11 月 29 日)

12 月 1 日 出席义勇军后援会筹募委员会议，当选为该会建议案审查委员会委员。(《申报》1932 年 12 月 2 日)

12 月 2 日 主持全浙公会常务会议。讨论平湖等处纱布业、恒泰祥等函为浙省变更土布免税章程，征收营业税，请求援助由，公决：分电行政院、立法院、财政部、实业部及浙省

财政厅予以纠阻。(1932年《全浙公会会务报告》)

12月4日 先生等以日军五师团大举压迫义军,恶战业已开始,特分电李杜、丁超、王德林等,请鼓励全军,奋勇杀敌。并分别汇款接济。

致李杜、丁超电云:吉林丁主席洁忱、李司令植初勋鉴:前由王君子耀汇奉本会接济费八千元,谅邀察收。北满自苏翰章司令誓师抗日以还,形势转变,国际同情。顽敌老羞成怒,近驱倭寇五师大举压迫,恶战为已开端。苏、马二军虽有天险可恃,究无取胜把握。应请吉省义军分头策动,牵制夹击,良机难再。本会业已电请冯寿山司令动员东进外,兹将依照前次办法,汇奉接济费一万元。即祈鼓勉三军,奋进杀敌。东北前途,实利赖之。专此电达,伫盼捷音。东北义勇军后援会常务理事褚辅成、李次山、殷铸夫、吴山、冯少山、俞寰澄、严直方等同叩。支。

致王德林电云:东宁王德林司令勋鉴:前由梁德堂汇奉本会接济费五千元,谅邀察收。最近,敌以全力压迫苏、马,北满战争紧张,□□敌军□□,应请选拔劲旅,□取□□,袭敌后路。除已分电李植初(杜)、丁洁忱(超)、冯寿山(占海)诸公,一致策动外,兹特再拨贵部接济费五千元,汇交梁君转奉。即希鼓励全军,奋勇杀敌。专此电达,只盼佳音。东北义勇军后援会常务理事褚辅成、李次山、殷铸夫、吴山、冯少山、俞寰澄、严直方等同叩。支。(《申报》1932年12月5日)

12月6日 东北义勇军苏炳文部等因绝援将退入俄境,先生等特电国民政府外交部,请速救济。

南京国民政府行政院外交部均鉴:接苏炳文等支电,

骤悉该军受敌军利器压迫,将退俄境,有众四千,沦于异域。事虽不幸,至堪痛心。然孤军苦战,已历万难。强弱异势,虽败犹荣。一卒一骑,要为忠勇之士,收容善后,责无旁贷。应请查照原电,迅赐救济,俾得生还,期以后效。此不独该军将士迫切之望,抑亦东北义勇军各军士气所攸关也。谨电呼吁,幸赐察照。东北义勇军后援会常务理事褚辅成、李次山、冯少山、殷铸夫、俞寰澄、严直方等同叩。鱼。(《申报》1932年12月7日)

12月9日 与王云五、史量才、朱子桥等234人发起创建无名英雄墓募捐启。

本年一二八之变,我军苦战三十馀日。其间抵抗最久,炮火最烈,伤亡最多者实为庙行一村落耳。居民仅百馀户,属宝山县,以旧有泗漕庙得名。西南距大场镇,东南距江湾镇,各约七八里。敌攻闸北,久不能下,乃续调大军,改设主攻点于此。既不惜重大牺牲,进占东南隅之金穆宅、竹园墩、三百亩等村落,复竭全力扑庙行。我军因屋为营,掘壕死守,在炮火机弹在狂轰猛射之下,村屋全毁,士卒死亡山积。然于我军总退却前,敌未能越雷池一步。呜呼,此非我民族精神之表现耶!

考之往事,每于殉国志士立功所在地,建祠以昭其忠。在近代各国,更必为阵亡士兵建"无名英雄墓",以彰其烈;又有有墓而无骸骨,如我国所谓衣冠墓者,皆所以酬已往而劝来兹也。今一二八殉国诸将领骸骨已运首都,葬紫金山麓。而当时粉身碎骨之大多数士卒及义勇助战人民,遇害而不知姓名者,仅馀荒塚累累。至今惟一坏之土,三寸之棺,掩护忠骸。一任其暴露郊原,荒凉零落,久而湮没,此岂所以慰遗烈耶?夫无名英雄者,有名英雄之所赖以成就也。欲中国之兴,必先自全国国民尽愿为无名英雄始。同人愧未能亲执干戈为国民倡,然对此抱大无畏精神,示大牺牲决心,为民族争先,为国家吐气,悲壮惨烈。民国以来所绝无仅有之多数无名英雄,万不能坐视其久而湮没不闻也。

爰于抵抗最久、炮火最烈、伤亡最多之庙行镇东南隅,度地营阡,表曰:"无名英雄之墓"。于其附近战迹,亦当妥筹保存之法。墓之周围,遍栽花木,藉以拱护侠骨忠魂。外筑道路,西通大场,南接闸北之岭南路,使四时凭吊者无绕道之烦。而二十一年来所受至惨至酷之外侮,可以于后人脑海中永留一深刻之印象,用以奋起我民族之观感,岂止纪念列国士卒之意而已哉?

此墓建筑,既为民族精神之表见,不宜过于简陋。除已由宝山各界捐地三十亩及上海市民地方维持会捐银壹万元外,馀匀有待于各界之赞助,为数不厌其多,同志更求其广,人人捐助银币壹圆,愈多愈妙,即为群众热心之表示。伯叔兄弟、诸姑姊妹,共起图之!(署名略)。(《申报》1932年12月9日)

12月10日 主持全浙公会董事常会,讨论本会立案问题等。(1932年《全浙公会会务报告》)

12月12日 中苏邦交恢复。由中国出席国联首席代表颜惠庆与苏俄外长利瓦伊诺夫在日内瓦换文,并各发表宣言。17日,先生等以东北义勇军后援会常务理事名义分电中、苏两国政府,盛赞中苏邦交恢复,希望本平等互助之原则,共同奋斗。(《申报》1932年12月18日)

12月23日 有所谓"中日大同盟"者分函恐吓上海各爱

国团体，先生接函后当即向报界发表严正意见云：

> 日本明白事理之人民，以东省事件为军阀造成，别无他因，洵不诬也。日本人民既认清此点，应即竭力制止之，并立即撤去霸占东省之日军，吾人自能立即与之握手。彼苟无力自倒其军阀，不撤占我东省之日军，则吾国人民将人人起而援助吾东北义军。况东北非我国任何一人之东北，则后援会之主（支）持，亦非任何一人所主（支）持也。(《申报》1932年12月24日)

12月25日 主持上海法学院校董会，议决添设商科。(《宪政救国之梦—张耀曾先生文存》第348页)

12月26日 与殷汝骊、俞寰澄、杜重远、黄炎培等23人在《申报》刊登启示，为在冰天雪地中作战之义勇军征募现金、棉衣、布匹、棉花、军毯及各种应用物品，(《申报》1932年12月26日)

◎ 1933年（癸酉）民国二十二年 61岁

1月2日 日本陆空军猛攻山海关，我何柱国第9旅拒之。3日，日军攻陷山海关及临榆城，守军安德馨部顽强抵抗，伤亡殆尽。张学良警告天津日军司令中村，榆关事件由日负责。

1月5日 与熊希龄、李次山等致电南京国民政府行政院、外交部，要求国联引用盟约第16条，制裁暴日。文曰：

> 榆关已陷，强寇日深，徘徊歧途，势所不许。应请即日宣告对日绝交，一面电令日内瓦代表，要求国联引用盟约第十六条，制裁暴日。事机决于俄顷，存亡在此一举，幸急起图之。中华民国救国团体联合会常务理事熊希龄、钮传善、褚慧僧、李次山、王搏沙、陈定远、倪光和、王

一平、刘士熊叩。微。(《熊希龄先生遗稿》卷 4 第 3961 页)

1月7日　在《申报》刊登《求援》篇，呼吁国内外爱国同胞从速踊跃捐助东北义勇军。

> 日寇华北，山海关曾告失守，热河又是三路进犯。现在冯占海正在开鲁血战，朝阳一带的义勇军都是纷起杀敌，黑龙江李海青、邓文各部均到热河等待补充给养，再去作战。前方催援文电纷至沓来，本会二十一年份，收到的捐款三十六万元，接济各军已将用尽，即请国内外爱国同胞，从速踊跃捐助。事急矣！寇深矣！援助！东北义勇军后援会常务理事李次山、褚辅成、殷汝骊、俞寰澄等 (署名略)。(《申报》1933年1月7日)

1月8日　致电何柱国，汇 1 万元，慰劳前敌作战将士。

> 上海义勇军后援会昨电何柱国云：秦皇岛探投何柱国司令勋鉴：日寇华北，原系预定计划，榆关既失，不惟热河、平津遭受威胁，影响关外义军，更属重大。麾下既具抵抗决心，应请再进一步，以实力收复榆关。本会谨拨一万元慰劳前敌作战将士，竚盼鼓励三军，奋勇杀敌。款由天津东北义勇军后援会王文典先生转交，到请察收示复。上海东北义勇军后援会常务理事褚辅成、李次山、殷铸夫、吴山、冯少山、俞寰澄，严直方、江问渔、李少川、陈亚夫同叩。齐。(《申报》1933年1月9日)

1月9日　日海军陆战队在秦皇岛登陆。日陆军省、外务省会议，要求中国军队撤离北宁铁路 2 英里。10 日，日军进攻山海关北之九门口。12 日，日军陷九门口。

1月14日　主持召开全浙公会董事常会，通过电请蒋委员长督率请缨抗敌之刘珍年部克日北上誓师案等。致蒋委员长电于15日发出，电云：

南京军事委员会蒋委员长钧鉴：……至近日报载，商震、刘珍年、王树常等各统兵将领，咸纷纷请缨抗日，足征士气可用，师直为壮，以之制敌，何敌不摧。且之数部者，皆为曾经日战精锐之师，允宜遂其效忠之心，畀以心膂干城之寄，分布要隘，进规失土。而刘珍年一师，尤称坚苦耐战。掖县一役，虽系内战，而其婴城困守，坚屈不挠之慨，以之对外作战，当能奋勇杀敌，近日调驻浙边，非其素志。且浙中现值无事，无烦重兵屯驻，而浙民亦以客军新莅，向非熟习，军民土客之间，隔阂容或禾泯，亟宜率同北上，躬临战阵，必可不负委任，克奏庸功，并雪国仇，在此一举。现全国上下均属望于公，命将出兵，贵在神速，戡定国难，匪异人任，挽异族犬羊之浩劫，慰大旱云霓之喁望。瞻望旌节，不尽依依。上海全浙公会叩。删。（《申报》1933年1月16日）

1月17日 先生等分电国民政府行政院、外交部，请接运马秀芳、苏翰章、李植初等诸将军返国，并径电沃木斯克诸马等速整队返国。

致国府电：南京国民政府行政院、外交部钧鉴：黑龙江省主席马占山、护路军司令苏炳文及张殿九、谢珂诸将领，前因弹尽援绝，无法抗战，退入俄境。本会前曾电请迅赐救济。最近吉林边防军副司令官李杜，又以同样情形，被迫退俄，亦正切盼救济。目前中俄业已复交，外交运用较易为力，政府既经汇款接济，对于马、苏、李、张、谢诸将领暨所部官兵，即宜急速设法接运归国，以免久寄他邦。特电奉恳，谨祈察照示复。东北义勇军后援会褚辅成、李次山、殷铸夫、吴山、冯少山、俞寰澄、严直方、江问渔、李少川、杜重远、陈亚夫叩。筱。

电马占山：伯利中国领事馆转沃木斯克马占山主席、苏炳文将军并探交李杜将军均鉴：暴寇侵凌，东北沦陷幸赖诸将军先后抗战，为国杀敌。处艰苦之环境，树不世之丰功，肉博经年，山河震撼。只以外援断绝，接济无多，饮泣退师。遥望胡天，心恸曷极，国难方殷，寇患愈亟。诸将军暨所部将士，不能久客他邦，不问鞍马。除已电促政府当局迅速设法接运外，用特电请诸将军迅速整装回国，重率义军，誓复失地。国家前途，实利赖之。临电翘企，竚盼命驾。（《申报》1933年1月18日）

1月20日 上海市党部决定举行航空救国宣传周活动，先生被推为宣传周播音人之一。

中央社云，市党部于昨日上午十时，在市政府召集各界代表，讨论扩大航空救国宣传。议决自本月二十三日起至二十八日止，举行航空救国宣传周，兹将详情分志于下：出席代表（略）。议决要案（略）。推定人选：席间各代表推定王晓籁、姜怀素、林我将、钱沧硕、张廷荣、黄造雄、钟桓、朱学范等八人为筹备委员。至于播音之人，业已决定者有吴铁城、戴戟、王晓籁、虞洽卿、潘公展、史量才、吴稚晖、刘湛恩、陶百川、褚慧僧等十余人。（《申报》1933年1月21日）

2月3日 先生等电勉汤玉麟，并电托天津地方协会代购羊皮背心，捐助何柱国军长。

热河汤主席勋鉴：奉诵俭电，钦慰良深。暴日侵凌，迈进无已，三省既陷，热河首当其卫。我公忠诚卫国，决心抗战，前线将士，力惩顽敌，既固华北屏障，不难规复东陲，国家前途，实所利顿。特电慰劳，并恳勉励前线将士奋勇杀敌。临电翘企，竚盼捷音。东北义勇军后援会常务理事褚辅成、李次山、殷铸夫、吴山、冯少山、俞寰澄、严直方、江问渔、李少川、杜重远、陈亚夫叩。江。

何军长柱国勋鉴：据宁波时事公报社汇来经募慰劳抗日将士款六千四百九十五元零二分，上海太古轮船公司华职员送来捐款一百六十九元，均系指明接济麾下。兹经议决：由本会加拨三千三百三十五元九角八分，补足一万元，即日汇交地方协会代办羊皮背心，送请分发前敌将士应用。谨先电达，收到后即祈示复为盼。东北义勇军后援会常务理事褚辅成等同叩。江。又电张伯苓、王文典（文同从略）。（《申报》1933年2月4日）

2月4日 东北协会成立，先生被推为理事。

吴铁城、张公权、林康侯等鉴于东北问题之严重与关系之重大，发起组织东北协会，筹备数月，于二月四日假座八仙桥青年会九楼开成立大会。昨日到会者有蔡元培、许世英、王一亭、褚辅成、章士钊、吴铁城、林康侯、史量才、王延松、郑洪年、虞洽卿、陈彬和、臧启芳、齐世英、穆藕初、黄任之、杜重远、林我将暨东北各军代表吴焕章、姜松年、刘丕光、庞岳东及各界领袖、报社记者百余人。

首由主席报告（略），次蔡元培演说（略），通过章程（略），选举理事。该会理事照章程规定为三十五人，因现在会员不多，故有林康侯提议，先推二十七人，由主席提名，征求全体同意表决通过，即由主席吴铁城遂一提名介绍，通过二十七人。其余八人俟会员增多普遍后再加推，其推出之二十七人姓名如下：史量才、王晓籁、虞洽卿、朱庆澜、熊希龄、王正廷、王卓然、（东北外交协会会长）王宪章、（黑省闻人）米春霖、杜月笙、张公权、王树翰、林康侯、杜重远、褚辅成、杨虎、吴醒亚、齐世英、臧启芳、陈立夫、李锡恩、（吉林大学校长）诚允、叶秀峰、王延松、萧振瀛、吴铁城、李登辉。（时敏著《还我河山》第252页）

2月6日 致电熊秉三（希龄），慰劳何柱国部。

十万火急，北平石驸马大街熊秉三先生鉴：黄任之归告，尊处筹购皮背心及棉袜一万套，慰滦东将士，嘱由沪分任一万元。敝处适有捐来洋六千余元，指定慰劳何柱国部。爰加拨三千余元，凑成一万，正拟汇交天津地方协会，与台端接洽汇购。乃何军长支电谓，皮背心制成需时，即将春暖，不如改办鞋袜及载重汽车，较合实用云云。皮背心既非军中急需，似可照其来电改购他物，请酌定盼复。褚辅成。鱼乔。（《熊希龄先生遗稿》卷4第3968页）

2月11日 主持全浙公会董事常会，讨论反对续行中日关税协定案等。

主席褚报告省政府代电一件，复本会水警越权处分烟赌由。提议事项：（一）反对续行中日关税协定案，通过，照发（12日发）。（二）刘珍年兵队哗变，如何处置案，议决函虞洽卿、钱新之、徐圣禅、王晓籁诸先生，请与蒋委员长说明刘军扰浙情形，并请即调离浙境。推项逊齐、褚慧僧、查仲坚三先生于明日上午往谒何（应钦）军

政部长请愿。(三)征求队长未缴分数,如何催收案,议决:由出席各会董分认催收。(1933年《全浙公会会务报告》)

2月12日 出席东北协会首次理事会,议决推定常务理事、总干事、筹措经费、组外交委员会等8案。

东北协会昨日午后四时许,假座香港路银行公会会议室,举行首次理事会,出席吴铁城、吴醒亚、杨虎、虞洽卿、杜月笙、王晓籁、王延松、叶秀峰、齐世英、臧启芳、褚慧僧、林康侯、李登辉、王正廷等十四人,主席吴铁城。讨论事项:(一)本会推定常务理事案。议决:公推吴铁城、王晓籁、史量才、林康侯、齐世英五人为常务理事。(二)推举干事案。议决:公推臧启芳为总干事。(三)派员组织南京分会案。议决:公推陈立夫、叶秀峰、齐世英三理事负责。(四)本会工作计划案。议决:交总干事拟定,交常务理事会核定后,再行提交理事会讨论。(五)本会经费案。议决:先请吴铁城理事计划筹措办法,提会讨论。……(八)拟组织外交委员会案。议决:通过。(《申报》1933年2月13日)

2月16日 致电熊希龄,请代办汽车,支援何柱国抗日。

北平探投熊秉三先生鉴:真电奉悉。款于佳日汇交张伯苓、王文典二先生,谅已到达。请即代办汽车,并希转天津地方协会,将收据寄下。诸费清神,实深感祷。东北义勇军后援会常务理事褚辅成等叩。铣。(《熊希龄先生遗稿》卷4第3969页)

2月17日 在《申报》刊出《哀的美顿!》篇,在全国生死存亡关头,号召全国同胞不能坐视,一致奋起,实力援助义军杀敌。

　　日本要夺热河,将向我国政府同地方当局发出最后通牒!从东北和朝鲜调集日军十个师团,再加汉奸蒙匪,大举来犯了!热河汤主席玉麟,老当益壮,决心抗日,他部下的崔新五旅长,拿三千枝步枪,天天同敌人的大炮、飞机、坦克车、装甲车、机关枪周旋。其余冯占海、李海青、唐聚五、郑文、刘桂堂、冯庸、郑桂林、张海天(老北风)、邓铁梅、王慎庐各部义勇军,同朱霁青的救国军总数超过二十万,都在拼命杀敌,誓死守土!在吉黑两省还有王德林、濮炳珊等队伍,亦不下十万,正在待机再起!

　　哀的美敦书,要到我们面前了,这不仅关系热河得失,实在是到了全国生死存亡关头!东北的健儿,为国家、为我们后方的同胞,作拼命的先锋!我们能坐视么?

　　近日各路义军求援的电报,雪片一般的飞来,本会援助各部的款项,先后已汇出四十万元,存款将罄。在此危迫时期,敢请全国同胞,一致奋起,实力援助,无论慰劳国军,接济义士,均当尽力效劳,迅速汇转。谨此呼吁,竚盼踊跃输将!

　　东北义勇军后援会常务理事李次山、褚辅成、殷汝骊、俞寰澄等(署名略)。(《申报》1933年2月17日)

2月18日　复电朱庆澜:一俟捐款积有成数,当迅行汇奉。

　　东北义勇军后援会复朱庆澜电云,北平朱子桥将军勋鉴:虞电奉悉。抗日救国,原无分乎朝野。我公久著勋劳,各军推戴,仍望勉任艰钜,俾竟全功。本会现在捐款为数无多,近以冯、马两部,急需医药械材,当经先行拨款购置。其各部接济,一俟积有成数,即当妥为支配,迅行汇奉。谨电奉复,至祈察照。东北义勇军后援会褚慧僧、冯少山、严直方、吴山、殷铸夫、陈亚夫叩。巧。
(《申报》1933年2月20日)

2月24日 与史量才、王晓籁、虞洽卿、王正廷等发表东北协会宣言,述创立旨趣及所负任务,希望上下团结,全国动员,以期达抗战最后胜利。(《申报》1933年2月25日)

2月27日 主持东北义勇军后援会第五次理事会,电请蒋委员长北上督师抗日。

东北义勇军后援会昨日下午四时,在中社开第五次理事会,并欢迎熊秉三氏。到熊希龄、褚辅成、许世英、冯少山、殷铸夫、严直方、吴山、穆藕初、殷芝龄等二十余人,由褚辅成主席。席间熊氏报告东三省义勇军情形,及最近热边急需救济物品。并通过请蒋委员长北上督师电文等数案。兹分志如下:

首由主席褚辅成致欢迎词,略谓:"九一八事变以后,东北负责将领张学良,素抱不抵抗主义。而热河主席汤玉麟,亦态度不明。至今日均能明白表示抗日,均赖熊秉三先生一年余在北方努力之成绩。而去年四月间,熊先生亲赴热河,汤氏始转变态度。而义军亦始能在热边得相当之援助接济,与关内发生联系,其功尤巨。今熊先生南下,与沪上人士接洽,援助华北抗日作战将士,同人除表示钦仰欢迎之忱,并乞指示吾人以努力之方云。"

熊希龄起立发言谓:……现在热边所急需物质之接济为筑路、粮食、子弹、汽车四项。而精神上之鼓励,与军事人材之供给补充,均甚重要……

熊氏报告毕,许世英起立报告救济东北难民会施赈情形，希望在极短时间内，作一维持热河民食之整个计划。

旋即讨论议案，通过：（一）电请军事委员会蒋委员长克日北上督师，以统一指挥，振作士气。（二）推熊希龄、褚辅成二代表晋谒军政部长何应钦，促定华北军事规划。（三）电关内前线各将领出关杀敌，以分攻热敌势。（四）派吴山、陈培德、冯少山、殷芝龄、胡凤翔、沈祖儒六人，分向本市各团体接洽，联电促张学良坚决抗战，及其他会务各案而散。请蒋督师感电（略）。（《申报》1933年2月28日）

2月28日　与熊希龄专程赴南京访军政部长何应钦，要何向蒋"转恳"克日北上督师。何答云：赣剿匪亦关重要。但允立电蒋，请于赣军事当局布置妥当后北上。（天津《大公报》1933年3月1日）

3月1日　日军猛攻赤峰，大会战开始。3日，张学良下令全线反攻，凌源、凌南一带激战。6日，中日两军在喜峰口激战。

3月4日　以东北义勇军后援会常务理事名义，号召全国同胞于最短期间内捐集百万巨款，支援东北义勇军，以解热河之危。（《申报》1933年3月4日）

3月7日　出席上海地方协会各团体第二次联席会议，讨论华北大局问题。（《申报》1933年3月8日）

3月8日　致电翁照垣师长，鼓励抗日。

翁师长照垣勋鉴：今读就职通电，敬悉荣任一一七师师长，佳音传来，万人兴奋。热河天险，原可固守拒敌，奈竟汤玉麟不战退逃，坐使国土丧失。遂致寇患愈深，危机更迫。为今之计，非决心牺牲，拼死反攻，无以图存。执事既具伏波定远之心志，定能振起声威。敝会谨以赤血丹忱，为执事后盾。特电驰勉，伫盼捷音。东北义勇军后援会褚辅成、冯少山、吴山、严直方、陈亚夫等同叩。齐。（《申报》1933 年 3 月 10 日）

3月15日 出席江浙丝业短期公债第二次抽签还本会。（《申报》1933 年 3 月 16 日）

同日 晚六时，出席航空救国会第一次征求结分揭晓报告会，先生并有演说。孙子褚启元捐大洋 7 元，充作购买儿童号飞机基金。

> 中国航空协会上海征求队，自本月一日开始征求会员，集募基金以来，已有半月，昨日为第一次结分报告之期。总队长吴铁城氏于午后六时半，在八仙桥青年会宴请各队长，计到王晓籁、林康侯、褚慧僧、王一亭、张铭、温宗尧、闻兰亭、李延安、徐佩璜、金里仁、李登辉、张竹平等百余人。首由吴氏报告征募成绩结果，总共二十六万余元。除天橱味精厂独捐十万元，及征求队总队长办事处、宁波同乡会、上海工界等，自动组织之募捐队外，以第二百六十八队长文鸿恩之五千五百元为最多。成绩报告毕，总队长吴铁城及王晓籁、褚慧僧等相继演说。报告成绩（略）；吴氏演说（略）；昨日捐款统计：又昨日航空协会接到嘉兴县政府公函，据称该邑小学生褚启元（褚慧僧先生之孙）捐助大洋七元，请求转汇充作购买儿童号飞机基金云云。（《申报》1933 年 3 月 16 日）

3月17日 先生等复电李次山，谓 15 日已援助孙殿英部子弹 15 万发，慰劳费 1 万元。

东北义勇军后援会昨电其留平代表李次山云，北平李次山先生鉴：电敬悉。孙殿英认真抗日、苦战不退、殊深钦佩。已由本会援助子弹十五万，并于删日连合东北难民救济协会等汇款一万元慰劳。张幼群现已抵沪晤洽，兹经篠晚常会议决，再就原拨朱霁公子弹中借拨十万发，并再拨慰劳费五千元，雨衣二千余件。我兄所携汇票银行手续必须更名，请即由航快寄沪，以便掉换。少山兄巧日北来，特闻。褚慧僧、吴山、陈亚夫叩。筱。（《申报》1933年3月19日）

3月19日 以东北义勇军后援会名义电慰关麟徵。

东北义勇军后援会以关麟徵师长抗日负伤，昨特致电慰劳，原电云：北平协和医院关师长麟徵勋鉴：前悉执事于古北口督师抗敌，亲临火线，被敌炸伤，坚贞忠勇，殊堪钦佩。除由敝会李常务次山就近问候外，特电慰劳，并盼早□勿药，为国珍重。东北义勇军后援会叩。皓。（《申报》1933年3月21日）

3月26日 在《申报》刊出《你忘记东北么？你忘记义勇军么？》篇，呼吁同胞们继续以实力来援助东北义勇军。

吉林李杜、王德林部下的义勇军，已克复了敦化东宁各县，破坏了吉敦铁路。辽东的义勇军也在通化激战杀敌；郑桂林的部队，在义院口大战敌军，防守长城；朱霁青尚在热东拼命抗日；这都是东北义勇军的一部份光荣战绩！

现在日寇在喜峰口迭遭挫败，辽吉黑三省的驻军，都已调上前线，内部空虚，各部义勇军，都准备奋起收复失地，衣食、子弹均盼望我们接济！

同胞们！你如果不忘记收复东北；不忘记东北几

十万艰难困苦无家可归的义勇军,就请加倍努力,继续以实力来援助东北义勇军!东北义勇军后援会常务理事李次山、褚辅成、殷汝骊、俞寰澄等(署名略)。(《申报》1933年3月26日)

3月30日 与李次山、殷汝骊、俞寰澄等代表东北义勇军后援会在《申报》发表通告,呼吁国内外爱国同胞,快快节衣缩食,接济喜峰口空前大捷的民族英雄,援助拼死抗日各军。(《申报》1933年3月30日)

春 动工修复上海法学院校舍,在先生领导下,至六月全部校舍次第修复,遂迅速迁回原址。在"一·二八"淞沪战中与上海法学院同遭焚毁的还有中国公学、上海商学院等校,上海法学院最先恢复。(《上海法学院十周年纪念刊》)

4月1日 主持欢迎朱子桥将军大会,对朱将军赴北平支援义军、照顾难民的劳绩,深感钦佩。(《申报》1933年4月2日)

4月8日 主持全浙公会董事常会。报告本会办理救济丝茧业之经过,议决致电南京国民政府实业部。9日发出,电云:

南京实业部长陈钧鉴:救济丝茧案,宋部长已交蚕业统制委员会核议。蚕汛瞬届,亟盼开会决定,冀免延误。全浙公会褚辅成叩。佳。(《钱业月报》1933年第5期第6页)

4月12日 出席公共租界纳税华人第十二届第一次代表大会,当选为执行委员,议决反对工部局管理工厂等5案。(《申报》1933年4月13日)

4月17日 主持浙省茧业公会讨论救济茧业办法会议。因春茧期近,请求政府拨款救济。(《申报》1933年4月18日)

4月20日 在《申报》刊登《援助反攻》篇,号召爱国同胞踊跃捐输,援助义勇军反攻!

> 东北全陷,寇患益深,我军只守不攻,势必有退无进,失地永无恢复之望。本会兹决定方针,此后收到捐款,专以接济拼死反攻恢复失地之义勇军及正式军队。值此万卉齐萌,青纱帐起,正是乘时反攻之大好机会,想我潜伏敌境之各义军及前线各军队,定能同时并举,前进杀敌。望我爱国同胞,踊跃捐输,积储巨款,援助反攻!东北义勇军后援会常务理事李次山、褚辅成、殷汝骊、俞寰澄、等(署名略)。(《申报》1933年4月20日)

4月23日 与蔡元培等发起组织保障教育经费独立运动委员会,被推为筹备委员。并议决组织节俭救国会,推为筹备委员。(《申报》1933年4月24日)

4月27日 以东北义勇军后援会名义致电慰问宋哲元、商震等。

> 东北义勇军后援会,昨电宋哲元、商震、徐庭瑶、何柱国、王以哲、庞炳勋、萧之楚、孙魁元等各军军长暨各师师长云:(衔略)勋鉴,并转各军将士钧鉴:日寇侵凌,瞬将两载。既占三省,复取榆关,进而袭热河,窥华北,蚕食鲸吞,漫无止境。其最终企图,直欲亡我国家,灭我民族。诸将军统率健儿,为国杀敌,血战肉搏,争国家之生存,壮烈牺牲。惟民族之命脉,丰功懋绩,中外震惊。凡属国人,罔不敬爱。最近日寇为环境所迫,全线撤退,是我军奋进追击,光复版图之良机。际此青纱帐起,关外义军,定多荷戈以待,亟盼诸将军克日督师出国,以收内外夹击之效。时不可失,伫盼捷音。东北义勇军后援会叩。感。(《申报》1933年5月18日)

5月5日 出席农村复兴委员会成立大会。此前4月25日，先生被行政院聘任为该会会员。先生有复兴农村经济之提案。（蔡衡溪著《中国农村之改进》开封新时代印刷局，1934年7月）

5月13日 主持全浙公会董事常会，决议救济江浙丝茧，推为代表赴杭接洽。电行政院财、实两部及浙省府，请求以前年未发行之丝茧公债200万元，作为救济的款，以济东南数千万濒临破产的育蚕农民。（1933年《全浙公会会务报告》）

5月18日 出席航空救国奖委员会办事处成立大会，并发言。力述航空救国奖重大之意义，期国人努力促成，踊跃推销。（《申报》1933年5月20日）

5月20日 主持全浙公会筹备大会委员会议。决定：（一）假宁波同乡会为会场。……（三）推吴歌沧、魏伯桢、沈衡山、查仲坚、沈骅臣、邬志豪、褚慧僧筹备起草提案。（四）对征求赠品中的书画统加装裱，纪念章一千枚采用铜质、银质，每座价定十余元。（1933年《全浙公会会务报告》）

5月26日 冯玉祥在张家口通电任抗日同盟军总司令，先后响应加入者近10万人。

5月29日 在《申报》刊出《抗日到底》篇，悲切呼吁海内外爱国同胞尽力捐助东北义勇军

> 暴日是违反国际公约，派兵入我国境，既占辽吉黑热，复扰平津，按诸美总统罗斯福最近之宣言，军缩会议新定之界说，其为侵略国毫无疑义。我国对于侵略国如不抵抗到底，不但失国家之人格，并失国际之同情，我国民众如不抵抗到底，是甘为亡国奴，而坐待敌人之宰割，其惨痛定于及身见之。今幸东北民众终不屈服，各地义军迭起，邓铁梅部仍占领辽东，朱霁青部犹坚守辽北。吉林王德林部陈宗岱等早在密山、东宁一带发动。哈尔滨路透电

消息,"有大队义勇军在中东路之一面坡及同宾与日军拼死苦战。"不日青纱帐起,形势当更扩大。足见义勇军之力量,能使敌人在东北不得一日之安,无暇着手建设,将来恢复失地,实赖此为命脉!国人如不愿屈服,放弃东四省,惟有积极援助义勇军,俾得持久作战。同人等誓死抗日到底,特为悲切之呼吁,深愿海内外爱国同胞尽力捐助,共示抵抗之决心!东北义勇军后援会常务理事褚辅成、李次山等(署名略)(《申报》1933年5月29日)

同日 接待苏炳文将军之公子苏宗俊来访。

苏炳文将军之公子宗俊及驻平代表范瑞徵氏,曾于昨日上午十时许往谒吴市长,旋即辞出,分访朱庆澜、褚辅成诸氏,感谢对于苏部过去之接济。马、苏两将军预定过港,并不勾留,即行来沪转京,向中央报告一切。然后赴赣晋谒蒋委员长,请示戎机。(《申报》1933年5月30日)

6月3日 抗日英雄马占山、苏炳文二将军等14人一行抵香港,粤各界代表70余人欢迎。(《申报》1933年6月4日)

6月4日 上海市商会、市民联合会、总工会等团体组织欢迎马、苏筹备会,先生被推为筹备委员,并任常务。(《申报》1933年6月5日)

6月5日 前往码头欢迎抗日英雄马占山、苏炳文二将军。

今日准备前往欢迎者,计有中央特派员代表、行政院秘书长褚民谊、铁道部次长曾仲鸣、市长吴铁城、立法院长孙科、市商会主席王晓籁暨上海市各团体,欢迎抗日英雄马、苏二将军回国筹备会代表胡凤翔、陈亚夫、朱学范、王汉良、叶家兴、顾九如、褚慧僧等。市政府并定南

市龙华陆军俱乐部为临时招待处，以备马、苏等抵埠后休息。(《申报》1933年6月5日)

6月6日 晤马占山、苏炳文二将军。

马、苏二氏，因鉴于过去上海各界之热烈援助，与前晚康脱箩梭轮抵埠时，受各界民众之狂热欢迎，故昨日上午九时，二氏联袂同车，拜访各界领袖人物，道谢欢迎招待之盛意。二氏先往谒市长吴铁城、市保安处长杨啸天，继拜会义勇军代表朱子桥将军，及东北义勇军后援会代表褚慧僧。至十一时许，拜客方毕，即返陆军俱乐部。下午三时，马、苏二将军联袂晋京，向中央报告并建议抗日大计。(《申报》1933年6月7日)

6月7日 出席各团体欢迎马、苏二将军第2次筹备会，先生被推为欢迎大会主席团。

市商会、市民联合会、总工会、东北后援会等三百余团体，为表示热烈欢迎东北抗日英雄马占山、苏炳文回国，定于本月十一日下午一时在天后宫桥市商会大礼堂举行盛大欢迎会，昨特电请苏、马二氏，届时来沪出席，兹将各情分读如左：

筹备会议：本市各团体欢迎抗日英雄马、苏二将军回国筹备会，于昨日下午三时在市商会开第二次常务会议，到王晓籁、陈亚夫、胡凤翔、沈田莘、王延松、叶家兴、王剑锷、陈培德、刘仲英等十余人，由胡凤翔主席，梁耕舜记录。讨论各案如下：(一)议决参加发起团体经费五十元以上，参加团体自由捐助；(二)定于本月十一日下午一时在市商会开欢迎大会；(三)推定大会职员；

(四)电请马、苏二氏届时来沪出席。

大会职员:欢迎大会职员业经推定为主席团:王晓籁、王汉良、王延松、褚慧僧、胡凤翔、沈田莘、陈亚夫、朱学范、陈炳辉,(司仪)王鸿辉,(秘书)任矜萍、孙鸣岐、王剑锷、曹志功、陶乐勤。(总纠察)叶家兴、张一廛、张子廉,(纠察)顾九如、徐缄若、洪伟观、王香谷、祝志纯、张贤芳。(总招待)郑澄清、陈培德。(招待)王延松、沈钧儒、王介安。(总干事)刘仲英。(干事)郑东山、方佩成、葛福田、梁耕舜。

电知马、苏:(衔略)将军等卫国抗日,功垂不朽。上海市各团体以十二分之诚意,拟定本月十一日举行盛大欢迎会,藉使本市民众瞻仰威仪。如蒙俯允,敬希示复,俾便准备,实所盼切。上海市商会第一特区市民联合会、总工会、东北义勇军后援会等三百余团体叩。虞。(《申报》1933年6月8日)

6月10日 主持全浙公会董事常会,报告欢迎抗日英雄马、苏二将军回国筹备委员会情况;讨论浙省清丈事宜等。(1933年《全浙公会会务报告》)

6月18日 主持全浙公会第八、第九届(合并)会员大会,报告会务,议决修正本会章程案等。(1933年《全浙公会会务报告》)

6月19日 主持全浙公会会议,当选为董事。

全浙公会于昨日上午十时,在爱文义路会所续开选举会,由褚慧僧主席。报告选举票数,并当选人名。兹将当选董事名次探录于下:褚慧僧、虞洽卿、王晓籁(名单下略)等七十五人。(《申报》1933年6月20日)

7月2日　主持全浙公会第八、第九届董事会成立大会,当选为主席。

七月二日,并行第八、九届董事会成立,出席二十八人,公推原任主席褚慧僧先生为临时主席。首由主席报告新收文件五件(略)。次,公决选举主席暨常务董事,经公推胡凤翔、陈铭哉二先生为检票员。计收选举票二十六票内,放弃二人。选举主席结果:褚慧僧先生二十五票,殷铸夫先生二十票,王晓籁先生十七票,均当选为主席。选举沈钧儒等十七人为常务董事。选举江仲权、王孚川等人为候补董事。褚慧僧先生正式就任主席职。会议讨论办理事项。(1933年《全浙公会会务报告》)

同日　出席已故中央研究院总干事杨杏佛葬礼,赠挽联及花圈致哀。(《申报》1933年7月3日)

按:杨铨,民权保障同盟总干事,于6月18日晨,在法租界亚尔培路中央研究院门前被刺身亡。

7月4日　出席上海各团体筹备欢迎抗日英雄马、苏、李杜将军回国第5次筹备会,推为欢迎大会主席团。

上海各团体欢迎抗日英雄马、苏二将军回国筹备会,昨日下午二时开第五次筹备委员会,议决定于月之十二日举行欢迎及欢宴大会,并同时致迎李杜将军。兹将详情分纪如下:

出席委员(略);大会职员:主席团王晓籁、王汉良、王延松、褚慧僧、张一麐、胡凤翔、朱学范、沈田莘等。郭顺司仪、叶翔皋、方佩诚、秘书陶乐勤、任矜萍、曹志功、王剑锷。速记郑东山、梁耕舜。总干事陈炳辉、刘仲英。干事邬志豪、王荣棠、蔡洽君、陈济成、沈祖儒、谢仲复、顾九如、祝志纯、郑筱麟、伍澄宇、张稚僧、万福田。总招待王鸿辉，招待叶家兴、陈培德、陈亚夫、张贤芳、徐缄若、王介安、王延松、郑澄清、孙文毅、陈有英、洪伟观、毛云、王香谷。总纠察孙鸣岐、张子廉。（《申报》1933 年 7 月 5 日）

7 月 8 日　主持全浙公会（本届）第一次董事常会，公决临海县勒派路政迫害案等 5 案。（1933 年《全浙公会会务报告》）

同日　午，设午宴招待马占山、苏炳文将军（马占山设驻沪办事处）。

沪上名流马相伯、朱子桥、王晓籁、褚辅成诸氏，定于今午在徐家汇土山湾马宅欢宴马占山、苏炳文两将军。淞沪警备司令戴戟氏，于昨晨偕同参谋长张襄氏往访苏炳文将军，适苏将军外出未遇，乃即留刺而返。苏将军旋于午后往访戴司令及杜月笙诸氏，迄晚始返寓休息。（《申报》1933 年 7 月 8 日）

同日　下午，赴轮埠欢迎李杜将军。

吉林自卫军总司令、抗日健将李杜将军，偕同秘书刘序伯、译员刘观仁，由意国威尼斯乘意国邮船康脱凡特轮返国，该轮于昨日下午十二时四十分抵埠。昨日赴轮埠欢迎者，计有市政府科长李大超（中略）、市商会叶家兴、总工会朱学范、东北义勇军后援会陈亚夫、褚慧僧、第一特区市民联合会及各分区胡凤翔、张一麐、陈炳辉、刘仲英、郑东山及各报社记者等百余人。李杜将军表示在沪稍事休息即赴京、赣报告抗日经过，表示贯彻抗日不就任何

职务。杜月笙、张啸林等晚七时在海格路范园设宴,为李氏洗尘。李杜详述退俄经过。(《申报》1933年7月9日)

7月11日 欢宴马、苏、李三将军,先生致词,勖勉继续努力抗日救国。

主席褚慧僧致词云:今日,东北义勇军后援会欢迎马、苏、李、张等司令,及抗日各军长各代表,因为后援会与诸位历有极密切之关系,俨如家人,无庸客气。窃自九一八以后,沪市民众即知首先抗日者为马占山将军,所以莫不表极热烈之同情。非仅上海,全国亦莫不如是。即国外侨胞、国际各友邦亦均表同情。盖日本不顾国际条约,罔恤正义,以侵略中国之主权领土。在彼日本以为中国决无人能抵抗,孰知我马主席当时便不顾一切,奋起抗敌。嫩江桥一役,是其尤著者。嗣后我李杜将军亦继起抗日,支撑甚久。最后,苏司令复在满洲里仗义抗日,不顾一切,与日周旋。此种精神,我民众深为钦佩。而尤属难能可贵者,当时日本对各位将军,曾贿之以财,饵之以禄,用种种引诱方法,而各将军不为所动,真所谓志坚金石。而于困苦艰难之中,坚持一年之久,亦惟此种精神庶克当之。所以民众对于三将军,能表示十二分之热忱,亦即在此。东北义勇军后援会之组织,原冀对抗日英雄表示援助,终因力量关系未能充分接济,致使诸将军卒以弹尽援绝而退却,此后援会所最惭愧。而引为遗憾者,亦未能使三位将军收复东北失地,民众方面至少应负极大的责任。自不得已退入俄境后,辗转返国,正拟再整旗鼓,继续抗日。但国内停战协定已签字,此时将军遂亦不得不隐忍一下。现在诸位还是始终抱抗日精神,故后援会除对诸位过去表示十二分欢迎外,尤其是欢迎诸位的今后之奋斗。同时希望我后援会同人及民众方面,亦应加倍努力,以作后盾。使将来抗日之时,无论精神上、物质上有充分之接济。最后敬祝诸将军康健。

马、苏、杜三将军感谢后援会之援助,朴炳珊报告东北最近情势,继由李杜将军致答词,马占山、苏炳文将军演说。(《申报》1933 年 7 月 12 日)

7月12日 出席上海 200 余团体欢迎抗日英雄马、苏、李三将军大会,代表大会主席团致答谢词。

本市市商会、地方协会、总工会、市民联合会、东北义勇军后援会等二百余团体,于昨日下午一时,在市商会议事厅举行欢迎抗日英雄大会,到各界代表暨市民三千余人。马占山、苏炳文、李杜等将军及诸将领,均亲自参加,颇极一时之盛,足见民意之一斑。王晓籁、王汉良、王延松、褚慧僧、胡凤翔、朱学范等为大会主席团。

王晓籁主席致开会词(略),张一麐致欢迎词(略),马占山、苏炳文、李杜将军及来宾发表演说(略)。

来宾演说毕,主席团公推褚慧僧致答谢词,略谓:"今日,本市全体民众举行抗日英雄欢迎会,承马、苏、李三将军暨各将领惠然驾临,并对于抗日经过均有深切之报告,聆闻之下,不觉感愧交并。回溯东北之役,诸将军之劳苦功高,为民族争人格,殊堪钦佩。后虽因后援不继,退入俄境,然百折不回之精神,卓然可见。暴日诋为中国之无抵抗国家者,适得其反。即国际上虽无实惠,然中国之地位,亦为之增高不少。此后希望诸将军继续抗日,愿大家肩起收复失地之责任,为诸将军作后盾。国家兴亡，匹夫有责，以此自励。并以希望诸将军及在座诸君，共相激励奋发也。今特代表全体民众，作诚恳之答谢云云。"下午六时，各团体仍在市商会大厅公宴马、苏、李三将军及各将领。(《申报》1933 年 7 月 13 日)

7 月 15 日 先生等以东北义勇军后援会名义电贺冯玉祥等攻克多伦重镇。16 日再电冯玉祥，拨款 5000 元，犒劳出力各部。(《申报》1933 年 7 月 17 日)

7 月 17 日 与李次山、殷铸夫、俞寰澄等代表东北义勇军后援会在《申报》发表《多伦克复》文稿，号召海内外爱国同胞，踊跃输将，接济冯玉祥、吉鸿昌等抗日各军。

接张垣捷报，邓文、李忠义、吉鸿昌三总指挥，亲临多伦城下督战，奋死猛扑，已于文日晨九时克复多伦。查邓、李两部原隶马占山将军，前在热河被假抵抗军队牵制，不得不随同后退，张学良反有不放一枪之厚诬，使民众亦疑义军之无能。今与有组织之抗日军队联合作战旬日，连克名城，不特尽雪前耻，并于抗日史上开一新纪元！国人莫不欢跃。多伦为入热门户，今已得手，便可与东北各义军取得联络。兹热边朱霁青所部已继起奋斗，辽东邓铁梅、李青天等仍在通化、桓仁一带坚持苦战，吉黑陈宗岱等各部已占领密山、富锦、勃利、依兰四县，散处游击者尤不少。青纱障起，正各路义军重整旗鼓之时，苟得充分接济，失地不难全复。本会捐款已罄，急待募集援助，海外爱国同胞，如不愿与日妥洽，盼即踊跃输将，源源接济。俾抗日各军，饷械无缺，尽力杀敌，驱彼残虏，还我河山，同人不胜馨香祷祝之至！东北义勇军后援会常务理事李次山、褚辅成等（署名略）。(《申报》1933 年 7 月

18日）

7月18日 恳请各善团资送抗日将领王德林部眷属回籍。

东北义勇军后援会常务理事褚慧僧等八人，为抗日将领王德林代表梁元善等要求，因王部眷属刘李氏等十五名，籍隶吉林，飘零可悯，极欲遣返故乡，另图生活。昨特函请各善团，恳请各善团筹集川资，资送该部眷属回籍。（函略）（《申报》1933年7月19日）

7月22日 出席中社名流茶话会，对冯玉祥将军收复多伦兴奋不已，表示愿竭力援助。

上海各团体救国联合会，对于冯总司令率饥乏之众，奋勇杀敌，克服多伦，诚为中华民族史上极光荣之创举，甚觉本市民众应有竭全力援助之表示。特于昨日下午三时假威海卫路中社会场，邀请上海各名流开茶话会，征求援助冯将军之具体办法。到会者有李烈钧、褚慧僧、孙镜亚等数十人，由刘士熊主席，报告宗旨后，李、褚、孙诸君相继发表意见，语极激昂，均愿竭力提倡与赞助，讨论结果甚为圆满。会中尤以王恪成君新从张家口返沪，报告察省民众与将领牺牲抗日之真实情形，闻者莫不兴奋。（《申报》1933年7月23日）

7月24日 东北义勇军后援会致函救济东北难民联合会，请即派员北上，救济伤兵。或捐助医药、米麦，使受伤健儿得有医治之所，以后作战更加奋勉。（《申报》1933年7月25日）

7月26日 与林康侯、王晓籁等发起国货产销联合公司筹备会，并做演讲。

中华国货产销联合公司筹备主任王晓籁、林康侯、邬志豪为报告组织公司旨趣起见，特于昨日假座银行公会宴请各界，到者有孔庸之、宋汉章等数十人。席间由王晓籁、林康侯、邬志豪、薛笃弼、褚慧僧先后发表意见。最后由任矜苹代表干事会报告公司之营业纲要，及至晚间十时余始各尽欢而散。

王晓籁演词（略）；林康侯演词（略）；邬志豪演词（略）；薛笃弼演词（略）；褚慧僧演词：王晓籁、林康侯、邬志豪三位先生发起中华国货产销联合公司，欲为产销双方谋相互之协助，及相互之利益，此为国货年最有价值之工作。兹就产的方面言之，并非设立一厂即尽提倡国货之能事，仅须切实注重原料。例如卷烟，中国现有国货烟厂甚多，然原料尚有十分之七八为外货，国货原料只有十分之二三，若能使此十分之七八之原料，亦俱代之以国货，则必能助农业之发达，增农民之收获。卒以各厂无密切之联络，致未能以统盘之筹划。又如与外货或日货同类之国货工厂，现亦甚多，因日货跌价倾销，常受影响。以日商有政府与银行界予以扶助，故进退有所依持，中国工厂常感缺乏此种扶助力。吾人甚望公司从速成立，能在产销合作统制之下，为国货工厂创造此种扶助力，以使国货得与外货竞争云。（《申报》1933年7月27日）

7月29日 列席东北义军后援会监察委员会议。此前，社会上对于援助马占山之捐款发生巨大疑问，是会决定：将本年6月底以前收支捐款帐目赶紧结束，审核公布，并刊印分发，接受各界监督。（《申报》1933年7月30日）

8月2日 与杜月笙、朱庆澜、王晓籁等在《申报》刊出《为战区灾难救济会特约中华国术大马戏团演艺筹款救济启

事》，售券提成，捐助战区难民，希望各界踊跃惠临，俾襄义举。(《申报》1933 年 8 月 2 日)

8 月 10 日 出席淞沪警备部举行的一二八纪念堂落成典礼，全场气氛异常悲壮热烈。(《申报》1933 年 8 月 11 日)

8 月 12 日 主持全浙公会董事常会，通过全浙公会各部组织大纲等案。(1933 年《全浙公会会务报告》)

8 月 30 日 为请变更清丈方法，以全浙公会名义致电浙江省政府（31 日发），请"令饬各县停徵清丈测绘费，以苏民困"。(1933 年《全浙公会会务报告》)

9 月 8 日 与王晓籁、朱子桥等在《申报》发表上海各慈善团体筹募黄河水灾急赈联合会成立宣言。

> 国民不幸，灾难洊臻。慨自民国二十年全国大水以后，人祸天灾，环生迭起，哀鸿遍野，满目疮痍。同人等粟国本之危，念匹夫之责，迭经联合发起上海筹募各省水灾急赈会、上海战区难民临时救济会、上海各慈善团体赈济东北难民联合会、上海筹募豫皖鄂灾区临时义赈会，历承海内外各界同胞乐善不倦，慷慨捐输水深火热之灾民，尚未能救济于万一。而黄河又以决口见告，横流所至，遍鲁、豫、陕、冀、皖、苏六省。灾区广阔，灾民众多，巨浸稽天，城村淹没，死者漂失，生者攀号，其荒凉凄惨，危急存亡之情状，实有不忍见闻者。披发缨冠，责在同室，拯饥救溺，任讵异人。所望父老兄弟、诸姑姐妹，体上天好生之德，发佛门普渡之心，速驾慈航，共挽浩劫。本会同人等誓当仰体仁怀，竭诚救济，务期款不虚縻，功归实际。凡我难胞实利赖之。谨此宣言，诸维公鉴。常务委员王晓籁等，执行委员朱子桥、褚辅成等（执行委员全体署名略）。(《申报》1933 年 9 月 8 日)

9月9日 主持全浙公会董事常会,吁请浙省免征特捐。

主席褚慧僧先生报告事项:(略)。提议事项:(一)拟援照江苏免征加漕成案,吁请浙省地丁抵补金各附一元之特捐,一律免征,以苏农困案,公决:照办。(二)请省府饬令各县赶办积谷,多设仓库维持米价案,公决:照办。(三)嘉兴县酱酒同业公会函为酒类新税办法妨碍营业,请代为请命修改案,公决:商请张会董咏霓,向宋财长请求酌减。(1933年《全浙公会会务报告》)

9月22日 陈炯明在香港寓所逝世,1935年4月3日移葬惠州西湖紫微山,两次所得挽联挽章达三千余之数。先生亦有挽联悼曰:

功罪付后世公评,第观其莅事勤奋,律己清廉,宅心不愧端人选;倔强是英雄本色,设当日衔璧成行,陈书悔过,降志宁非党国材。褚辅成拜挽。(《申报》1933年9月28日,同见《陈炯明史事编年》第907页)

10月8日 出席全浙旅沪同乡会第一次联席会议,议决组织团体研究清丈办法等案。(1933年《全浙公会会务报告》)

10月14日 主持全浙公会董事常会,公决变更清丈办法等2案。(同上)

11月8日 为台属办理戒烟请予特别扶助及土地清丈等事宜,先生致函浙省民政厅吕(苾筹)厅长。吕函复云:"此后施禁当注重运输、制造、贩卖及吸用。"对于土地清丈问题表示:"苟有应行改进或可以减轻人民负担之处,自当尽力办理也。"(同上)

11月12日 出席全浙旅沪同乡会第二次联席会议,讨论

清丈修正办法等案。(同上)

11月25日　与钱新之、徐侠钧赴省,就修正清丈土地办法面商吕厅长。(同上)

12月29日　为展长浙省禁烟条例施行期限,鲁涤平主席致电先生,请求全浙公会予以支持。(同上)

冬　为法学院毕业同学将出毕业纪念刊题词。

> 为法学院毕业同学将出毕业纪念刊题词:"学无止境,古训昭然。不惰不倦,终始典焉。月将日就,造极登巅。望前程之浩浩,思无愧乎先贤。"廿二年度毕业同学将出毕业纪念刊,书以勉之。褚辅成。(上海法学院《廿二年度毕业同学毕业纪念刊》)

本年　与陆初觉等人发起,在嘉禾第一桥西堍修建辛亥革命烈士纪念塔。

> 按:1986年,嘉兴市人民政府在人民公园重建此塔,塔高14.5米,为三级式水泥实心塔,外形似灯塔,塔身题有"嘉兴辛亥革命纪念塔",塔名和塔记系由时任中国国民党革命委员会中央主席屈武题写。

◎ **1934年（甲戌）民国二十三年　62岁**

1月21日　出席全浙旅沪同乡会第三次联席会议,研究土地清丈办法。

> 褚慧僧君报告:赴省请愿由钱新之、徐侠钧、褚慧僧三人于十一月二十五日前往,已向民政厅吕厅长面述主张:(一)紧缩组织。(二)节省费用。(三)缩短时间。认为与请愿宗旨相符,应请共筹对付之策。
>
> 虞仲咸君报告:德清主张先清丈后收费,现正在筹

划借款，在款项未借到之前暂不开办。吴国昌先生认为海宁江县长之办法颇好，同人等应一致拥护，请其坚持到底。一面即将江县长代表稿及预算表油印分送各县。

褚慧僧君说即以海宁之办法为标准，请省府通饬各县，一体仿照办理。决议：推徐侠钧、张申之两君起草驳鲁主席来函，请将海宁办法通饬各县仿行，一面函江晖午县长请其始终贯彻主张，并将详细办法随时抄送。(1934年《全浙公会会务报告》)

1月25日 为展长浙省禁烟条例由，全浙公会致行政院"有"代电（26日发）。

上海全浙公会对浙省禁烟案上行政院有代电，文云：南京国民政府行政院长汪院长钧鉴：查浙烟禁，自浙江省政府颁布肃清毒品暂行条例以来，颇著成效。兹悉中央前因修正禁烟法，通令各省限期废止单行条例，曾经浙省政府呈请展限至廿二年年终为止。惟是浙省烟毒虽告肃清，而毗连省分尚在查禁之期，影响所及，浙省亦难免死灰复燃之虑。除已由浙省政府再请展长施行期限外，本会意见认为：此项单行条例既经浙省行之有效，中央果具禁毒决心，应请采用浙省办法，通令各省一体加紧查禁，庶使浙省烟禁不致受其影响，而全国烟祸方有肃清之一日。披沥上陈，伏乞采纳施行。全浙公会叩。有。(《申报》1934年1月27日)

1月26日 同上由，致电浙江省政府鲁主席。

上海全浙公会对浙省禁烟案，奉上浙省宥代电文云：浙江省政府鲁主席勋鉴：本会第七次董事常会提议，贵主席咨询关于浙江禁烟事宜（见1933年12月29日条），经讨论结果认为：肃清毒品条例有继续展期之必要，并应转请中央，采取浙省办法，通行各省，一体加紧查禁，使浙省烟禁不致受毗连省份之影响，已于有日电呈行政院采纳施行。再，本会去年年底议决，请缓裁各县禁烟委员会案，其宗旨以浙省烟禁虽具端倪，一旦松弛，仍有死灰复燃，再蹈民三之覆辙。苟有禁烟会之存在，尚可尽辅导监督之责。现在肃清毒品条例既立延长，则此项禁烟会自应连带续办。谨此布恳，统希察照。上海全浙公会叩。宥。（《申报》1934 年 1 月 27 日）

按：2 月 1 日，鲁涤平复电谓："至县禁烟委员会，因本省烟毒尚未完全禁绝，亦经予以延长，俾资协助办理矣。"同意全浙公会关于"缓裁各县禁烟委员会"的建议。（1934 年《全浙公会文牍报告》）

1 月 31 日 国民政府发布全国经济委员会蚕丝改良委员会人事令，先生被任为全国经济委员会蚕丝改良委员会委员。（《中华民国史事纪要（初稿）中华民国二十三年（1934）（一至六月份）》第 204 页，中华民国史事纪要编辑委员会编，1986 年）

2 月 17 日 出席上海市教育经费独立运动首次会议，讨论通过本会简则案等。

本市教育经费独立运动委员会，于昨日下午三时在市教育会举行首次会议，出席者黄造雄、周斐成、褚辅成、翁之龙（中略）、盛振声等。主席黄造雄。讨论事项：（一）提请通过本会简则案，议决修正通过；（二）推定常务委员案，议决推黄造雄、康选宜、陈白、周斐成、吴修、赵侣青、陶百川七人为常务委员；（三）本会应发一宣言案，议决推定程宽正、陈济成、陈白三委员起草，推定程宽正委员主稿；（四）本会应详细调查本市税收案，议决推定马家振、姜梦麟、盛振声三委员调查；（五）本会应呈请上级备案案，议决呈市党部备案；（六）本会应函请上海市教育会、上海教育界编辑委员会，另出一上海市教费独立运动专号案，议决通过。至六时始散。（《申报》1934年2月18日）

本月 代表上海抗日救国会接待"东北人民革命军"军部代表李延禄。

> 上海抗日救国会办公处，听说我是从"东北抗日救国军"来的，就由褚慧生（即慧僧，下同）先生出面接谈。据他说，南京国民党正在热衷于打内战，媚外取宠，就连上海救国会，也受到了压制，眼看要收摊子了。他告诉我："你们还是赶快回到东北去，不管是弹药还是军火，你们在这里找谁也解决不了的，还要靠你们打日本来解决。"又说李杜在上海，住静安寺路，确实担任抗日救国会武装部部长的职务，但也受到国民党的排挤。后来我知道，上海抗日救国会的武装部，是我们党的地下外围组织。
>
> 总之，褚慧生先生给我们讲的印象是，上海人民大众的抗日热情极高，国内民心不死，抗日救国大有希望。尽管南京国民党在江西集中兵力向苏区"围剿"，但却是违背民意的，违背民意的反动政权，注定是要失败的。听口气，褚慧生先生和我们一样，都相信国民党的"五次围剿"尽管采取了堡垒政策，最后必定和前四次一样要失败的。
>
> 后来上海抗日救国会通过褚慧生先生又给我们送来二百元的补贴费，这是上海爱国救亡团体给于我们的热情关切。我们来上海，是另有任务，不是真来"求援"的。

可这又不能对这些朋友宣布,盛情难却,只好收下。(李延禄《艰险的旅程》,《东北抗日联军第四军的回忆录》第56页)

3月13日 蚕事将兴,为请预筹收茧资金及提高价格由,全浙公会议决致函蚕丝改良编制委员会:"请全国经济委员会拨款补助,救济茧销。"(1934年《全浙公会会务报告》)

3月18日 全国经济委员会蚕丝改良委员会复函谓:"大函嘱预筹巨款,收购鲜茧,并提高茧价以救蚕农,意美识远,至为钦佩。惟本会任务系在指导改良各省蚕丝,收茧定价均属地方行政,除录函转陈浙江省建设厅蚕丝统制委员会查照酌办外,相应复请查照。"同日,浙江省建设厅蚕丝统制委员会委员长曾养甫函复:"尽量采择施行。"(同上)

3月28日 与沈钧儒二人联名具保,营救李剑华出狱。不久,李由严希纯同志介绍加入中国共产党,并受党的派遣在谢觉哉、周恩来、李克农、张唯一、潘汉年领导下,在南京国民党上层内部从事地下工作。(《李剑华先生纪念集》第262页,上海社会科学院社会学研究所编,1995年9月)

4月14日 主持全浙公会董事常会,议决改善县保卫团训练计划等3案。(1934年《全浙公会会务报告》)

4月16日 出席纳税华人会举行的第十三届代表大会第一次会议。(《申报》1934年4月17日)

4月24日 据14日董事会议决,全浙公会致电南京行政院实业部及浙江省政府,请拨款救济农村蚕业,"庶使各县茧市不致完全停顿,农民生计不致完全断绝。"(1934年《全浙公会会务报告》)

> 按:行政院实业部于5月8日批复。"……事关救济江浙各县茧市,仰径呈地方主管机关核办可也。"(1934年

1934 年

《全浙公会会务报告》）

4月29日 出席上海各大学教职员联合会第二次会员大会，决组织大学教职员新生活俱乐部，先生当选为45名执行委员之一。（《申报》1934年4月30日）

5月12日 主持全浙公会董事常会，确定本年会员大会日期等数案。决定本年会员大会日期为七月一日。（同上）

5月15日 嘉兴县政府奉令召集农商团体，推选代表一人，出席全省生产会议。选举结果，县商会会员褚辅成当选为嘉兴县出席生产会议代表。县政府除呈报外，并给证明书。（《申报》1934年5月16日）

5月24日 代表浙江丝业公会请求财政、实业两部救济丝业。次日，行政院核准实业部救济丝业办法：（一）豁免地方一切蚕茧及丝厂捐税；（二）由铁路、交通两部减轻丝茧运费；（三）函请经委会从速成立丝业统制委员会等，并拟由上海市政府筹款或先发公债救济。（《中华民国史资料丛稿 大事记》第20辑第120页）

> 按：实业部于6月13日公布了《挽救江浙蚕丝根本办法》，主要内容是：奖励植桑；指导育蚕；改良蚕种；用烘茧机；改良缫丝；实行官商合作的生丝贸易；组设蚕丝合作社；试验研究蚕丝；培养人才；减免捐税以及蚕丝统制等十一项。（同上）

6月9日 主持全浙公会董事常会，讨论裁撤丁漕项下附加之建设特捐，劝办乡村师范等案，决呈政府采纳。（1934年《全浙公会会务报告》）

6月10日 与记者谈今年浙江养蚕情形。

> 茶叶与生丝占我国出口品之重要部份，茶叶市场近

来几被印度及日本抢夺殆尽,而丝业更一蹶不振,即国内之消费者,亦多采用舶来品之人造丝,该业前途深堪悲哀。记者昨晨访问褚辅成氏,询其今年浙江蚕丝情形:

今年产茧数量:褚氏首谓:今年浙江蚕种,改良种与土种各半,改良种之茧价每担二十三元,仅及最贵时每六十元二分之一,故农民大感痛苦。桑叶每担一元五角,茧每担食桑叶十五担计,已无赢余,但较无锡桑叶每担三元,尚得少赔本钱,故目前育蚕毫无利益可图。浙省今年出产鲜茧约计一千万担,丝每担平均鲜茧十三担,或干茧四担半,成本须五百元。而世界之标准生丝市价,美为四百六十元,法为五百二十元,而日本仅四百八十元。论及我国之产丝量八年仅十余万担,日之产额乃七十余万担,且价廉物美,世界市场竟被其独占。

外传日购华丝:继称浙民农民不愿采用改良种之原因有二:(一)浙江育蚕者多能缫丝,故良种之茧不如土种之易茧;(二)农民纵然以不纯熟技术所缫得之改良种生丝,亦易被茧商剥削,彼等以廉价收买。如此不良制度,亦为蚕种改良之大障碍。外传日本欲扰乱我国市场,收买华丝,恐系意度之辞,缘日丝价格较华丝廉,世上断无如此蠢事,然在山东方面或可实现。盖目前山东之秤每斤依然一十四两,斤量上可占便宜。而江浙之市秤,早已改为每斤十三两六钱矣。

设丝业交易所:最后褚氏曰:迩来谣传丝商要求政府再发丝业公债,实属不确。至于成立交易所问题,须视予(褚氏)呈请政府之丝业推广海外市场,及统制国内产品之方案,能否核准而定。苟政府认为无统制之必要,则成立丝业交易所,自由贸易实有相当之可能性。(《申报》

1934年6月11日）

6月23日 出席各大学联合会全体会员大会，议决暑期办理军训，请教部从速依照部颁规程，集中训练。末选举光华、复旦、交通、大夏、暨南、沪江、大同7校为执行委员。（《申报》1934年6月24日）

6月24日 孝丰金效铎致先生一函，请求在全浙公会十届年会时讨论以竹造纸法，以复兴孝丰纸产。函中说：如此，"既可挽回洋纸之利权外溢，复能救济孝丰全民之生活。"（同上）

6月25日 主持全浙公会临时董事会议，审议延长浙省肃清毒品暂行条例施行期限案等。（同上）

本月 上海英美烟草公司宣告老厂停工，致引起4000余工友失业，工人罢工抗议，先生等予以声援。7月初，议决成立"上海市各界援助英美烟厂工友委员会"。与王晓籁、朱学范、林康侯、张子廉、沈维挺等25人被推为工友委员会委员。（《中国工运史料第二十六期》第170页，中华全国总工会工人运动史研究室编，同见《申报》1934年7月3日）

本月 为台属戒烟事，致函王一亭先生。请求由济生会赈助巨量药品，以挽救黑籍浩劫。并请"拨助巨款，开办工厂，以惠烟民，总期失所灾民咸沾实惠。"（1934年《全浙公会会务报告》）

7月1日 主持全浙公会第十届会员大会，报告一年来会务状况，讨论通过《延长浙江省肃清毒品暂行条例施行期限建议案》、《发展西北应兼顾东南案》、《旱灾将成，本会请政府注意民食，速定备荒办法案》等12案。呈浙江省政府。（同上）

7月9日 中央社电：浙东已呈旱象。"旱况以杭、嘉、湖、金、绍五属最为严重。"（《申报》1934年7月10、16日）

7月11日 以全浙公会名义电复嘉兴、平湖、海盐三县

政府,"请拨沏河专款,开浚虹桥堰以救旱灾"。(1934年《全浙公会会务报告》)

7月12日 电复海宁县旱灾救济会,告知为动拨沏河专款,已分电嘉、平、海三县。(同上)

7月14日 主持全浙公会(本届)第一次董事常会,当选为主席委员。讨论通过改良国产烟叶、组织乡村建设委员会、决议提出防旱救灾意见电浙江省政府案等11案。(同上)

同日 嘉兴县云南乡何慎卿,何维一致先生一电,报告自本年入夏以来,久旱不雨,农产物枯萎殆尽,秋收绝望,灾情奇重,恳请"予以实际上之援助"。(同上)

7月18日 接海盐张世桢等来电,请求拨赐巨款,派员济赈援助。

> 上海爱文义路联珠里全浙公会褚慧僧暨各位先生钧鉴:顷致赈灾会屈文六、许俊人、朱子桥三先生代电文曰:海盐自民国十二年以还,迭遭风、虫、水旱各灾,民间盖藏本虚,加以连年丝茧又值惨败,农村经济愈趋崩溃。本年入夏以来,经久不雨,农田日夜灌溉,水源告竭,已种苗秧受骄阳之熏灼,尽行枯死。兼且食粮飞涨,果腹为难。似此情形,不但秋收绝望,即目前生计已难维持。五六日来乡民哀号,乞援于县府之门者,盈千累万。甚且自经沟渎,时有所闻,目击心伤,状殊可惨。虽经设法散放仓谷,而为数有限,口腹难充。凤仰贵会心存济世,一视同仁,拟请本救灾恤怜之旨,拨赐巨款,派员济赈,俾合邑数十万灾黎不致流离失所,尽为饿莩,不胜代为九顿首以谢。务望贵会协力呼吁,是为至恳。张世桢、富寿鸿、朱懿廷、徐肇珩、陈宜禄等率灾民同叩。筱。(同上)

同日 为解决上海法学院教职员薪金问题,致函钱新之。

新之先生大鉴:台复奉悉。附来致吴蕴斋函,昨午前持往,适值他出,未遇。嗣通电话,吴君嘱再去函,顷已发出矣。毕业证书,弟已盖章,不日送至为荷。请即来函,阅照速盖台章,以便早日呈部。弟拟廿四日赴青避暑,往返约需三星期。本月份教职员薪金尚无着落,兄与儒堂担任之款,祈于月底掷交会计张尚文,以应急需为祷。专布。敬颂暑祺。弟褚辅成拜启。中华民国廿三年七月十八日。(褚辅成家信手稿原件)

7月20日 全浙公会向行政院、浙江省政府提出《浙江省肃清毒品暂行条例》,施行期限续行延长3年,俾与苏省烟禁同时完竣,以示祛毒决心。此案经敝会第十届会员大会提议全体通过,为此上陈。(1934年《全浙公会文牍报告》)

7月21日 主持全浙公会常会会议,议决数案。

一、海盐张世桢等筱代电,为旱灾奇重,已电沪上救灾会,请办急赈协助呼吁由。

二、海盐商会皓代电为电省请赈请协助由,两案讨论结果,筱代电准转函辛未救济会协同呼吁,请省办赈应联合全省被灾各县作一致之请求,以单独一县之力恐未易邀准。且现在尚在赶办防旱工作,尤未暇顾及赈务,决暂行从缓办理,并函复。

三、对龙泉县黄俊民等函,为县长何浩然贪污虐民,请代呈省府惩办由,决议:将原文节叙呈省,并请通令各县赶速停止苛捐杂税。

四、对崇德县长毛皋坤枪杀请愿祈雨民众,议决:电省政府将该县长撤职法办。(同上)

同日 复张世桢函，告知21日召集常务会议提出讨论贵会报告事项，决转函辛未救济会，向各慈善家呼吁乞赈。（同上）

7月23日 为海盐县旱灾请拨款赈济事，致函辛未救济会。

全浙公会致辛未救济会函云：径启者。据海盐公民张世桢、富寿鸿、朱黻廷、陈宜禄、徐肇珩等筱代电，以海盐自民国十三年以还，迭遭风虫水旱各灾，民间盖藏本虚，加以连年丝茧惨败，农村经济愈趋崩溃。本年入夏以来，经久不雨，农田日夜灌溉，水源告渴。已种苗秧，受骄阳之熏灼，尽行枯死，兼且食粮飞涨，果腹为难，似此情形，不但秋收绝望，即自前生计已难维持。五六日来，乡民哀号乞援于县府之门者，盈千累万，甚且自经沟渎，时有所闻，目击心伤，状殊可惨。虽经设法散放积谷，而为数有限，口腹难充。除由该公民等径电贵会，请本救灾恤邻之旨，拨赐巨款，派员赈济，俾合邑数十万灾黎，不致流离失所，尽为饿殍外，并嘱敝会协力呼吁。各等情前来。查该县地处海滨高亢，水源稀少，其被旱灾情形自较各地为重。益以闾阎元气久竭，米价日复腾高，农民日夕枵腹，戽水至欲求一饱而不可得。虽经该县官绅筹办急赈，第以该县凤称贫乏，公私同处困难，杯水车薪于事无补。凤仰贵会诸公慈善为怀，闻兹惨状，当必蒙借箸代筹，设法筹集款项，以救济此垂毙之灾黎。敝会轸念桑梓，心余力绌，觌此鞠凶，五内如捣。合亟代陈，冀邀怜悯，诸祈慈照无任祷切。此致辛未救济会。上海全浙公会主席董事褚辅成。七月二十三日。（同上，同见《申报》1934年7月26日）

辛未救济会（于25日）复函，表示"协筹进行"。

敬复者，顷奉大函，以据海盐公民张世桢等筱代电称，该邑入夏以来，天气亢旱，苗秧枯死，食粮飞涨，乡民哀号，乞状殊可惨。除设法散放积谷救济外，请贵会协力呼吁等情，特嘱本会设法筹集款项救济等由。查本会业准电同前由，当经电复，以本会历年办理各项灾振均属临时，另立专会筹募救济所募赈款、赈品，随募随发，并无余存，等语在案。现在贵会如发起筹募，本会亦当协筹期副，仁嘱相应函复，敬希查照为荷。此致上海全浙公会褚主席董事。辛未救济会启。（同上）

同日 据先生在全浙公会第十届会员大会上的提议，董事会呈电浙江省政府，请"先行停征建设特捐，以符中央减免田赋"。（同上，同见《申报》1934年7月25日）

7月25日 赴青岛避暑。在青期间拟有"救济丝业计划"，并呈实业部。

（青岛）顾维钧、贝菘荪、褚辅成，二十五日午后二时，由沪抵青，沈鸿烈亲到码头欢迎。顾寓迎宾馆，此来亲与颜商外交，顾与颜已会晤。贝、褚系来青消夏。（《申报》1934年7月26日）

浙省丝业公会主席褚慧僧此次乘暑假期内，只身漫游青岛、济南、泰山、曲阜诸地。褚氏在游览期间，曾在青岛拟有救济丝业计划，并与在青避暑之宋子文一度商议。而另一方面，即以其计划书寄实业部长陈公博，近已倦游归来，与陈部长面谈此项计划之进行。据褚氏谈：此次在青，以本人前拟救济丝业意见，参合上海丝业公会沈骅臣所拟意见，缮正一救济计划，除即寄呈陈部长一份外，曾在青晤经委会常委宋子文先生一度商榷。宋亦表示

赞同，惟以兹事体大，允于到沪再行从长计议。(《一周间之展望》，《纺织周刊》1934年4卷33期第777页)

本月 上海法学院校务、建设、行政均取得成效。先生提出下列各项仍须切实改进：

（一）上课自修及考试应严加监管。（二）增聘确系专任之基本教员。（三）充实图书馆，改善其管理方法，并提倡学术研究。（四）学院所负债务，应有该校董会拟具计划，设法清债。再，该院本年准予继续招生。惟现有两系每系只准招收一班，每班数额不得超过五十名。关于新生资格，须严格审查，入学考试须认真举行，以提高学生质量。(《申报》1934年7月22日)

夏 先生与沈钧儒先生等人创办上海正行女子中学，创办之初，先生任学校董事长，沈钧儒任校长。(《正行女中校刊》民国二十七年冬刊)

按：抗战爆发后，先生与沈钧儒去了重庆，委托施幼孚等代理校务。抗战胜利后，先生次子褚凤仪受上海市教育局指派，以该校董事之名义一度托管。

8月9日 致函何炳松（柏丞）先生，为上海法学院购百衲本二十四史。

柏丞先生左右：久疏教言，甚劳怀想。兹恳者，敝院于民国二十年九月二十五日，曾以力山图书馆名义向贵馆购百衲本二十四史，当缴款贰百八十八元六角。嗣以一二八沪变，敝院适当战区中心，全院校舍被毁，所有已出之百衲本六种及定单均罹于火。现拟照万有文库补购办法，重购是书，敬烦代查前次定单号数，以便先行登报声

明遗失,再行补购被毁之书。琐琐奉渎,还希亮詧!顺颂时祺。弟褚辅成拜启。中华民国廿三年八月九日。(褚辅成家信手稿原件)

8月13日 先生自青岛返回途中过南京访陈公博,商洽救济丝业办法,与陈意见不合。

褚辅成携有救济丝业计划,十三日访实长陈公博,商切实救济办法。褚主张应注重推销统一办理。陈主张以丝业公债余剩救济。(《申报》1934年8月14日)

8月16日 晨,抵沪。新声社记者晤先生于私邸,谈此次分谒宋、陈之经过。

褚氏自抵青岛后,即将所拟具之组织统制江浙厂丝推销协会意见书,送全国经济委员会常务宋子文,翌日复往作一度之商榷,宋氏对于救济丝业表示赞同,允返沪后再行从长计议。经过南京时即往访实业部长陈公博,允将意见书研究后再行核办。至于江浙各地丝厂业筹备组织之稳定丝价会,已与上海市电机丝织业同业公会主席蔡声白等协商,均表赞同,允提交该会大会讨论。目前华丝外销依然停滞,B字等级标准丝约华币四百二十元,缫成之丝仍须亏本。江浙各地勉强维持开工之关厂,上海为三十三家,无锡为二十八家,浙江为十七家,但均时报时作云。(《申报》1934年8月17日)

8月23日 访何炳贤,商谈推销厂丝,决待研究后再行筹设协会。

江浙丝商领袖褚慧僧、沈骅臣拟具组织统制厂丝推销协会,及具体办法后,请求全国经济委员会常务委员宋子文、实业部长陈公博采纳。实业部已饬国际贸易局办理。昨日上午十时，丝商褚慧僧访国际贸易局长何炳贤，在该局商推销协会办法。对于推销协会之组织及一切办法，须经严密之研究后，再行进行筹设云。直至中午十二时始散。(《申报》1934 年 8 月 24 日)

8 月 25 日　接海宁硖石徐光溥（径）电。因硖石镇旱灾，乡民骚动，抢掠米行，事态严重，请先生莅硖主持善后办法。(1934 年《全浙公会会务报告》)

同日　主持全浙公会补行董事常会，报告各地灾情，决于 9 月 1 日召集各同乡团体联席会议，商讨救济办法等案。(同上)

8 月 28 日　鉴于浙江灾情之日趋严重，全浙公会致函旅沪各同乡团体，集议救灾及施赈办法。(同上)

按：是月，先生接到浙省被灾 20 余县大量来电、来函或派人联络，请求救济垂毙之灾黎，先生等一一予于答复，并筹款赈济。有关先生本人及以全浙公会名义回复的函、电，部分已收入《褚辅成文存》。

8 月 29 日　与新声社记者谈蚕丝出路。

新声社云：我国丝业衰落后，丝厂停业殆尽，影响农民生计甚巨，浙江省建设厅曾向银行界借款，办理秋蚕事宜。新声社记者昨晤浙江丝商领袖褚慧僧氏，据谈：浙省建设厅除发秋蚕种与农民外，决组织收茧机关，将所收之茧，自己缫成厂丝，并与杭州天章绸厂接洽，自织成绸，再行设法推销。秋茧约下月底可上市云。(《申报》1934 年 8 月 30 日)

本月　与章士钊、徐元浩、许世英、沈钧儒、吴国昌等创办上海法学书局。

现有法学界巨子章士钊、何世桢、何世枚、徐元浩、王荫泰、张知本、许世英、黄右昌、褚辅成、沈钧儒、单毓华、瞿曾泽、吴国昌、徐士浩、王效文、宗维恭、周定枚、平襟亚等,创办上海法学书局,公推郭卫主持其事。其计划系就每一学科于撰著要义、精义、释义三种外,并释外国有名著作,编辑各国法律比较,以资参考。其由创办人所撰述之已成稿件三四十种,业已付印,准在九月间出版。并已分头商请国内法学名家为特约撰述,如北平方面之戴修瓒、王瑾、陶希圣等,均经约定,将来于法学出版界中当能发一异彩。(《申报》1934年8月1日)

9月1日 筹议赈救旱灾,决定组织赈灾会,定期召集筹备会,电省府请办工赈。

浙省本年旱灾之巨,灾区之广,为百年来所未有。全浙公会迭接各地告灾请赈函电已达二十余县。本月一日,邀集浙籍各同乡团体,假宁波同乡会联席会议,除严属外,各属均有代表列席。经推屈文六先生为主席,由褚慧僧先生报告各地来函,并由各属代表报告当地被灾状况。讨论结果:(一)决定组织赈灾会,定星期五再开筹备会。本日到会者均为筹备员,再征集发起人,请旅沪各属同乡会推举,并由本筹备会另行征集。(二)由各同乡会名义电呈省府,请将新发行之公债举办工赈、兴修各地水利。电文录左(略)。(《申报》1934年9月4日)

9月8日 主持浙籍各同乡团体救灾筹备会议,决组旅沪全浙救灾会。

旅沪浙籍各同乡团体，谋救济桑梓旱灾，昨日仍假宁波同乡会开救灾筹备会议，到者甚众，旧府属十一属均有代表出席，由全浙公会褚慧僧君主席，首报告省政府复电，准拨振灾公债、兴修水利办理工振。并面晤陈勤士、钱新之、张啸林、王绥珊、沈联芳、张澹如诸君，均愿任本会发起人情事，及义乌余敏时君等，报告灾情等件。旋即开始讨论，计分二点：（一）为推派代表赴省接洽，分配公债数目。（一）为本会进行事项议决结果，公推陈勤士、虞洽卿、张啸林、屈文六、王晓籁、王孚川、殷铸夫、褚慧僧八人，于十日上午赴省请愿，洽商支配振债问题。并决定下列诸项（一）各同乡会加推发起人。（一）决定十四日下午假湖社开发起人会议。（一）本会名称定名旅沪全浙救灾会。（一）本会地址暂定全浙公会，俟会务发展再行选择。（一）本会章程推吴国昌、查仲坚两君起草。（《申报》1934年9月9日）

同日 主持全浙公会董事常会，报告上月29日改良国产烟叶委员会议事项。议决联合旅沪各同乡团体，组织全浙旱灾救济会。(1934年《全浙公会会务报告》)

9月9日 赴杭，向浙江省政府请愿救灾。

旅沪浙江各同乡团体谋救济桑梓旱灾，组织全浙救灾会，推派代表王晓籁等八人，向浙江省政府请愿，洽商支配赈债问题。兹悉该代表等除陈勤士、王孚川在杭外，王晓籁、张啸林、屈文六、殷铸夫等，已于昨晨十时乘汽车由沪杭公路赴乍浦后，再转杭。褚慧僧于前晚夜车赴嘉兴，昨日转杭，定今日上午十时，在杭集合，同向浙省府请愿。（《申报》1934年9月10日）

9月14日 甲戌全浙救灾会成立，推为执行委员。

到浙属各同乡代表沈田莘、秦润卿、查仲坚等百余人，由屈文六、张啸林、褚慧僧等三人为主席团。首由请愿代表殷铸夫报告请愿之经过（略）。随由主席报告开会宗旨后推定执、监委员。（《申报》1934年9月16日）

9月22日 下午，主持甲戌全浙救灾会首次执监会议，被推为常务委员、正主席。定25日在全浙公会开常务会议。

本埠甲戌全浙救灾会，于昨日下午三时在湖社召开首次执监会议，推定褚慧僧等为主席，兹志详情如下：执监会议（略）。推定职员：由褚慧僧、王晓籁、张啸林等三人为主席团，当由褚慧僧报告上次成立大会之议案及各地乞赈电文。随即推定主席、委员，计正褚慧僧，副张啸林、王晓籁；常务委员计张啸林、徐新六、查仲坚、胡凤翔、褚慧僧、姚慕莲、张慰如、王一亭、陈勤士、钱新之、沈田莘、虞仲咸、王儒堂、虞洽卿、张申之、邬志豪、俞佐庭、王晓籁、斐云卿、鲁指南、张暄初、徐乾麟、吴歌沧、屈文六、殷铸夫、徐寄庼、周守良、何德奎、张衡甫、郑郁周、苏公选、钟佳绩、樊震初、庄虞卿、吕志伊、杜月笙、黄涵之等。总务组主任张申之，振务组主任屈文六，财务组主任徐寄庼，捐务组主任杜月笙。定本月二十五日（星期二）下午四时在全浙公会开常会，讨论赈灾办法。（《申报》1934年9月23日）

9月24日 与饥农合摄一影，以便代为乞赈。

嘉兴亢旱成灾，五区地形尤高，灾荒尤甚，农民颗粒无收，不能维持生计，乃扶老携幼，出发各处，沿门求乞。前昨南门一带，到有五区与桐乡、海盐、海宁等处饥农，男女老幼二百余人，向各商号求乞。经当地人士褚辅成等备米煮粥，飨彼等一餐，并合摄一影，以便代为乞赈。该饥农于食后，即行入城，沿门求乞，状殊可怜。晚间即露宿于街头。二十四日饥民之入市求乞者，尤见众多，地方当局，亦尚无法为之救济。(《申报》1934年9月25日)

9月27日 与田月斧等在曹王庙设立粥厂，济赈饥农。

嘉兴五区灾情奇重，一般无衣无食之农民，扶老携幼，散入城市，沿门求乞。前昨该区正阳乡周家门地方周老福者，年已五十余岁，苏家浜地方有顾二姑娘者，年已六十余岁，因挨饿已数日，不肯腼颜求乞，竟于前昨饿毙，业由该乡长设法收殓。现南门士绅褚辅成、田月斧等，已募得大批白米，在曹王庙设立粥厂，俾饥农入厂就食。灾情之重，于此可见。(《申报》1934年9月28日)

10月2日 主持全浙救灾会常务会议，议决设各区粥厂，并推杜月笙等接洽垫款。

甲戌全浙旱灾急赈会，昨召开常务委员会议，出席委员计许世英、杜月笙、张啸林、屈文六、徐寄庼、褚慧僧、张申之、庄虞卿、徐新六、胡凤翔、虞洽卿（下略）等三十余人，由褚慧僧主席。讨论结果：（一）各省待赈孔殷，应如何救济案。议决：甲、先筹垫款（分一万、五千、二千、一千）十万元以上。赴各灾区筹办粥厂。乙、赴省政府切实请求急赈，推杜月笙、黄延芳、张慰如分别接洽垫款案。议决：通过。（二）函被灾各县，编造灾荒报告，交赈务组以凭办理。议决：通过。（三）

监察委员会开会日期案。议决：定于本星期五下午四时，在宁波同乡会开会。（四）推蒋委员长为本会名誉主席案，议决通过。（《申报》1934年10月3日）

10月3日 各省捐税监理委员人选拟定，先生为人选之一。

各省捐税监理委员会委员人选已大致拟定，计有江、浙、皖、鄂、湘、赣、冀、鲁、豫、闽、陕、晋等十二省，每省十人。江苏为顾子扬、江问渔、于小川、陆小波、穆湘玥、张一鹏等。浙江为罗震天、张强、金润泉、王芗泉、褚辅成等。安徽为许世英、张我华等。即将由财部呈请行政院核准后聘任。此外各省人选尚在遴选中。（《申报》1934年10月3日）

10月4日 鉴于学校经费紧张，主持上海法学院校董事会议，议决在半年内筹集款项，以渡难关。

经十月四日校董会议决，在六个月内筹募二万五千元，以一万五千元偿急债，以一万元补充经常费，即能如期募足，赖以渡过难关。（褚辅成《十年的回顾和感想》）

10月5日 与沈钧儒邀同济大学学生免费听讲"中华法系"的讲演。

迳启者。本院统制经济讲座于九月二十七日开讲，业经连同讲演日期表函达，贵校查照在案。兹以中华法系讲座定于十月十二日下午四时至六时，在本院大礼堂由李时蕊律师主讲"中华法系"，并嗣后均在每星期五下午四时至六时公开演讲，欢迎贵校同学来院免费听讲。相应检同"中华法系讲稿目次"一份，函请查照转知为荷。此致同济大学。上海法学院院长褚辅成、教务长沈钧儒。十月

五日（中华法系讲稿目次（略）。(《国立同济大学旬刊》1934年第39期第5页)

10月6日　出席甲戌全浙旱灾会首次监委会议，晚，与张啸林、杜月笙等设宴招待旅沪浙属闻人。(《申报》1934年10月7日)

10月7日　由沪赴杭，出席浙江赈务会议。9日晨接受新声社记者特访，谈此次赴省开会情形。

> 本年浙省因受亢旱影响，民不聊生，而尤以海宁、海盐、崇德、杭县为最，几十室九空。旅沪浙省士绅褚慧僧、王晓籁、张啸林、黄延芳、张慰如、殷铸夫等于七日乘车赴杭，出席浙江赈务会之便，向省府请愿，于前晚返沪，新声社记者昨晨特访请愿代表褚慧僧于其寓所。据谈，本人（褚氏自称）等于八日晨九时，携带呈文赴省府请愿，适值纪念周，当由民政厅长吕苾筹、财政厅长王澄莹、建设厅长曾养甫、教育厅长叶溯中等接见，本人等申述来意后。财政厅长答谓：当请求发公债时，行政院长亦主张多数用于赈灾。民政厅长谓：已决定三办法。(一)公债决公开分配，将召集地方人士，集会讨论。(二)省府在可能范围内，对各县必要之赈款，决不吝惜。(三)先拨一部分办理急赈。财政厅长又称：财厅决先拨六十万元，办急中之急赈云。(《申报》1934年10月10日)

10月9日　主持甲戌全浙旱灾会第四次常务会议，报告各地灾情，议决赈灾数案。(《申报》1934年10月10日)

10月13日　主持全浙公会董事常会，报告各地灾况，议决派代表出席筹募各省旱灾义赈会。(1934年《全浙公会会务报告》)

1934 年

10 月 14 日 出席上海各界筹募各省旱灾义赈会成立大会,任义赈会设计组副组长。(《申报》1934 年 10 月 15 日)

10 月 17 日 主持甲戌全浙救灾会第五次常务例会,募筹巨款赈灾,并函电全国各机关乞赈。

> 甲戌全浙救灾会为拟筹垫巨款,派员分赴南洋暹罗、爪哇等处,采办赈米十万石,分批运沪转运内地,办理冬赈。该会日昨特电恳浙省政府转咨财政部,准予发给免税护照,以惠灾黎。并函电全国各机关乞赈,各情分志如下:
>
> 常务会议:该会昨日下午四时,在会所开第五次常务例会,到褚慧僧、虞仲咸、、张啸林、杜月笙、张申之、屈文六、黄涵之等三十余人,由褚慧僧主席,行礼如仪。主席报告临安、新昌、江山、于潜、桐庐、崇德、长兴等处乞赈函电后,旋讨论各案如下:屈文六提议:各县灾情应否派人调查及支配垫款,如何放赈案。议决:商同浙赈会视察轻重,各自认定救济区域,分头施赈。垫款支配办法,就灾重各县分重灾县五千元,次者四千元,再次者三千元,暂以十万元为支配急赈总额。推选主席褚慧僧赴杭,向省政府接洽。另派调查员十余人,携带报告表,分行各县,视察灾况。至六时许散会。(《申报》1934 年 10 月 18 日、24 日)

同日 出席上海各界筹募各省旱灾义赈会首次委员会议,会议决请中央通令实施以工代赈,并减免被灾各地田赋附税等案。(《申报》1934 年 10 月 18 日)

10 月 22 日 浙江赈务会函催先生等各代表早日晋京,向院部力争带征交通附捐。(《申报》1934 年 10 月 23 日)

10 月 23 日 与许世英、王正廷、杜月笙、吴铁城、王晓

籁等致电财政部孔部长,请财政部核定救灾准备金条例草案。(《申报》1934年10月26日)

10月24日 与孔祥熙、许世英、王正廷、王一亭、林森、汪精卫、孙科、于右任、戴季陶、居正等在《申报》刊出上海筹募各省旱灾义赈会募捐宣言:"敢请父老兄弟、诸姑姊妹,见义勇为,解囊相助,布金发粟,拯困苏枯。翔仁风于陇亩,何殊霖雨之施。"(《申报》1934年10月24日)

同日 与许世英、王一亭、张啸林、王晓籁等在《申报》刊出甲戌全浙救灾会乞赈捐启。"伏望海内名流、梓乡硕德,悯斯浩劫,慨解仁囊。尺布铢金不嫌少,千仓万镒不辞多,多得一分赈款,即多活一分民命,百万灾黎,赈救百万灾黎。"(同上)

10月30日 主持甲戌全浙救灾会常会会议,报告各地乞赈及灾情,确定赈灾办法。(《申报》1934年10月31日)

11月8日 出席上海市各团体欢迎华侨巨子胡文虎大会,并有演说。

> 昨日出席欢迎胡文虎先生大会……有地方协会关絅之、穆藕初,甲戌全浙救灾会褚慧僧等四千余人,会议设在市商会举行。主席致词后,各界相继演说……褚慧僧演说,略谓今者国内灾黎遍地皆是,以全浙而论,因受旱灾影响,灾民达数百万。胡先生抱救世之心,对此国内受灾同胞,必能尽力,以救助云。(《申报》1934年11月9日)

同日 接松阳县古市镇烟业同业公会主席刘福佐5日来函,请助购美国金黄烟种。

> 迳启者,敝邑农产向以烟叶为大宗,惟查年末销路阻滞,市价跌落,因而出产递减,苟不亟图救,势将淘

汰。细考原因,无非农人只知相沿旧法,不图改进,有以致之。敝邑所产系属红叶,只能配制土烟丝之用,自难供应现社会多方之需要,舍改良烟种实莫可图。……兹闻贵会有是项美国金黄烟种之种子,未识分送,抑须价买。但敝会所需多量,犹望示以价格,以便进款向买,庶利进行。用特函达,即希查照,并盼赐复为荷。此致全浙公会主席褚。(1934年《全浙公会会务报告》)

11月10日 主持全浙公会董事常会,公决电请省府拨充灾款等案。(同上)

11月13日 刘福佐再函先生,请助购美国金黄烟种。先生于27日致函邬申熊、沈维挺二先生,托其购买美国金黄烟叶种子,并告将其收割、焙烘诸法一一赐示。(同上)

11月14日 主持全浙救灾急赈会常务会议,议决认定各区拨款数目,确定赈款分配数目2案。(《申报》1934年11月15日)

11月16日 史量才遗体大殓,先生往吊。是日共2000余中外名流前往吊唁,备极哀荣。(《申报》1934年11月17日)

> 按:《申报》总经理史量才于11月13日自杭州西湖养屙乘汽车返沪,车经沪杭公路海宁附近翁家埠之际,遇匪徒多人狙击殒命,年仅五十有六。史量才遗体大殓时先生撰送挽联曰:"直言竟召清流祸",对不法分子的暗杀行为予于谴责。(《上海近代史(下册)》第269页,"褚辅成挽联语"载《史量才先生讣告》1935年5月16日印发)

11月18日 海宁灾赈会召开常会会议,讨论赈灾,甲戌全浙救灾会指放第一区赈款1000元。(《申报》1934年11月19日)

11月20日 主持甲戌全浙救灾会议,集议支配赈款办

法。(《申报》1934 年 11 月 21 日)

11 月 24 日 出席上海各界筹募各省旱灾义赈会第二次常会，议决浙江等六省每省先拨 2 万元。

本市筹募各省旱灾义赈会，昨日下午四时在云南路仁济堂会所开第二次常会，讨论重要议案。出席常会计到许世英、刘鸿生、沈钧儒、张逊之、殷冠之、陈惕敏、史维俊、何德奎、俞佐廷、李子栽、褚慧僧、成静生、王涤肃、赵夷午、黄伯度、吴铁城（李大超代）、李大超、黄涵之、张兰坪、陆伯鸿、徐侠钩、林康侯、王延松、冼冠生、杜月笙、杨虎、褚民谊、贾延芳、关絅之、张啸林、潘浙等三十余人。

议决各案：（一）现在各灾区来会乞赈甚急，本会经收之赈款、面粉、棉衣等项，应如何支配及查放办理案。议决：浙江、江西、安徽、江苏、湖北六省灾严重，每省应由本会先拨赈款二万元，以十二万元支配。余河北、河南、山西、甘肃、贵州五省，俟以后有款再议。（二）郑纪文君函陈银团向灾区农民放款办法，并附苏公选君救济农工意书案。议决：交设计组办理……。末由湖北乞赈代表关絅之、湖南代表赵恒惕等起立报告该省灾情奇重，请予从优赈济，以拯救灾黎。(《申报》1934 年 11 月 25 日)

11 月 25 日 为购办面粉赈济灾民，函统税局请发免税运照。分函各界催速缴捐款。

请发免税运照：甲戌全浙救灾会昨函苏浙皖统税局云：径启者。本会兹向南京扬子面粉厂购办赈灾四号面粉三千包，常州恒丰面粉厂四号面粉五千包，上海华丰面粉厂购办赈灾四号面粉一千包，运往灾地散放。此项面粉除遵照赈灾麦粉免税办法第三条之规定，呈由赈务委员会核转财政部发给免税护照外，刻以灾民待哺孔急，实难延缓。为特具函证明，恳请贵局援照同办法第七条之规定，发给免税运照，并乞令知各该厂驻办员，准予先行免税出厂，一俟免税护照颁到，再行送验。事关灾政，尚祈鉴准，迅赐施行，实为公便。

催缴各界捐款：敬启者。前奉寸笺，为救济浙灾，送呈捐册，谅蒙荟鉴。刻以灾民待哺孔急，函须购粮散放，需款之急，若望云霓。为此函恳台端早解仁囊，提前捐掷，承代募各户并乞转催（如在外埠请交就近中国银行分行代收）。捐款早集一日，即灾民得早全生命。云天高谊，奚啻身受。专此布恳，虔颂善祺。甲戌全浙救灾会主席褚辅成、张寅、王晓籁等同启。（《申报》1934年11月26日）

11月26日 全浙公会再次电呈浙省政府鲁主席，为请同时举办工赈。浙江省政府于12月13日复电："宥日代电悉。赈款事已在请示筹划之中。（同上）

同日 以全浙公会名义为浙省旱灾奇重，电行政院长汪精卫，请于前议决发行赈灾公债8000万元内先发行浙灾公债2000万元，俾资赈举。被汪精卫、孔祥熙驳回。（同上）

11月28日 出席上海市政府召集的急赈各地灾区募捐办法会议，决定急赈普捐办法。（《申报》1934年11月29日）

12月5日 主持甲戌全浙救灾会第十二次常会，电蒋委员长：迅拨款项，速办冬赈。

甲戌全浙救灾会昨日下午四时开第十二次常会，到胡凤翔、王儒堂（吴大放代）、邬志豪、林勉哉、褚慧僧、王一亭、樊震初、徐新六、张慰如、杜月笙、张啸林、屈文六等二十余人，由褚慧僧主席。报告各地乞赈电文。随即开始讨论通过（一）再电蒋委员长，迅令浙省府照原议拨款办理急冬赈。（二）电戴院长、蒋委员长，说明维持浙赈会冬赈原案。（三）函各执监委员（电、函各略）。（《申报》1934年12月6日）

12月11日 浙江省政府改组，黄绍竑为主席。21日，黄绍竑到杭就职。提出发行公债，呈中央核批。（《浙江百年大事记》第246页）

12月15日 主持全浙公会董事常会，通报浦江、余姚等县灾情，提议电呈省府，"请依照部咨，迅予核减建设特捐"。（1934年《全浙公会会务报告》）

12月19日 主持甲戌全浙救灾会常务会议，议决购粮放赈数案。（《申报》1934年12月20日）

12月20日 与潘公展、黄任之、方液仙、邬志豪等发起教育工商各界筹备学生国货年推行联合会。讨论议决（一）学生国货年推行联合会组织大纲案。（二）学生国货年推行联合会工作大纲案。（三）拟定聘请理事名单案。（四）召集发起团体会议日期时间案，议决定12月24日下午3时举行。（五）召集发起团体会议地点案，议决假八仙桥青年会。议毕散会。（《申报》1934年12月22日）

12月25日 主持全浙救灾会第十五次常务会议，推王晓籁赴杭请愿，要求浙省政府速拨赈款100万元，以资救济灾黎。（《申报》1934年12月27日）

◎ 1935年（乙亥）民国二十四年 63岁

1月5日 致信时任中国银行浙江分行经理金润泉，请支持秋茧，不使工厂停工。（《民国档案——中国银行杭州分行全宗》

浙江省档案馆藏)

同日 接嘉兴县泰安乡代理乡长唐怀生,监察委员王浚元代电,电请散放急赈。(1935年《全浙公会会务报告》)

1月12日 主持全浙公会董事常会,决议电省政府重视兴修水利等3案。(同上)

同日 邀请张耀曾参加上海法学院学生毕业式,并请代董事会致词。

朝接褚慧僧电话,午后法学院毕业式,请余往请代董(事)会致词,不得已允之。午后至校,余勉毕业生以二事:(一)学无止境,有生之日即读书求知之年。(二)服务社会要从下层做起。(《宪政救国之梦—张耀曾先生文存》第392页)

1月23日 主持全浙救灾会常会会议,推屈文六赴杭接洽赈务。(《申报》1935年1月24日)

1月24日 接浙江省政府主席黄绍竑电谓:"本省建设特捐,俟财政稍裕,当察酌情形,量予减免。"(1935年《全浙公会会务报告》)

1月30日 主持全浙救灾会常务会议,议决春赈办法:"仍以放粮为原则,壮丁须计工。"(《申报》1935年1月31日)

2月9日 贺熊希龄第二次婚礼。(《申报》1935年2月10日)

2月16日 出席中华民国拒毒会举行的茶话会,提出禁毒主张。

中华国民拒毒会主席王影岐、副主席李登辉、钟可托,总干事黄嘉惠等,昨假静安寺路国际大饭店十四楼餐厅、举行茶话会,招待该会各委员及拒毒领袖。到者有薛笃弼、褚辅成、吴凯声、殷铸夫、何德奎、刘王立明、李公朴等二十余人。由李登辉、钟可托相继致词（略）。继由黄嘉惠报告该会最近工作进行实况，并提出对于烟禁之主张十项。当经褚辅成主张：以上海为中外观瞻之所在，亦烟毒之中心，应由本会要求当局厉行清毒，以绝祸根云。继由前出席国际联盟禁烟会议会权代表吴凯声演讲（略）。薛笃弼演讲（略）。最后议决：（一）组织麻醉毒品研究委员会；（二）本年六月三日，林则徐纪念日，举行盛大拒毒运动；（三）继续出版国际拒毒通讯；（四）公推薛笃弼、王景岐、褚辅成、李登辉、钟可托、吴凯声、黄嘉惠等七人修正本会对烟禁主张宣言，并推黄嘉惠为召集人。议毕散会（修正后该宣言及六年禁烟主张）。（《申报》1935年2月17、18日）

2月18日 上海市政府及各界领袖为欢送梅兰芳访俄举行盛大茶会，先生出席。（《申报》1935年2月19日）

2月20日 出席上海市政府召集的国民军事教育会议，谋国民军事教育之发展。讨论关于学校学生军训练事项、关于集中训练应研究事项及关于一般国民军事教育事项等3项提案。（《申报》1935年2月21日）

2月23日 出席浙省捐税监理会常会，提出《妨碍农村之田赋附加及苛捐分别减免议案》一件。

浙江省捐税监理委员会上月成立，会所设于省城镇东楼四十号。照议事细则规定，每月第四星期六为常会日期，本月二十三日下午三时举行常会。旅沪张寿镛、褚辅成两委员均于今日前往出席。兹探得褚君辅成提案《妨碍农村之田赋附加及苛捐分别减免议案》一件，照录于后（案略）。（《申报》1935年2月23日）

1935 年

3月9日 主持全浙公会董事常会，讨论救济蚕桑等案。决函浙省蚕丝改良委员会。(1935年《全浙公会会务报告》)

3月20日 出席甲戌全浙旱灾救济会第二十五次常务会议，制定春赈计划。

> 甲戌全浙旱灾救济会昨日下午召开二十五次常务会议，到张申之、虞仲咸、王一亭、庄虞卿、徐新仁、褚慧僧、屈文六、顾馨一等二十余人。讨论虞仲咸委员之春赈办法，议决：第一点与本会原定办法相同，第二点照办理。至工赈工程将竣时，本会应派员验勘，并制定春赈计划工赈纲要（略）。(《申报》1935年3月21日)

3月24日 亲自商定家乡春赈计划，计划设立工赈事务所。

> 嘉兴春赈计划，已由甲戌全浙救灾会主席褚辅成、嘉兴红十字分会副会长钱遂仁等与县长王先强商议确定，其工赈部份由建设科会同赈务会，决定一、四、五区应浚河港，并计划设立工赈事务所，责成建设科担任技术指导、监工等事项，一面制定发给，以凭计工。(《申报》1935年3月25日)

3月27日 出席上海商业经济协会第二次全体理事会，决定呈请政府发行4，5万元流通债券。被推举为该会常务理事。(《申报》1935年3月28日)

3月 在法学院做《货币革命》讲演，分十次讲毕，历时逾两月。次年9月，先生之《货币革命十讲》印成单行本，时任上海法学院教务长的沈钧儒先生作序。序云：

> 货币革命十讲，为慧僧先生在本院之演讲。……于是年三月起，以平昔研究所得，对改革之意见及其方案，

· 661 ·

每周演讲一次，历时逾两月，至五月终讲毕。七月，讲稿印成单行本，分赠学者，贡献政府。沪上国货厂商数百家，且联合要求政府推行为便。政府正以确定币制为当今急务，于是财政部遂有十一月四日新货币政策紧急布告。政策中如法币之规定与兑换，发行准备保管委员会之设立，其后，规定之辅币用镍诸端，大都如《货币革命》所言。惟变更货币本位及限制外汇两点，则尚未见诸实施耳。夫货币政策，国家之大政也；确定货币制度，乃属一国财政应有之措施。此次政府新货币政策之推行，《货币革命十讲》实为一重要史料。爰附录本院十周年纪念刊后，公诸学者，用备研究改进之一助。民国二十五年九月二十二日，沈钧儒谨志。（褚辅成《货币革命十讲》第1页，上海法学院1936年）

4月3日 为请拨省款40万元续办春赈事，电浙省赈务会。

甲戌全浙救灾会，昨为请拨省款四十万续办春赈事，电浙江省赈务会云：杭州浙江赈务会黄主席暨各委员均鉴：各省义赈会查放之一市十二县，无力赎办，春赈前曾分电省府及贵会统筹，该市县等纷请春赈，未便任其向隅。省款百万尚有未支之四十万，可用以办理该市县春赈，祈速请早日分配。盼复。甲戌全浙救灾会褚辅成、张寅、王晓籁。江。（《申报》1935年4月7日）

4月5日 致函浙江松阳县古市镇烟业同业公会主席刘福佐，谓"已购美国金黄烟叶种子一小包"，寄该会试种。（1935年《全浙公会会务报告》）

4月8日 桐乡屠甸镇发生抢米，先生指派甲戌全浙救灾会的杨菊臣、朱梦祥赴桐乡查勘工赈。（《申报》1935年4月10日）

1935年

4月13日 主持召开全浙公会董事常会，议决成立全浙公会经济讨论会等3案。

主席褚慧僧先生报告事项（略）。讨论事项：（一）代电省政府，请赓续浙省禁烟条例，严厉禁烟案，议决：照办。（二）组织经济讨论会案，议决：定名为"全浙公会经济讨论会"，由会拟订简章，每星期四开会一次。本会会董会员自愿加入外，并延请国内经济专家（不限省籍）入会，会内加入者为褚慧僧、吴歌沧、查仲坚、殷铸夫、沈田莘、张申之诸君。延请入会者为俞寰澄、章乃器、姚庆三、周健初、金润庠、金侣琴、孙静生、褚汉来诸君。(同上)

4月16日 出席公共租界纳税华人会第一次代表大会，当选为候补执行委员。(《申报》1935年4月17日)

4月17日 为船捐扰民，请核议革除事，致函浙江省捐税监理委员会。(1935年《全浙公会会务报告》)

5月9日 与孔祥熙、许世英、王正亭、王震等刊出《史府诸亲友移赙助赈启事》。(《申报》1935年5月9日)

5月11日 主持召开全浙公会董事常会，讨论议决试种美国烟叶请求援助、嵊泗列岛管辖问题等6案。(1935年《全浙公会会务报告》)

5月23日 出席国货运动助振大会，与王一亭、王晓籁、林康侯等11人为大会主席团。(《申报》1935年5月24日)

5月29日 宁波旅沪同乡会等就嵊泗列岛应划归浙治管辖问题，致函全浙公会，请派员出席各关系团体联席会议。(1935年《全浙公会会务报告》)

5月31日 主持全浙公会征求揭晓第二次茶话会。(同上)

6月6日　与百余秋社社员齐集杭州,纪念鉴湖女侠秋瑾成仁29周年。

去今二十九年前,之六月六日,为鉴湖女侠秋瑾成仁之日。当时女侠留学东瀛,因日政府取缔留日学生,愤而归国。同时因清政腐败弃学,而与徐锡麟先烈等创立光复会,纠集同志,倡议革命。……不幸徐锡麟安庆刺恩铭事发,浙江尚未准备就绪,遽遭累及,秋女侠被绍兴知府贵福逮捕下狱,于六月六日成仁于绍兴轩亭口。于是后死同志,如现在的上海法学院院长褚慧僧暨前竞雄女学校长徐寄尘女士等,设立秋社,以资纪念,并以是日公祭其墓。今年为其成仁之二十九周年纪念,是日社友到会者共百余人,首集于杭州西湖秋社内,九时公祭,由浙江省党部监察员王孚川主祭礼毕,开社员大会,修正章程,改前社长制为委员制,当选举执行委员褚慧僧、王孚川、许行彬、徐寄尘等云。(《申报》1935年6月9日)

6月8日　主持全浙公会董事常会,议决改订禁烟法,嵊泗列岛改归浙省管辖等5案。(同上)

6月15日　出席上海各大学联合会年会,并有演讲。

本月十五日晚,上海各大学联合会在八仙桥青年会举行年会。到光华、复旦、交通、大同、大夏、同济、沪江、持志、暨南、中法、中公、上法、音专、美专、东亚第十五校校长教授张寿镛、黎照寰、刘湛恩、褚辅成、欧元怀、金通尹、余楠秋、袁维裕、朱公谨等五十余人。先由张寿镛报告会务。次改选下届执委,交通、复旦、光华、沪江、大同、大夏、同济七校当选。次由黎照寰报告平津、唐山目睹近状,及平津武汉各大学教授,在内忧外患中于学术方面研究创作奋斗成绩。次讨论挽救经济青年、修养青年出路、扫除文盲课题标准各问题,李权时、郑察、刘湛恩、欧元怀、褚辅成等相继讲述,发挥尽致。次陈能方独唱中英文歌曲,郁秀芳奏琴,歌词深中时事,激昂慷慨,曲终散会。(《申报》1935年6月17日)

6月21日 以全浙公会名义电国民政府财政、实业部,为中国惠农垦业公司吴文元试种改良烟叶,拟具救济办法四项,代为请求。财政部于7月28日函复:"不予采择。(同上)

6月24日 以全浙公会名义致电烟酒税事务署吴署长、浙江烟酒税局长赵恩拜,谓"改良烟叶,予以维持"。赵局长于是月27日复函先生:表示对改良烟叶"乐为赞襄"。(同上)

6月25日 为嵊泗列岛治权归属问题,全浙公会研究后致电国民政府行政院内政部、浙江省政府谓:"今该列岛居民请求请归浙治,实应环境之需要,非仅浙土远浙为依据历史之要求。(同上)

按:内政部于7月1日复电谓:有代电悉。查关于苏、浙两省画分沿海各岛屿界线一案,前经本部于二十一年七月间会同实业部,咨准江苏、浙江两省政府派员来京开会。讨论结果:大小黄陇岛全部画归浙省,滩浒山、白山画划苏省,其余苏、浙两省沿海各岛屿一律仍照原定界线(嵊泗列岛即马鞍群岛依照旧界仍归江苏省管辖),议决在案。现正由苏、浙两省政府会商办理。据电前情,所请派员眷勘一节应毋庸议。仰即知照,此批。中华民国二十四年七月一日。(同上)

7月13日 主持全浙公会董事常会,议决数案。

主席褚慧僧先生报告事项(略)。讨论事项:……

(三) 定海县党部等东、鱼两代电请恢复水产学校案,决议:电蒋委员长及实业部,水产学校应改归国立,由部迅行筹办,并合苏、浙两省原有水产学校办理,俾凭统制渔业。(四) 嘉兴县湘溪乡农民刘本柏等代电,为运售咸菜被税警勒捐,请主张公道案,决议:函盐务稽核所总办,转令制止。(同上)

7月19日 中华国货卷烟维持会成立,当选为执行委员。(《工商半月刊》第7期第16号,1935年。杨国安编《中国烟业史汇典》第925、926页)

8月1日 中国共产党发表《八一宣言》,呼吁"停止内战,共同抗日"。

8月8日 出席上海筹募各省水灾义赈会成立大会,当选为常务理事,任义赈会设计组副主任。(《申报》1935年8月9日)

8月17日 主持全浙公会补行董事常会,再次研究嵊泗列岛管辖等问题。(1935年《全浙公会会务报告》)

8月28日 鉴于崇明旅沪学会等反对将嵊泗列岛划归浙省管辖,全浙公会从历史、地理、经济、交通、渔港、行政现状六大方面分析、论证嵊泗列岛应划归浙治之理由。意见书呈浙江省政府。下年10月21日,宁波旅沪同乡会接实业部通知谓:"经各部会议结果,行政院核定,嵊泗列岛仍归苏省管辖。"(《实业部公报》第303期,1936年)

9月1日 接余姚高锦泰等来电,谓10万盐民已至食断粮绝,生命危殆,呼请一致声援。(1935年《全浙公会会务报告》)

9月14日 主持全浙公会董事常会,议决请官厅责令厰商限期收盐、修正浙省征收田赋新章等4案,电呈省政府。18日,全浙公会电浙江省政府、浙江捐税监理委员会:"请改订

征收田赋新章。"(同上)

9月19日 应黄岩茂利轮灾民后援会9月6日之请求，全浙公会致函航业同业公会主席虞洽卿，请查明黄岩茂利轮被难惨剧。20日，虞洽卿复函：请"向交通部上海航政局查询"。(同上)

同日 全浙公会致函上海市吴铁成市长，请令知公安局转饬改善车站检查，以安商旅。(同上)

本月 下旬，为林康侯六十寿辰，先生与吴铁城、许世英、王正廷等发起以寿仪移助水灾急赈庆祝活动。(《申报》1935年9月20日)

12月4日 主持全浙公会常务委员会议。因殷汝耕假借自治，僭称独立，决议开除其会籍，并发电予以警告。

> 致殷逆电谓：河北通县前行政督察专员殷汝耕君鉴：执事为冀东行政专员，不能为国家尽守土之责，假借自治，自绝于国，浙人同深愤慨。除经本日常务会议决，提请董事会开除会籍外，特此警告。倘果出于威胁，全非本意，应即乘间南归，表明心迹，在我浙人，或可见谅！否则执戈申讨，敢后国人。执事其熟思之。全浙公会。支。(《申报》1935年12月6日)

12月12日 北平"一二·九"学生运动发生后，上海马相伯等283人联合发表救国宣言，先生列名。(《申报》1935年12月13日)

12月14日 先生与上海市各大学校长10余人到市政府会晤市长吴铁城，代表上海教育界陈述反对华北伪自治运动之意见。大要有：（一）保持行政统一；（二）领土完整；（三）开放言论自由；（四）外交公开。(《申报》1935年12月15日)

12月20日　与上海各大学、独立学院校（院）长在八仙桥青年会开校（院）长会议，议决发表告同学书。

各大学、独立学院、专科学校等校长、院长及各代表裴复恒、朱应鹏、萧友梅、何世模、张寿镛、陈能方、欧元怀、朱公谨、裴汝惠、刘湛恩、樊正康、陈梦渔、刘海粟、邬克昌、翁之龙、何柄松、颜福庆、沈衡山、李登辉、黎照寰、柯箴心、孙晓楼、褚辅成、金通尹等，昨午在八仙桥青年会聚餐，各校次第报告最近学生运动情形。潘教育局长亦列席，报告学生在市政府请愿情形。次，各校长议决：发表告同学书（略）。（《申报》1935年12月21日）

12月24日　与各校长继续劝阻学生晋京

昨日下午二时，交通大学校长黎照寰、大夏大学校长欧元怀、法学院院长褚辅成、教务长沈钧儒、沪江大学校长刘湛恩，因为劝阻各学生晋京，故在北火车站五号月台先行集议。结果决尽力劝阻晋京，返校各推代表，随于四时许分别向各该校学生劝导，但无效果。……复旦大学校长李登辉，因劝同学无效而辞职。（《申报》1935年12月25日）

12月26日　出席公共租界纳税华人会第三次代表大会，被推为执委会委员。（《申报》1935年12月27日）

同日　嘉兴县农民银行前经理吴和叔，侵占巨款案判决，先生等受连累，被认为第二被告。上诉被驳回。（《申报》1935年12月27日）

按：据1935年《全国银行年鉴　第2章　全国银行总揽》介绍：经理吴和叔因案撤职，由浙江省建设厅派人

接任，先生为该行监理委员。（中国银行总管理处经济研究室编，1935年6月）

12月28日 上海文化界救国会成立，先生为委员。

上海文化界救国会已于十二月二十八（七）日下午三时，假宁波旅沪同乡会开成立大会，参加者包括王造时、沈钧儒、邹韬奋、张志韩、马相伯、陶行知、陈彬和、诸青来、廖茂如、周建人、郑振铎、章乃器、孙寒冰、李公朴、褚辅成、蔡正雅、陈高佣等知名文化人士一百二十余人，（以上十七人均为委员）。主席团由章乃器、沈钧儒等人出任，并选举邹韬奋、钱亦石等三十余人为委员。并通过争取言论自由、保障文化人生命安全、组织民众反抗帝国主义等重要议案，此次实为文化界之大团结，（文化界）成为反帝救亡的一支生力军。（《"一二·九"以后上海救国会史料选辑》第68、78页，上海社会科学院出版社1987年12月）

◎ **1936年（丙子）民国二十五年 64岁**

1月3日 合葬兄嫂于庄曹圩祖茔，撰墓志铭《鸳湖营圹记》碑书。

嘉兴附郭有两湖，在东者曰东南湖，在西者曰西南湖，总名鸳鸯湖，为余杭、海宁、海盐诸水之汇。两湖之间有地名庄曹圩，吾家祖茔在焉。逊清光绪三十三年，先母逝世。时余已入同盟会，急思葬亲，以完子职，俾可安心革命。爰于是年冬，奉先考妣暨叔妣灵榇，安葬于祖茔之右。其左旁尚有隙地数弓，复于民国二十五年一月三日，合葬兄嫂及两弟于斯茔。右侧留有一空穴，留作余夫妇圹葬之所。从省俭亦以联棣萼也。呜呼！国势日蹙，寇患已深，肉食者流，犹望和平以事敌。夫外侮之来，人人存苟安苟免之心，国必亡，南宋可为殷鉴。今敌人益肆灭我之谋，群起救亡，讵容再缓。吾辈既负革命之责，乌可不赴国难，忄心忄兄忄兄以老死牖下，最后牺牲之日，至赴汤蹈火，其奚敢辞。将来如何毕命，死于何方，殊难逆料。然则留此生圹，吾妻当可享受。余之遗蜕，恐无归正首丘之日。噫！一抔无恙，半穴长空，亦徒供后人凭吊而已。中华民国二十五年一月三日。褚辅成撰并书。海宁查任刊石。(抄录《鸳湖营圹记》碑文，后据咸剑、听讼楼 2010 年 7 月 23 日网页补缺)

1月7日 出席上海市地方协会举行的新年茶话会，被推为组织二十五年工作计划书委员会委员。(《申报》1936 年 1 月 8 日)

1月14日 与冯玉祥商谈抗日等问题。

> 见褚慧僧先生，谈各大学校长拟有三事：一、如何抗日。二、红军的办法。三、教育方针的办法。
>
> ……
>
> 大家期望抗日甚殷，非有他旨，只怕当亡国奴耳。
>
> 一天比一天加紧，便是日本的压迫，我们若不急谋抵抗，则必亡国必矣。(《冯玉祥日记》第 4 册第 670 页)

2月4日 主持茧业同业公会联合会执监委员联席会议，讨论提案。(《申报》1936 年 2 月 5 日)

2月9日 主持全浙公会董事常会，议决组织食粮研究委员会等要案。(《申报》1936 年 2 月 10 日)

同日 晚 6 时，参加由钱永铭、刘海粟等发起为蔡元培七秩祝嘏，上海市各界到 200 余人，刘海粟撰写寿言。(《申报》

1936年2月9日）

2月26日 出席上海水灾义赈会常务理、监事联席会议，推为物品助赈会常务委员。(《申报》1936年2月27日)

3月12日 由沪赴杭。次日出席改组浙江省蚕丝统制委员会议。21日，江浙丝厂同业公会在杭开成立会、推定先生等11人为理事，后议决各厂联合收茧事。(《申报》1936年3月13、23日)

3月25日 出席公共租界纳税华人会第七次执委会议，讨论电话按次收费问题，决组专门委员会。(《申报》1936年3月26日)

3月30日 主持浙江联合丝厂委员会议，讨论收茧办法。(《申报》1936年3月31日)

春 由沪返乡，关心家乡教育发展，重视家乡水利建设。

一九三六年春，褚老先生回嘉兴家里……我到了他家里，就询问我教育方面的情况，我告诉褚老先生：当前的问题是教育经费短缺……常发不出职员薪金，教师生活困难，有断炊之忧。褚老先生听后感叹地说："为何县里不关心他们？再说私立学校办得也很出色。区立学校如能群策群力，经费也可解决。"又说"我有机会时，建议县、省多拨一点教育经费，以利义务教育的发展。"他认为小学要偏重品德培养，德育基础打好了，将来处世做人，才能立于不败之地。……后来我请他写幅字联，他写了"长令子孙亲有德，自将诗赋乐平生"给我。该联在"文革"中被作为"四旧"搜去，查无着落。但"长令子孙亲有德"的精神，我至今勉行。

褚老先生还接受嘉兴二区专员兼县长王先强的邀请，

作为特邀代表出席嘉兴县的行政扩大会议。在会上，褚老先生发言，除要抢修海塘以策杭、嘉、湖安全外，还谈到教育问题。大意是：日本明治维新以来，国富民强，其基础即得力于教育之发达，国民爱国心强；欲求我国富强，必须发展教育，兴国要人才，人才出自教育。还说："我办法学院，就是希望国家法治。法治之基础，民智提升为先。只有这样，才能人人知法守法，进而发展科学，振兴实业，趋于富强之道。"（冯熙《忆褚辅成关心桑梓教育》，《褚辅成专辑》第130、131页）

4月12日 主持上海、浙江、无锡三处丝厂业公会丝商联席会议，商收茧市价。决以下五项办法：（一）蚕丝统制会劝告厂商，应尽量收买改良种案，议决：通告各会员，尽先收买改良种；（二）收购土种，应向该会依法呈请案，议决通告各会员，如须收购土种，将数量填报，以便转呈该会核夺；（三）本年收购鲜茧，应统一市价，不得竞争案，议决：拟具办法办理。（四）春茧时期收茧款项，应请统计，以便进行向银行界商借案；议决：通告各会员即日汇报。（五）本年蚕种须现款购买，并须由各地茧行垫付，应如何办理案，议决：呈请统制会从缓，以体商艰。（《申报》1936年4月13日）

4月15日 晨，先生（浙江丝厂联合会代表）与上海丝厂业公会代表朱静安、无锡丝厂公会代表张季芳等3人，由上海乘8时15分沪杭特别快车赴杭，向浙省蚕丝统制委员会请愿，要求展期截止收茧登记，延放缴纳收茧保证金日期。于次日返沪报告。（《申报》1936年4月16日）

5月18日 出席湖社纪念先烈陈英士先生大会。追忆英士先生"毕生之革命的热切的情绪和不妥协的精神"。（《申报》

1936年5月19日)

5月25日 参加公祭胡展堂（汉民）追悼会，（胡于5月9日患脑溢血，年58岁）。(《申报》1936年5月26日)

6月1日 "两广事变"发生，李宗仁等主张抗日救国，联合反蒋，双方军事对持。11日，先生与上海各大学校长翁之龙等14人致电国民政府和两广政府，希望双方为国家前途计，以至诚之精神，消弭国家分裂之隐患，商讨一致对外之大计。语均异常恳切。

致西南电：广州陈伯南先生，李德邻先生，林云陔先生，南宁白健生先生，黄旭初先生赐鉴：抗敌救国，人同此心。惟在国家整个计划之外，单独行动，于敌无损，徒启国家分裂之祸，言之寒心。近日南中军队移动消息，传布内外，群情惶惑，贻笑他邦。尚祈悬崖勒马，保民族一线之生机，以合理方法，商讨一致对外之大计，国家前途，实利赖之。临电不胜迫切感祷之至。上海各大学校长翁之龙、李登辉、褚民谊、张寿镛、颜福庆、萧友梅、褚辅成、刘海粟、曹惠群、章士钊、刘湛恩、欧元怀、裴复恒、何炳松。真。印。

致中央电：南京国民政府林主席、行政院蒋院长、孔副院长，军事委员会蒋委员长、冯副委员长、阎副委员长钧鉴：近日南中军队移动消息，传布内外，群情惶惑，贻笑他邦。同人等怵于同室操戈之祸，业于真日电请两粤当局，悬崖勒马，以合理方法，商讨一致对外之大计。切望中央，以至诚之精神，消弭国家分裂之隐患。临电不胜迫切感祷之至。上海各大学校长（署名同上）同叩。真。印。(《申报》1936年6月12日)

按：蒋介石于 13 日函复各校长，谓：国立同济大学翁校长并转李、褚、张、颜、萧、褚（辅成）、刘、曹、章、刘、欧、裴、何诸先生同鉴：接读真电，良深佩慰。国势阽危，非团结不能御侮。中央已定期召开二中全会，并由中正迭电粤、桂将领，令派负责人员来京，共商救亡图存之计。冀以诚信相感，弭患无形，与诸公用意正复相同。惟盼人同此心，恪守秩序，共济艰巨耳。特复。蒋中正。元。院文。印。(《申报》1936 年 6 月 15 日)

6 月 10 日 下午，出席并主持华丰造纸公司股东会议。是日会议计到董事褚慧僧、杜月笙、俞佐庭、竺梅先、金廷荪、张维先、金润庠等数 10 人，首由主席褚慧僧报告营业状况，经理竺梅先公布上年度收支帐目后，即讨论 10 余万元纯益应如何分配？议决除抽出 6000 元酬劳经理、协理之外，其余悉数投资于实业。另行增设牛毛毡制造厂。末即改选张啸林、王问翰、孙梅堂、陈小福等为本届监察人。公司为推广宣传，决于 14 日招待本市报界，赴嘉兴制造厂参观。(《申报》1936 年 6 月 11 日)

6 月 13 日 晚，宴请张耀曾等。

是晚，褚慧僧请饭。因广东单独出兵抗日问题，国难会同人为交谈计，多加一班也。上海团体纷纷电京、粤，而多偏于劝告粤方，可知上海空气固与南京相近也。但各大学校长及学术团体之电，措词尚较公允。慧僧问余意见，余谓：现在两粤宜停止进兵，以俟二中全会；更宜运用二中全会无作偏颇之决议，而促成全国一致有计划之抗日，此为国计最善者也。(张耀曾《求不得斋日记》，《宪政救国之梦——张耀曾先生文存》第 423、424 页)

1936 年

6月14日 主持全浙公会董事常会,讨论提案。即席致南京蒋委员长暨粤、桂陈、李、白三军事领袖各一电,希望"一致对外"。(《申报》1936年6月15日)

6月28日 在功德林宴请张耀曾、黄炎培等。

> 晚,孙尧卿、李思浩、顾臣六、陈陶遗、黄任之、赵叔雍、许克诚等应褚慧僧约,赴功德林,余亦往。慧僧托伯申拟电稿,劝两广和平,中央亦勿加兵。以稿论,固甚稳妥,但肯署名拍发者不多。余以此项电文无甚精意可特别动人者,如有多数有力者署名,固可略生效用。若只少数为之,可谓毫无作用。(《宪政救国之梦—张耀曾先生文存》第426页)

6月30日 赴京谒行政院翁秘书长等,请求浙省蚕统会放行所扣春茧。

> 褚辅成等于三十日抵京,上午赴谒行政院翁秘书长、经委会秦秘书长请愿,请饬浙省蚕统会放行所扣春茧,并取消茧业营业税百分之五。新税仍照旧率征收百分之二,及请求修正改良等费。下午赴实业部谒吴部长,作同样之请求。(《申报》1936年7月1日)

7月8日 主持全浙公会董事常会,提议从缓清追二期旧赋。10日呈文浙省政府,代为请命,情词哀婉。(文略)。(《申报》1936年7月11日)

7月21日 在功德林向张耀曾等介绍粤地情形。

> 夜,功德林聚餐,听褚慧僧由粤回,报告情形。陈济棠之败,殆所谓人心解体也。粤中官吏、将校习于富贵安逸,谁肯牺牲?更有大力者,以利诱之,宜其枝离四

散,如秋后叶也。(《宪政救国之梦—张耀曾先生文存》第 428 页)

7 月 30 日　主持浙省茧业联合会执、监事联席会议,商有关收茧 6 案。(《申报》1936 年 7 月 31 日)

8 月 9 日　主持江浙茧业联席会议,商茧业改进办法。(《申报》1936 年 8 月 10 日)

8 月 13 日　致电蒋介石、冯玉祥,提出解决桂系办法。

广州蒋委员长公勋鉴:密。顷接褚慧僧先生来电,恐尚未达典鉴,特以奉转,即乞察照。其电文曰:"蒋委员长、冯副委员长均鉴:华北局势,近甚紧张,桂事宜速解决,俾可专心对外。前承蒋公面告,粤桂但求形势统一,今已超过期望。斡旋之道,似可令德邻暂维桂局,劝健生来沪面商救亡大计。国难日深,注广西一省之人事,漠视华北七省之危机,辅期期以为不可也。惟二公善图之等语。"祥以为其中颇有可采纳之点,请核夺之。

蒋介石于 15 日回电冯玉祥,谓:"对桂当秉原定方针,但亦须彼方态度为定。……"

冯玉祥于 16 日回电蒋介石,提出解决桂系问题上、中、下三策,主张采纳褚之建议,"留李宗仁维持桂局,调白崇禧来中央赞襄。"提出:"要尤以不用兵为主旨。"(《蒋冯书简》第 8 页,文化信托服务社 1936 年)

8 月 16 日　出席浙、锡、沪三地丝厂联席会议,商讨改善生丝检验手续。(《申报》1936 年 8 月 17 日)

10 月中旬　与上海教育、实业界人士穆藕初、沙彦楷、方液仙、沈信卿等 214 人联合发表致国民政府主席林森等关于时局通电。

1936年

……中日交涉已到严重关头，同人深信政府必能根据历次宣言，在决不丧权辱国原则之下坚毅折冲，惟窃有虑者，对方阴谋百出，以前之侵吾主权略吾土地，无一不是用非法手段，造成事实，诱我默认。现在交涉尚未开始，而察、绥接济匪军，汉（汉口）、宜（宜昌）增兵设警，冀沪越界演习，丰台藉端占据。凡此种种，俱系越出国交常规，包藏祸心，妇孺皆知。应请我政府一面迅提抗议，一面严令所属，苟有轨外行动，立以武力制止。遏未来之萌蘖，收已失之桑榆，万勿存投鼠忌器之心，贻噬脐莫及之悔。北平各大学教授主张勿丧权勿失土，同人绝对赞成！……（《国讯》第144期，1936年10月21日）

11月10日 新龙华惠灵中学举行17周年校庆纪念，先生莅校训话。下午及晚间并有游艺活动。（《申报》1936年11月12日）

11月23日 凌晨，"七君子事件"发生，先生设法向市政府内部疏通，沈钧儒曾获短暂自由。

今午前四时顷睡梦中，忽被女仆敲门唤醒，谓沈先生来，以为衡山有急事也。入客厅视之，乃衡山子。惊询所以，则衡山已为捕房及公安局人在三时左右撞宅门捕去矣。据云，同时接电话，被捕去王造时、章乃器、邹韬奋、李公仆、沙千里共六人也。余谓明早必送法院，当往辩护。令速往褚慧僧处设法向市府疏通。汝兼去时，夜犹沉沉，仍入卧床，睡不能稳。朝七时即起。八时半汝兼来，谓衡山等已由静安寺捕房送往法院，因偕汝兼驰往法院询之，捕房律师谓在高院或地院开审，尚未定。旋见衡山等来，稍与语，以辩护委状嘱其签字。久之，法院传语，在高二分院开庭。知其以危害民国罪侦讯矣。在庭候久之，始有独任推事莅庭讯问。捕房解单书明有政治关系之嫌疑，而公安局人则称与工潮有关，并声称奉南京电令而来。余以其并无拘票，且不合羁押条件，请求交保。旋奉裁定，准予责负（负责），于是沈、王、李等同时释出。余送衡山至慧僧处，又送彼至锦江小餐，遂别。此事来势甚为严重，今得保释，并订廿五日下午再讯。余仍恐公安局负气不平，有中变之虞。（《宪政救国之梦——张耀曾先生文存》第 439 页）

11 月 24 日　约张耀曾于明日往中汇银行访钱新之、杜月笙，设法营救沈钧儒。

今午前三时顷，电话铃声大响，披衣起稍迟，已无声。知衡山必有变矣。朝七时汝兼来告，捕房及公安局夜二时又持拘票来拘，并闻王造时亦被拘去，李公朴则以未回家得免云云。余于九时偕之往第一特区高院询问，谓此事定下午二时开审，并面交通知。遇张季龙，谓章、邹、史法租界法院并未再拘，亦可异矣。午后二时赴高二分院，旋郁华偕二推事及检察官开庭。郁谓，再发拘票有新事实，即出公安局来函，谓有逃亡之虞。后有公安局人陈述沈某等组织救国会，有共产分子，故请归案。……时已七时，即往中社聚餐，向同人报告。众谓宜从内部疏通，早复自由。慧僧约明日同往中汇银行访新之、月笙，许之，并约陈陶遗同往。此一日奔走谈话均特多，并不甚疲。（同上，第 439、440 页）

11 月 25 日　在中汇银行续商营救沈钧儒等。

午前，陶星如由南京回，来访。谓冯焕章、李协和均为竭力营救，并有亲笔函致余，可感也。十一时，偕陶遗赴中汇银行，慧僧、月笙、新之均先在。渠等谓，拟送沈等暂住普陀山，已商吴铁城，谓请示中央后再定。余谓，普陀山固佳，但在山内须完全予以自由也。（同上）

本月 下旬，先生与殷汝骊在全浙公会商量营救沈钧儒。殷汝耕是殷汝骊的弟弟，两人长相很象，殷汝骊因此被国民党军统误捕。（《苍南文史资料第3辑》第28页，苍南政协文史委编，1988年）

12月5日 沈钧儒在吴县横街江苏高等法院看守所致大儿沈谦信，嘱沈谦将"褚先生嘱写对子及联语刻本带去狱中"，并要沈谦给褚辅成、杜月笙、钱新之诸先生"一一电告到苏情形。"（《沈钧儒研究会会刊》第2辑第1页）

12月6日 出席段祺瑞葬礼，并赠挽联。

一身系天下安危，犹忆鲸海兴波，正泮国南迁，顿敛敌纵弭隐患；百里感国土日蹙，每念马厂振旅，又胡氛北炽，削平大难丧元勋。（常人春《近世名人大出殡》第163页）

12月12日 "西安事变"发生。14日，先生与上海各大、中学校校长为西安事变分电中央及张学良。

（一）上中央电：（衔略）国家统一，方见端倪，抗敌救亡，正在开始。不谓张学良以失地罪魁，竟敢冒天下之大不韪，以武力劫持我主持全国军事之蒋委员长。犹复饰为种种大言，自欺欺人。恶耗传来，举世震惊。似此摇动国本，助长敌焰之举动，竟发生于国难严重之今日，同人等痛心之余，不胜愤慨。伏乞迅筹勘乱方法，以慰国人。同人等誓当竭诚拥护中央，共维大局。临电不胜迫切待命之至。上海各大学校长翁之龙、张寿镛、裴复恒、刘湛恩、欧元怀、王西神、周承恩、郭琦元、刘海粟、顾毓琦、胡文耀、陈梦渔、徐朗西、颜福庆、陈济成、曾梁厚、黎照寰、萧友梅、吴南轩、何炳松、褚辅成、吴经熊、王淑贞等同叩。寒印。

（二）致张学良电：西安张汉卿先生大鉴：国家统一，方见端倪，抗敌救亡，正在开始。蒋公勤劳国事，为全国人民所爱戴，今竟失其自由，恶耗传来，举世惊震。似此摇动国本，助长敌焰之举动，竟发生于国难严重之今日，同人等痛心之余，不胜愤慨。切望先生迅即恢复蒋公自由，以慰国人。事关重大，稍纵即逝，倘一意孤行，是自绝于国人，先生宜三思之。临电不胜迫切待命之至（具名人同上）。（《申报》1936年12月15日）

12月19日 全浙公会致电张学良谓："特推褚辅成代表飞陕，面达民意"。

全浙公会电张学良云：西安张汉卿先生鉴：贵部劫持统帅，全国震骇。值此绥局紧张，蒋公一身安危，有关国家存亡。执事即有救国主张，必先复蒋公自由，方有考虑余地。敝会为民族生存计，特推褚辅成代表飞陕，面达民意。如不获请，愿与蒋公共存亡，不独浙人已也。伫盼电复。上海全浙公会叩。皓。（《申报》1936年12月20日）

12月21日 中午，与上海各界领袖发起为王一亭祝寿。

今日正午跻堂称觥，吴兴王一亭先生，艺坛耆宿，德望弥隆。致力社会慈善事业，口碑载道。本月二十二日为先生古稀大庆，本市各界领袖蔡元培、吴铁城、李煜瀛、钱永铭、王晓籁、朱庆澜、张群、潘公展、杨虎、刘海粟、褚辅成、李大超、何炳松、阎甘园等百余人发起，于今日正午，即假座南市乔家路梓园，载酒治具，跻堂称觥。刘海粟氏并亲撰寿文。(《申报》1936年12月21日)

12月24日 上海市党部召集各界代表组织迎护蒋委员长代表团，先生与王晓籁、朱学范、黄造雄、翁之龙等50人被推为迎蒋代表。(《申报》1936年12月25日)

本年 陈乃和等编辑《陈仲权烈士纪念集》，铅印版，内中收录先生所撰的挽联。

> 肘腋伏豺狼，回顾中原宗泽，渡河终古恨；精灵贯金石，倘寻息壤巨卿，执绋几时来。(《陈仲权烈士纪念集》，藏浙江省图书馆)

◎ 1937年（丁丑）民国二十六年　65岁

1月8日 出席中华全国道路建设协会盛大茶会，欢送王正廷将赴美履新。

> 按：1937年2月国民党三中全会后，王正廷博士将出使美国。王博士身兼中华全国道路协会会长职，行前在其古拨路私宅举行盛大茶会，招待中华全国道路协会董事们，举行团拜，并资话别。是会到有钱新之、屈文六、黎照寰、吴凯声、褚慧僧、樊光、许秋帆、高钦庵、黄瑞生、朱少屏、刘云舫、吴天放等，宾主凡六十与人，极一时之盛。直至七时许散。王氏在会谓：本人赴美履职，俟出席三中全会后，下月底始能出国。(《申报》1937年1月9日)

1月10日 与于右任、孔祥熙等在上海筹备吴山追悼会，定于1月16日在上海贵州路湖社举行。筹备启事在上海各报

刊登。(《申报》1937年1月10日)

1月13日 与上海市各大学校长电劝杨虎城遵照中央处置陕变办法,"戴罪图功,以谢国人"。电云:

> 西安杨虎城先生鉴:此次中央处置陕变,于整饬纲纪之中,仍以爱惜国力,不咎既往为主旨,先生当早已名鉴。近日传闻先生仍在勾结匪党,构工备战,意图破坏统一,反抗中央,共敌救国,宜不如此。同人等素稔先生久历戎行,深知军人之天职,恐一时误听谬说,用特电劝,立即遵照中央善后办法,戴罪图功,以谢国人。否则破坏统一之责任,当由先生负之。上海各大学校长翁之龙、黎照寰、钱永铭、褚辅成、张寿镛、颜福庆、欧元怀、何世桢、吴经熊、顾毓琦、郭琦元、刘海粟、汪亚尘、王西神、曹惠群、刘湛恩、萧友梅、何炳松、裴复恒同叩。元。(朱文原编《西安事变史料 第五册:大事纪要(三)》第277页,台北县 国史馆1996年)

1月15日 出席各大学校(院)长代表会议,先生等坚决主张维护国家领土主权完整。(《申报》1937年1月16、17、18日)

1月16日 主持吴山追悼会,请求政府褒扬,发起立碑纪念。

> 江津吴山氏去冬逝世,褚慧僧等发起追悼,昨特假湖社举行追悼大会,计到吴铁城(李大超代)、王正廷(楼兆念代)、王一亭、褚慧僧、叶恭绰、屈映光、薛笃弼、谢远涵、张之江(翁国勋代)、李晋、王法勤、顾鳌、赵锡恩、司徒博、黎照寰、朱庆澜(朱学干代)、纪振纲等一百余人,收到各方挽联祭幛甚多。三时许开会,由褚慧僧主席,行礼后,即由筹委会、道路协会等团体公祭。

嗣由纪振纲述吴山先生之生平事略，徐丙浩、吴凯声、李大超等演说。复由王一亭、吴凯声、李大超等提议：一、请求政府褒扬，由王一亭领衔；二、安慰吴先生家属及其子女教养问题；三、发起立碑纪念，均经通过。并当场推举王一亭、薛笃弼、李大超、赵晋卿、吴凯声、李组绅、顾康原、褚辅成、朱少屏等九人负责办理。末由家属答词致谢。散会已五时矣。（《申报》1937年1月17日）

3月29日 假春游赴苏州，参观监狱，慰问沈钧儒、沙千里、史良。

江湾路上海法学院春假旅行团二十余人，由褚辅成院长率领，于上月二十九日赴苏州，参观监狱，并分别慰问该校教务长沈钧儒、校友沙千里、史良于看守所。次日赴无锡、宜兴游览。（《申报》1937年4月5日）

本月 为纪念中法战争镇海之役题诗。

纵览蛟川胜，山河表里雄；三门宜筑塞，一将此成功。报国孤忠耿，攘夷大义崇，海氛今又炽，笳鼓咽西风。丁丑三月褚辅成敬题。（《中法战争镇海之役史料》第445页，光明日报出版社1988年12月）

4月23日 是日前后，为沈钧儒事将见蒋介石。沈钧儒致大儿汝谦信中谓：

……又，慧僧先生闻将为我等事访蒋（介石），非常可感。惟我等有重要消息，须于褚先生未见蒋以前详细告知，以为讲话准备，并可增加效力。故邹、章、王、李诸先生均要我函请褚先生来苏。即由汝代我敦请一行，并详达上述意思。……（《沈钧儒研究会会刊》第2辑第59页）

按："七君子"事件发生后，先生予沈钧儒家庭多方关心照顾，沈在狱中致家人的信中多有提及。请参阅《沈钧儒研究会会刊》第 2 辑。

5 月 4 日　赴苏州狱中探晤沈钧儒、邹韬奋等。

褚慧老来告中央叶楚伧等对本案意见，令人感触殊多。一、叶谓：应顾到党部威信。(《李公朴日记》1937 年 5 月 4 日)

5 月 9 日　出席沪、锡、浙丝厂业联席会议，拟定春茧中心价格、春茧上市厂商备收等案。(《申报》1937 年 5 月 10 日)

6 月 12 日　主持全浙公会董事常会，议决电呈浙省府，防止外国人侵略浙省矿产等 5 案。

全浙公会昨在爱文义路联珠里会所，举行董事常会，计到董献廷等十五人。主席褚慧僧，首报告开会宗旨，旋即讨论：(一)浙建厅电复本会允准疏浚灵江案，议决：复电提案人知照。(二)新大茧行函为蚕丝统制会，以该行未经呈准，擅自复业，加倍处罚，请救济案，议决：转呈浙省府。(三)海宁县全体乡警函，为协助办理催追田赋，横遭压迫，拟请转呈准予辞职，议决：电请浙省府革除乡警。(四)推进内地不买卖私货运动案，议决：函浙省党部暨省商会，请转饬各县商会，组织不买卖私货运动会，从事缉私。并请对于黄岩等县，特别注意。(五)会员潘凤锵函请防止外国人侵略浙省矿产案。议决：关于长兴铁矿，电请实业部给价及归国有。并电呈浙省府，对于风闻有组织矿业会社及新开采者，请其注意。已开采者请其监督。(《申报》1937 年 6 月 13 日)

6月13日 中国特种教育协会成立,先生当选为该会理事。(《申报》1937年6月14日)

6月27日 晚,在浦东大楼欢宴许世英大使。许未到。

晚,法学院董事会在浦东大楼欢宴许世英大使,许未到。褚谓亦被蒋、汪邀往庐山谈话。法学院教员被邀者,尚有汪馥炎、彭文应二人云。(《宪政救国之梦—张耀曾先生文存》第449页)

6月30日 与张耀曾等聚餐。

晚,在家请国难会同人聚餐。同人中被邀往庐山者,为褚慧僧、黄任之、赵厚生及余四人。余数日前以接汪精卫、蒋介石二君具名请帖,系约八月四日至庐山,但往否殊不能定也。(同上)

7月7日 卢沟桥事变爆发,抗日战争从此开始。卢沟桥事变发生后,先生看清日人有吞并全华领土的野心,誓志抗日。(1996年《重修赵氏宗谱》第30页)

7月17日 蒋介石在庐山发表演说,谓:"如果战端一开,那就是地无分南北,年无分老幼,无论何人,皆有守土抗战之责,皆应抱定牺牲一切之决心。"(蒋介石《庐山谈话》节选,《申报》1937年7月20日)

7月22日 上海各界抗敌后援会成立,被推为监察委员。

本市各界抗敌后援会,于昨日上午十时在市商会议事厅举行成立大会。计到有市商会、地方协会、总工会、市农会、市教育会、市妇女会、记者公会、律师公会、会计师公会暨特一、特二、沪南、沪北等各区市民会、银钱业等各业公会,中华国产联会、机联会等各国货团体,宁波、绍兴、四川等同乡会，各机关、学校等五百余团体，共二千余人，情况至为热烈。当经通过组织纲要，推定王晓籁等一百二十一人为执行委员。推定虞洽卿、褚慧僧、徐寄庼、闻兰亭等二十五人为监察委员。发表大会宣言，勖国人作永久抗战，分电南京蒋委员长。该会定于二十四日（星期六）下午四时在市商会开第一次委员会议。(《新闻报》1937 年 7 月 23 日)

7 月 26 日 国民党司法当局准沈钧儒等保释。先生接张耀曾电："请备为衡山作保。"

下午，阅宪论。电话告知褚慧僧请备为衡山作保。晚，约沈汝兼来，告知为衡山取保办法。渠谓黄任之亦通知此事，办法略同。惟拟定杜月笙、钱新之作保云。……二十八日，上午，沈汝兼来谈，衡山意拟请苏友人作保，余赞之。(《宪政救国之梦—张耀曾先生文存》第 450 页)

7 月 28 日 出席抗敌后援会筹募委员会议，议决募救国捐，指定收款机关。(《新闻报》1937 年 7 月 29 日)

8 月 13 日 日军进攻上海，淞沪战争爆发（史称"八一三"事变)，上海法学院校址又成战场。在极度困难的条件下，先生等租定公共租界大通路王家沙花园路 8 号筹备开学。(《上海法学院校友会成立四周年特刊》)

8 月 15 日 先生与沈钧儒、黄炎培等发出追究污蔑王晓籁通敌的重要声明。

《上海市地方协会重要声明》：王晓籁先生对于本市商业、金融、治安等苦心经营组织。最近非常事变发生，日夕奔走，未□眠食。正在卒劳服务之际，忽有人散布种种谣言，闻之骇诧。先生素性刚正，待人诚恳，颂誉遍于社会，此项谣言无非汉奸挟恨，故意诬蔑。同人等与先生朝夕与共，深知公道自在人心。但不忍见贤者横招浮议，用特代为表白，以告一般关爱先生者，倘有人察知造谣者姓名，当依法诉究，以别贤奸而维人道。杜月笙、钱新之、吴开先、沈衡山、黄任之、褚慧僧、林康侯、穆藕初、刘湛恩、朱学范、陆京士。（《申报》1937年8月15日）

同日 晚，张耀曾到访。

晚，访褚慧僧，询其新由京回情形。据云，新设最高国防会议，国民党要人四十余人为会员，汪、蒋为正副主席。别设国防参议会，网罗党外政治要人组织之。现共有十六人，专任讨论国防事项，亦以汪、蒋二人为正副主席。国防会议下设八部，分别执行国防事宜云云。（《宪政救国之梦——张耀曾先生文存》第454页）

8月31日 在上海浦东大楼以聚餐会形式商谈抗战问题。

午赴浦东同乡会出席聚餐会，应褚慧僧之招，新增王志莘、诸青来二人。（柳和著《张元济年谱》第448页）

9月16日 赴浦东同乡会出席聚餐会，由王志莘作东。

午赴浦东同乡会出席聚餐会，王志莘作主人，到者颜惠庆、李伯申、褚慧僧、张耀曾、胡政之等。（《张元济年谱》第450页）

9月18日 在《申报》刊出上海法学院学生移地考试通告。

本院以辣德路的临时宿舍改充伤兵病院，另在英租界大通路一六七号设立办事处，筹备开学。并以二十日起开始新生、转学生、借读生报名。十月八、九日两天举行考试。董事长钱永铭、院长褚辅成、教务长沈钧儒。(《申报》1937年9月18日)

9月22日 中国共产党发表团结御侮宣言,号召让四万万同胞更亲密团结起来,为推翻日本帝国主义的压迫而奋斗。(《申报》1937年9月23日)

9月23日 蒋介石发表谈话,承认中国共产党的合法地位。至此,第二次国共合作已显曙光。

10月2日 出席上海各界抗日后援会主席团会议,推为筹备上海市对日经济绝交委员会筹备员。(《上海档案史料丛编 上海抗日后援会》第166、167页)

10月5日 午,赴浦东同乡会出席聚餐会,由温宗尧主人。

午赴浦东同乡会出席聚餐会,温宗尧作主人,到者颜惠庆、张耀曾、李申甫、胡政之、赵叔雍、褚慧僧、诸青来、薛笃弼等。(《张元济年谱》第451页)

同日 出席上海各界抗日后援会主席团会议(国际饭店)。

到会者杜月笙、王晓籁、张寿镛、童行白、陶百川、柯干臣、徐采臣、钱新之、马少荃、徐佩璜、潘公展、奚玉书、骆清华、褚慧僧、沈怡。

……

讨论事项:一、上海市抗敌救国团体会计通则请予通过。议决:通过。二、救济救护二委员会来函为会计审查事,拟定先由各该会会计师审查再送本会复查,是否可行乞核示案。议决:照准。三、闸北水费第二、三周计3,909、86请为照付案。议决:应先由本会介绍银行承借一万元,请由市政府担保。(《上海各界抗日后援会主席团

会议记录（下）》,《档案与历史》1986年第4号第34、35页）

10月8日 午，赴浦东同乡会出席聚餐会，由张耀曾主人。

午赴浦东同乡会出席聚餐会，张耀曾作主人，到者颜惠庆、叶恭绰、褚慧僧、诸青来、李申甫、胡政之、萨鼎铭、史家麟、许显时、薛子良等。（《张元济年谱》第451页）

10月9日 上海各界抗日后援会对日经济绝交委员会成立，推选为执行委员。

执行委员：褚辅成、王晓籁、杜月笙、陶百川、徐寄庼、林康侯、朱学范、蒋建白、潘公弼、梅龚彬、吴修、姜豪、周寒梅、刘湛恩、彭文应、箑延芳、陈洛成、黄造雄、顾继武、徐则骧、邹韬奋、李文杰、周邦俊、王屏南、钱剑秋、金光楣、黄定慧等二十七人。监察委员（略）。通电全国（略）。（《申报》1937年10月10日）

10月12日 午，赴浦东同乡会出席聚餐会，由叶恭绰主人。

午赴浦东同乡会出席聚餐会，叶恭绰作主人，客有陈铭枢、薛子良、温宗尧、陈锦涛、褚慧僧、李肇甫、张耀曾、胡政之等。（《张元济年谱》第451页）

10月13日 出席上海各界抗日后援会主席团会议（国际饭店）。

到会者：张寿镛、杜月笙、陶百川、童行白、钱新之、王晓籁、金润庠、潘公展、褚辅成、徐寄庼、彭文应、朱学范、徐佩璜、杨管北、徐采臣。讨论事项：一、童子军特别费六百元请予照发。议决：通过。（《上海各界

抗日后援会主席团会议记录（下）》第 39 页）

10 月 14 日　出席上海各界抗日后援会主席团会议（国际饭店），任检查组委员。

> 到会者：潘公展、王晓籁、张寿镛、杜月笙、杨卫玉、陶百川、金润庠、柯干臣、钱新之、褚辅成、彭文应、徐寄庼、朱学范、童行白、徐采丞。主席报告事项：一、今日宴请各团体代表筹募北上慰劳团慰劳金，已得贰拾五万七千元。二、经济绝交委员会职务推定，陶百川（总会）、褚辅成（检查）、徐寄庼（登记鉴定）、朱学范（保管）、彭文应（宣传）。各科主任大致内定，（总务）顾继武、（会计）奚玉书、（登记）李文杰、（鉴定）蔡无忌、（（保管）徐采丞、（宣传）黄定慧、（检查）物色中。

> 讨论事项：一、本会此后工作以慰劳为中心应如何改进案。议决：推钱新之、金润庠、杨卫玉、陶百川先行研究。二、请外蒙古士兵抗敌案。议决：先请示中央。（同上，第 40 页）

同日　午刻，先生等发起组织浙江旅沪同乡回乡服务团，召开发起人会议。

> 浙人发起回乡服务团。前日（十四）午刻，浙江旅沪先进褚辅成等三十余人，召开浙江旅沪同乡回乡服务团发起人会议。当经议决，全体发起人成立筹备会，并暂设办事处于爱文义路大通路东联珠里全浙公会内，以便积极进行筹备公作。该团之发起人纯为敌应战时需要，使旅沪同乡便于回乡服务。或办实业、或兴文化，以为国民抗敌后援之天职。（《申报》1937 年 10 月 17 日）

1937 年

中共地下党员骆耕漠等时在上海,协助先生筹组浙江旅沪同乡回乡服务团,推进保家爱国运动。

十一月初,潘念之向我说起,北伐革命军打到浙江时,被推选为第一任省长的褚辅成老先生认为,上海很快将会沦为孤岛,如他不设法离开,会被日寇欺凌的,可能出现要他充当上海市伪维持会长的危险。因此,他想参加发起组织一个浙江旅沪同乡回乡服务团,潘有协助褚老一下的意思。问我的看法,我想了一下就向潘表示,愿随他一起协助褚老做点筹备工作。我还认为有了这样的回乡服务团组织,对浙江的发展是有很大帮助的。于是,我一面决定回浙江省,一面尽力同潘老一起做筹备工作。

其中有两件事:其一是把上海资料供应所收了摊子,另一件事是协助褚老组织成立浙江旅沪同乡回乡服务团。我一直记得清的有以下二点:

一、褚老要我们起草一个发起的文稿,除他为发起人外,由他邀请潘公展为副发起人。另外,他还让我们在筹备中动员几个想回浙江的同志加入到我们的行列。

二、褚老告诉我们说,他在温州特别在丽水、缙云、永康一带有些老朋友,可以推进保家爱国运动。他还讲到丽水有个遂昌火柴公司老板,会在经济上给他帮助,所以他决定从上海坐船到温州……。(骆耕漠《往事回忆》第 128、129 页)

10 月 15 日 午,赴浦东同乡会出席聚餐会,由先生主人。

午赴浦东同乡会出席聚餐会,褚慧僧作主人,到者颜惠庆、叶恭绰、张耀曾、赵叔雍、胡政之、许克诚等。(《张元济年谱》第 452 页)

10 月 17 日　出席上海各界抗日后援会主席团会议（杜宅）。

到会者：潘公展、徐佩璜、陶百川、张寿镛、童行白、褚辅成、钱新之、杨卫玉、项康元、金润庠、徐采臣、柯干臣、王晓籁。

主席报告事项：一、卫生衫十万件须再与同业公会接洽。二、前线需要雨衣甚急。三、青年救国服务团、市教育会、文化界救亡协会参加北上慰劳，已复函。

讨论事项：慰劳会常委扩充为七人案。议决：通过。加推张恩如，余再物色。（《上海各界抗日后援会主席团会议记录（下）》第 41 页）

10 月 23 日　张元济来访。

访褚慧僧、薛子良、陈铭枢、章乃器、李公朴等。晚应张耀曾邀，到客胡政之、李伯申、黄炎培等。饭后沈钧儒至，谈前线情状。（《张元济年谱》第 453 页）

晚，应张耀曾之约，谈设立民意机关事。

晚，约同人在政治有兴味者，谈设立民意机关事。到张菊生、陈陶遗、李伯申、胡政之、许克诚、黄任之、褚慧僧、沈衡山。其中任之先去，衡山后到。任之报告民意机关，大致根据左舜生、李璜草稿，在汪精卫家商决大致，名为非常时期参政院，人数为一百二十人。选举约分四部分。（一）由各省区国民代表大会初选，当选人中分别互选，大省二人，小省一人。（二）各职业团体选举。（三）政府指聘。（四）国民党中政会执监常委。（《宪政救国之梦—张耀曾先生文存》第 460 页）

10 月 24 日　出席上海各界抗日后援会主席团会议（国际

饭店)。

到会者：黄任之、杜月笙、童行白、金润庠、王一吾、张寿镛、钱新之、颜福庆、俞松筠、陶百川、朱学范、潘公展、褚辅成、彭文应。

主席报告事项（略）

……

讨论事项：一、如何改进医院内部案。议决：由本会、慰劳会、救护会、红十字会、红卍字会五团体出面，于十月廿七日下午四时假浦东六楼举行院长谈话会。

公共租界方面请江一平先生办（应交涉）。

法租界方面请齐云青先生办（应交涉）。

二、战地服务团团长姜怀素、副团长朱学范、杨家麟请予通过聘任案（秘书长提）。议决：通过。

三、分发站急需运送车贰辆，请为设法案。议决：交交通会及地方协会核办。（《上海各界抗日后援会主席团会议记录（下）》第45页）

10月28日 午，赴浦东同乡会出席聚餐会，由薛子良主人。

午赴浦东同乡会出席聚餐会，薛子良作主人，到者颜惠庆、沈钧儒、褚慧僧、诸青来、胡政之、陈陶遗、赵叔雍、张耀曾、王志莘等。（《张元济年谱》第453页）

11月8日 午，赴浦东同乡会出席聚餐会，由许克诚主人。

午赴浦东同乡会出席聚餐会，许克诚代黄炎培主人，到者叶恭绰、褚慧僧、胡政之、张耀曾、陈陶遗等。（《张元济年谱》第454页）

11月12日 上海沦陷。

11月15日　午，赴赵叔雍家聚餐。

上午阅报。九国公约会议二次申请日本与会，仍遭拒绝。美英等发言虽颇激昂，并拟发言谴责日本，仍无办法，真可虑也。午至赵叔雍家聚餐，褚慧僧谓：南京于上月廿九至卅一日，连日开会，议和战大计。军人多以不可再战，而文人反多主继续作战，最后用投票表决，结果主战者多数云。(《宪政救国之梦—张耀曾先生文存》第466页)

11月19日　嘉兴失守，日寇找到"抗日分子"褚辅成位于南门西米棚下的住宅，举火焚之，仅存门墙。先生只身走浙东，寄寓缙云赵舒家，在缙训导乡人，备抗战。决随国府西行，以待胜利。

廿六年抗战军兴，先生峻节峥嵘，以校务付之哲嗣汉来，只身走浙东永康，组织民众，树立抗战基础。(《嘉兴当代人物志》，《浙江辛亥革命回忆录》第143页)

褚辅成《亡室沈夫人悼述》载：

抗战军兴，国军西撤。辅成志切救国，赴浙东发动军民。老友赵明止间道接夫人至其家避难，不期相遇于缙云壶镇。留十余日，将赴宁、绍、台各地组织民众。临行谓夫人曰：此次长期抗战，战区必甚扩大，东南各省，恐将不保，余决志随国府西行，君速率弱女幼孙避居沪上，以待胜利。(同上)

《赵氏宗谱》载：嘉兴褚辅成"来此谋抗日、商国是。"

褚辅成先生与本族和行舒叔交（谊）极深，因日人侵华，于国历七月七日在芦沟桥发难，先生逆知日人有吞并全华领土野心，我中华民族当作生死存亡之决斗。知舒

叔为浙东民众拥戴,来此谋抗日、商国是,所以置眷属,而杜内顾忧。(1996年《重修赵氏宗谱》第30页)

嘉兴许明农《烟雨簃回忆录》略云:

> 余等流浪后方,辗转至武汉,闻乡前辈沈钧儒先生已抵鄂省,特往谒焉。承告:战火必将遍全国,予亦离此西进,为长期抵抗之谋,省方正需尔等青年,不如返浙,特修函托带至缙云褚慧僧老处。并谓:褚先生必有良谋。余等抵金华,转永康,居大司巷荃园吕公望家。时吾禾陆初觉,举办嘉区旅外同乡总处于此。翌日,即去缙云,过壶镇,褚先生寓该镇赵润(成)之家,见余等至,甚喜。主人以虎肉飨客,乃详述沈老近况,并武汉三镇政工情况后,出沈老札,褚老如(似)有所感,乃起入川之动机。并在赵氏宗祠,开抗日救国宣传大会,参加演说。余等自武汉八路军办事处领来《游击战术》小册,褚老慷慨赞助五十元(可购米十石)翻印二百册,亲自题签。余等安排渡钱塘江抵沦陷区各县后不久,褚老允沈老之请去重庆矣。(许明农《烟雨簃回忆录》,《浙江辛亥革命回忆录》第143、144页)

在赵舒举办的战时教职员训练班上宣讲抗战形势,鼓舞士气。

> 赵舒在家乡壶镇崇正小学举办第四战区教职员训练班,按军队的编制组织起来,学军事、学政治,积极准备抗日。他自己经常给学生讲形势,每次演讲,总是慷慨激昂,悲壮沉痛。他还请外来知名人士如嘉兴褚辅成等给学生讲形势,鼓舞士气。(赵长耕《赵舒轶事录》,《缙云文史资

料》第 1 辑第 68 页）

11 月 26 日　浙江省政府改组，黄绍竑继任主席。

12 月 13 日　日军攻占南京。在全城长达 6 个星期的血腥大屠杀，是人类文明史上最可耻的一页。

12 月 23 日　为阻日军，我方自行炸毁钱江大桥。24 日，日军陷杭州。

12 月 25 日　中共中央对时局发表宣言，指出："为保证继续持久抗战，争取最后胜利，必许充实和加强全中国统一的国民政府——吸收坚决参加抗战的各党派各团体的有威望、有能力的代表参加政府工作。"（《国民参政会资料》第 509 页，四川大学马列主义教研室编，四川人民出版社 1984 年）

◎ 1938 年（戊寅）民国二十七年　66 岁

1 月　发起成立浙江省文化界抗敌协会，先生与中共地下党骆耕漠、严北溟等均为主要成员。发表《浙江省文化界抗敌协会缘起》，指出：必须利用各自的特长和技能，担负起宣传民众、训练民众和组织民众的任务，使今后的抗战发展为真正的全民战争，以保证最后的胜利。

> 发起人有：合作前锋月刊社、合流社、杭州青年战时研究班、浙大抗敌三日刊社、浙大学生旬刊社、浙江省合作事业促进会、浙江省抗敌后援会流动剧团、浙江旅沪同乡回乡服务团、动员周刊社、战时生活社：朱绛、汪海粟、金瑞本、邵荃麟、施平、徐由整、孙克定、唐巽泽、翁泽永、陈叔时、张西林、张西超、张若达、张植华、张启权、曹聚仁、毕拱华、褚辅成、潘一尘、蒋克伦、刘保罗、刘端生、骆耕漠、严北溟。（《动员周刊》第 1 卷第 10 期，1938 年 3 月 27 日）

1938 年

按：《动员周刊》文抗会近讯：浙江省文化界抗敌协会期成会，系本省文化界先辈褚辅成、骆耕漠等先生与战时生活周刊等文化团体所发起，目的在号召并团结全浙江文化界人士，担负起现阶段文化人应有的任务，筹备以来，工作不遗余力。现由总会推动结果，各县已纷纷成立分会，计现已正式成立者有丽水、遂昌、宁波、青田、金华等五县，即将成立者有永康、兰溪等七县，已进行筹备者有平阳等三县，总计会员人数，已在一千以上。工作方面，大致均为参加当地宣传或政训工作，闻该会拟于本月下旬，召开成立大会云。（同上，第1卷第9期，1938年3月20日）

2月4日 帮助解决回乡服务团用房问题。

二月四日上午，我乘东南日报运货汽车到达丽水城，随即去找浙江建设厅张锡昌、刘端生两位同志。向他们谈了经过金华与徐洁身老友交谈的情况，并说明我此次来丽水是按照浙江褚辅成的嘱咐，向遂昌火柴公司老板郑楚成商量，把两座仓库房子布置成为回乡服务团的办事处。……他俩并派一个协商助手陪我去看望遂昌火柴公司老板郑楚成先生。郑楚成先生告诉我，他已经答应褚辅成老先生腾出两栋仓库的空房，供浙江旅沪同乡回乡服务团使用。……浙江旅沪同乡回乡服务团办事处正式成立。（骆耕漠《往事回忆》第131页）

2月6日 在永康会见骆耕漠。

由于我有视察员工作职务关系，可以到各县视察工作，我就于二月六日早晨到永康去看望褚老，向他汇报工作。他听了很高兴，鼓励我加紧干。（同上）

3月29日 中国国民党在武昌珞珈山武汉大学礼堂举行临时全国代表大会,出席、列席代表353人。通过了《抗战救国纲领》和《设国民参政会案》。决议:在非常时期应设一国民参政会,其职权与组织方法,交中央执行委员会详细讨论,妥订法规。(汉口《新华日报》1938年4月3日)

本月 做离浙赴汉口的准备。先生约于3月底离浙赴汉口。

> 大概是三月间,我得知褚老在做离浙去汉口的准备的消息,就立即前往永康探望。经褚老相告,我得知国民党上层人士借口他年老,请他到武汉过安静的日子,他只能前去。但褚老很关怀回乡服务团工作,除了已经关照郑楚成老板把办事处的房子仍让我们使用,另外他还对丽水之外的其他几个县的老知己、老同事做了关照,如我工作上遇到困难也可用他的名义同这些老前辈去商量。我表示感谢。同时,我向褚老表明,回乡服务团丽水办事处机关在他去汉口后,回乡服务团丽水办事处的名义就停止下来,以后我如有机会再到汉口,一定到他府上汇报工作。……当晚我就向张锡昌、刘端生、汪海粟汇报了与褚老谈话的情形。(同上,第136、137页)

4月初 资助骆耕漠继续办好抗战刊物《动员周刊》。嘱骆耕漠"对浙江的政治环境要好自对付"。

> 一九三八年四月初,物产处派我再次出差到汉口……办完两件事后,我就到褚辅成老先生家中问好,并汇报自他离开永康后,由于有他的资望和过去两个月回乡服务团工作的影响,我们随后的工作接着开展。同时我说:《动员周刊》仍在接着发行。他要我多同潘念之(中共地下党员)通信,对浙江的政治环境要好自对付。最后

褚老拿出 100 元，勉励我带回去补助一下《动员周刊》的困难，我深为感动。(骆耕漠《往事回忆》第 139 页)

4月12日 国民政府公布《国民参政会组织条例》。于 6 月 17 日公布第一届国民参政员名单。依照《国民参政会组织条例》第 3 条（甲）项，先生遴选为国民参政会参政员。浙江省共有 4 名，另 3 名是陈其业、陈希豪、周炳琳。(《国民参政会纪实》上卷第 66 页，重庆市政协文史资料研究委员会、中共重庆市党校编，重庆出版社 1985 年)

第一届国民参政会参政员共有二百名，从人员构成中看出，先生与沈钧儒、黄炎培列为中间党派。据《国民政府文官处公函》：选任汪兆铭为国民参政会议长、张伯苓为副议长。并公布第一届国民参政会参政员名单，共二百名。共产党及中间党派的名额被列入"文化团体"、"经济团体"之中。其中国民党员 89 名，占 44.5%；共产党员 7 名，占 3.5%；青年党 7 名，占 3.5%；国社党 6 名，占 3%，社会民主党 1 名，占 0.5%；中华民族解放行动委员会 1 名，占 0.5%；无党派 89 名，占 44.5%。共产党参政员有毛泽东、林伯渠、吴玉章、邓颖超、陈绍禹、秦邦宪、董必武。中间党派的有沈钧儒、梁漱溟、陈嘉庚、史良、张申府、章伯钧、黄炎培、罗隆基、张奚若、杜重远、许德珩、邹韬奋、谭平山、冷遹、江恒源、褚辅成、陶行知、张东荪、王造时、张澜、李中襄、王葆真、周士观、莫德惠、张君劢、左舜生、杨赓陶、晏阳初、李璜、曾琦、罗文干、吴贻芳、王立明、余家菊、陈启天、王卓然等。(同上，第 65、68 页)

5月27日 先生六十六初度，成诗一首，咏于汉皋。

生辰常在客中过，今岁犹遭国难多。烽火遥迷牴岭月，雷声时震洞庭波。河山半壁愁无补，风烛残年尚几何。但愿此身偕日丧，还须努力莫蹉跎！（褚辅成：《六十六初度》手稿）

按：自是年起，于抗战期间，先生每遇诞辰，感成一律，抗战八年，适成《抗战八咏》。

6月1日 访翁文灏，谈金矿事。

褚慧僧来谈金矿事，告以可先从湖南入手。（《翁文灏日记选》第88页）

6月22日 参政会前夕答《新华日报》记者问，指出：改善征兵应先改善保甲；要切实注重民众运动。

我预备提出两个提案。一个是关于改善征兵办法的。因为我国民众知识程度和政治水平的低下，大都缺乏民族意识和国家观念，所以在实施征兵制度的时候发生了流弊。而过去所行的募兵制，则因为应募而来的不是真正为了从军，而只是为了谋生，所以也大都没有什么政治认识和抗战的决心。我所提议的征兵办法是从各县的自卫队里征选，各县的自卫队都经过相当的政治和军事的训练，一定能供给很多的优秀的战士的。不过这连带到乡村的自治问题。我主张乡村里的保甲长完全要民选，完成乡村自治制度，征兵制度才能有所改进。其他一个提案正在考虑，还没有具体的拟定。

褚先生继续说，对于参政会我并没有什么意见，只觉得这是全国团结一致抗日的表现，对于抗战是很有利益的。褚先生对于第三期抗战的意见是：民众运动当与军事密切配合起来。在第一二期抗战中，虽然已经有了民众动

员,但还不能十分配合军事。在第三期抗战中一定要切实注重民众运动。(汉口《新华日报》1938年6月23日)

7月1日 与罗钧任、沈衡山、黄炎培、林伯渠、罗努生、曾慕韩、江问渔等共商参政会提案。(《黄炎培日记摘录》1938年7月1日)

7月6日—15日 出席国民参政会第一届第一次大会及历次会议。任第三审查委员会审查委员。会议期间先生提交《从速实行下级自治,以发动民众当兵自愿案》。主张"乡村里的保甲长完全要民选,完成乡村自治制度",由于该案的实施连带到乡村的自治问题,因而遭到蒋介石的反对,蒋在7月9日致函汪精卫,要求发动"本党参政员在会予以驳斥,毋令通过"。(《国民参政会纪实续编》第258页)

7月10日 出席第五次会议,与邹韬奋、沈钧儒、黄炎培、吴玉章等27人所提《具体规定检查书报标准并统一执行案》决议通过。该案提出3条办法。

(一)由政府根据抗战建国纲领第廿六条保障言论的原则,规定检查书报的具体标准,并公开宣布俾众周知,使著作家与出版家有所准绳,而一般读者亦知有所取舍。各地方政府对书报的检查,亦须依照中央所公布的具体标准,切实执行。

(二)检查书报必须有统一负责的执行机关,俾免政出多门,流弊繁多。

(三)对查禁的书报,须将理由公布,使著作家及出版家有所改善,且并准许编著人或出版机关向统一负责的检查机关提出解释或申诉,由该机关重加考虑,决定最后的办法。如发现该书报内容确有违反三民主义或法令

之处，亦须将该项内容明白宣布。(韬奋纪念馆编《店务通讯（上册)》第94、95页)

7月14日 出席第九次会议，所提一案被通过。

本日议决案甚多，兹就其中最重要者举述如此：(一)奉交审查提案：政府交议改善各级行政机关案一案，汇同参政员褚辅成等二十二人提：从速实行下级自治，以发动民众当兵自愿案；参政员孔庚等二十一人提：改善地方下级政治机构，加速完成地方自治条件案；参政员王幼侨等二十二人提：修正区长任用法令，取消回避本籍之限制案。合并审查通过。下午，继续大会讨论提案；通过了驻会委员会委员选举办法。(汉口《新华日报》1938年7月15日)

7月15日 下午，出席闭会仪式。

国民参政会第一次集会，十五日下午举行休会典礼，出席汪议长兆铭、张副议长伯苓，王秘书长世杰，彭副秘书长学沛、参政员左舜生（中略）、褚辅成、王卓然、黄炎培（中略）、吴玉章、沈钧儒、罗隆基等一百四十六人。(汉口《新华日报》1938年7月16日)

7月26日 九江失陷。8月4日，国民政府机关全部迁往重庆。10月21日，广州失守。10月27日，日军占领武汉三镇。

10月28日—11月6日 出席国民参政会第一届第二次大会及历次会议。会上提交《严禁壮丁吸食鸦片，以利征兵案》一案。29日，出席第一次会议，任第三审查委员会审查员。会议期间，先生首署陈嘉庚于10月25日向参政会秘书处发来《在敌寇未退出国土以前，公务人员任何人谈和平条件者，当以汉奸国贼论》的电报提案，关于此案之经过，陈嘉庚先生曾著《南侨回忆录》，其中"提案攻汪贼"一节有详细记载，现录以下：

> 自南京失守后，余屡风闻汪精卫主张与敌和平妥协，然不信有是事。盖日本野心欲吞灭我国，虽孩童亦晓然明白。前既侵占东四省，今又侵略华北，如与言和，则华北数省复失，不数年华中、华南相继丧尽，是亡国灭族大祸，若非奸贼，安肯出此？过后复闻汪屡与德国驻华大使接洽与日言和，然实否无由得知。迨广州、汉口相继沦陷，欧洲路透社电传"汪精卫发表和平谈话"，余于是始略信其有因。乃以南侨总会主席名义，发电询汪，大意言"路透社电传是否事实？和平绝不可能，盼复以慰侨众"。越日汪复电大意云，凡两国战争终须和平，以我国积弱，非和平即亡国，伊主张和平为救亡图存上策。余接电始确信系实情，复发去长电二通，极陈其错误，大意谓"武力虽弱，敌寡我众，民气旺盛，长期全面抗战，华侨外汇金钱源源增加，敌决不能亡我，英美苏亦决不坐视，若与言和，各省定必反对，分裂纷乱甚于自杀，务希惠鉴鄙言，抗战到底"。越日汪复来电，力持其主张为无上良策，嘱余劝南侨赞同其主张。计来往五电，均交各日报发表，余至此知对汪无挽回希望，复拟一电，极不客气，指他为"秦桧卖国求荣"。该电交秘书修正，尚未发出，总领事高凌百便来阻止，云"汝与汪总裁来往各两电，伊均阅悉，兹决须停止不可再发，恐贻笑外人，至切至要"。余不答是否，但心鄙其无人格臭腐一丘之貉，他去后即将电文发去，并交各日报登载。余复思汪精卫此举为何等大事，而重庆及各省何寂寂未闻有反对者，岂多表同情乎？抑畏惧

不敢言乎？乃将致汪两电拍往重庆某日报请为登载。电发后两天又思渝各日报必不敢登，适参政会第二届将开会，余即拍电参政会提案，"敌人未退出我国以前，公务员谈和平便是汉奸国贼"。并电王秘书提向参政员赞同签押（例须有二十人赞同方成提案）。后接友人来函，褚辅成君首赞成签押，不多时例额已签足，于是成案，付诸参政员讨论。时汪精卫任主席，形容惨变，坐立不安。反对提案赞成和平最力者为梁实秋，表决时大多数赞成通过，将原文文字修改减半为"敌未出国土前，言和即汉奸"。汪精卫尚哓哓不休，甚形不满。及参政会闭幕时，梁实秋甫出会门，被重庆学生百余人包围殴辱。从此之后，重庆各日报方敢稍论是非，而社会亦纷纷疵议，指为卖国。盖路透社记者虽载汪谈和平，如昙花一现，中外未有证实汪确有此坚决主张。及与余来往数电，十余日间中外报纸多有转载，至此其奸状显然大白。难免为众矢之的。加以参政会通过反对和平议案，梁实秋遭殴辱，已成四面楚歌，可惜中央政府尚予优容，不即拘禁。迫汪逃至安南，余即电中央政府宣布汪卖国罪状，请革职通缉，否则必逃往南京任敌傀儡。然政府尚徇党情不纳。其后经八九个月汪由香港而日本，始下令革职通缉，已太迟矣。（陈嘉庚《南侨回忆录》第77、78页）

10月29日 接受《新华日报》记者专访，谈当前抗战局势，认为：唯有铁的团结，才能取得最后的胜利。

记者坐下后即请褚先生发抒对于广州、武汉撤退抗战进入新阶段后的感想和意见，褚先生很爽然地用着江南的音调谈了起来。"我是一向主张抵抗的，我相信战争坚持到底,最后胜利必定属于我们的。"他兴奋地咳出了一口痰,"我个人对于广州的失陷、武汉的撤退,并不感到就此抗战便会失败。相反的却证实了我对中日战争估计的正确,并更坚强了胜利的信心。抗战初我即指出,沿海沿江之地,因为日本海军的力量特强于中国,是会不可免地落到敌人的手中去的,只是时间的问题,迟早缓急的问题。武汉在徐州弃守后五个月了的今天失守,广州在抗战一年余后的今天陷落,是出我的意料的,能持久到今天,不能不说是我们消耗敌人的成功处。再说现在抗战转入山地战,成为敌人的优点的海军力量已是减少了。而成为我们的优点的山地战、游击战,便会使敌人疲于奔命,无法取胜。相反的,我们可以消耗敌人,疲困敌人,况广州、武汉的不守,并不能决定抗日战争的最后胜负。有一些对于抗战没有深刻的认识和把握的分子,看到两个大城市失守了,便动摇起来,彷徨起来。但是中国不比捷克,中国有一年来的抗战继续,有国内的精诚团结,国际上有很多同情和帮助我们的国家,绝不会中途妥协的。今天的参政会,我想是应该更进一步地推进国内的团结,来消灭这种不安的现象与毒害抗战的气氛。以铁的团结的事实,来粉碎敌人的阴谋,这是人们在今天的困难环境和条件下必要的手段。唯有铁的团结,才能毁灭敌人并吞我国,灭亡我民族的幻想。唯有铁的团结,才能获得国际更多更大的同情与援助。唯有铁的团结,才能取得最后的胜利。"当记者向褚先生叩询今后外交的动向时,褚先生紧接着说:"外面一时谣传着英国将出面调和中日战争,其实我们的政府表示过并无此说,即伦敦方面也否认有此事。"

……

在记者探询关于浙省状况与难民处置现状后,由于时间的短促,恐误了褚先生的赴参政会时间,于是即匆匆告辞了出来。(重庆《新华日报》1938年10月31日)

10月30日 上午,出席第三次会议,在听取孔祥熙做财政报告后,由傅斯年(领衔)先生等52人联名质询孔祥熙。(《翁文灏日记选》,《近代史资料》总第103号第118页)

11月1日 出席第五次会议,所提一案被通过。

下午,举行第五次大会。议长汪兆铭,副议长张伯苓及参政员一百二十二人出席了会议。……会议宣读了第四次会议记录;听取了秘书处会务报告;立法、司法、考试、监察四院的书面报告;经济部长翁文灏的经济报告。会议首先讨论参政员褚辅成等廿五人提关于《严禁壮丁吸食鸦片以利征兵建议案》,由提案人褚辅成说明,照审查意见修正后通过。(重庆《新华日报》1938年11月2日)

会议并案讨论了胡景伊、陈绍禹等提关于拥护蒋委员长持久抗战宣言等案及决议。

胡参政员景伊等四十四人提拥护蒋委员长持久抗战宣言案;张参政员一麟、(史参政员良、褚参政员辅成)等四十一人临时动议:为抗战到底,宜由本会决议宣言,请政府明令公布,以防反间而定人心紧急动议案;陈参政员绍禹、秦参政员邦宪、林参政员祖涵、吴参政员玉章、董参政员必武(邓参政员颖超、马参政员亮、褚参政员辅成)等七十三人提:拥护蒋委员长和国民政府,加紧全民族团结,坚持持久抗战,争取最后胜利案。

决议案曰:……拥护蒋委员长所宣示全面抗战持久抗战,争取主动之政府既定方针。今后全国国民在蒋委

长之下，坚决抗战，决不屈服，共守弗渝，以完成抗战建国之任务。(同上)

11月6日 出席国民参政会第二次大会闭会式。

昨（六）日为国民参政会二次大会第十日，晨八时举行全体审查委员会，到参政员林虎等一二八人。……下午三时举行第十次会议，到中委邹鲁、邵力子等……参政员胡景伊、余家菊（中略）、褚辅成、陶行知等一二八人，凡抵渝参政员除曾琦因病请假以外，余均出席。……下午六时举行休会式。(重庆《新华日报》1938年11月7日)

11月23日 去翁文灏（字咏霓）住处，商民营造纸厂购机外汇事。

接见邹秉文、褚慧僧，商民营造纸厂购机外汇。(《翁文灏日记选》,《近代史资料》总第103号第114页)

12月24日 兵役实施协进会在重庆成立，先生任监事。

兵役实施协进会昨开成立会，通过简章，选举孔庚、沈钧儒等二十五人为理事，李根固、喜饶嘉错等十三人为候补理事。褚辅成、董必武等（十三人）为监事，刘炳黎、陶行知等为候补监事。(重庆《新华日报》1938年12月25日)

时任《新华日报》编委吴敏先生在《协进兵役实施的运动》的事评文章中，对兵役实施协进会的成立给于了充分的肯定。文章最后说：

协进兵役实施的运动，是后方民众目前最确实、最重要的工作之一。兵役实施协进会的成立，是这个运动的

开始。协进会的这个重要发动,应当受到全国上下的广泛的热烈响应和援助。(重庆《新华日报》1938年12月24日)

12月29日 汪精卫发出"艳电",公开投降日本。

冬 应正行女子中学校长施幼孚之请,先生撰《正行女中校刊 弁言》。文中回顾该校创办及经营经过,赞扬施幼孚精心办学。(收入《褚辅成文存摭补》第151页)

◎ **1939年(己卯)民国二十八年 67岁**

1月1日 国民党中执会常委会召开临时会议,决议永远开除汪精卫党籍,撤除一切职务。2日,重庆《新华日报》发表社论,痛斥汪精卫叛国行径。(重庆《新华日报》1939年1月2日)

1月5日 出席沈钧儒邀餐,审定对汪宣言。

> 邀请黄炎培、褚辅成、冷遹、江问渔、李璜、曾琦、左舜生、章伯钧、梁漱溟等聚餐,后又假永年春餐馆举行在渝参政员茶话会,审定对汪宣言,反对汪精卫接受日本首相近卫声明。该宣言被检查扣留,仅《新蜀报》载出。(《沈钧儒年谱》第216页)

> 宣言最后说:自兹以后,凡属言论行动表现妥协动摇倾向之份子,均应随时揭发,严加制裁,以击破日寇之诡计,巩固革命之阵营,在我最高领袖领导之下,努力迈进,完成抗战建国之大业。(参见《全民抗战》五日刊第46号,1939年1月5日)

1月19日 与江问渔、冷御秋邀宴聚于瞰江楼。

> 午,聚餐瞰江楼。到者问渔、慧僧、御秋、伯钧、君劢、慕韩、漱溟、衡山。问、慧、御为主人。(《黄炎培日记摘录》1939年1月19日)

1939 年

2月12日—21日 出席国民参政会第一届第三次大会及历次会议。会议期间先生领衔提交《第二期抗战开始,本会应郑重宣言重申拥护抗战国策案》、《游击战区施政纲要建议案》2案。任第一审查委员会(军事国防组)委员。(重庆《新华日报》1939年2月20、21日)

2月17日 下午,出席第四次会议。

三时,第四次大会,通过各审查会报告,议长提川康建设案,褚辅成、林祖涵各提拥护抗战国策案,皆通过。(《黄炎培日记摘录》1939年2月17日)

按:川康建设视察团案:民国二十八年二月十七日国民参政会第三届大会决议:议长提议:拟由大会推选熟悉川康情形暨对各项建设有特殊学识经验之参政会同人,於本会此次大会休会后,立即组织国民参政会川康建设期成会,由期成会组成川康建设视察团,立赴川康各地视察,并根据视察实况,拟定川康建设方案,建议政府采纳施行。(《近代中国史料丛刊(610)国民参政会川康建设视察团报告书》第13页)

2月18日 下午,出席第五次会议,与周览、许德珩等51名参政员联名《提请确立民主法治制度以奠定建国基础案》获通过。(重庆《中央日报》1939年2月24日)

2月19日 出席第六次会议,所提《第二期抗战开始,本会应郑重宣言,重申拥护抗战国策案》经大会一致通过。

十九日举行第六次会议时,下述三案合并讨论,计(一)褚参政员辅成等二十四人提:第二期抗战开始,本会应郑重宣言,重申拥护抗战国策案;(二)王参政员卓然等二十五人提:切实拥护蒋委员长驳斥近卫宣言案;

(三)林参政员祖涵等二十一人提：拥护蒋委员长严斥近卫声明，并以此作为今后抗战国策之唯一标准案。经讨论结果，付表决时，全场参政员一致起立通过（决议略）。(重庆《新华日报》1939年2月22日)

2月21日 出席国民参政会一届三次大会闭幕式。经议长指定由先生与周览、沈钧儒等11人为特种审查委员会委员。

国民参政会第三次大会已圆满闭幕，通过各案，已逐日摘志前讯。兹将重要各案讨论通过情形补报如次：修改兵役法两案……；改良司法各议案；……第三审查委员会审查意见，主张于大会另设特种委员会，由议长指定法律专家审查，以为慎重，当时颇有辩论。……当经决议由议长指定研究法律之参政员若干人，组织特种审查委员会，拟具审查意见，提出下次大会讨论。旋经议长指定周览、褚辅成、沈钧儒、孔庚、罗文干等十一人为特种审查委员会委员。并以周览、罗文干为召集人。(重庆《新华日报》1939年2月22、23日)

自国民参政会一届三次大会起，国民党军统组织对参政员的活动严加侦查，先生亦被列为侦查对象之一。从国民党军统渝特区对第一届国民参政会第三、四次会议期间对参政员的侦查布置可以看出，对参政员的监视各有重点。

(乙)策动：(子)编发各参政员之住地、背景调查表，并调查各同志与参政员之社会关系；(丑)按照各同志路线，指示陆梦衣侧重向第三党章伯钧等活动，韩树声向汪系之邓飞黄、范予遂及国社党之张君劢等活动，梅启丰侧重向人线之邹韬奋、第三党之刘叔模等活动，赵琴鹤向联治派之褚辅成及汪系之刘衡静等活动，潘由农向共党

林祖涵、陈豹隐等活动。(江绍贞著《戴笠与军统》第9章第122页,团结出版社2009年8月)

3月2日 经议长蒋中正核定,先生为川康建设期成会会员。

国民参政会川康建设期成会及视察团组织大要,经议长蒋中正核定。川康建设期成会会员为:邵从恩、张澜、李璜、曾琦、黄炎培、晏阳初、吴玉章、陈约隐、胡景伊、范锐、梁漱溟、杨端六、高惜冰、许孝炎、褚辅成、光升、张剑鸣、冷遹、林虎、余家菊、杨子毅、马亮、章伯钧、莫德惠、奚伦、王近信、姚仲良、沈钧儒、王造时。(《国民参政会纪实》上卷第464页)

3月7日 川康建设期成会、川康建设视察团谈话会决定择日出发视察。18日,川康建设视察团分东路、南路、西路、北路、西康五组出发,先生为东路组。视察团历时三月,归后形成《国民参政会川康建设视察团报告书》。

政府为筹划长期抗战,积极推进川康建设,民国廿八年,国民政府组织川康建设视察团,先总统蒋公派李璜为团长,内设六个组,由参政员分别参加,其组长和组员如莫德惠、褚辅成等皆年事已高之知名人士,而不辞辛劳,赴川康各地视察,提供川康经济建设意见,以备政府采择。(《中华国民年鉴 1911》第132页)

川康建设视察团分组及成员组成如下:

川康建设视察团长:李璜、副团长黄炎培。

第一组,(东路)胡景伊(组长),请假未参加视察,褚辅成(组长)、光升、张剑鸣、邓飞黄(请假未参加视察）。

第二组，（南路）黄炎培（组长），冷遹、林虎、王志莘（请假未参加视察）。

第三组，（西路）高惜冰（组长），余家菊、杨子毅、黄宇人（请假未参加视察）。

第四组，（北路）张澜（组长），马亮、章伯钧、刘叔模（请假未参加视察）。

第五组，（西康）莫德惠（组长），奚伦、王近信、姚仲良。（《中华民国建国史（第四篇）抗战建国（1—3册）》第548页）

5月27日 六十七初度，成诗一首，咏于江畔舟次（即川康视察途中）。

一年痕迹叹萍漂，历数行程万里超。三峡旧游曾遇险，七旬巡视敢辞劳？伏波到老犹称健，冯妇重为那解嘲？去日偕亡期已近，惟堪自荐酌春醪。（《六十七初度》手稿）

8月15日 出席张澜（表方）邀餐，分担起草一届四次参政会议重要议题。

午，张表方为主人，召集聚餐会，到者分担起草题：（一）党派摩擦（幼椿）。（二）文化问题（韬奋）。（三）地方行政机构（问渔）。（四）财政及金融（慧僧）。（五）游击问题（任）。（六）民众问题（必武）。至国策问题，讨汪问题，参政会弹劾权问题，国际问题，均待续认。表方、伯钧、御秋亦未之认。（《黄炎培日记摘录》1939年8月15日）

秋，嘱嘉兴陆初觉设"义民招待所"于永康、余姚等地。

受褚辅成之托，嘉兴陆初觉（名志棠号初觉）在浙江永康主持嘉属旅外同乡会，并设义民招待所于永康、分水、于潜、余姚等地，接待十区各县来浙东、浙西的各界人士和青年学生，安排住宿及介绍就业。（《嘉兴市文史资料通讯》第33期）

9月7日 接受《新华日报》记者采访，发表"巩固各党各派团结，避免摩擦，反对妥协投降，粉碎汪逆阴谋"的谈话。对于抗战前途充满乐观。

本社特讯：记者昨日走访褚辅成先生，承发表谈话如下：苏德间所订的互不侵犯协定，对中国目前抗战，是绝对有利的。因为这个协定的签字，不仅给日寇一个严重的打击，即对于那些匿藏在抗战营中的□敌散布妥协投降思想的民族败类，也是一个严重的打击。

我想到先前的一段旧事，当国民参政会第一次会议在汉口开幕的时候，汪逆精卫曾玩弄这样的鬼计。即汪逆为阴谋实现妥协，曾收买李圣五之流，作其应声虫，企图提出所谓"德意关系"的主张。然而因为汪逆这个主张的背景是"出卖"、"投降"。所以遭受一般明达之士的严厉打击，遭受全国人民的唾弃。当时汪逆戴的假面具尚未揭穿，所以直到第二次参政会闭幕时，汪逆又逢到阴谋活动的机会。……

目前最主要的是怎样加强各党各派的团结，开诚布公，避免一切摩擦，加紧动员民众，争取与我有利的时机，达到相持的阶段。在国际方面，利用外交，努力争得苏联、美国所有同情我国抗战国家的各种援助。在这样的条件下，一切民族败类将被打击得体无完肤，一切妥协投降的阴谋鬼计将揭穿粉碎，最后胜利就有保证了。

新的世界战争，日益扩大了，过去我们虽然得到英、法的各种援助，但即使因世界大战而减弱援助力，亦决不会影响我国抗战的。因为我们从苏联、从美国，从一切同情我们的国家，还可以继续获得援助。只要我们一天坚持抗战，援助是一天都不怕没有的。

关于财政问题，我没有太多的意见。至于外汇的问题，这倒是值得各方面注意的。因为外汇的变动，对我国财政经济，不能说没有影响。而对于人民生活，因物价提高，则带来许多困难，这是很明白的。我以为汇价应即速取得稳定，这是一。其次，在战区和敌后，应采取有效的步骤，粉碎敌寇骗取法币的阴谋。至于这方面，我以为政府可以发行一种代替法币的证券，用这种证券代替战区和敌后流通的法币，这样一来，敌人纵想收买法币，也难得成功了。我想，这对于稳定外汇，维持法币信用，是不无帮助的罢。

对于抗战的前途，我是绝对乐观的。我相信中国定能最后战胜日寇，实现新生的中国，然而这需要一定的条件，这便是巩固团结，坚持抗战，反对妥协投降的阴谋，粉碎汪逆及其党羽的以破坏团结抗战为目的各种阴谋。
(重庆《新华日报》1939年9月8日，同见《半月文选》1939年第1期第35、36页）

9月9日—18日　出席国民参政会一届四次大会及历次会议。会上提交《订立专法，限制官吏私有财产，以杜官邪案》、《加严外汇管制并从速发行战地流通券，收回法币以抵制敌人经济侵略，维持外汇法定比率建议案》2案。会议期间又与陶行知、史良、邹韬奋、罗隆基等26人提出《由国民参政会酌

派国际观光团,以加强国民外交案》,经审查"原则通过,请政府参酌旧案切实执行"。该案提出5点办法:

(一)欧战爆发后,美、苏在远东增加其重要地位,在事实上对远东已表示其深切的关怀,应先由国民参政会酌派国际观光团分别赴美、苏活动。

(二)由国民参政会推选适宜于此项任务之参政员五人至七人赴美,五人至七人赴苏。

(三)该观光团在各该国应有三个月较长时间之勾留,俾作较充分之工作。

(四)该观光团回国后,对本会须作详确的报告。

(五)在战争中之英、法各国,如属可能,也可派员前往。(《陶行知全集》第8卷(增补)第538、539页)

9月15日 国民参政会通电,声讨汉奸汪精卫(重庆《新华日报》1939年9月19日)

9月17日 出席国民参政会一届四次第九次会议,通过川康建设方案,当选为休会期间驻会委员会委员,列第9位。

国民参政会第四次大会,自九月九日开会以来,会期共经十日,前后举行全体会议九次,结果颇为圆满,收获亦至丰富。……此次大会参政员建议案共八十四件,经大会通过者七十七件,此外有临时动议五件,均经大会通过。大会并选举孔庚、张澜、李中襄、高惜冰、张君劢、许孝炎、左舜生、陈博生、褚辅成、杭立武、喜饶嘉措、林虎、范予遂、胡石青、邓飞黄、刘叔模、冷遹、黄炎培、许德珩、卢前、李璜、史良、董必武、江庸、秦邦宪等二十五人为第四次大会休会期间驻会委员会委员。此次大会决议中,当以川康建设方案及请政府明令定期召集国民大会，制定宪法，实行宪政为最重要。他如汪逆兆铭及其他汉奸之行动，为国人所深恶痛绝，亦经大会决议，以大会名义通电全国，予以声讨。（重庆《新华日报》1939年9月19日）

9月18日 出席国民参政会一届四次大会闭幕式，经蒋议长指定任国民参政会宪政期成会委员。

国民参政会第四次大会，于九月十八日下午三时举行休会式，到蒋议长、张副议长、王秘书长诸参政员一百四十一人，及各机关长官，孔院长、陈部长等。由蒋议长主席，行礼如仪后，即席代表大会致休会词。词毕，大会于热烈掌声中圆满闭幕。又本次大会（十六日）通过请政府明令定期召集国民大会，制定宪法，实行宪政，并由议长指定参政员若干人组织国民参政会宪政期成会，协助政府促成宪政案后，业经议长指定张君劢、张澜、周炳琳、杭立武、史良、陶孟和、周览、李中襄、章士钊、黄炎培、左舜生、李璜、董必武、许孝炎、罗隆基、傅斯年、罗文干、钱端升、褚辅成等十九人为国民参政会宪政期成会委员。黄炎培、张君劢、周览为召集人。闻该会于最短时期内即将举行首次会议。（重庆《新华日报》1939年9月20日）

10月1日 与江恒源、莫德惠等邀请各界关心宪政人士，在重庆发起宪政问题座谈会，决组促进宪政团体。

本报讯，参政员褚辅成、江恒源、莫德惠、张澜、章伯钧、胡石青、沈钧儒、李璜、左舜生、张君劢、张申府、王造时等十二人，昨（一日）上午九时假银行公会邀请各界关心宪政人士，举行宪政问题座谈会。到召集人及来宾百余人，中共参政员吴玉章、董必武两先生及本报潘社长梓年均被邀列席。对实施宪政问题，来宾热烈发表意见者甚多，全体一致拥护本届参政会实施宪政之决议。认为此次实施宪政之提出，系全国朝野上下一致主张，与过去单出人民方面向政府要求实施宪政之意义不同，足证实施宪政抗战建国之必要步骤，而为适应抗建需要。此次实施宪政之方法与步骤自亦异于往者，当由参政会宪政期成会会员报告政府已有在最短期间召开国民大会，及九个月内制定宪法之决定，民众亦有急起协助政府推行宪政之必要。故一致议决除要求召集人继续经常举行座谈会外，并拟组织一种协助宪政实施之民众团体，以使宪政旨义，深入人民间，以利宪政进行。当时决定十日内推定人选，负责筹组成功。(重庆《新华日报》1939年10月2日)

10月6日 与张澜、董必武、许德珩等16名国民参政会驻会委员联名电慰湘北大捷。

国民参政会因湘北大捷，六日特电湘北前方将士。慰贺云：(衔略)湘北会战，歼敌数万，造成抗战以来最大战绩。闻悉之余，举国欢腾。同人等深信再接再厉，必能粉碎敌人的整个侵略企图，不只奠定湘鄂已也。特电慰贺。国民参政会驻会委员张澜、孔庚、褚辅成、江庸、董必武、许德珩、邓飞黄、刘叔模、杭立武、范予遂、李中襄、许孝炎、陈博生、秦邦宪、高惜冰、史良等叩。鱼。(重庆《新华日报》1939年10月7日)

10月14日 出席中国青年记者学会总会召开的宪政问题座谈会。

中国青年记者学会总会召开宪政问题座谈会。褚辅成、沈钧儒、邹韬奋、李中襄、张申府、江恒源及新闻记者三十余人到会，南方局和《新华日报》的吴克坚、徐冰、潘梓年出席。座谈会由范长江主持，与会各位对实施宪政、抗战建国纲领之意义、宪政运动中新闻记者之任务等进行了热烈的讨论。(《南方局党史资料·大事记》第72页)

10月15日 致函金国宝，为湘北大捷兴奋不已。(褚辅成家信手稿原件)

10月18日 在重庆与黄炎培等召集第二次宪政座谈会，认为：宪政是政府与人民共同的要求，只有民主才能动员全国人民。

本报特讯，政府为加紧动员全国人民，对于宪政之实施正积极筹备，社会方面之响应日见普遍。昨日由褚辅成、黄炎培、李中襄、沈钧儒、秦邦宪、张季鸾等十九位参政员所召集之重庆第二次宪政座谈会，又于中宣部国际宣传处大礼堂开会，到重庆市各方面人士约七八十人。由张澜、江问渔、沈钧儒、褚辅成、董必武五人任主席团，讨论"宪政与抗战建国"，发言者至为热烈。计有刘清扬、杜若君、徐佑川、张申府、韩幽桐、程希孟、梁延武等十余人。其结论大致认为：

（一）此次宪政乃政府与人民共同之要求，故宪政之实施，原则上无问题，照国民党建国程序言之，是由训政到宪政。在训政时期，依国民党所制定之"约法"，政权在国民党中央执行委员会。到宪政时期，依国民党已制定之"五五宪法草案"，政权在国民大会。如以抗战后而言，维持全国之团结与共信已有"抗战建国纲领"。战时即而实行宪政，颁行宪法，乃抗战建国纲领之更高一级的发展。

（二）抗战中实施宪政，是中国宪政的特质，因为只有实行宪政，才能使全国人民有参加救国的途径。也只有用民主的方法，政府才能动员全国人民。比方兵役问题，肃清贪污问题，肃清汉奸问题，后方生产问题，如果不是实行了宪政，实现了民主，让全国人民在政府领导之下积极的来努力，来督促，则是很难解决的。所以抗战中实行宪政，是可以加强抗战力量，争取最后胜利。而且抗战中实现了宪政，抗战胜利之后，国内团结才能巩固，胜利才有保障。

末并决定下次座谈会仍由原来的十九人召集，并将筹组比较固定的"宪座"通信机关，亦交十九人负责进行。（重庆《新华日报》1939年10月19日）

按：先生在第二次宪政座谈会上所做"宪政的意义"、"宪政和抗战建国"的发言，收入《褚辅成文存摭补》第153、154页。

10月25日 国民参政会川康建设期成会组织规则经议长核定，先生任川康建设期成会常务会员、万县办事处主任。

川康建设方案，业由议长提付参政会第四次大会议决通过。昨闻参政会奉议长核定"川康建设期成会组织规则十七条"，根据该规则第四条之规定，于四川之成都、万县、阆中、宜宾分设四个办事处，西康之雅安设一办事处，负责设计、建议、视察与考核之责。并闻各办事处将于下月一日同时成立。兹将川康建设期成会组织规则、会员名单、常务会员名单、及各办事处主任名单分别志后：国民参政会川康建设期成会组织规则二十八年十月廿五日奉议长核定。……

川康建设期成会会员名单：（见三月二日条）常务会员名单：邵从恩（为召集人）、李璜、张澜、黄炎培、褚辅成、莫德惠、林虎。各办事处主任名单：万县褚辅成，宜宾黄炎培，成都李璜，阆中张澜，雅安林虎。（重庆《新华日报》1939年10月27日）

10月28日 致函金国宝，谈万县办事处主任职务。

侣琴贤侄倩鉴：昨晤李幼椿（李璜），始知议长派愚为万县办事处主任，真是突如其来。下月二日尚须赴成都开会，请贤倩于一日下午六时半到嘉庐一号便饭一谈。附上致李幼椿函，祈即饬送。此颂日祺。辅启。十月廿八日。（褚辅成家信手稿原件）

11月3日 由重庆抵成都，出席川康建设期成会首次常务委员会会议。7日，川康建设期成会首次常会结束，会议讨论了期成会各办事处职权等。

中央社讯：川康建设期成会，前曾由国民参政会蒋议长指定邵从恩、李璜、张澜、黄炎培、褚辅成、莫德惠、林虎等七参政员为该会常务会员，该会前于月之三日在成都召开成立会，会期五日，于七日始告结束。李参政员璜已公毕返渝。据谈称，此次川康建设期成会在蓉开会，计召开正式会议六次，谈话会数次，经过情形颇为圆满，会议由邵参政员从恩担任召集人。开会时蒋议长并派王秘书长世杰出席，传达意见，可见议长对于此次会期之殷切。当召开正式会议时，川康军政首长邓锡侯、刘文辉、贺国光、黄季陆、王缵绪、潘文华等，均出席参加。邵主席从恩当场宣读蒋议长告川康同胞书，尤其对于蒋议长之除大毒（禁烟）、除大害（绥靖地方）两事，特别提示，并述及禁烟及绥靖地方两事，目前尚不能达到理想之程度，故应更进一步谋根本之办法，予以彻底之解决。各军政首长恭聆之余，对于蒋议长之意旨，深为激奋。并表示决心遵从议长之意旨，奉行政府之法令，努力以求事功。其后复召请川省民、财、教、建四厅厅长及保安兵役两处处长会议，对于实施川康建设方案，有所讨论。各厅长官对是案各要点，亦表示决从速使其实现。此外当期成会开会时，省政府召集之专员会议，亦适于此时举行会议，期成会爱利用时机，召请出席专员会议之十六位专员举行谈话会……勖勉努力奉行建设方案，毋负国家托负之重。（重庆《新华日报》1939年11月18日）

11月8日 川康建设期成会常务委员会结束。先生返渝后赴万县筹备办事处。

川康建设期成会首次常务会员会园满闭幕，与会各会员及办事处主任俱向蒋议长报告开会之经过，并请示工作方针后，即分赴各处筹备办事处。莫德惠、褚辅成定九日，李璜、黄炎培、张澜定十三日，分别返渝。（《申报》1939年11月9日）

11月19日 与沈钧儒、章伯钧、邹韬奋、董必武等召集第四次宪政座谈会，会议决定成立宪政促进会。

本报特稿，当国民党六中全会正在进行，宪政问题行将又有新的决定的现在，二十五位国民参政员举办的宪政座谈会，前日（十九日）在银行公会举行了第四次会议。显然的，这次座谈会已经和以前三次有了明显的不同，在到会人数上讲，已经超过了前三次的记录，这儿除了以前经常到会的召集人沈钧儒、孔庚、褚辅成、章伯钧、李璜、张申府、邹韬奋诸参政员和中共参政员董必武同志外，又添了新由成都归来的黄炎培先生。此外在来宾中间更添上了许多不常见的文化界、妇女界、青年学生等各界人士达一百三十余人，把小小的会场挤得水泄不通，因此也使这次会场增加了不少热烈的空气。……下面是关于本届座谈会议题"对于国民大会的意见"的各方面的意见：……曹孟君先生：我以为国民大会组织法和选举法不但可以修改，而且应该修改。第一过去选的许多代表一部分附逆去了，足见这不是真正的代表。第二妇女代表也太少。第三国民代表除了制定宪法外，要予监督行使之权。褚辅成先生："我本人不是代表，也不赞成以前组织法，但我以为要考虑时间空间是否能够从头做起。"……最后大会并决定了八十四人为宪政促进会筹备委员。（重庆《新华日报》1939年11月21日）

11月24日　出席宪政期成会第二次会议。

十一月二十四日第二次会议，听取秘书处报告国民党六中全会对于二十九年十一月十二日召集国民大会之决议，及许参政员孝炎报告国民政府二十五年五月五日颁布宪法草案（五五宪草）、国民大会组织法、国民大会代表选举法、及办理代表选举之经过，决议征集各方对于宪法草案等件之意见，汇合研究。先推参政员左舜生、董必武、褚辅成、罗隆基、许孝炎拟具待研究之问题，于下次会讨论。（杨纪编《宪政要览》第59页）

11月30日　宪政促进会筹备会首次会议，讨论筹备宪政促进会事，先生被推为常委。

  本报讯，廿五位参政员召集的宪政座谈会所推定之宪政促进会筹备人沈钧儒、董必武、张申府等昨晨在重庆巴蜀小学开首次筹备会。除因故不克出席外，计到孔庚、沈钧儒、邹韬奋、章乃器、董必武、钱俊瑞、史良、刘清扬、韩幽桐、曹孟君、张晓梅、黄微、胡子婴、张申府、朱楚辛、于毅夫、郑代巩、潘梓年等五十余人，左舜生主席。讨论筹备宪政促进会事，决定由八十五人中推选孔庚、张申府、董必武、秦邦宪、刘清扬、章乃器、褚辅成、沈钧儒、左舜生、李中襄、史良、曹孟君、张友渔、许宝驹、许孝炎、黄炎培、莫德惠、章伯钧、沙千里、梅龚彬、康心之、于毅夫、韩幽桐、周钦岳、李璜等二十五人为常务委员，组常委会，下设秘书处及宣传、联络、研究三委员会。八十五人均得自动参加任何一委员会，一同积极进行筹备，期于一月中成立正式组织。同时进行宣传、联络、研究等工作，常委会由孔庚、张申府、左舜生为召集人。（重庆《新华日报》1939 年 12 月 1 日）

12 月 13 日 出席川康建设协会首次理事会，加推为总会理事。

  中央社迅：川康建设协会，于昨日（三日）午前九时假川东师范召开第一次理事会，出席吕超等三十余人，公推吕超为主席，议决要案如后：一、加推邵从恩、黄炎培、褚辅成、莫德惠、林虎、李璜、李伯申、黄肃方、尹仲锡、徐申甫、梁叔予、曾子玉、魏时珍、李光普、杨叔明、丁次鹤等十六人为总会理事；二、公推吕超、胡文澜、张澜、黄炎培、莫德惠、陈铭鉴等十九人为常务理事,并推吕超为主席;三、公推戴季陶、张群、陈立夫、翁文灏、杨庶堪、徐堪、洪阑友、黄季陆、邓晋康、刘文辉、贺国光、潘文华、尹仲锡、熊锦帆、周凤池、刘豫波、陈豹隐、程天放、叶元龙、卢作孚、罗冠英为名义理事;……五、大会工作纲领由秘书处起草,各组工作计划由各组起草。讨论至二时始散会。(重庆《新华日报》1939年12月4日)

12月16日 四川禁烟督办公署成立,蒋(介石)兼主席兼任督办,推进禁政。(重庆《新华日报》1939年12月17日)

12月25日 先生在《战时青年》杂志发表"宪政运动感言"曰:

关于宪政运动,现在总算已有了初步的成就。前两天,国民党六中全会正式通过了实施宪政的决议,定期明年十一月间召开国民大会。所以,可以认为,实施宪政,根本上已无问题。(《战时青年》1939年第2卷第4期第7、8页)

◎ **1940年(庚辰)民国二十九年 68岁**

1月4日 国民参政会参政员新年聚会,希望美国停供日本军火。

1月11日 川省聘定禁烟监察,先生聘为川东禁烟禁毒监察。

蒋委员长前电禁烟督署,令于川省第五第十六两行政督察区各设禁烟监察人员一人,常川驻扎,严密监察。川东烟毒流行,亦须有大员常川监察,饬就川康建设期成会委员中遴聘热心禁政、熟悉川情者负责。督署奉令后,兹聘请李璜为十六区（松理茂懋）禁烟监察、黄炎培为第五区（雷马屏峨）禁烟监察、褚辅成为川东禁烟禁毒监察，均已呈奉蒋委员长核准。至监察员办公处组织规程，业经督署拟定，日内即公布施行。(《申报》1940年1月14日)

3月20日 出席宪政期成会第三次全体会议，会期十天，会上先生提出宪法草案修正意见。(杨纪《宪政要览》第59、60页)

3月28日 与黄炎培应蒋介石之召，谈宪政问题。

到君劢家，偕君劢及周枚荪、张表方、钱端升、李幼椿、褚慧僧、罗钧任、罗努生、左舜生同应蒋公召入谒，谈宪政问题。余述连日讨论宪法之经过，同人发言皆极精彩。表方与余兼谈及川政，幼椿谈及党务。蒋公态度极恳切开朗。(《黄炎培日记摘录》1940年3月28日)

同日 出席川康建设期成会第二次全体会员会议，讨论通过有关川康建设之提案多件，分送主管机关办理。(重庆《新华日报》1940年3月29日)

3月31日 与胡文澜、邵明叔等预备参政会提案。

九时，胡文澜（景伊）、邵明叔（从恩）、张表方、褚慧僧、陈豹隐共商物价飞涨之救济办法，预备提案。(《黄炎培日记摘录》1940年3月31日)

4月1日—10日 出席国民参政会一届五次大会及历次会议。会上提交"请政府加紧禁烟"和"请政府平准物价"2案。任第四组（财政经济组）审查委员。(重庆《新华日报》1940年4月3、4日)

4月4日 出席财政审查组会议及第四次会议，审查议案。5日，出席第五次会议，听取"五五宪草"起草经过报告。6日下午，出席第六次会议，会上川康建设期成会与华北慰劳视察团分别提出书面之报告。嗣继续讨论第五次会议关于议长交议宪政期成会草拟之中华民国宪法草案修正案。（重庆《新华日报》1940年4月5日、6、7日）

4月8日 出席第七次会议，共通过提案36件。其中由先生领衔提出的《请政府加紧禁烟，并统一全国禁政机关，以宏实效案》，决议修正通过，送请政府斟酌。（重庆《新华日报》1940年4月9日）

在本次大会上，先生与宋渊源、胡景伊、董必武、张澜、许德珩等28名参政员，提出《策进台湾朝鲜革命使敌益速崩溃案》。这在战时民意机构中对收复失土，光复台湾的最先呼吁。提案所拟4条办法如下：

（一）我与敌为交战国，应即宣布《马关条约》无效，认为台湾亦在失复之失地范围，并宣言扶助朝鲜仍独立，以号召朝鲜志士在其本土速起革命，在我国内力助杀敌。

（二）通告英、美、法、苏等国，说明台为敌之南进根据，韩为敌之北进根据，请各援助台、韩民族自决使脱离敌之羁勒，即以根绝敌之野心而维持亚陆与南洋之永久和平。

（三）组织台、韩革命联络机关。并特为宣传三民主义，以增强台、韩之革命力量。

（四）设法使台韩革命志士与敌国之革命志士密切联络，以促进敌国之革命运动。并加强其反战进行。（载（中国第二历史档案馆77（2）卷，引自石源华《韩国独立运动与中国》第293、294页）

4月10日 国民参政会一届五次大会闭会。在9日第八次会议上再次当选为大会休会期间驻会委员，列第 24 位。

中央社讯：国民参政会第五次大会休会期间驻会委员廿五人，昨（九）日经第八次会议选举，当选者名单如下：孔庚、陈博生、李中襄、邓飞黄、许孝炎、林虎、杭立武、陶玄、高惜冰、范予遂、董必武、左舜生、张君劢、刘叔模、黄炎培、莫德惠、卢前、胡石青、张澜、秦邦宪、章伯钧、许德珩、李璜、褚辅成、王造时。（重庆《新华日报》1940 年 4 月 10、11 日）

4 月 14 日　出席国民参政会特种委员会第二次会议。

三时，特种委员会第二次会议，出席者张伯苓、黄炎培、张君劢、傅斯年、褚辅成、林虎、左舜生、李中襄、许孝炎、秦邦宪、毛泽东（未到）。

秦参政员（邦宪）报告与何参谋总长接洽情形，所有区域之划分，职权之隶属，军队之改编，防线之划定，均在具体商讨中。（《黄炎培日记摘录》1940 年 4 月 14 日）

5 月中旬　在万县反对党派摩擦，主张团结抗战。

一九四零年五月中旬，在万县县党部书记长欧阳杰、三青团万县分团筹备主任张其学及军政部第二补训处处长许克璜等策划下，由许克璜派员化装，逮捕了中共地下党员鲁济舟，以及嫌疑犯国本小学教员牟仲宇、向云鹄等。……但确认鲁济舟是共产党员，尚待进一步查，遂再走访褚主任，当承诺赞助。在召开党政军座谈会上，褚主任作了重要讲话。他说"抗战时期以团结为主，对党派的处理要遵循原则，决不能制造矛盾，加深矛盾，否则将报请上峰核示"。讲话长达三十多分钟。在座的党政军人员欧阳杰、张其学、许克璜表示遵办，旋即释放鲁济舟等出

狱。(何朝俊《褚辅成先生在万县》,《褚辅成专辑》第 92 页)

5 月 27 日 六十八初度,成诗一首,咏于川东万县。

抗战追随两载余,消磨岁月半舟车。鞠躬瘁尽犹忘老,参政期延待遂初。还我河山愿将了,乐天知命意当舒。行年正遇龙蛇厄,仰企贤人愧不如。(《六十八初度》手稿)

黄炎培有奉和先生六十八初度一首,作于本年 6 月 29 日。

奉和褚慧僧(辅成)六八初度之作,二十九年六月二十九日。新邦三十载,吾识褚先生。论治分而合,持身拙且诚。艰难天步折,浩荡蜀江行。民族珍元气,龙蛇不足惊。(《黄炎培诗集》第 128 页)

按:"论治分而合"一句:先生向主联省自治;"龙蛇不足惊"一句:原诗有"行年正值龙蛇厄"句。

7 月 7 日 抗战三周年纪念日,国民政府将张自忠将军为国捐躯的消息公告于世。同时,国民政府颁布了褒恤令和追晋张自忠将军为陆军上将令。重庆各报均在显著位置刊载张自忠将军的殉国事迹。先生等于 11 日唁电家属:

顷电唁张总司令家属云:军事委员会,转张总司令荩忱先生家属礼鉴:襄东之役,荩忱先生为国捐躯,精忠义气,将永为吾民族军人之模范,用特专电奉唁,藉申同人等对于张总司令敬仰之忱,至希鉴察。国民参政会副议长张伯苓暨驻会委员孔庚、陈博生、李中襄、邓飞黄、许孝炎、林虎、杭立武、陶玄、高惜冰、范子遂、董必武、左舜生、张君劢、刘叔模、黄炎培、莫德惠、卢前、胡石青、张澜、秦邦宪、章伯钧、许德珩、李璜、褚辅成、王造时叩。真。(《张上将军自忠纪念集》第 12、14 页)中华民国

1948年9月9日《张上将自忠传记编纂委员会》)

7月中旬 沈钧儒暂迁嘉庐一号先生寓。

日寇加紧了对重庆的狂轰滥炸,六月十二日,良庄部分住房遭轰炸被震塌,先生与沈谱、叔羊等暂迁居友人处。不久,良庄修复迁回。但经月余,良庄又被炸毁,(沈钧儒)先生等迁居中一路嘉庐一号褚辅成寓。月余,嘉庐遭炸,遂又迁往两路口重庆村十七号阎宝航家居住。(《沈钧儒年谱》第231页)

7月22日 蒋介石要求在川康建设期成会中遴荐勇于负责之人任烟毒总检查督察团代理团长。(中科院历史研究所第三所南京史料整理处资料)

8月1日 王雪艇电请先生为四川省烟毒总检查督察团副团长,代理团长职。

万县川康建设期成会办事处褚慧僧先生鉴:四川省禁烟督办公署呈奉行政院核准,设立全省烟毒总检查督察团,其组织规程规定,由督办兼任团长。兹该团即将开始工作,顷奉议长蒋电谕,请先生为四川省烟毒总检查督察团副团长,代理团长职务。已电省督署。特此电达,敬希察照。弟王雪艇。东。(同上)

8月4日 先生致电国民参政会秘书长王雪艇,催办事处7月经费等。

东电奉悉。督察团副团长检查区域如何?至于代理团长职务是否在蓉执行,俟函到再定期赴渝请示,特复。再,办事处七月份经费请告雷主任速汇。弟褚辅成叩。江。(同上)

8月7日 禁烟督办处"阳"电:"请褚参政员速行。"（同上）

8月16日 川省烟毒总检查督察团各组人员全部出发。18日，先生抵蓉检查烟毒。

> 中央社成都十九日电：蒋委员长电省府贺秘书长，代与褚辅成切商彻底禁烟办法，并假禁烟监察团以权责。对地方行政官吏及保甲长办理禁政成绩之优劣，负责详加评判，本其意见实施。贺奉令后，已与褚氏商讨一切，决遵委座意旨行事。（重庆《新华日报》1940年8月20日）

> 川芋毒总检查团代理事（团）长褚辅成衔蒋兼团长命，十八日由渝抵蓉检查芋（烟）毒，奉命来蓉视察，旨在总合各方意见，针对实际情形，拟定具体而能实施之办法，藉呈委员长采择。褚氏谈：世人多谓禁绝芋毒，须用重刑，余意以为重刑固可用，然必期其用之得当，若真能对权贵执行重刑，确保将杀一儆百之效。至各县、镇、乡之检举，尤贵在发动民众力量，作有组织挨户检查。否则走马观花，其效殊鲜。（《申报》1940年8月18日）

9月3日 川省垣检查烟毒，公务人员查竣后，向普通民众推行。先生飞渝向蒋报告工作。

> 成都电：川省烟毒总检察督查团代理团长褚辅成，自莅蓉以来，即积极展开省坦烟毒检查工作。上周已将各机关公务人员检查完竣，现正从事于普通民众之检查。日来顺利推行，成效甚佳。褚定于三日飞渝向蒋总监报告过去工作，并请示今后办法。又蓉市烟毒总险查组组长邓锡侯，二日在党政军联合纪念周报告检查办法：（一）人格感化，诚恳劝导，务期切实做到不运不售不吸；（二）

决以武力禁种禁运;(三)如有愍小畏法之徒私自耕种烟苗,一经查出,土地充公,人犯枪决,毫不宽容。(《申报》1940年9月3日)

9月26日 与张伯苓、孔庚、傅斯年、罗隆基、秦邦宪等再次致电英国会议员,请无条件开放滇缅路。

> 中央社讯:关于滇缅路禁运事,国民参政会张副议长诸参政员孔庚、傅斯年、罗隆基、胡林伊、褚辅成、秦邦宪、杭立武、李永新、奚伦、杨振声、陶孟和、周炳琳、陶玄、徐伯圆、钱端升、许孝炎、陈博生、刘叔模、李中襄、陈豹隐、许德珩、左舜生、张忠绂、王启江等数十人,曾以私人名义,于六月间致电英国上下议院议员薛西□、李顿勋爵及贝克金豪等数十人,阻止对日妥协。虽英政府终有三月禁运之决定,但议会中颇有责难之声。兹因三月之期将届,张副议长等于日昨再以私人名义,致电英国会议员指陈滇缅路对于我国抗战建国及英国远东权益之重要性,希望在此英国战争渐趋稳定之局势下,勿作不必要之顾虑,能毅然决定,对滇缅路无条件开放。(重庆《新华日报》1940年9月27日)

本月 在川东严厉禁烟。

> 一九四零年九月,褚老兼任川东禁烟督导团团长,在专署召开会议。他说:"烟毒危害人民身体健康,关系国家兴衰命运,对禁烟工作必须切实重视之,所委派人员必须廉洁从事,违者执法以绳"。他任用了一批督察员,分赴区乡办理禁政。据万县第六区督察员何朝俊报告:曾任白土乡团总徐富举吸食烟毒且贩卖烟毒,着由白土乡乡

长谭同甫派员送县惩处，途中龙驹区署，区长张伯仁受贿释放，要求彻查究办。褚主任批示：饬令乡长谭同甫迅将徐富举解押归案，交县府军法室讯办。县府军法官张汉三、李信能以系褚主任交办案件，置之于狱，不敢受贿释放，形成良好效果，从此吸毒贩毒者有所敛迹。（何朝俊《褚辅成先生在万县》，《褚辅成专辑》第91页）

10月6日 飞成都，出席次日召开的川康建设期成会第三次常务会议，报告办事处工作。会议期间先生就治安、禁政两题提出质问。

> 川康建设期成会七日在蓉开三次常务会议，召集邵从恩主席。上下午均由各办事处主任褚辅成、林虎、李璜、等报告工作，并检讨一年来工作请形。八日往川康，各军政首长报告施政概况。定九日讨论提案，下午闭幕。

（《申报》1940年10月8日）

10月14日 与黄炎培等观农产促进会所办手纺训练所。19日先生返渝。（《黄炎培日记 第7卷 1940.9—1942.8》第17、18页）

时苏北黄桥战役刚结束，为巩固苏北根据地，毛泽东于10月14日致电刘少奇、周恩来等人指出：应设法联络江浙民族资本家代表张一麐、褚辅成等，"欢迎他们派人和介绍人参加苏北根据地的各项工作。

> 你们注意吸收陶行知等生活教育社人员去参加苏北文化教育工作是对的，这是主要方面。但同时也应注意黄炎培、江问渔等所领导的职业教育社在江浙两省知识分子中有颇大影响，因为黄、江等不仅在文化教育界有地位，而且是经营工商业的民族资本家著名代表，因此你们也应

吸收职业教育社社员及其各方的有关人员，参加我们的文化教育和财政经济事业。应设法同江浙民族资本家代表张一麐、黄炎培、江问渔、褚辅成等联络，欢迎他们派人或介绍人参加苏北根据地的各项工作。(《毛泽东年谱》中卷第211、212页)

同日 毛泽东致电周恩来、叶剑英指出：

苏北根据地的工作对全国有重大政治影响，而对民族资产阶级的正确政策，成为我们建立苏北模范抗日根据地的中心问题之一。……因此请你们除对生活教育社人员加以联络，鼓励他们去苏北外（这是主要方面），同时亦对黄炎培、江问渔、张一麐、褚辅成等江浙民族资产阶级之代表加以联络争取工作。向他们说明苏北事件真相，说明我们在苏北的各种政策，征求他们对苏北问题的意见，约请他们派人和介绍人到苏北去办教育文化事业，去投资兴办实业，并说明我们欢迎他们派人和介绍人参加苏北的政权工作和民意机关工作，以便经过他们，扩大我们争取江浙民族资本家的范围，并帮助我们巩固苏北根据地。(同上)

11月11日 浙江省临时参议会选举第二届国民参政会浙籍参政员，先生继续当选。(《新编浙江百年大事记》第313页)

12月14日 致金国宝函，谈别后到万县的情形。

侣琴贤侄倩鉴：别后廿七晚抵万办事处，暂设王家花园卅五号附近。虽有县政府防空洞，坚固而明爽，然万城为入川要道，敌机经过频繁，闻警趋避，终觉空费时间。现已赁定护城寨杨柳湾周家院子为处址，不日迁入此地，离城七八里，位于山巅，别无他家，即遇空袭，尽可高枕无忧也。兹定十六七赴忠、酆、涪等县巡视。廿六七可返渝。日内如有来函，烦转交嘉庐一号留存，并希告知五小儿。为荷。此布。顺颂冬祺。辅拜启。十二月十四日。（褚辅成家信手稿原件）

年底 先生在万洲（州）赋诗2首，诗中谈禁烟的事。

（一）腰缠金印却非官，治蜀先型猛济宽。卅载事功重擘画，（辛亥管浙民政，即将鸦片禁绝。今又兼督川东禁政）万洲（州）山水尽盘桓。剧怜田舍耕农苦，遥念沙场战士寒。国难当殷何日已，又逢岁首敢言欢。

（二）载途雨雪越层峦，抖擞精神当耐寒。歇下肩舆惊已老，终朝安坐腿腰酸。（据褚辅成《梁山道上》手稿）

按：二首诗的手稿未署时间，分析诗中"卅载事功重擘画"句，先生于1911年任浙江军政府政事部长，力主严禁鸦片。30年后的1940年8月又任四川省烟毒总检查督察团副团长，代理团长职，重操禁政。诗末"又逢岁首敢言欢"句，说的是第二年新春的事。又据12月14日先生致金国宝函所谈，分析此诗撰写时间应在1940年12月中下旬赴忠、酆、涪等县巡视后。

◎ **1941年（辛巳）民国三十年　69岁**

1月13日 与黄炎培出席川省第三、六、七、八、九区行政会议。

川省第三、六、七、八、九行政会议，十三日在渝开幕，到各该区专员、征收局魏三、粮委会委员沈鹏等一百二十七人。并到来宾黄炎培、褚辅成。（《申报》1941年1月14日）

2月5日 呈蒋介石函，对"皖南事变"后的八路军、新四军部队的改编提出六点意见。

> 谨陈者：……辅不揣绵薄，拟于二届参政会开会时，集合公正无偏之同人，筹一根本解决之道，以消弭未来之祸乱，求其心之所安，成败在所不计。兹就管见所及，略举纲要，先行陈请裁示。（一）第十八集团军应明白宣告脱离共党，完全为国家军队，服从最高统帅命令。（二）新四军残部，遵令北移，归第十八集团军改编。（三）第十八集团军所需军械，中央应与其他各军一律待遇。（四）中央明令承认共党，为合法政团，予以法律之保障。（五）政府通令全国军政各机关，对于共产党党员，应与一般国民同等待遇，不得歧视。（六）参政会常设一特种委员会，遇有牵涉党派问题，为公允之处置，请政府执行。……辅忝列党籍，宁有不计本党之利益。往昔与干部同志见解微有不同者，以为与其以消极的手段防止异党，不如以积极的政策争取民众。（《国民参政会纪实续编》第279、280页）

2月14日 蒋介石就先生拟向第二届第一次国民参政会提出根本解决政党问题的提案，致电国民参政会秘书长王雪艇提出要"研究运用"。

> 参政会王秘书长勋鉴：据褚慧僧先生函称，拟于二届参政会开会时，集合公正同志，共提根本解决政党问题之提案等语。查所陈用意，不无可取，除复令与兄洽商办理外，兹将原函随文抄转，即希研究运用为盼。中正。丑寒。侍秘川。（《国民参政会纪实续编》第279页）

2月15日 毛泽东等七参政员致参政会秘书处删电表示：对政府未予采纳解决皖南事变十二条善后办法前，碍难出席国

民参政会二届一次会议。(重庆《新华日报》1941年3月10日增刊)

2月22日　就先生等提议在国民参政会下设立特别委员会一事,周恩来提出"特别委员会"归属问题。

> 周恩来就黄炎培、褚辅成、左舜生、梁漱溟、张君劢拟提议在国民参政会下设立特别委员会一事向黄炎培说明:(一)此委员会附属于参政会绝对不能接受;(二)此委员会必须成为各党派联合委员会,既不属于参政会,也不属于政府,成为各党派的一种协议机关,此种机关既不妨碍各党独立,也要保持党派批评自由;(三)最好各党派出一人或二人,国民党不能太多,并且不要军人,因此不要何应钦、白崇禧参加。(《周恩来年谱》修订本第505页)

2月24日　与黄炎培、梁漱溟等会商"皖南事变"意见书。

> 下午三时,衡山、表方、慧僧、君劢、舜生、努生、幼椿、士观、韬奋、赓陶、漱溟会商各签字于漱溟所起草意见书,待陈蒋。(《黄炎培日记摘录》1941年2月24日)

梁漱溟在《我努力的是什么——抗战以来自述》一文中对于此后近40日之奔走有较详细记载。

> 大家商谈结果,推定左、罗及我共三人,负责起草几条意见,作为向双方说话的根据。当晚左、罗及我三人又作一度交换意见,而委托我来执笔。23日晚我写好之后,通知各位朋友于24日集会。大家看了我所写好的,无甚修改,即依年龄为顺序而签名。第一为张表方(澜)先生,第二为褚辅成先生,余不必细数。除章伯钧、张申府两位未签名外,仍得十六人之数。褚先生为国民党老前辈,素不存党派成见,此次亦自愿列名。

我写的共四条，其条文如下：

（一）为昭示全国团结，此次大会中共参政员之出席必不可少。

（二）为永杜纷争，全国一切军队，应与任何党派绝缘，统一于国家。

上项原则之实行应由各方面合组委员会秉公监督办理。

（三）抗战建国纲领公布瞬满三年，究竟实行者几何？而现在事实，背乎各条规定者又有若干？应由各方面合组委员会切实检讨。其有实行不力者，应督促实行。背乎各条规定者，应加纠正。并以此委员会为常设之监督机关。

（四）根据二三条，合设一委员会，以最高领袖为主席，遇有不能出席时，派负责代表主席。设委员八人，网罗各方面充任之。委员会议决事项立即生效，不再经任何机关核定。

……

十六人签名的一份，又在四条前后加了头尾，作成一封信的方式，准备呈给蒋公。中共方面，则约了周恩来、董必武两位来面谈。周谈话甚多，总其要点，不外两层：第一层表示，极欢迎第三者出来说话，他们愿与第三者共同推进民主，可以将自己的事，加倍让步。第二层表示，四条主张甚好，若得当局接受，则他们出席，亦即不成问题。（《梁漱溟全集》第6卷第163、192页，以下引用同）

2月25日 主祭殷铸夫。韩国独立运动领袖金九亦率同志多人亲与致祭。

中央社讯：殷铸夫为党国先进，参加同盟会，追随国父倾覆满清，功绩甚伟。不幸去冬在蓉病逝，留渝亲友同乡等于昨（廿五）日上午，特假宁波同乡会举行公祭。到褚辅成、沈钧儒、陈其采、张季鸾、俞寰澄、竺鸣涛、潘宜之、冷遹、仇鳌、林虎、周佩箴、周守良等二百余人，由褚辅成主祭。韩国革命领袖金九亦率同志多人，亲与致祭。收到挽联有林主席、蒋委员长、于院长右仁、居院长正、孔祥熙等。褚辅成报告（殷铸夫）生前事绩及身后清寒情形，闻者莫不哀感万分。最后由殷礼扬代表家属致词。（重庆《新华日报》1941年2月26日）

同日 邹韬奋因其生活书店的50余家分店被关，愤而辞去国民参政员职务，前往香港。临行前留下致沈钧儒、黄炎培、先生等各抗日民主党派参政员一信，由沈钧儒转交。（邹韬奋《抗战以来》第231、232页）

2月26日 应黄炎培之邀商川康地方募债问题。

午，招邵明叔、张袁方、黄肃方、李幼椿、褚慧僧、林隐青、卡尔登餐，商川康地方募债问题。（《黄炎培日记第7卷 1940.9—1942.8》第70页）

2月27日 与黄炎培等同谒蒋介石，谈组织特种委员会事。晚与周恩来、董必武谈至深夜始返。

八时到君劢家。十一时，因廿四日会商上蒋委员长意见书，报经委员长，于十四人中指定余及君劢、表方、慧僧、衡山、舜生即偕相进见，谈组织特种委员会事，甚洽。出，至君劢家会商，即招周恩来共谈。

为组织委员会与劝止共党参政员不出席事，偕慧僧、衡山、舜生、努生、漱溟与恩来、必武谈至夜半始返。（《黄炎培日记摘录》1941年2月27日）

2月28日 与黄炎培等集商前问题，11时再谒蒋介石，先生提出参政会主席团可否由共产党参政员或共产党人员参加问题。

> 为前问题再集君劢家，岳军亦到。十一时再见蒋委员长，偕见者慧僧、君劢、舜生、衡山，委员长对特种委员会完全同意，嘱起草规程，并拟议人选，容纳各党派，内包中共。惟对中共参政员出席问题，如决定不出席，惟有根本决裂。（《黄炎培日记摘录》1941年2月28日）

> 王世杰《就中共参政员不出席本次参政会问题向大会的报告》：二十八日上午，延安方面仍无复电，黄参政员等六位再谒总裁蒋先生报告接洽经过，同时褚辅成先生提及参政会主席团可否由共产党参政员或共产党人员参加，当时蒋总裁先生表示，共产党方面参政员如出席此次会议，当无予以歧视之理，自可参加主席团。黄先生等六位，因又与周恩来先生接洽，周先生答复，谓尚未接到复电，出席问题，无论如何须待回电，方可决定。（《国民参政会纪实》下卷第879页）

> 黄炎培、张澜、褚慧僧等连日奔走，力劝中共参政员出席参政会，周恩来提醒他们"不要上当，免被各个击破"。（《周恩来年谱》修订本第506页）

3月1日 出席国民参政会第二届第一次大会及历次会议。在会上提交《各省每年度预算案应先交省临时参议会审议建议案》、《建议政府组织民食调剂委员会，统筹米盐供销，平准市价案》、《建议积极推广邮政储金，调整邮储机构，以裨国民储蓄而利抗战案》3案。（《国民参政会纪实》下卷第846、850、852页）

3月2日　出席二届一次大会第一次会议。下午4时出席国民政府举行的茶会。(重庆《新华日报》1941年3月3日)

同日　董必武、邓颖超联名发出了致国民参政会秘书处公函,提出临时解决"皖南事变"办法十二条,作为中共参政员出席参政会的条件。(重庆《新华日报》1941年3月10日增刊)

同日　晨,周恩来、董必武、邓颖超送来《周董邓致各党派领导人士书》,书中呼吁共同促使十二条临时办法的实现,并表示:"倘能得有结果,并获有明确保证,必武、颖超必亲往参政会报到。"(《新华日报增刊》1941年3月10日)

3月3日　上午8时出席第二次会议,会议听取秘书长王世杰关于中共参政员不出席本届参政会经过情形报告。下午,第三次大会通过各组审查委员名单,被推为第四审查组审查委员会委员。(重庆《新华日报》1941年3月4日)

3月4日　上午8时第四次会议,听取军事及财政报告。(重庆《新华日报》1941年3月5日)

同日　下午,向参政会及各界报告发起劝募战时公债运动之经过。

> 下午四时,蒋委员长以主任委员名义召集茶话会于嘉陵宾馆,被邀者全体参政员、常务委员、各大队长共二百余人。先由褚慧僧报告,建议发动劝募战时公债。主任委员致词,副主任委员孔副院长致词。(《黄炎培日记　第7卷　1940.9—1942.8》第72页)

> 首由参政员褚辅成报告建议发动劝募之经过,并贡献三点意见(略)。次由蒋委员长致词。(《申报》1941年3月6日)

3月5日　出席审查组提案审查会议。

昨（五）日第二届国民参政会第一次大会开会之第五日，亦即为开始讨论提案之第一日，上午八时起，各组审查委员开始审查提案，所有审竣之提案，均提出下午三时之第五次会议讨论。出席参政员王晓籁等一六九人，旋开始讨论提案。……通过要案：……五、蒋参政员维伊等二十八人提：请确定各县参议会职权案。六、褚参政员辅成等三十五人提：各省每年度预算案应先交临时参议会审议案（以上两案合并讨论），决议修正通过，送请政府采纳施行。（重庆《新华日报》1941年3月5、6日）

3月6日 上午出席审查组审查提案会议，下午出席第六次会议，听取政府关于管理粮食及平抑物价的报告。7日，上午出席审查组审查提案会议，下午出席第七次会议，通过征收免缓役证书等案。（重庆《新华日报》1941年3月7、8日）

3月8日 上午出席审查组审查提案会议。下午出席第八次会议。领衔所提一案原则通过。

（十八）褚参政员等三十五人提，建议政府组织民食调剂委员会，统筹米盐供销，平准市价案，决议：本案原则通过，送请政府采择施行。（重庆《新华日报》1941年3月9日）

3月10日 上午，出席国民参政会二届一次大会闭幕式。在9日上午举行第九次大会上，继续当选为休会期间驻会委员会委员，列第1位。

上午，举行第九次大会。主席团主席张伯苓、左舜生、张君劢、吴贻芳及参政员一百六十二人出席了会议。会议讨论了第一、三、四、五审查委员会关于军事、内政、财政、教育文化提案的审查报告，通过了五十二项提案和一项临时动议。下午举行第十次大会……会议讨论通过了军事报告、交通报告、农林报告、教育报告和物价特种委员会总报告。通过了关于物价问题的六项提案和两项临时动议。

选举褚辅成、孔庚、喜饶嘉错、陈博生、黄炎培、林虎、李中襄、邓飞黄、许孝炎、范予遂、江一平、冷遹、杭立武、王启江、童冠贤、李璜、李仙根、刘哲、傅斯年、沈钧儒、张澜、梁漱溟、董必武、梁实秋、高惜冰二十五人为休会期间驻会委员会委员。主席团主席为驻会委员会主席。未出席会议的中共参政员董必武也被选为驻会委员会委员。(《国民参政会纪实》下卷第836页)

3月12日 与黄炎培等商川康建设期成会办事主任人选等事。

三时，到参政会，共邵明叔、张表方、褚慧僧、李幼椿、林隐青、雷儆寰商川康建设期成会办事主任人选及进行方针问题，建泸处余推冷御秋接任。(《黄炎培日记 第7卷 1940.9—1942.8》第75页)

3月13日 与黄炎培、张君劢、左舜生等会商成立各党派委员会事。

午，十五人一心会餐，十四人中减邹韬奋，加李幼椿、董必武、伯钧、申府、表方、衡山、努生、士观、庚陶、漱溟、御秋、问渔、慧僧、君劢、舜生及余，讨论国共问题。董必武对委员会问题，仍愿进行。因推定君劢、舜生、慧僧、漱溟及余见蒋委员长。(《黄炎培日记摘录》1941年3月13日)

十三日午,由黄炎培、沈钧儒、张君劢、左舜生四位出面在一心饭店请客。被请的都是参政同人,而以中共参政员为主要对象,当由众人公推褚、黄、张、左及我五个人共负继续进行之责。(梁漱溟《我努力的是什么——抗战以来自述》)

3月19日　与王雪艇等商特别委员会组织等事。

午,共王雪艇及慧僧、君劢、舜生、漱溟商特别委员会组织及明午见蒋委员长准备事宜。(《黄炎培日记摘录》1941年3月19日)

同日　中国民主政团同盟在重庆上清寺特园秘密成立。(参见《民盟历史文献》)

3月20日　中午,出席蒋介石招餐,餐毕,陈述继续接洽中共问题。

蒋委员长招全体驻会委员餐,餐毕,余偕慧僧、君劢、舜生、漱溟陈述继续接洽中共问题。仍请组织特别委员会,并陈所拟组织规条。委员长赞成,嘱与中共接洽。(《黄炎培日记摘录》1941年3月20日)

春　成立万县食盐监销委员会,解决盐荒。

万县发生盐荒,同湖北接壤诸县乡民众常买不到盐吃,淡食达数月之久。……县党部书记长欧阳杰、县长杨用斌、秘书蔡仁等却策划官盐私营,组织商业公司以谋利。事为万县教育会理事长何朝俊、县农会干事长刘吾仇所闻知,趋赴护城寨向褚主任陈述,褚主任当即到县府召开紧急会议,成立万县食盐购销处,又成立万县食盐监销委员会。同时组织力量函请各乡镇造具户口名册,按照人口计

口授盐，从而解决了盐荒问题，万县人民对褚主任有颂赞之声。(何朝俊《褚辅成先生在万县》，《褚辅成专辑》第93页)

5月27日　川康建设期成会第二届首次会议闭幕，由蓉返渝。《中央日报》记者往访，先生谈此次会议情形谓"结果圆满"。

  本报讯：川康建设期成会第二届首次会议，二十五日闭幕后，出席代表川东办事处主任褚辅成，已于二十七日由蓉返渝。川南办事处主任黄炎培仍留蓉推动劝募公债。前次决议成立西昌办事处，将由莫德惠前往主持。记者于褚氏抵渝后往访，承谈：此次常会结果圆满。西康刘主席虽未与会，但有详细电报到蓉，表示愿接受大会一切建议案。川省高级行政长官均出席。关于粮食问题，意见较多，一致主张无论田赋征收实物，或征购军粮等，均应作一次征收，不要题目太多，使民众生厌。并应详细拟定一次征收办法，最好先交省参议会讨论通过后呈准施行。关于兵役问题，决定建议五点：（一）征收抽壮丁之数量减少，但提高其素质。（二）改善壮丁待遇。（三）力求各地征丁，抽之平均，避免有彼此轻重之嫌。（四）征训合一，在训练壮丁时，即办理壮丁抽签，壮丁入营。（五）限期八月底军管区司令部应将全川壮丁名册清理登记完善。关于新县制问题，各代表均认为去年办理之乡镇长训练，未达预期成绩，乡镇长人选亦未能尽合理想，故乡镇长人选问题，尚须重新考虑。同时管教养在乡村不易合一，尤不能以乡镇长兼任中心小学校长，如兼任则精力不够分配，且镇公所与小学合署办公，易影响学生之环境及心情，因乡镇中烟犯匪徒等亦看押其间，此点函应分开。

关于各县市之临时参议会，务期七月内分别设法成立，以后粮食兵役各项问题，即可由该会中先加讨论，既切实而又有效。(《中华民国史史料长编 民国30年 2》第337页)

于蓉返渝途中适逢六十九初度，成诗一律。

胜利年开新纪元，三春百战百追奔。同仇还望同团结，得道尤须得外援。求死初衷今幸免，偷生乱世福奚言。星家不验身犹健，欲学随园写告存。(《六十九初度》手稿)

5、6月间 在万县发起设立劝募空袭救济金，关怀空难中的伤亡者。(《褚辅成专辑》第95、96页)

6月4日 与黄炎培等谈粮食问题。

夜，可亭招餐其家(春森路九号)，谈粮食问题。同席慧僧、御秋、陈芷町(方)、陈端(财部参事)等。(《黄炎培日记 第7卷 1940.9—1942.8》第112页)

6月6日 与周恩来、董必武在重庆冠生园商讨时局问题。

(董必武)和周恩来在重庆冠生园，邀请中国民主政团同盟负责人黄炎培、章伯钧、左舜生、冷遹、褚辅成及救国会负责人沈钧儒等，商讨时局问题。(《董必武年谱》第169页)

6月7日 出席参政会驻会委员会议，讨论议案实施情况。

国民参政会第七次会议于昨日晨七时开会，出席者主席团张伯苓、左舜生，驻会委员孔庚、高惜冰、刘哲、沈钧儒、褚辅成、陈博生、江一平、童冠贤、杭立武、李中襄、王世杰。秘书报告议案实施情况。对于办县制协进会，不另行组织。(《申报》1941年6月7日)

10 月 在万县募集专款 8 万多元,设"强民院"戒毒所。(《褚辅成专辑》第 99 页)

11 月 9 日 中华职教社举办星期讲座,先生演讲。

中华职教社举办星期讲座,由黄炎培主讲南洋募捐之观感,继由褚辅成演讲"减租运动"。褚氏指出:中国农村佃农占 90%,仅从地主手中分得十分之二的谷类,生活贫苦,生产情绪低落。欲解决粮食问题,其要者莫于增加生产,使地尽其用,而鼓励农民生产热忱,实现增产,则必须彻底执行"二五减租"运动。(《重庆市志》第 11 卷第 276 页)

演讲结束后,接受记者采访,谈川东粮征问题。自 1939 年 10 月先生被任为国民参政会川康建设期成会驻万县办事处主任后,在川东一带重视开展农村地租的调查,提出要"调整租佃,提高人民增产热情",以利抗战。

参政会川康建设期成会万县区负责人褚辅成氏,昨对记者畅谈川东粮征。据云:川东二十余县粮食征实情况,进行尚佳,多者已征购达十之七八,少者亦十之四五。此种多少不等之情形,并非粮户抗命,实系地方粮库苦于无法容纳,而商请粮户缓交者,故储运局在川东之工作实应即日开始接收,俾减少当地之困难。褚氏继称:川东租佃为主八佃二,此举乃使佃户只顾小春自给,不顾大春之米谷,影响增产,为数甚巨。而国家所受损失,亦甚显著。故主张政府按照土地法规予以调整,虽不能为浙江省之对半分后,再行二五减佃,亦应使佃农有热情从事生产之热情,稍舒当前之困苦。万县米价年来屡有波动,相差不大,今年获平均□成,但包(苞)谷颇佳,一般皆优于往岁，故年内可望不至再涨.'褚氏末谈及新政之实行，谓好县长便努力，亦难免挂一漏万。为治本计，希望能依委员长指示监察制度，实行民选乡镇长，则下层基础巩固，新政得以推行云云。(《边事研究》1942 年第 13 卷第 1 第 2 期第 49、50 页)

11 月 15 日　晚，与御秋、君劢等商如何使参政会获圆满结果。

夜，岳军招餐其家，慧僧、御秋、君劢、舜生、幼椿、努生、铁城、雪艇及余，谈如何使参政会获圆满结果。(《黄炎培日记摘录》1941 年 11 月 15 日)

11 月 17 日—26 日　出席国民参政会第二届第二次大会及历次会议。会议期间提交 2 案：一、《请行政院督促各省建立县以下各级民意机关，并令各省省政府派员指导乡民行使选举权、罢免权，以期实现民主监察制度廓清积弊案》；二、《请策动全国士绅，拥护中央既定军粮政策，劝导民众踊跃认购，并竭力协助运输，以裕军事而利抗战案》。(《国民参政会纪实》下卷第 982、985 页)

第 2 案受国民政府重视。行政院于 1942 年 2 月 13 日第 2643 号训令转饬各省市政府，切实推行。案中曰：

溯自抗战以来，军需最为切要，省省重粮秣，而粮秣尤为争取最后胜利之因素。……军粮为军队命脉，不可或缺，尤宜发皇民众力量，遵嘱最高军事机关制，须(告)之民众协助运输办法，努力奉行，分为有粮出粮、有力出力之义务，减轻战时经济之支出，以达成最后胜利之目的。(重庆档案馆藏卷（全宗 0064—001—00412）油印稿)

11月26日　国民参政会二届二次大会闭幕。继续当选为休会期间驻会委员会委员，列第2位。

上午，举行第十次会议。……会议听取了教育部、内政部对参政员询问案的答复；宣布了休会期间驻会委员会委员，选举结果：孔庚、褚辅成、李中襄、黄炎培、杭立武、高惜冰、邓飞黄、范予遂、董必武、陈博生、沈钧儒、许孝炎、冷遹、江一平、李璜、陶玄、林虎、童冠贤、刘哲、许德珩、张澜、李仙根、麦斯武德、王启江、梁实秋当选。(重庆《新华日报》1941年11月26日)

12月5日　在重庆以专家资格出席全国内政会议，会上任第六组（禁烟）提案召集人。

全国三届内政会议五日九时举行，出席者有各省民政厅长、地政局长、市长、行政督察专家、省会警察局长及内政部高级人员诸专家等一百八十余人。首由内政部政次张维翰报告自二届内政会议闭幕后的施政情况，次由主席提出各组审查会、审查委员及召集人名单。……第六组有关禁烟之提案召集人褚辅成、李天培、李仲公。各方代表百八十余人，专家会员者林彬、陈茂蕖、褚辅成、萧铮、雷震、马亮、王德汉、孔德成等。(《申报》1941年12月6日)

12月8日　上海日军侵入租界，先生将法学院迁往浙江兰溪开学。

一九四一年十二月八日，日军侵犯南洋，偷袭珍珠港，上海日军侵入前，租界各校当局惊惶失措，甚至有恐遭日军之忌而不敢停课的。我校在太平洋战争发生前，早对应变之策作了决定,褚院长亦有多次指示。故敌骑一至,弦诵立停,一面办理结束,一面准备内迁。(代院长褚凤仪)通过教务处主任胡珍楷关系,在兰溪拍发电报,向褚院长和教育部长请示学校内迁兰溪开学,褚院长复电赞成,教育部且允拨助移费五万元,于是学校决定迁兰。(高景仰《褚辅成与上海法学院》,《褚辅成专辑》第125页)

12月9日 中国正式对日本宣战,同时并对德、意宣战。

12月12日 出席参政会驻会委员会委员会议,会议拥护政府对轴心国宣战。(重庆《新华日报》1941年12月12日)

同日 上午10时,出席国民参政会川康建设期成会第三次全体会议,报告办事处工作。(《中华民国史史料长编 民国三十年 2》第646、647页)

12月17日 出席王世杰、张群招餐。

午,雪艇、岳军就参政会秘书处招餐,余等面递意见书,并商参会决议案四条实施办法。到者表方、君劢、舜生、慧僧、幼椿、必武、恩来、造时等。(《黄炎培日记摘录》1941年12月17日)

12月19日 招餐会上续谈四条实施办法。

午,岳军、雪艇再邀餐,表方、慧僧、舜生、御秋、恩来、必武、造时,续谈四条实施办法。(同上,12月19日)

12月23日 出席参政会驻会委员会财政经济组会议。

午后十五时,参政会驻会委员会财政经济组开会,仅余与邓飞黄、褚慧僧三人出席。(《黄炎培日记 第7卷 1940.9—1942.8》第199页)

12月24日 出席冷遹、杨卫玉招餐,到者颇多。(《黄

培日记摘录》1941年12月24日）

12月26日 在驻会委员会议上揭发财政部私运烟土。

九时，驻会委员会财政次长俞鸿钧报告；褚慧僧揭发涪陵存土（烟土）外运，有财政部发给封条，且有空白护照一百张情事。（同上，12月26日）

12月27日 与陶行知、黄炎培、沈钧儒、冷御秋、王炳南等出席韩国金九招餐。

韩国友人金九（临时政府主席，住和平路吴师爷巷一号）、濮精一（纯）招餐新丰园，同席慧僧、衡山、御秋、行知及王炳南、郭春涛，陪者赵素昂、严大卫、李范奭。见赠李著《韩国的愤怒——青山里喋血实记》及《韩民月刊》。（《黄炎培日记 第7卷 1940.9—1942.8》第201页）

本年 先生在《中央周刊》第20期上发表关于《地方建设两点意见》一文。文中"一涉政治，一涉经济，"认为是"当今国计民生之先务"，也是"总理谆谆言之"的大事。（《中央周刊》1941年第11期）

◎ **1942年（壬午）民国三十一年 70岁**

1月 上海法学院迁往浙江兰溪。夏，迁皖南屯溪。（《褚辅成专辑》第125页）

春 在万县，中共地下党员陈冠峨在梁山创办大华炼油厂时受到先生保护。

一九四二年春，是万县党派斗争激烈的时期。中共地下党陈冠峨在梁山集资，于万县清泉镇驷马桥创办"大华炼油厂"，开始向外营业。万县粮油业个别人企图破坏，便向褚主任陈述陈冠峨图谋不轨，有异党活动。据期成会视察余湘告知,褚主任接到控辞后说:"只要不是汉奸、卖国贼,新兴工业应予支持。"将来呈批示:备案存查。(何朝俊《褚辅成先生在万县》,《褚辅成专辑》第93页)

春 改善万县防空措施,确保市民安全。(同上,第96页)

3月18日 致金国宝函,告将于下月出巡石柱、酆都等县,谓"四底五初准返渝"。(据褚辅成家信手稿)

5月3日 万县各界为先生七旬祝嘏,成立祝嘏委员会,并向各界发起募捐款项,计划以捐款所得,创办川东大学。后因被人告发,声称为"非法募捐,要求查办"而停止,先生创办川东大学的计划落空。时已募得12万元款项,后由宗林教授出据领取,作为法学院迁万开办基金。(何朝俊《褚辅成先生在万县》,《褚辅成专辑》第100、101页)

5月15日 在成都,出席川康建设期成会第五次会议,报告办事处工作。会期3天。

> 中央社成都十四日电:国民参政会川康建设成会,定于十五日在蓉举行第五次全体常务会员大会,会期暂定三日,讨论中心以本年田赋征实、粮政、兵役、吏治等项为主。十五日上午为该会各办事处工作报告会,下午邀请川省府张兼主席、康省府刘主席、川康绥靖邓主任、川省府李秘书长、川康两省民政厅长出席,报告半年来施政情形。十六日邀请川、康两省府各厅局长出席听取意见,并询问十七日上午讨论本届各项提案。下午听取粮食报告,被邀请出席者为省府张兼主席、粮食部徐部长、刘次长、川粮政局长康宝志、田管处长石体元,省参会向、唐两议长、西康省参议会胡议长等。(《中华民国史史料长编 民国三十一年》第669页)

5月27日　七十初度，成诗一首，咏于渝城嘉庐。

　　检讨前愆贡献微，难论今昨是和非。犁牛有子何庸舐，劳燕修身不倦飞。半世功名议会谔，五年抗战异乡依。人生七十寻常事，欲向亲朋夸古稀。(《七十初度》手稿)

温州黄式苏有《次韵褚慧僧七十初度写怀》一首。

　　涕泣新亭叹式微，山河破碎望中非。九秋浙赣风云恶，万里巴渝魂梦飞。报国有人凭舌在，避兵何地许身依。老来待看神州复，我亦明年恰古稀。(黄式苏《慎江草堂诗续集》)

蒋介石来祝寿，不见。曰："避寿"。

　　一九四二年，我父亲在重庆度过七十岁诞辰。那一天，他一早就独自出去了，说这是避寿。临出去的时候留下话说："我们家里在国难期间不做寿。如果有客人来，就对他们说，等到抗战胜利回到上海以后再宴请他们。"蒋介石来在天曾经到我们的住处为我的父亲祝寿。由于我父亲一早就出去了，蒋介石来的时候没见上面，只送了只"寿"匾，即扫兴而归。(褚凤华《我对父亲政治生活的一些了解》，《褚辅成专辑》第40页)

本月　在万县，中共地下党负责人赵唯的安全受到先生保护。

　　同年五月，云阳县国民党党团负责人杨秩东、毕澄清向期成会报称赵唯(中共地下党负责人，现已离休住郫县)从事异党活动，在云阳四十八漕进行暴乱，希予派员彻查。褚主任打电话问闵永濂专员是否有暴乱情形，专署秘书郑希元照闵专员的意见在电话上答复:"据查系属于地方派系矛盾,并无暴动事实。"在专署召开的行政会议上褚主任莅临训话,提出了批评。从此,云阳中共地下党的发展得以顺利进行。(何朝俊《褚辅成先生在万县》,《褚辅成专辑》第93页)

6月10日 接受《新华日报》记者专访,谈鸦片禁种及建设问题。

本报讯:国民参政会川康建设期成会万县办事处主任褚辅成先生,最近在成都出席川康建设期成会会议返渝,本报记者特往访问。据谈,此次会议,举行旬日,最感满意者,厥为川康鸦片禁种问题,获得圆满解决。如西康刘主席报告中,曾谓西康所属烟苗经派军队前往铲除,而四川省政府秘书长之报告中,亦曾提及在松潘一界边陲之地,禁种烟苗之经过。……褚氏在蓉时,因包车倾覆而受伤,返渝后,即就医静养。日昨与记者谈川康建设问题时,仍精神矍铄,毫无倦容。渠对前线抗战将士之军粮问题,尤表关怀。(重庆《新华日报》1942年6月11日)

6月12日 出席国民参政会驻会委员会第十五次会议,商粮政问题等。(重庆《新华日报》1942年6月13日)

本月 在万县确保抗战征粮顺利进行。

一九四二年,全国田赋税收改征实物,成立全国田赋委员会。万县以县长宋明炘兼处长,省委派的程泽友为副处长,负实际责任。六月,召开征实座谈会,邀请褚主任驾临拨冗训话。褚主任说:"由征收现金改征实物,是抗战胜利的可靠保证,从此前方战士不缺粮食,后方公教人员可以生活安定，希望诸位先生踊跃完粮。……尤以在座的范相衡、黄均甫、郭汉清、石竹轩先生是万县的大绅士，收租达三千石，应带头交纳。"……从此，公教人员按月领米，感谢褚老对征粮工作的赞助。（何朝俊《褚辅成先生在万县》，《褚辅成专辑》第 96 页）

7 月 27 日 国民政府公布第三届国民参政会参政员名单，依照《国民参政会组织条例》第三条甲项遴选者，浙江有褚辅成等 8 名。（《国民参政会纪实》下卷第 1056 页）

10 月 10 日 自是日起全国慰劳总会发动文化劳军运动，至明年春节止为捐募期，先生被列为此次运动推动人之一。（《抗日战争时期新疆各民族民众抗日募捐档案史料》第 166 页）

10 月 22 日—31 日 出席国民参政会三届一次大会及历次会议。在会上提交 3 案。一、《浙江战区兵燹水旱灾情奇重，应请政府加紧救济，以解民困案》；二、《请政府注重小型农田水利，宽筹经费严定考绩，以防旱灾案》；三、《请政府对于国际贸易确定国营政策，以维持战后经济建设案》。（《国民参政会纪实》下卷第 1128、1134、1138 页）

10 月 24 日 出席第四、五次会议，听取经济、农林、教育、社会行政之报告，会上就农林问题提出口头询问。（重庆《新华日报》1942 年 10 月 25 日）

10 月 27 日 出席参政会招待会。席间林（森）主席致词，对于全体参政员日来研究议案之精神倍加慰勉，并盼望各参政员于大会闭幕后，对于推销公债及加强兵役工作，竭力协助政府完成抗建大业。（重庆《新华日报》1942 年 10 月 28 日）

10 月 29 日 出席第七次会议，会议议决设立国民参政会经济动员策进会，任特种审查委员会委员。

国民参政会三届一次大会于昨（二十九）日下午三时举行第七次会议，主席蒋中正。……主席团提议为促进国家总动员法令，及战时经济法令之推行，拟请由国民参政会设立经济动员策进会，以期协助政府推动业务，并倡人民一致实行，以达成巩固经济，平抑物价之目的。拟具组织大要，提请公决，经大会讨论后，决议交特种审查委员会审查，其人选由主席团指定。休息十分钟后，急行秘密会议，蒋兼院长出席报告外交、经济、财政暨军事，全体参政员恭聆之余，莫不深为感奋。报告毕，由秘书长报告主席团决定特种审查委员会，以褚辅成、冷遹、许孝炎、江一平、邵从恩五参政员为委员，由莫德惠、李璜二主席代表主席团召集，秘书处参加，并定于明日下午二时召开审查会。（重庆《新华日报》1942年10月30日）

10月31日 三届一次大会第十、十一次会议，讨论并通过提案。继续当选为休会期间驻会委员会委员，列第2位。下午5时圆满闭幕。

第三届国民参政会第一次大会，三十一日上午八时举行第十次会议，主席李璜，通过提案多起。……（十四）褚参政员等二十三人提：《请政府注重小型农田水利，宽筹经费，严定考绩，以防旱灾案》通过。……

第三届国民参政会第一次大会，三十一日举行第十次会议，选举驻会委员结果如下：孔庚、褚辅成、李中襄、王云五、邓飞黄、陈博生、许孝炎、杭立武、陶百川、江一平、但懋辛、江庸、王启江、郭仲隗、林虎、阿旺坚赞、冷遹、黄炎培、于斌、罗衡、何葆仁、董必武、陈启天、许德珩、王普涵。

下午二时讨论议案,引起激辩之议案为西藏参政员喜饶嘉措大师所提:请尊重佛教,并以佛教为中华民国中心思想案,薛明剑、许德珩等参政员认为措词拟有不妥,纷纷起立发言。孔庚与褚辅成亦起立陈词,结果原王云五所提修正案通过。(重庆《新华日报》1942年11月1日)

11月20日 出席参政会驻会委员会首次会议,听取外交部最近外交及国际情形报告等。

中央社讯:国民参政会第三(届)驻会委员会二十日上午九时,举行首次会议,到主席团莫德惠、参政员褚辅成、林虎、王普函、陈启天、邓飞黄、黄炎培、许德珩、江一平、阿旺坚赞、罗衡、孔庚、王云五、董必武、何葆仁、杭立武、李中襄、但懋辛、冷遹、江庸、郭仲隗、许孝炎、陈博生。主席莫德惠领导行礼后,由秘书处报告本届第一次大会决议案处理经过,及经济动员策进会筹备情形。次由外交部次长秉常报告最近外交及国际情形,其要点:(一)非洲同盟国之大捷及其影响;(二)苏德战况;(三)与各国进行废除不平等条约之经过。最后各参政员对于不平等条约有所询问,并提请注意之点颇多。至十一时许散会。(《中华民国史史料长编 民国三十一年》第1249页)

11月24日 先生为七十感怀之作索和,黄炎培报以两律。午,黄炎培招餐。

(一)、欲话沧桑感万端,各凭舌在老登坛;有情世界新翻局,无极功夫健据鞍。百岁三分君足二,危言逊行我心安;佳儿更羡双修孝,无恙萱堂淞水寒。——先生夙行一种健身运动,名无极功。

(二)、即论喷出廿年前,便送驹光也是贤;此口词锋还岳折,一言惊座付邮传。定天下局真如掌,读圣贤书敢息肩;铙吹春江归去也,报君惟酒与长年。——先生在参政会争邮票不宜加价,有效。

午,招诸友餐,维钧手制。到者雷儆寰、褚慧僧、林隐青、冷御秋、王艮仲、徐子为、王葆斋、许荀八、冷福安。(《黄炎培日记 第8卷 1942.9—1944.12》第37页)

12月4日 应王雪艇之邀,商经济动员策进会进行问题。

雪艇邀共慧僧、御秋、隐青、柳忱会商经济动员策进会进行问题。(《黄炎培日记 第8卷 1942.9—1944.12》第40页)

12月5日 先生在重庆组织浙灾筹赈会,任理事。(重庆《新华日报》1942年12月7日)

12月11日 在第五十二次星五聚餐会上做《平定物价之治本治标》的演讲。(《西南实业通讯》1943年第7卷第1期第43页)

12月18日 出席国民参政会驻会委员会第三次会议,质询农贷问题。

国民参政会驻会委员会第三次会议,于昨(十八)日上午九时举行,到主席团张伯苓、莫德惠,驻会委员郭仲隗、许孝炎等二十余人,莫德惠主席。领导行礼后,首由王秘书长代读外交部书面报告。其要点为太平洋战场、北非战场、印度问题、土耳其问题、法国动态、远东方面等。继由农林部部长兼国家总动员会议秘书长沈鸿烈,报告农林部最近施政情形,及物资管制问题方案。……继报告国家总动员会议改组经过,并说明蒋兼院长限价通过实施办法中，应行注意各要点。报告毕，褚参政员辅成提出关于农贷问题询问。至十一时十分散会。（重庆《新华日报》1942年12月19日）

12月23日 出席经济动员策进会首次常务委员会议，改任国民参政会经济动员策进会滇黔区办事处主任。

  国民参政会经济动员策进会自经第三届国民参政会第一次大会通过设置后，即由王秘书长秉承主席团之指示，并与若干参政员数度交换意见，草拟组织规程及工作大纲，并积极进行其他设立手续。依照大会通过之经济动员策进会组织大要之规定，策进会设会长一人，由国民参政会主席团推定之。常务委员及各区办事处主任、副主任则由会长就会员中分别指定。会长一席嗣经主席团一致推请蒋主席担任，常务会员及驻会常务会员暨各区办事处主任、副主任人选，旋亦经蒋会长分别指定，各区办事处除总会及秘书处设在重庆外，先在成都、万县、昆明、西安、衡阳五地设立五个办事处。将来视事实上之必要，并得酌量增设。至此筹备工作告一段落，爰于本月二十三日上午十时假军委会报告室开第一次常务会员会议，出席者有张主席伯苓、莫主席德惠、王秘书长世杰、策进会常务会员、各办事处主任副主任等三十余人，会长蒋主席临时因事未到，由张主席伯苓代理主席。首为文件报告，继由王秘书长报告筹备经过，十二时许蒋主席莅临，在军委会餐厅邀请出席各会员午餐。席间对于策进会今后工作方针有详尽之指示。

  国民参政会经济动员策进会会长：蒋中正。

  常务会员：孔庚、褚辅成、李中襄、王云五、邓飞黄、陈博生、许孝炎、杭立武、陶百川、江一平、但懋辛、王启江、郭仲隗、林虎、阿旺坚赞、冷遹、黄炎培、于斌、罗衡、何葆仁、董必武、陈启天、许德珩、王普涵、邵从恩、胡霖、光升、朱冠三、陈霆锐、高惜冰、李鸿文、奚玉书、唐国桢、王世颖、李永新、何人豪。各区办事处主任、副主任照章均为当然常务委员。

国民参政会经济动员策进会总会驻会常务委员及各区办事处主任、副主任：甲、驻会常务委员：冷遹、黄炎培、邓飞黄。乙、川西区（驻成都）主任李璜、副主任黄肃方；丙、川东区（驻万县，并于可能范围内顾鄂西等处）主任但懋辛、副主任喻育之。川康建设期成会在该区已办未毕之工作，请褚主任辅成会同但主任懋辛尽速布置就绪；丁、滇黔区（驻昆明）主任褚辅成、副主任李培炎（滇）、王晓籁、张定华（黔）。该区褚主任未到以前，请王常务委员云五暂往代理，以期各处工作同时筹备与开展。（重庆《新华日报》1942年12月24日，同见《西康经济季刊二、三、四期合刊》第130、131页）

冬 邀周新民任秘书。

我来昆明不久，即一九四二年冬，应褚辅成之邀，周新民来昆明任"国民参政会宪政期成会云南办事处"的秘书，褚是主任。周新民是中共党员，曾与我同为上海各大学教授救国会的负责人。（潘大逵《风雨九十年》第123页）

◎ **1943年（癸未）民国三十二年　71岁**

1月2日　王云五飞抵昆明，暂代滇黔区主任。一个月后先生赴任。

三十二年的开始，就是我应参政会经济建设策进会蒋兼会长之聘，暂代该会滇黔办事处主任，于一月二日飞往昆明，协助云南省政府，策进限价工作。留昆约一月，对于狂涨一时的物价平抑不少，而于粮价之平抑收效尤著。满一个月后，我即按照原议，交卸返渝，由原任褚参政员辅成接替。（王云五《商务印书馆与新教育年谱（下册）》第841页）

2月初　离万县赴昆明。关于先生出任国民参政会滇黔区经济动员策进会主任一职还另有隐情。

　　一九四三年二月离万。此前，万县军统特务机关万梁警备司令部少将稽查处处长唐佰岳向军统局报告，说褚辅成有包庇异党活动行为；中统万县区室主任段启高向四川省调查室报告，县党部书记长欧阳杰向四川省党部报告，说褚辅成到职以来包庇潜伏异党分子多人。连篇累牍的告状反映，终于促使当局借故川康建设期成会改为川康经济策进会的机会，调褚辅成至云南组织国民参政会滇黔区经济动员策进会，任昆明办事处主任，于一九四三年二月离万。机关团体负责人、专员曾德威、县长黄宝轩、县银行经理陈笃等人四十余人欢送江边登轮，褚主任依依相视，留下了难忘的日子。（何朝俊《褚辅成先生在万县》，《褚辅成专辑》第101页）

　　那一时期，蒋介石跟我父亲的关系其实很不好，他很讨厌我父亲。因为我父亲在川东时，曾经派人在重庆附近的涪陵县查获了财政部私运的大烟土。当时的财政部长孔祥熙，是蒋介石的连襟，我父亲为了这一起比较重大的私运烟土案件，曾经一再从万县赶去重庆，要求蒋介石亲自处理，这使蒋介石的面子很是难堪。同时，又怕我父亲把这一案件张扬出去。（褚凤华《我对父亲政治生活的一些了解》，同上，第41页）

先生被调离万县，上海法学院万县分院的筹建进度受到很大影响。

> 一九四三年初，蒋介石要我父亲即速离开四川到昆明去。当时，我父亲非常不满意这个变动。因为那时候私立上海法学院正被迫迁离浙江兰溪，他刚刚把我从重庆叫到万县，要我替他在万县筹办一个法学院分院。在抗战时期，要迁建一所私立的高等学校，在物质方面和师资方面都有很多困难，我父亲很想亲自留在万县把这件事情办好。可是，蒋介石为了使我父亲离开重庆越快越好，所以一再派参政会的秘书长雷震来劝我父亲速去昆明。（褚凤华《我对父亲政治生活的一些了解》，同上，第40页）

在筹建上海法学院万县分院的同时，积极援助地方绅士筹建"云阳私立辅成中学"。

> 当时恰逢同盟胜利公债奉命停缴，而本镇商户已收未缴之款，尚有280万元，遂以此作为办学基金。……褚辅成（国民党元老，时任川康建设期成会万县办事处主任）出面调处，盐灶商十分感激褚，便决定用褚的名字给学校命名，以此表示纪念。（谭鼎钟《私立辅成中学》，《云阳文史资料》第3辑第129—131页）

2月5日　昆明市学术界人士成立宪政研究会，推先生为理事。

昆明市学术界人士成立宪政研究会，选出褚慧僧、

潘光旦、潘大逵、周新民、李公朴等九人为理事。(王健主编《李公朴 1946—1996》第 137 页，1996 年)

3 月 8 日　晚餐，招待黄炎培等。

夜，褚慧僧招餐参政会，同席沈成章、翁咏霓、徐可亭、曾养甫、李幼椿、尹任先等。(《黄炎培日记　第 8 卷 1942.9—1944.12》第 79 页)

3 月 17 日　到参政会与黄炎培等商限价问题。

到参政会，与褚慧僧、李幼椿及御秋、子航、儆寰、雪艇商限价问题，提出办法五点，备陈委员长。在会餐。(同上，第 82 页)

3 月 18 日　再谈限价及抢运物资问题。

上午，到会，再约慧僧、幼椿、御秋、子航续商昨日所草意见。下午，偕慧僧、幼椿、御秋、子航至孔庸之家，谈限价及抢运物资问题，甚洽。(同上)

3 月 24 日　与黄炎培等以经济动员策进会常务会员资格上蒋介石《关于改善管制物价方法建议案》。

全日草成《关于改善管制物价方法建议案》，偕冷御秋、褚慧僧、王云五、李幼椿、邓子航，以经济动员策进会常务会员资格上蒋会长。内容分四点：(一)关于限价议价；(二)关于抢运抢购；(三)各地物价之协调；(四)各地限价之统一执行。晚脱稿。(同上，第 86 页)

4 月 1 日　国民月会活动，邀先生演讲。

4 月 1 日，国民月会请国民参政会的褚辅成先生讲演。主持大会的是 1 位年青的戴眼镜的教授，我不认识，问了旁人才知道是化学系主任、代教务长杨石先先生。杨先生致介绍词时联系到当时昆明的限价问题。他说：或者因为我国政治地位的特殊，或者因为没有军器作后盾，因此限价总是越限越高。今天，褚老先生到这里来，一定有好的办法，大家欢迎褚老先生讲一讲。褚辅成已71岁了，他开口讲话："现在——兄弟——来——报告——一点……"，两个字两个字一顿，还拖长了声调。讲到最后他说：他要用"笨干，以对待特殊的政治地位。"（张源潜《大一（1942—1943）生活杂忆》，《云南文史资料选辑 第34辑 西南联合大学建校50周年纪念专辑》第：160页）

5月27日 七十一初度，成诗一首，咏于云南昆阳海口云丰纸厂。

一别昆湖廿四年，重游景物迥殊前。伤怀旧雨多零落，抚鬓新霜欲蔓延。平准史书空读了，谪居蛮地亦怡然。田园芜久归心切，苟许来秋奏凯歌。（《七十一初度》手稿）

按：昆明海口云丰纸厂于1941年，由先生长子褚凤章、四子褚凤翔与当地士绅联合筹建。海口云丰纸厂的筹建出纸，为缓和当时国民政府各机关、学校用纸的紧张状况起了很大作用。

6月19日 嘱黄炎培为购棉花被阻事设法疏通。

为昆明纱厂向湘省定购棉花被阻事，受褚慧僧嘱，偕御秋函尹任先花纱布管制局长，请设法。（《黄炎培日记 第8卷 1942.9—1944.12》第120页）

9月13日 上午，出席经济动员策进会各区主任谈话会。

九时，经济动员策进会各区主任谈话会，到者冷遹

（主席）、喻育之、刘景健、尹敬让、张定华、黄肃方、马毅、王晓籁、李璜、高廷梓、林虎、褚辅成、但懋辛、仇鳌，报告各地限价状况甚详尽。刘报告河南灾情，饿死几百万人。高报告广东灾情，饿死几十万人，皆惨绝，而领袖不知也。……蒋中正当选为国民政府主席。(同上，第155页)

9月17日　与黄炎培等出席蒋介石招餐，谈物价问题等。

午，蒋主席招餐，同席张伯苓、莫德惠、李璜、冷遹、林虎、马毅、褚辅成等。谈国府主席被选后拟辞参政会主席，并谈物价问题。(同上，第156页)

9月18日—27日　出席国民参政会第三届第二次大会及历次会议。是日代表全体参政员致答词。

本日开会适值"九一八"十二周年纪念日，回忆民国二十年"九一八"事件发生之时，不禁有所感触。当时大家心理可分为两种：第一种心理以为日本强盗是一强国，处心积虑准备数十年，我们为一弱国，军事装备不如远甚，一旦抵抗将何以取胜，不抵抗固将亡国，抵抗亦将亡国，我们与其抵抗而徒然牺牲，不如不抵抗而保存实力。第二种心理以为敌人诚然是强国，但亦有其弱点，如不抵抗一定亡国无疑，抵抗可望不亡；与其不抵抗而亡，不如抵抗以图存，希望死里求生。时至今日"九一八"已十二周年，在此十二年中，前六年为准备抵抗时期，后六年为实行抵抗时期，吾人战至六年之后，不但立于不败之地位，而且联合民主国家一致争取胜利，此最后胜利不久即将来临。在此六年之内，全国上下一致努力，充分证明"不抵抗固亡抵抗亦亡"之为谬论，而且足以证明不抵抗必亡，抵抗必不亡也。

总反攻已临　望全国武力　团结杀敌寇

……吾人希望全国的武力，精诚团结，一致杀敌，只要政府一下总反攻命令，不论属何种部队，要一致对准敌人进攻，切不可稍有差池，如此可以断言总反攻一定可以马到成功，此为本会同人对军事方面唯一之希望与要求。

经建与宪政　决协助政府　使圆满达成

……过去本会经济动员策进会曾协助政府，求稳定战时经济，获有相当效果，但尚未完成预期之成效，使负责同人，深感抱歉。现在政府希望同人继续努力，同人自当接受。中国下级政治机构，无可讳言的尚不够健全，完全靠政治力量管制物价确有困难，希望政府能将政治力量与经济力量配合，政府必须掌握日用必需品物资，物价定能平抑，否则平抑物价，自较困难。……蒋主席训词曾昭示制颁宪政日期，中央决定在战事结束后一年以内，此事尤为国人殷殷所盼望。自"七七"敌人入侵以后，使我原定实施宪政日期延缓。现中央既经决定在战后一年以内，距今最多亦不过二年，即可召集国民大会，希望政府主管机关切实推进各级民意机构，以巩固宪政基础。(《中华民国史史料长编　民国三十二年　2》第273页)

9月19日　出席大会，听取财政、外交、教育、和司法报告。21日上午出席第五次会议，通过各组审查委员会委员名单，任第一特种审查委员会委员。(重庆《新华日报》1943年9月20、22日)

下午，举行第六次会议，何应钦报告军事，指责八路军、

新四军，中共籍参政员董必武反驳并愤而退席，并表示不再出席本次会议，以示抗议。(《国民参政会纪实》下卷第1215页)

9月22日 出席提案审查会议。23日，上午继续审查提案。下午，出席第七次会议，通过提案。听取沈鸿烈办理限价报告。沈鸿烈对限政会议未能应先生与王晓籁之邀在昆明召集，表示遗憾。

> 沈鸿烈对限政报告：因为物价问题为全国人士所最关心，所以本届大会曾议决商请主管机关作一次报告。……管制物价方案，全国各地在于今年一月十五日开始实施。……四月一日在桂林召开各省限政联合会议，四月底回渝，即筹备召开生产会议。此项会议于六月一日起开了十天，出席人员为二百八十二人，议案达四百五十件。会后，赴陕甘宁三省视察限政，并于八月十日召集七省限政联席会议于西安。所遗憾的是没有应经济动员策进会办事处褚辅成、王晓籁两先生之邀，在昆明召集限政会议。(重庆《新华日报》1943年9月24日)

9月25日 出席审查组会议。下午出席大会。26日，出席第九、第十次会议。会议议决组织宪政实施筹备会及经济建设期成会。27日，大会闭幕，继续当选为休会期间驻会委员，列第2位。

> 国民参政会昨日(26日)……下午三时续开第十次会议，会议讨论主席团提案。蒋主席在本大会中宣示内政及外交方针，对于宪政之实施，谓当设置一宪政实施筹备会；对于经济建设的促进，谓当设置一经济建设期成会，集朝野人士全力以赴。其所责望于本会同人者，尤为殷切。兹提议本大会对此宣示竭诚予以接受，并由主席团

暨驻会委员会与政府协商办法，务期早日组织成立，切实推进宪政筹备与经济建设工作，以副政府与国民殷切之渴望。当经全体一致通过。

国民参政会第三届第二次大会休会期间驻会委员，已在昨（二十七）日上午十一次大会时选举，当选人计林虎、褚辅成、孔庚、王云五、冷遹、杭立武、陈博生、但懋辛、许孝炎、许德珩、江一平、李中襄、罗衡、陶百川、王启江、阿旺坚赞、王普涵、郭仲隗、黄炎培、朱贯三、李永新、何葆仁、范锐、陈启天、董必武等二十五人。

又讯：董参政员必武自二十一日第六次大会声明退席后就没有出席。（重庆《新华日报》1943年9月25、26、28日）

9月30日 出席经济动员策进会第三次常务会议。

国民参政会经济动员策进会趁该会各区办事处正副主任和常务会员来渝出席此次国民参政会大会之便，在九月三十日上午九时，假本市文化运动委员会文化会堂举行第三次常务委员会会议，计到参政会主席团主席莫德惠、策进会驻会常务会员冷遹、黄炎培，各区正副主任褚辅成、李璜、马毅、仇鳌、王晓籁、黄肃方、李芝亭、张作谋、高廷梓、喻有之、刘景健、张宝华，常务会员孔庚、光升、何葆仁、李中襄、唐国桢、许德珩、李永新、朱贯三、王世颖，主任秘书雷震等廿余人，花纱布管制局局长尹任先也被邀请列席。主席莫德惠致开会词后，相继向驻会常务会员、各区办事处正副主任、主任秘书等，对于今后该会和各区办事处工作方针，尤其关于和所在地政府如何联系问题，掌管物资问题等，发表意见很多。并请尹局长对于花纱布管制情形作详尽的报告。末讨论提案一件，经一致决议,连同各常务会员等所发表的各项意见,一并交驻会常务会员整理后,建议政府施行。至下午一时许始散会。(重庆《新华日报》1943年10月1日)

本月 石柱县"慧僧公园"竣工。由老同盟会员但懋辛书写"慧僧公园"四字匾额。(《石柱县文史资料》第14辑)

10月2日 出席王雪艇招餐,商讨宪政实施筹备会诸问题。

晚,王雪艇招餐参政会,同席张君劢、左舜生、李幼椿、褚慧僧、邵力子、周枚荪、雷儆寰共九人,商讨关于宪政实施筹备会种种问题。多数意见主张:(一)隶属于国民政府;(二)任务若干点;(三)人数不超过三十五人;(四)蒋委员长为会长;(五)召集人三人;(六)常务会员不超过十五人;(七)五院院长为当然委员或名誉会员;(八)中共须参加,其人选以可能到会者为宜;(九)所有会员均由蒋主席指定。(《黄炎培日记摘录》1943年10月2日)

10月15日 国民参政会驻会委员会第一次会议通过经济建设策进会组织大纲及宪政实施协进会组织规则。宪政实施协进会隶属于国防最高委员会,先生任常务会员。(重庆《新华日报》1943年10月16、20日)

11月1日 出席宪政实施协进会邀餐,座谈宪草研究等问题。(《黄炎培日记摘录》1943年11月1日)

11月6日 追悼张一麐。

新文字运动的保姆张一麐先生追悼会,昨晨九时假新运总会礼堂举行。凄风苦雨中,参加者异常踊跃。计到有蒋主席代表魏文官长怀、吴敬恒、张治中、王宠惠、王世杰（中略）、黄炎培、沈钧儒、冷遹、杜月笙、王云五、朱学范、董必武、左舜生、李根源、吴铁城、程中行、褚辅成、许士骐、张西曼、傅斯年、程希孟、江庸、刘哲等三百多人。追悼会由吴敬恒主祭。（重庆《新华日报》1943年11月6、7日）

11月12日 出席宪政实施协进会成立大会，所提一案议决通过。

国防最高委员会宪政实施协进会，于上年十一月十二日上午十时半举行成立大会，蒋会长亲临参加，会员出席者计有张伯苓、莫德惠、王宠惠、王世杰、江庸、孔祥熙、孙科、吴铁城、陈布雷、张厉生、熊式辉、张道藩、梁寒操、洪兰友、吴经熊、褚辅成、张君劢、黄炎培、胡霖、王云五、左舜生、陈启天、许孝炎、李中襄、董必武、江一平、傅斯年、钱公来、蓝孟武、李永新、梁上栋、孔庚、林彬、王右昌、王造时、蒋梦麟、张志让、萧公权及秘书长邵力子、副秘书长雷震等。大会由蒋会长主席，对今后实施宪政致殷切的希望。接着由张厉生报告过去各省、市民意机关的设置，和今后完成县以下民意机关工作情形。……午间，由蒋会长邀约全体会员聚餐。下午一时半开第一次大会，讨论提案，由召集人孙常务委员科主席，每项议案讨论极为认真，空气也很和谐，到五时才散会。兹将各项决议分志如下：（一）关于从速成立各级民意机关，有褚辅成、王造时和张志让等提案，经决议原则通过，送交常务委员会。（《宪政实施协进会消息汇志》，《中华法学杂志》1944第2期第91页）

11月16日 午，与黄炎培、邵力子等商宪政实施协进会事。

午，招诸友餐，到者邵力子、左舜生、褚慧僧、冷遹、刘任平、张志让、杨卫玉、董必武、张君劢、王造时，商谈宪协会事。(《黄炎培日记摘录》1943年11月16日)

11月24日 出席经济建设策进会首次常务会议，讨论经济建设组工作大纲等。(《中华民国史史料长编 民国三十二年 2》第657页)

11月26日 美国罗斯福总统、中国蒋中正主席、英国丘吉尔首相发表开罗会议宣言，重申日本必须无条件投降。

本月 参加陈屺怀追悼会并致悼词（陈布雷之兄陈屺怀因病辞世于浙南云和县，追悼会在重庆举行）。(《档案春秋》2008年第9期第23页)

12月27日 昆明广播电台致函先生：邀请于卅三年元旦晚八时莅台演讲。

敬启者 素仰先生学识渊博，群流钦崇，用特函请于卅三年元旦日晚八时廿五分莅台广播演讲。谨祈惠允是幸！此致 褚辅成先生。(昆明广播电台档案第53—3—54卷《1943—1944年一般往来公函》)

本月 针对战时物价上涨问题，先生与参政员刘明扬、龙文治、王晓籁等人提出"改进物价统制办法"一案。该案提出物价统制11项办法。(参见《中华民国史档案资料汇编 第五辑 第二编 财政经济（九）》第266—272页)

◎ **1944年（甲申）民国三十三年 72岁**

1月1日 《宪政》月刊创刊，任编辑。

《宪政》月刊，中华职业教育社创办的刊物，一九四四年元旦创刊。《宪政》月刊为十六开本，木造纸封面。"宪政"二字是黄炎培先生题书。由国讯书店出版发行。黄炎培任发行人,著名法学家张志让任主编。编辑有褚辅成、杨卫玉、尚丁、江问渔、傅斯年、王芸生等人。这个大型的政论性杂志是适应波澜壮阔的民主宪政运动的需要而产生的。每期都以主要篇幅大声疾呼民主自由,在当时的国统区,《宪政》月刊已成为各民主党派鼓吹宪政、争取宪政的有力工具,成为大后方一个重要舆论讲坛……并在团结杂志界发动"拒检"运动等斗争中起了重要作用。(《文史资料选辑》第85辑第148页)

1月31日 云南省临时赈济会正式成立。成立前先生曾去函提出4项建议。

是年元月三十一日云南省临时赈济会正式成立,开会凡七次。因政府之倡导,各界热烈赞助,慷慨输将,为时两月募获赈款国币四千六百余万元。……关于上项赈款之运用办法,一大部分系作为急赈,一部分系以工代赈。同年一月,国民参政会经济建设策进会滇黔区办事处主任褚辅成来函建议:(一)以工代赈.(二)兴办水利;(三)请中央核发农贷三万万元;(四)发动川、浙、粤、苏旅省同乡会募捐等四点;并愿鬻字劝赈。故经大会分别照办。褚主任关怀灾黎所拟办法虽未一一办到,而此种热诚实足可感。(《续云南通志长编(中册)》第413页,云南省志编纂委员会办公室编)

3月8日 报载滇省贫民没有衣穿,衣不蔽体,形同半裸,先生提议推广木棉种植,呈请中央拨款补助。

昆明通讯:经济建设策进会滇黔区办事处主任褚辅

成氏最近因公由昆返渝，拟向该会提议案件数起。里面有一件是提案，请中央拨款补助，推广云南省的木棉种植，以供工业及衣服用品的需要。他的提议案原文中说到，在视察云南各县的时候，看到各县人民大多衣不蔽体，尤以禄劝（现为彝族苗族自治县）为最苦，不少成年妇女衣裤不全，形同半裸，甚有贫一终身未曾穿过布衣的。为要解决这个严重问题，应该从速推广植棉运动。而云南因地势气候雨量等等关系，不宜种植草棉，因此褚氏向经济策进委员会建议，请中央拨款补助二百万元，在昆明推广种植木棉五万亩。同时并以种子交桂、黔、粤三省试种。按荣宗敬（名宗锦）的估计，我国从国外输入的细绒原料，每年达三十万担，值现市价三十六万元。如果能在云南种植木棉四十八万亩，就可填补这一大漏卮了。（重庆《新华日报》1944 年 3 月 8 日）

3 月 9 日 出席经济建设策进会第二次常会会议，报告办事处工作。先生在此次会议上还提出"建议改善滇、黔两省食盐承销办法案"，以解决滇黔两省人民盐荒（案略）。（重庆《新华日报》1944 年 3 月 10 日）

3 月 10 日 出席国民参政会驻会委员会第十一次会议，听取外交部书面报告及内政部中心工作报告，并有询问。（《中华民国史史料长编 民国三十三年（一）》第 465、466 页）

4 月 7 日 在万县致函中国国民党党史史料编纂委员会主任张继，呈浙省辛亥革命史实一份。

三十三年四月七日，自四川万县上海法学院致函中国国民党党史史料编纂委员会主任委员张继：略云："嘱写敝省辛亥革命史实，适有纪事初稿，正在征求在事诸同志补充,兹已由屈文六、吕戴之、黄文叔、赵从(澄)志诸兄补正,先付油印,特寄奉一份,祈察收,留作参考。"即"浙江辛亥革命纪实"是也。(关国煊《褚辅成(1873—1948)》,《民国人物小传》第10册第404页)

阮毅成在《记褚辅成先生》一文中谈到他的父亲阮性存(性伯)与先生的交往时还有一段话云:

> 褚慧僧先生,系父亲生前好友,革命的同志。他原籍嘉兴,清朝末年在日本习警政,归国后奔走革命,常与陈英士先生到杭州来,从事策动。他自己曾写有《浙江辛亥革命纪实》一文,在抗战中,于民国三十七年四月七日,自四川万县寄给张继(溥泉)一文中曾提到:……杭州阮性伯等,或斥资接济党人,或遇党案暗中掩护,赞助之力甚大。(《褚辅成专辑》第52页)

4月18日 与黄炎培等商策进会建设问题。

> 午,薛明剑招餐留俄同学会,商策进会建设问题。到者何北衡、褚慧僧、王云五、张定华、高惜冰、王晓籁、邵力子、雷儆寰、冷御秋及余。(《黄炎培日记 第8卷 1942.9—1944.12》第251页)

5月2日 出席宪政实施协进会第六次常会,会商各方对宪草意见。

> 中央社讯:关于研讨宪草运动,自宪政实施协进会于本年元旦发起以来,各地纷纷响应,自动组织座谈会或研究会,从事研讨,情绪至为热烈。截至上月底止,宪协会收到各方寄来意见颇多。其中包含各职业、宗教、社会等团体及军、公、教人员与学生、工人等。原定五月五日截

止收件，现以各边远省份交通困难，邮递较迟，且若干机关团体正在进行研究，多有函询可否展期者。二日下午四时，该会召开第六次常会，会商此事，到常务会召集人孙科、黄炎培，会员吴铁城、左舜生、莫德惠、褚辅成、张君劢、傅斯年、董必武、王云五、秘书长邵力子等十余人，由黄炎培主席。会商结果，决定该会对于宪草研讨意见的整理工作，自十月十日开始，各方意见如能于十月十日以前寄到，都可加入整理。仍希望全国各界继续对宪草热烈研讨，尤盼各大学法学院与专家学者，尽量提供具有建设性的意见。（重庆《新华日报》1944 年 5 月 4 日）

5 月 27 日　七十二初度，成诗一律，咏于昆明翠湖客舍。

七年盼望反攻时，今日回戈尚未迟。大厦同支忘老痛，盟邦连捷定安危。离乱骨肉翻团聚，建设工农问土宜。最后五分钟到了，忍尝艰苦奠邦基。（《七十二初度》手稿）

6 月 13 日　应昆明学术界之邀发表演讲，指出："守法要从官吏做起，希望政府尊重民意。"

昆明通讯：昆明学术界宪政研究会，于六月十三日下午二时开会，请褚辅成先生演讲。褚先生对最近政府发动的"守法运动"发表了他的感想。他说："所谓法律，是必须经过立法机关依照一定程序通过的。行政机关根据法律所颁行的是为命令，不根据法律所颁行的命令，便是违法，所以，要谈守法，必须认清这一点，然后才能有所适从。我们要谈守法，必须大大小小、上上下下都要一致的守法，一点也不能宽容。"要谈守法，褚老先生以为"先要从政府官吏守起，人民不守法，已经有违警法、刑法以及什么法等等来制裁他们。政府官吏不守法呢，我们很少看见有弹劾他们的,政府官吏犯了法,人民不敢说,法院、检察官不敢依法自动检举,有时又是审判官不敢受理。政府官吏如此,试问守法何从守起?前几天我见童子军们在街上劝人守法,我以为我们这些老头子,也应当组织起老子军来,请政府官吏守法,检举违法,我想这是很有意思的。"最后褚老先生又说:"老实讲官吏不守法的是很多的,尤其是有枪杆的人,他可以叫人守法,自己则公开违法,甚至一个乡镇长,他可以随便捉人、关人。希望政府尊重人民的意思,使人民有说话的机会。人民应该守法,官吏也应该守法,他不守法就检举他。这样,中国的民主才有希望。"(重庆《新华日报》1944年6月27日)

7月24日 著名出版家,七君子之一的邹韬奋先生在上海逝世。

8月19日 中国民主政团同盟在重庆召开全国代表大会,大会议决更名为中国民主同盟。(参见《中国民主同盟盟史》)

9月3日 晨,由昆明抵重庆,出席即将召开的国民参政会三届三次大会。

> 国民参政会第三届第三次大会,离开幕期尚余两日,截至三日晚止,报到之参政员共达一百五十八人,已占全体人数三分之二。三日晨蓉、昆两地参政员分别乘机抵渝。昨日一日间到会报到之寓居本市及外埠之参政员共三十人。其中主席团有张伯苓、李璜、吴贻芳三人(江庸、王世杰、王宠惠、莫德惠,均于前两日分别报到)。参政员由张君劢、左舜生、邵从恩、赵澍、黄肃方、徐炳昶、董必武、林祖涵、王寒生、冷遹等。昆明褚辅成先生也在三日晨赶到。(重庆《新华日报》1944年9月4日)

下午3时，出席国民参政会大会主席团招待茶会，并有演说。

> 大会主席团，于三日下午三时招待来渝各参政员茶叙，主席团张伯苓、莫德惠、吴贻芳、李璜、王世杰、王宠惠、江庸和秘书长邵力子、副秘书长雷震，全体出席参政员到褚辅成、章士钊、黄炎培、周炳琳、林祖涵、董必武、钱端升、陈启天、余家菊、陶孟和、王云五、皮宗石、赵澍、傅斯年等一百一十二人，济济一堂，融洽愉快的气氛溢于全场。茶会开始，由江庸主席首对远道来渝参政员致慰劳之忱，接着提出推定开幕式时参政员答辞代表。后来的参政员有多人发言，对大会议程的排列、提案截止日期陈述意见。傅斯年参政员说：在听取政府报告外，应增加大会次数以便对议案能有从容讨论机会，许德珩参政员拟请转达政府长官，口头报告应就政策方面多所发挥，工作计划可以列入书面报告。褚辅成参政员发言："以为当此胜利更加接近，抗战已迈入最后五分钟，而参政会的存在也到了最后五分钟，唯其抗战就要胜利，所以我们对于国家重要问题，应拿出勇气来，有话就要讲，不要讲空话，因为这就是尊重自己，以善尽其代表民意机关的任务。"大家听了后，热烈鼓掌。（重庆《新华日报》1944年9月4日）

9月4日 与工商、文化、教育、金融、交通、法律各界人士发表对时局主张，提出九项建议，迫切主张"真正实行民主，与民更始"。

> 黄炎培、张志让、杨卫玉、褚辅成、冷御秋、江恒源、王云五、薛明剑、吴蕴初、卢作孚、潘仰山、胡西

园、张肖梅、章乃器、潘序伦、吴羹梅、张澍霖、尹致中、向乃祺、刘伯昌、傅彬然、陈乃昌、王印佛、徐子为、张雪澄、贾观仁、黄敬武、孙起孟、祝公健、陈北鸥等，顷联名发表对当前时局的看法与主张。该件中指出："目前盟军节节告捷，欲配合盟军，争取全局胜利，自非齐一全民意志与力量，作最后之努力不可。我教育、文化、工商、金融、百业各界，艰苦支撑，迄于今日，将如何抖擞精神，以迎新生命。况抗战胜利愈接近，其需要解决愈迫切。"并认为非此不足以一新政象，激发人心，增进团结，和取得最后胜利。摘志该件九项主张要义如下：（案略）。（重庆《新华日报》1944年9月4日）

9月5日—18日 出席国民参政会第三届第三次大会及历次会议。会议期间提交《请政府改善征兵办法，以充实兵源并提高素质案》、《请政府紧缩通货，别筹的款，弥补预算之不敷案》、《核减本年度浙江省之征实征借数量案》3案。（《国民参政会纪实》下卷第1324—1344页）

同日 接受《新华日报》记者专访谓：我所注重的就是"团结，打胜仗"这两件事情。

> 本报专访：请听参政员们的呼声。从昆明远道来渝的褚辅成先生，当记者去拜访的时候，他也正如三日下午在参政会主席团招待的茶会上的呼吁一样，他呼吁的是要全国真正的团结。他呼吁全国要集中力量在打仗上，军事上要有办法。他对记者所说的话很简单，但却很沉重。他说：现在是最后五分钟的时候了，我们需要的是团结，需要的是军事上要有办法，前线上要能够打胜仗，我注重的就是这两件事情。（重庆《新华日报》1944年9月5日）

9月11日　邓初民(字昌权)致函沈钧儒,提出邀请先生等在参政会闭会前推动会外民主。(见《沈钧儒收文录》,《近代史资料》总第103号第157页)

9月16日　出席大会第十五次会议,讨论改善士兵生活案,先生建议"将中国在美国冻结的存款三万万美元提充军费",引起正直参政员的共鸣。

> 国民参政会昨日上午举行第十五次会议,主要讨论行政院交议的改善士兵生活案,并先由军政部长何应钦出席说明……。主席李璜宣布,参政员褚辅成等六十余人建议案:《请将中国在美国冻结的存款三万万元美金,提解交政府充作军费用》。褚参政员辅成站起来说明他的建议案时说:"现在不改善士兵生活就不能反攻。希望知识青年从军,也先要由改善士兵生活做起,不要只是空口讲白话,而要认真的去做。根据何部长的报告,可知士兵和尉官、校官的生活并未改善了多少,特别是士兵生活仍然如旧。只有将官生活大大改善了。何部长说尉官大半都没家眷,可是要有家眷的人又该如何呢?可知道这种规定是太不近人情。我们要维持士兵最低生活,要一律平等,要取消现在从上至下层层吃空额的现象,而要一兵一名。其次,何部长所报告军需来源太空洞,结果还是向一般人民加征,所以我们建议把中国在美国冻结的存款三万万美金,提回作军费用。"褚参政员说:"三万万美金合八百多万两黄金,合一千几百万万法币,这样军需来源不就可靠了吗?这件事应该做。"
>
> 许多参政员起来说明这是贪官污吏的钱,不仅应动用,还应没收。傅参政员斯年说:"动用在外国的存款早

就该这样做的,这些贪官污吏逃避到外国的资金,使得美朋友很奇怪,他们奇怪中国为什么不用自己在美国的存款,而反而向美国借款呢。"……黄参政员宇人提出要下决心改善士兵生活,据何部长报告,只知改善好了的是将官,士兵生活却仍然还是原封不动,他说:"现在是到了下决心的时候了,再不下决心就没有机会了,现在到了不得了的时候了。"他提议动用贪官污吏在美存款事,要求大会一致通过,不要再拖延时间,免得夜长梦多。

冷参政员通等十余人,对改善士兵生活案提了个修正案,并经冷参政员作了说明。主席团提议原案保留,并推荐褚参政员辅成、傅参政员斯年、冷参政员通、江参政员一平、周参政员炳琳等五人,将大会讨论意见整理后,连同该案再请交大会讨论。(重庆《新华日报》1944年9月18日)

9月17日 出席三届三次大会第十六、十七次会议,先生等提出临时动议:请大会通过拥护蒋兼院长报告案。但大会整整讨论了半天,未获通过。最后由主席团依参政员意见修正通过。(《国民参政会资料》第540页)

9月18日 出席国民参政会三届三次大会闭幕式,继续当选为休会期间驻会委员会委员,列第1位。

本届第三次大会休会期间驻会委员,十八日上午第十八次会议中选举,依照向例用无记名投票法,由主席王世杰宣告后,并推举监票员,结果褚辅成、林虎、孔庚、王云五、冷遹、左舜生、董必武、杭立武、李中襄、王启江、张君劢、陈博生、许孝炎、胡霖、钱公来、郭仲隗、江一平、王普涵、许德珩、陈永新、罗衡、陈启天、朱贯三、胡健中、黄炎培等二十五人当选。(重庆《新华日报》

1944年9月19日）

9月21日 上午，出席宪政实施协进会第四次全会。

中央社讯：宪政实施协进会，二十一日上午九时假军委会会议室举行第四次全会，到会员张伯苓、莫德惠、吴贻芳、王世杰、李璜、孙科、吴铁城、陈布雷、张厉生、熊式辉、梁寒操、张道藩、洪兰友、张君劢、胡霖、黄炎培、褚辅成、王云五、孔庚、董必武、邵从恩、王右昌、林彬、吴尚鹰、左舜生、傅斯年、周炳琳、蒋梦麟、钱端升、李中襄、达浦生、蓝孟武、燕树堂、张志让、陈启天、钱公来、梁上栋、江一平、李永新和秘书长邵力子、副秘书长雷震等。由召集人孙科、王世杰分别主席。蒋会长于十二时半到会，与各会员共进午餐。席间蒋会长向各会员殷殷咨询一切。餐毕，各会员于一时四十分继续讨论提案，到下午三时半散会。（重庆《新华日报》1944年9月22日）

9月22日 出席经济建设策进会谈话会，商讨改善官兵生活筹款办法。（重庆《新华日报》1944年9月24日）

9月25日 与宋庆龄、于右任、林祖涵、许德珩等72人发起邹韬奋先生追悼大会。

邹韬奋先生一代文豪，著作等身，毕生努力文化事业、民主运动，对团结抗战尤多贡献。讵以近年辛苦奔走，损及健康，竟因患耳癌症不治，痛于本年七月二十四日逝世，曷胜哀悼。兹定于十月一日（星期日）上午九时，假座道门口银社开会追悼。先生友好届时均请莅会参加，以表哀思。如有纪念哀挽文件，并请先期送交民生路七十三号生活书店代收。此启。发起人：宋庆龄、柳亚子、李烈钧、黄炎培、褚辅成、徐伯昕等（略）。（重庆《新华日报》1944年9月25日）

9月30日 出席中苏文化协会招待茶会，并发表演说，主张应增进中苏两国"更深的友谊"。

本报讯：中苏文化协会孙会长、邵副会长昨天下午三时在该会举行茶会，招待各界，并座谈促进中苏邦交与沟通中苏文化间问题。到参政员莫德惠、褚辅成、冷御秋、许德珩、黄炎培、江一平、荣照、胡秋原、彭革陈、陈博生，苏联大使馆代办司高磋、苏联对外文化委员会代表多菲也夫、苏联商务代表巴古宁、代理武官尼古尔斯、塔斯社副社长罗米诺茨基、美国新闻处编辑纽登以及林祖涵、董必武两同志，前驻英大使郭泰祺、国民党中宣部部长梁寒操，还有王昆仑、许宝驹、张西曼、冯夫人李德全、孙会长夫人、邵夫人傅学文、曹孟君、王芸生、萧同兹、陈铭德、潘梓年、周钦岳、刘尊棋、钟天心、司徒德、屈武、卜道明、周一志、曹靖华、西门宗华等百多人。首由孙会长致词，继由邵副会长补充说明。发言人都一致强调必须从具体事实上把中苏关系搞好，赶上英美和苏联的关系。

褚辅成说："中国民众与苏联人民的交谊，向来很深，民众都知道苏联是中国的朋友。所以我们要更加注意中苏两国在经济上和文化上的交流，以期获得两国更深的友谊。"（重庆《新华日报》1944年10月1日）

10月1日 出席邹韬奋追悼大会，与宋庆龄、郭沫若、许德珩等800余人签名，并做极哀痛的讲演。

本报特讯：在凄风苦雨中，一群一群的青年男女涌进了银社的大门，默默地走向韬奋先生的灵前。不到祭仪开始会场就被挤满了，后来的拥挤在两旁的走道和祭坛的两侧，虽然那么多的人，但是灵前却始终是静悄悄的，一片庄严、静穆、悲愤的气氛，占据了每个人的心，笼罩着整个会场。

签名簿上有宋庆龄、郭沫若、邵力子、褚辅成、莫德惠、左舜生、章伯钧、邓初民、马寅初、黄炎培、林祖涵、董必武、许德珩、冷御秋、王卓然……胡子婴、章乃器、张恨水、张友渔、潘序伦、潘梓年、阳翰笙、冯乃超、张申府、刘清扬、张西曼、郑振文、崔国翰、杨卫玉等八百多人。许多青年是没有留下名字来的，因为签名桌的旁边有些不三不四的人在注视着。……会场四壁，挂满了挽词、挽联，灵前摆满了花圈。……挽歌是陶行知先生作的。沈钧儒、左舜生两先生陪祭，黄炎培先生主祭，读完祭文后，沈老先生报告韬奋先生事略。郭沫若、邵力子先生、林祖涵同志、褚辅成先生、纽约新闻周报记者伊罗生、左舜生先生、黄炎培先生、莫德惠先生、邓初民先生都作了极悲痛的讲演。郭沫若、莫德惠、邓初民等先生都在一边揩泪一边讲话。莫先生、邓先生还沉痛的提到杜重远先生的死讯，更增加了会场的悲愤情绪，顿时只听到一片唏嘘之声。

褚辅成先生和韬奋先生第一次是在苏州监狱会晤，后来是在历次参政会中的接触。他说："先生是毕生为争言论自由奋斗，先生的出走是为了没有言论自由，先生的死也是为了没有言论（自由）而至于死。先生忠心耿耿，为国而死。先生之退出国民参政会也是出于不得已。假若中国有民主,假若中国有言论自由,假若先生能够在重庆有发表言论帮助抗战的机会,他是不会离渝出走,他也就不至于因病致死。"(重庆《新华日报》1944年10月2日)

10月5日 国防最高委员会秘书厅致行政院函,准宪政实施协进会本年10月第329号函,为本会第4次全体会议傅会员斯年所提《注意地方民意机关之土劣势力案》,送请政府切实注意。其中就该案的实施先生有如下意见:

> 我以为防止土劣的最好办法是自治与官厅工作的切实划分,现在地方自治机构将自己应做的自治工作去帮助官厅办官治行政,如征兵征粮。这些工作只有土劣办得了,地方官吏为了交差不能不与土劣联络,以致造成现在情势。自治与官治工作划分以后,自治人员专办自治事业,真正为人民谋福利,人民对于自治有了认识,才能努力从事于自治工作,才能防止土劣。(中国第二历史档案馆编《中华民国史档案资料汇编 第五辑 第二编 政治(一)》江苏古籍出版社1998年4月)

10月13日 出席参政会驻会委员会议,提议要考核重要议案的实施状况。

> 中央社讯:参政会驻会委员会,十三日举行第一次会议,莫德惠主席,讨论提案:(一)财政、粮食两部会订改善士兵待遇,献粮献金办法草案和借用人民外汇资产办法草案,由徐部长堪、俞次长鸿钧说明本案内容后,参政员褚辅成、许德珩等相继发表意见,都认为本案关系重大,要精密研讨。经决定先交财政、经济两组审查,再召集驻会委员临时会议讨论。并决定于下星期一(十六日)

开审查会,下星期二(十七日)召开驻会临时会议决定。(二)褚参政员辅成等提:充实调查权,以考核重要议案的实施状况决议案,决议通过。(三)大会决议交本委员会研究推行各地民众团体和各界人士组织新兵(壮丁)服务社案,决议:交军事、内政两组联合审查。(重庆《新华日报》1944 年 10 月 14 日)

10 月 17 日 出席参政会驻会委员会临时会议,通过献粮办法。

中央社讯:国民参政会驻会委员会,于十七日下午三时召开临时会议。到主席团莫德惠、王世杰,参政员王普涵、江一平、李永新、陈博生、冷遹、王云五、陈启天、褚辅成、许孝炎、左舜生、钱公来、胡霖、许德珩、黄炎培、胡健中、罗衡、王启江、李中襄、杭立武、郭仲隗,秘书长邵力子、副秘书长雷震、财政部俞次长鸿钧、粮食部庞次长松舟等二十六人。莫德惠主席。讨论事项:(一)改善士兵待遇;献粮献金办法草案。根据财政、经济组审查结果,决议修正审查意见通过。(二)借用人民外汇资产办法草案,讨论结果,决定请财政部再拟切实办法,送会讨论。下午六时散会。(《中华民国史史料长编 民国三十三年 2》第 1369 页)

11 月 国民党军队在日军发动的豫湘桂战役中溃不成军,河南、湖南及广西、桂林等地失陷,贵州、四川形势严峻。先生与许德珩张西曼、税西恒、潘菽、何鲁、黎锦熙、张雪岩、黄国璋等聚会座谈,讨论时局。此后,经潘菽介绍,梁希、金善宝、涂长望、干铎、谢立惠、李士豪等也参加聚会座谈。参加聚会座谈者主张,继承和发扬"五四"时期反帝反封建精神，坚持抗战到底，坚持民主与科学，反对国民党一党专政。……（参阅李瑗主编《中国民主党派史丛书——九三学社》第301页）

12月 国民政府对先生在三届三次参政会上所提《请政府紧缩通货，别筹的款，弥补预算之不敷案》一案做了敷衍塞责的答复。（参见洪葭管《中央银行史料1928—1949、5》上卷第646—649页）

本月 支持周新民创刊民盟云南省支部机关刊物《民主周刊》。该刊直到1946年7月"李、闻惨案"发生后，才被迫停刊。（潘大逵《风雨九十年》第四章）

本年 题峨眉山洗象池楹联。

惟有洗心能革面，虽非造极已登峰。（《峨眉山楹联选集》第1集第77页）

◎ 1945年（乙酉）民国三十四年　73岁

1月1日 与黄炎培、王云五、冷遹、康心如等60余社会知名人士联名发表《为转捩当前局势献言》，文中呼吁集中力量争取抗战胜利，实施民主政治，进行国内和平建设。（重庆《新华日报》1945年1月1日）

3月26日 国民政府行政院发表出席旧金山联合国会议代表团人员名单。

首席代表宋子文。（代表）顾维钧、王宠惠、魏道明、胡适、吴贻芳、李璜（青年党）、张君劢（国社党）、董必武（共产党）、胡霖。顾问：施肇基。（《黄炎培日记摘录》1945年3月27日）

3月31日 与黄炎培、王云五、冷遹共商时局。决定由先生择日宴请即将出席旧金山联合国大会的代表时，再作国共调解问题。

> 褚慧僧、王云五、冷御秋来，四人共商谈（一）对生产布局问题，约翁咏霓到参政会谈；（二）国共问题，由慧僧商假参政会定期公饯李、吴、董、胡旧金山会议四代表，即席商谈进行方法。余详尽报告顷参加商谈国共问题经过。（《黄炎培日记摘录》1945年3月31日）

4月2日 借参政会饯诸友，强调国共问题"继续协商"之必要。

> 前与慧僧约，借参政会饯诸友……到者四主人外，李幼椿、吴贻芳、胡政之、孙哲生、邵力子、雷儆寰、左舜生、沈衡山、章伯钧、张申甫（府）、王若飞、吴达诠，餐毕，畅谈国共问题。强调继续协商之必要，请若飞以公意电延安，劝周恩来五号偕董必武飞来。（《黄炎培日记摘录》1945年4月2日）

4月6日 出席国民参政会驻会参政员第十四次会议，听取陈诚军政设施报告，并讨论提案。（《中华民国史史料长编 民国三十四年 1》第555、556页）

4月7日 在董必武赴旧金山出席联合国会议的饯行会上，先生再次提出国共继续协商问题。

> 在张治中、王世杰、邵力子、雷震、黄炎培等为董必武赴旧金山出席联合国会议的饯行会上，褚慧僧席间发言，希望国民党要继续和共产党谈判，要董必武将此意报中共中央，意在请周恩来出来商谈。再次提出国共继续协商问题。（《董必武年谱》第224页）

午,张文白、王雪艇、邵力子、雷儆寰招餐参政会,为董必武饯行,席后中共要求随带六人问题,慧僧及余等提出继续协商问题。(《黄炎培日记摘录》1945年4月7日)

4月23日 国民政府公布第四届国民参政会参政员名单,先生继续当选。

依照《国民参政会组织条例》第三条甲项遴选者,浙江:褚辅成、罗霞天、胡健中、吴望伋、叶溯中、赵舒、陈其业、朱惠清、骆美奂、刘百闵。(《国民参政会纪实》第1422页)

4月25日 提出一案,建议政府迅与印度政府交涉,订立商约案。目的能使"中印货运流通,外货得源源输入,供我抗战之用(案略)。"(褚辅成《商约案》手稿影印件)

5月8日 法西斯德国向盟国无条件投降。

5月25日 在参政会邀餐时,先生提出恢复国共商谈办法。

褚慧僧就参政会邀餐,同席王若飞、左舜生、章伯钧、王云五、冷御秋、傅斯年、王雪艇、邵力子、雷儆寰,提出恢复国共商谈办法,待询取蒋主席意旨。(《黄炎培日记摘录》1945年5月25日)

隔几天,褚(辅成)招我和冷遹、左舜生、章伯钧、傅斯年、王云五提商这问题进行方法,这是五月二十五日的事。(黄炎培《不堪回忆的参政会》,《国民参政会纪实续编》第587页)

5月26日 为纪念抗日爱国将领戴安澜将军牺牲三周年,《海鸥周刊》由戴扶青先生在昆明创刊,先生时在国民参政会经济建设策进会滇黔区办事处主任职上,是鼎力支持的签名发起人之一。于右任先生题写刊名。

> 按：戴扶青先生是原国民党 200 师师部文书，戴安澜将军是该师师长。1945 年 5 月 26 日戴安澜将军牺牲三周年，戴扶青先生在昆明创刊《海鸥周刊》，以纪念这位抗日爱国将领，宣传抗战，倡导民主。在创刊号刊出的 100 多名鉴名发起人和题词人中有于右任、冯玉祥、许世英、李根源、张治中、褚辅成、龙云、卫立煌、徐庭瑶、杜聿明、宋希濂、史良、郭沫若、蒋梦麟、张伯苓、曾昭抡、潘光旦、蔡维藩、燕树棠、熊庆来等军政教界知名人士。（见《海鸥周刊》增刊，1945 年 5 月 26 日。史料由戴扶青之子戴美政提供）

5 月 27 日 七十三初度，书怀一律。咏于万县上海法学院分院。

> 每逢初度客心焦，还我河山志不挠。八咏诗成年已迈，万邦盟订议犹嚣。救亡始见倭军退，建国尤须兵气销。人类果然私意泯，大同郅治路非遥。（《七十三初度》手稿）

6 月 1 日 出席蒋介石邀餐，餐前座谈，商定由同人同电延安。

> 午，蒋主席在其官邸邀餐，同被邀者褚慧僧、冷遹、傅斯年、王云五，陪席王雪艇、邵力子、雷儆寰。餐前座谈，为五月二十五日慧僧发起促成继续之国共问题。商定由同人同电延安。蒋（介石）表示空空洞洞，无成见，诸君意如何，当照办。餐后辞出，到中央研究院会商，由傅斯年与余起草电稿。（《黄炎培日记摘录》1945 年 6 月 1 日）

6 月 2 日 在寓所（嘉庐 1 号）与黄炎培、冷御秋、章伯钧、左舜生商定致延安电稿。

延安毛泽东、周恩来先生惠鉴：团结问题之政治解决，久为国人所渴望。自商谈停顿，参政会同人深为焦虑。月抄辅成等一度集商，一致希望继续商谈。先请王若飞先生电闻，计达左右。兹同人鉴于国际国内一般情形，惟有从速完成团结，俾抗战胜利早临，即建国新奠实基于此。敬掬公意，伫候明教。褚辅成、黄炎培、冷通、王云五、傅斯年、左舜生、章伯钧。巳冬。（重庆《新华日报》1945年6月23日）

按："巳冬电"有三种版本，即6月1日黄炎培、傅斯年拟稿、6月23日《新华日报》稿及6月30日《解放日报》稿。《新华日报》稿与《解放日报》稿中除个别文字不同外，其意相同。本书采用1945年6月23日重庆《新华日报》载稿。

6月16日 中共决定不出席第四届参政会。中共中央发言人就七月七日召开国民参政会一事发表谈话，指出："鉴于国民党拒绝了我党提出的成立联合政府的主张，且该党六大已决定今年召开国民大会，我党决定不出席第四届参政会，以示抗议。"（《国民参政会资料》第543页）

6月18日 毛泽东、周恩来电复七参政员，热烈欢迎先生等来延安商谈国是。

上月底褚辅成先生曾假参政会大厅约请黄炎培、冷遹、王云五、傅斯年、左舜生、章伯钧、王世杰、邵力子、雷震、王若飞诸先生，商谈如何促进国内团结问题，会后褚、黄、冷、王、傅、左、章七先生曾联名有电致延安。兹已得毛泽东、周恩来两同志复电，热烈欢迎褚、黄诸先生赴延安，特将原电发表如下：

  王若飞同志转褚慧僧、黄任之、冷御秋、王云五、傅斯年、左舜生、章伯钧诸先生惠鉴：来电敬悉。诸先生团结为怀，甚为钦佩。国内团结大计，由于国民党当局拒绝党派会议、联合政府及任何初步之民主改革，并以定期召开一党包办之国民大会，制造分裂，准备内战之威胁业已造成，并将进一步造成绝大的民族危机，言之实堪痛惜。倘或人民渴望团结，诸公热心呼吁，能使当局醒悟，放弃一党专政，召开党派会议，商组联合政府，并立即实行最迫切之民主改革，则敝党无不乐于商谈。诸公惠临延安赐教，不胜欢迎之至，何日启程，乞先电示。扫榻以待，不尽欲言。毛泽东、周恩来。巳巧。（重庆《新华日报》1945年6月23日）

同日 毛泽东致电王若飞：

  复七参政员电请你抄送。估计蒋得此消息后，不一定要他们来，如仍许其来，即使无具体内容，只来参观，亦应欢迎之，并争取你陪他们同来。（《毛泽东年谱》中卷第607页）

6月21日 与黄炎培、冷御秋等共商中共问题，即席起草致蒋介石公函，请邵力子代陈。

  晚，孙哲生招餐其家，同席褚慧僧、冷御秋、王云五、章伯钧、邵力子（白健生在座为述共产军近况，先退），共商中共问题。力子交到毛泽东、周恩来巳巧复电，大意国民党如放弃一党专政，召开党派会议，商组联合政府，实行民主改革，则无不乐于商谈，并欢迎赴延安云云。即席草公函（一）致力子，请代陈蒋主席，指示方针；（二）致甫自旧金山归来之宋子文，请示期面谈。（《黄炎培日记摘录》1945年6月21日）

6月25日 在参政会会餐时商中共问题

午，参政会会餐，舜生、慧僧、云五、力子、雪艇、儆寰商中共问题。（《黄炎培日记摘录》1945年6月25日）

6月26日 10时，在中央研究院与黄炎培等会商公定意见3条。

十时，共褚慧僧、冷御秋、王云五、左舜生、章伯钧、傅孟真七人会商于国府路三〇九号中央研究院，对团结问题，公定意见三条：（一）由政府迅速召集政治会议；（二）国民大会交政治会议解决；（三）会议以前，政府先自动实现若干改善政治之措施。由舜生起草，作书致蒋主席，交由邵力子代陈，俟同意后，偕赴延安，午餐后散。（《黄炎培日记摘录》1945年6月26日）

6月27日 与黄炎培等商量见蒋介石。延安行恐将作罢。

褚慧僧、冷御秋、王云五、傅斯年、左舜生、章伯钧等七人再聚于中央研究院，王世杰、邵力子亦到，世杰力言昨函如送领袖，必大遭拂怒。众意如此，延安行作罢是了。

十时，七人同访美大使赫尔利，谈一小时半，不得要领。辞出后七人会商，准备散伙。余不以为然，撞壁须撞到壁，今壁未见，仅凭旁人预测势将撞壁，便放手了，岂为合理，力主下午见蒋主席，面陈函中意，而暂不递函。（《黄炎培日记摘录》1945年6月27日）

先生豪气拍案："这老命还得一拼。"

七十三岁的高龄，为了心头的责任，褚先生说："走一遭算什么，这老命还得一拼。"（黄炎培《八十年来》第160页，中国文史出版社1982年8月）

下午4时半见蒋介石，先生代述公意。决定去延安。

下午十六时半，七人见蒋主席，雪艇、力子陪坐，慧僧代表述公意：（一）政府召集政治会议。（二）国民大会交政治会议解决。蒋答：余无成见，国家的事，只须于国有益，都可以商谈的。国民大会问题，倘以国民党员在参政会居多数，而借此解决问题，国民党不该做，也不做的。遂决定去延安，七月一日行。（《黄炎培日记摘录》1945年6月27日）

按：关于国民参政会七参政员赴延安访问在延的时间及评价问题，蒋介石曾作出内部规定。6月底国民党中宣部曾致电昆明广播电台提出此点，该电云："各级党部、各报社、各刊物、各新闻检查处、各省市图书杂志审查处均鉴：……（二）褚辅成等七参议员应邀往延安与毛泽东等商谈，一二日内即将成行，在参政会开会前当赶回参加。对於此举本党及政府各报暂不必评论（按：以下略）。"该电为密电第64号：中国国民党中央执行委员会宣传部快邮代电。渝34明秘字第3450号。（昆明广播电台档案第53—3—50卷《1944—1945年杂件》）

6月29日 得通知，准7月1日（上午）8时起程赴延安，整理行李。（《黄炎培日记摘录》1945年6月29日）

6月30日 10时，在参政会会商。午餐王若飞亦到。（《黄炎培日记摘录》1945年6月30日）

1945 年

7月1日 由重庆九龙坡机场乘机飞赴延安。

本报讯：褚辅成、黄炎培、冷遹、傅斯年、左舜生、章伯钧六先生于昨日下午一时偕王若飞同志飞抵延安（王云五先生因病未克成行）。毛主席、朱德总司令、周恩来、林伯渠等十余同志前往机场欢迎。褚先生等现下榻交际处。（延安《解放日报》1945年7月2日）

七月一日，晴，褚辅成等六人到来（王云五因病未来），偕林老往飞机场迎接，同至王家坪午餐，晚在交际处为之洗尘。（《谢觉哉日记》）

延安交际处精心安顿六参政员生活。

我们交际处特地准备了适合老人清淡口味而营养丰富的食品，如牛奶、鸡蛋、小米粥、白面馒头、白塔油等等。又考虑到陕北的气候，虽已至六月，早晚仍有些寒冷，就集中了许多厚棉被褥，每张床上都铺垫了厚厚几层。……在六位先生逗留延安的五日之中，几乎每天晚上都有盛大的宴席招待和群众大会、文艺晚会慰问，我党、政、军高级领导干部轮流出席作陪。国民党顽固派一贯宣传共产党人是一群杀人放火、共产共妻的"土匪"，不知有多么可怕！但当六参政员与共产党干部接触时，却感到他们个个稳重、朴实、谦逊、诚恳，说起话来很有见地，学识不浅，使他们感到在共产党人中间，真如古人所说"如坐春风中"了。（金城《六参政员延安去来》，《延安交际处回忆录》1986年青年出版社）

同日 午后，与黄炎培、冷御秋散步延安新市场。

小睡后，偕慧僧、御秋出门，没有告诉别人，很自然地散步，新市场排列着好几家大规模的北方式的商店，叫"超俄街"，是一个大院落，养着不少驴马，问过他们，知道是代客运货。货的到运，也代客买卖。慧僧问他们运些什么东西，说一部分运进棉花；问棉花的价格，说每担流通券五万多元，就是法币十三万多元。（黄炎培《延安五日记》，《八十年来》第132、133页）

7月2日 下午，与毛泽东、刘少奇、周恩来等中共中央领导人会谈。

下午，访毛主席于其宅杨家岭，六人述来意后，畅述意见，毛亦畅欲言。同座周恩来、朱德、林祖涵、刘少奇、任弼时、王若飞、张闻天，约明天续谈。（《黄炎培日记摘录》1945年7月2日）

毛泽东和我们已经谈过许多小时了，都是随随便便的闲谈，这一回我们事前约定的要谈正文。我们六人，毛泽东以外，朱德、周恩来、林祖涵、刘少奇、张闻天、任弼时、王若飞。先由褚辅成简略说明这一次我们来延安的大意，接下由我们五人一一发言，很充分地说明我们对于国际及国内大局前途的看法，认为团结是有绝对的必要；其次，我们平时对于团结问题的稍稍效力；又次，依我们所知道的国共两方关于团结问题的经过，以及最近商谈停顿情形，但蒋委员长三月一日宪政实施协进会演说词尚在继续寻求合理的办法，以期中共问题得以圆满解决，而中共方面毛先生论联合政府大文在发表各种主张之后，也有愿意恢复谈判的表示，所以我们认为商谈的门是没有关的。……我们说到这里，毛泽东就顺着上文说：双方的门没有关，但门外有一块绊脚的大石挡住了，这大石就是国民大会。这一点我们的看法倒是相同的。那一天谈得很久，可以说都是我们述明来意，还没有达到交换意见的阶段。但时间不许可再谈下去，外面报告要进晚餐了。（黄炎培：《八十年来》第140、141页）

晚，出席中共中央举行的欢迎六参政员盛大晚会，周恩来致欢迎词称六参政员是"我们的老朋友"。

本报讯：中共中央于昨日下午六时，设宴欢迎甫从重庆飞抵延安的褚辅成、黄炎培、冷遹、傅斯年、左舜生、章伯钧等六先生。宴后并举行盛大欢迎晚会。

当毛主席、朱德司令、周恩来同志等，偕同六位先生进场后，热烈欢迎的掌声震动全场。李富春同志宣布开会后，即由周恩来同志致欢迎词。首称：我代表中共中央欢迎六位在大后方为抗战、民主、团结奋斗多年的我们的老朋友，他们奋斗的业绩我们大家都知道的，因此不仅中共中央的同志，就是全延安的人民、全解放区的人民、军队、共产党员和其他团体，对六位先生能冲破种种困难飞达延安，表示亲切的欢迎。……周恩来同志最后称：中国抗战民主的事业，应该是中国人民自己起来解决的。我们相信六位先生求抗战胜利、谋全国民主、团结的精神，是同我们一致的。

……

周恩来同志致词毕，黄炎培先生登台讲话。……他首先谈及此次来延的主要目的（黄先生称之为正目的），为促成全国团结。他说这不是少数人的目的，而是全中国同胞的目的。……而我们来延安就是想促成这个团结。其次，第二个目的（黄先生称之为副目的），是想来看看延安，以实现多年的愿望。

……

左舜生继黄炎培被邀讲话，首称：在延安的一天半，超过了我未来以前的种种理想。

……

在"解放区打胜仗，大后方民主运动正高涨"的欢迎歌声中，晚会启幕。晚会共分三部，音乐、秧歌剧、话剧，直至十二时，宾主始尽欢而散。（延安《解放日报》1945年7月3日）

7月3日　与毛泽东、周恩来等中共中央领导人继续会谈。晚8时出席陕甘宁边区参议会宴请，先生为第一桌的主宾。

第三天下午（七月三日），毛主席和我党的七位代表来到交际处，在山坡下向东的大会客室里与六参政员继续会谈。这次谈话的时间特别长，涉及的领域非常多，双方仍各抒己见，不涉辩论，尽大家所想自由发言。结果推定由我方把会谈意见综合成文写出来，明日共同审阅定稿。（金城《六参政员延安去来》）

二十时，毛主席、周恩来、朱德、林祖涵来招待所，共我等六人续谈，结果：一、共同商定两点：（一）国民大会停止进行；（二）从速召开政治会议。二、中共提出各点：政治会议组织；政治会议性质；政治会议应议之事项。第二部分不加商讨，由中共明日下午提出意见。至廿三时半散。（同上）

晚，陕甘宁边区参议会议长高岗、副谢觉哉，主席林祖涵、副李鼎铭邀餐政府。（《黄炎培日记摘录》1945年7月3日）

七时，参议会宴请褚等六人。宴席共六桌，六参政员分别为主宾，褚辅成为第一桌的主宾，主人为毛泽东与刘少奇。(《谢觉哉日记》)

7月4日 中共中央书记处会议通过《中共代表与褚辅成、黄炎培等六参政员延安会谈记录》。(《毛泽东年谱》中卷第609页)

同日 在杨家岭毛泽东居所，与中共领导人进行第三次正式商谈。毛泽东将中共方面整理的《中共代表与褚辅成、黄炎培等六参政员延安会谈记录》分送每人一份。会谈纪要主要内容：来延六参政员和中共方面同意下列两点：一、停止国民大会进行；二、从速召开政治会议。中共方面之建议，其中说：

> 为着团结全国各党派及无党派代表人物，共商国是，以便在民主基础上动员、统一与扩大全中国人民的一切抗日力量，配合同盟国，最后战败日本侵略者，建立独立、自由、民主、统一、人民富强的新中国起见，并在国民政府停止进行不能代表全国民意的国民大会之条件下，中国共产党同意由国民政府召开民主的政治会议。(《中共中央抗日民族统一战线文件选编》下册第814—815页，中央统战部、中央档案馆编，1986年)

晚，出席中共中央在王家坪第18集团军总司令部为六参政员饯行宴会。(《黄炎培日记摘录》1945年7月4日)

7月5日 飞返重庆。午12时到机场，毛泽东、朱德、刘少奇、周恩来等中共中央领导人到机场送行。当日3时半大雨中抵重庆。

> 褚辅成、黄炎培、冷遹、傅斯年、左舜生、章伯钧诸先生在延商谈已毕，于昨日下午一时离延返渝。毛主

席、朱总司令、周恩来同志、林伯渠同志均赴机场欢送。(延安《解放日报》1945年7月6日)

在邻鸡乱唱声中，急忙起身。中共诸位朋友，很好意地坚留我们多留几天；毛泽东正式留我们多住一天。我们本无所谓，就是回程的飞机，约定今天从重庆开来的。而褚老先生在第二、三天身体感觉不适，到底年纪较大，天空的飞行，长日的奔走谈话，是很伤精神的。还是决定早回去吧！但到今天他老人家身体倒又恢复健康了。

……

飞机到了。提早午餐，匆匆上机场，毛泽东、朱德、周恩来和在这里天天见面或见过一次两次面的老朋友新朋友，几乎没有一个不在场，热闹极了。我所抱歉的，招待我们的许多新朋友，不及一一记录他们的大名，但这情意是没有一位敢忘掉的。同行六人一个个握手道谢，依次登机。……下午四时左右，冒着倾盆豪雨，飞下了重庆。褚老先生安然无恙。(黄炎培《延安归来答客问》，《八十年来》第153、156页)

7月6日 与黄炎培、冷御秋在住所嘉庐1号商谈延安问题。

九时，共御老至嘉庐商谈，偕至参政会商谈，皆为延安问题。(《黄炎培日记摘录》1945年7月6日)

同日 中国民主同盟重庆市支部欢迎先生等六参政员访问延安归来。

中国民主同盟重庆市支部欢迎自延安归来的六参政员褚辅成等。张澜在会上呼吁：要将国内不民主的现象澄清。目前最迫切的问题是民主团结。(四川省人民政府参事

室、四川省文史研究馆《抗日战争时期四川大事记》，华夏出版社 1987 年 8 月）

7月7日—20日 出席国民参政会第四届第一次大会及历次会议。会中向蒋介石报告与延安商谈结果。并将从延安带回的会谈记录交王世杰。(《国民参政会资料》第 544 页）

7月14日 下午，出席国民参政会四届一次第十二次会议，反对在短期内召开国民大会。

> 昨日，参政会讨论国民大会问题，参加参政会的各党派少数人士，感到这个问题的严重性，为了对得起人民并表示对国家民族负责任起见，均提出严正的主张。……国民党内有民主思想的人士及大学教授如周炳琳、钱端升、许德珩、褚辅成、王又庸诸氏，也纷纷发言，总其要旨，亦望慎重处理，先求国内团结，国共协商，再求国民大会问题之圆满达成。(重庆《新华日报》1945 年 7 月 15 日）

7月20日 出席国民参政会四届一次大会闭幕式，继续当选为休会期间驻会委员会委员，列第 4 位。

> 中央社讯：国民参政会第四届第一次大会，自七七开幕，业于二十日下午五时半第十九次大会后，举行休会式。由莫德惠主席致闭幕词，参政员仇鳌致答词。上午第十八次会议，选举休会期间驻会委员。
>
> ……
>
> 国民参政会第四届第一次大会休会期间驻会委员名单列后：林虎、孔庚、左舜生、褚辅成、冷遹、傅斯年、黄炎培、董必武、陈博生、王普涵、范予遂、张君劢、罗衡、胡霖、胡健中、许孝炎、许德珩、王启江、吴玉书、陈绍贤、钱公来、李中襄、荣照、何葆仁、余际唐、陈启

天、马元凤、马毅、武肇煦、尹述贤、周炳琳。(重庆《新华日报》1945年7月21日)

7月31日 黄炎培造访。

访褚慧僧,(褚)将于八月二日飞返昆明,见嘱如为国共冲突之制止,或邀延安派人继续商谈,由余代为签字。(《黄炎培日记摘录》1945年7月31日)

本月 撰《亡室沈夫人悼述》,以寄托哀思与深切怀念。

沈氏夫人在上海沦陷区内病逝,享年七十三岁,不及目睹日寇败亡,为最大憾事。先生与夫人情意甚笃,相守白头。夫人病逝后,先生撰《亡室沈夫人悼述》,以寄托哀思与深切怀念。(据褚律元先生口述)

8月6日 美军在日本广岛投下第一颗原子弹。9日,又在日本长崎投下第二颗原子弹。毛泽东指出:"不应夸大原子弹的作用。"(《毛泽东年谱》中卷第617页)

8月8日 苏联对日宣战。9日,中共中央主席毛泽东对苏联对日宣战发表声明,声明说"中国人民热烈欢迎苏联对日宣战。"(《毛泽东年谱》中卷第618页)

8月10日 日本政府发出乞降照会。14日,日本宣布正式投降,先生闻讯,兴奋过度,突流鼻血。

本报讯:据昆明急电:日寇无条件投降,消息传出,方从延安奔走团结归来的七三老人褚辅成先生闻讯兴奋过度,突流鼻血,通宵未止,病势严重。现已电促其三子一飞,即日飞滇侍奉。闻褚氏虽在病中,仍时刻关怀国事,探询国内外消息。(重庆《新华日报》1945年8月14日)

8月14、20、23日　蒋介石3次电邀毛泽东赴重庆谈判，商讨和平建国。毛泽东3次电复蒋介石。(参见《重庆谈判纪实》第21—37页)

8月22日　重庆《新华日报》发表《我们的抗议》的社论指出："褚辅成等六参政员从延返渝带来合作和共商国是的具体方案，都遭国民党政府拒绝。"(重庆《新华日报》1945年8月22日)

同日　重庆《新华日报》另一篇《蒋介石先生弨电书后》的社论被国民党当局扣发。次日《新华日报》单页印行，随报附送。文中指出：与六参政员商定的一套解决时局的办法被政府"置之不理"。(同上)

8月25日　先生忧虑局势，病中致电蒋介石，建议"电邀周恩来速偕中共代表来渝商谈"。

> 蒋主席钧鉴：病中阅报载钧座与毛泽东往还电文及朱德发来铣电，无任忧惶。辅成深虑胜利后发生内争，故不辞老病冒暑飞往延安，携回中共建议五款，面呈察夺。返昆前，复拟具解决纠纷办法，提供参考。今钧座虽以和平宽大为怀，再电毛泽东劝驾，窃恐未必肯来。查中共建议本有先开预备会议一款，似可采纳。拟请王雪艇部长电邀周恩来速偕中共代表来渝商谈，并邀他党人士参加斡旋，在会议席上开诚商讨。团结民主之目的相同，当无不可解决之问题。化干戈为玉帛，在此一举，如蒙嘉纳，国家甚幸。褚辅成。叩。一九四五年八月二十五日。"(重庆《大公报》1945年8月25日)

8月28日　毛泽东应邀赴重庆谈判，乘专机抵达。30日，毛泽东、周恩来在桂园会见先生等国民参政会代表。

> 毛泽东、周恩来同志由山洞林园返回城内，在桂园接见国民参政会代表褚辅成、黄炎培等及张澜、柳亚子、王昆仑、张申府等人。王若飞、徐冰夫妇、王炳南同志也在座。周恩来同志与国民党谈判代表王世杰、张群、邵力子讨论军事，政治问题。(《周恩来同志在重庆期间发表重要文章和讲话汇辑》第389页)

9月2日 日本正式在投降书上签字。

9月3日 国民政府定是日为抗战胜利纪念日。是日重庆文教科技界一部分人士举行座谈会。据潘菽先生《难忘的重庆岁月》文中对"九三座谈会"的形成及其性质有如下描述：

> 有一次座谈会是在1945年被决定为世界反法西斯战争胜利纪念日的9月3日召开的，从这次座谈会起就改称为"九三座谈会"。在这次会上要解决的一个问题就是要建立的组织的名称问题。在讨论中有一种意见认为，可以考虑到9月3日这个纪念日的重要意义；同时这个组织的性质应该确定为一个学术性的政治团体而不是寻常意义的一个政党较好，以便照顾到所要团结的文教科技界的许多人不愿参加政治活动这个特点，因此这个组织可以定名为"九三学社"。这个建议得到会上的同意，所要建立的组织的名称就此定了下来。(《中国科学家回忆录》第20页，光明日报出版社1988年)

潘菽先生在该文中也谈到座谈会的名称问题，谓：

> 有一部分同志感觉到这个座谈会应该有一个名称。许老提议可以名"民主科学座谈会"，大家对此没有提出不同的意见。这个名称也没有向外公开用过。(同上)

按：关于九三学社的"前身"之说法，较早以来多有争议，雷启汉、漆文定（两位老先生都是九三学社前辈，雷启汉还是九三学社创始人之一）、张小曼（张西曼先生之女）都曾就九三学社有"前身"之说法写过争论文章。分别见下三文：

一、《关于九三学社前身之说的几点意见》，漆文定著。见《重庆市中区志通讯》1988年第2期（总第10期）第56—61页。

二、《九三学社成立前后的几个问题》，雷启汉著。见重庆《红岩春秋》2000年第5期（总第66期）第48页。

三、《关于九三学社成立前后的失实之论》，张小曼著。同上，第50页。

9月5日　在重庆设宴招待毛泽东、周恩来、王若飞。

前不久访问延安的褚辅成等六参政员，假重庆中央研究院设宴招待毛泽东、周恩来、王若飞三同志。（《国民参政会资料》第546页）

九月五日，毛泽东还会见中国妇女联谊会代表和各方友好。晚上，出席曾访问延安的六位参政员褚辅成、黄炎培等的宴会。（《毛泽东年谱》下卷第21页）

9月23日　为揭露国民党当局阴谋陷害《扫荡报》总编辑高紫瑜及报社进步人士，闻一多、周新民等欲请先生直接向蒋介石提出抗议，要求维护人权。是日，萨空了致闻一多的信中谈到这件事云：

多兄：新民兄已行，临行嘱弟转告，褚慧老为《扫荡》高、杨事极忿，愿与兄一谈，并盼与杨君一晤（慧老下午在绥靖路经委会），其意似盼兄今日下午即去谈谈。再朱可能于明早或明日下午到潘兄处，不知明日能见候否，明早余人可能已皆成行，今日下午四时可以决定，并以□□，敬祈日安！（引自《闻一多年谱长编》第 907 页）

9月29日 推为中韩文化协会昆明分会筹备委员会筹备委员。

中韩文化协会昆明分会筹备委员会假银行公会举行茶会，到党政要人褚辅成、袁丕佑、龚白知、李天培、陈廷壁、罗佩荣、李耀廷、赵澍等14人，由司徒德主席代表孙（科）理事长致词，并宣布推选中方张邦翰、袁丕佑、李耀廷、龚白知、褚辅成、黄衡秋等以及韩方金左卿、李士英、张圣哲、金铁军共41人为昆明分会筹备委员，筹建昆明分会。（《昆明分会筹备成立》（中韩会讯）第5期，1946年1月出版）

次月，韩国临时政府宣传部长严大卫先生访问昆明，中韩文化协会昆明分会在建街商务酒店举行欢迎茶会，招待新闻各界。由张邦翰任主席，并请严部长报告韩国近况，褚辅成、司徒德等演讲。之后举行第一次筹备会会议，该分会并受到总会辅助会费10万元，将于近期内展开工作。（石源华著《中韩文化协会研究》第130、131页）

10月10日 《国民政府与中共代表会谈纪要》（亦称《双十协定》）签订。11日，重庆谈判结束，毛泽东飞返延安。（《毛泽东年谱》中卷第628页）

11月21日 先生由昆飞渝。根据《双十协定》的规定：自1946年1月10日至31日，有各党各派和社会贤达代表参加的政治协商会议在重庆召开。先生获悉后表示：愿以一非代表之身份，在会外提供若干意见。

中央社二十二日重庆电：国民参政会经济策进会滇黔区主任褚辅成，二十一日由昆飞渝。据谈："本人亟愿于政治协商会议召开时，能以一非代表之身份，在会外提供若干意见。盖中国于抗战胜利后，实不容再有战争，以阻碍建国工作之进行。世界人类亦应尽最大努力，避免第三次世界之浩劫，一切问题应以政治商谈求得解决，断不能诉诸战争。"(《申报》1945年11月23日)

12月16日 中国民主建国会在重庆白象街西南实业大厦召开成立大会。(《民主建国会成立大会纪要》，载《平民周刊》第1、2、3期合刊第21页，1946年1月)

12月20日 出席国民参政会驻会委员第12次会议，议决救济昆明难民、遣送难民还乡、救济工人失业、处理敌伪纺织厂等案。(《中华民国史史料长编 民国三十四年 3》第859页)

12月21日 应邀出席邵力子、雷震举行的招待会。

和周恩来、董必武、叶剑英、王若飞、陆定一、邓颖超。应邀出席邵力子、雷震举行的招待会。出席的还有黄炎培、李璜、江庸、褚辅成、王云五、左舜生。(《董必武年谱》第234页)

12月25日 出席参政会驻委会临时会议，审查总预算草案。

国民参政会获得审查政府预算权后，今首次执行职权，该会驻会委员会廿五日下午三时举行临时会议，审查政府交议之三十五年度国家岁入岁出总预算草案。到主席团张伯苓、王云五、江庸。参政员武肇煦、陈启天、左舜生、陈绍贤、钱公来、褚辅成、许德珩、何葆仁、陈博生、胡健中、胡霖、黄炎培、尹述贤、余际唐、孔庚、范予遂、傅斯年、李中襄,秘书长邵力子,副秘书长雷震。今日首次审查会,请由政院秘书长蒋梦麟、财长俞鸿钧出席说明,会议由张伯苓主席。俞财长说明编制三十五年度国家总预算情形(略)。蒋梦麟氏对预算与物价关系及复员问题作补充说明(略)。词毕,参政员黄炎培、左舜生、许德珩、陈绍贤、尹述贤、李中襄、褚辅成对赋税、农林、军费等问题,提出询问案多起,俱经俞部长逐一答复。最后决定廿七日下午三时起继续开会讨论,并将请由军政、交通、经济各部部长出席报告。(《申报》1945年12月26日)

12月30日 中国民主促进会在上海成立。(参见《中国民主促进会简史》开明出版社1995年)

◎ **1946年(丙戌)民国三十五年　74岁**

1月1日　先生在重庆接受《新华日报》记者专访,主张在政治协商会议召开之前,"最主要的问题是要把军事冲突立即停止下来"。

> 本报讯:本报记者专访褚辅成先生,先生谓:在政治协商会议之前,最主要的问题是要把军事冲突立即停止下来。大公报说"不要动手",周恩来先生赞成,中共代表来电也提出要立刻停战,这是必要的。我的意思现在双方不仅"不要动手",也还"不要动脚",因为一动脚就要接触,一接触势必就要动手,所以"不要动手"和"不要动脚"一样重要。
>
> 对政治协商会议没有信心的想法是不对的,大家应

该有一个成功的信念，使这个会能开得成功，能够解决问题。当然徒具信念是不够的，大家还要努力做促成的工作，使双方和多方相接近的意见，能走向更接近和一致。
(重庆《新华日报》1946年1月1日)

1月4日 主持留渝参政员茶话会，就政治协商会议及参政会职权问题交换意见。

中央社重庆四日电：国民参政会留渝参政员四日下午三时假胜利大厦，举行新年茶话会，到主席团王云五、王世杰，参政员林虎、孔庚、胡木兰、胡霖、傅斯年、邓振文、光昇、陈博生、钱永铭、常乃德、唐国积、吕云章、钱公来、陈启天、董必武、邓颖超、胡健中、邱昌谓、彭革陈、邵秘书长力子、雷副秘书长震等五十七人，公推参政员褚辅成为临时主席。对目前时局、政治协商会议及参政会职权与提前召开第二次会议等问题，参政员王普涵、褚辅成、苏珽、黄宇人、李中襄、董必武、许德珩、陈启天、江一平等相继发言，交换意见。但并未作具体决议。邵秘书长力子对各参政员之意见分别会作答复。
(《申报》1946年1月5日)

1月6日 （一说8日）先生与许德珩、税西恒、张西曼等邀请重庆学术界人士举行九三座谈会，会议决定推先生与许德珩、张西曼等筹组九三学社。

本市消息：褚辅成、许德珩、税西恒、张西曼诸氏，邀请重庆学术界人士举行九三座谈会，出席何鲁、刘及辰、潘菽、吴藻溪等二十余人。首先检讨新疆问题，其次交换对政治协商会议意见，发言很踊跃。一致认为：政治协商会议必须完全公开，只许成功，不许失败。褚辅成声明是以前任上海法学院院长的身份出席，警告大家要小心提防某种分子假借民意，破坏民主宪政运动。何鲁的发言更为沉痛，他慷慨指出：今日的中国，赵高太多，若不予以铲除，将蹈亡秦的覆辙。郑重忠告马歇尔元帅和国共两党及民主同盟各党派领袖，如果要想真正把中国搞好，就必须亲自采访中国在野真正专家学者的公正意见。听众一致报以热烈鼓掌，历久不息。

最后决定推褚辅成、许德珩、张西曼等筹组九三学社，声援出席政治协商会议各代表，完成他们所负的历史任务。（重庆《新华日报》1946年1月9日）

1月8日 在民主建国会招待政协代表会上陈述对国是的意见。

褚辅成说：他自己愿做沟通各方面意见的人，以期会议的必定成功。对于会议程序，他认为两星期的会期很难完成宪法的讨论，所以主张分两步：首先解决当前的政治问题，然后休会相当时期，由各党派人士组小组会研究宪草，再开第二次会，决定宪法问题。对于制宪程序，他以为民初三次制宪均告失败的原因，实应由制宪程序所规定之宪草必须经宪法会议四分之三的赞成通过一项，负其最大责任。希望此次制宪时修改过半数通过。至于五月五日所召开的国民大会及所制定的宪法，都可看作为临时性质的，因为经过一年后即普选成立正式的国民大会，宪法亦可在正式国民大会中重订。故无妨作一年的临时实验，看究竟行得通否。

中共代表董必武、民盟代表张东荪、青年党代表陈启天及郭沫若、梁漱溟、章伯钧等先后发言（略）。（冯子

超《近代史料丛刊·中国抗战史》第 292 页）

1月10日 全国殷切盼望实现和平民主的政治协商会议开幕，中共一再主张立即颁布停战命令。（重庆《新华日报》1946 年 1 月 10 日）

同日 停战令发布。

1月17日 九三学社筹备会发表《对政治协商会议之意见》，表达对政协会议的声援并提出积极的建议。其要点如下：

一、开放政权问题：应从速开放中央及地方政权，使全国人才，参加各级政治机关，刷新政治，以新中外人民耳目。二、关于民主与自由权利问题：（一）人民享有身体、信仰、言论、出版、集会、结社自由。（二）司法与警察以外等机关，不得拘捕、审讯及处罚人民。（三）各政党在法律之前，一律平等，并得在法律范围以内公开活动。三、切实执行停止军事冲突之命令。四、关于整军问题：伪军应从速遣散，其余二百五十三师，军政部有在半年内缩编为九十师之计划。希望其从速实施，依计划克日完成。……主张以政管军，不要以军干政，以达到军队国家化之目的。五、保甲制度与地方自治问题：要推行地方自治，使其民主化，就要废除保甲制度。六、关于国民大会问题：以普选为原则召开国民大会，自是人民公意，亦同人等之主张。七、立即释放除汉奸以外之一切政治犯。八、严惩贪污，以儆官邪。九、优待荣军及抗属，改善公职人员待遇，抚辑流亡，安定民生。九三学社筹备会，三十五年一月十二日，重庆。"（重庆《新华日报》1946 年 1 月 23 日）

1月21日 出席参政会驻委会会议，提出一案。

参政会驻委会开（第14次）会议，我偕冷遹、褚辅成提出《苏浙战后民不堪命，请制止搜刮案》。

……

午，褚慧僧招餐，提出国大问题意见。下午，纲领组第三次会，通过关于人民权利三条。（《黄炎培日记摘录》1946年1月21日）

同日 当选为国民参政会驻会委员会军事考察团候补代表。

本市消息，参政会驻会委员会昨日（二十一）选出的军事考察团代表林虎等八人；候补代表江庸等六人。兹分志其略历如下：……候补代表褚辅成，字慧僧。浙江嘉兴人，七十四岁，留日。曾任众议院副议长，上海法学院院长，惠灵学校校长。历届参政员。（重庆《新华日报》1946年1月22日）

本月 中国蚕丝公司董、监事人选决定，先生为人选之一。

经济农林两部所组织之中国蚕丝公司董、监事人选，业已决定。董事为周诒春、谭伯羽、谭熙鸿、薛寿萱、严慎予、马保之、冷遹、褚辅成、高事恒、葛敬中、汤锡祥等十一人。监事为陈郁、张兹闿、常宗会、郑辟疆、邵申培等五人。周诒春兼任董事长，葛敬中兼总经理，汤锡祥兼副总经理。（《申报》1946年1月11日）

2月9日 报载：先生在昆邀集有关机关、团体代表商决输送抗战胜利后的"义民"还乡办法。

本报昆明七日电：昆明市义民还乡协进会会长褚辅成，近已由渝返昆。今邀集有关机关、团体代表，商决输送义民还乡办法：甲、还乡车辆化整为零，不采结队行驶方式。乙、简化登记车票手续，取消义民乘车身份审查，并取消登记照片。丙、真正赤贫义民，可免费乘车及供应途中食宿。丁、每一车中之乘客，以同省籍者为限，并须推选一车长，以便维持照料。戊、自即日起每公里票价为廿五元，每车三十人。每人准带行旅十五公斤，过量者另购行李票。由公路局派专车送至指定地点。已、由昆至衡阳预计十天到达，途中休息两天。庚、自本月起，每月由公路总局滇分局派专车七十辆，担任此项输送工作。又据褚参政员辅成谈：善后救济总署允在昆明设义民运输站，专门办理输送义民。（《申报》1946年2月9日）

按：因难民是不甘为日本侵略者奴隶，在当时的公开场合及报刊上均把难民称为"义民"。又按有无财产，分为"普通难民"和"赤贫难民"两类。

2月10日 "较场口事件"发生。14日，九三学社筹备组负责人对"较场口事件"流血惨案向新闻记者发表谈话，提出对本案的处理意见。

我们对于本案的处理意见：（一）追究凶徒与主使者，予以处分；（二）负陪都治安之责者，应负法律责任；（三）对被暴徒殴伤者应予以相当赔偿；（四）由国民政府通令全国，保障各地方集会自由，切实执行蒋主席四项诺言。（重庆《新华日报》1946年2月14）

3月20日 出席国民参政会第四届二次大会及历次会议。会议期间先生提交《请政府迅筹安定东北以利和平建国案》。21日下午出席茶话会，并有简短致词。

本市消息，国民参政会四届第二次大会，于昨晨八时举行，由翁文灏作经济报告，书面、口头询问达七十件之多，至正午十二时询问始完，无时间答复，临时决定改期答复而散。下午四时宋院长假胜利大厦举行茶话会，宋氏及褚辅成、黄炎培均口头简短致词。席间秩序混乱，一部分人一哄而散。昨日，询问十之八九集中于（一）接收敌伪工矿人员舞弊问题；（二）物资飞涨，民生不安；（三）官员争利等问题。（重庆《新华日报》1946 年 3 月 22 日）

3 月 21 日　出席行政院招待参政员茶会，呼吁政府注意改善人民生活。

行政院招待参政员茶会，于今日下午四时假胜利大厦举行。到参政员江庸等百六十余人，宋子文、翁文灏、蒋梦麟亲自招待。王世杰、朱家骅、俞鹏飞、张万生等均出席作陪。宋院长简短致词，表示行政背施，希望各参政员指教，并举茶杯祝诸位健康。继由褚辅成发言谓："各地物价高涨，希望政府注意改善人民生活。对还都人民，应解决其衣食住行问题，倘人民生活问题能解决，政治始有办法。"江庸代表全体向宋院长致谢意。（《申报》1946 年 3 月 22 日）

4 月 2 日　下午，国民参政会四届二次大会闭会，继续当选为休会期间驻会委员会委员，列第 5 位。

会议继续讨论提案，通过了关于政治协商会议、停战整军报告等决议。会议选举了休会期间驻会委员会委员，名单如下：林虎、马乘风、孔庚、钱公来、褚辅成、李洽、苏珽、罗衡、傅斯年、彭革陈、何基鸿、荣照、席振铎、武肇煦、范予遂、尹述贤、郑揆一、伍纯武、左舜生、王普涵、许孝炎、薛明剑、何春帆、刘真如、陈启天、董必武、胡霖、达浦生、甘家馨、汪宝瑄、张君劢。下午，第二十一次会议结束后，举行国民参政会第四届第二次会议闭幕式。(《国民参政会纪实》下卷第 1528、1535 页)

4月8日 九三学社再次集会，形成九三学社筹备会《对东北问题的意见》，要点有四：

一、东北问题，在本质上，只是一个内政问题。内政问题应该以政治方法解决。二、东北过去抗日武力，原非专属于任何党派。现在苏联军队既将日寇解决，东北政权自应由东北人民，用民主方式，自行决定。三、东北是中国领土的一部分，中国的领土，不应屯驻外国的军队。四、军事三人小组应立即恢复开会，飞往东北，迅速解决军事纠纷。(重庆《新华日报》1946 年 4 月 10 日)

同日 王若飞、叶挺、秦邦宪、邓发等飞返延安途中飞机失事，不幸殉难，史称"四八烈士"。(重庆《新华日报》1946 年 4 月 11 日)

4月13日 张西曼致电中共代表团并转延安毛主席泽东先生，申悼"四八烈士"殉难。

中共代表团并转延安毛主席泽东先生伟鉴：王、秦、叶、邓、黄诸先生八日专机失事捐躯，实属中国民众重大之损失与悲痛。我辈惟有继续先烈余业，并力促进民主和平之实现，以救此多难之国家。专电申悼，望对先烈家属转致唁慰之忱，并希为国保重。民主与科学杂志社社长兼主编张西曼谨叩。元。(重庆《新华日报》1946 年 4 月 15 日)

4月14日 王卓然、焦敏之、许德珩、雷启汉等先生致电周恩来：敬祈诸位遇难家属节哀珍重。

> 恩来先生惠鉴：王若飞、秦邦宪、叶挺、邓发诸先生不幸遇难，实为中国人民无可补偿之重大损失。遇难诸先生为中国民主自由奋斗数十年，今正于国内极端严重时期而殉难，一切进步人士无不痛悼万分。敬祈先生及诸位遇难家属节哀珍重，继续完成死难诸先生毕生努力之大业。王卓然、焦敏之、甘嗣森、张雪岩、詹熊来、许德珩、潘震亚、林亨元、孙荪荃、雷启汉。四月十四日。（重庆《新华日报》1946年4月15日）

4月15日 吴澡溪函周恩来："人民命令你：勉抑哀思"。

> 恩来先生：直到此刻，我仍不愿相信王若飞、秦邦宪、邓发、叶挺及其他诸烈士真已遇难，但悲惨的事实，终于摆在人民的眼前。遇难诸先烈已为人民的和平民主事业，贡献了神圣的生命。人民将永念诸先烈的英名，将加倍努力以填补诸先烈遇难后所遗留的空虚。你是毛泽东的左右手，是人民飞渡险滩到达和平民主彼岸的巨大舵师，人民命令你：勉抑哀思，注意旅行安全，肃致敬礼！吴澡溪！（重庆《新华日报》1946年4月17日）

4月19日 出席重庆各界6000余人举行的追悼"四八烈士"大会，担任陪祭。

> 陪都各界追悼王、秦、叶、邓、黄诸先生的大会，于昨日（十九）上午九时在青年馆隆重举行。到孙科、邵力子、吴铁城、张群、张励生……褚辅成、郭沫若、缪嘉铭、王云五、傅斯年……周恩来、董必武、吴玉章、陆定一、邓颖超、罗瑞卿、陈士渠、廖承志等同志及工

人、学生、职业青年、教员、教授、实业家、各机关公务员、商人等共六千余人。……花圈、挽联、电函共计千余件。……大会由张澜主祭，孙科、邵力子、吴铁城、褚辅成、沈钧儒、陈铭枢、王云五、周恩来陪祭。孙科、周恩来、邵力子、罗隆基、王云五先后致词，末由董必武致答词。大会悲壮肃穆，于十一时余始散。（《民国丛书》第四编（84）第432页，上海书店）

本社特讯，王、秦、叶、邓、黄等追悼会筹备会，连日收到各方挽联、诔词极多，计有孙科、张澜、沈钧儒，民盟及民盟重庆、南方两支部，救国会，毛、朱、刘、彭，谭平山、何香凝、褚辅成、田汉、邵力子、翁文灏、邹鲁，国民参政会，洪深、郭沫若、范朴斋、朱蕴山、郭春涛、罗隆基、李济深，三民主义同志联合会，阎宝航、陈铭枢等。预料青年馆将张挂不下。（重庆《新华日报》1946年4月19日）

先生撰送挽联悼"四八烈士"曰：

为和平民主统一团结奔走而牺牲，同声一哭；合党政军民男女老少遇险以殉难，各有千秋。（重庆《新华日报》1946年4月20日）

5月4日 九三学社成立，先生与许德珩、税西恒为主席团，并致开会词。会议通过社章缘起、成立宣言、基本主张、对时局的主张。

本社消息：九三学社于"五四"纪念日下午三至七时开成立大会。到褚辅成、卢于道、黄国璋、许德珩、税西恒、吴藻溪、张雪岩、詹熊来、潘菽、黎锦熙、彭饬三、李士豪、刘及辰、王卓然等五十余人，公推褚辅成、许德珩、税西恒为主席团。首由褚辅成致开会词,许德珩报告筹备经过,税西恒报告社费收支账目。继宣读农村科学出版社及南泉实用学校校友会贺电。次由卢于道、王卓然、黄国璋、张雪岩、张迦陵、吴藻溪自由演说,一致指出:武力不能求得统一,东北及中原的内战必须立即无条件停止,在政府根据政协决议改组以前,美国不应有援助中国的任何党派之行为,希望马歇尔元帅继续以公正态度,调处国共纠纷,实现全中国的和平民主。次,通过社章缘起、成立宣言、基本主张、对时局主张及致美国会电文。最后选举潘菽、张雪岩、褚辅成、许德珩、税西恒、吴藻溪、黄国璋、彭饬三、王卓然、孟宪章、张西曼、涂长望、李士豪、笪移今、张迦陵、严希纯等人为理事。卢于道、詹熊来、刘及辰、何鲁、侯外庐、黎锦熙、梁希、陈剑翛等为监事。选举后散会聚餐。(重庆《新华日报》1946年5月6日)

抗日战争胜利后,先生与许德珩曾有筹备"和平建国协会"的设想,未果。

> 1946年我在重庆时,跟许德珩也有过一些接触。抗日战争胜利后,许德珩也曾由我父亲邀来我家参加过一次关于筹备和平建国协会的会谈。那次会谈结果没有产生组织。(褚凤华《我对父亲政治生活的一些了解》,《褚辅成专辑》第43页)

5月12日 在重庆兰园出席九三学社理、监事第一次联席会议,推为常务理事。会议通过京、沪区设总社,各地设分社及要求停止各地内战等案。

> 本市消息,九三学社于十二日下午三至九时,假兰

园开理、监事第一次联席会议,到褚辅成、许德珩、税西恒、吴藻溪、侯外庐、张雪岩等十余人,税西恒主席。讨论社务及时局,通过重要决议如次:(一)设总社于京、沪区,设分社于重庆、武汉、成都、昆明、香港、广州、北平、天津及伦敦等地。(二)推褨辅成、许德珩、税西恒、张雪岩、潘菽、黄国璋、吴藻溪为常务理事。卢于道、詹熊来、梁希为常务监事。(三)要求立即停止东北及其他各地内战,取消党化教育,停止党团部及党团学校经费开支,切实采取彻底改善全国一切公私立小中大学教职员物质生活及精神生活之有效办法。(重庆《新华日报》1946年5月14日)

5月24日 接受《新华日报》记者专访,先生主张立即停止内战,并严厉指责"警管区制"与人民基本自由抵触。

本社专访,褚辅成老先生正待船于渝中,记者特往拜访,老先生首先谈到中国经济建设问题,他认为"如果再不停战,物价平不下,人民越困苦,工厂将倒闭,工人大批失业。这样三个月下去,经济上就有总崩溃危机。反对以武力解决,是全国一致的呼声,今天长春就拿下来也难说就不打了。但是打一定打不出结果来的,终究还是要政治解决。"他坚决指出:"内战一起,一切建设等问题都必定搁浅,希望东北赶快停战,从速开始三人谈判和政协会议。"对警管区制,他认为"这种制度如果真用来管坏人还有得说,但现在用到政治上来,要管人民的思想就不应该了。就是在日本,警察也不许随便入人家的,尤其是晚上不准去。警察只能增加责任,不能增加权力。按道理,他们决不能随便抓人,要抓也要通过法院,像这样搞下去,

还有甚么人身自由？"（重庆《新华日报》1946年5月24日）

5月26日　重庆各界人士时事座谈会发起"呼吁和平、反对内战"签名运动，九三学社吴藻溪、王卓然签名。（重庆《新华日报》1946年5月29日）

5月28日　先生离重庆，6月1日抵汉口，4日抵南京。在船上向乘客讲演谓："愿为民主实现而拼老命到底。"

> 南京四日电，冯玉祥、王宠惠、李济深、邹鲁四日上午九时，搭乘民联轮由渝经汉抵京（中央社）。
>
> 本报讯，冯玉祥将军夫妇及李济深、邹鲁、褚辅成、王宠惠等先生所搭的民联轮已在一日到达汉口。此次乘客有八百二十三人，除冯先生旧部外，大多是文化界及民主人士，如王葆真、谭平山、张之江、侯外庐、张雪岩、吴伯迢、徐悲鸿等。一路船上充满着民主团结空气，他们出了一张油印刊物《民联日报》，有船上电台收得的消息、全船动态和内容丰富的副刊，每天都有许多人在油印机前等着买。"利他社"在船上设利他服务处，为乘客诊病，代发邮电，答复问题，组织各种集会，音乐晚会比赛等。冯玉祥、李济深、褚辅成等先生还作过演讲。……褚辅成先生说："目前的中心是内战问题。不能替人民谋福利的国家，人民自然不爱护，君之视民如草芥，则民之视君如寇仇，是一定的。"他表示愿为民主实现而拼老命到底。总之，船上生活是这样有生气和有意义，一点也不感旅行的痛苦。（重庆《新华日报》1946年6月5日）

6月8日　从南京乘火车回沪，复任上海法学院院长。此后又将法学院万县分院大部分专业迁回上海，留在万县部分更名为"辅成学院"。

1946年

　　上海法学院院长褚辅成氏，于昨日（八日）下午四时莅沪。至北火车站欢迎者，有上海法学院全体师生，历届校友及浙江旅沪同乡会，上海缫丝业公会，浙江省丝厂联合会等十余家团体，总数不下千余人。全体师生定今晨八时半举行欢迎大会，晚间假钱庄俱乐部公宴。（《申报》1946年6月9、10日）

　　褚辅成院长于一九四六年六月由重庆回上海，重掌校政，并筹建九三学社上海分社，推动和平民主运动。当褚院长抵沪时，全校师生二百余人到北火车站热烈欢迎。褚院长在书面讲话中说："于今宪政民主已势所必行，辅成以毕生精力致力于此，经犹期以耄耄之年，见其实现，窃愿与本院师生，共谋努力。"（高景仰《褚辅成与上海法学院》，《褚辅成专辑》第127页）

　　抗战胜利后，万县分院迁回上海。留万的部分师生，遂另组校董会，更名辅成学院，由雷国能任院长，迁到城区营盘路继续办学。解放战争期间，学院师生积极参加"反内战、反饥饿、反迫害"斗争，雷震同学（中共地下党员）因此牺牲于重庆渣滓洞。（《万县志（教育篇）》第608、609页）

6月9日　先生简衣旧冠往吊叶楚伧。

　　叶故委员楚伧，名宗源，字卓书，别号小凤，历任中枢显职，去年十二月奉命宣慰京沪两市及苏浙皖三省，迫莅沪后，以积劳成疾，不幸于二月十五日上午四时四十分病逝沪西市立疗养院，享年六十岁。叶氏家属特于昨日（九日）假槟榔路玉佛寺设奠致祭。……昨日前往吊奠者，计有邵力子及夫人傅学文、于右任、孔祥熙、王宠惠、褚辅成、李煜瀛、叶溯中、吴豹军、刘纪文、李明扬、许崇智、洪兰友、黄应乾、沈陈善、林云胲、潘公展、狄膺、方治、吴国桢、吴开先、杜月笙、吴绍澍、程中行、赵祖康、汪竹一、徐寄庼、奚玉书暨陈其采等六百余人。……王宠惠先生肃然致祭，布衣布履，质朴可风，与褚辅成老先生之简衣旧冠，同有陶渊豁达风。对比十里洋场之奢华，令人感愧万端。(《叶楚伧纪念集》第20页，上海文史资料选辑第79辑)

6月11日 部分家属至亲为欢迎先生自渝莅沪志庆合影。

6月12日 九三学社上海分社成立，任主任理事。

推褚辅成、孟宪章、吴藻溪、笪移今、陈乃昌、孙荪荃、徐甫等七人为理事，互推褚辅成为主任，我为秘书。那时我年青，在褚老的委托和理事会的领导下负责推进社务。(笪移今《九三学社的缘起和解放前上海的斗争》第20页)

根据5月12日"兰园会议"作出的"设总社于京、沪区"及各地设分社的决定，先生回到上海后的第4天，迅即成立了九三学社上海分社，并召集在上海的总社人员在法学院会议室举行座谈会，发表对时局的意见等。据《中国党派》一书记述，可以看出九三学社成立之初的性质、政治主张以及首要人物的情况。现录有关内容于下：

九三学社，虽以"学"字为号召，事实上乃系政治性的结社。该社主要人物，为国民参政员褚辅成、许德珩、王卓然及立法委员左倾文化人张西曼等。该社命名"九三"乃为纪念抗战胜利（因我国正式接受日本的投降，为九月三日）。该社在重庆成立，国府迁都后，政治中心东移,始迁往上海,仍于重庆设立分社,由税西恒、何鲁(中国农民自由党领袖)、谢立惠、左昂、詹熊来、税述之、吴藻溪等十五人为理监事。在川省展开活动。

该社于上海法学院会议室,举行座谈会,到会者有五十余人,由褚辅成主席,当场作四项决议:

(1)致电联合国大会,要求讨论联合国会员国,在非敌国驻兵问题,纠正美国对远东政策。

(2)致电美国民主远东政策委员会,表示支持其立场,并请继续发动美国人民,有效制止美国的对华错误行为。

(3)致电民盟中央执委会,申述在此时局严重时期,民盟必须加强内部团结及坚持政协道路。

(4)筹备出版九三学报。……曾发表时局意见,其要点如下:(按:见本年10月24日条)。(《中国党派》第272、273页,中联出版社编,中联出版社1948年,重庆市档案馆藏)

该社之首要人物褚辅成,民初曾任浙江省议会议长,私立上海法学院即其主办。抗战后任参政员并主持参政会经济建设策进会,对政府施政诸多不满;许德珩为江西人,原为国民党党员,曾于朱培德任江西省政府主席时代任教育厅长,对第三党之活动,颇多掩护。旋又脱离第三党,加入改组派。抗战前任北京大学法学院教授,抗战后任参议员,于历届参政会中,均以发言激烈著称,对政府措施颇多抨击;王卓然系辽宁人,曾任东北大学校长,与张学良关系密切,亦系不满政府者;张西曼系立法委员,并执教中央大学,主持中苏文化协会,为著名之亲苏袒共份子,思想左倾,言论偏激。该社成立之目的,虽以学社为号召,实欲藉以结合,吸收群众,以便作政治活动。惟因其首要份子历史背景不同,主张亦不一致,其组织因不

被政府重视，乃极力为民盟捧场，以互相呼应。（同上）

6月13日　对《申报》记者发表谈话，痛恨胜利以后的"两种人"，愤怒谴责接收大员们的不肖行径。表达了九三人的正义心声。

他说："对于时局，无所谓悲观或者乐观，目前最大的困难还是经济，外货源源进口，本国工业毫无出路，情形实在危险。胜利之后，两种人加深了上海奢靡的风气。第一批回到上海的人，有不少是在内地发了国难财的人，他们带了钱到上海来，还是囤积居奇，干扰乱市场，这是第一种人使上海风气更坏的人。第二种人是一部分不肖的接收人员。"褚老先生愤愤地说："他们那里是接收，简直是抢东西！"他告诉我："最近参政会、检察院、中央检委员会，已经合组了调查团，专门调查接收工作，如果查有舞弊实据，即交法院严办，希望老百姓能够协助检举。"他慨然地说："上海本来是五方杂处的地方，再加上这两种人来推波助澜，以致弄得这般田地。时至今日，已经不是一二人以身作则所能挽回的颓风了！"（《申报》1946年6月13日）

6月20日　设宴慰劳法学院教职员及校友。

上海法学院院长褚辅成氏，昨假银行俱乐部欢宴该校教职员及校友，藉示慰劳。计到教授曹辛汉、章苍萍、韩可吾暨校友张旦平等五十余人。（《申报》1946年6月21日）

6月23日　上午，偕沈钧儒乘西湖号车自上海抵嘉兴。是先生抗战胜利后首次归故里。

抗战胜利那年褚辅成、沈钧儒两先生返乡，他（范古农）当日设素宴于精严寺。开宴时他要起来致词，沈连忙用手揿他坐下，说："拱薇，你也来这一套。"褚也说："老弟兄多年不见，所以我家里尚未回去，就来这里，准备好好谈谈。"（王梓良《忆旧与伤逝》第11页）

今先生已载誉归来，端凝清癯，不改其岁寒之姿，望之俨然，接之温然，而于劫后故乡之休养生息，尤为关切。首与衡山先生连袂参观南湖小学，与汪校长淑光等合摄一影，继舟往南湖烟雨楼，应各界地方人士欢迎大会，并摄影以留纪念。是日，其长子汉雏侍焉。（《嘉兴当代人物志》，《浙江辛亥革命回忆录》第147、148页）

6月24日 出席嘉兴县商会聚餐会，挥毫题写"分烟话雨"匾额。

先生于六书之学，极有心得。胜利后一年，曾回故乡，目睹兵燹之余，不胜感慨。后往南湖，众以沦陷时，日寇曾于烟雨楼辟旅馆，今虽重行修理，尚缺匾额，请先生一挥，以留纪念，先生乃书"分烟话雨"四大字。同里陆志棠毕生追随先生，抗战时辛劳过度，殁于浙东，众议于仓颉祠前立碑铭以纪念，请庄君一拂撰文，亦请先生书丹也。（《安乐老人随笔》，同上，第148页）

不久回申，姚慕莲在南京路女子银行楼上设筵欢宴，褚先生邀余陪席，余将民国二十六年为我和吴松如银婚时，他赠我之诗带往与其览视。因为内有"君为新婿我作囚"之句，即指他被禁安徽之事，他谓当时情形如在目前，且谓三十年冬是他金婚之期，斯时寇焰犹盛，因远客西南，不能返沪举行，引为憾事。今睹十余年前赠与足下之银婚诗，不胜感慨。（孙筹成《褚辅成一生不忘民主》，《褚

辅成专辑》第 25 页）

　　按：全诗为："癸丑年中判乐忧，君为新婚我作囚。返里往事都陈迹，前度刘郎已白头。"（癸丑年先生为袁世凯拘捕于安徽，乃孙君结婚之时）。《褚辅成专辑》第 184 页）

6 月 25 日　嘉兴县参议会召开第一届成立大会暨第一次大会，先生应邀莅会并致词。（《嘉兴市人民代表大会志（1949—2003）》第 692 页）

　　会后先生去杭州，住英士路 54 号。在杭接受《申报》记者的采访。29 日《申报》以《一个争取民主、民意的典型——访老战士褚辅成》为题做了大幅报道。报道开篇说：

> 当民主被人们利用作为幌子，而真民主黯然失色的时候，记者惦念着一位毕生为民主而奋斗的老战士褚辅成先生。褚辅成的一生，可谓是中国民主的民意代表的模范，从民国初年参与国会起一直到现在担任国民参政员止，无一时无一处不是代表着真正的民意的。（《申报》1946 年 6 月 29 日）

6 月 26 日　国民党军队向中原解放区大举进攻，内战正式爆发。同日，九三学社发表对时局的意见。

　　一、中国抗战八年，遍地灾荒，人民困苦已极，亟需休养生息，决不能再打内仗，况内政问题，亦非军事所能解决。任何党派军队，倘为人民着想，就应立即放下屠刀，实行全面永久停战，静候和平调处。二、中国抗战目的，为求民族独立与平等，政府近来措施，如允许外国在华驻军权、内河航行权、公海捕鱼权、放弃关税自主权、坚持国共谈判外国公断权等等都与民族独立背道而驰，绝非人民所能容忍，本社同人誓死反对。（重庆《新华日报》

1946年6月27日）

同日 九三学社发出致马叙伦等慰问电，祝"早日康健，继续为和平民主运动努力奋斗，本社同人誓作后盾"。（重庆《新华日报》1946年6月27日）

7月10日 上海第三区缫丝工业同业公会成立，先生当选为理事长。钱孙卿当选为监事长。（《征信新闻（上海）》1946年第171期第2页）

7月11日、15日 李公朴、闻一多在昆明被刺后，随周恩来、郭沫若等发起组成李、闻两先生追悼大会筹备委员会。（《九三学社简史》第83页）

7月20日 延安《人民日报》通讯，对九三学社发表的对时局意见进行报道。文末说："九三学社系文教、经济界名流褚辅成、许德珩、王卓然等所组织，成立于今年五四节。"（《人民日报》1946年7月20日）

7月25日 参加邵力子、周恩来等发起组成陶行知追悼大会筹备处。（《九三学社简史》第83页）

7月26日 接受《申报》记者专访，痛论丝茧危机。推派冷遹等代表第三区缫丝工业同业公会向政府请愿，提出救济办法。（《申报》1946年7月27日）

7月28日 挽李公朴、闻一多先生。（此联为参加是日重庆各界举行李、闻追悼大会时撰送）

> 诚信未能感人，三载驻滇亏职责；虎咒谁使出柙，二公代民受牺牲。（景常春编注《近现代名人对联辑注》第346页）

8月9日 重庆《新华日报》载：浙属旅沪同乡会呼吁停止田赋征实，由先生电呈当局。

> 上海航讯：浙江旅沪各属同乡会最近为呼吁停止田

赋征实，举行联席会议，并由主席褚辅成电呈当局，原电在叙述浙省遭受日寇蹂躏和破坏的影响以后，接着说："……战后耕具缺乏，土地无多，产米更少，农民平时已多以山薯糠秕为食。今更不得一饱，即使休养生息，亦须期以十年，方得复元。去年政府下令免征田赋一年，大旱云霓，欢声雷动。今田赋复行征实，田赋每元并计征借及公粮须征米五斗四升之多，以现米价，每石五万，合法币计算，增至二万数千倍，倍数之巨，至足骇人。孑遗枯瘠，何以堪此？浙省科则本已偏重浙西，更有糟粮抵补金，较他省负担尤重，田主不克赔累，势必向佃农增收。上腴之田，中年不过谷三石，瘠田二、三石不等。古称十卜取一，今取至四卜三分之一，结果必至重佃农，社会不宁，事实上决难实行。除推代表面陈外，谨电陈明。"（重庆《新华日报》1946 年 8 月 9 日）

慧僧先生在全浙公会中，常悬念于浙西田赋科则的事。浙西各县因农产富饶，科则特重，确是事实。据说是明、清两朝，因浙西文人专喜批评时政，尤其清初的文字狱，浙西的案子特多，所以将浙西的田赋科则定得特高，等于惩罚。浙江全省承粮亩分共为四千九百六十三万余亩，浙西杭、嘉、湖各县，只占百分之三十七。而全省田赋正税，在抗战以前，全年为二千二百十九万余元，其中仅抵补金一项，浙西杭嘉湖各县的负担，即占百分之七十七，自属不平。民国三十年起，田赋正税连同各种附加税，均一律改征实物，人民的负担日益加重。（阮毅成《记褚辅成先生》，《嘉兴同乡通讯》第 9 期，1991 年 2 月）

9 月 1 日　浙江省参议会正式成立，先生特自上海赴杭州参加开幕典礼并致词，为浙江的民主殿堂重得继续发挥作用而高兴。

浙江省议会自民国十三年以后，就行中断，直到民国二十九年，才在战时有临时参议会的设立，期间已经有十六年之久。但临时参议会参议员是政府遴聘的，若论再有民选的议员，则已经是民国三十五年。上距民国十三年，已经相隔了二十二年。所以，他颇为浙江的民主殿堂重得继续发挥作用而高兴。因而，对我十分嘉勉。

慧僧先生这一次到杭州，对新成立的省参议会致词，并于是日下午三时，在杭州市商会举行茶会，招待全体省参议员，还是为了要减轻浙西各县人民的田赋负担。因为他常为此事而呼吁，所以在抗战以前，曾有人造谣说全浙公会是浙西大地主的集团，慧僧先生在嘉兴有很多的田地，一向是欠粮不缴的大户，反而要求减赋。其实，全浙公会的会员中，浙东人士比浙西多，而且工商界人士与文化界人士比有田的人多。至于慧僧先生本人，在嘉兴只有祖遗的少数田地，因为从事革命，差不多已卖完了。我在未到浙江省政府工作之前，曾冒昧的问过他，"为何不予辟谣？"他说"何人有田，何人无之，政府有册可查，不必我声明也。"可见他要求减赋，是为了浙西全体人民，希望负担能够公平合理，并不是为了个人。（同上）

9月3日 为国际民主胜利周年，九三学社发表宣言，主张立即停战，实行政协决议，解散特务机关，严惩战犯、汉奸。

本市消息：本日为日本帝国主义者向盟国签定降书的周年，本市九三学社特发表《为国际民主胜利周年纪念宣言》，兹为刊布如下：

同人等于去年国际民主胜利之日，鉴于今后中国非休养生息，集全力于民主与科学之建设，迎头赶上欧、美不足以言生存，故组织"九三学社"，冀从此方面有所致力，现为时已及一年。回顾这一年来，内战愈演愈烈，主权丧失不已，经济濒于崩溃，民生困苦已极，国际地位一落千丈。同人等慄此危局，不敢缄默，爰提出下列数点意见，以供国人参考：

一、国共双方应立即全面停战，停止一切破坏工作，实行政协决议，改组政府。

二、从速召开政协综合小组会议，将宪草未决问题，一月内获致协议，作为唯一草案，于"双十节"前公布，交由将来合理召开之国民大会通过颁行。

三、遣俘工作完成，在华美军应即撤尽。美国售我剩余物资，如系早有成议，亦应暂时保留，待民主联合政府成立后交货。

四、解散特务机关，切实保障人民自由，以防暗杀、凶殴等血案之再演。

五、严惩战犯、汉奸，立即枪决冈村宁次等屠户，及周佛海、丁默村等卖国贼，以慰抗战先烈，而平民愤。

六、肃清贪污土劣，为国家稍存体面，为民族稍存正气。九三学社，民国三十五年九月三日。（重庆《新华日报》1946年9月3日）

10月3日 举行上海法学院成立20周年盛大纪念会，极一时之盛。

今日（三日）为上海法学院成立周年纪念日，该院于上午九时，举行空前庆祝典礼。董事长钱新之、院长褚辅成及校董吴绍澍、校友应永玉等将莅临参加。

上海法学院为国内著名学府,创办迄今已有廿年,树立人才,为数甚伙。昨为该校成立二十周年纪念日,特在江湾路该校举行盛大纪念会,并邀各校友联欢。计到吴绍澍、朱学范、沙千里、沈钧儒、朱素萼、祝平、张旦平等百余人,济济一堂,极一时之盛。昨日之节目,则有书画展展览、法庭实习及球类比赛等。(《申报》1946年10月3、4日)

同日 与章士钊接受《大公报》记者的采访,谈"地籍"与"抗币问题"。(上海《大公报》1946年10月4日)

10月11日 国民党军队占领张家口,当天下午蒋介石宣布于11月12日召开"国民大会"。

10月24日 与王卓然、张西曼、许德珩等在上海发表对时局六点意见,呼吁停止内战,恢复和谈,裁减军队,挽救经济,并要求美国采取公正中立态度,帮助中国人民制止内战,实现民主。

上海航讯:文化界人士褚辅成、王卓然、张西曼、许德珩诸氏发起所组织之九三学社,鉴于当前时局之严重,特发表意见六点。现录其要点于下:

(一)恢复和平谈判,吾人要求蒋主席立刻回京,下令永远停止内战,负责主持和平谈判,以求真正的和平民主之实现。

(二)马歇尔特使应采取公正的、中立的态度,帮助中国人民制止内战,实现民主。否则无继续留华之必要。要求美、英、苏人民督促其政府,履行莫斯科三国外长会议的对华决议。纠正美国政府在华推行帝国主义之政策行为。

(三)应从速实施政协决议,大量裁兵,并从中央直辖军队裁起，以资表率。

（四）政府应立即取消有碍于国内工商业发展的一切措施，尊重工业者的企业自由，维持并发展全国各地的中小工厂，提倡国货，增加生产，杜塞漏卮，以拯救经济总崩溃之厄运。

（五）政府应首先停止一切造灾行为如内战、征兵、征粮，同时放弃成见，敦聘国内各方面公正人士，主持救灾机构，并奖励社会人士，自动救灾，协助一般人民，自力更生。

（六）从速实现蒋主席四项诺言。根绝党化教育，尊重讲学及办学之充分自由。全国各级学校教职的生活，应即切实改善，俾能温饱，使文化工作者不致于绝殁。（重庆《新华日报》1946年10月31日）

10月27日 九三学社重庆分社成立。（重庆《新华日报》1946年10月28日）

10月30日 与黄炎培深谈。

访褚慧僧蓝卫巷二号，深谈。（《黄炎培日记摘录》1946年10月30日）

11月6日 嘉兴准备筹设自来水厂，先生被推为筹备主任，张木舟、汪胡桢为副主任。（《申报》1946年11月7日）

11月10日 先生与谭平山、李济深、孟宪章联名致书国民党当局，要求国大开会日期暂行延缓。

三十五年冬，中央下令于十一月十二日召开国大，共产党方面，以国大片面召开，将为谈判决裂关键，情势十分危急。褚先生乃与李潮任、谭平山两先生及我，以国民党籍国大代表资格，于十一月十日，联名电请中央：

"盱衡世界趋势，察国内舆情，将国大开会日期，转行延缓，以待各党派名单，全部提出后，再行正式开幕，庶可由统一之国大，制定统一之宪法，以完成中国真正统一之局面"。中央确曾延期三日，终以张垣功下，认为收拾大局已有把握，遂于十五日延期届满召开，自后谈判之门完全关闭，不幸遂演成今日不可收拾之局面。(孟宪章《悼念民主老斗士褚辅成先生》，《创世》1948年第16期第8、9页)

11月13日 接受《大公报》记者专访，发表谈话。希望国民大会延期到十二月初召开。此时，国民大会副秘书长雷震专程赴上海，敦请在上海的各民主人士出席"国大"，先生表示"最近不拟赴京"。

> 上海航讯，国民党当局要召开其毁法的"国大"，各界人士对此足以招致分裂的行动，同表反对，都要求停开。虽然国民党当局把这片面召开的"国大"，又片面延期三天，但绝不能解决任何问题。褚辅成先生对记者特发表谈话说："依照政协规定，国大召开之期由政协商定，故应由各党派商定—国大召开之日期。"并表示"最近不拟赴京。"(重庆《新华日报》1946年11月15日)

> 这次开国民大会，他是主张延期的，希望国共和平谈判成功，共谋国事。(《申报》1946年12月17日)

11月15日 国民大会开幕。一周后先生赴南京与各方面人士交换意见，在会议进程中逐感失望，退会返沪(查阮毅成《制宪日记》，先生于12月22日后返沪)。关于先生出席制宪国民大会的代表问题，据朱仲华在《制宪国民大会的经过》一文披露：先生作为社会贤达特邀出席。

> 制宪国民大会于一九四六年十一月始行召集，在南

京中山路特建的大会场开会。到会代表共二千一百人，除一九三六年间各专区选出的代表外，中国共产党和各民主党派，以及各职业和民众团体如商会、农会、教会、律师公会等各有代表名额。国民党派出的代表有二百名。本来在"五权宪法草案"中规定，现任行政官吏不得兼国大代表，由于陈果夫的反对并活动，终于以签名表决超过三分之一法定人数而取消了这条规定。此外如社会贤达缪云台、褚辅成等为特邀代表。当时我们浙江等代表中有许绍棣、胡健中、阮毅成、罗霞天、赵龙文、刘湘女、朱凤尉等。(参见《绍兴文史资料选辑》第3辑第260页，绍兴县政协文史资料工作委员会编)

12月26日 浙江旅沪同乡会成立，先生当选理事长。

本市浙江旅沪同乡会于十二月二十六日召开成立大会，当场选出褚辅成为理事长。许行彬、魏伯桢、陈蔼士、王晓籁、徐寄廎、等十人为常务理事。潘公展、王正廷、金润庠、姚□运、俞寰澄、钱永铭、周佩箴等十四人为理事。三十一日下午开第一届理、监事会，并根据大会决议，推选沈衡山、李熙谋、叶润卿、葛敬中、骆清华、张性白、严浚宣、杜伟、周健初等四十九人为名誉理事。(《申报》1947年1月5日)

冬 为丙戌年法学院冬季毕业同学纪念册题字，并题词。

学以正己，法以律人。有为有守，庶无愧为健全之国民。(上海法学院《丙戌年冬季毕业纪念册》第11、15页)

按：纪念册题词者还有于右任、吴国桢、李品仙、阮毅成、沈鸿烈、钱永铭、宣铁吾、褚凤仪、潘公展、王懋公、曹辛汉等人。

◎ 1947 年（丁亥）民国三十六年　75 岁

1 月 1 日　九三学社、民主建国会等在沪的 11 个民主党派、人民团体联合发表声明，对国民党单方面召开国民代表大会并公布所谓的"宪法草案"表示坚决反对。（上海《文汇报》1947 年 1 月 1 日）

同日　上海、南京、杭州一部分学生举行反美军暴行示威游行，要求美军撤退。

1 月 14 日　设奖学专款，助寒门学子。

上海法学院院长褚辅成表示：为协助清寒学子，自下学期起，拨款一千万元，为奖学专款。并聘定专门人才管理。（《申报》1947 年 1 月 14 日）

2 月 1 日　与董必武等出席民盟招待会，并有演说。

午后二时，民盟假青年会招待各界，张表方主席致词，张东荪报告民盟概况，董必武、马叙伦、朱绍文、张絅伯、吴耀宗、施复亮、文幼章（加拿大人，熟华语）、褚辅成、翦伯赞各演说，罗努生答谢，全会极热烈精彩。（《黄炎培日记摘录》1947 年 2 月 1 日）

2 月 3 日　忧虑国事，访黄炎培深谈。

褚慧僧来，深谈国事。（《黄炎培日记摘录》1947 年 2 月 3 日）

按：此时，国民党政权即将面临崩溃，经济市场一片混乱，金价每两达七十二万元，美钞每元一万六千元，市场动乱，粮价暴涨。国是如斯，两老堪忧。

同日　第三党即中华民族解放行动委员会易党名为"中国

农工民主党"。(参见《中国农工民主党的奋斗历程》第36页,中国文史出版社1990年)

2月17日　与阮毅成(静生)、余樾园(绍宋)谈国内局势,甚表"悲观"。

民国三十六年二月十七日下午四时,我与余樾园(绍宋)先生在上海同访慧老,谈国内局势,他表示悲观。这是我自认识他以来,第一次听他说"悲观"二字。(阮毅成《记褚辅成先生》,《嘉兴同乡通讯》第9期1991年2月)

4月14日　要求政府救济丝茧业。

本报讯:蒋主席昨日中午十二时四十五分返京。上午九时,蒋主席在官邸接见联总分署署长艾格顿将军,谈话片刻。复召见参政员褚辅成、冷御秋,两氏就江、浙两省目前丝茧业危机,报告甚详,主席面允设法救济。(《申报》1947年4月15日)

4月21日　覃振遗体大殓,与孙科、孔祥熙、陈立夫等往吊。

覃副院长遗体,昨日下午四时在胶州路万国殡仪馆大殓,党国要人,各界名流,前往吊唁者达三百余人,素车白马,极备哀荣。灵堂四周,挽幛挽联罗列,满缀花圈,灵台正中悬覃氏遗像,镶以花圈,旁插小型党国旗,前置各色供品……大殓仪式在哀乐声中进行,由吴稚晖主祭,孙科、孔祥熙、周震麟、王宠惠、李石曾、陈果夫、方治、章嘉、刘峙、朱家骅、褚辅成、刘维炽、狄膺、赵丕廉、董绍玹、程中行等陪祭。(《申报》1947年4月22日)

5月4日　九三学社为成立周年、纪念"五四",在上海特发表宣言。

> 缘本社之成立于"五四",是经过一番考虑的。"五四"的精神是科学与民主,那精神与我们的主张适合。因为主张民主,所以我们反对独裁、反奴性、反帝国主义侵略。因为主张科学,所以我们反盲从、反复古、反一切的封建作风。我们深信,挽救目前中国,要在实行民主,努力科学,而其先决问题,是在停止内战,恢复和谈,从民主的团结,救人民于水火。否则一切都谈不到。(上海《时代日报》1947年5月4日)

同日 上海各大专院校学生集会纪念五四运动,遭国民党上海市政府镇压。

> 上海各大专院校学生分别集会纪念五四运动。我院政治系同学举行学术报告会,请作家姚雪垠讲《典型人物的创造》,九三学社焦敏之教授讲《民主政治的时代性》。有三四十位同学到四川路进行街头宣传,张贴纪念五四、要求人权的标语。可是国民党政府恨之入骨,派出大批警察横加干涉,开始撕毁标语,继而殴打学生,潘思采、顾钱吉同学受重伤。5月6日中午,"五四事件"抗议委员会召开会议,决议于自下午起开始罢课,以示抗议,得到社会各界人士的强烈支持。(高景仰《褚辅成与上海法学院》,《褚辅成专辑》第127页)

5月8日 亲自布置请愿活动方式。9日,与吴国桢交涉,迫使其接受学生条件。

> 下午三时许,我院大学部和附中同学与34所大中院校学生代表700余人,分乘大卡车到市府向吴国桢请愿,

褚院长由高景仰陪同前往。褚院长和学生代表屈元、院长秘书、教师代表高景仰三人与吴国桢面对面谈判……吴国桢被迫接受谈判条件,大意是:(一)学生医药费由市府负担;(二)保证今后公务员如有超越法令时,决予严办;(三)褚院长参与调停,年高劳顿,吴市长特向褚院长道歉;(四)学生即日起复课(但要等道歉书送到学校后研究决定);(五)今后警士执行职务时应遵守纪律,注重礼貌。……褚院长因年事已高,由高景仰陪同先回学校。(同上)

5月10日 与沈钧儒等到校讲话,斗争取得了一定胜利。

上午,褚院长、沈钧儒和胡子婴来校向同学讲话,讲话中说:"争取和平民主,须做长期工作",劝勉同学先行复课。下午,褚院长特邀上海学生后援会主席团代表来校商谈,要求同学先行复课,由他与市府继续交涉。后援会主席团讨论了褚院长的意见,一致通过5月12日起复课,并发表告同学书,声明复课理由。就在复课那天,吴国桢的道歉信也送到了学校,这一斗争取得了一定的胜利。(同上,第129页)

5月13日 出席三区缫丝公会理、监事会议,对蚕丝原料分配提出意见,供蚕丝协导会决策参考。

据悉国内丝厂车数,多于原料一倍,支配甚为困难。蚕丝产销协导委会议,经二次开会拟定,仍未能作最后决定。闻现正将修正办法,咨询第三区缫丝公会意见。据悉:三区缫丝公会业于昨日下午四时,召开理监事会议,褚辅成、冷御秋等均出席,一俟得有确实意见,将由蚕丝协导会提出,作最后之决定。(《申报》1947年5月14日)

1947年

5月14日 出席蚕丝产销协导委第三次委员会会议,决定春蚕贷款收茧等重要各案。

农经两部蚕丝产销协导委负会,近以江浙各地春蚕不日登场,并据各地驰报,今春产量丰收,因此上年曾经贷款收茧之各厂商纷纷申请本期贷款收茧,共计七十余家。该会为求适合规定资格标准,并为茧额分配、预筹收茧款项等问题,特于昨日上午十时,在中蚕公司举行第三次委员会。计到谭熙鸿、褚辅成、冷御秋、葛敬中、汤锡祥、董赞尧、何北衡、范崇实、皮作琼、陈隽人、颜泽之、马季平、陶菊如等二十余人,由谭熙鸿主席。经议决重要各案如下:(一)卅六年春期贷款厂商资格处核标准及茧额分配办法。(二)审查申请贷款收茧厂商资格。(三)合作干茧分配办法。(四)本期茧款,除原来决定数额外,因蚕作预兆丰登,至少尚短一千二百亿元,已由该会并中国农民银行,急电行政院及四联总处迅予增拨。(《申报》1947年5月15日)

5月19日 抱病赴南京,出席国民参政会第四届第三次大会,提出和平方案。

《大公报》南京二十四日发出专电:《和平方案陆续提出,褚辅成等请重开和谈》。专电称:参政员和平提案已陆续提出。二十四日提出大会者有:褚辅成、邵从恩、张难先等提"和平方案",内容请政府重申和平意愿,恢复和谈,邀中共派代表进行商谈,并由参政会组织特种委员会,促进和平。

按:会议期间先生领衔提出《请政府对输日物资交换对象,应将人造丝一项删去,换列日本干茧,以切合实际需要,解救国内缫丝工业原料恐慌案》。此时国民党政权已在风雨飘摇之中,无暇顾及,提案审查匆匆通过了事。(案见《国民参政会第四届第三次大会提案原文》第二册,国民参政会秘书处印)

大会开幕时,南京"五二〇"学潮血案发生,当天上海法学院学生组织"五二〇"惨案后援会,25日发出声援信,但同样遭到当局压制。先生十分担心法学院学生的安危,会中心挂两边,期间数度电话相询。

> 这次学潮中,上海法学院也是闹得很厉害的一个,数度殴打,拘捕的学生尤多。而老校长褚辅成及沈钧儒等又在南京出席参政会,校中事归褚小校长凤仪负责,往来劝导奔走,弄得精疲力竭。可是老校长褚辅成在南京也不放心,数度长途电话相询,真叫心挂两边,不胜其苦了。

(《学潮声中褚辅成担心法学院》,《快活林》1947年第64期第7页)

5月25日 与邵从恩出席蒋介石招宴。

> 五月二十五日晚,蒋介石宴请参政会主席团全体人员,特邀请无党派社会贤达代表褚辅成、邵从恩二人参加。邵藉此机会面对蒋介石大声疾呼:"战争是无论如何不能再打了!"并慷慨激昂地说:"中国人民经过八年抗战,已创巨痛深,再经不起战祸了!全国期望和平、停止战争,不知主席有何困难而必欲诉诸武力?"蒋回答说:"政府没有什么困难,关键是在共产党。"并问邵:"你为什么只劝我不打仗,为啥不去劝共产党呢?"把发动内战的责任诿卸给共产党,而且态度蛮横无理。邵从恩极为气愤,顿时面部发赤,口角颤动歪斜,晕倒在地,被送中央

医院急诊，经检查为中风，住院治疗，数日后始渐苏醒，稍能言语，但仍不甚清晰。

邵从恩住院期间，仍念念不忘国事，念念不忘和平。……南京某报记者往访，邵以颤抖的手，写了"内战不停我不乐"七字，刊登在南京及四川的报刊上，故国人称之为"和平老人"。（陈祖武《和平老人邵从恩》，《四川文史资料选辑》第35辑第46页）

5月28日 出席参政会全体审查会，呼吁和平。推为特种委员会委员。

本报南京廿八日电：参政会廿八日以竟日时间举行全体审查会，研讨和平问题。结果会中通过主席团决定组织有关和平问题提案之特种委员会，制定具体方案。

参会全体审查会二十八日午后继续举行，江庸主席，自下午三时半起至七时一刻散会。各参政员继续发表对和平之意见，计有包一民、燕树棠、林虎、尹述贤、吴望伋、周谦冲、褚辅成、黄炎培等三十四人发言。大多数主张，求和不成，请政府即下讨伐令，一时会场内一片讨伐声。渠等所持理由为，共军所到之处，烧杀掳掠，民不堪命，痛苦万状。而共军无意和平，谈谈打打，仅足增加人民之痛苦。……

黄炎培大呼非和平不可，不仅目前老百姓痛苦，将来将更痛苦。黄认为目前关系国家人民生死存亡关头，吾人必须想一妥善办法，以解决之。

褚辅成则提出邵从恩之和平提案，予以强调说明。其意见在：（一）由大会决议向政府与中共呼吁和平，并组织和平促成会；（二）双方撤销和谈之任何条件，并即日停止全国各地之军事冲突；（三）和平促成委会应本国民立场提供意见，使真正和平早日实现。……燕树棠大呼：我不愿意和谈，我不忍听和谈，我讨厌和谈。

本报南京廿八日：依据廿七日通过萧一山等之临时动议，参政会有关中共及和平提案十八件及临时动议一件，经全体审查会审查完毕后，全部审查意见均交特种委员会，制定具体方案，再提交大会讨论。特种委员会由主席团提出，共四十五人。廿八日全体审查会已予通过。计叶道渊、陈赓雅、王国源、沈之敬、李璜、杨毓滋、林虎、梁漱溟、江恒源、桂芬、王孟邻、张金鉴、陆宗祺、何葆仁、谢明霄、张登鳌、孔庚、褚辅成、黄炎培、许德珩、王造时（下略）。在此指定之参政员外，如有自愿参加该会工作者，亦可自由参加。（《申报》1947年5月29日）

5月31日 出席许德珩招餐，续拟和平案决议草案。

午，许德珩在大三元招餐，同座褚慧僧、江问渔、章伯钧、王造时、程希孟七人，会商和平案、学潮案处理意见，拟有和平案决议草案。（《黄炎培日记摘录》1947年5月31日）

6月2日 国民参政会四届三次大会闭幕，中间势力对蒋介石的幻想彻底破灭。

祖父从国共和谈破裂以来，心神憔悴，身体很快衰弱下来，行动已相当困难。但是，只要有机会，他还是要讲他的话。据王造时回忆称："和谈濒临破裂，各方人士均灰心之时，仍坚持国共合作，逢会必讲，慷慨陈言者，唯慧老一人。"（褚律元《一位爱国的政治活动家——纪念祖父褚辅成先生》，《褚辅成专辑》第16页）

1947年

6月14日 出席农、经两部茧丝产销协导委员会第七次委员会议，研究缫工费用等问题。(《申报》1947年6月15日)

6月15日 出席法学院本学期学生毕业典礼，并致训辞。下午6时出席毕业生"感恩酒会"。

上海法学院本学期毕业典礼，于昨（十五）晨十时，在该校大礼堂举行。到该院院长褚辅成，校董会代表沈钧儒，来宾张天福，校友张旦平暨教职员全体毕业生及在校学生共千余人，由褚院长主席并致训辞，旋沈钧儒、张天福、褚凤仪、李良等相继演说，语多勖勉。后由毕业生代表答辞，至一时许始摄影礼成。该校本届毕业学生计法律系三十八人、经济系十人、会计系十一人、报业专修科十四人、商业专修科三人。

上海法学院报业专修科，系卅一年在四川万县创办，现该科第四班（迁沪后之首届）即将毕业，各生为感谢该院各教授平日教授深恩，昨日下午六时，特假江湾路上杏花村酒家，举行"感恩酒会"。计到该院院长褚辅成、代院长褚凤仪、教务长曹辛汉，该科主任章苍萍及教授程玉西等十余人。(《申报》1947年6月16日)

6月21日 出席农经两部蚕丝产销协导委员会第八次会议，讨论烘茧收购等问题。

农经两部蚕丝产销协导委员会，于昨日在武进路该会会议室，举行第八次委员会。出席褚辅成等十余人，谭主任委员因公赴京，由葛委员敬中担任主席。当主席宣读第七次会议纪录，并报告收茧结束进行后，即开始讨论：（一）零烘茧收购问题。（二）本年春丝缫制及销售问题。（三）合作烘茧丝丝问题。均经一再详细讨论，决定分别

组织小组，先行研究详细办法，再提本委员会商讨，至下午一时散会。(《申报》1947年6月22日)

7月5日 出席蚕丝产销协导委员会第十次会议，议决通过重要议案4件。

> 晨经两部蚕丝产销协导委员会，于昨日下午二时，在武进路一一六号，召开第十次会议。到褚辅成，谭熙鸿等二十余人。讨论议决重要案件：（一）本春贷款所收蚕茧试缫办法业经制定，提请商决，议决修正通过。（二）结算茧价与收茧开支补充办法，提请讨论，议决：修正通过。（三）蚕丝事业战期损失赔偿案，议决：搜集材料，列表送请主管机关核办。（四）本年秋蚕种价格数量及贴补种价问题，议决：交由蚕种小组会议迅速研究，提会商决。(《申报》1947年7月6日)

7月12日 出席蚕丝产销协导委员会第十一次例会，奖励改进蚕种等案。

> 农经两部蚕丝产销协导委员会第十一次例会，于昨日上午十时起，在本市武进路二一六号中蚕公司举行。到褚辅成、谭熙鸿、马季平、葛敬中等十余人，由谭熙鸿主席。计讨论：（一）本年秋用普通蚕种，应如何补救案。（二）明年春用普通蚕种如何赶制案。（三）本年秋期种价如何规定案。（四）秋期制种贷款等，如何办理案。
>
> 以上各案经讨论通过后，并为奖励改进及针对实际状况起见，再附加下列各点：（一）由会商请江浙两省政府，对成绩优异之蚕种场，予以名誉及现金之奖励。（二）各蚕种场为改进推广起见，所办之蚕业指导及蚕农共同施

设事项，如办有成绩者，由政府在征改良费项下，贴补其所支用之款项。（三）贴补种价，请两省政府迅予发给。（四）如物价变动时，此次所定种价，得予调整。（《申报》1947年7月3日）

7月19日 出席蚕丝产销协导委员会第十二次例会，推派代表参加万国生丝公会。

农经两部蚕丝产销协导委员会于十九日上午十时在武进路二一六号举行第十二次会议，出席褚辅成、王伯天等二十余人。主席谭熙鸿，（甲）报告事项（略）；（乙）讨论事项：（一）派员参加万国生丝公会案，决议请输出推广委员会任委员就近派代表参加，并报农经两部备案。……（六）秋季收茧筹备事宜，决议由中央银行、中国农民银行、中蚕公司及本会各推派代表商拟办法提会商决。（七）收购粤丝问题，议决由中信局、中农行及本会各派一人，赴粤调查后再行提会商决。（《申报》1947年7月21日）

7月29日 出席蚕丝产销协导委员会设计委员会首次会议，并致词。

蚕丝产销协导委员会设计委员会，于昨日下午四时正式成立，并假中央银行举行首次会议。到刘攻芸、褚辅成、汤锡祥、薛祖康、王紫霜等多人，刘攻芸任主席。首由刘氏致开会词，旋由谭熙鸿叙述设计委会设立之意义，最后褚辅成以来宾资格致词，希望设计委会之成立，对生丝之外销，有所协助。旋即讨论议案：（一）通过设计委员会组织章程九条。（二）关于生丝外销计划，议法推请常麦、葛敬中、蔡昕涛、吴升伯、马克、薛祖康等五人草拟。该五常委定今日下午三时，集会商讨。（三）蚕丝产销协导委员会送会提案四件，包括缫丝厂要求发给生丝二成，及缫工发薪等案，议决先提交常务委员会讨论，作成方案后，再提交全体委员会讨论。（《申报》1947年7月30日）

7月30日　主持三区缫丝同业公会第二届会员会议，请政府禁止开放对日贸易。

三区缫丝同业公会于昨日下午四时，假市商会大礼堂开第二届会员会议，由褚辅成主席。经议决三点：（一）自本月七月分起增加会员月费；（二）该会下半年每月支出表送各理监事审查；（三）最后通过重要提案七件。并议决呈蒋主席、全国商联会、全国工业协会，请求禁止开放对日贸易。（《申报》1947年8月1日）

关于战后开放对日贸易，先生表示强烈反对，在《创世》杂志上发表《不签丧权的和约》的文章，语至激烈，痛心疾首。

对日和约未签订，即是对日战争的时期尚未终了，而中日商约更未签订，政府却毅然地宣布开放对日贸易。政府那种不顾全国舆情的反对，不顾国家民族的前途，令人痛心。在未决定开放对日贸易前，我曾表示坚决反对，不幸政府置一切忠言于不顾，处处尾随他人。现在对日贸易是开放定了，但和约还未签订，我们尚可把握住机会。

（褚辅成《不签丧权的和约》，《创世》1947年第1期第9页）

本月　先生召集九三学社在上海的社员发起成立"对日问题座谈会"。

时"九三学社"在沪同志在已故褚辅成先生领导之下经常集会。1947年7月（按：16日），我在上海《大公报》发表《急管哀弦愈逼愈紧的日本问题》一文，谬承褚先生赞赏，遂由褚先生召集孙荪荃、笪移今、王造时、吴溪藻及我，发起成立一"对日问题座谈会"。时麦克阿瑟不顾亚洲其他各国利益，竟违反国际惯例，在对日和约尚未签订，日本在事实上还是盟国公敌的时候，专断地宣布日本对外私人贸易于8月15日开放。我们"座谈会"同人遂发表下列第一个对日文件：《我们关于对日问题的意见》。(孟宪章编《中国反美扶日运动斗争史》，(陈民、青莱藻合编《中华民国史资料丛稿——九三学社》第32、33页，文史资料出版社1981年2月)

8月2日 出席蚕丝产销协导委员会第14次例会。对于秋季蚕丝产销协导办法，议决推请国行、中农行、中蚕公司、三区缫丝公会、四川丝业公司及蚕丝产销协导会等共同组织小组研究，提供设计委员会核议，再提会商讨。对四川生丝如何收购案，议决交请设计委员会研究，再提会议商讨。(《申报》1947年8月3日)

8月3日 在沪、津、渝、港四地《大公报》领衔发表《我们关于对日问题的意见》。意见指出：

> 在日本真正民主势力未抬头前，美国积极扶助日本，有如养虎，一旦羽毛丰满，谁又能保证养虎者不遭反噬。希特勒及日阀往事，殷鉴不远。我国人研究日本心理，自信较西方人为深刻。希望美国政府，特别是麦帅，能突破日本的包围，看穿日本的野心，而勒马悬崖，幡然改变现行对日政策。
>
> 战胜日本，要以我国作战为最久，牺牲为最大，出力为最多。因之，无论在现在对日管制，将来对日和会

中，我国均应有最大的发言权，特别要保有及善为运用现在所具有的否决权。抗战胜利，是我国牺牲千余万军民与无量数财产的代价，而对日和约又是抗战的最后一章。诸如废除日本天皇制问题、日本领土问题、赔偿问题、工业水准保留问题、战犯处置问题、肃清财阀与改革土地制度问题、日本国民再教育问题，乃至和约缔结以后，继续管制日本问题、中日商约问题、四国对日军事协定问题等，我国均应站在国家民族永久利益立场，提出独立而坚决的主张，不可因敷衍某友邦一时的面子，随人俯仰，听人摆布，而以国家的百年大计作礼品。至如何迅速实现国家之和平统一，以便集中全国意志与力量，完成新中国之建设，藉以提高国际地位，使我国成为远东之主要安定力量，全国同胞尤应悬为共同鹄的，努力以赴。

……

希全国同胞提高警觉，加强研究，团结御侮，发愤图强，庶艰苦抗战之成果，不致徒付东流，而民族解放之大业，得以早日完成。

褚辅成、孟宪章、李立侠、王造时、李惟诚、李世璋、姜庆湘、臧克家、笪移今、吴藻溪、寿进文、孙荪荃、徐逸樵、方秋苇、伍丹戈。(上海《大公报》1947年8月3日)

8月7日 推为出席全国对外贸易会议代表。

上海第三区缫丝工业同业公会议决推褚慧僧、许行彬、王化南、沈九如、沈骅臣、高景岳、周元勤等携带提案出席会议。(《上海市档案馆馆藏资料》)

8月9日 出席蚕丝产销协导委员会第15次会议，讨论

1947年

通过秋季蚕丝头贷管理办法要点等。(《申报》1947年8月10日)

9月6日 出席蚕丝产销协导委员会第19次会议,与冷御秋、刘攻芸等分别发表意见,最后讨论要案多起(略)。(《申报》1947年9月7日)

9月10日 第二次领衔在《大公报》上发表《我们关于对日和约的主张》。《主张》针对美日关系的变化,提出14点意见。

一、依照波茨坦宣言,对日和约实应先由对日作战最有贡献之四强外长,先行起草,然后再提交对日有关之十一国会议讨论。

二、根据一九四二年元旦二十六国反侵略宣言"每一政府承允:与本宣言签字国政府合作,并不与敌国缔结单独停战协定与和约"的规定,非四强全体参加之对日和会,我国决不应出席。

三、由战时大国一致原则演变而来之四强否决权,在国际会议中,固常为苏联一种防御武器,而在对日和会中,殊以我国特别有利,必须坚持。

四、正式和会地点,在积极方面,我们主张应仿效第一次大战在法国议和之先例,在我国择地举行。并于和约由联合国订妥后,再召日代表签字,反对在东京举行。

五、和约内对于解散日本财阀,改革日本土地制度,必须有极严厉彻底的办法,不能仅用作欺骗世界与日本大众之窗饰。

六、天皇制是日本反动政体的结晶。……彻底废除天皇制。应迅予拘讯裕仁天皇。

七、日本人民之思想中毒极深,应严格实施以再教育之工作。

八、为有效的预防日本再侵略起见，应拆毁现有一切军需工业及海陆空军基地。

九、限制日本人民生活水准……根据此项生活水准，确定其人民经营和平生活之工业水准。

十、联合国所用之庞大战费，固可免索赔款，而日本所加于联合国人民之损失，却不能不责其尽量赔偿。

十一、日本在华之一切公私产业，为多年来对我实施物力、财力、人力掠夺之结晶品，依上次对德和约例，应一概没收。

十二、依据开罗宣言与雅尔达协定，日本领土应限于原有四大岛及附近各小岛屿。

十三、……应督促远东国际法庭，在正式和会未开前，迅对日本战犯予以应有惩处。至中国汉奸之叛国罪，更不能因将来和约缔结稍予宽宥。

十四、为保证日本对和约义务之忠实履行，并督导其逐渐真正走上政治经济民主化之途径。在和约缔结后，应由中、英、美、苏四强，依平等原则，组织监督机构，以代替美国现在的片面管制。

我们为祖国百年大计及后代子孙福利着想，谨以满腔血忱，提出上述意见，敬祈朝野上下，一致提高警觉，痛切反省，重新全盘检讨国是，放弃党派个人成见，迅谋和平团结，集中力量，一致对外，严重抗议美国现行对日错误政策，并尽早建立全国性的人民外交机构，作有计划有组织之长期奋斗，以保障抗战胜利，巩固远东和平与安全。

褚辅成、刘定五、李惟诚、李时父、李立侠、储应时、方秋苇、李世璋、笪移今、孟宪章、姜庆湘、唐亚

伟、焦敏之、寇松如、丁星五、吴藻溪、柴春霖、孙荪荃。(上海《大公报》1947年9月10日)

9月25日 全国纺织工业生产会议在沪召开,先生被推为来宾并致词。希望政府重视缫丝工业,主张在"和会"中要取得应有的赔偿。

> 本人应以会员资格参加,刚才被推为来宾,想贡献一点简单意见。纺织工业应包括缫丝工业,数十年前中国出口商品以蚕丝为大宗,但老大的中国蚕丝也随着一天天衰落,其中原因很多,最大是日本的侵略。日本发展蚕丝的结果,夺去了世界最大的美国市场。日丝销路在战前已经超过中国七八倍,棉纱市场的侵占,他因国内缺乏棉花出产,只能着重政治侵略,而蚕丝则不然,他们的蚕丝发达,我们和他竞争一定要靠政府帮助和自己努力。抗战中日本最毒的手段是将我们的桑株都铲除了,留下来的不足百分之三。要复兴蚕丝,必先恢复桑园。栽桑不是一年二年可以成功,至少也要五年才能栽培起来。所以胜利后棉纺织业可趁此机会复兴。而缫丝业适得其反。对日本和约正在积极进行,美国政策要帮助日本恢复轻工业,蚕丝包括在内,我以为要把他们的工业搬到中国来。我们应该请政府力争,将侵略期间被催毁的缫丝厂、种场等由日本赔偿,桑树虽然无法搬运,在我国桑园未复兴前,应将日本每年所产蚕丝运来。去年以前我们向日本买蚕茧,但他们开价之高,使我们无法购买,两个月后国内丝厂都要闭门。希望此次会议,大家都重视缫丝工业,他是民族工业之一,必须早日使其复兴。在这次和会中,要取得应有的赔偿。这是兄弟的一点意见,并请棉纺织业与缫丝业一致

主张，请政府帮助复兴，并在和会中力争。(《全国纺织工业生产会议专号（四），开幕演词：四、褚辅成先生致词》，《纺织染工程》1947 年第 9 卷第 9 期第 10 页)

9 月　预计战争进程说："明年暑假津浦线就可以通车。"

1947 年夏，我正在上海、杭州两地考大学。8 月间，我已在圣约翰大学注册，又接到清华大学录取通知，立即决定北上清华。9 月间，临离上海的一天早上，我去向祖父辞行，我走进祖父的卧室（兼书房），他正在"站桩"练气功。他见我进去，练功停了下来。我说我要到北平去念大学了，特来辞行。说完，我对他行了一个鞠躬礼。他微笑着对我说："好，好，明年暑假你就可以坐火车回来哩！"当时，东北争夺战形势逐渐明朗，人民解放军已取得夏季攻势的胜利，共歼国民党军八万余人；晋冀鲁豫野战军已渡黄河挺进大别山区，战局正在扭转。祖父对形势有透彻的了解。当时，火车津浦线已不通，我从上海坐船到秦皇岛，再坐火车到北平。祖父预计明年暑假，津浦线就可通车，比事实早了一年。祖父没有对我说别的话，只说了这句话，这句话深深地印刻在我脑子里。(褚律元《一位爱国的政治活动家—纪念祖父褚辅成先生》，《褚辅成专辑》第 16 页)

本月　第一届国会议员黄群的灵柩由重庆送上海，安葬于上海虹桥万国公墓，先生曾有诗悼之，

少我十年，曾记追随共谈政。抗战八载，将觇胜利还归真。(卢礼阳编辑《黄群集》第 378 页)

10 月 26 日　先生赞成阮毅成将西湖白云庵遗址改建为辛

亥革命纪念馆。

民国三十六年十月二十六日,即农历九月十三日,为杭州辛亥革命起义纪念日。中午,我在杭州家中约请当年参与杭州光复的前辈先生吕戴之、黄文叔(元秀)、吴茂林、李谷香、周柏林、钱雄波、雷炳章(鸣春)等,我本来也函请慧僧先生从上海到杭州来参加,而他适因事忙未能来,却亲笔写了一封信给我,对我提议将西湖白云庵遗址改建为辛亥革命纪念馆事,表示赞成。(阮毅成《记褚辅成先生》,《嘉兴同乡通讯》第9期1991年2月)

10月27日 国民政府下令解散民盟总部,先生设法保护周新民、楚图南等人的安全。

随着秋天的到来,反动政府对民主分子的迫害愈来愈露骨,褚老先生以忍无可忍的正义心情,邀请沈钧儒、王绍鏊、俞寰澄、冷御秋、黄墨涵、王造时、孟宪章、楚图南、笪移今等交换意见,希图以作最后的努力和缓乱杀人、乱打人、乱捉人的恐怖局面。两天之后,"民盟"被反动政府宣布为"非法组织"。褚先生在愤怒之下,一方面设法保护周新民、楚图南诸先生的安全(这事,楚图南先生在当时是知道的),另一方面更认定反扶日是从侧面打击蒋政权的唯一可能的公开活动,必须加强推展,坚持到底。(笪移今《追记反扶日运动的发起》,《中华民国史资料丛稿——九三学社》第33、34页)

1947年10月某日,褚辅成约请吃饭,说有重要问题商量,在座的有沈钧儒、楚图南、冷御秋等。沈报告接到黄炎培电话说国民党政府已下令解散民盟,请大家设法挽救。当经商定由褚辅成去找杜月笙、钱新之,由我去找张君劢、李璜、胡政之，要他们出来说话。胡政之说，身体有病，不愿与闻。我同张君劢、李璜谈话时，张澜、陈铭枢亦在座。我说，我非民盟盟员，但这不仅关系民盟存亡问题，更重要的是关系民主政治的命运问题，希望张、李去庐山向蒋介石力争。张、李表示不愿意去，只答应出面打电报给张群转蒋。张要李主稿，其中"勿为已甚"一语是我坚持加入的（电文见当时各报）。国民党反动派的压力越来越大，张澜约了沈钧儒、黄炎培、张东荪、罗隆基，在寓所讨论是否要发表解散民盟停止活动的公告，要我也参加。大家不愿首先表示意见，张澜望着我说，还是你这个非盟员来开个头吧。我说国民党政府要解散民盟，那是它的事，你们愿否宣布解散是你们的事。依照法律手续来说，这个重大问题应该召开代表大会来决定，你们少数领导成员是无权作出此项决定的。当年救国会的几个领导人被捕以后，国民党反动派亦以解散相要挟，当时我们的答复是我们没有此种权力。我说了之后，就先走了。

（《王造时自述》，《上海文史资料选辑》第45辑第133页）

关于保护楚图南安全一事，原上海法学院学生笪移今在《回忆解放前我与民盟的一段交往》一文中回忆说：

一九四六年夏秋之交，楚图南由昆明到上海，应邀在民建会讲演，旗帜鲜明地支持中共政策。我们向上海法学院院长、纺织业同业公会理事长、九三学社中央常务理事褚辅成推荐他去上海法学院任教。第二年十月二十七日，民盟被国民党当局宣布为非法组织，褚辅老十分气愤，他想方设法保护楚图南等人的安全，并往访《大公报》胡政之，希望力阻特务的横行。楚图南离沪去港后，上海法学院代院长褚风仪（九三社员）每月都派人将楚的工资如数送到他家中，直至上海解放。(《上海民盟专辑》2006 年第 3 期）第 69 页)

12 月 6 日　出席茧丝产销协导委员会第 31 次会议，议决通过设计委员会常务委员第 7、8 次会议事项等议案 4 件。(《申报》1947 年 12 月 7 日)

12 月 25 日　与《申报》记者谈缫丝工业危机。时缫丝公会所属江浙皖三省、京沪二市 150 余家缫丝厂家，因原料不足，开工仅 50 余家，大部面临停工，呼吁政府救济。(《申报》1947 年 12 月 26 日)

12 月 28 日　第三次领衔在《大公报》上发表《我们对召开对日和约预备会议的意见》。其要点：

一、日本投降，瞬逾两年。因美、苏意见悬殊，致和议久成僵局。……为了早日奠定远东和平的基础，深望美、英、苏三盟邦，一致接受我政府折衷建议，共同促使对日和会预备会议适时召开。

二、在这次对日战争中，凡曾对日作战之国家，不能不普遍邀请参加。任何问题的解决，应获致有关主要盟国之一致同意。……在对日和会中保持四强否决权。

三、在对日作战期间，我国牺牲特别惨重，理应在我国召开有关对日和约一切会议，尊重我国人民对日意见。……应坚持对日和会决不能片面召开，否决权更不可放弃。

四、联合国必须共同对敌媾和原则，早在一九四二年一月签订的联合国共同宣言中即已确立……为了遵守国际条约，中国均不可任人摆布，参加将苏联排斥在外之对日和会。

五、美国公私机关在抗战期间给予我国的援助,我们均非常珍视。但这却不能使我国以整个民族国家的利益作牺牲,无条件的盲从别人。……轻易改变其立场。

六、对中国百年大计极有关系之对外问题,莫如切实防止日本军国主义再起。……凡与这一远大目的符合的,便是我们的朋友。否则,便是我们的敌人。对美国扶植日本反动的法西斯军国主义再行抬头之政策,尤应发挥国民外交力量,一致为政府后盾,向美政府及盟军总部抗议。

七、现在伦敦外长会议破裂,美、苏政府间之关系陷于僵持局面。我们却更应坚持:无论对日或对德和约,都应以战时一切有关国际神圣文告,如开罗宣言、联合国宪章、波茨坦宣言等为根据。……我国在远东实处于举足轻重之地位,无中国参加之对日和会,实属不可想象。只要中国态度坚定,英美将尊重我们的意见。

我们提议组织一"中国对日政策协会",在有关对日问题上,多方协助政府,督促政府。我们诚恳祈求对日本问题有研究,有兴趣,有关系者,一致协助,促其早日实现。

褚辅成、顾执中、顾速明、储应时、应永玉、钟潜九、赵南柔、翟俊千、冯宾符、杨泽武、张光亚、张木舟(等 26 人)(上海《大公报》1947 年 12 月 28 日)

按:关于"中国对日政策协会",孟宪章在《悼念民主老斗士褚辅成先生》一文中说:本年初,在褚先生主持之座谈会中,通过发起成立一"中国对日政策协会",并联合各地爱国人士,发一宣言,针对美国积极助日,提出中国应有的对日政策,以督促政府,对于日本问题,采取稳定而坚决的立场。立案、呈文及宣言，均由褚先生领衔签署，讵宣言发表时（四月一日），褚先生竟不幸去世。关于协会事，褚先生弥留时，仍殷殷垂询进行情形。因老成热情如褚先生之领导人已去世，遂暂搁置。（孟宪章《悼念民主老斗士褚辅成先生》，《创世》1948年第16期第8、9页）

◎ 1948年（戊子）民国三十七年　76岁

1月1日　李济深领导之中国国民党革命委员会在香港成立。(《中华民国史事日志》1948年1月1日条)

1月5日　沈钧儒、章伯钧等在香港举行民主同盟扩大会议。(同上，1946年11月5日条)

1月19日　出席茧丝产销协导委员会第三十四次会议，讨论重要丝销案。

茧丝产销协导委员会第三十四次委员会议，于昨日（十九日）午后二时，假座该会会议室举行。到有委员褚辅成等二十余人，由该会主席谭熙鸿主席。计有报告事项五件（略）；讨论重要丝销案计有二件（略）。(《申报》1948年1月20日)

3月初　先生因体衰不支，不慎跌倒，终不治。病中仍谆谆以反扶日为询。

先生于三十七年初，在上海四川北路（麦拿里25号）寓所不慎跌倒，引至血压激增，经中西名医极力施治，终以年老气衰，难于康复。(《民国人物小传》第10册)

在逝世以前的时期中，我每经过上海，必去看他，发觉他衰弱很快，且又患膀胱结石，医生因他年事已高，不敢开刀。他在上海生活固然很清苦，而去拜访的客人却仍很多。这些客人，大多有事拜托，而他则有客必见，体力乃更不支。（阮毅成《记褚辅成先生》，《嘉兴同乡通讯》第 9 期 1991 年 2 月）

同年三月，褚辅成病危时，九三学社上海分社笪移今、孟宪章最后一次去探望他，他主动在将要发表的《针对美国积极助日，中国应有的对日政策》一文上签了名，仍谆谆以反扶日为询。其实，在褚老卧病不起之前，反美扶日工作透过种种关系，早在看不见的力量——中国共产党的领导和支持下，开展得更广泛、更深入。（笪移今《九三学社的缘起和解放前在上海的斗争》第 63 页）

许德珩对先生等在上海发起"对日问题座谈会"，反对美国扶持日本，曾撰文做出评价。

当时，公开的民主运动在蒋管区愈益艰难。"九三学社"社友褚辅成、孟宪章、吴藻溪、笪移今诸同志时在上海，鉴于美国勾结蒋匪扶植日本反动派，释放日本战争罪犯，想把日本作为它在远东发动侵略战争的军事跳板，威胁远东及世界的和平，曾与上海各方面人士包括各民主党派当时尚留沪的地下工作同志发起"对日问题座谈会"。这一座谈会曾发表过多次的联名宣言，给美帝反动的对日政策以严厉的抨击。随着美帝扶日政策之变本加厉和蒋匪之甘心作贼，此一运动迅速的展开。沪、平、昆明、广州各地学生不顾反动的军、警、特务以及职业学生之告密、追踪、逮捕、屠杀，积极从事街头宣传、座谈、讲演、游行示威。计当时所发生的事迹与所发表的宣言，不惟友帮苏联均有广播，即欧美报章亦常摘要报导；而美帝在远东的仆从国家如菲、澳等地因受中国这一运动的影响，也曾卷起过反美扶日的浪潮。此一汹涌澎湃的运动，在当时是起了相当的作用的。(《中华民国史资料丛稿——九三学社》第32、33页)

一九四七年间，九三在上海的社员褚辅成、笪移今、孟宪章等同志，组织发动了反美扶日运动。袁翰青同志回忆说：我们在北平的九三同志，配合这一运动，也做了一些工作。(袁翰青《解放前九三学社在北平的活动》，同上，第50页)

3月20日 先生病中撰遗嘱，全文如下：

余早读儒书，志存报国，五十年来，无敢间息。所憾国家多故，外患迭乘，忠义仅存，涓埃无补。溯自满清末年，目击国势日蹙，只身东渡，联合同志，以期复国自强。辛亥民国成立，厕身议会有年，始终以法自持，以廉自励，以惠养民，以诚待友，疾恶黜贪，无间亲仇。现当国事蜩螗，兆民涂炭，世界大势所趋，非真正民主，实施宪法，无以救国。所期爱国之士，至诚团结，共图国是，永奠邦基。予既以身许国，不事生计，尔辈深体余志，忠心为国，余目瞑矣。此嘱。褚辅成 三十七年三月二十日。(《浙江辛亥革命回忆录》第149页)

3月29日 卒于上海，年七十有六。

三十七年三月二十九日，病卒于上海四川路寓寝，春秋七十有六，弥留之际，殷勤以国事为念。(上海法学院《褚慧僧先生事略》)

按：先生逝世后上海法学院董事会推定褚凤仪继任院长，并呈报教育部备案。

3月31日　沈钧儒在香港惊悉褚辅成病逝，与周新民联名电唁。(《沈钧儒年谱》第318页)

同日　黄炎培作挽词5首悼之。

> 褚慧老二十九夜病殁。悼褚慧僧五首（见下条"七绝五首"）。(《黄炎培日记摘录》1948年3月31日)

4月1日　在上海世界殡仪馆大殓，生前友好纷纷撰挽词悼念。摘录部分如下：

阮毅成撰挽联悼曰：

> 天上岂亦休文，方期宪政实施，谋国老成同仰望。地下若逢吾父，为言民生困顿，观乡小子愧追随。(《褚辅成专辑》第59页)

孙筹成撰挽联悼曰：

> 伟哉褚公，秉性明聪。创办小学，以冀发蒙。提倡革命，具有深衷。光复浙省，其功甚丰。主持民政，政绩优隆。当选议士，直言尽忠。触怒袁氏，被禁樊笼。不畏强暴，人皆推崇。南下护法，慎厥始终。提倡节俭，自反厥躬。办法学院，造就文雄。劝用国货，以挽贫穷。(同上，第25、26页)

邵子力撰挽联悼曰：

> 报国誓始终，每饭不忘真民主。立身重名节，盖棺还是老书生。(同上，第26页)

查人伟撰挽联悼曰：

> 和平奋斗救中国，志赍以忠诚，宜与总理同不瞑；仁爱真诚具热忱，望道犹未见，遍观民众尽如伤。(同上，

第 26 页）

黄炎培挽七绝五首悼曰：

分治还须定一尊，斯人老矣舌犹存。苍黄三十年成败，只当江河日下论。（先生于民初即主张分治，竞进中求国家统一。）

南北终疑貉一邱，幽缧两度迸离忧。只知有国宁知党，头白登坛又十裘。

坐君滇徼我中枢，有策匡时应鼓枻。最忆延安城外水，坠欢那许拾吟余。（一九四五年七月先生偕赴延安。）

无言还比有言宜，此意深深痛可知。别我楼头情一握，报君襟角泪千丝。（最后一次趋视，先生谓大局到今日，还有什么话可说，吾辈不说还比说好，余衰非病，愿君珍重。）

谋国无成志岂灰，无文字处有余哀。白门衰柳群鸦舞，报道先生去不回。（先生恰于南京伪国大开幕之日殁于上海，留有遗嘱。）（《黄炎培诗集》第 445 页）

王世杰撰挽联悼曰：

说法奉三民，力障洪流真砥柱；问天遗一老，群惊鲁国失灵光。（《褚辅成专辑》第 26 页）

罗家衡撰挽联悼曰：

党政著公忠，革命讨逆，艰苦备尝，旷古伟绩光国史；趋舍喜同途，议宪护法，患难数共，此后何人张我军。（同上）

5月3日 陶寿崧在《申报》撰挽词曰：

死别今朝足动情，宣南还记酒三更。杏花楼外春如海，不惜宵行论甲兵。（杏花楼乃粤菜馆，在北平陕西巷韩家潭间，女闾荟居之所在也。先生居国会，数承招饮，夜分偶行，呓论中原形势，作醇酒□□示意，迨护法宣言揭布，众始愕然。）

世事如斯是意中，当年独尔办青红。重逢细拾蹉跎语，野史难旌罪与功。（余自蓝君秀豪关东失败，徜徉沈阳，民八至故都，懔于清流之祸，缄口不谈党事，先生频申激勉之词，余愧无以应也。）

抵掌灯前气未殚，寒温寥落旧时欢。归耕课读原迁见，自数晨星泪一弹。（先生长于予而气盛于予，人生观与予异，但始终彼此不失其风谊，屋梁落月，能不怃然！）

□迟忧患驱中原，处处江山似故园。坐忆平生幽疢意，恫君无病最终言。（先生个性始终为法律所支配，方正不苟。予每属其稍稍进补药石之品，先生辄辄言无病，忧能伤人，不自知其内夺也，悲夫！）（《申报》1948年5月3日）

5月13日　追悼大会在西藏中路大上海戏院举行。

褚辅成先生治丧委员会谨启：褚辅成先生逝世，薄海同悲。兹定本月十三日上午十时，假座本市西藏中路大上海戏院举行追悼大会。凡先生生前故旧、门生及景仰先生言行者，务请准时参加。除挽联诔词外，概请折送现金以便就褚先生嘉兴原籍择地兴建纪念堂，俾资追仰。再本会为刊印纪念册，拟汇集先生遗墨迹及生前友好或团体摄照像，请惠予检揿并恳赐以鸿文说明事迹，至所盼祷。（上海《中央日报》1948年5月12日）

5月14日　灵柩载赴嘉兴。（上海《中央日报》1948年5月

1948年

14日）

5月16日 归葬于嘉兴南门外祖茔侧。先生归葬时，江苏吴寿彭著有《嘉兴褚辅成先生归葬挽词》，惜星落鸳湖。

> 离乱欣初遇，教言真淡如。忧患深以渐，知惠沫相嘘。论议风云际，行能学力余。鸳湖星沉后，露滴夜窗虚。先生本健者，令闻既感孚。观复须臾待，遐居水石枯。当乘原野垄，每恨故圆芜。归榇关山泪，翻与烟雨俱。（吴寿彭《大树山房诗集》第108页）

5月20日 浙江省旅沪同乡会第六次理监事联席会议议决：为纪念先生，"建议题路建亭，以留永念"。（见《浙江省旅沪同乡会第六次理监事联席会议决议案》，上海档案馆藏）

6月4日 杭州市参议会批复公函："准将本市仁和路改辅成街"（后未办）。嘉兴市环城路改名"辅成路"。（《杭州市参议会公函》，同上）

先生逝世，各界悲痛。老友俞寰澄撰文纪念，称先生为："极度的爱国者"。老友孟宪章撰文纪念，称先生为："热情的爱国者"。

> 他是极度的爱国者。……他语不及私，殷忧切虑，无非为国、为党、为地方公益事业。假使政治清明，全国团结，努力建设，我想慧老心胸会宽畅些，精神会健胜些，年寿亦会延长些。然后慧老竟撒手万缘而去了，革命老友又弱一个，皤皤元老，此后不能再见闻其言论丰彩。追念前尘，使我彷徨的心里说不出是悲、是愁、是忧思、是痛苦的境界。亦许慧老去世，不再见世上屠杀、饥荒、离乱、奔走的惨况，还是幸福。慧老！长眠吧！舍弃此悲惨的世界吧！（俞寰澄《回忆辛亥革命与首届国会时期之褚辅成

先生》,《展望》1948年第2卷第2期第15页)

　　褚辅成先生,在民国初元,因反对袁世凯,系狱两年,身体健康大受损伤。袁死出狱,任国会副议长,常在议坛作狮子吼,显现出民主斗士的风格。及国父中山先生开府广州,复南下护法。抗战后,参加历届参政会,奔走团结,不余遗力。胜利后,内战不幸爆发,又为恢复和谈,呕了不少心血。他是一个热情的爱国者。他奋斗了一生。他的态度坚决而稳健,因此各方对他都保持好感。在投机取巧、做官发财一点上,他是失败了。但在保护国家民族、推进民主运动上,他却成功了。(孟宪章《悼念民主老斗士褚辅成先生》,《创世》1948年第16期第8、9页)

《嘉兴先贤像传》有记:

　　先生一生谋国忠公,宅心坦白,几为国人所共晓。尝对人言,生平愿做大事,不愿做大官,大事者利国福民,可垂久远。其胸襟之阔大,实为近代有数典型人物,不特为吾乡耆宿已也。(《浙江辛亥革命回忆录》第147页)

谱　后

1951年3月　王造时、笪移今、伍良弼等举办褚辅成先生逝世三周年纪念会。

上海北京西路联珠里13号（前全浙公会旧址）有褚辅成先生纪念堂，堂中除挂褚辅成先生大幅遗像外，左面壁上悬有褚先生解放前以和平使者身份飞抵延安，在延安机场与毛泽东主席等领导人的合影照片。1951年3月，褚先生身前友好，在这里举行过一次"褚辅成先生逝世三周年纪念会"，我适逢其会，也得参加。那天是七君子之一的王造时先生主祭，翁桎、笪移今襄祭。参加人数不多，然气象肃穆，表示对褚辅成先生的无限敬仰。（伍良弼《缅怀乡贤褚辅成先生》，《嘉兴市志资料》第2期第48页）

1966年　"文革"初，墓被毁。"文革"开始不久，先生墓被毁，据坟亲回忆，遗骨埋于离坟墓东南约20公尺处桑园地里。嘉兴旧城改造，城市扩大，桑园地被填平，埋骨处已无踪迹。

1988年1月3日　嘉兴市志编纂室向市政协、市委统战部、市人民政府办公室报送了《关于褚辅成墓葬现状调查报告》，报告中对先生的主要经历做了介绍，并建议"要予以落实政策"，报告受到重视。

1991年9月　嘉兴市政协文史资料委员会编辑的嘉兴市

文史资料第三辑《褚辅成专辑》由浙江人民出版社出版。全书共 23 篇史料，13.7 万字，11 幅照片。文章都是作者亲历、亲见、亲闻，具有较高的史料价值。

1994 年 9 月　九三学社嘉兴市委为筹办九三学社成立 50 周年纪念活动，提出修复先生墓（衣冠冢），并经社中央主席会议研究同意。此后，经过一年多时间的努力，于次年 12 月建成。

1995 年 12 月 22 日　衣冠冢揭幕仪式在嘉兴市嘉北公墓隆重举行，韩国独立运动领袖金九先生哲嗣金信将军应邀参加。九三学社中央献花篮并汇款。

> 按：金信将军曾任大韩民国政府部长、空军司令、驻外大使等职。

政协嘉兴市第二届委员会主席贝品明代表市四套班子领导讲话，对褚辅成先生生平、功绩做了详细追述。

金信先生发表了诚挚感人的讲话，他说：

> 嘉兴这个地方跟我们韩国的关系，渊源非常深，我这次来参加褚辅成先生的迁墓典礼是代表我家庭，也可以说是代表韩国来感谢嘉兴人民当时对我们的关怀，对我们的帮助。……"一·二八"以后，我父亲一手策划了"四·二九"虹口公园的爆炸事件，炸死了日本高级将领。于是，日寇悬赏 60 万大洋，抓我的父亲。结果，在褚辅成先生的帮助下，我父亲秘密地躲到嘉兴。所以说，没有当时中国人民的鼎力相助，就没有今天的大韩民国。
>
> 我个人对中国这样的密切关系，在韩国恐怕找不到第二个。我生在上海，在中国读小学、中学、后来又读西南联大。抗战时，我又参加了中国空军。现在我经常来

中国开同学会。在韩国我没有一个同学,我的同学都在中国。再说我们一家三代人,我的祖母、母亲和我哥哥,都长眠在中国的土地上,所以我对中国的感情跟一般人不同,我是半个中国人,来中国没有出国的感觉,就像回家。中国有句古话——滴水之恩,当涌泉相报,我不能做到涌泉相报,但也要做到永世不忘。

家属代表褚律元致谢词。

1996年8月15日 大韩民国政府追授褚辅成先生"建国勋章",由总统金泳三签署"建国勋章"奖状,称褚辅成先生为"独立有功者"。

9月30日 在嘉兴举行大韩民国政府追授先生建国勋章仪式,由韩国驻上海总领事庆昌宪代表韩国政府颁授给了先生家属代表、先生的长孙褚启元(我驻外大使)。金信先生专程从韩国赶来嘉兴出席这一仪式。

2000年3月 嘉兴市政协四届三次全会召开,九三学社嘉兴市委提出《建立褚辅成先生陈列纪念室》团体提案,团体提案受政府重视。7月7日,嘉兴市人民政府办公室对提案书面答复谓:褚辅成先生是我国近代史上著名的社会活动家和爱国民主人士,也是九三学社的主要创始人,在国内外具有一定的影响与知名度。抓紧做好褚辅成先生历史资料的收集、整理工作当然也是题中之义。

2001年2月3—5日 嘉兴市政协四届二十次常委会议召开,市政协文教卫体委员会在《关于梅湾街历史文化保护整体改造的调研报告》的发言中,对建立褚辅成先生纪念设施作了呼吁。调研报告说:褚辅成是一位爱国政治活动家,浙江辛亥革命的元勋之一,九三学社的创始人,又是金九的挚友,曾创办"南湖学堂"、"开明女学"、"禾丰造纸厂"等,其旧居也在梅湾街,现已毁。建议在梅湾街片区的规划建设中能予以一定的反映展示。

2002年2月2日 由市对外友好协会杜云昌会长发起,召开筹建梅湾街褚辅成先生史料陈列室座谈会,会议提出:要全过程演绎褚辅成先生救助金九史实,要正确处理好褚辅成与金九两者间史料陈列的关系。

3月25日 九三学社嘉兴市委派人赴北京,向九三学社中央专题汇报嘉兴市各界呼吁筹建褚辅成先生史料陈列室等情况,得到社中央的重视。同时提出请九三学社第十一届中央委员会顾问、北京师范大学教授、中央文史研究馆副馆长、全国书法家协会名誉主席、国家文物鉴定委员会主任委员、全国政协常委启功先生为"褚辅成先生史料陈列室"题写匾额,要求社中央帮助联系。6月收到社中央寄来启功先生题写的匾额。据社中央社史研究室李书说:这是启功先生书法生命中的最后一笔。当时启功先生已病重住院,联系十分困难,但启功先生听说要他为褚辅成先生史料陈列室题写匾额时,他说:"褚辅成先生史料陈列室匾额我一定要写。"

4月 嘉兴市政协四届五次全会召开,九三学社嘉兴市委再次提出《在梅湾街历史文化街区保护开发中再次建议筹建褚辅成先生史料陈列室》的团体提案。建议被嘉兴市人民政府采纳。

2003年6月10日 嘉兴市人大代表、九三学社社员刘稚红受社嘉兴市委委托,提出《关于将南杨路小学命名为辅成小学的建议》一案被政府采纳。南杨路小学分校历史上即为南湖学堂一部分。此议得到中共嘉兴市委统战部的大力支持,多次召开协调会议,玉成此事。10月28日,嘉兴市辅成小学命名揭牌仪式隆重举行,全市祝贺单位达100家。辅成小学内设

"褚辅成陈列室",学校正门和陈列室内塑立先生半身铜像。

2004年4月12日 中共嘉兴市委、嘉兴市人民政府印发《嘉兴市文化名城创建工作2004年行动纲领通知》,筹建褚辅成史料陈列室计划列入其中。

2005年4月21日 褚辅成史料征集小组成立并召开会议,开展史料征集、布展等工作,社市委派王天松副主委参加。10月,又两次召开会议,研究史料布展大纲。11月—12月,征史工作小组再次分赴北京、重庆、上海、万州、丽水等地征集史料。此后,征史、整理、布展工作顺利进展。次年4月底完成史料布展。

2006年5月27日 褚辅成先生史料陈列室对外开放仪式隆重举行,**嘉**兴市政协主席徐良骥、中共嘉兴市委副书记寿剑刚、嘉兴市人民政府蒋仁欢副市长,嘉兴市人大副主任、九三学社嘉兴社市委主委杨永乐等市领导,全国政协常委、九三学社中央专职副主席邵鸿、兼职副主席冯培恩,社中央研究室主任岳庆平、研究员李书,白凡金九先生纪念事业协会会长金信先生及金信先生哲嗣、大韩民国驻上海总领事金扬先生等30余位嘉宾出席开幕仪式。

褚辅成先生在20世纪20、30、40年代分别在上海、重庆、万州、丽水等地工作、生活过的四地九三学社市委也应邀派人来嘉兴参加开幕仪式。

在开幕仪式上,嘉兴市人民政府蒋仁欢副市长、大韩民国驻上海总领事金扬、九三学社中央专职副主席邵鸿先后讲话。

邵鸿副主席在讲话中说:

> 褚辅成先生是九三学社主要创始人之一,他和许德珩等先生为筹组九三学社做了许多工作,团结、影响了一大批爱国志士。1932年4月29日,上海虹口公园发生

震惊中外的"天长节"大爆炸，日本驻上海派遣军总司令白川义则大将被炸身亡，日寇悬赏 60 万大洋通缉捉拿策划这起事件的韩国临时政府主要负责人金九先生。褚辅成先生不计个人及家人安危，掩护金九先生和韩国临时政府部分成员到自己的家乡嘉兴避难。这段历史横跨地域、超越时空，记录了中韩两国人民都无法忘怀的深厚情谊。今天，中韩两国人民友好交往更加密切，我们共同在为人类的繁荣与和平而奋斗。让我们肩并肩、手挽手，为成就人类更美好、更绚丽的明天共同努力！

金信先生向嘉兴市文化部门赠送了三块匾额和中文版的金九先生自传——《白凡逸志》。三块匾额上面分别是金九先生亲笔题写的"良心建国"、"民族正气"，金信先生题写的"饮水思源"。

家属代表褚启元致谢词。

5月28日 上午，金信将军到南湖乡庄曹圩祭扫褚辅成原墓，金信将军在墓前献上一篮白色的菊花和马蹄莲，黑色的绶带上写着"褚辅成先生永垂不朽·大韩民国白凡金九纪念馆"。金信将军恭礼甚谦，并说："我终于替父亲了却了心愿！"（以上节录《嘉兴市文史资料通讯》第 54 期，王天松编《纪念褚辅成先生实录》）

2008 年 为纪念褚辅成先生，嘉兴市人民政府建"慧园"于梅湾街，并塑先生像一尊，立于园内。"慧园"之"慧"字取之于先生字慧僧而得。"慧园"北侧隔河即为褚辅成先生史料陈列室，现已列为浙江省统一战线爱国主义教育基地和嘉兴市爱国主义教育基地。2009 年"慧园"建成开放。2009 年 5 月，各地褚辅成先生家属共 20 余人集合到禾，拜谒"慧园"，并对嘉兴市领导及各方人士表达谢忱。

编　后

褚辅成（1873-1948），字慧僧，别号褚南湖，是从江南水乡——嘉兴走出去的历史文化名人，从1905年在日本东京留学期间，加入孙中山先生创立的中国同盟会，进行反清革命，至民国末（1948年），几乎历经我国从清末到民国时期的各大政治事件，有些时候还处在领衔或担纲的地位。但由于种种原因，在建国后的数十年中，对褚辅成先生的研究几乎处于空白状态。被有的学者称为是一位长期被埋没的"政治明星"。褚辅成先生在近半个世纪奔走救国的人生历程中，留下十分丰富的历史资料，但在较长时间里这些资料或尘封于报纸、刊物，或沉淀于档案，或埋没于民间，数十年中很少有人进行系统的挖掘、搜集、整理、研究、展示。人们对这位嘉兴籍的著名爱国民主人士和社会活动家的生平、事迹、思想知之不多，了解甚少，有的甚至被讹传。

为褚老撰写《年谱》的想法最早产生于1991年嘉兴市文史资料第3辑《褚辅成专辑》出版后，该书对褚老一生所经历的重大历史事件都有提及，但阅读之余又感不足——对提及的重大历史事件缺少具体史料的支撑。由此想到，能否顺着此书所提供的史料线索，进一步搜集褚老史料，编写一部史料较为丰富、系统的书——如《年谱》之类。但那时的想法不敢明示于人，只在脑海中一闪念瞬间就过去了。作为九三学社市委机关专职干部，在每年列席嘉兴市政协全会或在平时，每每听到不少政协委员和社会有识之士呼吁政府要重视对褚辅成这一历史人物的研究和纪念,而且这种氛围一年比一年强烈,因此又催醒了我脑海中曾经有过的瞬间闪念,决定不妨试一试,先从积累史料开始,慢慢去做。由此10余年来,利用一切机会如出差或开会、考察之时,留意搜集褚老史料。

由于褚老一生不记日记,也不撰回忆录,所有史料均散落于民国各种书籍、报纸及各地的档案之中,且均系片段,缺乏系统,整个史料的搜集过程十分不易。再由于工作的关系,搜集史料工作只能利用外出开会、考察、学习以及有限的节假日里进行。在此后的10余年时间里,除了在省内及本市查找资料外,我利用各种机会多次到北京、上海、南京、天津、重庆、万县、云南、广州等地,沉浸在图书馆、档案馆、博物馆,从茫茫的史海中寻找片纸只语、点滴资料。就这样,在天津博物馆所藏北洋军阀史料中,查到了褚辅成先生任广州非常国会众议院副议长前后的一批函电。在上海档案馆、图书馆,找到了褚辅成先生创办上海法学院的档案资料。又查到了褚辅成先生等创办的全浙公会的会务报告及文牍报告等;在重庆、万县档案馆、图书馆,找到了褚辅成先生在国民参政会任职期间的一些提案、演讲、访谈等。我又联系在北京、上海、嘉兴等地的褚辅成先生的家属,反复了解其家史。家(亲)属们提供了褚辅成先生生前所写的一批家信和《抗战八咏》的手稿。去北京专程拜访我国著名经济学家、中共老地下党员,时已95高龄的骆耕谟教授;在九三学社金华市委、九三学社丽水市委及中共丽水市党史办的支持下,联系采访了当地对褚辅成先生史料有所掌握并熟知浙江抗战史的老同志,弄清了1937年底至1938年初褚、骆合作共事、并肩抗日的一段鲜为人知的史实。为深入了解褚辅成先生的经历,系统搜集褚辅成先生的资料，数年间又详细查阅了上海《申报》、重庆《新华日报》，部分上海、长沙《大公报》、上海《民国日报》、《新闻报》、《时报》等。其间还自费购买了大量有关褚辅成先生史料的各种书籍、杂志、资料，有的哪怕书中有一张照片或几句话，只要是与褚辅成先生有关，尽管价格不菲，亦照购不误。复印有关资料数千份等。10余年中虽然数次调动工作岗位，但搜集史料工作从未放弃过。回顾这段征史经历，用"大海里捞针"来形容，实不为过。

多年的寻觅积累，史料日趋丰富，为编撰《年谱》积累了较好的史料基础，遂于2006年8月开始动笔撰写。至当年10月，参加九三学社中央在重庆召开社史工作会议时，已有近10余万字的初稿。不久，本人申报的《褚辅成研究》课题列入了社中央社史研究系列丛书课题之一。从此，在做好政协本职工作的同时，几乎将所有的业余时间全都放在了《褚辅成研究》课题上。至2008年8月，70万字的《褚辅成文存》(《褚辅成研究》系列之一)和50万字的《褚辅成年谱》(《褚辅成研究》系列之二)初稿相继完成。此后又在《褚辅成年谱》的基础上，进一步扩充史料，编成128万字的《褚辅成年谱长编》(为《褚辅成研究》系列之三)。通过《年谱》、《文存》等的准备，对褚辅成先生的丰富人生经历进行梳理、进一步加深对褚辅成先生的生平、事迹、思想的了解、把握，在此基础上来最后完成《褚辅成研究》。

在《年谱》编撰过程中注意了以下几点：一、慎选史料。凡经考证属子虚乌有的，概不采用，以免讹传；凡所采用的史料，均注明出处。二、注重原始文献的引用。《年谱》所引用的资料绝大多数为原始文献，不论为褒为贬，照录，以保留历史资料的完整性，从而能客观的反映谱主本来历史面目，旨在告诉读者一个真实的褚辅成。由读者从这些具体的史料出发，依据当时之具体情况和历史发展，对谱主得出客观、公正的评价。三、编写中，注重在已经收集到的资料中爬梳出各个重大历史时期较能反映出褚老主要活动轨迹的史料加以运用。四、编写中较多采用了褚老来往于大江南北时的行程性资料，以反映出民国时期极其落后的交通状况，以此来再现褚辅成先生一生奔走救国、急公好义的精神。

在 10 余年搜集史料及撰写的过程中，有幸得到九三学社中央委员会邵鸿副主席、社中央研究室岳庆平主任等的支持和指导。得到九三学社重庆市委办公室主任涂慧琼女士，九三学社丽水市委副主任委员胡美芳女士，九三学社金华市委吴正秋先生、现职副处级调研员章伟民君，九三学社绍兴市委秘书长吴金权君，九三学社万州市委机关的各位专职干部，嘉兴市档案馆的资料员徐晓英女士，以及褚辅成先生的家（亲）属们等的大力支持和帮助。

在此还要感激我的夫人张珍，自 2006 年以来的数年中，除了做好本职以外，闲暇时间我就埋头在整理史料、写作、读书当中，从来没有陪她有过一个完整的周末、假期。她承担了所有的家务，精心照料我年迈的父母。2008 年父亲患癌症去世后，她继续承担起照料我母亲的重任，以使我能利用更多的业余时间来进行此项课题的研究写作。

历史深邃庞杂，而我则是一个不折不扣的门外汉，无论过去在校所学，还是调入机关后从事的工作，都与史学专业相去甚远，我仅以一个历史爱好者的身份，对谱主抱着一份敬仰之情，边干边学。其中的辛酸苦辣自不必待言，但通过对谱主史料的挖掘、搜集、整理、研阅，还原历史、认识历史、思考历史，对自己亦是一份充实和提高，乐在其中。囿于个人学识与条件，谱中肯定存在着诸多不足，甚至错讹，敬请读者、方家批评指正。

2015年9月于嘉兴富安御园

韵目代日表

日	韵目	日	韵目
一	东先董送屋	十七	筱霰洽
二	冬萧肿宋沃	十八	巧啸
三	江肴讲绛觉	十九	皓効
四	支豪纸寘质	二十	哿号
五	微歌尾未物	二十一	马箇
六	鱼麻语御月	二十二	养祃
七	虞阳麌遇曷	二十三	梗漾
八	齐庚荠霁黠	二十四	迥敬
九	佳青蟹泰屑	二十五	有径
十	灰蒸贿卦药	二十六	寝宥
十一	真尤轸队陌	二十七	感沁
十二	文侵吻震锡	二十八	俭勘
十三	元覃阮问职	二十九	豏艳
十四	寒盐旱愿缉	三十	陷
十五	删咸潸翰合	三十一	世引
十六	铣谏叶